外国知识产权法律译丛

美欧日韩外观设计
法律法规汇编（上）

国家知识产权局专利局外观设计审查部◎组织编译

知识产权出版社
全国百佳图书出版单位

图书在版编目（CIP）数据

美欧日韩外观设计法律法规汇编：全 2 册/国家知识产权局专利局外观设计审查部组织编译. —北京：知识产权出版社，2018.8

ISBN 978 - 7 - 5130 - 5605 - 2

Ⅰ.①美… Ⅱ.①国… Ⅲ.①外观设计—专利法—汇编—美国②外观设计—专利法—汇编—欧洲③外观设计—专利法—汇编—日本④外观设计—专利法—汇编—韩国 Ⅳ.①D913.409

中国版本图书馆 CIP 数据核字（2018）第 112737 号

内容提要

本书由国家知识产权局专利局外观设计部组织翻译和汇编，内容包括了美国、欧洲、日本和韩国最新的外观设计法及其审查指南，希望本书能够为我国企业"走出去"进行产品知识产权保护提供借鉴和参考。

责任编辑：李　琳　　　　　　　责任校对：王　岩

封面设计：张　冀　　　　　　　责任印制：刘译文

美欧日韩外观设计法律法规汇编（上）

国家知识产权局专利局外观设计审查部　组织编译

出版发行：知识产权出版社有限责任公司　网　　址：http：//www.ipph.cn

社　　址：北京市海淀区气象路 50 号院　　邮　　编：100081

责编电话：010 - 82000860 转 8120　　　责编邮箱：lilin@ cnipr.com

发行电话：010 - 82000860 转 8101/8102　发行传真：010 - 82000893/82005070/82000270

印　　刷：北京嘉恒彩色印刷有限责任公司　经　　销：各大网上书店、新华书店及相关专业书店

开　　本：880mm×1230mm　1/32　　　总印张：37.75

版　　次：2018 年 8 月第 1 版　　　　　印　　次：2018 年 8 月第 1 次印刷

字　　数：880 千字　　　　　　　　　总定价：160.00 元（全 2 册）

ISBN 978 -7 -5130 -5605 -2

编译委员会名单

主　编：林笑跃

副主编：王晓云　贾海岩

编　委：王美芳　严若艳　赵　亮

　　　　谢怡雯　吴　殷

前　言

随着经济、贸易、文化交流的全球化发展，知识产权保护已成为世界范围内的热点问题。各国不仅积极应对，同时也加强了对外交流与合作。近年来，世界主要知识产权局之间的交流与合作非常频繁。对于外观设计而言，我国与美国、日本、韩国和欧盟之间的交流比较多。其中双边交流最为频繁，包括互访、互派学员、召开研讨会等形式；而有些双边交流则逐步扩展为多边交流。例如2009年的中韩外观设计研讨会在2010年扩大为中、日、韩三方每年一次的研讨会，又在2013年扩大为中、美、日、欧、韩五方的外观设计研讨会。交流主题多为具体的法律规定和审查标准，为了系统、深入的交流，事先对于其他国家或者组织的法律法规的研读成为必修课。

中国的专利保护制度从创立至今已经三十多年，取得了瞩目的成绩。但任何事物都是不断发展的，随着中国工业设计水平、外观设计保护需求以及公众知识产权意识的不断提高，外观设计相关法律和制度需要不断地进行适应性修改。借鉴其他国家的发展经验、深入了解其他国家和组织的外观设计保护制度很有必要。特别是需要对美、日、韩、欧外观设计的法律、法规和具体审查标准进行研究，可以找出共性、差异以及其背后的原因，并结合中国国情，审视中国立法和具体外观设计制

I

度，找到可以完善和改进之处，或者预见中国可能会面对的问题。1998 年我国第三次修改《专利法》前，相关研究人员就对其他国家的外观设计法进行了研究，有些内容就是从其他国家的制度中找到的灵感，例如相似外观设计合案申请制度。

我国申请人对外申请的数量呈递增趋势，而对其他国家外观设计制度的不了解会导致未在前期做好充分准备，进而导致申请失败或者维权失败。所以，我国申请人和代理人也需要了解其他国家的法律法规。

鉴于以上种种原因，国家知识产权局专利局外观设计审查部投入大量人力和时间，对美国、欧盟、日本和韩国的外观设计法律法规最新版进行了翻译和编辑。为了提高本书的实用性，我们不但翻译了美国、欧盟、日本和韩国的外观设计相关法律，还翻译了审查操作层面的规章，例如美国和韩国的审查指南、日本的审查规程、欧盟的审查指南。希望能够满足广大审查员、申请人、专利代理人的需求。

总目录

美国部分

美国专利法 ·· （002）

美国专利法实施细则（外观设计部分） ················· （223）

美国专利审查指南（外观设计部分） ················· （298）

美国外观设计专利申请指南 ···························· （451）

缩略语及术语解释 ·································· （478）

欧盟部分

欧共体理事会关于欧共体外观设计的第 6/2002 号

法规 ·· （486）

用于实施欧共体理事会外观设计第 6/2002 号法规的欧共体

第 2245/2002 号委员会法规 ···························· （554）

注册式共同体外观设计审查指南 ····················· （623）

注册式共同体外观设计的无效宣告程序审查指南 ········· （668）

缩略语及术语解释 ································· （689）

日本部分

日本外观设计法 ……………………………………………… （696）

日本外观设计法施行规则 …………………………………… （744）

日本外观设计审查基准 ……………………………………… （756）

韩国部分

韩国工业品外观设计保护法 ………………………………… （1028）

韩国外观设计审查指南 ……………………………………… （1124）

术语解释 ……………………………………………………… （1186）

后　记 ………………………………………………………… （1189）

美国部分*

美国专利法

美国专利法实施细则（外观设计部分）

美国专利审查指南（外观设计部分）

美国外观设计专利申请指南

缩略语及术语解释

---

* 为方便读者查阅，本书将美国专利法规和专利审查指南相关外观设计部分汇编于此，在体例格式上遵照原文。——译者注

美国专利法[1]

翻译：连　伟

校对：张轶丽

---

[1]　原文出处：美国专利商标局官方网站。

目　录

编者注❶：2013 年 1 月更新，合并了利亚希史密斯美国发明法案（AIA）、公共法第 112~129 篇、定制法第 125 篇第 284 条（2011 年 9 月 16 日）和对美国发明法案、公共法第 112~274 篇（2013 年 1 月 14 日）的技术修正。目前的法令或其较早的版本适用于特定情形，较早版本在法令编号后标记有"美国发明法案之前"或"过渡期"。该法的更改在法令编号后标记的指定的日期之后生效。在受影响的章节或条款的开头，法令编号后的标记"注"解释和指出了美国发明法案提出的具体的适用性或生效日期。附加的相关未整理法律复制在本文件中美国法典第 18 篇规定选编之后。

第一部分　美国专利商标局

第一章　机构设置、官员和雇员及职责 ······················ 015

　第 1 条　机构设置 ······················ 015

　第 2 条　职权和职责 ······················ 016

　第 3 条　官员和雇员 ······················ 020

　第 4 条　对官员和雇员有关专利利益的限制 ··········· 024

---

❶ 该"编者注"为原文编者所注，非汇编者注，下同。

第 5 条　专利商标局公共咨询委员会 ·················· 024

第 6 条　专利审判和申诉委员会 ····················· 027

第 6 条　（美国发明法案之前）专利申诉和

抵触委员会 ·· 028

第 7 条　图书馆 ····································· 029

第 8 条　专利的分类 ································· 029

第 9 条　档案的证明副本 ···························· 029

第 10 条　出版物 ···································· 030

第 11 条　与外国互换专利和专利申请副本 ············· 030

第 12 条　向公共图书馆提供专利和专利申请副本 ····· 031

第 13 条　向国会提交年度报告 ······················ 031

第二章　专利商标局的程序 ···························· 031

第 21 条　提交日和采取行为之日 ····················· 031

第 22 条　所提交文件的印刷 ························· 032

第 23 条　在专利商标局案件中作证 ··················· 032

第 24 条　传票和证人 ······························· 032

第 25 条　以声明代替誓词 ··························· 033

第 26 条　有缺陷文件的效力 ························· 033

第三章　专利商标局的事务代理 ······················ 033

第 31 条　（已废止） ······························· 033

第 32 条　暂停或禁止执行业务 ······················ 033

第 33 条　未经授权的执业者的代理 ··················· 034

第四章　专利费用、资金、检索系统 ·················· 034

第 41 条　专利费用、专利和商标检索系统 ············· 034

第 42 条　专利商标局的资金 ················· 042

第二部分　发明的可享专利性和专利的授予

第十章　发明的可享专利性 ················· 044

第 100 条（注）　发明人先申请规定 ··········· 044

第 100 条　定义 ····························· 045

第 100 条　（未生效）定义 ··················· 045

第 101 条　可享专利性的发明 ················· 047

第 102 条　可享专利性的条件；新颖性和

　　　　　专利的丧失 ······················· 047

第 102 条　（未生效）可享专利性的条件；新颖性 ··· 048

第 103 条　可享专利性的条件；非显而易见的主题 ··· 051

第 103 条　（未生效）可享专利性的条件；非显而易

　　　　　见的主题 ························· 053

第 104 条　在国外作出的发明 ················· 053

第 104 条　（未生效） ······················· 055

第 105 条　外层空间的发明 ··················· 055

第十一章　专利的申请 ····················· 056

第 111 条　申请 ····························· 056

第 111 条　（未生效）申请 ··················· 058

第 111 条　（美国发明法案之前）申请 ·········· 058

第 112 条　说明书 ··························· 060

第 112 条　（美国发明法案之前）说明书 ········· 061

第 113 条　附图 ····························· 062

第 114 条　模型、样品 ······················· 063

第 115 条　发明人的誓词或者声明 ············· 063

第 115 条　（美国发明法案之前）申请人的誓词 ······ 066

第 116 条　发明人 ······························· 066

第 116 条　（美国发明法案之前）发明人 ··········· 067

第 117 条　发明人死亡或者丧失行为能力 ········· 068

第 118 条　由发明人以外的人提交申请 ··········· 068

第 118 条　（美国发明法案之前）由发明人以外的人

提交申请 ··· 069

第 119 条　较早申请提交日的利益；优先权 ········· 069

第 119 条　（未生效）较早申请提交日的利益；

优先权 ··· 072

第 120 条　在美国较早申请提交日的利益 ········· 072

第 120 条　（未生效）在美国较早申请提交日的

利益 ··· 073

第 121 条　分案申请 ···························· 074

第 121 条　（美国发明法案之前）分案申请 ········· 074

第 122 条　申请的保密情形；专利申请的公布 ······· 075

第 123 条　微实体组织定义 ······················ 078

第十二章　申请的审查 ······························· 080

第 131 条　申请的审查 ·························· 080

第 132 条　驳回的通知；再审 ···················· 080

第 133 条　处理申请的时间 ······················ 081

第 134 条　向专利申诉和抵触委员会申诉 ········· 081

第 134 条　（美国发明法案之前）向专利申诉和抵触

委员会申诉 ······································· 081

第 134 条 （未生效）向专利审判和申诉委员会申诉 ……

………………………………………………………… 082

第 135 条 抵触 …………………………………………… 082

第 135 条 （未生效）溯源程序 …………………………… 084

第十三章 对专利商标局所作决定的复审 …………… 087

第 141 条 向联邦巡回上诉法院上诉 ………………… 087

第 141 条 （美国发明法案之前）向联邦巡回上诉

法院上诉 …………………………………… 089

第 142 条 上诉通知 …………………………………… 089

第 143 条 上诉程序 …………………………………… 090

第 143 条 （美国发明法案之前）上诉程序 ………… 090

第 144 条 对上诉的判决 ……………………………… 091

第 145 条 通过民事诉讼以获得专利 ………………… 091

第 145 条 （未生效）通过民事诉讼以获得专利 …… 091

第 146 条 发生抵触时的民事诉讼 …………………… 092

第 146 条 （未生效）发生溯源程序时的民事诉讼 … 093

第十四章 专利的颁发 ………………………………… 094

第 151 条 专利的颁发 ………………………………… 094

第 152 条 向受让人颁发专利 ………………………… 095

第 153 条 颁发的方式 ………………………………… 095

第 154 条 专利的内容和期限；临时的权利 ………… 095

第 154 条 （未生效）专利的内容和期限；临时的

权利 ………………………………………… 101

第 155 条 （已废止） ………………………………… 101

第 155A 条 （已废止） ……………………………… 101

第 156 条　专利的期限延展 ·················· 101

第 157 条　法定的发明登记 ·················· 113

第 157 条　（未生效）法定的发明登记 ·················· 114

第十五章　植物专利 ·················· 114

第 161 条　植物专利 ·················· 114

第 162 条　说明书和权利要求 ·················· 115

第 163 条　授予专利 ·················· 115

第 164 条　农业部的协助 ·················· 115

第十六章　外观设计 ·················· 116

第 171 条　外观设计专利 ·················· 116

第 172 条　优先权 ·················· 116

第 172 条　优先权 ·················· 116

第 173 条　外观设计专利的期限 ·················· 116

第十七章　特定发明的保密和在外国提交申请 ·········· 117

第 181 条　特定发明的保密和专利的扣发 ·········· 117

第 182 条　由于未经授权的披露而放弃发明 ······· 118

第 183 条　获得补偿的权利 ·················· 119

第 184 条　在外国提出申请 ·················· 120

第 184 条　（美国发明法案之前）在外国提出申请 ··· 121

第 185 条　对未经许可而申请者禁止授予专利 ······· 121

第 185 条　（美国发明法案之前）对未经许可而

　　　　　申请者禁止授予专利 ·················· 123

第 186 条　处罚 ·················· 123

第 187 条　对特定人不适用有关规定 ·················· 124

第 188 条　细则和规章、权力的委托 ·············· 124

第十八章　在联邦援助下所作发明的专利权 ·············· 124

第 200 条　政策和目标 ·············· 124

第 201 条　定义 ·············· 125

第 202 条　权利的处分 ·············· 126

第 202 条　权利的处分 ·············· 131

第 203 条　进入的权利 ·············· 131

第 204 条　对美国产业的优惠 ·············· 133

第 205 条　保密 ·············· 133

第 206 条　统一条款和规章 ·············· 133

第 207 条　在本国和外国保护联邦所拥有的发明 ····· 134

第 208 条　管理联邦许可的规章 ·············· 134

第 209 条　联邦所拥有发明的许可 ·············· 135

第 210 条　本章的优先地位 ·············· 137

第 211 条　与反托拉斯法的关系 ·············· 140

第 212 条　教育奖励中权利的处分 ·············· 140

第三部分　专利和专利权的保护

第二十五章　专利的修改和更正 ·············· 141

第 251 条　有缺陷专利的再颁 ·············· 141

第 251 条　（美国发明法案之前）有缺陷专利的

　　　　　再颁 ·············· 142

第 252 条　再颁专利的效力 ·············· 143

第 253 条　放弃 ·············· 144

第 253 条　（美国发明法案之前）放弃 ·············· 144

第 254 条　更正专利商标局错误的证明书 ·········· 145

第 255 条　更正申请人错误的证明书 ················ 145

第 256 条　发明人姓名的更正 ······················ 146

第 256 条　（美国发明法案之前）发明人姓名的

更正 ···································· 146

第 257 条　补充审查的考虑、再考虑或者更正信息 ··· 147

第二十六章　所有权和转让 ···························· 149

第 261 条　所有权；转让 ·························· 149

第 262 条　共同所有人 ···························· 150

第二十七章　政府在专利中的利益 ···················· 151

第 266 条　（已废止） ···························· 151

第 267 条　在政府申请中采取行为的时间 ·········· 151

第二十八章　侵犯专利权 ······························ 151

第 271 条　侵犯专利权 ···························· 151

第 272 条　在美国临时停留 ························ 157

第 273 条　以在先商业使用为基础的侵权抗辩 ········ 157

第二十九章　对侵犯专利权的救济和其他诉讼 ············· 160

第 281 条　对侵犯专利权的救济 ···················· 160

第 282 条　有效性推定；抗辩理由 ·················· 160

第 283 条　禁止令 ································ 162

第 284 条　损害赔偿金 ···························· 162

第 285 条　律师费 ································ 162

第 286 条　对损害赔偿金的时间限制 ················ 162

第 287 条　对损害赔偿金和其他救济的限制；
　　　　　标记和通知 ·················· 163

第 287 条　（未生效）对损害赔偿金和其他救济的限制；
　　　　　标记和通知 ·················· 168

第 288 条　侵犯含有无效权利要求的专利权的诉讼 ··· 168

第 288 条　（美国发明法案之前）侵犯含有无效权利
　　　　　要求的专利的诉讼 ·············· 169

第 289 条　对侵犯外观设计专利权的附加救济 ······· 169

第 290 条　专利诉讼的通知 ················· 170

第 291 条　抵触专利 ···················· 170

第 291 条　（未生效）溯源专利 ············· 170

第 292 条　虚假标识 ···················· 171

第 293 条　未居住在美国的专利权人；送达和通知 ··· 172

第 294 条　自愿仲裁 ···················· 172

第 295 条　推定：依专利方法制造的产品 ········ 174

第 296 条　各州、各州机构和各州官员对专利
　　　　　侵权的责任 ·················· 174

第 297 条　不适当和欺骗性的发明推广 ········· 175

第 298 条　辩护律师建议 ·················· 177

第 299 条　当事人的联合诉讼 ··············· 177

第三十章　向专利商标局引证的现有技术和专利的
　　　　单方再审 ····················· 178

第 301 条　现有技术的引证和书面说明 ········· 178

第 302 条　再审请求 ···················· 179

第 303 条　局长关于问题的决定 ············· 180

第 304 条　局长的再审命令 ················ 180

第 305 条　再审程序的进行 ·················· 181

第 305 条　（未生效）再审程序的进行 ·········· 181

第 306 条　申诉 ·························· 182

第 307 条　可享专利性、不可享专利性和删除权利
　　　　　要求的证书 ···················· 182

第三十一章　双方复审 ······················ 183

第 311 条　（注）双方复审的适用性规定 ·········· 183

第 311 条　双方复审 ······················ 184

第 312 条　请求书 ························ 184

第 313 条　对请求书的初步答复 ·············· 185

第 314 条　双方复审制度 ·················· 185

第 315 条　相关的其他程序和诉讼 ············ 186

第 316 条　双方复审的管理 ················ 188

第 317 条　结案 ························ 190

第 318 条　委员会的决定 ·················· 191

第 319 条　申诉 ························ 192

第三十一章　（美国发明法案之前）任选的双方
　　　　　再审程序 ···················· 192

第 311 条　（美国发明法案之前）双方再审的请求 ··· 192

第 312 条　（过渡期）局长关于问题的决定 ·········· 193

第 313 条　（过渡期）局长的双方再审命令 ·········· 194

第 314 条　（美国发明法案之前）双方再审程序的
　　　　　进行 ························ 194

第 315 条　（美国发明法案之前）申诉 ·········· 195

第 316 条　（美国发明法案之前）可享专利性、不可

享专利性和删除权利要求的证明书 ········ 196

第317条 （美国发明法案之前）双方再审的禁止 ··· 197

第318条 （美国发明法案之前）诉讼的中止 ········ 198

第三十二章 授权后复审 ·············· 198

第321条 （注）授权后复审的适用性 ········· 198

第321条 授权后复审 ·············· 199

第322条 请求书 ·············· 200

第323条 对请求书的初步答复 ··········· 201

第324条 授权后复审制度 ··········· 201

第325条 相关的其他程序和诉讼 ·········· 202

第326条 授权后复审的管理 ·········· 204

第327条 结案 ·············· 206

第328条 委员会的决定 ············ 207

第329条 申诉 ·············· 208

第四部分 专利合作条约

第三十五章 定义 ·············· 209

第351条 定义 ·············· 209

第三十六章 国际阶段 ·············· 210

第361条 受理局 ·············· 210

第362条 国际检索单位和国际初步审查单位 ····· 211

第363条 指定美国的国际申请：效力 ········· 211

第363条 （未生效）指定美国的国际申请：效力 ··· 211

第364条 国际阶段：程序 ··········· 211

第 365 条　优先权；在先申请提交日的利益 ·········· 212

第 366 条　被撤回的国际申请 ·········· 212

第 367 条　其他单位的行为；复审 ·········· 213

第 368 条　特定发明的保密；向外国提交国际申请 ·· 213

第三十七章　国家阶段 ·········· 214

第 371 条　国家阶段：开始 ·········· 214

第 372 条　国家阶段：要求和程序 ·········· 216

第 373 条　（已废止） ·········· 216

第 374 条　国际申请的公布 ·········· 216

第 374 条　（未生效）国际申请的公布 ·········· 216

第 375 条　根据国际申请颁发的专利：效力 ·········· 217

第 375 条　（未生效）根据国际申请颁发的

专利：效力 ·········· 217

第 376 条　费用 ·········· 218

未汇编法章 ·········· 218

美国发明法案第 14 条（与美国法典第 35 篇第 102 条、

第 103 条相关）　现有技术的税收政策 ·········· 218

美国发明法案第 18 条（与美国法典第 35 篇第 321 条

相关）　秘密商业方法专利的过渡程序 ·········· 219

美国发明法案第 33 条（与美国法典第 35 篇第 101 条

相关）　颁发专利的限制 ·········· 222

第一部分

美国专利商标局

第一章　机构设置、官员和雇员及职责

第1条　机构设置

（a）机构设置

美国专利商标局是作为美国商务部的一个下属机构建立的。美国专利商标局在履行其职责时，必须接受商务部部长的政策指导，但在其他方面，对其日常运作的经营和管理所作的决定自行承担责任，对其预算分配和支出、人事决定和处理、采购以及根据本篇和适用法律规定的其他经营和管理的职责，应独立进行控制。至于为授予和颁发专利而规定的工作，以及为便利商标注册而规定的工作，应作为美国专利商标局内单独的运营单元看待。

（b）办公场所

美国专利商标局为便于送达通知和文件以及为了履行其职

责，应将其主要办公机构设于美国首都华盛顿哥伦比亚特区。为了确定民事诉讼的管辖区，美国专利商标局应被视为其主要办公机构所在地区的住户，但法律对司法管辖另有规定的除外。美国专利商标局为执行其公务，可以在其认为必要和合适的美国其他地方设立附属的办事机构。

（c）引述的简称

在本篇中，美国专利商标局也会被简称为"本局"或"专利商标局"。

第 2 条　职权和职责

（a）一般规定

美国专利商标局，接受商务部部长的政策指导：

（1）负责专利的授予和颁发以及商标的注册。

（2）负责向公众发布有关专利和商标的信息。

（b）特定的职权

（1）本局应当备有和使用本局的印章，此印章应受到司法机关的注意，而且专利证书、商标注册证书以及专利商标局颁发的文件，应加盖印章以资证明。

（2）本局可以制定与法律不相抵触的规章，此种规章：

（A）应规范本局内程序的进行。

（B）应根据第 5 篇第 553 条予以制定。

（C）应便利和加速专利申请的处理，尤其是那些能依电子设备提交、存储、处理、搜索和检索的专利申请，但应遵守第 122 条有关申请保密的规定。

（D）可以规定对代理人、律师以及其他在本局代表申请人或其他当事人的人员的承认和管理，可以要求此类人员在被承认为申请人或其他人员的代理人以前，表明其具有良好的品行和名誉，并具有必要的资格，在提出或者办理申请以及其他业务方面，能向申请人或其他人员提供有价值的服务、建议和帮助。

（E）应通过第41条（h）款（1）项规定之对小实体组织减少收费的办法，承认在继续确保公众对美国专利制度的广泛利用方面的利益。

（F）规定发展以业绩为基础的方法，此种方法应包括质量和数量的测量和标准以评定成本效益，并且与公平和竞争原则相一致；以及

（G）可以在根据局长指示和专利申请人请求的任一种情况下，提供对国家经济或者国家竞争力有重大影响的产品、方法和技术的专利申请的优先审查，而不收取提供此优先服务的额外费用，不论第41条或其他条款有何规定。

（3）本局为履行职责而认为有必要时，可以获得、建造、购买、租赁、持有、管理、运营、改善、改建和装修任何不动产、动产或混合财产，或者其中的任何利益。

（4）本局（A）可以购买建筑物，签订建筑合同，或者为管理和运用设备而采购或签订合同，以及签订供给或者服务合同，而无须顾及第40篇副题Ⅰ和第33章、第41篇副题Ⅰ的C部分（第3302条、第3501条（b）款、第3509条、第3906条、第4710条和第4711条除外）以及麦肯尼—樊托对无家可归者帮助法（美国法典第42篇第11301条及以下）的规定。

（B）为履行职责而认为有必要时，可以签订、履行此种采购和印刷服务合同，包括排字、制版、印刷、丝网工艺、装订、

缩微等工序以及这些工序的产品，而无须顾及第 44 篇第 501 ~ 517 条、第 1101 ~ 1123 条的规定。

（5）本局征得联邦政府的其他部门、机关和机构的同意后，在可补偿费用的基础上，可以使用其服务、设备、人员和装置，并与这些部门、机关和机构合作，建立和使用本局的服务、设备和装置。

（6）当局长确定是切实可行、有效率和符合成本效益时，本局可以在征得美国以及有关机关、机构、专利商标局或者国际组织的同意后，使用任何州、地方政府机关或机构或者外国专利商标局、国际组织的服务、档案、装置或者人员，以代表本局履行职责。

（7）本局可以保留和使用其所有收益和收入，包括出售、出租或处分本局的任何不动产、动产或者混合财产的收益，或者其中的任何利益。

（8）本局应就本国或者某些国际知识产权政策问题，通过商务部部长，向总统提出建议。

（9）本局应就美国的知识产权政策事项，和其他国家的知识产权保护事项，向联邦各部门和机构提出建议。

（10）如果适当，本局应就知识产权保护事项，对各机构为帮助外国政府和政府间国际组织所提的建议提供指导。

（11）本局可以就本国和国际知识产权法律，以及本国乃至全世界知识产权保护有效性的项目或者服务进行计划、研究和交流，并且本局有权花费资金来支付参加这种项目的非联邦雇员的生活开支和旅行相关的费用，包括出差津贴、住宿费用和交通费用。

（12）本局（A）可以就与外国知识产权局和政府间国际组

织合作进行的或经授权将合作进行的有关知识产权政策的计划或者研究，向商务部部长提出建议；且

（B）可以进行（A）目所述的计划和研究；且

（13）本局（A）与国务院配合，可以与外国知识产权局和政府间国际组织合作进行计划和研究；且

（B）经国务卿同意，可以授权在任何一年中将不超过100 000美元的款项转给国务院，以便作为专款付给政府间国际组织，作为促进关于专利、商标和其他事项的国际合作的计划和研究之用。

（c）特定职权的澄清

（1）上述（b）款（13）项（B）目规定的专款，是在付给（b）款（13）项（B）目所述的国际组织的任何其他付款或者捐款以外付给，并且不受法律规定的美国联邦政府支付此类其他付款或者捐款的数额的任何限制。

（2）（b）款的任何规定均不减损1974年贸易法第141条所规定的国务卿或者美国贸易代表的职责（美国法典第19篇第2171条）。

（3）（b）款的任何规定均不减损版权登记机关的职责和职能，也不在其他方面改变涉及版权事务的现有当局。

（4）局长在行使（b）款（3）项和（4）项（A）目所规定的职权时，应当与总务管理局局长协商。

（5）局长在行使本条所规定的职权和职责时，应当与版权登记机关就所有版权和相关事项进行协商。

（d）建筑

本条所有规定均不应解释为废弃、无效、取消或者中断总务管理局专为美国专利商标局迁址或租赁地皮而发出的任何悬

而未决的租赁招标或合同。

第3条 官员和雇员

（a） 副部长和局长

（1） 一般规定。美国专利商标局的职权和职责应授予主管知识产权事务的商务部副部长兼美国专利商标局局长（本篇述及时称为"局长"）。局长应当是美国公民，由总统任命，但应征求参议院的意见并获得其同意。局长应具有专利法或者商标法的专业背景和经验。

（2） 职责。

（A） 一般规定。局长对本局负有提供政策指导和管理监督的责任，并对专利的颁发和商标的注册负有责任。局长应依公平、公正和合理的方式履行上述职责。

（B） 与公共咨询委员会协商。局长应定期与根据第5条设立的专利公共咨询委员会就本局专利工作的有关事项进行协商，应定期与根据第5条设立的商标公共咨询委员会就本局商标工作的有关事项进行协商，并分别与相应公共咨询委员会就准备向管理和预算局提出的预算请求，就修改或提议修改专利或商标收费表、专利或商标规章（根据第5篇第553条的要求，这些事项应通告公众，使其有提供意见的机会）进行协商。

（3） 宣誓。局长在就职前应宣誓：忠实地履行专利商标局的职责。

（4） 免职。总统可以免除局长的职务，并须将任一此类免职通知国会两院。

（b）专利商标局的官员和雇员

（1）次副部长和副局长。由商务部部长根据局长的提名，任命一名负责知识产权事务的商务部次副部长兼任美国专利商标局副局长，在局长不在职或者不能行使职权时，应由副局长负责行使局长的职权。副局长应当是具有专利法或者商标法专业背景和经验的美国公民。

（2）专员。

（A）任命和职责。商务部部长应任命 1 名专利专员和 1 名商标专员，而无须顾及第 5 篇第 33 章、第 51 章或第 53 章的规定。专利专员应当是已被证实具有管理能力、具有专利法专业背景和经验的美国公民，任期 5 年。商标专员应当是已被证实具有管理能力、具有商标法专业背景和经验的美国公民，任期 5 年。专利专员和商标专员应分别是本局专利和商标工作中居于领导地位的管理人员，并分别负责管理和指导本局涉及专利和商标工作的各方面活动。如果专员的工作按照（B）项所述绩效协议的规定令人满意，部长可以再次任命专员继续任职 5 年。

（B）薪金和绩效协议。专员每年的基本薪金额不得超过根据第 5 篇第 5382 条规定的高级行政官基本薪金的最高额，包括根据第 5 篇第 5304 条（h）款（2）项（C）目批准的任何适用地域差别的报酬在内。就第 18 篇第 207 条（c）款（2）项（A）目的规定而言，专员的酬劳应被认为与第 18 编第 207 条（c）款（2）项（A）目的（ii）段所述的等同。除此之外，专员还可以获得一笔最多可达（但不可超过）该专员每年基本薪金额 50% 的奖金，该奖金依商务部部长通过局长对专员的工作——由商务部部长与专员每年的绩效协议所规定——进行评估得以确定。每年的绩效协议应当包括商务部部长与专员在每年的业务计划中共同限定的、关键业务领域中可计量的组织和个体的目标。根据本规定付给专员的奖金最多不能使专员在每一历年中所获得的酬劳总额等于或者超过副总统根据第 3 篇第 104 条所获得的薪金。

（C）免职。如果专员有不当行为，或者其工作根据上述（B）目所述的绩效协议不能令人满意，可以不顾第 5 篇的规定，由商务部部长将其免职。商务部部长应当将任一此类免职通知国会两院。

（3）其他官员和雇员。

（A）为履行本局的职责，局长应当任命其认为必要的本局的官员、雇员（包括律师）和代理人。

（B）局长应当规定上述官员和雇员的职称、职权和职责，以及局长可能决定授予的本局具有的其他职权。本局不受任何行政上或者法律上对职位或人员施加的任何限制，本局的任何职位或人员也不应为了适用任何此种限制而被纳入考虑。

（4）审查员的培训。本局应向国会提交建议，制订激励方案，将符合退休条件的主审员级或更高级别的专利和商标审查员，保留作为雇员，专任培训专利和商标审查员之职。

（5）国家机密职位。经与人事管理局局长协商后，局长应制订方案，确认国家机密职位，给予适当的机密审查，以便如第 181 条所述，保守特定发明的秘密，并为了国家利益而防止敏感和战略性信息的披露。

（6）专利行政法官和商标行政法官。局长可以修改根据第 6 条任命的专利行政法官和根据 1946 年商标法令（美国法典第 15 篇第 1067 条）第 17 条任命的商标行政法官的基本工资等级，但不可超过第 5 篇第 5314 条规定的行政计划表中的第 Ⅲ 级基本

工资费用。本段所述的基本工资支付等级不受第 5 篇第 5306 条
（e）款和第 5373 条的支付限制。

（c）第 5 篇的继续适用

本局的官员和雇员应遵守第 5 篇有关联邦雇员的规定。

（d）接受现有劳动协议

本局接受自《专利商标局效能法》生效日的前一日起对本
局有效的所有劳动协议（一如当时有效）。

（e）人员的调动

（1）来自专利商标局。专利商标局在《专利商标局效能
法》生效日以前的所有官员和雇员均不间断地成为本局的官员
和雇员，自《专利商标局效能法》生效日起生效。

（2）其他人员。任何在《专利商标局效能法》生效日之前
是商务部的官员或者雇员［（1）项所述的官员或雇员除外］的
个体，具有下列情形之一的，如系贯彻本法目的所必要，应调
至本局：

（A）如该个人所服务岗位的首要职责，按商务部部长的决
定，是履行一项由专利商标局给予报销的工作的。

（B）如该个人所服务的岗位，按商务部部长的决定，至少
有一半时间是为支持专利商标局而履行工作的；或者

（C）此种调动，按商务部部长与局长协商的决定，是有利
于本局的。

根据本规定的调动自上述（1）项所提及的同一生效日起生
效，且调动不能造成其工作的中断。

（f）过渡规定

（1）局长的临时任命。在《专利商标局效能法》生效之日
或以后，总统应任命一人作为专利商标局局长，直至有一位局

长符合（a）款所定资格之日为止。总统不得依据本款作出一次以上的此类任命。

（2）特定官员的继续任职。

（A）在《专利商标局效能法》生效日以前担任助理专利专员的人，可以担任专利专员，直至根据（b）款有一专利专员获得任命之日为止。

（B）在《专利商标局效能法》生效日以前担任助理商标专员的人，可以担任商标专员，直至根据（b）款有一商标专员获得任命之日为止。

第4条　对官员和雇员有关专利利益的限制

专利商标局的官员和雇员，在其任职期间以及离职后1年内，不得申请专利；除因继承或者遗赠外，不得直接或者间接获得本局所颁发或者行将颁发的任何专利或者任何专利中的任何权利或利益。在上述期间以后申请的专利中，官员和雇员也无权享受早于离职后1年的优先权日。

第5条　专利商标局公共咨询委员会

（a）公共咨询委员会的设立

（1）任命。美国专利商标局设立专利公共咨询委员会和商标公共咨询委员会，每一公共咨询委员会均有9名有投票权的成员，由商务部部长任命，并根据商务部部长的意愿而服务。每年应当有3名成员被任命到每一个公共咨询委员，其为期3年的任期开始于当年12月1日。公共咨询委员的任何空缺应自其发生后的90天内得到填补。一个填补空缺的新成员的任期为前任的剩余任期。

（2）主席。商务部部长和局长协商之后从（1）项任命的成员中指定每一个咨询委员会的主席和副主席。如果主席在任期完成前辞职，或者无法行使主席职责，那么将由副主席行使主席职责。

（b）任命的基础

每一咨询委员会的成员：

（1）应当是美国公民，对专利公共咨询委员会而言，是为了代表美国专利商标局的各种不同使用者所涉及的专利方面的利益，而选任其为成员；对商标公共咨询委员会而言，是为了代表各种不同使用者所涉及的商标方面的利益。

（2）应当有成员代表了设立于美国的大小实体组织的申请人，其名额与此类申请人提交的申请数量成比例，但在任何情形下，均应有成员代表小实体组织（包括小企业公司、独立发明人和非营利组织在内）的专利申请人，其成员绝不应少于专利公共咨询委员会全体成员的25%，且此类成员中至少包括1名独立发明人；并

（3）应当包括在金融、管理、劳工关系、科学、技术和办公自动化方面具有殷实背景和可观成就的个人。除有投票权的成员以外，每一咨询委员会应当包括美国专利商标局所承认的任一劳工组织的代表。此代表应当是被任命的咨询委员会无投票权成员。

（c）会议

每一咨询委员会均应由主席召集开会，考虑主席所提出的议程。

（d）职责

每一咨询委员会的职责是：

（1）对专利公共咨询委员会而言，审阅美国专利商标局专

利方面的政策、目标、工作、预算和用户付费；对商标公共咨询委员会而言，审阅商标方面的上述事项，并就上述事项向局长提出建议。

（2）在财政年度结束起 60 日内：

（A）就（1）项所述的事项准备一份年度报告；

（B）将上述报告送交商务部部长、总统、参议院及众议院的司法委员会；且

（C）在美国专利商标局公报上公布上述报告。

（e）补偿金

每一咨询委员会的每一委员在出席咨询委员会会议或者从事咨询委员会其他事务的期间，每日（包括旅行时间）应获得的补偿金，其费率实际上与根据第 5 篇第 5314 条所载行政部门表第 III 级的每年基本薪金的每日数额相同。此类成员在其离开家或者离开其正常业务地点的期间，按照第 5 篇第 5703 条的规定，应获得旅行费用，包括代替生活费的每日生活津贴在内。

（f）获得信息

应对每一咨询委员会的成员提供利用美国专利商标局的档案和信息的机会，但人事和其他保密的信息，以及按照第 112 条规定需要保密的专利申请的相关信息除外。

（g）某些伦理法律的适用

每一名咨询委员会的成员均是第 18 篇第 202 条所称的政府特别雇员。

（h）不适用《联邦咨询委员会法》

《联邦咨询委员会法》不适用于任一咨询委员会。

（i）会议公开

每一咨询委员会的会议均应向公众公开，但每一咨询委员

会考虑人事、保密或者其他机密信息时，可以依多数票决定召开不公开会议。

（j）不适用专利禁止规定

本法第 4 条不适用于咨询委员会有投票权的成员。

第 6 条　专利审判和申诉委员会

编者注：适用于开始于 2012 年 9 月 16 日及之后的程序，其他情况适用的法条参见美国法典第 35 篇第 6 条（美国发明法案之前）。

（a）一般规定

美国专利商标局应设立专利审判和申诉委员会，由局长、副局长、专利专员、商标专员和专利行政法官组成。专利行政法官是具有能胜任工作的法律知识和科学能力的人，由商务部部长在和局长协商后任命。涉及联邦法律、行政命令、法规、规章、代理职权以及专利申诉和抵触委员会的任何文件及附属文件都应咨询专利审判和上诉委员会。

（b）职责

专利审判和申诉委员会应：

（1）基于申请人的书面请求，根据第 134 条（a）款复审专利审查员对申请作出的不利决定。

（2）根据第 134 条（b）款复审对再审的申诉。

（3）根据第 135 条管理溯源程序；以及

（4）根据第 31 章和第 32 章管理双方复审和授权后复审。

（c）3 人小组

每个申诉、溯源程序、授权后复审和双方复审案件均应由局长指定的专利审判和申诉委员会的 3 名成员审理。只有专利审判和申诉委员会才可以授权重新审理。

（d）先期任命

商务部部长可以在本款实施之前，以部长令任命一名专利行政法官。该专利行政法官根据局长的命令自局长最初任命专利行政法官的日期开始供职。对专利行政法官任命的质疑应该有一种辩护基础，即该法官本就已被局长任命，因此该专利行政法官已担当着事实上的官员。

注：根据美国法典第35篇第135条，本条款——美国法典第35篇第6条（美国发明法案之前）——自2012年9月15日起生效，适用于2012年9月15日后结案的抵触程序。见《公共法》第112-274编第1条（k）款（3）项。2013年1月14日制定法。

第6条（美国发明法案之前）专利申诉和抵触委员会

编者注：不适用于开始于2012年9月16日及之后的程序，其他情况适用条款参见美国法典第35篇第6条。

（a）设立和组成

美国专利商标局应设立专利申诉和抵触委员会，由局长、副局长、专利专员、商标专员和专利行政法官组成。专利行政法官是具有能胜任工作的法律知识和科学能力的人，由商务部部长在和局长协商后任命。

（b）职责

专利申诉和抵触委员会应基于申请人的书面请求，对审查员就专利申请所作的不利于申请人的决定进行复审，并且在根据第135条（a）款宣告有抵触的情形下，决定发明的优先顺序和可享专利性。每一件上诉和抵触案件均应由局长指定委员会的至少3名成员审理。只有专利申诉和抵触委员会才可以授权重新审理。

（c）部长职权

商务部部长可以在本款实施之前，以部长令任命一名专利行政法官。该专利行政法官根据局长的命令自局长最初任命专利行政法官的日期开始供职。

（d）对任命质疑的辩护

对专利行政法官任命的质疑应该有一种辩护基础，即该法官本就已经被局长任命，因此该专利行政法官已担当着事实上的官员。

第7条　图书馆

局长应在专利商标局设立图书馆，保存国内外的科学和其他作品及各种期刊，以帮助本局官员履行其职责。

第8条　专利的分类

局长可以对美国的专利以及必要或实际可以获得的其他国家的专利和印刷出版物，按主题进行分类和修订，以便迅速而准确地确定申请专利的发明的新颖性。

第9条　档案的证明副本

局长可以向公众或索取者提供专利商标局颁发的专利的说明书和附图的证明副本，以及其他可提供的档案的证明副本。

第 10 条　　出版物

（a）局长可以以印刷、打字或者电子方式发行下列出版物：

（1）专利和公布的专利申请，包括说明书和附图，连同其副本。专利商标局可以印刷专利附图的标题，以供影印之用。

（2）商标注册证书，包括说明和附图，连同其副本。

（3）美国专利商标局公报。

（4）专利和专利权人的年度索引，商标和注册人的年度索引。

（5）专利和商标案件决定的年度汇编。

（6）专利法和实施细则、有关商标的法律和细则，以及有关本局业务的通报或者其他出版物的小册子。

（b）局长可以以本条（a）款第（3）～（6）项所指的任一出版物交换专利商标局所需用的出版物。

第 11 条　　与外国互换专利和专利申请副本

局长可以以美国专利和公布的专利申请的说明书和附图的副本与外国的同类文件相交换。

除 NAFTA 国家或 WTO 成员❶外，局长未经商务部部长的明确授权，不应缔结协议向外国提供美国专利和申请的说明书和附图的副本。本条所述 "NAFTA 国家" 和 "WTO 成员" 和第 104 条（b）款中的 "NAFTA 国家" 和 "WTO 成员" 具有同等含义。

---

❶ 原文如此。实际上，世界贸易组织的成员并非都是享有主权的独立国家。——译者注

第12条 向公共图书馆提供专利和专利申请副本

局长可以向美国的公共图书馆提供专利和公布的专利申请的说明书和附图的印刷或电子副本，以便此类图书馆应保存这些副本供公众使用，并按照第41条（d）款为以此目的所确定的每年发行量的价格收取费用。

第13条 向国会提交年度报告

局长应于每一财政年度结束后不迟于180日内，向国会报告本局收到和支出的款项、支出款项的目的、本局工作的数量和质量、审查员所受培训的性质、商务部部长对专利专员和商标专员的评估、专员的报酬以及和本局有关的其他信息。

第二章 专利商标局的程序

第21条 提交日和采取行为之日

（a）局长可以通过规则规定，请求提交给专利商标局的任何文件或费用，应认为是在交付美国邮局之日，或者，由于邮政中断服务或者出现局长指定的紧急情况，本应交付美国邮局之日，提交给专利商标局。

（b）当在美国专利商标局采取任何行为或者缴纳任何费用之日或最后一日，是星期六、星期日或者在哥伦比亚特区内是联邦节假日时，可以在其后第一个非宗教日或工作日采取行为或缴纳费用。

第 22 条　所提交文件的印刷

局长可以要求将提交给专利商标局的文件予以印刷、打字或者储存在电子媒介上。

第 23 条　在专利商标局案件中作证

局长可以制定规则，以规范在专利商标局的案件中接受所需要的书面宣誓书或者证词。任何官员凡经法律授权可以听取证词供美国法院或者其居住地的州法院使用的，可以接受上述书面宣誓书或证词。

第 24 条　传票和证人

在专利商标局的任何一个争议案件中需要举证时，根据任何一方当事人的申请，采证地区的任何美国法院的书记员，应向居住于该地区或者现处于该地区的证人发出传票，令其在传票所述的时间和地点出席，并在该地区有权接受证人书面宣誓书或证词的官员面前作证。联邦民事诉讼规则中关于证人出庭和提交文件和物品的规定，适用于专利商标局的争议案件。

受到传唤而出席的每一位证人，均应该得到在美国地区法院出庭的证人所应得到的费用和旅费。

有证据表明受到传唤的证人，因疏忽或者拒绝出席或作证的，发出传票的书记员所属法院的法官可以强制其服从传票的要求，或者处罚其不服从的行为，如同在其他类似案件中那样。除非在送达传票时，已向证人支付了或者提出将给付费用和往返讯问地点的旅费，以及在讯问地点出庭一日的费用，否则任何证人不应因为不服从传唤而被视为犯有藐视法庭的罪责。同样，除发出传票的法院有相关命令外，该证人也不应因为拒绝披露秘密事项而被视为犯有藐视法庭的罪责。

第 25 条　以声明代替誓词

（a）局长可以通过规则规定，提交给专利商标局的任何文件按照法律、规则或其他规章的要求应经过宣誓的，可以按照局长规定的形式签署书面声明，以代替所需要的誓词。

（b）不论何时使用上述书面声明，文件中必须警告声明人，故意作出虚假声明或其类似行为的，会被处以罚金或监禁，或者二者并处（美国法典第 18 篇第 1001 条）。

第 26 条　有缺陷文件的效力

根据任何法律、规则或其他规章的要求，向专利商标局提交的文件应按特定方式制作。若其制作有缺陷，局长可以暂时接受，如果在可能规定的期限内提交正确制作的文件。

第三章　专利商标局的事务代理

第 31 条　（已废止）

第 32 条　暂停或禁止执行业务

任何个人、代理人或者律师表现不能胜任职务，或者声誉有损，或者有严重不端行为，或者不遵守根据本篇第 2 条（b）款（2）项（D）目所列规章，或者通过言辞、传单、信件、广告等，意图以任何方式诈骗、蒙骗、误导、威胁任何申请人或者潜在的申请人、直接或即将与本局有事务联系的其他人的，局长可以在通知并给予申辩的机会后，一概地或者就某一特定案件暂停或者禁止其继续在专利商标局执行业务。暂停或者禁止执行业务的理由应被及时记录在案。局长应自行决定指派专利商标局官员或雇员中的任何律师主持本条所规定的申辩听证会。维吉尼亚东区联邦地方法院可以根据被拒绝认可或者被暂停、禁止执行业务之人的请求，按照法院规则所确定的条件和程序，对局长的行为进行复核。

第 33 条　未经授权的执业者的代理

任何未被承认可在专利商标局执行业务的人，自称或者听任他人认为自己已被认可、自称或者听任他人认为自己有资格准备或处理专利申请的，每犯一次则被处以 1000 美元以下的罚款。

第四章　专利费用、资金、检索系统

第 41 条　专利费用、专利和商标检索系统

（a）一般费用

局长应征收下列费用：

（1）申请费和基本国家费：

（A）申请新的专利（外观设计专利、植物专利或者临时专利除外），每件 330 美元。

（B）申请新的外观设计专利，每件 220 美元。

（C）申请新的植物专利，每件 220 美元。

（D）提交新的专利的临时申请，每件临时申请 220 美元。

（E）申请再颁专利，每件 330 美元。

（F）根据本篇第 351 条（a）款所定义的条约而提交的国际申请，如本篇第 371 条所述进入国家阶段时应提交的基本国家费，每件 330 美元。

（G）此外，除局长规定的以电子方式提交的序列表或者计算机程序列表外，任何申请的说明书和附图超过 100 纸页（或者局长规定的等同数值，如果是以电子方式提交的话）的，每超过 50 纸页（或者局长规定的等同数值，如果是以电子方式提交的话）或者不足 50 纸页的，加收 270 美元。

（2）超额权利要求费

（A）除上述（1）项规定的费用外：

（i）在提交申请或者其他任何时候提出的独立权利要求超过 3 项的，每增加 1 项，加收 220 美元。

（ii）在提交申请或者其他任何时候提出的（独立的或者从属的）权利要求超过 20 项的，每增加 1 项，加收 52 美元。

（iii）包含多项从属权利要求的申请，每件 390 美元。

（B）多项从属权利要求　为了便于根据（A）目规定计算费用，本篇第 112 条所述的多项从属权利要求或者从属于该权利要求的任何权利要求，在计算权利要求的数目时，应被视为单独的从属权利要求。

（C）退款：付款错误

局长可以在规章中规定，（A）目所规定的对权利要求的费用，在根据本篇第 131 条提交的申请接受按局长所规定的、对申请根据其本身价值进行审查之前，可以退还任何被删除的权利要求的相关部分的费用。本项规定的附加费用缴纳有误的，可以按照局长制定的规章予以纠正。

（3）审查费

（A）一般情况：

（i）原始专利申请的审查费（外观设计专利、植物专利、临时专利、国际申请除外），每件 220 美元。

（ii）原始外观设计专利申请的审查费，每件 140 美元。

（iii）原始植物专利申请的审查费，每件 170 美元。

（iv）国际申请国家阶段的审查费，每件 220 美元。

（v）再颁专利申请的审查费，每件 650 美元。

（B）适用其他费用的规定 本篇第 111 条（a）款第（3）项和第（4）项关于缴纳申请费的规定，适用于（A）目所规定、根据本篇第 111 条（a）款而提交的申请的费用缴纳。本篇第 371 条（d）款关于缴纳国家费的规定适用于（A）目所规定的国际申请费用的缴纳。

（4）颁发费

（A）颁发原始的专利（外观设计专利和植物专利除外），每件 1510 美元。

（B）颁发原始的外观设计专利，每件 860 美元。

（C）颁发原始的植物专利，每件 1190 美元。

（D）再颁专利，每件 1510 美元。

（5）弃权费，每提交一次弃权，140 美元。

（6）申诉费

（A）就审查员的决定向专利审判和申诉委员会提起申诉，每次 540 美元。

（B）此外，为支持申诉而提交案情摘要，每件 540 美元，在申诉中请求专利审判和申诉委员会举行口头听审会，每次 1 080 美元。

（7）恢复费

提交请求以恢复一份被无意放弃的专利申请、恢复被无意延误的专利颁发费的缴纳或者恢复被专利所有人在复审程序中无意延误的一次答复的，每次 1 620 美元，除非该请求是根据本篇第 135 条或者第 151 条提出的，在此种情形下，每次 540 美元。

（8）延期费

请求延期 1 个月时间，以便采取局长在一件申请中所要求的行为的，需缴纳下列费用：

（A）提出第 1 次请求，130 美元；

（B）提出第 2 次请求，360 美元；且

（C）提出第 3 次及 3 次以上请求，620 美元。

（b）维持费

（1）一般规定

为维持基于 1980 年 12 月 12 日及之后提交的申请而授予的专利权有效，局长应征收下列费用：

（A）授予后满 3 年 6 个月的，980 美元。

（B）授予后满 7 年 6 个月的，2 480 美元。

（C）授予后满 11 年 6 个月的，4 110 美元。

（2）宽限期、滞纳金

如果美国专利商标局在（1）项规定的维持费应缴纳之日或

该日之前且在该日之后的 6 个月宽限期内均没有收到该维持费，则此专利将自宽限期届满日起失效。局长可以以收取滞纳金为条件，接受在 6 个月宽限期内缴纳的维持费。

（3）外观设计专利和植物专利无维持费

外观设计专利和植物专利的维持不需任何费用。

（c）延误缴纳维持费

（1）接受。延误缴纳本条（b）款所述维持费的，在 6 个月宽限期届满后 24 个月内缴纳，并向局长表明延误并非故意且得到认可的，或者，在 6 个月宽限期届满后任何时候缴纳，并向局长表明延误是不可避免且得到认可的，局长均可以接受。局长可以收取滞纳金为条件，接受 6 个月宽限期满后缴纳的维持费。如果局长接受了 6 个月宽限期满后缴纳的维持费，则该专利不应被视为在宽限期满后失效。

（2）对其他权利的影响。一项专利，若其期限由于局长根据本款规定接受其维持费的缴纳而得以维持，则不应缩短或者影响任何个人或其事业的继受人在 6 个月宽限期届满之后、但在本款规定的维持费被接受之前，在美国已经制造、购买、许诺销售、使用专利所保护的物品的，或者已经将专利所保护的物品进口到美国之后的，继续使用、许诺销售，或者销售给他人以供他人使用、许诺销售、销售关于制造、购买、许诺销售、使用、进口此种特定物品的权利。法院在遇到此种问题时，如果在 6 个月宽限期届满之后，但在本款规定的维持费被接受之前，已经做了实施的实质性准备的，可以准予在美国继续制造、使用、许诺销售；可以准予销售上述已经在美国制造、购买、许诺销售、使用、进口到美国的此种特定物品；可以准予在美国制造、使用、许诺销售、销售。法院也可以准予继续实施已经实施的方法；如果在 6 个月宽限期届满之后、但在本款规定的维持费被接受之前，已经做了实施的实质性准备的，法院为了保护在 6 个月宽限期届满之后，但在本款规定的维持费被接受之前已经作出的投资或者开始的商业活动，可以在其认为公平的范围内和条件下准予实施方法。

（d）专利检索和其他费用

（1）专利检索费

（A）一般情况。局长应当根据（B）目规定对每件专利申请（临时申请除外）征收一笔检索费。局长应根据本项规定调整所征收的费用以确保所征收的数额不超过由本局职员检索专利申请的平均估算费用。

（B）具体费用。（A）目所指费用为：

（i）原始专利申请（外观设计专利、植物专利、临时专利或国际申请除外），每件 540 美元。

（ii）原始外观设计专利申请，每件 100 美元。

（iii）原始植物专利申请，每件 3030 美元。

（iv）进入国家阶段的国际申请，每件 540 美元。

（v）再颁专利的申请，每件 540 美元。

（C）其他规定的适用性。本篇第 111 条（a）款（3）项和（4）项关于申请费缴纳的规定，适用于根据本篇第 111 条（a）款所提交申请的有关本项规定的费用的缴纳。本篇第 371 条（d）款关于缴纳国家费的规定，适用于国际申请有关本项规定的费用的缴纳。

（D）退款。局长可以通过规章规定，在根据第 131 条对申请进行审查以前，对按照局长的规定提交书面声明宣称放弃该申请的申请人，退还其本项规定所涉及的部分费用。

（2）其他费用

（A）一般规定。局长除对下列服务征收费用外，对本条没有具体规定的有关专利的所有其他程序、服务或者物资，也应征收费用，以收回本局为此种程序、服务或物品所花费的平均估算费用：

（i）复制反映所有权的文件，每笔所有权40美元。

（ii）影印文本，每页0.25美元。

（iii）专利的黑白文本，每份3美元。

（B）图书馆复印。向本篇第12条所述的图书馆提供1年内颁发的所有专利说明书和附图的非证明印刷文本，每年50美元。

（e）放弃费用

关于通知的复印　局长对政府部门、政府机构，或其官员偶尔或附带提出的请求所涉及的与专利有关的任何服务或物资，可以放弃收取费用。局长可以给予根据本篇第132条收到通知的申请人该通知所述的所有专利的说明书和附图，而不收取费用。

（f）费用调整

本条（a）和（b）两款所订的费用，可以由局长于1992年10月1日以及之后每年的10月1日加以调整，以反映在此之前的12个月内劳工部部长所确定的消费者价格指数的波动，其中小于1%的波动可以忽略不计。

（g）已废止

（h）小实体组织费用

（1）费用减免。在符合本款第（3）项的规定下，根据本条（a）（b）（d）款第（1）项规定所征收的费用，在其适用于小企业法第3条所定义的任何小企业公司，以及适用于局长发布的规章所定义的任何独立发明人或者非营利组织时，应当减免50%。

（2）滞纳金和其他费用。根据（c）款或（d）款所征收的任何滞纳金或费用，在其适用于本款第（1）项所述的任何实体组织时，不得高于任何其他实体组织在相同或实质上相同的情况下所负担的滞纳金或费用。

（3）电子申请减免。根据（a）款第（1）项（A）目所征收的费用，在其适用于第（1）项所适用的任何实体组织时，如果其申请是依局长所规定的电子方式提交的，应当减免75%。

（i）专利和商标的电子数据

（1）数据维护。局长应当保存美国专利、外国专利文件以及美国商标注册的纸件、缩微印刷品或者电子文本的合集，并按便于搜索和检索信息的方法排列以供公众使用。局长对使用这些合集，或者对供公众使用的专利和商标检索室、图书馆，不得直接征收费用。

（2）自动化检索系统可用性。局长应提供全面部署的专利商标局的自动化检索系统，以使这些系统能为公众所使用，并应使用各种不同的自动化方法，包括电子公报板以及使用者可远程接入的大量存取系统，确保公众得到接触和散布专利和商标信息的充分机会。

（3）使用费用。局长可以对公众使用专利商标局的自动化检索系统收取合理的费用。在收取费用的情况下，则应当对以教育培训为目的的使用者提供有限数量的免费使用该系统的机会。如果有人表示处境贫苦或困窘的，且有利于公众，局长可以放弃向其收取本项规定的费用。

（4）对国会的年度报告。局长应就专利商标局的自动化检索系统和公众使用该系统的情况向国会提交年度报告。局长应在《联邦记录》上公布此种报告，并提供机会使有利害关系的人员对每一份此种报告都能发表意见。

第42条 专利商标局的资金

（a）对专利商标局履行的服务或者提供的物资所付出的所有费用，均应付给局长。

（b）付给局长的所有费用以及支付专利商标局各项活动所需花费的所有拨款，均记入美国财政部的专利商标局拨款账户的贷方。

（c）（1）在拨款法预先规定的限度和数额内，本篇和任何其他法律授权局长可收取和可设立的费用，应由局长收受并根据第（3）项提供给局长开展专利商标局的工作之用。

（2）国库中应设有专利和商标费用准备金。如果专利商标局一个财年内征收的费用超过了适于本局该财年的数额，超过该数额的征收费用将存放于专利和商标费用准备金中。根据拨款法令规定的数额，该准备金只可以用于第（3）项规定的本局的债务和支出，直到用尽为止。

（3）（A）根据本篇征收的任何费用和费用的滞纳金，只可以用于本局关于专利申请和其他与专利相关的活动、服务以及物资，以及填补适当比例的本局的行政管理费用。

（B）根据1946年商标法令第31条征收的任何费用和费用的滞纳金，只可以用于本局关于商标申请和其他与商标相关的活动、服务以及物资，以及填补适当比例的本局的行政管理费用。

（d）局长可以退还错收的费用，或者超出应收费用的数额。

（e）商务部部长应在每年的总统向国会提交年度预算之日，向参议院和众议院的司法委员会提交下列文件：

（1）专利商标局上一财政年度专利和商标收费清单；

（2）专利商标局上一财政年度由专利费支出额、商标费支出额和拨款所支持的活动一览表；

（3）专利商标局的重要工作计划、项目和活动的预算计划，包括超年度拨款的估算值；

（4）专利商标局关于收费剩余款项安排的建议；和

（5）委员会认为必要的其他信息。

第二部分

发明的可享专利性和专利的授予

第十章　发明的可享专利性

第 100 条　（注）　发明人先申请规定

Leahy – Smtth 美国发明法案（AIA）的发明人先申请规定适用于任何专利申请、任何据此授予的专利，在任何时候其中都包括：

（A）一项要求保护的发明的权利要求，其有效申请日在 2013 年 3 月 16 日或之后，其中有效申请日是：

（i）如果不适用（ii）段规定，那么即指包含发明的权利要求的专利或专利申请的实际提交日；或

（ii）最早申请的提交日，该发明的专利或专利申请享有第 119 条、第 365 条（a）款或者（b）款规定的优先权，或者受益于第 120 条、第 121 条或者第 365 条（c）款的较早提交日；或

（B）具体参考美国法典第 35 篇第 120 条、第 121 条或者第 365 条（c）款，关于任何时候包含此权利要求的任何专利或专利申请。

第 100 条　定义

编者注：2013 年 3 月 16 日有效，此处的美国法典第 35 篇第 100 条（e）款不适用于根据美国发明法案［参见美国法典第 35 篇第 100 条（注）］的发明人先申请规定下的任何专利申请。在 2013 年 3 月 15 日之后适用的法条参见美国法典第 35 篇第 100 条（未生效）。

在本篇中，除上下文另有所指外，下列术语意义如下：

（a）"发明"意指发明或发现。❶

（b）"制法"意指制法、技艺或者方法，并包括已知的制法、机器、制造品、组合物或者材料的新用途。

（c）"美国"和"本国"意指美利坚合众国及其领地和属地。

（d）"专利权人"不仅包括获得专利的专利权人，而且还包括其权利的继承人。

（e）"第三方请求人"意指非专利权人、根据第 302 条请求单方再审或者根据第 311 条请求双方再审的请求人。

第 100 条　（未生效）定义

编者注：2013 年 3 月 16 日生效，美国法典第 35 篇第 100 条（e）至（j）款适用于根据美国发明法案［美国法典第 35 篇

---

❶ 这里的"发现"一词，按照美国法院的解释，是发明的同义词，见肯珀案判例（1841 年）——译者注。

第 100 条（注）］的发明人先申请规定下的任何专利申请。2013 年 3 月 15 日之后的适用条款参见美国法典第 35 篇第 100 条（美国发明法案之前）。

在本篇中，除根据上下文另有所指外，下列术语意义如下：

……

（e）"第三方请求人"意指根据第 302 条请求单方再审的、非专利权人的个人。

（f）"发明人"意指发明或发现发明主题的个人或者在共同发明中的全体人士。

（g）"共同发明人"和"合作发明人"意指发明或发现共同发明主题的共同发明人中的任一位。

（h）"共同研究合同"意指 2 个或更多的个人或实体组织参加的在要求保护的发明所在的领域实验性、发展性、研究性工作的进行而签订的书面合同、授权或合作协议。

（i）（1）专利或专利申请中要求保护的发明的"有效的申请日"意指：

（A）如果（B）目不适用，那么即指包含发明的权利要求的专利或专利申请的实际提交日；或

（B）最早申请的提交日，该发明的专利或专利申请享有第 119 条、第 365 条（a）款或（b）款规定的优先权，或者受益于第 120 条、第 121 条和第 365 条（c）款规定的较早提交日。

（2）要求保护的发明再颁申请或再颁专利的有效申请日取决于包含在寻求再颁的专利中的发明的权利要求。

（j）"要求保护的发明"意指专利或专利申请的权利要求所定义的主题。

第 101 条　可享专利性的发明

凡是发明或者发现任何新颖且有用的制法、机器、制造品、组合物或其任何新颖且有用的改进的人，均可以获得专利，但须符合本篇规定的条件和要求。

第 102 条　可享专利性的条件；　新颖性和专利的丧失

编者注：2013 年 3 月 16 日生效，美国法典第 35 篇第 102 条 [（g）款除外❶] 不适用于根据美国发明法案 [参见美国法典第 35 篇第 100 条（注）] 的发明人先申请规定下的任何专利申请。在 2013 年 3 月 15 日之后适用的条款参见美国法典第 35 篇第 102 条（未生效）。

除非有下列情形之一的，否则一个人有权获得专利：

（a）在专利申请人的发明以前，该发明在本国已经为他人所知或使用，或者在本国或外国已经有人获得专利，或者在印刷出版物上已经有叙述的。

（b）在申请美国专利之日以前，该发明在本国或外国已有人获得专利，或者在印刷出版物上已有叙述，或者在本国公开使用或销售，已逾 1 年的。

---

❶　2013 年 3 月 16 日生效，美国法典第 35 篇第 102 条（g）款的规定，生效于 2013 年 3 月 15 日，应适用于美国发明法案规定 [参见美国法典第 35 篇第 100 条 （注）] 的发明人先申请规定下的请求保护的专利申请以及据此颁发的专利，如果该申请或专利任何时候均包含：

（A）有美国法典第 35 篇第 100 条（i）款定义的有效申请日的发明的一项权利要求，发生在 2013 年 3 月 16 日之前；或者

（B）依据美国法典第 35 篇第 120 条、第 121 条或第 365 条（c）款的具体规定，任何时候包含这样一项权利要求的任一专利或申请。

（c）本人已经放弃该发明的。

（d）该发明已经首先由申请人、其法定代理人或者受让人在外国获得专利，或者使他人获得专利，或者成为发明人证书的主题，而向外国提交的关于专利或发明人证书的申请之日是在提交美国申请之日以前，而且已超过 12 个月的。

（e）该发明在下列申请或专利中已有叙述的：（1）在专利申请人的发明之前，他人已在美国提交并根据第 122 条（b）款公布的专利申请，或者（2）在专利申请人的发明以前，根据他人在美国提交的专利申请而授予的专利，但根据第 351 条（a）款定义的条约所提交的国际申请，只有在该申请指定美国，并根据该条约第 21 条（2）款以英文予以公布的，才有本款所述的在美国提交的申请的效力；

（f）请求授予专利的主题并非自己的发明。

（g）（1）在根据第 135 条或第 291 条进行的抵触程序期间，涉案的另一发明人证实，在第 104 条允许的限度内，该发明人在此人的抵触发明以前，已经作出了该发明，并且没有放弃、压制或者隐瞒，或

（2）在此人的发明以前，另一发明人已在本国作出了该发明，并且没有放弃、压制或隐瞒。在根据本款确定发明的先后顺序时，不仅应考虑发明的各自的构思和付诸实施的日期，而且还应考虑最先构思而最后付诸实施的人在另一人构思之前已有的适度勤勉。

第 102 条 （未生效） 可享专利性的条件； 新颖性

编者注：2013 年 3 月 16 日生效，此处的美国法典第 35 篇第

102 条适用于美国发明法案［参见美国法典第 35 篇第 100 条（注）］的发明人先申请规定下的任何专利申请。2013 年 3 月 15 日之后适用的条款参见美国法典第 35 篇第 102 条（美国发明法案之前）。

（a）新颖性；现有技术

除下列情形外，一个人有权获得专利：

（1）在要求保护的发明的有效申请日以前，已经有人就此获得专利，或者在印刷出版物上已有描述，被公开使用、销售或其他方式为公众所知的；或者

（2）要求保护的发明在根据第 151 条授予的专利中已有描述，或者根据第 122 条（b）款在专利申请中被公布或被视为公布（其中专利或专利申请，视情况而定），或者已经另有发明人署名且在要求保护的发明的有效申请日以前已有有效的申请了。

（b）例外

（1）要求保护的发明有效申请日之前 1 年或 1 年以内的披露

要求保护的发明有效申请日之前 1 年或 1 年以内的披露不会成为（a）款第（1）项规定的要求保护发明的现有技术，如果

（A）该披露是由发明人或共同发明人或者由直接或间接从发明人或共同发明人处获得被披露主题的另一人作出的；或者

（B）被披露的主题在这样的披露之前，被发明人或共同发明人或者被直接或间接从发明人或共同发明人处获得被披露的主题的另一人公开披露过。

（2）申请和专利中出现的披露　要求保护的发明的披露不会成为（a）款第（2）项规定的要求保护的发明的现有技术，如果

（A）被披露的主题是直接或间接从发明人或共同发明人处

获得的；

（B）被披露的主题在这样的主题根据（a）款第（2）项被有效地申请之前，已经被发明人或共同发明人或者被直接或间接从发明人或共同发明人处获得被披露的主题的另一人公开披露了；或者

（C）被披露的主题和要求保护的发明，在不晚于要求保护的发明的有效申请日，被同一人所有或负有转让于同一人的义务。

（c）基于共同研究协议的共同所有

被披露的主题和要求保护的发明应适用（b）款第（2）项（C）目的规定，即视为被同一人所有或负有转让于同一人的义务，如果

（1）被披露的主题的开发和要求保护的发明是在要求保护的发明的有效申请日或该日之前，由有效的共同研究协议的一方或多方当事人或者其代表作出的；

（2）要求保护的发明的作出是共同研究协议范围内进行的活动的结果；以及

（3）要求保护的发明的专利申请披露了或者修改后披露了共同研究协议的当事人姓名。

（d）可以作为现有技术的专利和已公布申请

为了确定一个专利或专利申请是否是（a）款第（2）项规定的要求保护发明的现有技术，此专利或申请应被视为有效地申请了，并与专利或申请中叙述的任何主题相关的——

（1）如果（2）项不适用，那么即为专利或专利申请的实际提交日；或者

（2）如果专利或专利申请有资格享有第 119 条、第 365 条

（a）款或者（b）款规定的优先权，或者受益于第 120 条、第 121 条和第 365 条（c）款规定的较早提交日，基于一件或多件在先提交的专利申请，则为描述该主题的最早申请的申请日。

注：美国法典第 35 篇第 102 条（g）款，生效于 2013 年 3 月 15 日。

第 103 条 可享专利性的条件； 非显而易见的主题

编者注：2013 年 3 月 16 日生效，美国法典第 35 篇第 103 条不适用于美国发明法案［参见美国法典第 35 篇第 100 条（注）］的发明人先申请规定下的任何专利申请。2013 年 3 月 15 日之后适用的法款参见美国法典第 35 篇第 103 条（未生效）。

（a）一项发明，虽然未曾如第 102 条所述的，已被完全相同地披露过或者叙述过，但是如果申请专利的主题与现有技术之间的差异是这样的微小，以致在作出发明时，该主题整体对其所属技术领域具有普通技术的人员来说是显而易见的，则不得授予专利。可享专利性不应因作出发明的方式不同而被否定。

（b）（1）尽管有（a）款的规定，在专利申请人及时选择本款规定的程序时，一项使用或者产生一种具有第 102 条规定的新颖性和本条（a）款规定的非显而易见性的组合物的生物技术方法，如果符合下列条件，应认为其具有非显而易见性：

（A）关于制法和组合物的权利要求都包含在同一专利申请中，或者包含在具有有效的同一申请日的不同申请中；以及

（B）该组合物和制法在其被发明时，都属于同一人所有，或者负有转让于同一人的义务。

（2）根据上述（1）项对制法授予的专利：

（A）也应包含用于该制法或者依该制法制造的组合物的权利要求，或者

（B）如果此种组合物的权利要求包含在另一专利中，则即便有第154条的规定，仍应使其与该另一专利在同一日届满失效。

（3）上述（1）项的规定中，"生物技术方法"意指：

（A）一项用遗传改变或者其他方法诱导单个或多个细胞有机体的制法，以

（i）表示外源基因核苷酸序列，

（ii）抑制、消除、增大或改变内源基因核苷酸序列的表示，或者

（iii）表示非天然地与该细胞相联系的特定的生理学特征；

（B）细胞融合程序产生细胞系，而该细胞系则表示一种特定的蛋白质，诸如单克隆抗体；和

（C）使用（A）目或（B）目定义的制法所生产的产品的方法，或者结合（A）目和（B）目定义的制法所生产的产品的方法。

（c）（1）另一人开发的主题，仅根据第102条第（e）（f）和（g）款之一或多款的规定，才属于现有技术的，如果该主题和要求保护的发明在该发明作出时，属于同一人所有或者负有转让于同一人的义务的，则不影响其根据本条的规定获得专利。

（2）本款中，另一人发明的主题和要求保护的发明，如果符合下列情形，应视为属于同一人所有或者负有转让于同一人的义务：

（A）要求保护的发明是由参加共同研究协议的各方或者各方代表所作出，而该协议在要求保护的发明作出之日或之前是

有效的；

（B）要求保护的发明是作为共同研究协议范围以内所进行活动的一项成果而作出的；

（C）就要求保护的发明提出的专利申请披露了或者经修改后披露了共同研究协议的当事人姓名。

（3）第（2）项中，"共同研究协议"意指两个人或两个以上的个人或实体组织，为了在要求保护的发明所属领域履行试验、开发或者研究工作，而缔结的书面合同、财产授予或者合作协议。

第 103 条 （未生效） 可享专利性的条件；非显而易见的主题

编者注：2013 年 3 月 16 日生效，下述美国法典第 35 篇第 103 条适用于美国发明法案［参见美国法典第 35 篇第 100 条（注）］的发明人先申请规定下的任何专利申请。2013 年 3 月 15 日之后适用的条款参见美国法典第 35 篇第 103 条（美国发明法案之前）。

一项要求保护的发明，虽然未曾如第 102 条所述的已被完全相同地披露过或者描述过，但是如果要求保护的发明与现有技术之间的差异是这样的微小，以至于在该要求保护的发明的有效申请日之前，该发明作为一个整体对其所属技术领域普通技术人员来说是显而易见的，则不得授予专利。可享专利性不应因作出发明的方式不同而被否定。

第 104 条 在国外作出的发明

编者注：2013 年 3 月 16 日生效，美国法典第 35 篇第 104

条将被公共法第 112 – 129 篇第 3 条（d）款、制定法第 125 篇第 284 条废止。

（a）一般规定

（1）程序。在专利商标局、法院以及任何其他主管当局的程序中，除第 119 条和第 365 条的规定以外，专利申请人或者专利权人，不得依据对发明的知悉或使用，或者有关发明的其他活动确定其在外国（NAFTA 国家和 WTO 成员除外）的发明日期。

（2）权利。如果发明是由个人、公民或者军人在下列情形下作出的：

（A）在美国有住所期间，在其他任何国家从事与美国执行的军事行动或者代表美国执行的军事行动有关的工作。

（B）在 NAFTA 国家有住所期间，在另一国家从事与该 NAFTA 国家执行军事行动或者代表该国执行的军事行动有关的工作。

（C）在 WTO 成员有住所期间，在另一国家从事与该 WTO 成员执行的或者代表该国执行的军事行动有关的工作，该发明人在美国对该发明有权享有同样的优先权，犹似该发明根据具体情况是在美国、在该 NAFTA 国家或者在该 WTO 成员作出的一样。

（3）信息的使用。在 NAFTA 国家或者 WTO 成员，涉及证明发明日成立或者不成立的相关知识、使用或其他活动的任何信息，在专利商标局、法院或者任何其他主管当局的程序中一直未得到使用过的限度内，并在此种信息在美国可能得到使用的同一限度内，局长、法院或者其他当局为有利于在程序中请求信息的当事方，应得出适当的推论，或者采取法律、规则或规章所允许的其他行为。

（b）定义

本条使用的两个术语的定义如下：

（1）"NAFTA 国家"：具有《北美自由贸易协定实施法》第2 条第（4）项赋予此术语的意义；并且

（2）"WTO 成员"：具有《乌拉圭回合协定法》第 2 条第（10）项赋予此术语的意义。

第 104 条 （未生效）

编者注：2013 年 3 月 16 日生效，美国法典第 35 篇第 104 条将被公共法第 112 - 29 篇第 3 条（d）款、制定法第 125 篇第 284 条废止。其他情况适用条款参见美国法典第 35 篇第 104 条（美国发明法案之前）。

第 105 条 外层空间的发明

（a）在美国有管辖权或者控制下的空间物体或其部件上作出、使用或者销售的任何发明，在本篇中，应视为是在美国作出、使用或者销售的，但对于由美国参加的国际协定具体认定和依其他方式规定的空间物体或其部件，或者对于根据《向外层空间发射物体登记公约》而记载在外国登记册上的空间物体或其部件的，应当除外。

（b）在外层空间并根据《向外层空间发射物体登记公约》而记载在外国登记册上的空间物体或其部件上所作出、使用或者销售的任何发明，如果美国与该登记国的国际协议中有此具体规定的，在本篇中，应视为是在美国作出、使用或销售的。

第十一章　专利的申请

第 111 条　申请

编者注：适用于 2012 年 9 月 16 日及之后提交的任何专利申请。其他情况适用的条款参见美国法典第 35 篇第 111 条（美国发明法案之前）。

（a）一般规定

（1）书面申请。除本篇另有规定外，专利的申请应由发明人或其授权的人以书面形式向局长提出。

（2）内容。此申请应包含下列内容：

（A）第 112 条规定的说明书；

（B）第 113 条规定的附图；和

（C）第 115 条规定的誓词或声明。

（3）费用和誓词、声明。申请必须附有法律规定的费用。费用和誓词、声明可以在说明书和规定的附图提交以后，按照局长可能规定的期限和条件（包括滞纳金的缴纳）提交。

（4）未提交。未在规定的期限内提交费用和誓词或声明的，该申请将被视为放弃，除非向局长表明费用和誓词或声明的延误提交是不可避免或者非故意为之，并且得到其认可的。专利商标局收到说明书和规定的任何附图之日即为申请日。

（b）临时申请

（1）授权。除本篇另有规定外，临时专利申请应由发明人或其授权的人以书面形式向局长提出。此申请应包括：

（A）第 112 条（a）款规定的说明书；和

（B）第 113 条规定的附图。

（2）权利要求。临时申请中不需要有第 112 条（b）款至（e）款所规定的权利要求。

（3）费用

（A）临时申请必须附有法律所规定的费用。

（B）费用可以在说明书和规定的任何附图提交之后，按照局长可能规定的期限和条件（包括滞纳金的缴纳）缴纳。

（C）如果未在此规定的期限内缴纳费用，则该申请将被视为放弃，除非向局长表明费用的延误缴纳是不可避免或者并非故意为之，并且得到其认可的。

（4）申请日。临时申请的申请日是专利商标局收到说明书和规定的附图之日。

（5）放弃。尽管没有包含权利要求，但经过及时请求，并按照局长的规定，临时申请可以视作根据（a）款提交的申请进行处理。在符合本篇第 119 条（e）款第（3）项的规定下，如果没有提出此种请求，则临时申请在其提交日之后 12 个月将被视为放弃，而且在此 12 个月期限之后，不得予以恢复。

（6）临时申请的其他基础。在符合本款和第 119 条（e）款的所有条件下，按照局长的规定，根据（a）款提交的专利申请可以作为临时专利申请处理。

（7）没有优先权和最早申请提交日的利益。临时申请无权根据第 119 条或第 365 条（a）款享受任何其他申请的优先权，也无权根据第 120 条、第 121 条或第 365 条（c）款在美国享受较早申请提交日的利益。

（8）可适用的规定。除另有规定以及临时专利申请无须适用第 115 条、第 131 条、第 135 条和第 157 条以外，本篇其他有关专利申请的规定均适用于临时专利申请。

第 111 条 （未生效） 申请

编者注：2013 年 3 月 16 日生效，根据公共法第112 – 29篇第 3 条（e）款第（2）项、制定法第 125 篇第 284 条，修改美国法典第 35 篇第 111 条（b）款第（8）项，删去"第 115 条、第 131 条、第 135 条和第 157 条"，插入"第 131 条和第 135 条"。

第 111 条 （美国发明法案之前） 申请

编者注：不适用于 2012 年 9 月 16 日及之后提交的任何专利申请。其他情形适用的法条参见美国法典第 35 篇第 111 条。

（a） 一般规定

（1）书面申请。除本篇另有规定外，专利的申请应由发明人或其授权的人以书面形式向局长提出。

（2）内容。此申请应包含下列内容：

（A）本篇第 112 条规定的说明书；

（B）本篇第 113 条规定的附图；和

（C）本篇第 115 条规定的申请人誓词。

（3）费用和誓词。申请必须附有法律规定的费用。费用和誓词可以在说明书和要求的附图提交之后，按照局长可能规定的期限和条件（包括滞纳金的缴纳）提交。

（4）未提交。未在规定期限内提交费用和誓词的，该申请将被视为放弃，除非向局长表明费用和誓词的延误提交是不可避免或者并非故意为之，并且得到其认可的。专利商标局收到说明书和规定的任何附图之日即为申请的提交日。

（b）临时申请

（1）授权。除本篇另有规定外，临时专利申请由发明人或其授权的人以书面形式向局长提出。此申请应包括：

（A）本篇第 112 条第 1 款规定的说明书；

（B）本篇第 113 条规定的附图。

（2）权利要求。临时申请中不要求有第 112 条（b）款至（f）款所规定的权利要求。

（3）费用

（A）申请必须附有法律所规定的费用；

（B）费用可以在说明书和规定的附图提交之后，按照局长可能规定的期限和条件（包括滞纳金的缴纳）缴纳；

（C）如果未在此规定的期限内缴纳费用，则该申请将被视为放弃，除非向局长表明费用的延误缴纳是不可避免或者并非故意为之，并得到其认可的。

（4）申请提交日。临时申请的提交日是专利商标局收到说明书和规定的附图之日。

（5）放弃。尽管没有包含权利要求，但经过及时请求，并按照局长的规定，则临时申请可以视作根据（a）款提交的申请进行处理。在符合本篇第 119 条（e）款第（3）项的规定下，如果没有提出此种请求，临时申请在其提交日之后 12 个月将被视为放弃，而且在此 12 个月期限之后，不得予以恢复。

（6）临时申请的其他基础。在符合本款和本篇第 119 条（e）款的所有条件下，按照局长的规定，根据（a）款提交的专利申请可以作为临时专利申请处理。

（7）没有优先权或最早申请提交日的利益。临时申请无权根据本篇第 119 条或第 365 条（a）款享受任何其他申请的优先权，也无权根据本篇第 120 条、第 121 条或第 365 条（c）款享受在美国较早申请提交日的利益。

（8）可适用的规定。除另有规定以及临时专利申请无须适用本篇第 115 条、第 131 条、第 135 条和第 157 条以外，本篇其他有关专利申请的规定均适用于临时专利申请。

第 112 条　说明书

编者注：适用于 2012 年 9 月 16 日及之后提交的任何专利申请。其他情况适用的条款参见美国法典第 35 篇第 112 条（美国发明法案之前）。

（a）一般规定

说明书应包含对发明以及对发明的制造、使用的方式和方法，以完整、清晰、简洁和确切的词语进行书面描述，使发明所属领域的任何技术人员，或者与该发明联系很密切的人员，都能制造和使用该发明；说明书还应公布发明人或共同发明人所熟知的实施该发明的最佳方式。

（b）结论

说明书应以一项或几项权利要求作为结论，以具体指出并明确主张发明人或共同发明人视作其发明的主题。

（c）方式

权利要求可以用独立的方式撰写，或者，如果发明的性质允许，则用从属的方式或多项从属的方式撰写。

（d）从属方式的引用

在符合（e）款的规定下，从属权利要求应包括对前一权利要求的引用，然后具体说明对所要求保护的主题的进一步限制。一个从属方式的权利要求应解释为，该权利要求已因引用方式将被引用的权利要求的所有限制包括在内。

（e）多项从属方式的引用

多项从属权利要求，应包括只以择一方式对在前的一项以上的权利要求的引用，然后具体说明对所要求保护的主题的进一步限制。多项从属权利要求不应作为另一项多项从属权利要求的基础。一个多项从属权利要求应解释为，该权利要求因引用而将其所考虑、与其有关的特定权利要求的所有限制包括在内。

（f）权利要求中结合的构成部分

权利要求中结合的一个构成部分，可以用履行特定功能的方法或者步骤来表达，而无须详述支持这种方法或步骤的结构、材料或者行为。此种权利要求应解释为，该权利要求包含了说明书和其等同文件所说明的相应的结构、材料或者行为在内。

第 112 条 （美国发明法案之前） 说明书

编者注：不适用于 2012 年 9 月 16 日及之后提交的任何专利申请。其他情况适用法条参见美国法典第 35 篇第 112 条。

说明书应包含对发明以及对发明的制造、使用的方式和方法，以完整、清晰、简洁和确切的词语进行书面描述，使发明所属领域的任何技术人员或者与该发明联系很密切的人员，都能制造和使用该发明；说明书还应公布发明人所熟思的实施该发明的最佳方式。

说明书应以一项或几项权利要求作为结论，以具体指出并明确主张申请人视作自己发明的主题。

权利要求可以用独立的方式撰写，或者，如果发明的性质允许，则用从属的方式或多项从属的方式撰写。

在符合下一款规定的情况下，从属权利要求应包括其对前一权利要求的引用，然后具体说明对所要求保护的主题的进一步限制。一个从属方式的权利要求应解释为，该权利要求已因引用方式而将被引用的权利要求的所有限制包括在内。

多项从属权利要求，应包括只以择一方式对在前的一项以上权利要求的引用，然后具体说明对所要求保护的主题的进一步限制。多项从属权利要求不得作为另一项多项从属权利要求的基础。一个多项从属权利要求应解释为，该权利要求因引用而将其所考虑、与其有关的特定权利要求的所有限制包括在内。

权利要求中结合的一个构成部分，可以用履行特定功能的方法或者步骤来表达，而无须详述支持这种方法或步骤的结构、材料或者行为。此种权利要求应解释为，该权利要求包含了说明书和其等同文件所说明的相应的结构、材料或者行为在内。

第 113 条　附图

在必要的情况下，为理解要求专利保护的主题，申请人应提交附图。当此类主题的性质允许依附图来阐明，而申请人没有提交该附图时，局长可以要求其在通知书发出之时起不短于 2 个月的期限内提交附图。申请日之后提交的附图，不得（i）用以克服任何说明书中说明不充分的缺陷，而此种缺陷是由于缺乏说明如何使人能够做成某物或者其他不充分的说明而造成的，也不得（ii）为解释任何权利要求的范围而补充说明书的原始披露。

第114条　模型、 样品

局长可以要求申请人提交适当大小的模型，以利于展示其发明的某些部分。

当发明涉及组合物时，局长为检测或试验的目的，可以要求申请人提供样品或其组成部分。

第115条　发明人的誓词或者声明

编者注：适用于2012年9月16日及之后提交的任何专利申请。其他情况适用的条款参见美国法典第35篇第115条（美国发明法案之前）。

（a）发明人署名；发明人的誓词或者声明

一项根据第111条（a）款提交的或者根据第371条进入国家阶段的专利申请应包括或者修改后包括申请中要求保护的发明的发明人姓名。除本条其他规定外，专利申请中要求保护的发明的发明人或共同发明人的每个人均应作出与该申请有关的誓词或声明。

（b）必要陈述

（a）款规定的誓词或者声明应包括陈述。

（1）申请是由宣誓者或声明者或被其授权者作出；以及

（2）该人相信他或她本人是申请中要求保护的发明的原始发明人或原始共同发明人。

（c）附加陈述

局长可以指定与发明人和发明相关的附加信息包含在（a）款规定的誓词或声明中。

（d）代替陈述

（1）一般规定。在代替作出（a）款规定的誓词或者声明时，在第（2）项叙述的情况下和局长可能通过规章指定的附加情况下，专利申请人可以提供代替陈述。

（2）允许的情况。任何个人在下述情况下，将会被允许进行第（1）项规定代替陈述。

（A）无法提交（a）款规定的誓词或者声明，因为该人：

（i）已故；

（ii）无法定行为能力；或者

（iii）在勤勉努力之后无法被找到或联系到；或者

（B）负有转让发明的责任但拒绝作出（a）款规定的誓词或者声明。

（3）内容。本项规定的代替陈述应：

（A）确认该陈述适用的个人；

（B）指出允许提交代替陈述替代根据（a）款的誓词或者声明的基本情况；以及

（C）包含局长要求的任何附加信息，包括任何主张。

（e）在转让记录中作必要的陈述

负有转让专利申请责任的个人可以在个人转让中包含（b）款和（c）款规定的必要陈述，不用分别提交这样的陈述。

（f）提交时机

专利申请人应在不迟于缴纳颁证费时提交（a）款规定的誓词或声明、（d）款规定的代替陈述或符合（e）款要求的转让记录。

（g）包含必要陈述或代替陈述的较早提交的申请

（1）例外情况。本条规定不适用于在要求享有根据第 120 条、第 121 条或第 365 条（c）款提交的一项较早申请的权益的专利申请中署名为发明人或共同发明人的个人，如果

（A）符合（a）款要求的誓词或声明是个人作出的并且连同较早提交的申请一并提交了；

（B）符合（d）款要求的替代陈述连同关于该个人较早提交的申请一并提交了；或者

（C）符合（e）款要求的关于个人较早提交申请的转让程序并且连同较早提交申请一并记录在案了。

（2）誓词、声明、陈述或转让的副本。与第（1）项不同，局长可以要求执行的连同较早提交申请的誓词、声明、替代陈述或转让的副本包括在较晚提交的申请中。

（h）补充和更正陈述、提交附加陈述

（1）一般规定。任何根据本条作出陈述的个人可在任何时候撤回、替换或者更正该陈述。如果改变是以发明人的名义，根据本条要求提交 1 条或更多的附加陈述，则局长应建立此可能提交的附加陈述的管理规章。

（2）不必要的补充陈述。如果个人已经执行了符合（a）款要求的宣誓或声明，或者符合（e）款要求的关于专利申请的转让，局长可以之后不再要求个人作任何附加的誓词、声明或其他等同于本条要求的关于专利申请或任何授权专利的陈述。

（3）保留条款。如果根据第（1）项规定提供了补救，则专利不应因为未遵守本条要求而被无效或不能执行。

（i）确认惩罚

任何根据本条提交的声明或陈述均应承认，在这些声明或陈述中作出任何故意的虚假陈述，则可以根据第18篇第1001条给予惩罚，处以罚金或不多于5年的监禁或两者并处。

第 115 条 （美国发明法案之前） 申请人的誓言

编者注：不适用于 2012 年 9 月 16 日及之后提交的任何专利申请。其他情况适用条款参见美国法典第 35 篇第 115 条。

申请人应宣誓表明他相信自己是某一制法、机器、制造品或组合物，或者其改良的原始而最早的发明人，为此请求而被授予专利；并应声明其国籍。此誓言可以在美国国内依法有权监督宣誓的任何人面前进行。如果誓言是在外国作出的，那么既可以在有权监督宣誓的美国外交官或领事官面前进行，也可以在具有公章、在申请人所在国家内有权监督宣誓的任何官员面前进行，而此种官员拥有美国外交官或领事官书面证明其享有掌管宣誓的职权，或者有外国指定的官员加旁注证明其享有掌管宣誓的职权，但该外国必须根据条约或公约对美国指定官员的旁注证明给予同等效力。若此誓言符合宣誓地的州或国家的法律，即为有效。如果申请是由发明人以外的人按照本篇的规定提出的，誓言的形式可以有所变更以方便其宣誓。本条所指领事官包括任何依《修正制定法》第 1750 条（依其修正）（美国法典第 22 篇第 4221 条）被授权履行公证职责、在海外服务的美国公民。

第 116 条　发明人

编者注：适用于 2012 年 9 月 16 日及之后开始的程序。其他情况适用法条参见美国法典第 35 篇第 116 条（美国发明法案之前）。

（a）共同发明

当发明是由两人或者两人以上共同完成时，除本篇另有规定外，他们应共同申请专利，并分别作出必要的宣誓。多个发明人即使（1）没有亲自或者同时在一起工作，或者（2）每个人未作出相同种类或数量的贡献，或者（3）每个人未对专利的任一权利要求的内容都作出贡献，也可以共同申请专利。

（b）缺席发明人

如果有一共同发明人拒绝参与专利申请，或者有一共同发明人下落不明，经过勤勉努力仍未能找到或者未能与之取得联系的，可以由另一发明人以自己和缺席发明人的名义提出申请。那么在相关事实得到证实并在按局长指示通知缺席发明人后，局长可以向提出申请的发明人授予专利，其权利与假设缺席发明人参与申请时其所能享有的权利相同。缺席发明人以后仍可以参与申请。

（c）申请中的错误更正

无论何时，如果由于错误而将非发明人作为发明人列在专利申请中，或者由于错误而未将发明人列入专利申请中，那么局长根据相关规定，可以允许对申请作相应的修改。

第 116 条 （美国发明法案之前） 发明人

编者注：不适用于 2012 年 9 月 16 日及之后开始的程序。其他情况适用法条参见美国法典第 35 篇第 116 条。

当发明是由两人或者两人以上共同完成时，除本篇另有规定外，他们应共同申请专利，并分别作出必要的宣誓。多个发明人即使（1）没有亲自或者同时在一起工作，或者（2）每个人未作出相同种类或数量的贡献，或者（3）每个人未对专利的任一权利要求的内容都作出贡献，也可以共同申请专利。

如果有一共同发明人拒绝参与专利申请，或者有一共同发明人下落不明，经过努力仍未能找到或者未能与之取得联系的，可以由另一发明人以自己和缺席发明人的名义提出申请。那么在相关事实得到证实并在按局长指示通知缺席发明人后，局长可以向提出申请的发明人授予专利，其权利与假设缺席发明人参与申请时其所能享有的权利相同。缺席发明人以后仍可以参与申请。

无论何时，如果由于错误而将非发明人作为发明人列在专利申请中，或者由于错误而未将发明人列入专利申请中，并且此错误的发生并非由本人有意欺骗所引起的，那么局长根据相关规定，可以允许对申请作相应的修改。

第 117 条 发明人死亡或者丧失行为能力

已故发明人和在法律上无行为能力的发明人的法定代理人，可以按照发明人的相关规定及同样的条款和条件，申请专利。

第 118 条 由发明人以外的人提交申请

编者注：适用 2012 年 9 月 16 日及之后提交的任何专利申请。其他情况适用的法条参见美国法典第 35 篇第 118 条（美国发明法案之前）。

已经接受发明人转让发明或发明人对其负有转让责任的人可以提出专利申请。在这方面展示出足够的所有权权益的人代表发明人并作为其代理人，用相关事实和表现说明这样的行为对保护当事人的权利是合适的，则可以提出专利申请。如果局长根据本条对发明人以外的个人的申请授予专利权，则专利权应授予此利害关系人，当局长认为理由充足时应将此事实通知发明人。

第 118 条　（美国发明法案之前）　由发明人以外的人提交申请

编者注：不适用于 2012 年 9 月 16 日及之后提交的任何专利申请。其他情况适用的法条参见美国法典第 35 篇第 118 条。

无论何时，如果发明人拒绝作出专利申请，或者下落不明，经过勤勉努力仍未能找到或者未能与之取得联系的，那么已经接受发明人转让发明的人，或者发明人已经在书面形式上同意向其转让发明的人，或者以其他方式表明对此事有充分的财产权益足以证明该行为正当的人，在相关事实已得到证实，并证明为了保护当事人利益或者为防止不可弥补的损失产生而有必要时，均可以代表发明人并作为发明人的代理人申请专利；局长在接到其认为充分的通知，并在遵守其制定的规章后，可以对该发明人授予专利。

第 119 条　较早申请提交日的利益；　优先权

（a）任何人或者其法定代理人、受让人，在向美国提出发明专利申请之前，已经就同一发明向外国提出过正式的专利申请，如果该外国对于在美国提出的申请，或者对于美国公民提出的申请，或者在 WTO 成员提交的申请给予同样的优惠待遇，并且在美国提交的申请是在该申请最早向该外国提交申请之日起12个月以内提交的，那么上述在美国提交的申请具有的效力，与该申请就同样的发明专利申请首次在外国提交之日向美国提交时所具有的效力相同；但是，如果在美国实际提出发明专利申请之日以前，该发明已经在任何国家被授予专利或者在印刷出版物中有过叙述，已经超过1年的，或者在美国已经公开使用或销售，超过1年的，则对该发明专利申请不应授予专利。

（b）（1）如果专利申请未按局长的规定，在申请的未决期间向专利商标局提出享有此权利的声明，并指明外国申请，说明其申请号、受理或代表受理该申请的知识产权当局或者国家、提交申请的日期，则该专利申请无权享有此优先权。

（2）局长可以将申请人未能及时提出享有优先权的声明视为放弃此权利。局长可以制定程序，包括滞纳金的缴纳，以接受根据本条规定可以提出的非故意延误的享有优先权的声明。

（3）局长可以要求提交经证明的原始外国申请文本、说明书、以说明书为依据的附图、英译文（如原申请不是用英语撰写的）以及其他局长认为必要的信息。任何此类证明均应由受理该外国申请的外国知识产权当局作出，并表明申请日和提交说明书及其他文件的日期。

（c）本条所规定的权利，可以按同样的方式和适用同样的条件和要求，不以第一次在外国提出的申请为根据，而以嗣后在同一外国提出的正式申请为基础，但在后一申请之前所提出的任何外国申请必须已经被撤回、放弃或者依其他方式清除，并且没有提供给公众审阅、没有遗留任何权利，从来没有、今后也不应当用以作为要求享有优先权的基础。

（d）根据本条关于优先权的规定，申请人在其有权根据自己的意愿申请专利或者申请发明人证书的外国所提出的发明人证书申请，在美国应与专利申请依同样的方式予以处理，并具有同样的效力，但必须遵守本条规定的适用于专利申请的同样条件和要求。本条规定的适用以申请人在提交申请时有权享受的《巴黎公约斯德哥尔摩修正文本》中规定的利益为限。

（e）（1）根据第 111 条（a）款或第 363 条提交的专利申请，如其发明是在根据本篇第 111 条（b）款提交的临时申请中、由该临时申请记载的发明人依第 112 条（a）款规定（非披露最佳模式的规定）的方式披露的，且根据第 111 条（a）款或第 363 条提交的专利申请是在临时申请提交日以后不迟于 12 个月的期间内提交的，又且该申请载有或经修改而载有特别引证临时申请之意，则就上述发明而言，该申请如同在第 111 条（b）款规定的临时申请提交日提交，具有同等效力。任何申请，除非该申请在未决期间局长所规定的期限内提交明确引证较早提交的临时申请的修改文件，否则无权根据本款享有较早提交的临时申请的利益。未在该期限内提交此修改文件的，局长可视其为放弃本款规定的利益。局长可以制定程序，包括滞纳金的缴纳，以在该申请未决期内接受本款所规定的非故意延误提交的修改文件。

（2）根据第 111 条（b）款所提交的临时申请，除非已经缴纳了第 41 条（a）款第（1）项（A）目或者（C）目规定的费用，否则不得在专利商标局的任何程序中作为依据。

（3）如果临时申请提交日之后 12 个月的期限届满之日是星期六、星期日或者是哥伦比亚特区联邦节假日，那么临时申请的未决期限应延至下一个世俗日或者工作日。

（f）在 WTO 成员（或者 UPOV 外国缔约方）提交的植物育种权申请，在本条（a）款至（c）款规定的有关优先权方面，具有与专利申请同样的效力，但须满足本条适用于专利申请的相同条件和要求。

（g）本条中

（1）"WTO 成员"与第 104 条（b）款（2）项所定义的此术语具有同样含义；

（2）"UPOV 缔约方"意指《保护植物新品种国际公约》的成员。

第 119 条 （未生效） 较早申请提交日的利益； 优先权

编者注：2013 年 3 月 16 日生效，美国法典第 35 篇第 119 条（a）款修改如下。

（a）任何在美国提交发明专利申请的人，如果此人或者其法定代理人、受让人，先前已经就同一发明向外国提交过正式的专利申请，而该外国对于在美国提交的申请，或者对于美国公民提交的申请，或者在 WTO 成员提交的申请给予同样的优惠，并且在美国提交的申请是在该申请最早在该外国提交申请之日起 12 个月以内提交的，那么上述在美国提交的申请具有的效力，与该申请就同样的发明专利申请首次在外国提交之日向美国提交时所具有的效力相同。

第 120 条 在美国较早申请提交日的利益

一项发明专利申请，如果该发明已于之前在美国提交的申请中按照第 112 条（a）款规定（非披露最佳模式的规定）的方式，或者按照第 363 条规定的方式作出过披露，且该发明专利申请是由之前提出的申请中记载的发明人提交的，那么只要在后的申请是在第一次申请或者同样有权享有第一次申请提交日利益的申请被授予专利或者被放弃或者该申请程序终止以前所提出，并且在后的申请中含有或者经修改而含有明确引证较早提交的申请的记载，则就上述发明而言，在后申请视为于在先申请提交日提交，具有同等效力。任何申请，除非该申请在未决期间局长规定的期限内提交明确引证较早提交的申请的修改文件，否则无权根据本条享有较早提交的申请的利益。未在该期限内提交上述修改文件的，局长可视其为放弃本条规定的任何利益。局长可以制定程序，包括滞纳金的缴纳，以接受本条所规定的、非故意延误提交的修改文件。

第 120 条　（未生效）　在美国较早申请提交日的利益

编者注：2013 年 3 月 16 日生效，美国法典第 35 篇第 120 条修改如下。

一项发明专利申请，如果该发明已于之前在美国提交的申请中按照第 112 条（a）款规定（非披露最佳模式的规定）的方式，或者按照第 363 条的规定方式作出过披露，而发明人或共同发明人在早先提交的申请中有署名，那么只要在后的申请是在第一次申请或者同样有权享有第一次申请提交日利益的申请被授予专利或者被放弃或者该申请程序终止以前所提出的，并且在后的申请中含有或者经修改而含有明确引证较早提交的申请的记载，则就上述发明而言，在后申请视为于在先申请提交日提交，具有同等效力。任何申请，除非该申请在未决期间局长规定的期限内提交明确引证较早提交的申请的修改文件，否则无权根据本条享有较早提交的申请的利益。未在该期限内提交上述修改文件的，局长可视其为放弃本条规定的任何利益。局长可以制定程序，包括滞纳金的缴纳，以接受本条所规定的、非故意延误提交的修改文件。

第 121 条　分案申请

编者注：适用于 2012 年 9 月 16 日及之后提交的任何专利申请。其他情况适用的法条参见美国法典第 35 篇第 121 条（美国发明法案之前）。

如果一件专利申请包括两项或两项以上独立且不同的发明，局长可以要求将该申请限制在其中一项发明上。如果另一项发明成为了一件分案申请的主题，且该分案申请符合本篇第 120 条的要求，那么该分案申请有权享受原申请提交日的利益。如果分案申请是在其他申请被授予专利以前提交的，那么对根据本条要求加以限制的申请所颁发的专利，或者对作为此要求的结果而另行提交的申请所颁发的专利，在专利商标局或者法院均不得作为依据，用以对抗分案申请，或者对抗原申请，或者对抗基于其中任何一项申请所颁发的专利。专利的效力并不因为局长未要求将申请限于一项发明而受影响。

第 121 条　（美国发明法案之前）　分案申请

编者注：不适用于 2012 年 9 月 16 日及之后提交的任何专利申请。其他情况适用的法条参见美国法典第 35 篇第 121 条。

如果一件专利申请包括两项或两项以上独立且不同的发明，

局长可以要求将该申请限制在其中一项发明上。如果另一项发明成为了一件分案申请的主题，且该分案申请符合第 120 条的要求，那么该分案申请有权享受原申请提交日的利益。如果分案申请是在其他申请被授予专利以前提交的，那么对根据本条要求加以限制的申请所颁发的专利，或者对作为此要求的结果而另行提交的申请所颁发的专利，在专利商标局或者法院均不得作为依据，用以对抗分案申请，或者对抗原申请，或者对抗基于其中任何一项申请所颁发的专利。如果分案申请仅仅涉及原始申请中所叙述和要求的的主题，局长可以免除发明人签名和办理手续。专利的效力并不因为局长未要求将申请限于一项发明而受影响。

第 122 条　申请的保密情形；　专利申请的公布

（a）保密性

除（b）款的规定外，专利申请应当由专利商标局予以保密。关于该申请的任何信息，未经申请人或者权利人的授权，均不得告知他人，但为执行《国会法令》的规定且有必要时，或者在局长认定的特殊情况下，不受此限制。

（b）公布

（1）一般规定

（A）除须适用第（2）项的规定外，每一件专利申请均应根据局长确立的程序，自根据本篇规定可以获得利益的最早提交日起 18 个月期限届满后，及时予以公布。应申请人的请求，申请可以在所述 18 个月期限届满日之前公布。

（B）除按局长的决定外，有关已公布的专利申请的任何信息不得向公众提供。

（C）即便有法律的其他规定，局长关于发布或者不发布有关已公布的专利申请信息的决定都是最终的，不可复审的。

（2）例外：

（A）符合下列条件之一的申请不予公布：

（i）不再处于未决期间的；

（ii）根据第 181 条须处于保密状态的；

（iii）属于根据第 111 条（b）款提交的临时申请的；

（iv）属于根据第 16 章提交的外观设计专利申请的。

（B）（i）如果申请人于申请时请求，该申请应在提交之后 18 个月内公布，并证明申请中披露的发明未曾成为、也不会成为在另一国家提交的申请的主题，或者符合多边国际协定的要求，那么该申请不应根据（1）项规定予以公布。

（ii）申请人可在任何时候取消根据（i）段所提出的请求。

（iii）根据（i）段规定提出请求之后，申请人又在外国，或者根据（i）段所指的多边国际协定，就已在专利商标局提交的申请所披露的发明提交申请的，应在提交此外国或者国际申请日之后不超过 45 日的期限内将此提交情况通知局长。申请人未在规定期间内作出此项通知的，该申请视为放弃，除非申请人向局长表明延误提出通知并非故意为之，且已得到局长认可。

（iv）如果申请人取消其根据（i）段规定提出的请求，或者通知局长其已在外国提交了申请，或者根据（i）段规定的多边国际协定提交了申请，其申请应根据（1）项在（i）段规定之日公布，或者在该日以后视实际情况尽快予以公布。

（v）如果申请人已经直接或者通过多边国际协定向一个或更多的外国提交申请，而且此种向外国提交的申请与向专利商标局提交的申请是一致的，或者此向外国提交的申请中关于发明的说明不如向专利商标局提交的申请或其关于发明的说明那样广泛，那么申请人可以呈递 1 份改写原提交专利商标局的申请的文本，将该申请中那些没有包含在向外国提交的相应申请中的部分或者发明的说明予以删除。局长可以只公布该申请的改写文本，除非专利商标局在根据本篇可以获得利益的最早有效申请日以后 16 个月期间内没有收到该申请的改写文本。如果公布的根据本段规定提交的申请改写文本中关于发明对某一权利要求的说明，不能使所属领域技术人员制造和使用该权利要求的主题，则第 154 条（d）款的规定不应适用于该项权利要求。

（c）抗议和授权前异议

局长应制定适当程序，确保在申请公布后未经申请人以书面形式明确表示同意，任何人无法对申请授予专利发起抗议或者其他形式的授权前的异议。

（d）国家安全

如果发明的公布或者披露可能损害国家安全，那么该专利申请不应根据（b）款第（1）项的规定予以公布。局长应制定适当的程序，确保此种申请能被迅速识别，并根据第 17 章保有此发明的秘密。

（e）第三方授权前提交

（1）一般规定。任何第三方可以提交包含可能和申请的审查相关的专利申请、任何专利、公布的专利申请或其他印刷出版物的记录以供考虑，如果此提交是以书面形式且在以下日期较早的一个之前的

（A）发放或邮寄第 151 条规定的费用通知给专利申请的日

期；或者

（B）以下日期较晚的一个：

（i）根据第 122 条本局首次公布专利申请之后 6 个月，或者

（ii）根据第 132 条审查员在专利申请审查中首次驳回申请的日期。

（2）其他要求。任何根据第（1）项的提交应：

（A）就主张的每一份提交文件的相关性作出简明叙述；

（B）同时提交局长可能规定的费用；以及

（C）包括作出此提交的个人的陈述，确认该提交符合本条规定。

第 123 条　微实体组织定义

（a）一般规定

本篇中，术语"微实体组织"意指某一申请人证明自身：

（1）取得了局长在公告规章中定义的小实体组织的资格；

（2）并非专利申请量的前四名内的发明人，也未在另一国家提交的申请、第 111 条（b）款规定的临时申请或根据第 351 条（a）款定义的条约提交、未缴纳第 41 条（a）款规定的基础国家费的国际申请中署名为发明人；并且

（3）在上一日历年中缴纳了应缴的费用，总收入未超过《1986 年国内税收法典》第 61 条（a）款定义、人口普查局最近报告的中等家庭上一日历年收入的 3 倍；以及

（4）未转让、授权或者让与，并且未基于合同或法律而负有转让、授权或者让与的责任，与一个实体组织相关的申请的许可或其他的所有权益，该实体组织在上一日历年中缴纳了应

缴的费用，总收入超过《1986 年国内税收法典》第 61 条（a）款定义的、人口普查局最近报告的中等家庭上一日历年收入的 3 倍。

（b）基于先前雇用作出的申请

如果申请人已经转让了系因先前雇用所作出的申请的所有权益或基于合同或法律而负有转让责任，申请人申请的所有权益，那么该申请人不能在基于（a）款第（2）项的先前提交的申请中署名。

（c）外币汇率

如果申请人或实体组织上一日历年的总收入不是以美元计，应采用美国国内税务局当年报告的平均货币汇率来决定申请人或实体组织的总收入是否超过（a）款的第（3）项或第（4）项规定的限值。

（d）高等教育机构

本条中微实体组织应包括能证明下述情况的申请人：

（1）申请人从其获得大部分收入的雇主，是《1965 年高等教育法案》（美国法典第 20 篇第 1001 条（a）款）第 101 条（a）款定义的一所高等教育机构；或者

（2）申请人转让、授权或者让与，或者基于合同或法律而负有转让、授权或者让与特定申请的许可或其他所有权益给上述高等教育机构的责任。

（e）局长权限

除了本条施加的限制之外，当局长决定下述附加限制对避免对其他专利申请人或所有者或其他方面的不适当影响是必须和合理的时，局长可以以局长令施加收入限制、年度提交限制或者其他限制给根据本条可以取得的微实体组织资格。在根据

本款施加的限制生效日至少 3 个月前，局长应就施加的限制通知众议院司法委员会和参议院司法委员会。

第十二章　申请的审查

第 131 条　申请的审查

局长应将申请和据称是新的发明交付审查；如果经由审查显示申请人依法有权获得专利，局长应为此颁发专利。

第 132 条　驳回的通知；再审

（a）无论何时，经审查后，专利申请被驳回，或者对其有异议或有所要求的，局长应将此种情况通知申请人，说明驳回、异议或者要求的理由，并附送对判断继续进行其申请程序是否适当而可能有用的信息和参考材料；如果申请人在接到此项通知后，仍坚持其授予专利的要求的，那么无论是否经过修改，皆应对该申请进行再审。对申请所作的修改不可对发明的披露添加新的内容。

（b）局长应制定细则，规定根据申请人的请求，对其专利申请继续进行审查。局长可以对此继续审查制订适当的费用，并规定该费用对根据第 41 条（h）款（1）项有资格享受费用减缓的小实体组织降低 50%。

第 133 条　处理申请的时间

要求对申请采取任何行为的通知递交或者邮寄给申请人后，如果在通知以后 6 个月内，或者按照局长对此种行为的规定，在通知后不少于 30 日的较短期间内，申请人没有处理其申请，那么除非当事人已经向局长表明延误是不可避免并且已经得到其认可，否则应视为该申请已经被当事人放弃。

第 134 条　向专利申诉和抵触委员会申诉

编者注：适用于 2012 年 9 月 16 日及之后开始的程序。其他情况适用的法条参见美国法典第 35 篇第 134 条（美国发明法案之前）。

（a）专利申请人

专利申请人的任何权利要求已被两次驳回的，在缴纳申诉费后，专利申请人可以就主审员的决定向专利申诉和抵触委员会提出申诉。

（b）专利权人

在再审程序中，专利权人缴纳申诉费后，可以就主审员对任何权利要求的最终驳回决定，向专利申诉和抵触委员会提出申诉。

第 134 条　（美国发明法案之前）向专利申诉和抵触委员会申诉

（a）专利申请人

专利申请人的任何权利要求已被两次驳回的，在缴纳申诉费后，专利申请人可以就主审员的决定向专利申诉和抵触委员会提出申诉。

（b）专利权人

在任何再审程序中，专利权人缴纳申诉费后，可以就主审员对任何权利要求的最终驳回决定，向专利申诉和抵触委员会提出申诉。

（c）第三方

第三方请求人在双方程序中，在缴纳申诉费后，对主审员作出的有利于专利的任何原始的或提议修改的或新的权利要求的可享专利性的最终决定，均可以向专利申诉和抵触委员会提出申诉。

第 134 条 （未生效） 向专利审判和申诉委员会申诉

编者注：2013 年 3 月 16 日生效。美国法典第 35 篇第 134 条将作如下解释。

（a）专利申请人

专利申请人的任何权利要求已被两次驳回的，在缴纳申诉费后，专利申请人可以就主审员的决定向专利审判和申诉委员会提出申诉。

（b）专利权人

在再审程序中，专利权人缴纳申诉费后，可以就主审员对任何权利要求的最终驳回决定，向专利审判和申诉委员会提出申诉。

第 135 条 抵触

编者注：2013 年 3 月 16 日生效，此处的美国法典第 35 篇第

135 条不适用于美国发明法案（参见美国法典第 35 篇第 100 条（注））的发明人先申请规定下的任何专利申请。2013 年 3 月 15 日之后的情形适用的法条参见美国法典第 35 篇第 135 条（未生效）。

（a）局长认为，无论何时提出的专利申请，如果与未决的任何其他申请或者任何未终止的专利相冲突的，应宣告有抵触，并将此种宣告根据具体情况通知双方申请人，或者申请人和专利权人。专利申诉和抵触委员会将决定各发明的先后顺序问题，并且可能决定可享专利性问题。任何不利于申请人权利要求的最终决定，皆应构成专利商标局对所涉及的权利要求的最终拒绝，局长可以对被判定为先发明人的申请人颁发专利。如果最终裁决对专利权人不利，而该专利权人不曾采取或不能采取或没有提出申诉或者要求其他复审的，即构成对该专利中有关权利要求的删除，专利商标局应在随后颁发的专利证书副本中注明此删除。

（b）（1）任何申请中不得提出与已经授予专利的权利要求相同，或者针对相同或实质上相同主题的权利要求，除非此权利要求是在自该专利授予之日起 1 年以前提出的。

（2）在根据第 122 条（b）款公布的申请公布之后提交的、与其中的权利要求相同，或者针对相同或实质上相同主题的权利要求，只有在自该申请公布之日起 1 年以前提交的申请中才可以提出。

（c）专利抵触的各方当事人有关终止或者意图终止抵触所达成的协议或者谅解录，包括其中提到的附属协议在内，应付诸书面形式，并在协议或谅解录中有关上述各方之间的抵触终止以前，将真实的副本提交给专利商标局。如果提交文件的任何一方提出请求，则该副本应与抵触档案分别保管，并且只供提出书面请求的政府部门，或者任何表明有正当理由的个人使用。未向专利商标局提交此协议或者谅解录副本的，该协议或者谅解录将永远无法生效，抵触有关各当事人的专利或者根据有关各方当事人的申请所颁发的专利也永远无法生效。然而，在向局长表明因正当理由而未能在规定期限内提交协议或者谅解录时，局长可以允许在协议或者谅解录中有关各当事人之间的抵触终止后 6 个月期限内向其提交协议或者谅解录。

局长应在上述抵触终止之前的合理时间内，将本条要求提交文件的规定通知各方当事人或其登记的代理人。如果局长未考虑当事人有正当理由可以在 6 个月期间内提交此种协议或者谅解录的规定，在较晚的时间发出这一通知，则当事人可以在收到此通知后 60 日内提交此种协议或者谅解录。

局长根据本款规定所采取的任何行为，均应按照行政程序法第 10 条的规定受到复审。

（d）专利抵触的各当事人，在局长可能依规章规定的期限内，可以通过仲裁终止此类争议或者争议的任何方面。在与本条规定不相冲突的情形下，此仲裁应根据第 9 篇的规定执行。当事人应将仲裁裁决通知局长，并且该裁决应对仲裁双方所涉及事宜起决定性作用。在发出此通知前，裁决不可执行。本款的任何规定均不妨碍局长对抵触涉及的发明的可享专利性所作的决定。

第 135 条 （未生效） 溯源程序

编者注：2013 年 3 月 16 日生效，美国法典第 35 篇第 135

条将做如下解释，且应适用于美国发明法案［参见美国法典第35 篇第 100 条（注）］的发明人先申请规定下的任何专利申请。2013 年 3 月 15 日之后的其他情形适用的法条参见美国法典第 35 篇第 135 条（美国发明法案之前）。

（a）程序制度

（1）一般规定。专利申请人可以提交一份与发明相关的请求书以启动本局的溯源程序。该请求书应阐明在作为裁决基础的较早申请中作为发明人或共同发明人署名的个人，从于请求人的申请中作为发明人或共同发明人署名的个人处获取了该发明，并擅自提交了要求保护该发明的较早申请的基准。当局长认为根据本款提交的请求书显示出其符合启动溯源程序的标准时，局长可以启动溯源程序。

（2）提交时机。根据本条提交的请求书，当与其相关的发明与较早申请公告的专利中作为权利要求包含的发明相同或实质相同，或者与包含在根据第 122 条（b）款公布或视为公布的较早申请中包含的发明相同或实质相同时，除非该请求书是在始于包含有这样权利要求的较早专利授权之日或包含这样权利要求的较早申请公布之日，两日期中较早的一个的一年期限内提交的，否则不能提交该请求书。

（3）较早申请。本条中，一项申请不能视为另一项申请的与发明相关的较早申请，除非该发明的权利要求已经在或者本应该在有效申请日比其他申请的有效申请日更早的申请中作出。

（4）不可申诉。局长是否根据第（1）项启动溯源程序的决定是最终的且不可申诉的。

（b）专利审判和申诉委员会的决定

在根据（a）款启动的溯源程序中，专利审判和申诉委员会应决定，在较早申请中作为发明人署名的个人是否从在请求人的申请中作为发明人署名的个人获取了这样的发明，并未经授权擅自提交了要求保护该发明的较早申请。在适当的情况下，专利审判和申诉委员会可以更正任何申请或者已授权专利中的发明人署名。局长应制定规章以阐明溯源程序的管理标准，包括要求当事人提供足够证据来证明和反驳权利要求的溯源。

（c）决定的延缓

专利审判和申诉委员会可以推迟对溯源程序请求书的行动，直到局长就要求保护请求书主题的发明所授予专利之日起满3个月期限届满。专利审判和申诉委员会也可以推迟对溯源程序请求书的行动，或中止已开始的溯源程序，直到涉及较早申请人的专利根据第30章、第31章或第32章的程序终止。

（d）最终决定的效力

专利审判和申诉委员会的最终决定如果不利于专利申请中的权利要求，则应由本局作出针对该权利要求的最终驳回。专利审判和申诉委员会的最终决定如果不利于专利中的权利要求，且如果没有就该决定提出的上诉或其他复审被采纳，则应删除那些权利要求，并在分发的专利副本中批注删除通知。

（e）和解

根据（a）款启动程序的当事人可以通过提交反映当事人对于争议的要求保护的发明的正确发明人达成协议的书面陈述来终止程序。除非专利审判和申诉委员会发现该协议与档案中的证据不符，如果这样，委员会应该采取与协议一致的行动。双方的任何书面和解或谅解应被提交给局长。基于程序一方当事人的请求，该和解或谅解应被视为商业机密信息，与所涉及专利或专利申请的文件分开存放，并且只有政府机构的书面请求或任何拥有充分理由的个人才能获取。

（f）仲裁

根据（a）款启动程序的当事人，在局长可能通过规章规定的时间内，通过仲裁决定这样的争议或争议的任何方面。在与本条规定不相冲突的情形下，此仲裁应根据第 9 篇的规定执行。当事人应将任何仲裁裁决通知局长，并且该裁决应对仲裁双方所涉及事宜起决定性作用。在作出此通知前，裁决不可执行。本款的任何规定均不妨碍局长对涉及该程序的发明的可享专利性所作的决定。

注：美国法典第 35 篇第 135 条的规定，于 2013 年 3 月 15 日生效，适用于之后的专利申请的每一项权利要求和之后授予的专利，也适用于美国发明法案的发明人先申请规定〔参见美国法典第 35 篇第 100 条（注）〕，如果此类申请或专利在任何时候均包含

（A）一项权利要求，其所属发明的第 100 条（i）款定义的有效申请日发生在 2013 年 3 月 16 日之前；或者

（B）对在任何时候包含这样一项权利要求的任一专利或申请来说，第 120 条、第 121 条或第 365 条（c）款规定的具体引用。

第十三章　对专利商标局所作决定的复审

第 141 条　向联邦巡回上诉法院上诉

编者注：适用于开始于 2012 年 9 月 16 日及之后的程序。其

他情况适用的法条参见美国法典第35篇第141条（美国发明法案之前）。

（a）审查

根据本篇第134条（a）款向专利审判和申诉委员会提起申诉后，申请人对其决定不服的，可以向联邦巡回上诉法院上诉。申请人因提出此种上诉而放弃其根据本篇第145条提起上诉的权利。

（b）再审

专利权人在再审程序中，根据第134条（a）款向专利审判和申诉委员会申诉，对其最终决定不服的，仅可以向美国联邦巡回上诉法院上诉。

（c）授权后和双方复审

双方复审或授权后复审的一方当事人对专利审判和申诉委员会根据第318条（a）款或第328条（a）款（根据具体情况而定）所作的最终书面决定不服的，仅可以向美国联邦巡回上诉法院上诉。

（d）溯源程序

溯源程序的一方当事人对专利审判和申诉委员会在程序中所作的最终决定不服的，可以向美国联邦巡回上诉法院上诉。但是，如果溯源程序中他方当事人，在上诉人根据第142条提交上诉通知后20日内，向局长提交通知，声明愿意按照第146条规定的程序办理的，此种向联邦巡回上诉法院提起的上诉将被驳回。如果在他方当事人提交此种通知后30日内，上诉人并没有根据第146条提起民事诉讼，则本案后续程序将根据委员会的决定办理。

注：本条规定——美国专利法第35编第141条（美国发

法案之前）——于 2012 年 9 月 15 日生效，适用于（美国专利法第 35 编第 135 条（美国发明法案之前）规定的于 2012 年 9 月 15 日后宣告的抵触程序。其他参见《公共法》第 112 - 274 编第 1 条（k）款（3）项，2013 年 1 月 14 日《定制法》。

第 141 条 （美国发明法案之前） 向联邦巡回上诉法院上诉

编者注：不适用开始于 2012 年 9 月 16 日及之后的程序。其他情况适用的法条参见美国法典第 35 篇第 141 条。

根据本篇第 134 条向专利申诉和抵触委员会提起申诉后，申请人对其决定不服的，可以向联邦巡回上诉法院上诉。申请人因提出此种上诉而放弃其根据本篇第 145 条起诉的权利。专利权人，或者在双方再审程序中的第三方请求人，在任何再审程序中，根据第 134 条向专利申诉和抵触委员会申诉，对其最终决定不服的，仅可以向美国联邦巡回上诉法院上诉。抵触案的一方当事人对专利申诉和抵触委员会就抵触所作的决定不服的，可以向美国联邦巡回上诉法院上诉。但是，如果抵触案中他方当事人，在上诉人根据本篇第 142 条提交上诉通知后 20 日内，向局长提交通知，声明愿意按照本篇第 146 条规定的程序办理的，此种向联邦巡回上诉法院提起的上诉将被驳回。如果在他方当事人提交此通知后 30 日内，上诉人并没有根据第 146 条提起民事诉讼，则本案后续程序将根据被提起上诉的决定办理。

第 142 条 上诉通知

上诉人向美国联邦巡回上诉法院提起上诉时，应将提起上诉一事以书面形式通知专利商标局局长，通知应在被提起上诉的决定作出日之后、局长规定的期限内提交，但期限不能少于该日之后 60 日。

第 143 条　上诉程序

编者注：适用开始于 2012 年 9 月 16 日及之后的程序。其他情况适用的法条参见美国法典第 35 篇第 143 条（美国发明法案之前）。

对于本篇第 142 条所述的上诉，局长应将专利商标局档案中包括的有关文件列出一份经证明的清单送交美国联邦巡回上诉法院。该法院可以请求局长将此种文件的原始文本或者经证明的副本在上诉审判未决期间送交法院。在单方当事人的案件中，局长应当以书面形式将专利商标局作出决定的理由提供给法院，以对上诉涉及的所有问题加以说明。局长应有权介入专利审判和申诉委员会在其根据第 135 条参加的溯源程序或根据第 31 章或第 32 章参加的双方复审或授权后复审中所作出决定的上诉程序。

第 143 条　（美国发明法案之前）　上诉程序

编者注：不适用开始于 2012 年 9 月 16 日及之后的程序。其他情况适用的法条参见美国法典第 35 篇第 143 条。

对于本篇第 142 条所述的上诉，局长应将专利商标局档案中包括的有关文件列出一份经证明的清单送交美国联邦巡回上诉法院。该法院可以请求局长将此种文件的原始文本或者经证明的副本在上诉审判未决期间送交法院。在单方当事人的案件或者任何再审案件中，局长应当以书面形式将专利商标局作出决定的理由提供给法院，以对上诉涉及的所有问题加以说明。在上诉审理前，法院应将审理进行的时间和地点通知局长和上诉案的当事人。

第 144 条　对上诉的判决

美国联邦巡回上诉法院根据专利商标局的档案对被提起上诉的决定进行复审。法院在作出决定后，向局长发出命令和意见。这些命令和意见应被归入专利商标局的档案，并约束本案后续程序。

第 145 条　通过民事诉讼以获得专利

申请人在根据本篇第 134 条（a）款提起的上诉中，对专利申诉和抵触委员会的决定不服的，如果未向美国联邦巡回上诉法院提起上诉，则可以在该委员会的决定之后、局长规定的不少于 60 日的期限内，向维吉尼亚东区联邦地方法院对局长提起民事诉讼，以获得救济。该法院可以判决，正如该案的事实可能表明的，该申请人对其发明，即专利申诉和抵触委员会的决定涉及的权利要求所表明的发明，有权获得专利。此项判决授权局长在法律的各项要求得到遵从后颁发专利。所有诉讼费用均应由申请人缴纳。

第 145 条　（未生效）通过民事诉讼以获得专利

编者注：2013 年 3 月 16 日生效，美国法典第 35 篇第 145 条将解释如下。

申请人在根据第134条（a）款提起的上诉中，对专利审判和申诉委员会的决定不服的，如果未向美国联邦巡回上诉法院提起上诉，则可以在该委员会的决定之后、在局长规定的不少于60日的期限内，向维吉尼亚东区联邦地方法院对局长提起民事诉讼，以获得救济。该法院可以判决，正如该案的事实可能表明的，该申请人对其发明，即专利申诉和抵触委员会的决定涉及的权利要求所表明的发明，有权获得专利。此项判决授权局长在法律的各项要求得到遵从后颁发专利。所有诉讼费用均应由申请人缴纳。

第146条　发生抵触时的民事诉讼

抵触案的任何一方当事人不服专利申诉和抵触委员会决定的，除已经向美国联邦巡回上诉法院提起上诉，并且正在审理中或者已经作出判决的以外，还可以在委员会的决定作出后、局长规定的不少于60日的期限内，或者在第141条规定的期限内提起民事诉讼，以获得救济。在此种诉讼中，根据任何一方当事人的提议，关于诉讼费用、花费以及法院指定进一步讯问证人等的条件和情况，在不损害当事人进一步提出证据的权利时，应认可专利商标局的记录。被认可的、专利商标局记录的证词和展示的证据，具有和诉讼中原始所作和提出的证词、证据同等的效力。

此种诉讼可以对专利商标局记录所表明的、在作出决定时对该决定有利害关系的一方为被告，但是任何有利害关系的当事人均可以成为诉讼的一方当事人。如果多个他方当事人分别居住在各地区，不在同一个州以内，或者他方当事人居住在外国，诉讼应由维吉尼亚东区联邦地方法院管辖，该法院可以将传唤各个他方当事人的传票寄给该当事人居住地的执法官。对传唤居住在外国的他方当事人的传票，可以利用公告或者法院指示的其他方法送达。局长不是必然的当事人，但接受起诉的法院的书记员应将起诉一事通知局长，且局长有权介入诉讼。法院判决认为申请人有取得专利的权利的，该判决即授权局长在专利商标局收到判决的证明文本后，遵照法律的规定颁发专利证书。

第 146 条 （未生效） 发生溯源程序时的民事诉讼

编者注：2013 年 3 月 16 日生效，美国法典第 35 篇第 146 条将解释如下。

溯源程序的任何一方当事人不服专利审判和申诉委员会决定的，除已经向美国联邦巡回上诉法院提起上诉，并且正在审理中或者已经作出判决的以外，还可以在委员会的决定作出后、局长规定的不少于 60 日的期限内，或者在第 141 条规定的期限内提起民事诉讼，以获得救济。在此种诉讼中，根据任何一方当事人的提议，关于诉讼费用、花费以及法院指定进一步讯问证人等的条件和情况，在不损害当事人进一步提出证据的权利时，应认可专利商标局的记录。被认可的、专利商标局记录的证词和展示的证据，具有和诉讼中原始所作和提出的证词、证据同等的效力。

此种诉讼可以对专利商标局记录所表明的、在作出决定时对该决定有利害关系的一方为被告，但是任何有利害关系的当事人均可以成为诉讼的一方当事人。如果多个他方当事人分别居住在各地区，不在同一个州以内，或者他方当事人居住在外国，诉讼应由维吉尼亚东区联邦地方法院管辖，该法院可以将传唤各个他方当事人的传票寄给该当事人居住地的执法官。对传唤居住在外国的他方当事人的传票，可以利用公告或者法院指示的其他方法送达。局长不是必然的当事人，但接受起诉的法院的书记员应将起诉一事通知局长，且局长有权介入诉讼。法院判决认为申请人有取得专利的权利的，该判决即授权局长在专利商标局收到判决的证明文本后，遵照法律的规定颁发专利证书。

第十四章　专利的颁发

第 151 条　专利的颁发

如果情况表明，申请人根据法律有权获得专利，专利商标局应将准许申请的书面通知递交或邮寄给申请人。通知应载明构成颁证费或其一部分费用的款项数额，该款项应于通知发出后三个月内缴纳。

专利证书应于上述款项缴纳后立即颁发，如未按期缴费，则该申请视为放弃。

颁证费余额应在发出缴纳余额的通知后三个月内缴纳，如未缴纳，则专利证书即于该三个月期限届满时失效。在计算费用余额时，一页或不足一页的收费可以不计。

如果本条规定的款项没有按时缴纳，但该款项已随同延误费缴纳，且申请人表明延期缴纳是不可避免的，那么局长可以接受其缴款，如同该申请从未被放弃过、专利从未失效过一样。

第 152 条　向受让人颁发专利

除本篇另有规定外，经发明人申请并书面保证属实后，专利可以颁发给在专利商标局记录的发明人的受让人。

第 153 条　颁发的方式

专利应以美利坚合众国的名义颁发，加盖专利商标局的印章，由局长签署，或者其上印有局长的签名，并且在专利商标局有书面记录。

第 154 条　专利的内容和期限；临时的权利

（a）一般规定

（1）内容。每一件专利均应记载发明的简短名称，并对专利权人、其继承人或者受让人授予排除他人在全美国制造、使用、许诺销售、销售该发明，以及将该发明进口至美国的权利，且如果发明是一项制法，则授予排除他人在全美国使用、许诺销售、销售依该方法制造的产品，以及将此种产品进口至美国的权利。关于该发明的细节，应依说明书的说明。

（2）期限。在本篇规定的费用已缴纳的情况下，授予专利的期限自专利颁发之日起算，于专利申请自在美国提交之日起 20 年期限届满时终止，或者，如果申请是根据第 120 条、第 121 条或第 365 条（c）款的规定，具体引证另一个或多个较早提交的申请的，则上述期限自此最早申请的提交日起算。

（3）优先权。在确定专利的期限时，第 119 条、第 365 条（a）款或第 365 条（b）款规定的优先权不计在内。

（4）说明书和附图。一份说明书和附图的副本应附于专利证书之后，成为专利证书的一部分。

（b）专利期限的调整

（1）专利期限的保证

（A）专利商标局迅速回应的保证。除应遵守下述第（2）项规定的限制外，如果由于专利商标局没有采取下列行为而导致原始专利的颁发延误，则在下述（i）、（ii）、（iii）或（iv）段规定的期限届满之后，至采取所述的行为之前，专利的颁发每延误1日，专利期限应延展1日：

（i）在下述日期之后不迟于14个月内，至少已发出第132条规定应发的通知之一，或者根据第151条已发出准许申请的通知：

（I）第111条（a）款规定的申请提交日；或者

（II）国际申请满足第371条规定的条件之日。

（ii）对根据第132条作出的答复，或者对根据第134条提出的申诉，在收到答复或提起申诉之后4个月内作出回应；

（iii）在专利申诉和抵触委员会根据第134条或第135条作出决定之日，或者在联邦法院根据第141条、第145条或第146条在一个案件中作出将正当的权利要求保留在申请中的决定之日，以后的4个月内对申请采取行为；或者

（iv）专利商标局在第151条规定的颁证费缴纳完毕和所有未履行的要求都已履行之日以后4个月内颁发专利证书，根据情况在（i）、（ii）、（iii）或（iv）段规定的期限届满之后，至采取所述的行为之前，专利的颁发每延误1日，专利期限应延展1日。

（B）申请未决期不超过3年的保证　除应遵守下述第（2）项规定的限制外，如果美国专利商标局由于没有在自第111条

（a）项规定的申请实际提交日或在国际申请的情况下自第 371
条规定的国际申请进入国家阶段的日期起的 3 年内颁发专利而
导致了原始专利的颁发延误，则在该 3 年期限届满之后，直至
专利颁发之日，每延迟 1 日，专利的期限应延展 1 日。但这 3 年
期间不包括下列时间：

（i）申请人根据第 132 条（b）款请求继续审查所花费的
时间；

（ii）第 132 条（a）款规定的程序所花费的时间，根据第
181 条施加的命令所花费的时间，专利申诉和抵触委员会或者联
邦法院对上诉进行复审所花费的时间；或者

（iii）除下述第（3）项（C）目允许的以外，美国专利商
标局根据申请人的请求，对申请处理的延误。

（C）对抵触、保密令及上诉造成延误的保证或调整　除应
遵守下述第（2）项规定的限制外，如果由于下列情形而导致原
始专利颁发延误，则下述程序、命令或复审的时间每存续 1 日，
专利的期限应延展 1 日：

（i）第 135 条（a）款规定的程序；

（ii）第 181 条施加的命令；或者

（iii）专利申诉和抵触委员会或者联邦法院对上诉的复审，
且专利是根据复审中推翻有关可享专利性的不利裁决的决定而
颁发的。

（2）限制

（A）一般规定。在期限的延误可归咎于上述第（1）项列
举的原因重叠的范围内，根据本款允许的调整期间不应超过实
际延误专利颁发的日数。

（B）被放弃时的期限。在超出某一指定日期后被放弃的专

利，不得根据本条将其期限调整至放弃声明中指明的截止日期之后。

（C）调整期的缩减

（i）上述第（1）项规定的专利期限的调整期中应减去申请人没有作出合理的努力以结束申请处理的时间；

（ii）关于上述第（1）项（B）目规定的专利期限的调整，鉴于申请人每次答复专利商标局发出的关于驳回、异议、意见或其他要求的通知的期限是 3 个月，该期限自专利商标局发出或者邮寄给申请人的通知之日起计算，那么答复一次通知超过 3 个月期限的累计总时间，则应视为申请人没有作出合理的努力以结束申请的处理或审查的时间。

（iii）局长应制定规章，确定哪些情形将构成申请人没有作出用以结束申请的处理或者审查的合理的努力。

（3）专利期限调整决定的确立程序

（A）局长应制定规章，建立根据本款规定申请和决定专利期限调整的程序。

（B）根据上述（A）目确定的程序，局长应当：

（i）根据本款对专利期限的调整时间作出决定，并将该决定的通知在专利公告日之前发给申请人；

（ii）向申请人提供一次机会，使其能对局长所作的调整专利期限的决定提出再考虑的请求。

（C）如果申请人在颁发专利以前，表明其尽管尽了应有的注意，却仍不能在 3 个月期间内作出答复的，那么局长应恢复根据（2）项（C）目调整的累计时间的全部或者一部分，但无论如何，每一次答复期在原有 3 个月期限以外的补充期绝不能超过 3 个月。

（D）尽管申请人对局长的调整决定提起了申诉，局长在根据本款制定的程序完成专利期限的调整以后，仍应继续其授予专利的工作。

（4）对专利期限调整决定的申诉

（A）申请人对局长根据上述（3）项（B）目（ⅱ）段作出的决定不服的，可以在授予专利后 180 日内向维吉尼亚东区联邦地方法院对局长提起民事诉讼，以获得救济。此诉讼适用第 5 篇第 7 章规定。法院变更专利期限调整期间的终局判决应送达局长，然后局长应修改专利的期限，以反映此种变更。

（B）对根据本款作出的调整专利期限的决定，第三方在授予专利前不得提出申诉或者异议。

（c）继续

（1）决定。在《乌拉圭回合协定法》制定之后满 6 个月之日有效的专利，或者基于该日之前提交的申请所产生的专利的期限，应当是按（a）款规定的名副其实的 20 年，或者是自授予之日起 17 年，但因放弃而终止的除外。

（2）救济。本篇第 283 条、第 284 条和第 285 条规定的救济不适用于下列行为：

（A）开始于《乌拉圭回合协定法》制定之后满 6 个月之日以前开始的行为，或者在该日以前已为该行为作出了实质性投资的；和

（B）由于（1）项规定而构成侵权的行为。

（3）报酬。上面（2）项所述的行为只有在向专利权人缴纳合理的报酬以后才能继续为之，所谓合理的报酬，即在根据第 28 章和第 29 章（本款（2）项排除的那些规定除外）提起的诉讼中所决定的报酬。

（d）临时的权利

（1）一般规定。除本条规定的其他权利以外，专利还应包括对自第122条（b）款规定的专利的申请公布之日起，或者在根据第351条（a）款定义的条约提交并根据该条约第21条（2）款（a）项指定美国的国际申请的情形下，自该申请的公布之日起，至专利颁发之日止的期间内，从符合下列条件的任何人处获取合理的使用费用的权利：

（A）（i）在美国制造、使用、许诺销售或者销售在已公布的专利申请中要求保护的发明，或者将此发明进口至美国；或者

（ii）如果在已公布的专利申请中要求保护的发明是制法，在美国使用、许诺销售或者销售根据已公布的专利申请中要求保护的方法所制造的产品，或者将此产品进口至美国；和

（B）实际上曾经得到过专利申请已公布的通知，而且在根据本项规定产生的权利是基于一件指定美国，但以英语以外的语言公布的国际申请时，已有国际申请文本的英文译本。

（2）以实质相同的发明为基础的权利。只有当专利中要求保护的发明与已公布的专利申请中要求保护的发明实质上相同时，才能根据本款获得上述（1）项规定的享有获取合理使用费用的权利。

（3）获取合理使用费用的时间限制。只有在专利颁发后不迟于6年的期限内所提起的诉讼中才能得到上述（1）项规定的获取合理使用费用的权利。上述（1）项规定的获取合理使用费用的权利不受（1）项所述期间持续长短的影响。

（4）对国际申请的要求

（A）生效日。上述（1）项获取合理使用费用的权利，如

果是以根据第 351 条（a）款所定义的条约而提交并指定美国的国际申请的公布为基础的，应自国际申请按照条约公布之日开始，或者，如果国际申请按照条约是以英文以外的语言公布，则自专利商标局收到公布申请的英文译本之日开始。

（B）副本。局长可以要求申请人提供国际申请的副本和该国际申请的译文。

第 154 条 （未生效） 专利的内容和期限； 临时的权利

编者注：2013 年 3 月 16 生效，根据公共法第 112 - 29 篇第 3 条（j）款、定制法第 125 篇第 284 条修改为删去每一处出现的"专利申诉和抵触委员会"并插入"专利审判和申诉委员会"，美国法典第 35 篇第 154 条（b）款（1）项（C）目的子项标题修改如下："（C）对溯源程序、保密令及上诉造成延误的保证或调整"

第 155 条 （已废止）

第 155A 条 （已废止）

第 156 条 专利的期限延展

（a）要求保护产品的专利、使用产品的方法专利或者制造产品的方法专利的期限，如果符合下列情况，则将根据本条自专利的原始终止日起予以延展，其中包括第 154 条（b）款赋予的专利期限的调整：

（1）在根据（d）款（1）项提出延展申请之前，专利期限尚未届满终止的；

（2）专利期限从未根据本条（e）款（1）项予以延展过的；

（3）记录的专利权人或其代理人已按照本条（d）款（1）至（4）项的规定，提交了延展申请的；

（4）相关产品在其商业销售或者使用以前已经接受过监管复审的；

（5）（A）除（B）目和（C）目的规定外，在监管复审期过后允许商业销售或者使用的产品，是按照据以进行此种监管复审期的法律规定而第一次被允许商业销售或者使用产品的；

（B）当请求专利保护的是制造产品的方法，且该方法在制造该产品时使用的主要是重组脱氧核糖核酸技术时，允许在监管复审期之后商业销售或者使用该产品，是第一次允许商业销售或者使用按照请求专利保护的方法制造的产品的；或者

（C）（A）目所涉及专利是指：

（i）要求保护的是一种动物用新药或者治疗动物疾病用的生物产品，而此种药品或产品（I）没有包括在任何其他被延展期限的专利的权利要求中，并且（II）已经得到允许，可以商业销售或者使用于不可食用的动物和可食用的动物，和

（ii）专利没有基于监管复审期而得以延展期限，以便使用于不可食用的动物，允许在监管复审期之后商业销售或者使用药品/产品于可食用的动物，是第一次允许将药品/产品用于商业销售或用于可食用的动物的管理。

在本条中，上面（4）项和（5）项所述的产品以下简称为"被批准产品"。

（b）除（d）款（5）项（F）目的规定外，根据本条规定而得以延展期限的专利所享有的权利，在延展期限的期间：

（1）在请求专利保护的是产品的情形下，仅限于该产品被批准的用途：

（A）在该专利的期限届满之前，

（i）按照据以进行适用的监管复审的法律规定，或者

（ii）按照据以进行（g）款（1）项、（4）项和（5）项所述的监管复审的法律规定，和

（B）在据以延展专利期限的监管复审期届满之时或之后；

（2）在请求专利保护的是产品使用方法的情形下，仅限于请求专利保护的用途，而且限于被批准的产品：

（A）在该专利期限届满之前，

（i）按照据以进行监管复审的适用的法律规定，和

（ii）按照据以进行（g）款（1）项、（4）项和（5）项所述的监管复审的法律规定，和

（B）在据以延展专利期限的监管复审期届满之时或之后；和

（3）在请求专利保护的是产品制造方法的情形下，仅限于下列产品的制造方法：

（A）被批准产品；或者

（B）已经接受（g）款（1）项、（4）项和（5）项所述的监管复审期的产品。

本款所使用的"产品"一词包括被批准产品。

（c）有资格根据（a）款延展的专利的期限应当延展的时间等同于被批准产品的监管复审期，且该期间发生在专利颁发以后，但下列情形除外：

（1）每一个监管复审期均应减去根据（d）款（2）项（B）目确定的期间，在该期间专利延展的申请人并没有以应有的勤勉在监管复审期采取行动；

（2）在按照（1）项减除之后，延展的期间只包括（g）款（1）项（B）目（i）段、（2）项（B）目（i）段、（3）项（B）目（i）段、（4）项（B）目（i）段和（5）项（B）目（i）段所述期间剩余部分的一半；

（3）如果在据以进行监管复审的法律规定的被批准产品的批准之日以后，专利期限的剩余期间加上（1）项和（2）项规定的修改的期间，超过14年的，延展的期间应予以减少，以便使两个期间之和不超过14年；并且

（4）任何产品的同一监管复审期间，根据（e）款（i）得以延展期限的专利不得超过一个。

（d）（1）若要根据本条规定获得专利期限的延展，则档案中的专利权人或其代理人应向局长提交申请。除（5）项的规定外，此申请只能在自产品据以进行监管复审适用的法律规定而获得商业销售或使用的许可之日起60日的期限内提交。申请书应包括下列事项：

（A）被批准的产品的特征以及据以进行监管复审的联邦法令；

（B）请求延展期限的专利的特征以及此专利的每一项权利要求的特征；

（C）有助于局长根据（a）款和（b）款规定确定专利有资格获得延展以及从延展得到的权利所需要的信息，以及有助于局长、健康与人类服务部部长或者农业部部长能根据（g）款规定确定延展期所需的信息；

（D）申请人在适用的监管复审期间对被批准产品所采取的行动和进行此行动的重要日期的简短说明；和

（E）局长可能需要的该专利信息或者其他信息。

为确定本项第二句规定的产品收到许可的日期，如果该许可是在东部时间工作日下午4点30分之后传达的或者在非工作日传达的，产品应视为在下一个工作日收到许可。前一句中，术语"工作日"意指任何星期一、星期二、星期三、星期四或星期五，任何第5篇第6103条规定的法定假日除外。

（2）（A）在根据（1）项规定提交专利期限延展申请之后60日内，局长将延展申请通知下列人员：

（i）农业部部长，如果请求专利保护的是药品或者使用或制造药品的方法，并且该药品是受《病毒—血清—毒素法》管制的话，和

（ii）健康与人类服务部部长，如果请求专利保护的是任何其他的药品、医用设备，或者食品添加剂或色素添加剂，或者使用或制造此类产品、设备或者添加剂的方法，而且如果该产品、设备和添加剂是受《联邦食品、药品和化妆品法》管制的话，并向接受通知的部长附送申请的副本。在接到局长送来申请后30日内，审核申请的部长应根据（1）项（C）目审核申请中所说的日期，决定适用的监管复审期，通知局长该决定，并将该决定的通知在《联邦记录》上予以公布。

（B）（i）如果在（A）目所述的决定公布后180日内，有人向根据（A）目作出决定的部长提交请求书，且根据该请求书可以合理地确定申请人并没有在适用的监管复审期内以应有的勤勉采取了行动的，那么作出上述决定的部长应当根据其公布的规章，决定申请人是否在监管复审期间以应有的勤勉采取

行动。作出上述决定的部长应在接到请求书后 90 日内作出此项决定。对于受《联邦食品、药品和化妆品法》或者《公共卫生服务法》管制的药品、设备或添加剂，部长不得将其根据本段规定作出决定的权力委托给食品药品管理局以下的机构执行。对于受《病毒—血清—毒素法》管制的产品，农业部部长不得将其根据本段规定作出决定的权力委托给主管销售和检查的助理部长办公室以下的机构执行。

（ii）根据（i）段作出决定的部长应将其决定通知局长，并将此决定的通知连同此决定的事实根据和法律根据在《联邦记录》上予以公布。任何利害关系人，自公布决定时起 60 日期限内，可以请求作出决定的部长举行一次关于该决定的非正式听证会。如果在该期限内提出了此请求，该部长在请求提出之日后 30 日内，或者根据请求人的请求，在该日之后 60 日内，举行听证会。主持听证会的部长应将举行听证会一事通知所涉及专利的专利权人和任一利害关系人，并向专利权人和任一利害关系人提供参加听证会的机会。在听证会完成之后 30 日内，该部长应肯定或者修改作为听证会主题的决定，通知局长对决定所作的任何修改，并将此修改在《联邦记录》上予以公布。

（3）在（2）项（B）目中，术语"应有的勤勉"意指注意的程度、持续专注的努力和及时性，这些是在对处于监管复审期之人的合理预期内的，也是该人通常所实行的。

（4）延展专利期限的申请应符合局长所规定的披露要求。

（5）（A）如果档案中的专利权人或其代理人合理地预期（g）款（1）项（B）目（ii）段、（2）项（B）目（ii）段、（3）项（B）目（ii）段、（4）项（B）目（ii）段或（5）项（B）目（ii）段所述的基于该专利主题的产品，适用的监管复审期可于实际上延展至该专利期限届满之后，专利权人或其代理人可以在专利期限预定届满之前 6 个月，至届满前 15 日的期限内，向局长提交申请，请求给予临时延展。申请应记载下列事项：

（i）受监管复审的产品的特征，和据此进行此复审的联邦法令；

（ii）请求临时延展的专利的特征，以及此专利每一项权利要求的特征，且该专利是要求保护处于监管复审之下的产品或者使用或者制造该产品方法的专利；

（iii）有助于局长根据（a）款（1）项、（2）项和（3）项规定决定专利是否有资格延展的信息；

（iv）申请人在适用的监管复审期内对处于复审中的产品所采取的行动以及进行此种行动的重要日期的简短说明；和

（v）局长可能需要的该专利信息或者其他信息。

（B）如果局长决定，除允许商业上销售或者使用产品外，专利有资格根据本条规定延展其期限的，那么局长应将此决定的通知，包括处于监管复审之中的产品的特征，在《联邦记录》上予以公布，并向申请人发送为期不超过 1 年的临时延展证明书。

（C）档案中记载的专利权人或其代理人已经根据（B）目规定获得了临时延展的，可以根据本目规定申请不超过 4 次的后续临时延展，但下述（g）款（6）项（C）目规定的专利情形除外，即其档案中记载的专利权人或其代理人，只可以根据本目规定申请 1 次后续临时延展。每一次后续临时延展申请均应在前一次临时延展期届满之前 60 日至届满之前 30 日内提出。

（D）本项规定的每一次临时延展的证明书均应记载于专利

的官方档案中，并被视为原始专利的一部分。

（E）本项赋予的临时延展，应在相关产品接到准予商业销售或者使用的许可之日起 60 日期限届满之日结束，但以下的情形除外，即如果在该 60 日期限内，申请人将此许可通知局长，并根据本款（1）项规定提交尚未包含在临时延展申请中的其他信息的，根据本条规定，专利应继续予以延展，此延展：

（i）自原始专利期限届满之日起延展不超过 5 年；或者

（ii）如果专利属于（g）款（6）项（C）目规定的情形，自相关产品接到商业销售或者使用的批准之日起。

（F）根据本项规定而使专利的期限获得延展的，在临时延展期内根据该专利所获得的权利应遵守下列规定：

（i）在请求专利保护的是产品的情形下，仅限于当时处于监管复审之下的产品的用途；

（ii）在请求专利保护的是产品使用方法的情形下，仅限于当时处于监管复审之下的专利所保护的用途；

（iii）在请求专利保护的是产品制造方法的情形下，仅限于当时用以制造处于监管复审之下的产品的方法。

（e）（1）局长可以仅仅根据延展申请中所载的陈述决定专利是否有资格得以延展。如果局长根据（a）款规定决定专利有资格获得延展，且已满足（d）款（1）项至（4）项所规定的要求的，那么局长应向专利期限的延展申请人颁发延展证明书，加盖印章，延展的期限遵照（c）款规定执行。此证明书应记载于专利的官方档案中，并被视为原始专利的一部分。

（2）如果已根据（d）款（1）项规定提交了延展申请，但在延展证明书颁发或者根据上述（1）项规定驳回该延展申请之前，专利期限就将届满，而局长如果决定该专利应获得延展，那么在作出此决定之前，局长应将该专利的期限予以延展，为期至多1年。

（f）本条规定中：

（1）"产品"一词意指：

（A）药品。

（B）受《联邦食品、药品和化妆品法》监管的任何医用设备、食品添加剂或色素添加剂。

（2）"药品"一词意指下述产品的活性成分：

（A）新药、抗生药或者人用生物产品（与《联邦食品、药品和化妆品法》及《公共卫生服务法》中使用的相同术语具有同等含义），或者

（B）动物用新药或者治疗动物疾病用的生物产品（与《联邦食品、药品和化妆品法》及《病毒－血清－毒素法》中使用的相同术语具有同等含义），此类产品并非主要使用重组脱氧核糖核酸、重组核糖核酸、杂交瘤技术或者其他涉及定向遗传操作技术的方法，包括以任何盐或者酯的活性成分作为单一体或者与另一活性成分结合的方法，而制造的。

（3）"主要的健康或环境效果测试"意指一种与产品的健康或环境效果的评估合理相关的测试，此种测试至少需要进行6个月，从测试所得的数据用以确定是否准许产品的商业销售或者使用。分析或评估测试结果的期间不包括在决定是否需要进行的测试的6个月以内。

（4）（A）所提及的第351条，是指《公共卫生服务法》第351条。

（B）所提及的第503条、第505条、第512条、第515条，是指《联邦食品、药品和化妆品法》第503条、505条、512

条、515 条。

（C）所提及的《病毒－血清－毒素法》，是指《1913 年 3 月 4 日法案》（美国法典第 21 篇第 151－158 条）。

（5）"非正式听证会"术语与《联邦食品、药品和化妆品法》第 201 条（y）款规定的该术语具有相同含义。

（6）"专利"意指美国专利商标局颁发的专利。

（7）本条使用的"制定日"术语，就人用药品、医用设备、食品添加剂或者色素添加剂而言，意指 1984 年 9 月 24 日。

（8）本条使用的"制定日"术语，就动物用药品或者治疗动物疾病用生物产品而言，意指《动物用普通药品和专利期限恢复法》的制定日。

（g）在本条中，"监管复审期"术语具有以下含义：

（1）（A）在产品是新药、抗生药或人用生物产品的情形下，该术语意指（B）目所述的期间，（6）项所述的限制适用于该期间。

（B）新药、抗生药或者人用生物产品的监管复审期是下列两个期间之和：

（i）自第 505 条（i）款或者第 507 条（d）款规定的对被批准产品的免除的生效日起始，至根据第 351 条、505 条或 507 条为此药品原始提交申请之日终止的期间，和

（ii）自根据第 351 条、505 条（b）款或者 507 条为被批准的产品原始提交申请之日起始，至该申请根据该条得到批准之日终止的期间。

（2）（A）在产品是食品添加剂或者色素添加剂的情形下，"监管复审期间"术语意指（B）目所述的期间，（6）项所述的限制适用于该期间。

（B）食品或者色素添加剂的监管复审期是指下列两个期间之和：

（i）自对此种添加剂开始进行主要的健康或环境效果测试之日起始，至对受《联邦食品、药品和化妆品法》监管的产品申请颁发该产品的使用监管的请求原始提交之日终止的期间，和

（ii）自对《联邦食品、药品和化妆品法》规定的产品申请颁发该产品的使用监管的请求原始提交之日起始，至此监管生效之日终止；或者，如果该监管请求被拒绝，至此拒绝得到解决以及商业销售得到允许时终止；或者，如果商业销售得到准许，但之后由于反对而又被撤销，等待进一步的程序，则至此程序最终得以解决，商业销售又得到准许时终止的期间。

（3）（A）在产品是医用设备的情形下，"监管复审期"术语意指适用（6）项所述限制、（B）目所述的期间。

（B）医用设备的监管复审期是下列两个期间之和：

（i）自对使用该设备的人体临床调查进行之日起始，至第515条规定的设备的申请原始提交之日终止的期间，和

（ii）自受第515条监管的设备的申请原始提交之日起始，至该申请根据该法获得批准之日终止的期间；或者自产品开发议定书完成的通知根据第515条（f）款（5）项的规定原始提交之日起始，至该议定书根据第515条（f）款（6）项的规定宣告完成之日终止的期间。

（4）（A）在产品是动物用新药的情形下，"监管复审期"术语意指，适用（6）项所述限制的、（B）目所述的期间。

（B）动物用新药产品的监管复审期是下列两个期间之和：

（i）自对该药品进行主要的健康或环境效果测试开始实施

的较早日期，或者自根据第 512 条（j）款对被批准的动物用新药品的免除生效日起始，至对此动物用药品的申请根据第 512 条规定原始提交之日终止的期间，和

（ii）自根据第 512 条（b）款规定原始提交对被批准的动物用药品的申请之日起始，至此申请根据该条获得批准之日终止的期间。

（5）（A）在产品是治疗动物疾病用生物产品的情形下，"监管复审期"意指适用（6）项所述限制的、（B）目中所述的期间。

（B）治疗动物疾病用生物产品的监管复审期是下列两个期间之和：

（i）自当局根据《病毒－血清－毒素法》筹备实验性生物产品的生效之日起始，至根据该法请求许可的申请提交之日终止的期间，和

（ii）自根据《病毒－血清－毒素法》请求许可的申请原始提交之日起始，至此许可颁发之日终止的期间。

（6）上述各项中期限的确定均应受下列规定限制：

（A）如果所涉及专利是在本条制定之后颁发的，在根据任何一项规定所决定的基于监管复审期的延展期不得超过 5 年。

（B）如果所涉及专利是在本条制定之前颁发的，而且

（i）没有提交（1）项（B）目或（4）项（B）目所述的免除请求，也没有向（5）项（B）目所述的当局提交请求，

（ii）没有开始实施（2）项（B）目或者（4）项（B）目所述的主要的健康或环境效果测试，没有提交该项所述的监管请求或者注册申请，或者

（iii）在批准产品之日以前没有开始（3）项所述的临床调

查，或者没有提交该项所述的产品开发议定书，那么基于根据任何一项规定所决定的监管复审期的延展期不得超过 5 年。

（C）如果所涉及专利是在本条制定之前颁发的，并且如果（B）目所述的行为是在本条制定之前对被批准的产品所采取的，而且该产品的商业销售或者使用在该日之前尚未被批准，那么基于根据该项规定所决定的监管复审期的延展期不得超过 2 年，或者，在被批准的产品是动物用新药品或治疗动物疾病用的生物产品（这些术语具有《联邦食品、药品和化妆品法》或者《病毒－血清－毒素法》中相同术语的同等含义）的情形下，不得超过 3 年。

（h）局长可以基于专利商标局根据本条规定接收申请和处理申请所费的开支，确定其认为合适的足以抵补的费用。

第 157 条　法定的发明登记

编者注：2013 年 3 月 16 日生效，美国法典第 35 篇第 157 条被公共法第 112－29 篇第 3 条（d）款、定制法第 125 篇第 284 条废止。

（a）尽管有其他规定，局长仍有权公布法定发明登记，其中包含正规提交而未经审查的专利申请的说明书和附图，如果申请人应满足下列条件：

（1）满足第 112 条规定的要求；

（2）符合局长在规章中规定的印刷要求；

（3）在局长规定的期限以内放弃就该发明取得专利的权利；和

（4）缴纳局长规定的申请费、公布费和其他处理费用。如果宣布与这样一项申请相关的抵触，除非发明优先顺序问题的最终决定有利于该申请，否则法定发明登记便不得公布。

（b）申请人提交的本条（a）款（3）项规定的放弃，在法定发明登记公布时生效。

（c）按照本条公布的法定发明登记应具有本篇对专利明确规定的所有的特性，但第183条、第271条至289条规定的特性除外。法定发明登记不应具有本篇以外的其他任何法律规定的专利的特性。按照本条公布的法定发明登记，应将本款的上述规定按照局长发布的规章以合适方式通知公众。公布了法定发明登记证明书的发明，不是本篇第292条所称的专利发明。

（d）局长应每年就法定发明登记的使用情况向国会予以报告。此报告应当包括对联邦政府机构利用法定发明登记制度的程度、此制度对联邦技术开发的管理予以帮助的程度的评估，以及对联邦政府使用这些程序所节约开支的评估。

第157条 （未生效） 法定的发明登记

编者注：针对2013年3月16日及之后提交的申请已废止。其他情形适用的法律参见美国法典第35篇第157条（美国发明法案之前）。

第十五章 植物专利

第161条 植物专利

任何人发明、发现和利用无性方法培植出任何独特而新颖的植物品种的，包括培植的变形芽、变种、杂交种以及新发现的秧苗在内（但由块茎繁殖的植物或者在非栽培状态下发现的植物除外），只要符合本篇规定的条件和要求，即可获得专利。

本篇有关发明专利的规定，除另有规定外，应适用于植物专利。

第162条　说明书和权利要求

植物专利，如果其说明书在合理的可能范围内已经完备，则不应因为不符合第112条的规定而被宣告无效。

说明书中的权利要求应当使用正式的术语，以表明所展示和描述的植物。

第163条　授予专利

在植物专利的情形下，授予的专利权应包括排除他人在全美国使用无性方法繁殖该植物，以及使用、许诺销售或销售此法繁殖的植物或其任何部分，或者将此法繁殖的植物或其任何部分进口到美国。

第164条　农业部的协助

总统根据局长为执行本篇关于植物的规定的请求，可以行政命令指示农业部部长：（1）提供农业部所获得的信息，（2）通过农业部适当的局、司对特别问题进行研究，或者（3）向局长选派农业部的官员和雇员。

第十六章　外观设计

第 171 条　外观设计专利

任何人对一种工业产品作出了一项新颖、独创和装饰性的设计，只要符合本篇规定的条件和要求，即可获得专利。

本篇关于发明专利的规定，除另有规定外，应适用于外观设计专利。

第 172 条　优先权

第 119 条（a）款至（d）款所规定的优先权，以及第 102 条（d）款规定的时间，在外观设计则为 6 个月。第 119 条（e）款规定的优先权不适用于外观设计。

第 172 条　优先权

编者注：2013 年 3 月 16 日生效，美国法典第 35 篇第 172 条将解释如下。

第 119 条（a）款至（d）款所规定的优先权，在外观设计为 6 个月。第 119 条（e）款规定的优先权不适用于外观设计。

第 173 条　外观设计专利的期限

外观设计专利的期限是自授予之日起 14 年。

第十七章　特定发明的保密和在外国提交申请

第181条　特定发明的保密和专利的扣发

任何时候，政府享有财产收益的发明，当有利害关系的政府机构首长认为因申请公布或者对该发明授予专利将发明予以公布或披露，有可能损害国家安全时，专利专员接到这样的通知后，应命令将该发明予以保密，并按照下文规定的条件停止所申请的公布或者专利的授予。

任何时候，政府对发明不享有财产收益，专利专员认为因申请公布或者授予专利而将发明予以公布或披露，有可能损害国家安全时，专利专员应将披露该发明的专利申请提交原子能委员会、国防部部长以及总统指定作为美国国防机关的其他任何政府部门或机构的主要官员加以检查。

获知申请披露内容的每一个人应当在注有日期的、承认这一事实的文件上签名，该文件应归入该申请的档案中。如果原子能委员会、国防部部长或者上述被指定的另一部门或机构的主要官员认为，发明因申请公布或者授予专利而被公布或披露，可能有损国家安全，那么原子能委员会、国防部部长或者此类其他主要官员应通知专利专员，该专利专员应即命令将该发明予以保密，并且停止所申请的公布或者专利的授予，其时间视国家利益的需要而定，并通知申请人有关情况。如果要求发出保密命令的部门或机构的首长合理展示，对申请的审查可能危害国家利益的，专利专员应据此使该申请处于密封状态，并通知申请人有关情况。处于保密命令之下的申请的所有人有权按照商务部部长制定的规则，就该命令向商务部部长提起申诉。

发明处于保密情形、不予公布专利申请或者不授予专利，均不得超过 1 年。如果要求发出保密命令的部门首长或者机构主要官员通知，因国家利益需要继续延长上述期间，并已作出肯定决定的，专利专员在上述期间届满或者在更新期届满时，应重申其命令，再延长 1 年。在美国处于战争期间生效或者发布的保密命令，在全部战争期间以及战争停止后 1 年内仍然有效。在总统宣告国家处于紧急状态中发布或者生效的保密命令，在国家紧急状态中及其后 6 个月内仍然有效。如果专利专员接到要求发出保密命令的部门长官和机构主要官员的通知，称发明的公布或者披露不再损害国家利益，那么专利专员可以废止上述命令。

第 182 条 由于未经授权的披露而放弃发明

因第 181 条规定发布的保密命令而受管制的专利申请中所披露的发明，如果经专利专员证实，已被公布或者披露，或者发明人、其继承人、受让人、法定代理人或者与申请人或者其他人有合法利益关系的任何人，未经专利专员同意，已在外国就此发明提交专利申请的，则该发明将因违反上述保密命令而被视为放弃。放弃自违反命令时即已施行。如果没有得到原要求发出保密命令的部门首长或者机构主要官员的同意，专利专员不应表示同意。放弃将使申请人、其继承人、受让人、法定代理人，或者与申请人或其他人有合法利益关系的任何人，丧失其根据该发明对美国所享有的一切权利要求。

第 183 条　获得补偿的权利

申请人、其继承人、受让人、或法定代理人，因此处规定而被拒绝授予其专利的，有权自申请人接到通知之日起（因为如果没有该项命令，其申请原处于获得准许的状态），或者自1952 年 2 月 1 日起，以在后的日期为准，至就该发明颁发专利之后 6 年为止，向要求发出保密命令的部门或机构的首长请求补偿其由于保密命令和/或者由于披露发明后政府使用该发明而造成的损害。由于政府使用而获得补偿的权利，自政府最早使用该发明之日开始。部门或者机构的首长在接到索赔的请求后，有权与申请人、其继承人、受让人或法定代理人达成协议，对损害和/或使用给予全部补偿。无论法律出于任何目的有何相反规定，此项补偿协议都将是最终决定性的。如果索赔的全部补偿不能实现，部门或者机构的首长可以裁定并付给申请人、其继承人、受让人或法定代理人一笔款项，其数额不超过部门或机构首长认为是损害和/或使用的公平补偿数额的75%。索赔人可以在美国联邦索赔法院或者在索赔人居住地区的美国地区法院对美国提起诉讼，请求判给一笔款项，其数额如与裁定的数额加在一起，即构成损害和/或政府使用发明的公平补偿。基于曾受到过根据第 181 条所发出的保密命令影响的发明而授予的专利，其专利权人没有按上述规定请求补偿的，在该专利颁发之日以后，有权在美国联邦索赔法院提起诉讼，请求对披露引起的保密命令和/或发明披露后政府使用该发明而造成的损害给予补偿。由于使用而获得补偿的权利，自政府最早使用该发明之日开始。在本条所规定的诉讼中，美国联邦政府可以利用第28 篇第 1498 条规定的诉讼中所可以提出的一切抗辩理由以利于自己。本条并不对任何人或其继承人、受让人或法定代理人，在为美国联邦政府全时雇佣或者服务期间，所发现、创造或者开发的发明，授予以该发明为根据的提出索赔的诉讼权利。

第 184 条　在外国提出申请

编者注：适用于 2012 年 9 月 16 日及之后开始的程序。其他情形适用的法律参见美国法典第 35 篇第 184 条（美国发明法案之前）。

（a）在外国提交申请

除获得专利专员的许可而获授权的以外，一个人就其在美国作出的发明在美国提交专利申请，或者实用新型、工业品外观设计或模型的注册申请之后 6 个月内，不应在任何外国提出申请，或者使他人或授权他人在外国提出申请。对于受到专利专员按照本篇第 181 条所发保密命令影响的发明，没有得到要求发出保密命令的部门首长或者机构主要官员的同意，不应发给许可。如果是由于错误而在外国提出申请，并非有意欺骗，且其内容并未披露属于本篇第 181 条范围以内的发明，则可以追溯给予许可。

（b）申请

本章所使用的"申请"一词，包括申请以及对申请的修饰、修改、补充或者分案在内。

（c）后续的修饰、修改以及补充

上述许可的范围应包括后续对申请的修饰、修改以及包含追加主题的补充，但条件是：作为许可请求基础的申请现在不是、过去也不是本篇第 181 条规定的需要提供检查的申请，而且对申请的修饰、修改或补充并未改变发明的总的性质，从而也不会使该申请成为第 181 条规定的需要提供检查的申请。在现在不需要、过去也不需要为在外国提出申请而请求许可的任何情形下，对在外国提出申请后续的修饰、修改和补充，也不需要请求许可，条件是：对在美国的申请没有要求根据第 181 条加以检查，而且此种修饰、修改和补充现在不会、或者过去也不曾改变发明的总的性质，从而也不会使该美国申请成为第 181 条规定的需要提供检查的申请。

第 184 条　（美国发明法案之前）　在外国提出申请

编者注：不适用于 2012 年 9 月 16 日及之后开始的程序。其他情况适用的法律参见美国法典第 35 篇第 184 条。

除获得专利专员的许可而获授权的以外，一个人就其在美国作出的发明在美国提交专利申请，或者实用新型、工业品外观设计或模型的注册申请之后 6 个月内，不应在任何外国提出申请，或者使他人或授权他人在外国提出申请。对于受到专利专员按照本篇第 181 条所发保密命令影响的发明，没有得到要求发出保密命令的部门首长或者机构主要官员的同意，不应发给许可。如果是由于错误而在外国提出申请，并非有意欺骗，且其内容并未披露属于本篇第 181 条范围以内的发明，则可以追溯给予许可。

本章所使用的"申请"一词，包括申请以及对申请的更正、修改、补充或者分案在内。

上述许可的范围应包括后续对申请的更正、修改以及包含追加主题的补充，但条件是：作为许可请求基础的申请现在不是、过去也不是本篇第 181 条规定的需要提供检查的申请，而且对申请的更正、修改或补充并未改变发明的总的性质，从而也不会使该申请成为第 181 条规定的需要提供检查的申请。在任何现在不需要、过去也不需要为在外国提出申请而请求许可的情形下，对在外国提出申请后续的更正、修改和补充，也不需要请求许可，条件是：对在美国的申请没有要求根据第 181 条加以检查，而且此更正、修改和补充现在不会、或者过去也不曾改变发明的总的性质，从而也不会使该美国申请成为第 181 条规定的需要提供检查的申请。

第 185 条　对未经许可而申请者禁止授予专利

编者注：适用于开始于 2012 年 9 月 16 日及之后的程序。其他情形适用的法律参见美国法典第 35 篇第 185 条（美国发明法案之前）。

无论法律有其他任何规定，任何人及其继承人、受让人或法定代理人，未获得本篇第 184 条规定的许可，而在外国为一项发明申请专利，或者申请实用新型、工业品外观设计或模型的注册，或者同意或辅助他人提出此申请的，均不应就该发明被授予美国专利。除非出于错误而没有取得许可，而且并非有意欺骗，该专利也没有披露本篇第 181 条范围以内的主题，否则对此人、其继承人、受让人或其法定代理人颁发的美国专利无效。

第185条 （美国发明法案之前） 对未经许可而申请者禁止授予专利

编者注：不适用于2012年9月16日及之后开始的程序。其他情形适用的法律参见美国法典第35篇第185条。

无论法律有其他任何规定，任何人及其继承人、受让人或法定代理人，未获得本篇第184条规定的许可，而在外国为一项发明申请专利，或者申请实用新型、工业品外观设计或模型的注册，或者同意或辅助他人提出此申请的，均不应就该发明被授予美国专利。除非出于错误而没有取得许可，而且并非有意欺骗，该专利也没有披露本篇第181条范围以内的主题，否则对此人、其继承人、受让人或其法定代理人颁发的美国专利无效。

第186条 处罚

无论何人，在依第181条规定的命令对发明保密和停止授予专利的期间，明知有此项命令，未经正当授权，故意公布或者披露、或者授权或者使他人公布或者披露该发明或者关于该发明的实质信息的，或者，故意违反第184条规定，就在美国作出的任何发明在外国提交、或使他人提交、或授权他人在外国提交专利申请或者实用新型、工业品外观设计或模型注册的申请的，在宣告有罪后，应处以10 000美元以下罚金或者2年以下监禁，或者两者并处。

第 187 条　对特定人不适用有关规定

本章的禁止和处罚规定，不适用于美国官员或代理人在其职权范围内的行为，也不适用于根据其书面指示或经其书面许可而行为的任何人。

第 188 条　细则和规章、权力的委托

原子能委员会、防务部门的部长、总统指定为美国防务机构的任何其他政府部门或机构的主要官员以及商务部部长，可以分别发布细则和规章，以便各有关部门或者机构执行本章的规定，也可以将本章赋予的权力委托他人代为行使。

第十八章　在联邦援助下所作发明的专利权

第 200 条　政策和目标

国会的政策和目标是，利用专利制度促进由于联邦资助研究开发而产生的发明的应用；鼓励小企业公司最大限度地参与联邦资助的研究开发工作；促进商业公司和非营利组织之间的合作；确保非营利组织和小企业公司作出的发明用于促进自由竞争和企业，而不会不适当地妨碍未来的研究和发现；促进美国产业和劳动力在美国所作出发明的商业化和公众利用率；保障政府在联邦资助的发明中获得充分的权利，以满足政府需要，并防止公众对发明的不使用或者不合理的使用；并使执行这方

面政策的费用节省到最低限度。

第 201 条　定义

在本章中：

（a）"联邦机构"意指第 5 篇第 105 条所定义的任何行政机构和第 5 篇第 102 条所定义的军事部门。

（b）"资助协议"意指任何联邦机构（田纳西流域管理局除外）与任何缔约人为进行实验、开发或研究工作，由联邦政府全部或部分资助而缔结的任何合同、财产赠与或者合作协议。此术语包括，根据这里所定义的资助协议，为进行实验、开发或研究工作，所缔结的转让、当事方替换或者任何类型的转包合同在内。

（c）"缔约方"意指作为资助协议一方当事人的任何个人、小企业公司、或者非营利组织。

（d）"发明"意指根据本篇可以或可能获得专利、或者可能依其他方法获得保护的任何发明或发现，或者根据《植物品种保护法》（美国法典第 7 篇第 2321 条及其后各条）可以或者可能获得保护的植物新品种。

（e）"主题发明"意指缔约方根据资助协议在履行工作时构思的或者首先实际上付诸实施的任何发明；但是，在植物品种的情形下，确定日（按照《植物品种保护法》第 41 条（d）款即美国法典第 7 篇第 2401 条（d）款的定义）必须发生在合同履行期间。

（f）"实际应用"，在组合物或者产品的情形下，意指制造；在制法或者方法的情形下，意指实施；在机器或者系统的情形下，意指操作。在每一种情形下，均是指在此状态下，使人确信发明正得以利用，公众根据合理的条件从发明得到的好处达到了法律和政府规章所允许的限度。

（g）"作出"，在其用于任何发明时，意指此发明的构思或者首次实际上付诸实施。

（h）"小企业公司"意指公共法第 85—536 篇（美国法典第 15 篇第 632 条）第 2 条和小企业管理局局长的实施细则所定义的小企业公司。

（i）"非营利组织"意指大学和其他高等教育机构，或者指 1986 年《国内税收法典》（美国法典第 26 篇）第 501 条（c）款（3）项所述的那类组织、《国内税收法典》（美国法典第 26 篇）第 501 条（a）款规定的免除税收的组织，或者符合各州的非营利法令的任何非营利的科学或教育组织。

第 202 条　权利的处分

（a）每一非营利组织或者小企业公司，在本条（c）款（1）项所要求的披露之后的合理时间内，可以选择保留对任何主题发明的所有权，然而，在下列情形下，资助协议可以作出其他的规定：（i）在缔约方并非设立在美国，或者在美国并无营业所，或者是受外国政府控制的时候；（ii）在例外的情况下，当机构决定对保留主题发明所有权的权利加以限制或者取消，将更好地促进本章的政策和目标的时候；（iii）当政府当局根据法令或者总统的行政命令，授权进行对外谍报或反谍报活动，为保护此种活动的安全有必要决定对保留主题发明所有权的权利加以限制或者取消的时候；或者（iv）当资助协议包括政府拥有、缔约方操作的能源部的设备的操作，而该设备主要是为与能源部的舰船核推进或武器有关的计划服务的时候，本目下所有资助协议对缔约方选择保留主题发明所有权的权利的限制限于上述能源部的两项计划中产生的发明。非营利组织或者小企业公司的权利应符合本条（c）款的规定和本章的其他规定。

（b）（1）政府根据（a）款所享有的权利不应由联邦机构行使，除非该机构首先确定，在（a）款（i）段至（iii）段确认的条件中至少有一项条件存在。除（a）款（iii）段的情形外，该机构应在适用的资助协议裁决之后 30 日内向商务部部长提交该决定的副本。在根据（a）款（ii）段决定的情形下，声明书中应包括分析以论证该决定的正当性。在决定适用于与小企业公司的资助协议的情形下，副本还应送交至小企业管理局的首席法律顾问处。如果商务部部长认为，任何个体的决定或者决定类型违反本章的政策和目标或者在其他方面与本章不相符合的，商务部部长应如实告知有关机构的首长和联邦采购政策管理局局长，并建议采取更正行为。

（2）无论何时，联邦采购政策管理局局长决定，联邦一个或多个机构正在以违反本章政策和目标的方式，利用本条（a）款（i）段或（ii）段的权力的，管理局局长有权发布规章，规定各机构不得行使上述权力的各类情况。

（3）如果缔约方认为，某个决定违反本章的政策和目标，或者构成机构滥用其职权的，该决定应适用第 203 条（b）款的规定。

（c）与小企业公司或者与非营利组织缔结的每一个资助协议均应包含适当的条款，以贯彻下列规定：

（1）缔约方应在其负责管理专利事务的人员知悉发明后的

合理时间内，向联邦机构披露每一件主题发明，联邦政府可以接收没有在该时间内向其披露的任何发明的所有权。

（2）缔约方应在向联邦机构披露后 2 年（或者联邦机构可能批准的某一外加时间）内，以书面形式作出选择，缔约方是否将保留对主题发明的所有权，但条件是：凡经公布、销售或者公开使用而已经启动在美国仍可以获得专利的法定 1 年期限的任何情形下，联邦机构可以将选择期间缩短至法定期限届满前不超过 60 日的某日；进一步的条件是：联邦政府可以接收缔约方没有选择保留权利或者未能在上述期间内选择保留权利的主题发明的所有权。

（3）选择对主题发明享有权利的缔约方，应允诺在法定禁止日（根据本篇这可能由于公布、销售或者公开使用而发生）之前提交专利申请，并此后缔约方应当在合理期间内向希望保留所有权的其他国家提交相应的专利申请。在缔约方没有在上述时间内就该主题发明提交专利申请的美国或者其他国家，联邦政府可以接收对主题发明的所有权。

（4）对于缔约方选择享有权利的任何发明，联邦机构应享有非排他的、不可转让的、不可撤销的、已缴纳使用费的许可，为美国或者代表美国在全世界实施或已经实施该主题发明，但条件是：资助协议可以规定联邦机构为履行美国根据条约、国际协定、合作办法、谅解备忘录或者类似的安排（包括有关武器开发和生产的军事协议）的义务，而认为有必要的附加权利，包括转让或已经转让对主题发明的外国专利权。

（5）联邦机构有权要求缔约方或其被许可人或受让人定期报告正在利用或者努力使发明获得利用的情况，条件是：上述信息，以及作为本章第 203 条规定的行动的一部分所获得的此种信息以及利用或者努力获得利用的信息，联邦机构应视其为从个人获得的商业和金融信息，享有特权、予以保密，并且不适用第 5 篇第 552 条的披露规定。

（6）在美国的专利申请是由缔约方或缔约方代表或者缔约方的受让人提交的情形下，缔约方有义务在此申请的说明书以及根据此申请授予的专利的说明书中说明，政府资助了该发明的作出，并且政府对该发明享有某些权利。

（7）在非营利组织的情形下，（A）未经联邦机构批准，禁止转让在美国获得主题发明的权利，除非受让组织的主要职责之一是管理发明（假设此受让人与缔约方遵守相同的规定）；（B）要求缔约方与发明人分享使用费；（C）除关于政府所有、缔约方操作的设备的操作资助协议外，要求缔约方就主题发明赚得的使用费或收益所得的剩余，在支付附属于主题发明管理的各项费用（包括发明人的报酬）以后，用于支持科学研究或者教育；（D）除经合理调查后证明不可行之外，要求将主题发明的许可给予小企业公司；并且（E）对于政府所有、缔约方操作的设备的操作资助协议，要求：（i）在缴纳获得专利的费用、许可费用、付给发明人的报酬以及因管理主题发明而产生的其他费用后，缔约方在任何财政年度中赚得和保留的使用费或者收入的全部剩余，直到与该设备每年预算的 5% 相等的数额，应由缔约方用于与设备的研究开发任务和目标相一致的科学研究、开发和教育，包括提高设备的其他潜在发明的许可的活动，但如果上述剩余超过设备每年预算的 5%，则所超数额的 75% 应上缴美国国库，余下 25% 应当用于上述（D）目所述的同样目的；且（ii）在所提供的最有效的技术转移的限度内，主题发明的许可应由缔约方雇员在设备所在地管理。

（8）本章第 203 条和 204 条的要求。

（d）在本条规定的情形中，如果缔约方并不选择保留对主题发明的所有权，联邦机构可以考虑并在与缔约方磋商后，对发明人给予保留权利的请求，但须受本法及根据本法所制定细则的约束。

（e）在联邦雇员是与非营利组织、小企业公司或者非联邦发明人共同作出发明的情形下，雇用此共同发明人的联邦机构，出于合并发明权利的目的，而且认为如此有助于发明的开发，则可以：

（1）按照本章的规定，将其可以获得的关于主题发明的任何权利许可或者转让与非营利组织、小企业公司或者非联邦发明人；

（2）从非营利组织、小企业公司或者非联邦发明人处取得任何关于主题发明的权利，但只能达到这样的程度，即这些权利取自的单位是自愿进入此交易的，并且本章的其他任何交易均未以此种权利的取得为条件。

（f）（1）与小企业公司或者非营利组织缔结的任何资助协议，不应有允许联邦机构要求将缔约方所有的并非主题发明的发明许可于第三方的规定，除非此规定已经被联邦机构首长批准，并有经其签名的认为这样做有正当理由的书面文件。此文件应清楚地说明在与主题发明、具体确认的工作对象或者二者皆有的实施相关方面，是否要求给予许可。联邦机构的首长不得将本项批准规定或者签署理由书的权力委托他人行使。

（2）联邦机构不应根据任一此类规定要求第三方许可，除非机构首长决定，由他人使用发明是为主题发明的实施或者为使用资助协议的工作对象所必要的，而且此种行动是为获得主题发明或者工作对象的实际应用所必要的。任何此类决定应在给予机构听证机会后记录下来。对此类决定进行司法审查的诉讼应在此决定通知后 60 日内提出。

第 202 条　权利的处分

编者注：2013 年 3 月 16 日生效，美国法典第 35 篇第 202 条（c）款（1）项至（c）款（3）项将作如下解释。

*****

（c）与小企业公司或者与非营利组织缔结的每一个资助协议均应包含适当的条款，以贯彻下列规定：

*****

（2）缔约方应在向联邦机构披露后 2 年（或者联邦机构可能批准的某一外加时间）内，以书面形式作出选择，缔约方是否将保留对主题发明的所有权，但条件是：在任何适用第 102 条（b）款的 1 年期在 2 年期满前结束的情形中，联邦机构可以将选择期缩短至 1 年期届满前不超过 60 日的某日；进一步的条件是：联邦政府可以接受缔约方没有选择保留权利或者未能在上述期间内选择保留权利的主题发明的所有权。

（3）选择对主题发明享有权利的缔约方，应同意在适用第 102 条（b）款的 1 年期限届满前提交专利申请，并此后缔约方应当在合理期间内向希望保留所有权的其他国家提交相应的专利申请。在缔约方没有在上述时间内就该主题发明提交专利申请的美国或者其他国家，联邦政府可以接受对主题发明的所有权。

第 203 条　进入的权利

（a）任何涉及小企业公司或者非营利组织按照本章规定取

得了所有权的主题发明，由于此发明是基于联邦机构的资助协议而得以作出的，该联邦机构按照以下公布的规章所规定的程序，有权要求主题发明的缔约方、受让人或者独占许可的被许可人，在任何使用领域对负责的一个或多个申请人根据合理的条件，授予非独占的、部分独占的或者独占的许可，如果缔约方、受让人或者独占许可的被许可人拒绝此要求，而联邦机构确认有下列情况的，联邦机构应授予自身此种许可：

（1）此行为是必要的，因为缔约方或者受让人在合理时间内没有采取或者预期其不会采取有效的步骤在此种使用领域实现主题发明的实际应用；

（2）此行为对于缓和健康或安全的需要是必要的，而缔约方、受让人或其被许可人没有合理地满足这些需要；

（3）此行为对于满足联邦规章规定的公开使用的要求是必要的，而缔约方、受让人或者被许可人没有合理地满足这些要求；或者

（4）此行为是必要的，因为第 204 条所要求的协议并未达成或被放弃，或者因为一个在美国使用或者销售主题发明的独占许可的权利是违反其按照第 204 条达成的协议的。

（b）根据本条或者第 202 条（b）款（4）项的决定不应适用美国法典第 41 篇第 71 章。为此应根据第 206 条公布的规章制订行政申诉程序。此外，因根据本条所做的决定而受到不利影响的任何缔约方、发明人、受让人或者独占许可的被许可人，在决定发布之后的 60 日内，可以向有管辖权的美国联邦索赔法院提交请求，以确认诉状中的请求，并相应认可、推翻、发回或者改变联邦机构的决定。在（a）款（1）项和（3）项所述的的情形下，联邦机构的决定应暂时中止，直至申诉结束或者

根据上一语句的规定提出请求为止。

第204条　对美国产业的优惠

无论本章有任何其他规定，接受任何主题发明所有权的小企业公司或者非营利组织，以及此小企业公司或者非营利组织的受让人，均不应给予任何人以在美国使用或者销售主题发明的独占性权利，除非此人同意，体现主题发明的任何产品或者通过使用主题发明而生产的任何产品实质上是在美国制造的。然而，在个别情形下，如果小企业公司、非营利组织或者受让人表明，已经作出了合理的努力，以类似条款对潜在的被许可人授予许可，使产品实质上能在美国制造，但未能成功，或者在美国国内制造在商业上是不可行的情况下，美国联邦机构对于根据其资助协议作出的发明可以放弃获得上述协议的要求。

第205条　保密

联邦机构有权在合理时间内拒绝向公众披露联邦政府对之拥有，或者可能拥有权利、所有权或利益（包括非独占性许可）的任何发明，以便提交专利申请。此外，不应要求联邦机构发布作为向美国专利商标局或者向任何外国专利局提交的专利申请部分的任何文件的副本。

第206条　统一条款和规章

商务部部长可以发布联邦机构适用以实施本章第202条至第204条规定的规章，并制定符合本章规定的标准资助协议的条款。规章和标准资助协议应在发布前征求公众的意见。

第 207 条　在本国和外国保护联邦所拥有的发明

（a）每一个联邦机构均有权采取下列行为：

（1）就联邦政府拥有权利、所有权或者利益的发明，在美国和外国申请、获得和维持专利或者其他形式的保护；

（2）就联邦拥有的发明授予非独占的、独占的或部分独占的许可，免除使用费、需要缴纳使用费或者其他补偿，并提出符合公众利益需求的条件和条款，包括对被许可人授予按照第 29 章规定的执行权；

（3）承诺采取所有其他合适和必要的步骤，代表联邦政府直接或通过合同，保护和管理联邦拥有的发明的权利，包括为联邦政府获得和管理发明使用费的权利，但只限于达到这样的程度，即同意授予权利的一方是自愿进行交易，是有利于联邦拥有发明的许可贸易的。

（4）将任何联邦拥有发明的权利、所有权或利益的保存和管理全部或者部分转移给另一联邦机构。

（b）为保证有效地管理政府拥有的发明，商务部部长有权采取下列行为：

（1）协助联邦机构努力促进政府拥有的发明的许可和利用；

（2）协助联邦机构在外国寻求保护和维持发明，包括缴纳与此有关的费用和诉讼费；和

（3）就具有潜在商业利用价值的科学技术研究和开发的领域，与联邦机构协商并向联邦机构提供建议。

第 208 条　管理联邦许可的规章

商务部部长有权公布规章，规定对任何联邦拥有的发明

（田纳西流域管理局拥有的发明除外）可以在非独占的、部分独占的或者独占的基础上，进行许可的条款和条件。

第 209 条　联邦所拥有发明的许可

（a）权限

联邦机构只有在下列情况下，才可以根据第 207 条（a）款（2）项对联邦拥有的发明授予独占的或者部分独占的许可：

（1）授予此许可是对下列情况的合理和必要的激励：

（A）吸引对发明付诸实际应用所需要的资金和经费投资；或者

（B）在其他方面促进公众对发明的利用；

（2）联邦机构认为，正如申请人将发明付诸实际应用或者在其他方面促进公众对发明的利用的意图、计划和能力所表明的，授予该许可将使公众得到服务，并且所提议的独占范围，并不逾越为激励发明的付诸实际应用（经申请人提议）或者在其他方面促进公众对发明的利用所需要的合理程度；

（3）申请人承诺，在合理的时间内实现发明的实际应用，这个时间如经申请人提出请求，并证明拒绝延展是不合理的，则联邦机构可以予以延展；

（4）授予许可实质上将不会趋于减少竞争，或者产生或维持对联邦反垄断法的违背；

（5）在发明为外国专利申请或者专利所覆盖的情形下，联邦政府或者美国产业在对外贸易中的利益将会得到提高。

（b）美国制造

联邦机构通常只会对同意实质上将在美国制造体现发明的

产品或者通过使用发明生产产品的被许可人，根据第 207 条（a）款（2）项授予在美国使用或者销售联邦拥有的发明的许可。

（c）小企业

根据第 207 条（a）款（2）项授予的独占或者部分独占许可，应优先授予与其他申请人相比具有同等或者更大可能在合理时间内将发明付诸实际应用的小企业公司。

（d）条件和条款

根据第 207 条（a）款（2）项授予的任何许可，均应包括有授予许可的机构认为合适的条件和条款，以及下列规定：

（1）为任何联邦机构保留不可转移、不可撤销、已缴清使用费的许可，以便该机构实施发明，或者由美国联邦政府或者其代表在全世界范围内实施发明；

（2）要求被许可人就发明的利用和为利用发明作出的努力，定期提出报告，但这只限于达到这样的必要程度，即足以使联邦机构确定许可的条件是否已经得到遵守，但联邦机构应将任何此类报告看作来自个人的、享有特权和予以保密的商业和金融信息，而无须根据第 5 篇第 552 条予以披露；和

（3）授权联邦机构在其确认有下列情况时，全部或部分终止许可：

（A）被许可人没有执行其实现发明实际应用的承诺，包括记载在为支持其许可请求而提交的计划中的承诺，且被许可人又不能以其他方式向联邦机构证明其已采取、或者可以预期其在合理时间内采取有效步骤以实现发明的实际应用，以得到联邦机构的认可；

（B）被许可人违反（b）款所述的协议；

（C）为满足联邦机构在许可授予日之后发布的联邦规章中

所明确规定的公众使用的要求，必须终止许可的，而被许可人没有合理地满足此要求；或者，

（D）具有合法管辖权的法院认为被许可人履行许可协议的相关行为已经违反联邦反垄断法。

（e）公告

除非在授予下述许可至少 15 日以前已经将准备对联邦拥有的发明授予独占或者部分独占许可的意向以合适的方式予以公告，而且联邦机构已经考虑了征求意见期限届满之前收到的、为响应公告而提出的所有意见，否则不得根据第 207 条（a）款（2）项规定授予任何独占的或者部分独占的许可。本款规定不应适用于根据《1980 年史蒂文森—怀德勒技术创新法》第 12 条（美国法典第 15 篇第 3710a 条）缔结的合作研究和开发协议作出的发明的许可。

（f）计划

除非请求授予许可的人已经向联邦机构提交了发明的开发或者销售计划，否则任何联邦机构不得基于联邦拥有的发明专利或专利申请授予许可，但联邦机构应将此计划看作从个人得来的、享有特权和予以保密的商业和金融信息，不应适用第 5 篇第 552 条关于披露的规定。

第 210 条　本章的优先地位

（a）本章的规定，对于其他任何法律中要求以与本章不相一致的方式处分小企业公司或非营利组织缔约方的主题发明的权利的规定，享有优先适用的地位。所谓其他法律，包括但不必然地限于下列规定：

（1）《1935年6月29日法案》第10条（a）款，按《1946年8月14日法案》（美国法典第7篇第427i条（a）款；定制法第60篇第1085条）第1编作了增订；

（2）《1946年8月14日法案》第205条（a）款（美国法典第7篇第1624条（a）款；定制法第60篇第1090条）；

（3）《1977年联邦矿井安全和卫生法》第501条（c）款（美国法典第30篇第951条（c）款；定制法第83篇第742条）；

（4）美国法典第49篇第30168条（e）款；

（5）《1950年国家科学基金法》第12条（美国法典第42篇第1871条（a）款；定制法第82篇第360条）；

（6）《1954年原子能法》第152条（美国法典第42篇第2182条；定制法第68篇第943条）；

（7）美国法典第51篇第20135条；

（8）《1960年煤炭研究开发法》第6条（美国法典第30篇第666条；定制法第74篇第337条）；

（9）《1960年氦法修正条文》第4条（美国法典第50篇第167b条；定制法第74篇第920条）；

（10）《1961年军备控制和裁军法》第32条（美国法典第22篇第2572条；定制法第75篇第634条）；

（11）《1974年联邦非核能源研究和开发法》第9条（美国法典第42篇第5908条；定制法第88篇第1878条）；

（12）《消费品安全法》第5条（d）款（美国法典第15篇第2054条（d）款；定制法第86篇第1211条）；

（13）《1944年4月5日法案》第3条（美国法典第30篇第323条；定制法第58篇第191条）；

（14）《固体废物处理法》第8001条（c）款（3）项（美

国法典第 42 篇第 6981 条（c）款；定制法第 90 篇第 2829 条）；

（15）《1961 年对外援助法》第 219 条（美国法典第 22 篇第 2179 条；定制法第 83 篇第 806 条）；

（16）《1977 年联邦矿井健康和安全法》第 427 条（b）款（美国法典第 30 篇第 937 条（b）款；定制法第 86 篇第 155 条）；

（17）《1977 年地面采掘治理法》第 306 条（d）款（美国法典第 30 篇第 1226 条（d）款；定制法第 91 篇第 455 条）；

（18）《1974 年联邦防火和控制法》第 21 条（d）款（美国法典第 15 篇第 2218 条（d）款；定制法第 88 篇第 1548 条）；

（19）《1978 年太阳光电能研究开发和示范法》第 6 条（b）款（美国法典第 42 篇第 5585 条（b）款；定制法第 92 篇第 2516 条）；

（20）《1978 年天然橡胶乳商业化和经济开发法》第 12 条（美国法典第 7 篇第 178 j 条；定制法第 92 篇第 2533 条）；和

（21）《1978 年水资源开发法》第 408 条（美国法典第 42 篇第 7879 条；定制法第 92 篇第 1360 条）。

制定本章的法律应被理解为优先于任何未来的各个法律，除非该法明确地援引本法，并规定其优先于本法。

（b）本章的任何规定，无意改变在本条（a）款列举的各个法律或者任何其他法律中，就履行与非营利组织或者小企业公司以外的人缔结的资助协议而作出的发明，涉及该发明权利处分的规定的效力。

（c）本章的任何规定，无意限制各机构对处分发明权利的同意权，也无意在其他方面限制各机构允许此种人保留发明的所有权的权限，此处所指发明是指按照 1983 年 2 月 18 日发布的政府专利政策的声明、机构的规章或者其他适用的规章，基于与非营利组织或者小企业公司以外的人缔结的资助协议的履行工作中而作出的发明，但是所有资助协议，包括那些与小企业公司和非营利组织以外的人所缔结的协议，应包含第202条（c）款（4）项和第203条所确定的各个要求。对根据政府声明或者实施细则所作出的对发明权利的任何处分，包括本条制订以前的任何处分，特此予以批准。

（d）本章的任何规定，不应解释为要求披露情报来源或方法，或者在其他方面影响法令或行政命令为保护情报来源或方法而授予中央情报局局长的权力。

（e）《1980年史蒂文森—怀德勒技术创新法》的规定，在其允许或者要求主题发明权利的处分与本章规定不一致的范围内，应优先于本章的规定而适用。

第 211 条 与反托拉斯法的关系

本章的任何规定不应被视为免除任何人根据任何反托拉斯法的民事或者刑事责任，或者产生其对诉讼的抗辩理由。

第 212 条 教育奖励中权利的处分

联邦机构作出的主要为教育目的给予受奖人的奖学金、进修金、培训补助金或者其他资助协议，均不得包含将取得受奖人作出的发明的权利给予联邦机构的规定。

第三部分

专利和专利权的保护

第二十五章　专利的修改和更正

第 251 条　有缺陷专利的再颁

编者注：适用于 2012 年 9 月 16 日及之后提交的任何专利申请。其他情形下适用的条款参见美国法典第 35 篇第 251 条（美国发明法案之前）。

（a）一般规定

无论何时，任何专利，由于说明书或附图有缺陷，或者由于专利权人在专利中提出的权利要求多于或少于其应有权利，从而有可能导致专利权全部或者部分被视为不起作用或者无效，且此种错误并未含有欺骗意图，那么在放弃专利和缴纳法律规定的费用后，局长应就原始专利中披露的发明，按照新的、修改过的申请，再次颁发专利，其有效期限为原始专利期限的未届满部分。再颁专利的申请中不得增添新的内容。

（b） 多重再颁专利

局长根据申请人的要求，在申请人就每一再颁专利缴纳规定的费用后，可以就原取得专利的内容的各个清楚和分离的部分发给数个再颁专利。

（c） 本篇适用性

本篇有关专利申请的规定应适用于再颁专利的申请，但是如果该申请并不寻求扩大原始专利的权利要求范围的，则再颁专利的申请可以由全部利益的受让人提交，并由该受让人宣誓。

（d） 扩大权利要求范围的再颁专利

除非在原始专利授权后 2 年内提出再颁申请，否则再颁专利的保护范围不能超过原始专利权利要求的保护范围。

第 251 条 （美国发明法案之前） 有缺陷专利的再颁

编者注：不适用于 2012 年 9 月 16 日及之后提交的任何专利申请。其他情形下适用的法律参见美国法典第 35 篇第 251 条。

无论何时，任何专利，由于说明书或附图有缺陷，或者由于专利权人在专利中提出的权利要求多于或少于其应有的权利，从而有可能导致专利权全部或者部分被视为不起作用或者无效，且此种错误并未含有欺骗意图，那么在放弃专利和缴纳法律规定的费用后，局长应就原始专利中披露的发明，按照新的、修改过的申请，再次颁发专利，其有效期限为原始专利期限的未届满部分。再颁专利的申请中不得增添新的内容。

局长根据申请人的要求，在申请人就每一再颁专利缴纳规定的费用后，可以就原取得专利的内容的各个清楚和分离的部分发给数个再颁专利。

本篇有关专利申请的规定应适用于再颁专利的申请，但是如果该申请并不寻求扩大原始专利的权利要求范围的，则再颁专利的申请可以由全部利益的受让人提交，并由该受让人宣誓。

除非在原始专利授权后 2 年内提出再颁申请，否则再颁专利的保护范围不能超过原始专利权利要求的保护范围。

第 252 条　再颁专利的效力

原始专利的放弃应于再颁专利颁发时生效，并且每一件再颁专利，在基于再颁后产生的原因而提起的诉讼的审判中，在法律上与原始专利有相同的效力和作用，如同该专利本就是以如此修改的形式颁发的。但是，只要原始专利和再颁专利的权利要求实质上相同，那么原始专利的放弃不应影响当时正处审判中的案件，也不能消除当时已经存在的诉讼原因，并且再颁专利，在其权利要求与原始专利实质上相同的限度内，应构成原始专利的继续，并自原始专利颁发之日起连续有效。

任何人或其商业继承人，在再颁专利授予以前，在美国已经制造、购买、许诺销售、使用或者进口至美国享有再颁专利保护的任何物品的，不应该因为重新颁发专利而削减或者影响其下列权利：继续使用、许诺销售或销售其那样制造、购买、许诺销售、使用或者进口至美国的特定物品，除非此种制造、使用、许诺销售或者销售此物品侵犯了再颁专利的、记载在原始专利中的一项有效的权利要求。对此种事项有争执而诉之于法院时，法院可以准予其继续制造、使用、许诺销售或者销售其所制造、购买、许诺销售、使用或者进口的特定物品，或者准予在美国制造、使用、许诺销售或者销售其在再颁专利授权前已经做了实质性准备的物品，法院还可以准予继续实施原已实施并受再颁专利保护的制法，或者准予实施在再颁专利授予前已经作了实质性准备的制法，其范围和条件由法院为保护再颁专利授予前已经作出的投资或者已经开始的营业认为公平的限度内加以判定。

第 253 条　放弃

编者注：适用于 2012 年 9 月 16 日及之后开始的程序。其他情形适用的法律参见美国法典第 35 篇第 253 条（美国发明法案之前）。

（a）一般规定

无论何时，专利中一项权利要求无效时，其他权利要求不应因此而归于无效。无论在专利中享有全部利益还是部分利益的专利权人，在缴纳法律规定的费用后，可以放弃任何一项完整的权利要求，并说明其在该专利中所享有的利益范围。此放弃应以书面形式提出，并由专利商标局予以记录，自此以后，在放弃人享有的利益以及在他主张下享有权利之人的利益范围内，此种放弃应被视为是原始专利的一部分。

（b）附加放弃或捐献

以（a）款中规定的方式，任何专利权人或申请人，可以将授予或者将要授予的专利的全部期限或期限末尾一部分，予以放弃或者赠与公众。

第 253 条　（美国发明法案之前）　放弃

编者注：不适用于 2012 年 9 月 16 日及之后开始的程序。其他情形下适用的法律参见美国法典第 35 篇第 253 条。

无论何时，如无任何欺骗意图，专利中一项权利要求无效时，其他权利要求不应因此而归于无效。无论在专利中享有全部利益还是部分利益的专利权人，在缴纳法律规定的费用后，可以放弃任何一项完整的权利要求，并说明其在该专利中所享有的利益范围。此放弃应以书面形式提出，并由专利商标局予以记录，自此以后，在放弃人享有的利益以及在他主张下享有权利之人的利益范围内，此种放弃应被视为是原始专利的一部分。

同样，任何专利权人或申请人，可以将授予或者将要授予的专利的全部期限或期限末尾一部分，予以放弃或者赠与公众。

第 254 条 更正专利商标局错误的证明书

无论何时，由专利商标局的错误所导致的专利中的错误，已经在该局的档案中清楚显现的，局长可以发出一份更正证明书，说明事实和此错误的性质，加盖印章，免收费用，并在专利档案中予以记录。每一专利的印刷副本均应附一份更正证明书的印刷副本，该更正证明书应被视为原始专利的一部分。每一份这样的专利，连同这样的更正证明书，在基于此后产生的原因而提起的诉讼的审判中，在法律上具有相同的效力和作用，如同专利本就是以如此更正的形式颁发的。局长可以免费发给经过更正的专利，以代替更正证明书，其效力与更正证明书相同。

第 255 条 更正申请人错误的证明书

无论何时，在并非由于专利商标局的错误而使专利中出现了书写或者印刷性质的错误、或者次要性质的错误，且经表明此种错误是由于善意而发生的情况下，如果错误的更正并不涉及专利中会构成新的内容或者需要再审的变化，在缴纳规定的费用后，局长可以颁发更正证明书。此种专利，连同证明书，在基于此后产生的原因而提起的诉讼的审判中，在法律上具有相同的效力和作用，如同专利本就是以如此更正的形式颁发的。

第256条　发明人姓名的更正

编者注：适用于2012年9月16日及之后开始的程序。其他情形适用的法律参见美国法典第35篇第256条（美国发明法案之前）。

（a）更正

无论何时，由于错误而在颁发的专利中将某人称为发明人，或者由于错误而未将某一发明人记载在颁发的专利中，则局长可以根据所有当事人和受让人的申请，连同事实的证明以及其他可能规定的要求，发给更正此种错误的证明书。

（b）如果错误被更正则专利有效

遗漏发明人或者将非发明人记载为发明人的错误，如果能依本条规定予以改正，就不应使发生此错误的专利归于无效。法院在遇有因此种事项而产生的诉讼时，在通知所有相关各方和举行听证后，可以命令将专利予以更正，局长应据此相应发给证明书。

第256条　（美国发明法案之前）　发明人姓名的更正

编者注：不适用于2012年9月16日及之后开始的程序。其他情形适用的法律参见美国法典第35篇第256条（美国发明法案之前）。

无论何时，由于错误而在颁发的专利中将某人称为发明人，或者由于错误而未将某一发明人记载在颁发的专利中，并且此种错误并非发明人方有意欺骗而引起的，则局长可以根据所有当事人和受让人的申请，连同事实的证明以及其他可能规定的要求，发给更正此种错误的证明书。

遗漏发明人或者将非发明人记载为发明人的错误，如果能依本条规定予以改正，就不应使发生此错误的专利归于无效。法院在遇到因此种事项而产生的诉讼时，在通知所有相关各方和举行听证后，可以命令将专利予以更正，局长应据此相应发给证明书。

第 257 条　补充审查的考虑、再考虑或者更正信息

（a）补充审查请求

在符合局长可能设立的要求的情况下，专利权人可以请求对本局某一专利的补充审查以考虑、再考虑或更正其认为与专利相关的信息。在符合本条要求的补充审查请求的接收日起 3 个月内，局长应进行此次补充审查并且应以授予证明书的方式来结束此次补充审查，在该证明书中应指出请求中所提出的信息是否对可享专利性引起了实质性的新质疑。

（b）再审命令

如果根据（a）款颁发的证明书明确了请求中的一项或多项信息引起了对可享专利性的实质性的新质疑，那么局长应该命令对该专利进行再审。再审应根据第 30 章所规定的程序进行，除非专利权人根据第 304 条规定的无权提交声明。在再审期间，

尽管在第 30 章中对专利和印刷出版物或者此章中的其他任何规定有所限制，局长仍应该对补充审查确定的每一个可享专利性的实质性的新质疑发表意见。

（c）效力

（1）一般规定　如果在一项专利的补充审查中相关信息被考虑、再考虑或更正了，那么该专利不应该基于相关信息没有被考虑、考虑不充分或者是在之前的审查中有错误的行为而不可实施。无论是否作出了（a）款规定的请求，均不应与该专利根据 282 条具有的可实施性相关。

（2）例外

（A）在先抗辩。在（a）款规定的补充审查请求考虑、再考虑或更正构成抗辩基础的日期之前，（1）项不应适用于在民事诉讼中以特性辩护提出请求或在《联邦食品、药品和化妆品法》第 505 条（j）款（2）项（B）目（iv）段（II）（美国法典第 21 篇第 355 条（j）款（2）项（B）目（iv）段（II））规定的专利人接收到的通知中提出的特性的抗辩。

（B）专利强制诉讼。在根据《1930 年关税法》第 337 条（a）款（美国法典第 19 篇第 1337 条（a）款）或第 281 条提出的诉讼中，（1）项不适用于在诉讼中提出的基于（a）款规定的补充审查考虑、再考虑或更正的信息而提起的诉讼的抗辩，除非该补充审查和任何所请求的再审命令在诉讼提出日之前已经结案。

（d）费用和规章

（1）费用。局长应通过规章设立提出专利补充审查请求并考虑请求中提出的每一项信息的费用。如果再审命令是根据（b）款发出的，除适用于补充审查的费用之外，还应支付设立和适用于第 30 章规定的单方当事人再审程序的费用。

（2）规章。局长应颁布规章管理补充审查请求的表格、内容和其他要求，并建立在此类请求中提交的信息的复审程序。

（e）欺诈。在根据本条进行的补充审查或再审程序过程中，如果局长发现与补充审查主题的专利相关的提交材料欺骗了本局，那么除了局长有权采取的其他任何措施，在包括删除任何根据第307条而无效的权利要求以作为本条规定的再审命令的结果之外，局长也可以就该事宜向司法部长咨询，以采取司法部长认为合适的进一步措施。此类咨询均应予以保密，不应将其包含在专利文件中，也不应将其披露给公众，除非美国政府就刑事犯罪起诉与该咨询相关的个人。

（f）规则解释

本条不应被解释为：

（1）排除基于犯罪或反垄断的法律（涉及不正当竞争方法的法条包括第18篇第1001条（a）款、《克莱顿法令》第1条和《联邦许可贸易法令》第5条）的制裁处罚。

（2）限制局长调查可能存在的不当处理问题和对本局相关事件或程序的不当处理施加处罚的权限，或者

（3）限制局长根据第3章颁布关于制裁典型的实践中不当处理的规章的权限。

第二十六章　所有权和转让

第261条　所有权；转让

根据本篇的规定，专利具有动产的特性。

专利申请、专利或者其中的任何利益，在法律上均可依书面形式予以转让。申请人、专利权人或者其受让人、法定代理人，可以依同样方式授予和转移其专利申请或者专利中的独占权，效力可及于美国全境或其任意特定部分。

在美国国内，由有权监督宣誓的人，在外国，由美国的外交官、领事官、或者有权监督宣誓的官员（其权限须有美国外交官或领事官的证明书证明）签字并加盖正式印章的确认书，或者由外国（该国须根据条约或公约，对指定官员的加注给予的效力与美国指定官员的加注的效力相同）指定的官员在有关文件上加注，应成为专利或专利申请完成转让、授权或者转移的表面上确凿的证据。

任何转让、授权或者转移证书，如果未在完成日之后 3 个月内，或者在之后的购买或抵押日之前在专利商标局登记，则无须通知，其对后续的付出有价值对价的购买人或者受抵押人来说是无效的。

第 262 条　共同所有人

在相反协议的情况下，专利的每一个共同所有人都可以在美国制造、使用、许诺销售或销售专利发明，或将专利发明进口至美国，而无须取得其他共有人的同意，也无须向其他共有人说明。

第二十七章 政府在专利中的利益

第 266 条 （已废止）

第 267 条 在政府申请中采取行为的时间

虽然有第 133 条和第 151 条的规定，但当一项申请已经成为美国的财产，并且当政府主管部门或机构的首长已经向局长证明，申请中披露的发明对美国的军备或者防务有重要意义时，局长可以将采取任何行为的时间延长为 3 年。

第二十八章 侵犯专利权

第 271 条 侵犯专利权

（a）除本篇另有规定外，任何人在美国境内，在专利权保护期限内，未经授权而制造、使用、许诺销售、销售任何专利发明，或者进口至美国任何专利发明，即侵犯专利权。

（b）任何积极诱导侵犯专利权的人，应被视为侵权人。

（c）任何人在美国许诺销售、销售或者进口至美国获得专利的机器、制造品、结合物或组合物的部件，或者用以实施专利方法的材料或设备，而此种部件、材料或设备是构成发明的重要部分，并且明知此种部件、材料或设备是为了侵犯此专利权而特别制造或特别改造的，并不适用于实质上非侵权用途的商业上的常用物品或商品的，应被视为共同侵权人。

（d）专利所有人在其他情况下因他人侵犯或者帮助侵犯其专利权而有权获得救济的，不能因其有下列一项或多项行为而被拒绝给予救济，或者被视为滥用专利权或者非法扩张专利权：（1）从未经其同意而执行构成帮助侵犯专利权的行为的他人处获得收入的；（2）许可或者授权他人完成任务，如果他人执行未经其同意构成帮助侵犯专利权的行为的；（3）为对抗侵权或者对抗帮助侵权而企图行使其专利权的；（4）拒绝给予许可，或者拒绝运用所获得专利的任何权利的；或者（5）以给予专利的任何权利的许可或者专利产品的销售为条件，来获得另一专利的权利的许可或者另一其他产品的购买的，除非，按照情况，专利权人在专利或者专利产品的相关市场上具有市场支配力，且许可或者销售是以此支配力为条件的。

（e）（1）在美国制造、使用、许诺销售、销售或者进口至美国专利发明的［不包括主要是使用重组脱氧核糖核酸、重组核糖核酸、杂交瘤技术或者其他涉及定向遗传操作技术的方法制造的动物用新药品、或者治疗动物疾病用的生物产品（这些术语与《联邦食品、药品和化妆品法》和《1913 年 3 月 4 日法案》中的相同术语具有同等含义）］，如果仅仅是为了服从联邦监管药品或者治疗动物疾病用的生物产品的制造、使用或销售的法律，合理地用以开发和提交有关信息的，则不构成侵权行为。

（2）如果提交下列申请的目的是根据上述法律获得批准，以便在此种专利期限届满以前从事商业上制造、使用或者销售一项专利中声称享有权利或者一项专利中声称对其用途享有权利的药品或者治疗动物疾病用的生物产品，那么提交下列申请即构成侵权行为：

（A）就一项专利中声称享有权利的药品或者一项专利中声称享有权利的该药品的用途，根据《联邦食品、药品和化妆品法》第505条（j）款提交申请，或者提交该法第505条（b）款（2）项所述的申请的，或者

（B）就一项主要不是使用重组脱氧核糖核酸、重组核糖核酸、杂交瘤技术或者其他涉及定向遗传操作技术的方法，制造的药品或者治疗动物疾病用的生物产品，根据上述法律第512条或者根据《1913年3月4日法案》（美国法典第21篇第151–158条）提交申请，而且此种药品或者产品是一项专利中声称享有权利的，或者此种药品或者产品的用途是一项专利中声称享有权利的，或者

（C）（i）与《公共健康服务法》第351条（l）款（3）项中叙述的（包括根据此法令第351条（l）款（7）项申请的）一系列专利中确立的一项专利相关的、一项为了获得生物产品批准的申请，或者

（ii）一项为了获得根据该法令第351条（l）款（3）项（A）目（i）段确认的专利的生物产品批准的申请，如果申请的申请人未能提供该法令第351条（l）款（2）项（A）目规定的申请和必需的信息的话，

（3）在根据本条提出的任何专利侵权诉讼中，不得授予根据（1）项可能会禁止在美国制造、使用、许诺销售、销售或者进口至美国专利发明的禁令或者其他救济。

（4）对于（2）项所述的侵权行为，

（A）法院应命令将侵权中涉及的药品或者治疗动物疾病

用生物产品的批准生效日，改为不早于被侵犯专利届满日的日期；

（B）可以授予禁令以预防侵权人在美国商业上制造、使用、许诺销售、销售或者进口至美国被批准的药品、治疗动物疾病用生物产品或生物产品；

（C）可以责令侵权人提供损害赔偿金或者其他的金钱救济，仅当已经在美国商业上制造、使用、许诺销售、销售，或者进口至美国被批准的药品或者治疗动物疾病用的生物产品或生物产品；以及

（D）倘若专利是《公共健康服务法》第 351 条（k）款（6）项定义的法院终审决定的主题，且依据该法第 351 条（k）款（7）项生物产品尚未被批准，那么在该法第 351 条（l）款（6）项规定的专利的侵权诉讼中，法院应发布永久禁令直到不早于（2）项（C）目规定的被侵犯专利届满的日期，以禁止涉及侵权的生物产品侵犯专利权。除可以根据第 285 条判给律师费用外，上述（A）（B）（C）和（D）各目规定的救济是法院对（2）项所述的侵权行为所能够判给的仅有的救济。

（5）当一个人已经提交了上面（2）项所述的申请，且其中包含《联邦食品、药品和化妆品法》第 505 条（b）款（2）项（A）目（iv）段或者（j）款（2）项（A）目（vii）段（IV）（美国法典第 21 篇第 355 条）所述的证明书时，如果在根据该条（b）款（3）项或者（j）款（2）项（B）目发出的通知收到之后 45 日的期限届满以前，提出此专利的侵权诉讼的，既不是该证明书所涉及专利的专利权人，也不是根据该条（b）款就该专利中声称享有权利的、或者该专利中对其用途声称享有权利的药品的被批准申请的持有人提出的，那么美国法院应在与

宪法相符合的限度内，对此人根据第28篇第2201条提出的诉讼，具有诉讼标的管辖权，作出宣示性判决，以确认此专利无效或者没有受到侵犯。

（6）（A）如果专利有下列情形，则（B）目代替（4）项适用：

（i）当适用时，确定在与生物产品相关的《公共健康服务法》第351条（1）款（4）项叙述的一系列专利或在此法第351条（1）款（5）项（B）目叙述的一系列专利中；以及

（ii）涉及生物产品的专利的侵权诉讼：

（I）当适用本法第351条（1）款（6）项时是在（A）目或（B）目叙述的30天届满之后产生的；或者

（II）是在（I）段叙述的30天届满之前产生的，但被无损害的撤销或被判断为善意而没有被起诉。

（B）（A）目叙述的专利侵权行为中，基于制造、使用、许诺销售、销售或者进口至美国的生物产品是专利侵权行为标的的裁决，法院可以准予唯一的和独占的救济应是合理的专利使用费。

（C）专利权人应被包括在《公共健康服务法令》第351条（1）款（3）项（A）目叙述的列表中，包括根据此法第351条（1）款（7）项提出的生物产品专利，但未能及时包含在这个列表中的，则不能根据本条提起与生物产品有关的专利的侵权诉讼。

（f）（1）任何人未经授权，自己或者使他人在美国或者从美国供应专利发明的所有或者相当大部分的部件，虽然这些部件没有全部或部分地组合在一起，但却以一种方式积极促使他人在美国境外将这些部件组合在一起，而此种组合如果发生在

美国境内就会侵犯该专利权的，则此人应作为侵权人。

（2）任何人未经授权，自己或者使他人在美国或者从美国供应为适用于专利发明而特别制造或者特别改制的专利发明的部件，而不是适合于实质上并非侵权用途的商业上的常用物品或商品，虽然这些部件没有全部或部分地组合在一起，但明知此种部件如此制造或者如此改制，其意图是将此种部件在美国境外组合在一起，而此种组合如果发生在美国境内就会侵犯该专利的，则此人应作为侵权人。

（g）任何人未经授权，进口至美国或者在美国许诺销售、销售或使用在美国依专利方法所制造的产品，如果该产品的进口、许诺销售、销售或者使用的行为发生在方法专利的保护期内，则应作为侵权人。在方法专利权的侵权诉讼中，除非对因进口或者其他使用、许诺销售或销售该产品而侵权的行为根据本篇没有合适的救济方法，否则不得因产品的非商业上使用或者零售而给予任何救济。在本篇中，根据专利方法制造的产品，如果符合下列情况，不应认为是根据专利方法所制造：

（1）该产品后来已经根据其他方法作了很大的改变的；或者

（2）该产品已经成为另一产品的细小的、不重要的部件的。

（h）本条使用的"任何人"一词，包括任何州、州的任何机构、州或州机构以公务上身份行为的任何官员或雇员。任何州，以及任何这样的机构、官员或雇员，应与非政府组织，以同样方式和在同样的范围内，遵守本篇的规定。

（i）如在本条中使用的，专利权人或其受让人以外的人的"为销售而许诺"或者"许诺销售"，是指销售将发生在专利权期限届满之前。

第272条 在美国临时停留

任何国家的船舶、飞机或者车辆上使用了发明，在临时或者偶然进入美国时，如果该国对美国的船舶、飞机或者车辆也给予同样的特权，且该项发明的使用完全是为船舶、飞机或者车辆的自身需要，并不在美国许诺销售或者销售或者用于制造任何物品以供在美国销售或者从美国出口到其他国家的，那么此种使用不构成对任何专利权的侵犯。

第273条 以在先商业使用为基础的侵权抗辩

（a）一般规定

如果构成标的物的是一种已被应用于制造或者其他商业方法的方法，或者机器、制造或组合物，那么作为要求保护的发明的侵权主张对象的个人，有权根据第282条（b）款进行侵权抗辩，如果

（1）此人出于善意在美国境内的商业上使用了该主题发明，作为此商业使用的有益结果，要么与国内的商业使用相关联，要么与实际的直接销售相关联，或者是其他直接的商业转移；以及

（2）这样的商业使用发生在下列日期中的更早一个的至少一年以前：

（A）要求保护的发明的有效申请日；或者

（B）要求保护的发明以第102条（b）款规定的现有技术的例外的方式披露给公众的日期。

（b）举证责任

根据本条主张抗辩的个人应有责任通过清楚和令人信服的

证据以证实其抗辩理由。

（c） 附加的商业使用

（1） 上市以前的监管复审。商业交易或使用的主题发明在上市以前确立其主题发明安全性或功效的监管复审期内，包含第156条（g）款规定的任何期限，应视为在该监管复审期内符合（a）款（1）项的目的商业使用。

（2） 非营利性的实验室使用。非营利性研究实验室或其他非营利性组织对主题发明的使用，例如使用者是一所大学或医院，其目标受益者是公众，应被视为（a）款（1）项所规定的商业使用，但是根据本项主张本条规定的抗辩理由则只能在实验室或其他非盈利性组织内持续的和非商业性使用时提出。

（d） 权利用尽

尽管有（e）款（1）项规定，作出销售或者其他有益最终结果的处理的个人，有权根据本条主张抗辩，专利的销售或其他有益最终结果的处理应用尽专利权人对该专利的权利，当专利权人作此销售或其他处理时其权利将被用尽。

（e） 限制和例外

（1） 个人抗辩

（A） 一般规定。根据本条的抗辩理由只可以被执行或指导（a）款规定的商业使用的个人或此人控制的、被控制或共同控制的组织所主张。

（B） 权利转移。除转移给专利权人以外，主张本条规定的抗辩理由的权利不应被许可、转让或转移到另一人，但由于抗辩理由涉及整个企业或者营业范围，出于其他理由的善意转让或转移给作为其辅助或者从属的一部分的除外。

（C） 对场所的限制。本条规定的抗辩理由，当该理由是在

（B）项中叙述的转让或转移的一部分而被个人获得时，只可以在要求保护的发明的有效提交日或者该企业或营业范围转让或转移日二者之中在后的日期之前，在该标的物侵犯一个要求保护的发明的场所的用途中主张。

（2）溯源。当该抗辩理由基于的标的物起源于专利权人或与专利权人有合法利益的个人时，个人不能主张本条规定的抗辩理由。

（3）非全面许可。个人根据本条主张的抗辩理由不是授予专利的全部权利要求的全面许可，而只延及专利中要求保护的特定标的物，该标的物的商业使用符合本条规定，但是该抗辩也应延及使用该要求保护的标的物的数量或容量上的变化，以及对要求保护的标的物的、并未侵犯专利的附加的明确要求保护的标的物的改进。

（4）使用的放弃。已经放弃了标的物的商业使用（符合本条规定的）的个人，不得依据在此放弃日之前的活动对放弃日之后的诉讼证实本条提出的抗辩理由。

（5）大学例外

（A）一般规定。如果主张的抗辩理由相关的要求保护的发明，在发明作出时由高等教育机构（《1965 年高等教育法》第 101 条（a）款（美国法典第 20 篇第 1001 条（a）款定义的）或主要目的在于推动一所或更多这样的高等教育机构开发出的技术的商业化的技术转让组织所拥有或负有向其转让的责任时，那么在商业上使用（a）款适用的标的物的个人不可以主张本条规定的抗辩理由。

（B）例外。当使用联邦政府提供的资金却未能按要求减少要求保护发明的标的物的任何实践活动时，（A）目不适用。

（f）抗辩理由的不合理主张

如果本条规定的抗辩理由由一个被发现侵犯专利权的人所提出，且之后他未能证明其所主张的抗辩理由的合理根据的，那么法院应判定，在根据本篇第285条裁定律师费的规定中，该案属于例外情况。

（g）无效

一项专利不应仅仅因为根据本条提出或者证实了一个抗辩理由，就根据第102条或103条而被无效。

第二十九章　对侵犯专利权的救济和其他诉讼

第281条　对侵犯专利权的救济

专利权人应通过民事诉讼对其专利被侵犯而获得救济。

第282条　有效性推定；抗辩理由

（a）一般规定

专利应被推定为有效。专利的每一权利要求（无论是独立的、从属的还是多项从属的形式）均应被推定为有效，不受其他权利要求有效性的影响；即使从属于无效的权利要求，从属的或者多项从属的权利要求也应被推定为有效。主张专利或其任何权利要求无效的一方当事人应负举证责任。

（b）抗辩理由

在涉及专利的有效性或者侵权的任何诉讼中，下列各项应作为抗辩理由而提出：

（1）非侵权，不负侵权责任，或者不可执行；

（2）基于第二部分所规定的作为可专利性条件的任何理由而提起专利或者任何一项权利要求的无效诉讼；

（3）基于不符合以下要求而提起专利或者任何一项权利要求的无效诉讼：

（A）第112条的任意要求，但是未能披露最佳实施例不能作为专利的任一权利要求被删除或无效或不能实施的基础；或者

（B）第251条的任何要求。

（4）根据本篇可以成为抗辩理由的其他事实或者行为。

（c）诉讼通知；专利期限延展期内的诉讼

在涉及专利权的有效性或者侵犯专利权的诉讼中，主张专利无效或者非侵权的当事人应在审理之前至少30日，在诉状或者其他书面文件中将下列事项通知对方当事人：任何专利的颁发国家、专利号、日期和专利权人的姓名或名称，作为诉讼中专利的现有技术所依据的出版物的名称、日期、页码，或者，除在美国联邦索赔法院进行的诉讼外，为了说明现有技术，可以赖以作为在先发明人的、或者预先知悉诉讼中专利发明知识的、或者以前曾经使用过、或者许诺销售过诉讼中专利发明的任何人的姓名和地址。如未预先提出通知，除按照法院所要求的条件而提出的以外，不得在审理中提出上述事项的证据。第154条（b）款或第156条规定的专利权期限或者其任何部分的延展，由于：

（1）延展的申请人，或者

（2）局长，实质上没有遵守上述条文的要求而归于无效，应在专利权期限延展期间任何涉及侵犯专利权的诉讼中，将其

作为抗辩理由。在此诉讼中，第 156 条（d）款（2）项规定的尽职调查的决定，不应受到审查。

第 283 条　禁止令

对本篇中诉讼具有管辖权的数个法院，可以根据衡平法原则同意发出禁止令，以法院认为合理的条件，防止受专利保护的权利受到侵犯。

第 284 条　损害赔偿金

法院在得出有利于原告的结论后，应判给原告足以补偿其所受侵权的赔偿金，但无论如何不能少于侵权人使用该发明所应付出的合理使用费，连同法院确定的利息和诉讼费用在内。

当赔偿金不是由陪审团确定时，法官应估定赔偿金。不论由陪审团确定还是由法官估定，法官均可以将损害赔偿金增加到原确定或估定数额的三倍。根据本款增加的赔偿金不适用于第 154 条（d）款规定的临时权利。

法官在确定损害赔偿金，或者根据具体情况确定合理的使用费时，可以接受专家的证词作为帮助。

第 285 条　律师费

在例外情况下，法院可以判给胜诉的当事人以合理的律师费。

第 286 条　对损害赔偿金的时间限制

除法律另有规定外，在任何因侵权而提起诉讼或者在诉讼中提起侵权的反诉以前，侵权发生已经超过 6 年的，不能获得赔偿金。

在对美国联邦政府因使用专利发明而索赔的情形下，起诉之前的期限最长可达 6 年，但自有权处理此种索赔的政府部门或机构收到请求赔偿的书面请求之日起，至政府向原告邮寄拒绝其要求的通知之日止的期间不计入前款所述的期限之内。

第 287 条 对损害赔偿金和其他救济的限制；标记和通知

（a）专利权人和在美国境内为专利权人或者在专利权人指示下制造、许诺销售、销售或者进口至美国任何专利物品的人，可以依下列两种方法告知公众该项物品已获得专利权：即在物品上标以"专利"或其英语缩写"pat."字样，附加专利号，或者在物品上标以"专利"或其英语缩写"pat."字样，附加公众可以免费获取的与专利号相关的、在互联网上的公布地址，或者当依物品的性质不能这样标记时，可以在物品或其包装上系以注有同样文字的标签。在没有如此标记的情况下，专利权人不能在任何侵权诉讼中获得损害赔偿金，除非其能证明侵权人已得到侵权的通知，却在之后仍继续侵权，在此情形下，只能就发出通知后发生的侵权获得损害赔偿金。提起侵权诉讼即构成此种通知。

（b）（1）第 271 条（g）款规定的侵权人应受本篇所有关于损害赔偿金和禁止令规定的拘束，但这些救济应限于本款或者《1988 年方法专利修正案》第 9006 条改定的程度以内。本款规定的对救济的修改不应向下列人员提供：

（A）实施专利方法的任何人；

（B）指挥或控制专利方法实施者的任何人，或者被专利方法实施者所指挥或控制的任何人；

（C）在侵权以前即已知悉专利方法是用以制造某种产品，而此种产品的进口、使用、许诺销售或者销售构成了侵权的任何人。

（2）在第271条（g）款规定的侵权中，对根据该条款规定负有责任的人占有任何产品或者在该产品向此人的运输途中，在此人得到该产品侵权的通知以前，不应提供对侵权的救济。负有责任的人应承担证明此占有或者运输的举证责任。

（3）（A）在根据第271条（g）款提起的侵权诉讼中，法院作出关于救济的决定时，应考虑：

（i）被告对于披露请求所表明的善意，

（ii）原告对于披露请求所表明的善意，和

（iii）恢复专利所保护的排他权利的需要。

（B）（A）目中，以下是证明善意的证据：

（i）被告提出披露的请求；

（ii）接到披露请求的人在合理时间内作出了答复；和

（iii）被告将其所购买的产品的答复，连同其要求提供书面声明的请求，即声明答复中披露的专利所声称享有权利的方法没有被用以制造该产品，提交给产品的制造人，或者，如果制造人不明，提交给供应人。

除非另有使罪行减轻的情节，否则没有履行上述语句中所说的任何行为，即是证明缺乏善意的证据。可使罪行减轻的情节包括这样的情况：由于产品的性质、产品来源的数量、或者类似的商业情况，使得披露请求对于避免侵权是不必要或者是不切实际的。

（4）（A）本款中，"披露请求"意指向当时正从事制造某一产品的人提出的书面请求，请其确认，自请求时起，他拥有的或者他获得许可的所有方法专利，并且他当时合理地认为，假如该产品被没有得到授权的人进口至美国，或者在美国销售、许诺销售或者使用，根据第271条（g）款可以主张侵权。此外，一项披露请求限于是这样的请求：

（i）请求是由经常在美国从事销售请求书所指向的人制造的产品的人提出的，或者请求书包括一些事实表明提出请求的人计划在美国从事此类产品的销售；

（ii）请求是由此人在其第一次进口、使用、许诺销售或销售根据侵权方法生产的产品元件，并且是在其得到该产品侵权的通知以前提出的；以及

（iii）请求还包括请求人的一项声明：接到请求的人将按照请求很快把确认的专利提交给请求人所购买产品的制造人，或者，如果制造人不明，提交给供应人，并请求制造人或供应人出具一份书面声明，说他制造有关产品并没有使用那些专利声称享有权利的方法。

（B）专利的被许可人如果收到披露的请求，应当确认专利或者将披露的请求迅速通知许可人。

（C）在收到披露的请求以前，已经按照（a）款规定的方式，在其根据专利方法所制造并在美国销售、许诺销售或者进口至美国的一切产品上标记方法专利号的人，无须对披露的请求作出答复。上面所述的"一切产品"，不包括《1988年方法专利修正案》生效日以前制造的产品在内。

（5）（A）本款中，侵权的通知意指一个人实际知悉信息，或者收到信息的书面通知，或者两种情况都有，而此种信息足

以说服通情达理的人相信，产品很可能是根据在美国获得专利的方法制造的。

（B）专利持有人发出的控告某人侵权的书面通知，应具体说明据称此人已经使用的专利方法，以及出于善意相信此人已经使用此种方法的理由。专利持有人应在通知中提供合理范围内必要的信息，以适当解释专利持有人的信念，但不要求专利持有人披露其任何秘密的贸易信息。

（C）一个接到上面（B）目中所述的书面通知，或者接到对（4）项所述的披露请求的书面答复的人，应视为已得到侵犯此种书面通知或答复中所述专利的通知，其缺乏减轻的情节，除非：

（i）此人迅速将书面通知或者答复转送给他所已经购买、或者行将购买的产品的制造人，或者，如果制造人不明，转送给前述产品的供应人；以及

（ii）此人收到制造人或供应人送来的书面声明，并且，从表面上看，该声明以有合理根据的事实为基础说明没有侵犯所指明的专利。

（D）本款中，一个获得一种根据在美国享有专利的方法制造的产品的人，如果依他的业务量或者一个有效率的商品存货数量而论，获得产品的数量异常大的，应当推定（但可以反驳）此人实际上知悉该产品是依此种专利方法制造的。

（6）一个接到对本款规定的披露请求所作答复的人，应当向作出披露的人支付合理的费用，以补偿其因履行披露请求而付出的实际代价，但不得超过商业上对所涉及事项可以得到的自动化专利检索的费用，无论如何不得超过 500 美元。

（c）（1）关于开业医生履行的医疗活动，根据第 271 条

（a）款或（b）款规定构成侵权的，本篇第 281 条、第 283 条、第 284 条和第 285 条的规定不应用以反对开业医生或者反对有关保健组织的此种医疗活动。

（2）本款中，

（A）"医疗活动"意指在身体上进行医疗或者手术行为，但不包括 （i）使用享有专利保护的机器、制造品或组合物，而侵犯专利；（ii）实施组合物的享有专利保护的用途，而侵犯专利；（iii）实施一种制法，而侵犯生物技术专利。

（B）"开业医生"意指获有某个州的执照可以提供（c）款（1）项所述的医疗活动，或者在此种人的指导下履行医疗行为的自然人。

（C）"相关保健组织"意指与开业医生有职业上联系的组织，他在该组织内履行医疗行为，包括但不限于疗养院、医院、大学、医学院、保健组织、集体医疗所或者诊所。

（D）"职业上联系"意指工作人员特权、医疗工作人员成员身份、雇用或者合同关系、合伙或者所有权利益、大学的任命或者其他的联系，根据此种联系开业医生代表保健组织或者与保健组织联合提供医疗活动。

（E）"身体"意指人的身体、器官或者尸体，或者与人类治疗直接有关的医学研究或教导所用的非人的动物。

（F）"组合物的享有专利保护的用途"并不包括在身体上履行医疗或外科手术的方法的权利要求，该方法重复了一种组合物的使用，但组合物的使用并不直接有助于达成享有保护的该方法的目标。

（G）"州"意指美国的任何一个州或领地、哥伦比亚特区和波多黎各区。

（3）本款并不适用于从事机器、制造品或组合物的商业开发、制造、销售、进口或者分配，或者对药店或临床医学实验服务机构（在医师诊室设立的临床实验服务除外）负责供应的任何人、此人的雇员或者代理人（不论此人根据《国内税收法典》第 501 条（c）款是否系免除税收的组织）的活动。这些活动是指：

（A）直接与机器、制造品或组合物的商业开发、制造、销售、进口或者分配，或者对药店或临床医学实验服务机构（在医师诊室提供的临床实验服务除外）的供应有关的活动，和

（B）根据《联邦食品、药品和化妆品法》《公共卫生服务法》或者《临床医学实验所改进法》管理的活动。

（4）本款规定不适用于基于最早有效提交日在 1996 年 9 月 30 日之前的一项申请所颁发的任何专利。

第 287 条 （未生效） 对损害赔偿金和其他救济的限制；标记和通知

编者注：2013 年 3 月 16 日生效，根据公共法第 112 - 29 篇第 3 条（g）款、定制法第 125 篇第 284 条，美国法典第 35 篇第 287 条（c）款（4）项将解释为"本款规定不适用于基于有效提交日在 1996 年 9 月 30 日以前的一项申请所颁发的任何专利。"

第 288 条 侵犯含有无效权利要求的专利的诉讼

编者注：适用于开始于 2012 年 9 月 16 日及之后的所有程

序。其他情况适用的法条参见美国法典第 35 篇第 288 条（美国发明法案之前）。

无论何时，专利的一项权利要求无效时，侵犯其中可能有效的权利要求的诉讼，可以予以继续。除非无效的权利要求在诉讼开始前已被放弃，并已在专利商标局登记，否则专利权人不应获得诉讼费用的赔偿。

第 288 条　（美国发明法案之前）　侵犯含有无效权利要求的专利权的诉讼

编者注：不适用于开始于 2012 年 9 月 16 日及之后的所有程序。其他情况适用的法条参见美国法典第 35 篇第 288 条（美国发明法案之前）。

无论何时，并非出于欺骗意图，专利的一项权利要求无效的，侵犯其中可能有效的权利要求的诉讼，可以予以继续。除非无效的权利要求在诉讼开始前已被放弃，并已在专利商标局登记，否则专利权人不应获得诉讼费用的赔偿。

第 289 条　对侵犯外观设计专利权的附加救济

任何人在外观设计专利的有效期内，未经专利权人许可，（1）为销售目的，将享有专利保护的外观设计或其任何相似的模仿设计应用于制造品上，或者（2）销售或者为销售而展示任何采用此种外观设计或者相似的模仿设计的制造品的，应在其全部所得利益的限度内对专利权人负有赔偿责任，在对当事人具有管辖权的任何美国地方法院均可获得赔偿，其赔偿不得少于 250 美元。

本条的规定并不阻止、减少或者指责被侵犯专利的专利权人根据本篇所享有的任何其他救济，但是专利所有人不得从侵权行为所获利润中获得两次救济。

第 290 条　专利诉讼的通知

美国联邦法院的书记员，在本篇规定的诉讼提起后一个月内，应将诉讼以书面形式通知局长，说明迄今为止已知的当事人的姓名和地址、发明人的姓名和据以提起诉讼的专利号。如果随后又有其他专利涉入诉讼中，书记员应作同样的通知。在对案件的决定或者判决作出后一个月内，法院书记员应将此事通知局长。局长在接到此通知后，应将通知放进该专利的档案内。

第 291 条　抵触专利

编者注：2013 年 3 月 16 日生效，此处的美国法典第 35 篇第 291 条不适用于基于美国发明法案先发明者申请的规定［参见美国法典第 35 篇第 100 条（注）］提交的任何专利申请。2013 年 3 月 15 日之后的适用法条参见美国法典第 35 篇第 291 条。

一项抵触专利的所有人可以对另一抵触专利的所有人提起民事诉讼，以获得救济。法院可以就相抵触的各个专利的有效性问题全部或部分地进行裁决。第 146 条第 2 款的规定应适用于根据本条规定提起的诉讼。

第 291 条　（未生效）　溯源专利

编者注：2013 年 3 月 16 日生效，美国法典第 35 篇第 291 条将解读如下，且应适用于基于美国发明法案先发明者申请的规定［参见美国法典第 35 篇第 100 条（注）］＊提交的任何专利申请。2013 年 3 月 15 日之后的适用法条参见美国法典第 35 篇第 291 条（美国发明法案之前）。

（a）一般规定

一项专利的所有人可以对要求保护相同发明并有更早的有效申请日的另一专利的所有人提起民事诉讼以获得救济，如果其他专利中要求保护的发明源自于根据本条寻求救济的个人所拥有的专利中要求保护的发明的发明人的话。

（b）提交限制

本条规定的诉讼仅可以在授予在前专利之日开始的 1 年期限到期之前提交，该专利包括其所述的溯源发明的一项权利要求和一个其所述的溯源发明的发明人或共同发明人的个人署名。

第 292 条　虚假标识

（a）任何人未经专利权人同意，在其在美国制造、使用、许诺销售、销售或者在其进口至美国的任何物品上，标注、缀附或者在与该物品有关的广告上使用专利权人的姓名或名称、或者其姓名或名称的任何模仿、专利号码、或者"专利""专利权人"等类似字样的标记，意图伪造或冒充专利权人的标记，或者意图欺骗公众，引诱其相信该物品是专利权人或者经专利权人同意而制造、许诺销售、销售或者进口至美国的；或者

任何人出于欺骗公众的目的，在非专利物品上标注、缀附或者在与该物品有关的广告中使用"专利"字样或者任何该物品已获得专利之意的其他字样或号码的；或者

任何人出于欺骗公众的目的，在其未申请专利，或者已申

请而并非处于未决中时，在物品上标注、缀附或者在有关广告中使用"已申请专利""专利未决中"或者任何含有已经申请专利之意的其他字样的，

上述情形，每一罪行应处以 500 美元以下的罚金。只有美国有权根据本项对违法者给予处罚。

（b）遭受违反本条规定导致的竞争伤害的个人可以在美国联邦地方法院为获得适当的伤害赔偿金提交民事诉讼。

（c）（a）款规定的产品标记，所涉及的保护该产品的专利已届满，不属于违反本条的情况。

第 293 条　未居住在美国的专利权人；送达和通知

每个未居住在美国的专利权人，可以向专利商标局申请以书面指定一个居住在美国境内的人，说明其姓名和地址，为专利权人接受影响其专利或根据其专利所产生权利的诉讼程序中的传票或通知。如果指定的人不能在最近一次指定书给出的地址处找到，或者，如果没有指定任何人，维吉尼亚东区联邦地方法院应有管辖权，传票应采用公告或者用法院指定的其他方法送达。该法院具有对于专利或根据该专利所产生的权利可以采取任何行为的管辖权，如同专利权人本身处在该法院管辖区以内。

第 294 条　自愿仲裁

（a）一项涉及专利或者根据该专利所产生权利的合同，可以包含一项规定，要求对根据合同所产生的有关专利的有效性或者侵权的任何争议进行仲裁。如果此规定缺失，现有的对专利有效性或者侵权发生争议的当事人，可以书面同意通过仲裁

解决此种争议。此种规定或者协议是有效的，不可撤销的，并且是可以执行的，但法律上有理由或者依衡平法可以撤销合同的除外。

（b）此种争议的仲裁、仲裁员的仲裁裁决以及对仲裁裁决的确认，应遵守第9篇的规定，但以该篇规定没有与本条不相一致的情况为限。在任何此类仲裁程序中，如果有任何一方在程序中提出第282条所规定的抗辩理由，那么仲裁员应予以考虑。

（c）仲裁员的仲裁裁决应当是最终的，对仲裁的各方当事人均有拘束力，但对任何其他的人无拘束力和影响。仲裁的各方当事人可以同意，倘若作为仲裁裁决主题的专利后来在一个具有合法管辖权的法院作出的判决中被确定为无效或者不可执行，而且对该判决不能申诉或者已经申诉的，那么根据仲裁任何一方当事人的申请，此仲裁裁决可以由具有合法管辖权的法院予以修改。任何此种修改，自修改之日起，应支配当事人之间的权利和义务。

（d）仲裁员作出仲裁裁决时，专利权人、其受让人或者被许可人，应将仲裁裁决以书面形式通知局长。在此种程序中，应分别通知所涉及的每一件专利。此通知应说明当事人的姓名或名称、地址、发明人的姓名和专利权人的姓名或名称，应写明专利号，并应附有仲裁裁决书副本。如果仲裁裁决已经由法院加以修改，请求修改的当事人应将此修改通知局长。局长接到每一个通知后，应将此通知记录在此专利的起诉档案中。如果规定的通知没有被提交给局长，那么程序的任何一方均可以将此通知提供给局长。

（e）在局长接到（d）款规定的通知之前，仲裁裁决是不可执行的。

第 295 条　推定：依专利方法制造的产品

在声称一种产品是依在美国享有专利的方法所制造的，遂基于此产品的进口、销售、许诺销售或者使用而提起的侵犯方法专利的诉讼中，如果法院认定：

（1）该产品有相当大的可能性是依专利方法制造的，并且

（2）原告为确定该方法是否实际上使用于该产品的制造，已经进行了适当的努力，但未能作出这样的确定的，应推定该产品是依该方法所制造，主张该产品不是这样制造的一方当事人，应承担证实该产品不是依该方法所制造的举证责任。

第 296 条　各州、各州机构和各州官员对专利侵权的责任

（a）一般规定

任何州、州的任何机构，以及州或州机构的任何官员或雇员，在依公务身份行为时，不应根据美国宪法第 11 修正案或者根据主权豁免的其他任何理论，而被任何人，包括任何政府或非政府组织在内，因违反第 271 条侵犯专利或者违反本篇任何其他规定，免于在联邦法院起诉。

（b）救济

在因上面（a）款所述违法行为而提起的上述诉讼中，由于违法行为而可获得的救济（包括法律和资产的救济），其范围与对私有组织因其违法行为而提起的诉讼中可获得的救济相同。此种救济包括损害赔偿金、利息、诉讼费用、第 284 条规定的 3 倍损害赔偿金、第 285 条规定的律师费以及第 289 条规定的对侵犯外观设计专利的附加救济。

第 297 条　不适当和欺骗性的发明推广

（a）　一般规定

发明推广者在缔结提供发明推广服务的合同以前，有责任以书面形式向客户披露下列信息：

（1）发明推广者在过去 5 年中曾对发明的商业潜力进行过评价的发明总数，以及得到积极评价的发明数量和得到消极评价的发明数量；

（2）在过去 5 年中与发明推广者缔结合同的客户总数，不包括曾向发明推广者购买贸易展览服务、研究、广告或者其他非市场销售服务的客户，或者拖欠支付发明推广者报酬的客户；

（3）发明推广者所知的由于其提供的发明推广服务的直接结果而获得财政纯利润的客户总数；

（4）发明推广者所知的由于其所提供的发明推广服务的直接结果而获得的发明许可合同的总数；

（5）在过去 10 年中与发明推广者或其职员有过集体或者单独联系的所有之前的发明推广公司的名称和地址。

（b）　民事诉讼

（1）任何与发明推广者缔结合同的客户，当被法院认为由于发明推广者（或者其代理人、雇员、主管、职员、合伙人或者此发明推广者的独立订约人）所作的虚假的资料或者欺骗性的声明或表示，或者任何重要事实的疏漏，或者因为发明推广者没有披露（a）款所要求的那种信息而受到损害时，可以对发明推广者（或其职员、主管、合伙人）提起民事诉讼，在合理的诉讼费用和律师费以外，要求获得：

（A）客户实际所受损害的赔偿金；或者

（B）客户在法院作出最终判决之前的任何时候，可以选择一笔法院认为公平的、总额不超过 5000 美元的法定损害赔偿金。

（2）尽管有（1）项的规定，但在客户承担了举证责任，并且法院认定，发明推广者故意向客户歪曲或者遗漏重要事实，或者蓄意不披露（a）款所要求披露的信息，意图欺骗客户的情形下，法院在考虑了专利专员按照（d）款所汇集的过去对发明推广者的不满意见的记录，以及由此而产生的管理性制裁或者其他惩治行为后，可以将损害赔偿金增加到不超过裁定量的 3 倍数额。

（c）定义

本条中，

（1）"发明推广服务合同"意指发明推广者承诺为客户提供发明推广服务的合同；

（2）"客户"意指与发明推广者就发明推广服务缔结合同的任何个人；

（3）"发明推广者"意指许诺为客户或代表客户完成发明推广服务，或者为客户或者代表客户完成发明推广服务，并且通过大众媒体上的广告提供此服务的任何人、公司、合伙、企业或者其他组织，但不包括：

（A）联邦政府、州或者地方政府的任何部门或机构；

（B）根据适用的州的法律有资格的或者根据《1986 年国内税收法典》第 170 条（b）款（1）项（A）目所述的任何非营利的、慈善的、科学的、教育的组织；

（C）参与评估以决定专利或者以前提交的非临时专利申请的商业潜力，或者许诺愿意提供许可或者销售此专利或者此申请的任何个人或组织；

（D）任何参与涉及一个企业的股票或者资产的销售业务的任何当事人；或者

（E）任何直接从事产品零售业务或者产品分销的当事人；以及

（4）"发明推广服务"意指为公司、企业或其他组织的客户采购或意图采购以开发和销售包括客户的发明在内的产品或者服务。

（d）投诉记录

（1）发表投诉。专利专员应当向公众提供专利商标局收到的所有涉及发明推广者的投诉和发明推广者的任何答复。专利专员应将投诉通知发明推广者，并向其提供适当的机会使其在此投诉提供给公众之前即给以答复。

（2）投诉请求。专利专员可以请求联邦或者州机构提供有关发明推广服务的投诉，并将此投诉连同发明推广者的答复一起包括在根据（1）项保存的记录中。

第298条 辩护律师建议

侵权人未能获得辩护律师关于任何所述被侵权专利的建议，或侵权人未能提供这样的建议给法庭或陪审团，不可以被用来证明被诉侵权人蓄意侵犯该专利或该侵权人有意导致专利侵权。

第299条 当事人的联合诉讼

（a）被诉侵权人的联合诉讼

根据国会关于专利的任何法令提出的任何民事诉讼，而非在根据第271条（e）款（2）项提出的侵权诉讼中已作出抗辩

的诉讼或审判，被诉侵权人的当事人可以加入一个诉讼作为被告或反诉被告或让他们的诉讼合并审判，仅当

（1）任何救济的权利主张针对当事人共同地、分别地或可选的关于或起因于相同的事务、事件或一系列关于制造、使用、进口至美国、许诺销售或销售相同的被告产品或方法的事务或事件；以及

（2）所有被告或反诉被告在诉讼中将会提出针对事实的质疑。

（b）联合的不充分主张

本款中，被诉侵权人不能仅仅基于他们均侵犯了一个或多个专利的主张，就加入一项诉讼作为被告或反诉被告或统一审判他们的诉讼。

（c）放弃

一位被诉侵权人的当事人可以放弃本条阐明的涉及当事人的限制。

第三十章 向专利商标局引证的现有技术和专利的单方再审

第301条 现有技术的引证和书面说明

（a）一般规定

任何个人在任何时间均可以以书面形式向专利商标局引证：

（1）由专利或者印刷出版物组成的现有技术，并认为此现有技术对一个特定专利的权利要求的可享专利性是有影响的；或

（2）专利权人在联邦法庭或本局的程序中对一项特定专利的任何权利要求的范围提交的说明。

（b）官方文件

如果此人根据（a）款引证现有技术或书面说明，以书面形式解释了此现有技术与该专利的至少一项权利要求的相关性和适用方式，则此现有技术的引证和解释将成为该专利正式档案的一部分。

（c）附加信息

根据（a）款（2）项提交书面说明的当事人应包含书面说明所提交的、处理该书面说明的程序中的任何其他文件、答辩或证据。

（d）限制

根据（a）款（2）项提交的书面说明和根据（c）款提交的附加信息，不应被在根据第304条、第314条或第324条要求或建立的程序中决定一项专利权利要求的合适含义这一目的以外的任何目的为本局所考虑。如果任一这样的书面说明或附加信息服从于一项可适用的保护命令，此书面说明或附加信息应被编辑以排除服从于该命令的信息。

（e）保密

根据（a）款引证现有技术或书面说明的个人，依据其书面请求，该个人的身份将不保存在该专利的档案中，并予以保密。

第302条　再审请求

任何人在任何时候均可以提交请求，由专利商标局在第301条引证的现有技术的基础上，对一项专利的任何权利要求进行再审。请求必须以书面形式提出，并缴纳局长依据第 41 条规定设立的再审费。请求必须说明引证的现有技术与请求再审的每一项权利要求的相关性和适用方式。除非请求人即是专利权人，否则局长应迅速将请求书副本发送给专利档案中记录的专利权人。

第 303 条 局长关于问题的决定

（a）在根据第 302 条提交再审请求之后的 3 个月内，局长将决定此一请求是否提出了实质上新的、影响有关专利的权利要求的可享专利性问题，是否要考虑其他专利或者印刷出版物。局长可以主动并于任何时候决定，是否由于他所发现的或者根据第 301 条或 302 条规定引证的专利和印刷出版物而提出了实质上新的、可享专利性的问题。实质上新的、可享专利性问题的存在，并不因专利或者印刷出版物曾被专利商标局引证过、或者有人曾向该局引证过、或者曾被该局考虑过而得以排除。

（b）局长根据本条（a）款所作决定的记录应收入有关专利的档案中，并应迅速将副本送交或者邮寄给专利档案中记录的专利权人，如有再审请求人，则应一并送交该请求人。

（c）局长根据本条（a）款所作的没有提出实质上新的、可享专利性问题的决定是最终决定，对之不可申诉。在作出此决定后，局长可以退还第 302 条所要求缴纳的再审费的一部分。

第 304 条 局长的再审命令

如果局长在根据第 303 条（a）款作出的决定中认为，一个实质上新的、影响一项专利的任何一项权利要求的可享专利性的问题被提出了，该决定将包含一个对该专利进行再审的命令，以解决该问题。对专利权人将给予合理的、自决定副本送交或者邮寄给他之日起不少于 2 个月的期限，在这期限内他可以就此问题提交一份声明，包括他可能愿意提议的对其专利的修改和新的权利要求，供再审中考虑。如果专利权人提交了此声明，他应迅速将其副本送交至根据第 302 条请求再审的人。自送交副本之日起 2 个月内，该请求人可以提交他在再审中已经考虑了的对专利权人声明的答复。该请求人应迅速将提交的答复副本送交专利权人。

第 305 条　再审程序的进行

在第 304 条规定的提交声明和答复的期限届满之后，根据第 132 条和 133 条的规定按照为原始审查制定的程序进行再审。在根据本章进行的再审程序中，应允许专利权人对其专利提议修改和提出一项或者多项新的权利要求，以便将要求保护的发明与根据第 301 条规定引证的现有技术区别开来，或者对一件专利的一项权利要求的可享专利性不利的决定作出答复。在根据本章进行的再审程序中，不允许提议修改的权利要求或者新的权利要求扩大专利的权利要求的范围。根据本条进行的所有再审程序，包括向专利申诉和抵触委员会的申诉在内，在专利商标局内应通过特殊通道进行。

第 305 条　（未生效）　再审程序的进行

编者注：2013 年 3 月 16 日生效，根据公共法第 112 - 29 篇第 3 条（j）款、定制法第 125 篇第 284 条，美国法典第 35 篇第

305 条修改为删去"专利申诉和抵触委员会"并插入"专利审判和申诉委员会"。

第 306 条　申诉

根据本章进行的再审程序中所涉及的专利权人，对于不利于任何原始专利或者不利于专利的提议修改的或新的权利要求的可享专利性的决定，可以根据第 134 条提起申诉，并且可以根据第 141 条至第 144 条请求法院复审。

第 307 条　可享专利性、不可享专利性和删除权利要求的证书

（a）在根据本章进行的再审程序中，当申诉期已经届满，或者申诉程序已经结束时，局长将颁发和公布一份证书，删除专利中最终决定为不可享专利性的权利要求，确认专利中决定为可享专利性的权利要求，并将决定为可享专利性的提出的修改或者新的权利要求包含在专利中。

（b）经过再审程序，决定可享专利性的并且已经包含在专利中的提议修改的或者新的权利要求，对于在根据本条（a）款的证明书颁发以前，在美国制造、购买或者使用因此提议修改的或者新的权利要求而享有专利保护的产品，或者将此产品进口至美国，或者已经为此产品的制造、购买、使用或者进口作了实质性准备的任何人的权利的效力，与本篇第 252 条规定的再颁专利的权利要求的效力相同。

第三十一章　双方复审

第311条　(注)　双方复审的适用性规定

美国发明法案（AIA）的授权后复审规定仅适用于发生在2012年9月16日及之后的程序，但是

（1）美国联邦巡回上诉法院的管辖权延伸到接受专利审判和申诉委员会根据美国发明法案（c）款（2）项的修改的复审决定的特定上诉应视为发生在2011年9月16日，并且应延伸到专利申诉和抵触委员会关于在2011年9月11日及之前、之后提出的任何复审决定；

（2）美国法典第35篇第6条（美国发明法案之前）、第134条（美国发明法案之前）和第141条（美国发明法案之前）在2012年9月15日有效的规定应继续适用于根据美国法典第35篇第311条（美国发明法案之前）在2012年9月16日之前请求的双方复审；

（3）专利审判和申诉委员会出于2012年9月16日之前根据美国法典第35篇第311条（美国发明法案之前）的复审当事人申诉的目的可以被视为专利申诉和抵触委员会；以及

（4）局长根据美国法典第35篇第143条第4句干预专利审判和申诉委员会所作出决定的权利应视为延伸到2012年9月16日之前根据美国法典第35篇第311条请求的复审当事人。

第 311 条　双方复审

（a）一般规定

基于本章的规定，非专利权人的个人可以向本局提交请求书以启动该专利的双方复审。局长应通过规章，建立请求该复审的个人支付局长考虑到该复审的合计成本而认定为合理数目的费用。

（b）范围

双方复审的请求人可以请求删除专利的一项或多项不可享专利性的权利要求，仅限于基于根据第 102 条或第 103 条提出的理由和在先技术仅包含在专利或印刷出版物的基础上。

（c）提交期限❶

双方复审的请求书应在下列时间较晚者之后提交

（1）专利授权之后 9 个月；或

（2）当一项第 32 章规定的授权后复审开始了，此授权后复审终止之日。

第 312 条　请求书

（a）请求书要求

根据第 311 条提交的请求书仅当下列情况时才可以被纳入考虑：

（1）请求书伴随着局长根据 311 条建立的费用的缴纳；

---

❶ 根据《公共法》第 112 - 274 篇第 1 条（d）款，2013 年 6 月 14 日定制法，（c）款规定的提交期限不适用于并非根据美国发明法案（美国法典第 35 篇 100（注）的发明人先申请规定而提交的专利。

（2）请求书确认所有实际利害关系人的身份；

（3）请求书以书面形式和特性确认每一条被质疑的权利要求、对每一条权利要求的质疑是基于何种理由，以及支持对每一条权利要求的质疑的证据，包括

（A）请求人赖以支持请求书的专利和印刷出版物副本；以及

（B）支持证据和意见的宣誓书或声明，如果该请求人依赖专家意见的话；

（4）请求书提供局长可以通过规章要求的其他此类信息；以及

（5）请求人提交（2）项、（3）项和（4）项要求的任一文件的副本给专利权人或专利权人的指定代表（如果适用的话）。

（b）公众可获得性

第311条规定的请求书一但收到可以使用，局长就应使其可被公众获取。

第313条　对请求书的初步答复

当根据第311条提交了一份双方复审请求书时，专利权人有权在局长设立的期限内提交对该请求书的初步答复，其中基于请求书不符合本章的任一要求，来阐明为什么双方复审不应启动的理由。

第314条　双方复审制度

（a）启动

局长只有当其认为根据第311条提交的请求书提供的信息

和根据第 313 条提交的任何答复，表明请求人针对请求书中被质疑的至少一项权利要求有一个合理的可能性成功，才可以批准一项双方复审的启动。

（b）时机

局长应基于根据第 311 条提交的请求书在下列日期之后的三个月内，决定是否启动一项本章规定的双方复审：

（1）收到第 313 条规定的针对请求书的初步答复；或

（2）如果没有提交此初步答复，则在此答复可以提交的最后日期。

（c）通知

局长应把局长根据（a）款所作的决定以书面形式通知请求人和专利权人，并且一旦可用立即使公众可以获取此通知。此通知应包括该复审启动的日期。

（d）不可申诉

局长根据本条是否启动双方复审的决定是最终决定且不可申诉。

第 315 条　相关的其他程序和诉讼

（a）侵权人的民事诉讼

（1）双方复审被民事诉讼阻碍。如果在一项双方复审的请求书提交日之前，请求人或实际利害关系人提起了民事诉讼以质疑专利的一项权利要求的有效性，那么该复审程序不可以启动。

（2）民事诉讼的中止。如果在请求人提交一项专利的双方复审的请求书之日或之后，请求人或实际利害关系人提起了民事诉讼以质疑专利的权利要求的有效性，该民事诉讼应自动中止直到下列之一：

（A）专利权人向法庭提请撤销中止；

（B）专利权人提交一项民事诉讼或反诉，主张该请求人或其实际利害关系人侵犯其专利；或

（C）该请求人或实际利害关系人向法庭提请撤销该民事诉讼。

（3）反诉处理。质疑专利的权利要求有效性的一项反诉不构成本条规定中的质疑专利权利要求有效性的一项民事诉讼。

（b）专利权人诉讼

如果请求书请求的程序是在请求人、实际利害关系人或请求人的利益相关人收到主张侵犯专利的传票的日期1年以后提交的，则双方复审不可以启动。前一句阐明的时间限制不适用（c）款的联合诉讼。

（c）联合诉讼

如果局长启动一项双方复审，局长基于他或她的判断力，在收到第313条规定的初步答复或在此答复的提交期限届满之后，将任何根据第311条正确地提交了请求书的个人，作为一方当事人参与其决定根据第314条授权批准启动的双方复审。

（d）多重程序

尽管有第135条（a）款、第251条、第252条和第30章的规定，在一项双方复审的未决期间内，如果涉及专利的另一程序或事件提交给了本局，那么局长可以决定双方复审或其他程序或事件可以进行的方式，包括提供中止、转移、合并或中止任何一个事件或程序。

（e） 禁止翻供

（1） 本局的程序。本章规定的一项专利的一项权利要求的双方复审的请求人导致第 318 条（a）款规定的最终书面决定的，该请求人或实际利害关系人或其利益相关人，不可以基于在双方复审中请求人已提出或本应合理地提出的原因，以请求或维持本局涉及该权利要求的程序。

（2） 民事诉讼和其他程序。本章规定的专利的权利要求的双方复审的请求人导致第 318 条（a）款规定的最终书面决定的，该请求人或实际利害关系人或其利益相关人，不可以在全部或部分根据第 28 篇第 1338 条提起的民事诉讼中，也不可以根据《1930 年关税法》第 337 条在国际贸易委员会的程序中，基于在双方复审中请求人提出的或本应合理地提出的理由而主张该权利要求无效。

第 316 条　双方复审的管理

（a） 规章

局长应制定规章

（1） 规定本章规定的任何程序的文件，都可被公众获得，但任何特意秘密提交的请求书或文件除外，当伴随着保密的动议时，文件应被保密处理等待该动议裁决的结果；

（2） 阐明展示第 314 条（a）款规定的启动复审的充足理由的标准；

（3） 建立在请求书提交之后提交补充信息的程序；

（4） 建立和管理本章规定的双方复审和此复审与本篇其他程序的关系；

（5）阐明发现相关证据的标准和程序，包括此发现应被限制于

（A）提交宣誓书或声明的证人证言；以及

（B）司法公正所需的其他事项；

（6）规定处罚滥用发现、滥用过程或任何其他对程序的不合理使用，例如，扰乱或导致不必要的延误或程序成本不必要的增加；

（7）规定保护命令以管理保密信息的交换和提交；

（8）规定在双方复审启动之后专利权人根据第313条对请求书的答复文件的提交，并要求专利权人提交此答复，伴随以宣誓书或声明以及专利权人赖以支持该答复的任何附加事实证据和专家意见；

（9）阐明允许专利权人根据（d）款提出修改专利以删除被质疑的权利要求，或者提出合理的替换权利要求的编号，并且确保专利权人为支持根据（d）款进行的修改而提交的任何信息作为专利进展历史的一部分而可以为公众获取的标准和程序；

（10）规定任一当事人作为程序的一部分拥有口头听证的权利；

（11）要求一项双方复审的最终决定不晚于局长通知本章规定的复审启动之日后一年内公布，但是局长在理由充分时，可以将该1年期限延展不超过6个月的时间，并在第315条（c）款规定的联合诉讼的情况下也可以调整本款的期限；

（12）设立根据第315条（c）款请求联合诉讼的期限；以及

（13）提供给请求人至少一次机会以在局长建立的期限内提交书面说明。

（b）考虑事项

在本条规定的规章中，局长应考虑任意此规章对经济的作用、专利系统的统一性、本局的有效管理和本局及时完成根据本章启动的程序的能力。

（c）专利审判和申诉委员会

与第6条一致，专利审判和申诉委员会应执行根据本章启动的每一项双方复审。

（d）专利修改

（1）一般规定。根据本章启动的一项双方复审中，专利权人可以提交一个动议以以下一个或多个方式修改专利：

（A）删除任一被质疑的专利权利要求；

（B）对每一条被质疑的专利权利要求，主张合理数目的替代权利要求。

（2）附加动议。为在很大程度上推进第317条规定的结案，基于请求人和专利权人的联合请求，或通过局长建立的规章，可以允许修改的附加动议。

（3）权利要求的范围。根据本项的修改不可以扩大专利权利要求的范围或引入新的事实。

（e）证据标准

根据本章启动的一项双方复审中，请求人有责任通过占优势的证据证实不可享专利性的主张。

第 317 条　结案

（a）一般规定

根据本章启动的关于任何请求人的一项双方复审，基于请求人和专利权人的联合请求应予以终止，除非在该终止请求提交之前本局已经决定该程序具有法律意义。如果关于请求人的双方复审根据本条终止，基于该请求人启动了该双方复审，第315条（e）款规定的禁止翻供不应涉及请求人或利害关系人或请求人的利益相关人。如果没有请求人保留在该双方复审中，本局可以终止该复审或根据第318条（a）款继续作出一个最终书面决定。

（b）书面协议

专利权人和请求人间的任何协议或谅解录，包括任何提及此协议或谅解录的附属协议，在联系到或计划了本条规定的双方复审的终止时，应以书面形式，并且此协议或谅解录的真实副本应在双方复审终止之前提交给本局。基于程序一方当事人的请求，该协议或谅解录应被视为商业机密信息，应与涉及的专利文件分开存放，并且只有提交书面请求的联邦政府机构或任何展示正当理由的个人可以获取。

第318条　委员会的决定

（a）最终书面决定

如果本章规定的一项双方复审启动了且没有被撤销，那么专利审判和申诉委员会应发布关于请求人质疑的任何专利权利要求和任何根据第316条（d）款新增的权利要求的可享专利性的最终书面报告。

（b）证书

如果专利审判和申诉委员会根据（a）款发布了一份最终书面报告并且申诉期已届满或申述已终止，那么局长应发布和公告证书，以删除最终被认定不可享专利性的任何专利权利要求、确认可享专利性的专利权利要求和通过证书合并任何新的或修改后被认定可享专利性的权利要求。

（c）抵触权利

任何提议修改的或新的认定可享专利性的和根据本章随着双方复审合并到一项专利的权利要求，对于在美国已经制造、购买、使用或者进口至美国享有此修改的或新的权利要求专利保护的任何物品，或对于根据（b）款发放证书之前已经为此作了实质性准备的个人，应具有与第252条规定的再颁专利同等的效力。

（d）复审时长的数据

每一项双方复审在启动和根据（a）款发布最终书面决定之间的时间长度的描述，本局应使其可被公众获取。

第 319 条　申诉

对专利审判和申诉委员会根据第 318 条（a）作做出的最终书面决定不满的当事人，可以根据第 141 条到第 144 条就此决定提出申诉。双方复审的任一当事人均有权成为申诉的当事人。

第三十一章（美国发明法案之前）
任选的双方再审程序

第 311 条　（美国发明法案之前）　双方再审的请求

编者注：仅适用于 2012 年 9 月 16 日前提交的双方再审的请求。

（a） 一般规定

任何第三方请求人在任何时间均可以提交请求，由专利商标局在根据第 301 条规定引证的任何现有技术的基础上，对专利进行双方的再审。

（b） 条件

请求应符合下列条件：

（1） 请求应以书面形式提出，载明实际利害关系人的身份，同时缴纳局长根据第 41 条制定的双方再审费；以及

（2） 说明其引证的现有技术与请求再审的专利的每一项权利要求的相关性和适用方式。

（c） 副本

局长应迅速将请求书的副本送交专利档案中记录的专利权人。

第 312 条 （过渡期） 局长关于问题的决定

编者注：适用于 2011 年 9 月 16 日及之后但在 2012 年 9 月 16 日之前提交的双方再审的请求。

（a） 再审

在第 311 条规定的双方再审请求提交之后不超过 3 个月的期限内，局长在考虑或者未考虑其他专利或者印刷出版物之后应决定，该请求中所提供的信息是否展示出存在请求人在请求书中质疑的权利要求中的至少一项获得成功的合理可能性。实质上新的可享专利性问题的存在，并不因为该专利或者印刷出版物以前曾被专利商标局引证过、或者有人向该局引证过、或者该局曾考虑过的事实而被排除。

（b）记录

局长根据（a）款所作的决定应置于专利的正式档案内，并且决定的副本应迅速送交或者邮寄给专利档案中记录的专利所有人和第三方请求人。

（c）最终决定

局长根据（a）款所作的决定是最终决定且不可申诉。没有提出由（a）款所要求的展示的决定后，局长可以退还第311条要求的双方再审费的一部分。

第313条 （过渡期） 局长的双方再审命令

编者注：适用于2011年9月16日及之后但在2012年9月16日之前提交的双方再审的请求。

如果在根据第312条（a）款作出的决定中，局长发现已展示了存在请求人在请求书中质疑的权利要求中的至少一项权利要求存在有合理的成功的可能性的话，那么该决定应包含一个对专利进行双方再审的命令，以解决该问题。该命令可以附有专利商标局基于根据第314条进行的双方再审的法律意义而已采取的初步行动。

第314条 （美国发明法案之前） 双方再审程序的进行

编者注：仅适用于2012年9月16日前提交的双方再审的请求。

（a）一般规定

除本条另有规定外，再审应按照第132条和第133条为初始审查制定的程序进行。在根据本章进行的任何双方再审程序中，应允许专利权人提议对专利作出的任何修改和提出的一项或多项新的权利要求，但是提议修改的或者新的权利要求不得扩大专利权利要求的范围。

（b）答复

（1）除双方再审的请求以外，专利权人或者第三方请求人提出的任何文件均应送交另一方。此外，专利商标局应将其送交专利权人的、与正在经受双方再审程序的专利有关的任何交流，以副本形式送交第三方请求人。

（2）专利权人每一次对专利商标局关于案情实质行动的答复，第三方请求人应有一次机会就专利商标局提出的问题或者就专利权人对该问题的答复提出书面意见，条件是这些书面意见应在专利权人的答复送达后 30 日内送交到专利商标局。

（c）特殊通道

除非局长因有充足理由而另有规定，本条规定的双方再审的所有程序，包括向专利申诉和抵触委员会提起的任何申诉在内，在专利商标局内应由特殊通道进行。

第 315 条 （美国发明法案之前） 申诉

编者注：仅适用于 2012 年 9 月 16 日前提交的双方再审的请求。

（a）专利权人

在本章规定的双方再审程序中涉及的专利权人可以：

（1）对不利于任何原始的或者提议修改的或者新的专利权利要求的可享专利性的任何决定，可以根据第 134 条提起申诉，也可以根据第 141 条至第 144 条提起申诉；

（2）可以成为第三方请求人根据下述（b）款提起的任何

申诉的一方当事人。

（b）第三方请求人

第三方请求人可以：

（1）对任何有利于任何原始的或者提议修改或者新的专利权利要求的可享专利性的最终决定，可以根据第 134 条的规定提起申诉，也可以根据第 141 条至第 144 条的规定提起申诉；和

（2）在不违反（c）款规定的情况下，可以成为专利权人根据第 134 条或者第 141 条至第 144 条提起的任何申诉的一方当事人。

（c）民事诉讼

如果第三方请求人请求的双方再审产生的结果是颁布了第 313 条规定的命令的，那么在以后根据第 28 篇第 1338 条提起的全部或部分民事诉讼中，第三方请求人对其在双方再审程序中提出或者本来应当提出予以再审的、最终依任何理由被决定为有效和可享专利性的任何权利要求，不得再主张其无效。但本款并不阻止基于新发现的、不为第三方请求人和专利商标局在各方当事人之间再审程序中所知的现有技术主张无效。

第 316 条 （美国发明法案之前） 可享专利性、不可享专利性和删除权利要求的证明书

编者注：仅适用于 2012 年 9 月 16 日前提交的双方再审的请求。

（a）一般规定

在本章规定的双方再审程序中，当可提申诉的期限已经届满，或者任何申诉程序已经终止时，局长应颁发并公布证书，

删除专利中最终认定为不可享专利性的权利要求，确认认定为可享专利性的权利要求，并将认定为可享专利性的任何提议修改的或者新的权利要求包括在专利中。

（b）修改的或者新的权利要求

在双方再审程序以后，经认定可享专利性的、并已包括在专利中的任何提议修改的或者新的权利要求，对于在本条（a）款规定的证明书颁发以前，在美国已经制造、购买或者使用因此种提议修改的或者新的权利要求而享有专利保护的产品，或者已经将此产品进口至美国，或者已经为此种行为作了实质性准备的任何人的权利的效力，与本篇第 252 条规定的再颁专利的权利要求的效力相同。

第 317 条　（美国发明法案之前）　双方再审的禁止

编者注：仅适用于 2012 年 9 月 16 日前提交的双方再审的请求。

（a）再审的命令

无论本章有何规定，一旦根据第 313 条发出对专利进行双方再审的命令，无论第三方请求人，还是该请求人的利益相关人，在第 316 条规定的双方再审证明书发出和公布以前，除经局长批准之外，都不得再次提出对专利进行双方再审的请求。

（b）最终决定

在根据第 28 篇第 1338 条提起的全部或部分民事诉讼中，一方当事人在诉讼中没有胜任证明专利的任何权利要求无效的举证责任，一旦作出对该当事人不利的最终决定，或者如果在第三方请求人请求的双方再审程序中，最终决定对任何原始的或者提议修改的或新的专利权利要求的可享专利性是有利的，那么无论该当事人还是其利益相关人，以后都不得对此权利要求根据该当事人或其利益相关人在此民事诉讼或者双方再审程序中所提出或者本应提出的问题，请求进行双方再审，而且，无论本章有任何其他规定，专利商标局也不得维持该当事人或其利益相关人根据此问题请求的双方的再审。本款规定并不阻止根据新发现的、不为第三方请求人和专利商标局所知的现有技术，在双方再审程序中主张无效。

第 318 条 （美国发明法案之前） 诉讼的中止

编者注：仅适用于 2012 年 9 月 16 日前提交的双方再审的请求。

第 313 条规定的对一项专利进行双方再审的命令一旦发出以后，该专利权人可以获得中止任何未决中的、涉及成为当事人再审命令主题的专利的任何权利要求的可享专利性问题的诉讼，但受理该未决中诉讼的法院确定中止诉讼不符合公正利益的除外。

第三十二章 授权后复审

第 321 条 （注） 授权后复审的适用性

（1）适用性

（A）莱希－史密斯美国发明法案（AIA）的授权后复审规

定仅适用于遵从美国发明法案发明人先申请规定的专利，但是美国发明法案第 18 章和下述第 2 款除外。

（B）限制。局长可以设立根据美国法典第 35 篇第 32 章启动的授权后复审的数量限制，对于 1 年期内的前 4 名中的任何一个来说这些规定有效。

（2）抵触审查

（A）一般程序。局长应决定并将其包含在根据（1）项公告的规章中，此程序中发生在（2）项（A）目阐明的生效日期之前的抵触均将继续进行，无论此抵触是否：

（i）将由于美国法典第 35 篇第 32 章规定的授权后复审请求书的提交而无损害地撤销；或

（ii）将如同美国发明法案没有实施一样继续进行。

（B）专利审判和申诉委员会的程序。发生在（2）项（A）目阐明的生效日期之前的抵触，局长可以将专利审判和申诉委员会视为专利申诉和抵触委员会，并可以允许专利审判和申诉委员会执行该抵触的任何进一步程序。

（C）申诉。申诉的权限、从本法令修改的美国法典第 35 篇第 141 条（d）款和第 146 条的溯源程序获得救济的权限、本法令修改的美国法典第 28 篇第 1295 条（a）款（4）项（A）目的溯源程序申诉的管辖权，应被扩大至发生在（2）项（A）目阐明的生效日期之前并且根据本款没有被撤销的抵触的任何最终决定。

第 321 条　授权后复审

（a）一般规定

基于本章的规定，非专利权人的个人可以向本局提交请求书以启动该专利的授权后复审。局长应通过规章，建立请求该复审的个人支付由局长考虑到该复审的合计成本而认定为合理数目的费用。

（b）范围

授权后复审的请求人可以请求删除专利一项或多项不可享专利性的权利要求，仅限于基于根据第 282 条（b）款（2）项或（3）项（涉及专利或任何权利要求的无效）提出的理由的基础上。

（c）提交期限

授权后复审的请求书仅可以在不晚于授权专利或授予再颁专利之日以后的 9 个月内提交。

第 322 条　请求书

（a）请求书要求

根据第 321 条提交的请求书仅当下列情况时才可以被纳入考虑：

（1）请求书伴随着局长根据 321 条建立的费用的缴纳；

（2）请求书确认所有实际利害关系人的身份；

（3）请求书以书面形式和特性确认每一条被质疑的权利要求、对每一条权利要求的质疑是基于何种理由，以及支持对每一条权利要求的质疑的证据，包括

（A）请求人赖以支持请求书的专利和印刷出版物副本；以及

（B）如果该请求人依赖专家意见的话，支持证据和意见的宣誓书或声明；

（4）请求书提供局长可以通过规章要求的其他此类信息；以及

（5）请求人提交（2）项、（3）项和（4）项要求的任一文件的副本给专利权人或专利权人的指定代表（如果适用的话）。

（b）公众可获得性

第321条规定的请求书一但收到可以使用，局长就应使其可被公众获取。

第323条　对请求书的初步答复

当根据第321条提交了一份授权后复审请求书时，专利权人有权在局长设立的期限内提交对该请求书的初步答复，其中基于请求书不符合本章的任一要求，来阐明为什么授权后复审不应启动的原因。

第324条　授权后复审制度

（a）启动

只有当局长确定，根据第321条提交的请求书中提供的信息表明，如果此信息没有被驳回，将更可能证明请求书中质疑的权利要求至少有一项是不可享专利性的，才可以批准一项授权后复审的启动。

（b）附加理由

根据（a）款要求的决定也可以通过展示请求书提出了其他专利或专利申请的重要的、新的或未解决的法律问题来满足。

（c）时机

局长应基于根据第321条提交的请求书在下列日期之后的

三个月内，决定是否启动一项本章规定的授权后复审：

（1）收到第 323 条规定的针对请求书的初步答复；或

（2）如果没有提交此初步答复，则在此答复可以提交的最后日期。

（d） 通知

局长应把局长根据（a）款或（b）款所作的决定以书面形式通知请求人和专利权人，并应一旦可用立即使公众可以获取此通知。此通知应包括该复审启动的日期。

（e） 不可申诉

局长根据本条是否启动授权后复审的决定是最终决定且不可申诉。

第 325 条 相关的其他程序和诉讼

（a） 侵权人的民事诉讼

（1）授权后复审被民事诉讼阻碍。如果在一项授权后复审的请求书提交日之前，请求人或实际利害关系人提起了民事诉讼以质疑专利的一项权利要求的有效性，那么该复审程序不可以启动。

（2）民事诉讼的中止。如果在请求人提交一项专利的授权后复审的请求书之日或之后，请求人或实际利害关系人提起了民事诉讼以质疑专利的权利要求的有效性，该民事诉讼应自动中止直到下列之一：

（A）专利权人向法庭提请撤销中止；

（B）专利权人提交一项民事诉讼或反诉，主张该请求人或实际利害关系人侵犯其专利；或

（C）该请求人或实际利害关系人向法庭提请撤销该民事诉讼。

（3）反诉处理。质疑专利的权利要求有效性的一项反诉不构成本条规定中的质疑专利权利要求有效性的一项民事诉讼。

（b）初步禁令

如果主张专利侵权的民事诉讼是在专利授权之日起的3个月内提交的，那么基于本章规定的授权后复审的请求书已被提交或此授权后复审已经启动，法庭可以不中止其对专利权人针对专利侵权的初步禁令的动议的考虑。

（c）联合诉讼

如果根据本章已正确提交了1份以上针对相同专利的授权后复审的，并且局长决定1份以上的请求书确保了第324条规定的授权后复审的启动，那么局长可以合并这些复审为一个授权后复审。

（d）多重程序

尽管有第135条（a）款、第251条、第252条和第30章的规定，在本章规定的任何授权后复审的未决期间，如果涉及专利的另一程序或事件提交给了本局，那么局长可以决定授权后复审或其他程序或事件可以进行的方式，包括提供中止、转移、合并或终止任何一个事件或程序。决定是否根据本章、第30章或第31章启动或命令一项程序时，局长可以考虑是否驳回请求书或请求，因为相同或实质相同的现有技术或论点之前已经提交给了本局。

（e）禁止翻供

（1）本局之前的程序。本章规定的一项专利的一项权利要求的授权后复审的请求人导致第328条（a）款规定的最终书面决定的，该请求人或实际利害关系人或其利益相关人不可以基于在授权后复审中请求人已提出或本应合理地提出的原因，以请求或维持本局涉及该权利要求的的程序。

（2）民事诉讼和其他程序。本章规定的专利的权利要求的授权后复审的请求人导致第 328 条（a）款规定的最终书面决定的，该请求人或实际利害关系人或其利益相关人，不可以在全部或部分根据第 28 篇第 1338 条提起的民事诉讼中，也不可以在根据《1930 年关税法》第 337 条在国际贸易委员会之前的程序中，基于在授权后复审中请求人提出的或本应合理地提出的理由而主张该权利要求无效。

（f）再颁专利

如果请求书请求删除一项再颁专利的权利要求，而该权利要求与其原始专利的权利要求相比二者相同或范围更窄，则不可以启动本章规定的授权后复审，并且第 321 条（c）款中的时间限制将禁止提交此原始专利的授权后复审的请求书。

第 326 条　授权后复审的管理

（a）规章

局长应制定规章

（1）规定本章规定的任何程序的文件，都可被公众获得，但任何特意秘密提交的请求书或文件除外，当伴随着保密的动议时，文件应被保密处理等待该动议裁决的结果；

（2）阐明展示第 324 条（a）款和（b）款规定的启动复审的充足理由的标准；

（3）建立在请求书提交之后提交补充信息的程序；

（4）建立和管理本章规定的授权后复审和此复审与本篇其他程序的关系；

（5）阐明发现相关证据的标准和程序，包括此发现应限制于与程序中任何一方当事人提交的事实主张直接相关的证据；

（6）规定处罚滥用发现、滥用过程或任何其他对程序的不合理使用，例如，扰乱或导致不必要的延误或程序成本不必要的增加；

（7）规定管理保密信息的交换和提交的保护命令；

（8）规定在授权后复审启动之后专利权人根据第 323 条对请求书的答复文件的提交，并要求专利权人提交此答复，伴随以宣誓书或声明以及专利权人赖以支持该答复的任何附加事实证据和专家意见；

（9）阐明允许专利权人根据（d）款提出修改专利以删除被质疑的权利要求，或者提出合理的替换权利要求的编号，并且确保专利权人为支持根据（d）款进行的任何修改而提交的任何信息作为专利进展历史的一部分而可以为公众获取的标准和程序；

（10）规定任一当事人作为程序一部分拥有口头听证的权利；

（11）要求任何双方复审的最终决定不晚于局长通知本章规定的复审启动之日后一年内公布，但是局长在理由充分时，可以将该 1 年期限延展不超过 6 个月的时间，并在第 325 条（c）款规定的联合诉讼的情况下也可以调整本款的期限；

（12）提供给请求人至少一次机会以在局长建立的期限内提交书面说明。

（b）考虑事项

在本条规定的规章中，局长应考虑任意此规章对经济的作用、专利系统的统一性、本局的有效管理和本局及时完成根据本章启动的程序的能力。

（c）专利审判和申诉委员会

与第 6 条一致，专利审判和申诉委员会应管理根据本章启动的每一项授权后复审。

（d）专利修改

（1）一般规定。根据本章启动的一项授权后复审中，专利权人可以提交一个动议以下的一个或多个方式来修改专利：

（A）删除任何被质疑的专利权利要求；

（B）对每一条被质疑的专利权利要求，主张合理数目的替代权利要求。

（2）附加动议。以基于请求人和专利权人的联合请求，在很大程度上推进第 327 条规定的结案，或基于专利权人展示的正当理求的请求，可以允许修改的附加动议。

（3）权利要求的范围。根据本项的修改不可以扩大专利权利要求的范围或引入新的事实。

（e）证据标准。根据本章启动的一项授权后复审中，请求人有责任通过占优势的证据证实不可享专利性的主张。

第 327 条　结案

（a）一般规定

根据本章启动的关于任何请求人的一项授权后复审，基于请求人和专利权人的联合请求应予以终止，除非本局在该终止请求提交之前已经决定该程序具有法律意义。如果关于请求人的授权后复审根据本条终止，基于该请求人启动了该授权后复审，第325条（e）款规定的禁止翻供不应涉及请求人或实际利害关系人或请求人的利益相关人。如果没有请求人保留在该授权后复审中，本局可以终止该复审或根据第328条（a）款继续作出一个最终书面决定。

（b）书面协议

专利权人和请求人间的任何协议或谅解录，包括任何提及此协议或谅解录的附属协议，在联系到或计划了本条规定的授权后复审的终止时，应以书面形式，并且此协议或谅解录的真实副本应在授权后复审终止之前提交给本局。基于程序一方当事人的请求，该协议或谅解录应被视为商业机密信息，应与涉及的专利文件分开存放，并且只有提交书面请求的联邦政府机构或任何展示正当理由的个人可以获取。

第328条　委员会的决定

（a）最终书面决定

如果根据本章一项授权后复审启动了且没有被撤销，那么专利审判和申诉委员会应发布关于请求人质疑的任何专利权利要求和任何根据第326条（d）款新增的权利要求的可享专利性的最终书面报告。

（b）证书

如果专利审判和申诉委员会根据（a）款发布了一份最终书面报告并且申诉期已届满或申述已终止，那么局长应发布和公告证书，以删除最终被认定不可享专利性的任何专利权利要求、确认可享专利性的任何专利权利要求和通过证书合并任何新的或修改后被认定可享专利性的权利要求。

（c）抵触权利

任何提议修改的或新的认定可享专利性的和根据本章随着授权后复审合并到一项专利的权利要求，对于在美国已经制造、购买、使用或者进口美国至享有此修改的或新的权利要求专利保护的任何物品，或对于根据（b）款发放证书之前已经为此作了实质性准备的任何个人，应具有与第252条规定的再颁专利同等的效力。

（d）复审时长的数据

每一项授权后复审在启动和根据（a）款发布最终书面决定之间的时间长度描述的数据，本局应使其可被公众获取。

第329条　申诉

对专利审判和申诉委员会根据第328条（a）款作出的最终书面决定不满的当事人，可以根据第141条到第144条就此决定申诉。授权后复审的任一当事人均有权成为申诉的当事人。

第四部分

专利合作条约

第三十五章　定义

第 351 条　定义

本部分所用的下列术语，除依上下文另有所指外，其意义如下：

（a）"条约"意指 1970 年 6 月 19 日在华盛顿签订的《专利合作条约》。

（b）"实施条例"意指条约的实施条例，与条约同日签订于华盛顿。"实施细则"则指局长根据本篇制定的实施细则。❶

（c）"国际申请"意指根据条约提交的申请。

（d）"起源于美国的国际申请"意指向根据条约作为受理

---

❶　"实施条例"的原文是"Regulations"，其首字母是大写；"实施细则"的原文是"regulations"，其首字母是小写。在中文中，为区别起见，作了不同的翻译。——译者注

局的美国专利商标局提交的国际申请，而无论在该国际申请中是否指定了美国。

（e）"指定美国的国际申请"意指国际申请指定美国作为被请求专利的国家，而无论该国际申请是在何处提交的。

（f）"受理局"意指按照条约和实施条例的规定接受和处理国际申请的国家专利局或者政府间组织。

（g）"国际检索单位"和"国际初步审查单位"意指根据条约的指定，按照条约和实施条例的规定处理国际申请的国家专利局或者政府间组织。

（h）"国际局"意指被承认根据条约和实施条例进行协调的政府间国际组织。

（i）本部分没有定义的术语和词语应按条约和实施条例所表明的意义来解释。

第三十六章　国际阶段

第 361 条　受理局

（a）专利商标局是美国国民或者居民提交国际申请的受理局。按照美国和另一国家的协议，专利商标局也可以作为有权提交国际申请的、该国国民或者居民提交国际申请的受理局。

（b）专利商标局应履行作为受理局应履行的职责有关的一切行为，包括收取国际费并将该费用转送给国际局。

（c）向专利商标局提交的国际申请应以英语撰写。

（d）本部分第 376 条（a）款规定的国际费、传送费和检索费，应在提交国际申请时或者在之后的、局长可能规定的时间内缴纳。

第 362 条　国际检索单位和国际初步审查单位

（a）专利商标局根据其可能与国际局缔结的协议规定的条款和条件，可以作为国际申请的国际检索单位和国际初步审查单位，并履行这些单位所应履行的一切职责，包括收取手续费并将该费用转送给国际局。

（b）手续费、初步审查费以及因国际初步审查而应支付的附加费用，均应在局长可能规定的时间内缴纳。

第 363 条　指定美国的国际申请：效力

指定美国的国际申请，除第 102 条（e）款另有规定外，根据条约第 11 条，自国际申请日起，具有向专利商标局正式提交的国家专利申请的效力。

第 363 条　（未生效）　指定美国的国际申请：效力

编者注：2013 年 3 月 16 日生效，美国法典第 35 篇第 363 条将规定如下。

指定美国的国际申请，根据条约第 11 条，自国际申请日起，具有向专利商标局正式提交的国家专利申请的效力。

第 364 条　国际阶段：程序

（a）专利商标局应作为受理局、国际检索单位或者国际初步审查单位，根据适用的条约、实施条例和本篇的规定，对国际申请进行处理。

（b）申请人未能在与待审查的国际申请所应遵守的要求相关的期限内采取行为的，在表明延误有不可避免的原因、经局长认可后，在条约和实施条例没有禁止的限度内，并且符合条约和实施条例关于宽限不遵守期限的条件的，可以得到宽限。

第 365 条　优先权；在先申请提交日的利益

（a）按照第 119 条（a）款至（d）款规定的条件和要求，国家申请基于在先提交的、除美国以外至少指定一个国家的国际申请，有权享受优先权。

（b）按照第 119 条（a）款以及条约和实施条例规定的条件和要求，指定美国的国际申请根据在先的外国申请，或者根据除美国外至少指定一个国家的在先的国际申请，有权享受优先权。

（c）按照第 120 条规定的条件和要求，指定美国的国际申请有权享受在先的国家申请或者指定美国的在先国际申请的提交日的利益，而且国家申请有权享受指定美国的在先国际申请的提交日的利益。如果任何享受较早提交日利益的要求是以指定美国但不是来源于美国的在先国际申请为根据的，局长可以要求将此申请的经证明的副本，如果其原文不是英语的，则连同其英译文提交给专利商标局。

第 366 条　被撤回的国际申请

在符合本部分第 367 条规定的条件下，如果指定美国的国际申请被撤回或者被视为撤回，不论是一般地撤回或者只对美国撤回，根据条约和实施条例规定的条件，在申请人遵守本部分第 371 条（c）款规定的适用的要求以前，对美国的指定在撤回日之后即失去效力，应视其为并未指定美国，除非根据本部分第 365 条（c）款在此撤回日之前已经在国家申请或者指定美国的国际申请中提出了享有在先提交日利益的声明。然而，此被撤回的国际申请如果指定了除美国以外的一个国家，可以作为根据本部分第 365 条（a）款和（b）款请求享有优先权的基础。

第 367 条　其他单位的行为：复审

（a）美国专利商标局以外的受理局拒绝对指定美国的国际申请给予国际申请日的，或者此受理局认为该申请已经一般地撤回或者对美国撤回的，申请人在遵守条约和实施条例规定的要求和期限内，可以请求局长对此事进行复审。此类复审可以产生一个决定，即该申请被视为处于国家阶段的审查状态。

（b）指定美国的国际申请由于国际局根据条约第 12 条（3）款做出的裁决而被视为撤回的，申请人在遵守同样的要求和条件的情况下，也可以请求本条（a）款的复审。

第 368 条　特定发明的保密；向外国提交国际申请

（a）在专利商标局提交的国际申请须遵守第 17 章的规定。

（b）按照条约第 27 条（8）款的规定，就在美国作出的发明向美国以外的国家提交国际申请，不论该国际申请是否指定了美国，应认为构成本篇第 17 章所称在外国提交的申请。

（c）如果向外国提交申请的许可已被拒绝，或者，如果某一国际申请已被责令保密，而且已被拒绝给予许可的，专利商标局在作为受理局、国际检索单位或国际初步审查单位时，不得向无权接受此披露的任何人披露此申请的内容。

第三十七章　国家阶段

第 371 条　国家阶段：开始

（a）在国际申请指定或者选定美国的情形下，可以要求从国际局收到国际申请（附带对权利要求的修改）、国际检索报告和国际初步审查报告（包括任何附件）的副本。

（b）除应遵守本条（f）款的规定外，国家阶段应自根据条约第 22 条（1）款或（2）款，或者根据条约第 39 条（1）款（a）项规定的可适用期限届满时开始。

（c）申请人应向专利商标局提交：

（1）第 41 条（a）款规定的国家费；

（2）国际申请副本，除非根据本条（a）款是不需要的或者国际局已经另行转送；如果原申请是以英语以外的语言撰写的，应提交国际申请的英译文；

（3）根据条约第 19 条所作的对国际申请中权利要求的修改（如果有的话），除非此修改已由国际局另行转送至专利商标局，否则如果此修改是以英语以外的语言撰写的，应提交此修改的英译文；

（4）发明人（或者根据本篇第11章授权的其他人）的遵守本篇第115条的要求以及遵守为申请人的宣誓或者声明而制定的细则的宣誓和声明；

（5）如果国际初步审查报告的任何附件是以英文以外的语言撰写的，提交该附件的英译文。

（d）本条（c）款（1）项所述的关于国家费的要求，（c）款（2）项所述的译文，（c）款（4）项所述的宣誓或者声明，应于进入国家阶段之前时或者其后的、局长可能规定的时间遵照办理。（c）款（2）项所述的国际申请副本应于进入国家阶段之日以前提交。未能遵守这些要求的，应视为申请的当事人已放弃其申请，除非他向局长表明，未能遵照办理是由于不可避免的原因，并得到局长认可。如果在进入国家阶段之日以前未能满足这些要求，可以要求缴纳一笔滞纳金以作为接受本条（c）款（1）项所述的国家费或者（c）款（4）项所述宣誓或者声明的一个条件。本条（c）款（3）项的要求应于进入国家阶段之日以前遵照办理，未能遵照办理的，应视为删除根据条约第19条对国际申请的权利要求所作的修改。（c）款（5）项的要求应按局长可能规定的时间遵照办理，未能遵照办理的，应视为删除根据条约第34条（2）款（b）项所作的修改。

（e）国际申请进入国家阶段之后，在条约第28条或者第41条规定的可适用期限届满以前，不得授予专利或者拒绝授予专利，除非得到申请人的明确同意。在进入国家阶段之后，申请人可以对申请的说明书、权利要求书和附图提出修改。

（f）应申请人的明确请求，国家阶段的处理可以在申请人为此目的准备妥当，以及本条（c）款的可适用的要求已经遵照办理之后的任何时间开始。

第372条　国家阶段：要求和程序

（a）指定美国的国际申请的所有实质问题，以及，在条约和实施条例的要求范围内，该申请的所有程序问题，均应视为在专利商标局正式提交的国家申请而予以决定。

（b）在指定美国但不是来源于美国的国际申请的情形下：

（1）局长可以命令对该申请有关形式和内容的问题按照条约和实施条例的要求重新予以审查；

（2）局长可以命令对发明单一性问题根据第121条、在条约和实施条例要求的范围内重新予以审查；

（3）如果国际申请或者附属于该申请的其他任何文件是以英语以外的语言撰写的，局长可以要求对该申请或者其他任何文件的译文加以核实。

第373条　（已废止）

第374条　国际申请的公布

指定美国的国际申请根据第351条（a）款定义的条约的公布，应视为根据第122条（b）款的公布，但第102条（e）款和第154条（d）款的规定除外。

第374条　（未生效）国际申请的公布

编者注：2013年3月16日生效，美国法典第35篇第374条将规定如下。

指定美国的国际申请根据第351条（a）款定义的条约的公

布，应视为根据第 122 条（b）款的公布，但第 154 条（d）款的规定除外。

第 375 条　根据国际申请颁发的专利：效力

（a）局长按照本篇的规定，可以基于指定美国的国际申请而颁发专利。在符合第 102 条（e）款规定的条件下，此专利应具有基于根据第十一章规定提交的国家申请颁发的专利的效力。

（b）根据指定美国、原先不是以英语提交的国际申请授予的专利的范围，由于不正确的翻译，超越了以原始语言撰写的国际申请的范围的，具有合法管辖权的法院可以追溯地限制该专利的范围，宣告该专利在其超越以原始语言撰写的国际申请范围的限度内是不可执行的。

第 375 条　（未生效）根据国际申请颁发的专利：效力

编者注：2013 年 3 月 16 日生效，美国法典第 35 篇第 375 条将规定如下。

（a）局长按照本篇的规定，可以基于指定美国的国际申请而颁发专利。此专利应具有基于根据第十一章规定提交的国家申请颁发的专利的效力。

（b）根据指定美国、原先不是以英语提交的国际申请授予的专利的范围，由于不正确的翻译，超越了以原始语言撰写的国际申请的范围的，具有合法管辖权的法院可以追溯地限制该专利的范围，宣告该专利在其超越以原始语言撰写的国际申请范围的限度内是不可执行的。

第 376 条　费用

（a）要求缴纳的国际费和手续费，其数额在实施条例中已有规定，应以美国货币缴纳。专利商标局应收取第 41 条（a）款规定的国家费，并且还可以收取下列费用：

（1）传送费（见第 361 条（d）款），

（2）检索费（见第 361 条（d）款），

（3）补充检索费（需要时缴纳），

（4）初步审查费和任何附加费用（见第 362 条（b）款），

（5）局长规定的其他费用。

（b）本条（a）款规定的费用的数额，除国际费和手续费外，均由局长规定。局长可以退还由于错缴、多缴或者根据条约和实施条例需要退还的任何数额的款项。在局长认为应当退还时，还可以退还检索费、国家费、初步审查费和任何附加费用的任何部分。

未汇编法章

美国发明法案第 14 条　（与美国法典第 35 篇第 102 条、第 103 条相关）　现有技术的税收政策

（a）一般规定

为了评估美国法典第 35 篇第 102 条或第 103 条规定的一项发明，无论在发明还是专利申请时已知或未知，任何减少、避免或延迟纳税义务的策略应视为不足以区分要求保护的发明和

现有技术的区别。

（b）定义

本条中，术语"纳税义务"意指任何联邦、州或当地法律或任何有外国管辖权的法律规定的纳税的义务，包括任何课征、征收或确认此纳税义务的法令、细则、条例或训令。

（c）例外

本条不适用于一项发明的下述部分：

（1）仅用于准备一项税收或信息返回或其他纳税申报，包括记录、发送、传输或组织与此申报相关的数据的一种方法、设备、技术、计算机程序产品或系统；或

（2）仅用于财务管理，达到可以同任何纳税策略或不限制任何纳税人或纳税顾问使用任何纳税策略分离出来的程度的一种方法、设备、技术、计算机程序产品或系统。

（d）解释规则

本条规定的任何之处均不应解释为暗示其他商业方法可享专利性或其他商业方法专利有效的意思。

（e）生效日期；适用性

本条应在 2011 年 9 月 16 日生效，并且应适用于任何在该日未决的专利申请、在该日或该日之后提交的专利申请、在该日或该日之后授予的任何专利。

美国发明法案第 18 条 （与美国法典第 35 篇第 321 条相关） 秘密商业方法专利的过渡程序

（a）过渡程序

（1）设立 最迟不晚于 2012 年 9 月 16 日，局长应为涉及

秘密商业方法专利有效性的复审发布细则，以设立和实施一项过渡的授权后复审程序。根据本款执行的过渡程序应作为和使用美国法典第 35 篇第 32 章规定的授权后复审的标准和程序，服从于下列规定：

（A）美国法典第 35 篇第 321 条（c）款和美国法典第 35 篇第 325 条（b）款、（e）款（2）项和（f）项不应适用于一项过渡程序。

（B）个人不能提交关于涉及秘密商业方法专利的过渡程序的请求书，除非该个人或该个人的实际利害关系人或利益相关人已经被诉侵犯专利权或已经根据该专利被诉侵权。

（C）基于生效于 2013 年 3 月 15 日的美国法典第 35 篇第 102 条或第 103 条（美国发明法案之前美国法典第 35 篇第 102 条或第 103 条）提出的理由，质疑涉及秘密商业方法专利的一项或多项权利要求的过渡程序的请求人，仅在如下的基础上，可以得到支持：

（i）美国发明法案之前美国法典第 35 篇第 102 条（a）款描述的现有技术；或

（ii）以下现有技术：

（Ⅰ）在专利申请日前 1 年以上在美国披露该发明；以及

（Ⅱ）如果在专利申请人之前已被另一人已经披露过，可以被美国发明法案之前美国法典第 35 篇第 102 条（a）款所描述。

（D）过渡程序的请求人导致美国法典第 35 篇第 328 条（a）款规定的关于商业方法专利的一项权利要求的最终书面决定的，该请求人或实际利害关系人或其利益相关人，不可以在全部或部分根据第 28 篇第 1338 条提起的民事诉讼中，也不可以根据《1930 年关税法》第 337 条（美国法典第 19 篇第 1337 条）在国际贸易委员会的程序中，基于请求人在过渡程序中提出的任何理由主张权利要求无效。

（E）局长仅可以为一项秘密商业方法专利开始一项过渡程序。

（b）中止请求

（1）一般规定　如果一方当事人寻求中止根据美国法典第35篇第281条主张专利侵权的民事诉讼，涉及该专利的过渡程序的，法庭应基于下列情况决定是否启动中止：

（A）中止或拒绝中止是否会简化有疑问的问题或简化该审判；

（B）发现是否完整和审判日是否已经确定；

（C）中止或拒绝中止是否会不当地损害无动议当事人或为动议当事人带来明显的好处；以及

（D）中止或拒绝是否会减轻当事人和法庭的诉讼负担。

（2）复审　一方当事人可以立即就（1）项规定的地方法院的决定进行上诉。美国联邦巡回上诉法院应复审地方法院的决定以保证先例的一致应用，并且该复审可以重新开始。

（c）自动柜员机的地点豁免

在美国法典第35篇第281条规定的涉及秘密商业方法专利的侵权诉讼中，一台自动柜员机不应视为美国法典第28篇第1400条（b）款规定的常规和确定的商务场所。

（d）定义

（1）一般规定　本条中，术语"秘密商务方法专利"意指要求保护一种金融产品或服务的方法，或其相应的用于执行数据处理设备，或其他用于实践、管理、经营的操作的专利，但该术语不包括科技发明专利。

（2）细则　为有助于实施本条授权的过渡程序，局长应设立细则以决定一项专利是否是科技发明专利。

（e）解释规则

本条不应解释为修改或阐明美国法典第35篇第101条规定的合格专利的发明主题的种类。

美国发明法案第33条　（与美国法典第35篇第101条相关）　颁发专利的限制

（a）限制

无论法律有何其他规定，指向或包含一个人体组织的权利要求不可以被颁发专利。

（b）生效日

（1）一般规定。（a）款应适用于在本法令的实施日〔2011年9月16日〕未决的任何专利申请、在该日或该日之后提交的任何专利申请。

（2）在先申请。（a）款不应影响针对基于不适用（1）项的申请而颁布的任何专利的有效性。

美国专利法实施细则[1]
（外观设计部分）

翻译：牛青青　李晓月　彭　丽

校对：陈淑惠

---

[1]　原文出处：美国专利商标局官方网站。

目　录

谁可以申请专利 ‥‥‥‥‥‥‥‥‥‥‥‥‥‥‥‥‥‥‥ 228

1.41　发明人 ‥‥‥‥‥‥‥‥‥‥‥‥‥‥‥‥‥‥‥‥‥ 228

1.41　（美国发明法案之前）专利申请人 ‥‥‥‥‥‥ 229

1.42　专利申请人 ‥‥‥‥‥‥‥‥‥‥‥‥‥‥‥‥‥ 231

1.42　（美国发明法案之前）发明人死亡 ‥‥‥‥‥‥ 232

1.43　已故或者法律上无行为能力的发明人的
　　　法定代表人申请专利 ‥‥‥‥‥‥‥‥‥‥‥‥ 232

1.43　（美国发明法案之前）发明人为精神疾病患者或者
　　　法律上无行为能力的人 ‥‥‥‥‥‥‥‥‥‥‥ 233

1.45　共同发明人申请专利 ‥‥‥‥‥‥‥‥‥‥‥‥ 233

1.45　（美国发明法案之前）共同发明人 ‥‥‥‥‥‥ 234

1.46　由受让人、法定受让人以及在其他方面展示充分
　　　所有权利益的人提交的专利申请 ‥‥‥‥‥‥ 235

1.46　（美国发明法案之前）发明和专利的转让 ‥‥‥ 237

1.47　（美国发明法案之前）当其中一个发明人拒绝
　　　签字或者不能达成一致的 ‥‥‥‥‥‥‥‥‥‥ 237

1.48　依照专利法第116条的规定，发明人的变更或者
　　　专利申请中的姓名或者其顺序的变更，该变更
　　　不适用于再颁申请 ‥‥‥‥‥‥‥‥‥‥‥‥‥ 238

申请 ···················· 240

   1.55   要求外国优先权声明 ·········· 240

   1.55   （美国发明法案之前）要求外国优先权声明 ··· 243

宣誓或声明 ·············· 247

   1.63   发明人的宣誓或声明 ·········· 247

   1.63   （美国发明法案之前）宣誓或声明 ·········· 249

绘图 ···················· 252

   1.81   专利申请中的绘图 ············ 252

   1.81   （美国发明法案之前）专利申请中的绘图 ···· 253

   1.83   绘图内容 ·················· 254

   1.84   绘图标准 ·················· 254

   1.85   绘图的修改 ················ 263

模型、展品、样品 ········· 264

   1.91   模型和展品一般不允许作为申请或专利的
一部分 ·················· 264

   1.93   样品 ···················· 265

   1.94   模型、展品、样品的返还 ········· 265

   1.95   展品的复制品 ·············· 266

信息批露声明 ············ 266

   1.97   信息披露声明的提交 ·········· 266

   1.98   信息披露声明的内容 ·········· 268

申请的审查 ·· 270

　1.104　审查 ·· 270

修改 ·· 274

　1.115　初步修改 ··· 274

　1.116　最终决定之后，上诉之前的修改、书面陈述或者
　　　　　其他证据 ··· 275

　1.121　专利申请中修改的形式 ····················· 277

　1.127　从拒绝到允许修改的意见陈述书 ········· 281

会晤 ·· 281

　1.133　会晤 ·· 281

在一个申请中的多个发明创造的关联、限制 ···· 282

　1.141　在一个国内申请中的不同发明 ············· 282

　1.142　限制要求 ··· 282

　1.143　再考虑要求 ······································ 283

　1.144　针对限制要求的意见陈述 ·················· 283

　1.145　针对不同发明的权利要求的后续提交 ······ 283

　1.146　申请类别的选择 ································ 284

外观设计专利 ·· 284

　1.151　可适用的规定 ···································· 284

　1.152　外观设计绘图 ···································· 284

　1.153　名称、描述和权利要求、宣誓或声明 ······ 285

　1.153　（美国发明法案之前）名称、描述和权利要求、

宣誓或声明 ············· 285

1.154 外观设计申请文件的排列 ··········· 286

1.155 外观设计申请的加快审查 ··········· 287

申请的公布 ······························ 287

1.211 申请的公布 ······················· 287

1.211 （美国发明法案之前）申请的公布 ····· 289

1.213 不公布请求 ······················· 290

1.215 专利申请的公布 ··················· 291

1.215 （美国发明法案）专利申请的公布 ········· 293

1.217 申请的修订后的副本的公布 ········· 294

1.219 早期公布 ························· 296

1.221 专利申请的自愿公布和重新公布 ········· 297

专利的授权和出版 ······················ 297

1.312 授权后的修改 ··················· 297

谁可以申请专利

1.41 发明人

编者注：仅适用于根据《美国法典第 35 篇——专利》（以下简称专利法）第 111 条（a）或者第 363 条的规定，于 2012 年 9 月 16 日及之后提交的专利申请。

（a）申请或者修改的申请必须包含申请中要求保护的发明创造的发明人姓名。

（b）根据专利法第 111 条（a）的规定，非临时申请的发明人指的是申请信息表中的发明人或者共同发明人，其与根据 1.76 所列的发明人的宣誓或声明中的信息一致。如果没有在提交发明人宣誓或声明之前或者同时提交申请信息表，发明人或共同发明人指的是发明人宣誓或声明中的发明人，本细则 1.53（d）（4）和 1.63（d）规定的情况除外。一旦非临时申请提交了申请信息表或者发明人宣誓或声明，之后若要进行发明人的更正，必须依照 1.48 的规定。如果非临时申请未决前既没有提交申请信息表也没有提交发明人宣誓或声明，发明人为本细则 1.53（b）规定的申请文件中的发明人或者共同发明人，除非申请人提交了变更文件，同时根据本细则 1.17（i）的规定，缴纳请求补充发明人或者共同发明人姓名的费用。

（c）临时申请的发明人是指本细则 1.51（c）（1）规定的首页所述的发明人或者共同发明人。一旦临时申请提交了本细则 1.51（c）（1）规定的首页，之后若要进行发明人的更正，必须依照本细则 1.48 的规定。如果临时申请未决前没有提交本细则 1.51（c）（1）规定的首页，发明人为本细则 1.53（c）中规定的申请文件中的发明人或者共同发明人，除非申请人提交了变更文件，同时根据 本细则 1.17（g）的规定，缴纳请求补充发明人或者共同发明人姓名的费用。

（d）非临时申请没有提交专利法第 111 条（a）规定的申请信息表和发明人宣誓或声明的，或者临时申请没有提交本细则 1.51（c）（1）规定的首页的，根据本细则 1.53（b）或本细则 1.53（c）的规定，申请文件须提供每一个实际发明人的姓名和住址。

（e）专利法第 371 条中规定的进入国家阶段的国际申请的发明人，是指根据本细则 1.76 的规定提交的申请文件中的发明人或共同发明人，其应与根据专利法第 371 条初始提交的发明人一致。除非根据专利法第 371 条在初始提交的时候，同时提交了本细则 1.76 规定的表述有发明人或者共同发明人的申请信息表，这里的发明人指的是国际申请中的发明人或者共同发明人，包括依据 PCT 第 92 条所作的任何变更。

修改仅适用于根据专利法第 111 条（a）或者第 363 条的规定，于 2012 年 9 月 16 日及之后提交的专利申请。其他参照（美国发明法案之前）本细则 1.41 执行。

1.41 （美国发明法案之前） 专利申请人

编者注：不适用根据专利法第 111 条（a）或者 第 363 条的规定，于 2012 年 9 月 16 日及之后提交的专利申请。

（a）专利由实际发明人申请。

（1）非临时申请中的发明人是指本细则 1.63 中规定的宣誓或声明的所述发明人，本细则 1.53（d）（4）和本细则 1.63（d）规定的情况除外。非临时申请在未决前没有提交本细则 1.63 中规定的宣誓或声明，发明人为本细则 1.53（d）规定的申请文件中的发明人，除非申请人提交了变更文件，同时根据本细则 1.17（i）的规定，缴纳请求补充或者变更发明人姓名的费用。

（2）临时申请中的发明人是指本细则 1.51（c）（1）中规定的首页所述的发明人。如果临时申请未决前没有提交本细则 1.51（c）（1）中规定的首页，则发明人为本细则 1.53（c）规定的申请文件中的发明人，除非申请人提交了变更文件，同时根据本细则 1.17（q）的规定，缴纳请求补充或者变更发明人姓名的费用。

（3）非临时申请没有提交本细则 1.63 中规定的宣誓或声明，或者临时申请没有提交本细则 1.51（c）（1）中规定的首页，根据本细则 1.53（b）或者 1.53（c）的规定，申请文件中需提供每一个实际发明人的姓名、住址和公民身份。

（4）专利法第 371 条规定的进入国家阶段的国际申请的发明人，是指国际申请中声明的发明人，包括依据 PCT 第 92 条所作的任何变更。参见本细则 1.497（d）和（f）中关于提交的宣誓或声明的发明人姓名与国际申请中的姓名不一致，或者在 PCT 4.17（iv）提交的声明生效之后，依据 PCT 第 92 条所作的发明人的有效变更的相关规定［专利法第 371 条规定的进入国家阶段的国际申请，不适用本细则 1.48（f）（1）］。

（b）除非明确指出，本节所指的"申请人"是指申请同一专利的发明人或者共同发明人，或者本细则 1.42、1.43 或者 1.47 提到的代替发明人申请专利的人。

（c）经申请人授权的任何人可代表发明人亲自或者通过电子申请向专利商标局递交专利申请，但是申请的宣誓或声明（1.63）必须和本细则 1.64 中规定的一致。

（d）如果对申请人的授权有疑义，提交申请文件的人需要提交授权证明。

根据专利法第 111 条（a）或者第 363 条的规定，于 2012 年 9 月 16 日及之后提交的专利申请，参照本细则 1.41 执行。

1.42 专利申请人

编者注：仅适用于根据专利法第 111 条（a）或者第 363 条的规定，于 2012 年 9 月 16 日及之后提交的专利申请。

（a）该标题下的"申请人"指的是部分发明人或者全部发明人，或者本细则 1.43、1.45、1.46 规定的申请专利的人。

（b）如果一个人根据本细则 1.46 的规定申请专利，"申请人"指受让人，此受让人指的是发明人对其负有转让责任的人，或者是在其他方面对发明展示了充分所有权利益的人，他不是发明人，只是根据本细则 1.46 的规定申请专利的人。

（c）如果非全部共同发明人根据本细则 1.45 的规定申请专利，"申请人"指的是参与申请专利的共同发明人而不包括遗漏的那些发明人。

（d）每个人都有权利代表申请人向专利商标局邮寄申请和费用。但是宣誓或声明，或者替代宣誓或声明的陈述要想生效，则必须符合本细则 1.63 或本细则 1.64 的规定，通信地址必须符合本细则 1.33（a）的规定，修改和其他文件的签字必须符合本细则 1.33（b）的规定。

（e）当对申请的所有权或资格有疑问时，专利商标局会要求附加证明文件，如果对申请人的授权有疑义，提交申请文件的人需要提交授权证明。

修改仅适用于根据专利法第 111 条（a）或者第 363 条的规定，于 2012 年 9 月 16 日及之后提交的专利申请。其他参照（美国发明法案之前）1.42 执行。

1.42 （美国发明法案之前） 发明人死亡

编者注：不适用根据专利法第 111 条（a）或者第 363 条的规定，于 2012 年 9 月 16 日及之后提交的专利申请。

如果发明人死亡，死者的法定代表人（遗嘱执行人、管理人等）可作出必要的宣誓或声明，申请并获得专利权。如果发明人在提交申请至授权期间死去，专利证书可以颁发给符合规定介入的法定代表人。

根据专利法第 111 条（a）或者第 363 条的规定，于 2012 年 9 月 16 日及之后提交的专利申请，参照本细则 1.42 执行。

1.43 已故或者法律上无行为能力的发明人的法定代表人申请专利

编者注：仅适用于根据专利法第 111 条（a）或者第 363 条的规定，于 2012 年 9 月 16 日及之后提交的专利申请。

如果发明人已经死亡或者法律上无行为能力，发明人的法定代表人可以代表发明人申请专利。如果发明人在提交申请至授权期间死亡，专利证书可以颁发给符合规定介入的法定代表人。参见本细则 1.64 中关于法定代表人的替代宣誓或声明的执行。

修改仅适用于根据专利法第 111 条（a）或者第 363 条的规定，于 2012 年 9 月 16 日及之后提交的专利申请。其他参照（美国发明法案之前）本细则 1.43 执行。

1.43 （美国发明法案之前） 发明人为精神疾病患者或者法律上无行为能力的人

编者注：不适用根据专利法第 111 条（a）或者第 363 条的规定，于 2012 年 9 月 16 日及之后提交的专利申请。

如果发明人为精神疾病患者或者法律上无行为能力的人，发明人的法定代表人（监护人、管理人等）可作出必要的宣誓或声明，申请并获得专利权。

根据专利法第 111 条（a）或者第 363 条的规定，于 2012 年 9 月 16 日及之后提交的专利申请，参照本细则 1.43 执行。

1.45 共同发明人申请专利

编者注：仅适用于根据专利法第 111 条（a）或者第 363 条的规定，于 2012 年 9 月 16 日及之后提交的专利申请。

（a）共同发明人必须共同申请专利，每一个发明人必须根据 1.63 的规定作出发明人宣誓或声明，本细则 1.64 规定的情况除外。如果一个共同发明人拒绝共同申请专利、或者无法被找到、或者在努力之后不能达成一致，那么可以由其他发明人代表他们自己以及遗漏的发明人申请专利。参见本细则 1.64 中关于其他共同发明人的替代宣誓或声明的执行。

（b）发明人可以共同申请专利，即使存在以下情况：

（1）他们没有在同一地点或者同一时间工作；

（2）每个发明人没有从事同样类型的工作或者作出等量的贡献；或

（3）每个发明人没有对申请的每一个权利要求的主题作出贡献。

（c）如果多数发明人在非临时申请中署名，每一个署名的发明人都已独立或者共同为该申请的至少一个权利要求的主题作出贡献，该申请被认为是根据专利法第116条作出的共同申请。如果多数发明人在临时申请中署名，每一个署名的发明人都已独立或者共同为该申请公开的主题作出贡献，该申请被认为是根据专利法第116条作出的共同申请。

修改仅适用于根据专利法第111条（a）或者第363条的规定，于2012年9月16日及之后提交的专利申请。其他参照（美国发明法案之前）本细则1.45执行。

1.45 （美国发明法案之前） 共同发明人

编者注：不适用于根据专利法第111条（a）或者第363条的规定，于2012年9月16日及之后提交的专利申请。

（a）共同发明人必须共同申请专利，每个发明人须作出必需的宣誓或者声明：发明人个人或者部分不能就他们共同创作的发明申请专利，本细则1.47规定的情况除外。

（b）发明人可以共同申请专利，即使存在以下情况：

（1）他们没有在同一地点或者同一时间工作；

（2）每个发明人没有从事同样类型的工作或者作出等量的贡献；或

（3）每个发明人没有对申请的每一个权利要求的主题作出贡献。

（c）如果多数发明人在非临时申请中署名，每一个署名的发明人都已独立或者共同为该申请的至少一个权利要求的主题作出贡献，该申请被认为是根据专利法第116条作出的共同申请。如果多数发明人在临时申请中署名，每一个署名的发明人都已独立或者共同为该申请公开的主题作出贡献，该申请被认为是根据专利法第116作出的共同申请。

根据专利法第111条（a）或者第363条的规定，于2012年9月16日及之后提交的专利申请，参照本细则1.45执行。

1.46 由受让人、法定受让人以及在其他方面展示充分所有权利益的人提交的专利申请

编者注：仅适用于根据专利法第111条（a）或者第363条的规定，于2012年9月16日及之后提交的专利申请。

（a）发明人的受让人或者法定受让人可以申请专利。在其他方面展示充分所有权利益的人基于相关的事实，并证明这样的行为是为了保护利益相关方，其可以作为代理人代表发明人申请专利。

（b）如果专利法第111条规定的申请是由本节（a）中的非发明人提交的，申请须包含本细则1.76规定的申请信息表，在申请人信息部分［本细则1.76（b）（7）］须具体说明受让人、发明的法定受让人或者在其他方面展示充分所有权利益的人。

如果申请是在国际申请的国家阶段，国家阶段的最初申请人应和国际阶段中写明的对美国的申请人一致。

（1）如果申请人是受让人，或者是发明人的发明法定受让人，应在申请的公布费用支付之日之前，根据本章第3部分的规定，提供所有权的证明文件（如转让书、发明人是发明的法定受让人的雇用协议）。

（2）如果申请人是在其他方面展示充分所有权利益的人，申请人需提交请求书，包括以下内容：

（i）本细则1.17（g）规定的费用；

（ii）该人享有充分所有权利益证明；

（iii）在其他方面展示充分所有权利益的人作为代理人代表发明人申请专利是为了保护利益相关方的声明。

（c）请求修改或者变更本节（b）规定的申请人姓名，须提交本细则1.76规定的申请信息表，在申请人信息部分［本细则1.76（b）（7）］具体说明修改或者变更申请人姓名。请求修改本节（b）规定的最初申请人，需提交本细则1.76规定的申请信息表，在申请人信息部分［本细则1.76（b）（7）］具体说明申请人，且应与本细则3.71和本细则3.73一致。

（d）即使发明或专利的整体或部分权利转让或者法定转让，也必须提交实际发明人或者共同发明人的宣誓或声明，本细则1.64规定的情况除外。参见本细则1.64涉及受让人、法定受让人以及在其他方面展示充分所有权利益的人的替代声明的规定。

（e）如果专利被授权给本节所述的非发明人的申请人，专利权应被许可给利益方。另外，根据本细则3.81的规定专利权可以颁发给受让人或者共同颁发给发明人与受让人。如果利益方根据1.46的规定提交了申请，申请人应在公布费用支付之日之前通知专利商标局利益方的任何变化。专利商标局没有收到这样的通知，将视为利益方没有变化。

（f）在其他方面展示有充分所有权利益的人提交申请，专利商标局会在官方公报上公布。

修改仅适用于根据专利法第 111 条（a）或者第 363 条的规定，于 2012 年 9 月 16 日及之后提交的专利申请。其他参照（美国发明法案之前）1.46 执行。

1.46 （美国发明法案之前） 发明和专利的转让

编者注：不适用根据专利法第 111 条（a）或者第 363 条的规定，于 2012 年 9 月 16 日及之后提交的专利申请。

发明或者专利的整体或者部分权利转让，应当提交申请文件或者授权的申请文件，而宣誓或声明由发明人或者本细则 1.42、1.43 或者 1.47 提及的人之一签字。但是，根据本细则 3.81 的规定专利可以颁发给受让人或者共同颁发给发明人与本细则 3.81 提及的受让人。

根据专利法第 111 条（a）或者第 363 条的规定，于 2012 年 9 月 16 日及之后提交的专利申请，参照 1.46 执行。

1.47 （美国发明法案之前） 当其中一个发明人拒绝签字或者不能达成一致的

编者注：不适用根据专利法第 111 条（a）或者第 363 条的规定，于 2012 年 9 月 16 日及之后提交的专利申请。

（a）如果一个发明人拒绝共同申请专利，或者无法被找到，或者在努力之后不能达成一致，那么可以由其他发明人代表他自己以及没有签字的发明人来申请专利，该申请中的宣誓或声明必须有包含相关事实证据的陈述书，以及缴纳本细则 1.17（g）所列的费用，写明没有签字的发明人的已知最后地址。没有签字的发明人后期可根据本细则 1.63 的规定提交宣誓或声明加入该申请。

（b）如果所有的发明人拒绝申请专利，或者无法找到，或者在努力之后不能达成一致，某一发明人已经转让或者书面同意转让该发明的受让人，或者在其他方面展示充分所有权利益的人，可以代表或者代理所有的发明人来申请专利。该申请中的宣誓或声明必须有包含相关事实证据的陈述书，说明这一行为是维护各方利益或者防止不可挽回的损失的必要行为，以及缴纳本细则 1.17（g）所列的费用，写明所有发明人的已知最后地址。发明人后期可根据本细则 1.63 的规定，提交宣誓或声明加入该申请。

（c）专利商标局会向所有没有加入该申请的发明人根据本节规定的陈述书所列的地址送达通知，并在官方公报上公告该申请的情况。如果没有署名的发明人在收到了该在先申请的通知，那么专利商标局无须在继续申请和分案申请中发布该公告。

1.48　依照专利法第 116 条的规定，发明人的变更或者专利申请中的姓名或者其顺序的变更，该变更不适用于再颁申请

（a）非临时申请：一旦已经根据 1.41 的规定确定了发明人，任何更正或者变更发明人的请求必须包括：

（1）本细则 1.76 规定的申请信息表，根据每个发明人他/她依法登记的姓名来确认来发明人；和

（2）本细则 1.17（i）规定的费用；以及

（b）增加的发明人的宣誓或声明：没有提交宣誓或声明的实际发明人必须提交本细则 1.63 规定的宣誓或声明，或者提交本细则 1.64 规定的替代声明。

（c）［预留］

（d）临时申请：一旦临时申请提交了本细则 1.51（c）（1）规定的首页，任何更正或者变更发明人的请求必须包括：

（1）本细则 1.33（b）规定的一方签字的请求，根据每个发明人他/她依法登记的姓名来更正发明人；和

（2）本细则 1.17（q）规定的费用。

（e）可能需要的附加信息。在修改发明人的特殊情况下，专利商标局可能需要某些其他信息。

（f）更正或者更新发明人的姓名：非临时申请中，请求更正或者更新发明人或者共同发明人的姓名，或者共同发明人的姓名顺序，必须包括：

（1）本细则 1.76 规定的申请信息表，根据每个发明人他/她依法登记的姓名以想要得到的顺序来确认发明人；

（2）本细则 1.17（i）规定的费用。

（g）不包括再颁申请。这部分的规定不适用于再颁申请。参见 1.171 以及 1.175 中通过再颁申请修改专利中的发明人的相关规定。

（h）更正专利中的发明人。参见本细则 1.324 中的更正专利中的发明人的规定。

（i）一个有权利冲突或者争议的案件在专利审判与上诉委

员会作出决定之前，对发明人进行更正。根据本细则 D 子部 41 部分的规定，涉及权利冲突案件时，在申请中更正发明人的请求必须以本细则 41.121（a）（2）规定的形式提交。根据本细则 D 子部 41 部分的规定，涉及争议案件时，在申请中更正发明人的请求必须以 42.22 规定的形式提交。本细则 41.121（a）（2）或者 42.22 规定的形式必须与本节（a）中的要求一致。

申请

1.55　要求外国优先权声明

编者注：部分段落仅适用于根据专利法第 111 条（a）或者第 363 条的规定，于 2012 年 9 月 16 日及之后提交的专利申请。

（a）非临时申请的申请人可以要求享有以其在先提出的一个或者多个在先外国申请的申请日，要求外国优先权声明应当符合专利法第 119 条（a）至（d）和（f）、第 172 条、第 365 条（a）和（b）的规定。

（1）

（i）在根据专利法第 111 条（a）的规定提交原始申请文件时，要求外国优先权声明必须在申请处于未决期时在申请信息表［1.76（b）（6）］中提出，同时必须在申请的实际申请日起四个月内或者在先外国申请的申请日起十六个月内提出。时间期限不得延长。申请人在要求优先权声明中应当确认作为优先权基础的在先外国申请和要求优先权的申请具有相同的主题，且申请日在要求优先权的申请的提交日之前，同时写明在先外国申请的申请号、申请国（或者知识产权组织）、申请的年月日。如果申请属于下列情形，根据专利法第 111 条（a）的规定，本段中提到的时间期限不适用：

（A）外观设计申请；

（B）在 2000 年 11 月 29 日前提交的申请。

（ii）专利法第 371 条规定的进入国家阶段的国际申请，必须在申请处于未决期时提出要求优先权声明，同时还必须满足 PCT 及 PCT 实施细则的时间限制。

（2）专利法第 119 条（b）和 PCT 第 17 条规定，在任何申请中，要求优先权声明和外国申请文件副本必须在专利授权之前提交。如果要求优先权声明和外国申请文件副本在公布费用支付之日之后提交，必须同时缴纳本细则 1.17（i）规定的处理费，但是该专利证明书将不包括要求优先权声明，除非根据专利法第 255 条和本细则 1.323 的规定，通过更正证书来更正。

（3）如果处于以下情形，专利商标局要求优先权声明和外国申请文件副本应在本节（a）（1）或者（a）（2）规定的时间前提交：

（i）当该申请涉及权利冲突（参见本细则 41.202）；

（ii）当有在审查员指出的期限之前提交的必要性；或

（iii）当审查员认为必要时。

（4）

（i）一个非英语外国申请不需要翻译成英语，除非：

（A）当该申请涉及权利冲突（参见本细则 41.202）

（B）当有在审查员指出的期限之前提交的必要性；和

（C）当审查员有特殊要求时。

（ii）当要求有英语译文时，必须同时提交该公证副本的译文是正确的声明。

（b）在某些特定情况下，非临时申请的申请人可能会要求基于一个在某国既被授予发明人证书又被授予专利权的一个或多个申请的优先权。根据专利法第 119 条（d）的规定，基于一个发明人证书的优先权声明，当申请人提出如本节（a）所述的要求优先权声明时，应当包含一个宣誓或声明。这个宣誓或声明应当包括这样一个专门的陈述：根据调查，他或她都已明确，当申请人提交一个发明人证书申请时，他提交的申请可以选择被授予专利权或是发明人证书，这些作为优先权声明基础的主题相同。

（c）除非该声明符合本段的规定，根据专利法第 119 条（a）至（d）或者第 365 条（a）的规定，任何不在本节（a）中规定的时间期限内未在申请信息表［1.76（b）（6）］列出的要求优先权声明都视为放弃。如果该声明能够详细确定在先申请的申请号、申请国（或者知识产权组织）、申请的年月日并且该申请并非被有意拖延，那么该优先权声明可以被接受。根据专利法 第 119 条（a）至（d）或者第 365 条（a）的规定，一个延期的要求优先权声明在以下情况可以接受：

（1）根据专利法第 119 条（a）至（d）或者第 365 条（a）和本节的规定提交的要求的在先外国申请的优先权声明，除非以前已经提出过；

（2）本细则 1.17（t）规定的额外费用；

（3）提交意见陈述书，说明造成根据这部分（a）（1）确定的应当提交声明的日期和实际提交声明的日期间的延期是无意的。当局长对这个延期是否是无意的有疑问的时候，需要提交一个附加的证明文件。

（d）（1）如果属于以下情形，本节所要求的在先外国申请的公证副本将被认为是符合要求的：

（i）申请人在一个单独的文件中提交一个请求，请求专利商标局从签订了优先权文本交换协议的双边或者多边外国知识产权组织中获得副本［参见1.14（h）（1）］；

（ii）在申请信息表中确定的外国申请［1.76（b）（6）］；

（iii）在本节（a）规定的期限内，专利商标局收到了在先外国申请副本。该请求应当在申请的实际申请日4个月内提出或者外国申请申请日16个月内提出。

（2）如果该外国申请先是在一个未参与优先权文本交换协议的知识产权组织进行申请，但是随后，其副本文件提交给一个参与优先权文本交换协议的知识产权组织，根据本节（d）（1）（i）的要求，需写明提交了外国申请副本的在后申请的多边外国知识产权组织和申请号。

（a）（1）（i）－（d）（1）（ii）段的修改仅适用于根据专利法第111条（a）或者第363条的规定，于2012年9月16日及之后提交的专利申请。其他参照（美国发明法案之前）1.55执行。

1.55 （美国发明法案之前）要求外国优先权声明

编者注：部分段落不适用根据专利法第111条（a）或者第363条的规定，于2012年9月16日及之后提交的专利申请。

（a）非临时申请的申请人可以要求享有以其在先提出的一个或者多个外国申请的申请日，要求外国优先权声明应当符合

专利法第 119 条（a）至（d）和（f）、第 172 条、第 365 条
（a）和（b）的规定。

（1）

（i）在根据专利法第 111 条（a）的规定提交原始申请文件
时，要求外国优先权声明必须在申请处于未决期且必须在申请
的实际申请日起四个月内或者在先外国申请的申请日起十六个
月内提出。时间期限不得延长。申请人在要求优先权声明中应
当确认作为优先权基础的在先外国申请和要求优先权的申请具
有相同的主题，且申请日在要求优先权的申请的申请日之前，
同时写明在先外国申请的申请号、申请国（或者知识产权组
织）、申请的年月日。如果申请属于下列情形，根据专利法第
111 条（a）的规定，本段中提到的时间期限不适用：

（A）外观设计申请；

（B）在 2000 年 11 月 29 日前提交的申请。

（ii）专利法第 371 条规定的进入国家阶段的国际申请，必
须在申请处于未决期时提出要求优先权声明，同时还必须满足
PCT 以及 PCT 实施细则的时间限制。

（2）根据专利法第 119 条（b）和 PCT 第 17 条的规定，在
任何申请中，要求优先权声明和外国申请文件副本必须在专利
授权之前提交。如果优先权声明和外国申请文件副本在公布费
用支付之日之后提交，必须同时缴纳本细则 1.17（i）规定的处
理费，但是该专利证书将不包括要求优先权声明，除非根据专
利法第 255 条和本细则 1.323 的规定，通过变更证书来更正。

（3）如果处于以下情形，要求优先权声明和外国申请文件
副本应在本节（a）（1）或者（a）（2）规定的时间前提交：

（i）当该申请涉及权利冲突（参见本细则 41.202）；

（ii）当有在审查员指出的期限之前提交的必要性；或

（iii）当审查员认为必要时。

（4）

（i）一个非英语外国申请不需要翻译成英语，除非：

（A）当该申请涉及权利冲突（参见本细则41.202）

（B）当有在审查员指出的期限之前提交的必要性；或

（C）当审查员有特殊要求时。

（ii）当要求有英语译文时，必须同时提交该公证副本的译文是正确的声明。

（b）在某些特定情况下，非临时申请的申请人可能会要求基于一个在某国既被授予发明证书又被授予专利权的一个或多个申请的优先权。根据专利法第119条（d）的规定，基于一个发明人证书的优先权声明，当申请人提出如本节（a）所述的要求优先权请求时，应当包含宣誓或声明。这个宣誓或声明应当包含这样一个专门的陈述：根据调查，他或她都已明确，当申请人提交一个发明人证书申请时，他提交的申请可以选择被授予专利或是发明人证书，这些作为优先权声明基础的主题相同。

（c）除非该声明符合本段的规定根据专利法第119条（a）至（d）或者第365条（a）的规定，任何不在本节（a）中规定的时间期限内的要求优先权声明，都将视为放弃。如果该声明能够详细的确定在先申请的申请号、申请国（或者知识产权组织）、申请的年月日并且该申请并非被有意拖延，该优先权声明可能被接受。根据专利法第119条（a）至（d）或者第365条（a）的规定，一个延期的优先权声明在以下情况可被接受：

（1）根据专利法第119条（a）至（d）或者第365条（a）和本节的规定提交的要求的在先外国申请的优先权声明，除非以前已经提出；

（2）本细则 1.17（t）规定的额外费用；

（3）提交意见陈述书，说明造成根据这节（a）（1）确定的应当提交声明的日期和实际提交声明日期间的延期是无意的。当局长对这个延期是否是无意的有疑问的时候，需要提交一个附加的证明文件。

（d）

（1）如果属于以下情形，本节所要求的在先外国申请的公证副本将被认为是符合要求的：

（i）申请人在一个单独的文件中提交一个请求，请求专利商标局从签订了优先权文本交换协议的双边或者多边外国知识产权组织中获得副本［参见本细则 1.14（h）（1）］；

（ii）在宣誓或声明中已经被确定的外国申请［参见本细则 1.63（c）］或者申请信息表中确定的外国申请［本细则 1.76（a）（6）］；

（iii）在本节（a）规定的期限内，专利商标局收到了在先外国申请副本。该请求应当在申请的实际申请日四个月内提出或者外国申请申请日十六个月内提出。

（2）如果该外国申请先是在一个未参与优先权文本交换协议的知识产权组织进行申请，但是随后，其副本提交给一个参与优先权文本交换协议的知识产权组织，根据本节（d）（1）（i）的要求，需写明提交了外国申请副本的在后申请的多边外国知识产权组织和申请号。

根据专利法第 111 条（a）或者第 363 条的规定，于 2012 年 9 月 16 日及之后提交的专利申请，参照本细则 1.55 执行。

宣誓或声明

1.63　发明人的宣誓或声明

编者注：仅适用于符合专利法第 111 条（a）或者第 363 条的规定，于 2012 年 9 月 16 日及之后提交的专利申请。

（a）申请专利时，发明人或共同发明人中的每一个人，都必须作出针对该申请的宣誓或声明，本细则 1.64 规定的除外。本节规定的宣誓或声明必须符合下述规定：

（1）确认发明人或者共同发明人作出宣誓或声明时使用的是其法定姓名；

（2）确认宣誓或声明是针对该申请的；

（3）包括一个陈述，作出宣誓或声明的人确认，署名发明人或者共同发明人是提交该发明申请的原始发明人或共同发明人。

（4）陈述该发申请是由作出宣誓或声明的人或者授权提交。

（b）根据本细则 1.76 的规定，除非申请信息表中提供了下列信息，否则宣誓或声明必须同时确认：

（1）每个发明人均使用其法定姓名；和

（2）每个发明人的常用收信地址，假如发明人所居住的地址和常用收信地址不同，其居住地址也需要提供。

（c）根据本细则 1.56 的规定发明人可以不履行宣誓或声明，除非其审阅和理解包括权利要求在内的申请内容，并知晓发明人有将其所知的所有与专利有关的信息都提供给专利商标局的义务。对宣誓或声明的履行者没有规定年龄下限，但其必须有能力履行，例如必须理解其所要履行的文件。

（d）

（1）根据本细则 1. 78 的规定，与较早提交的申请一致的继续申请的发明人要求享有专利法第 120 条、第 121 条或第 365 条（c）规定的利益，根据本细则 1. 51（b）（2）、1. 53（f）或者本细则 1. 497 的规定，不需要其重新提交本细则 1. 63 规定的誓言或声明或者本细则 1. 64 规定的替代陈述，如果发明人在较早提交的申请中，提交了符合本节要求的宣誓或声明，或者本细则 1. 64 的规定的替代陈述，继续申请中可以提交该宣誓、声明或替代陈述的副本，副本需要有签章，或者有效的标记。

（2）根据专利法第 111 条（a）的规定，继续申请的发明人，是其较早申请中于发明人宣誓或声明副本之前或同时提交的申请信息表中记载的发明人或共同发明人。如果申请信息表并没有与较早申请的发明人宣誓或声明副本同时提交或在其之前提交，那么认为发明人是较早申请的发明人宣誓或声明副本里确定的发明人，除非在继续申请中同时提交本细则 1. 33（b）规定的每个发明人签字的证明文件。

（3）所有在继续申请中新出现的发明人，必须提交本节规定的宣誓或声明，除非其提交了本细则 1. 64 规定的文件。

（e）

（1）如果权利转让依照如下规定执行，下列文件也可以充当本节规定的宣誓或声明：

（i）包括满足本节（a）和（b）规定的信息和证明；和

（ii）满足本章第三部分规定的权利转让文件的副本。

（2）本节关于权利转让的规定参照本部分所有誓言或声明的规定。

（f）对于只有一名发明人的申请，参照本章中所有关于发明人宣誓或声明的规定执行，包括本细则 1.64 规定的生效的替代陈述。对于有多个发明人的申请，参照本章中所有关于发明人宣誓或声明或者共同发明人的生效的替代陈述的规定执行，除非其与上下文的规定明显不同。

（g）本节规定的宣誓或声明，包括本节（e）规定的证明，必须是 1.66 规定的生效的（例如签字），或者提交一个同意书：声明或陈述中任何故意不实陈述，根据美国法典第 18 篇第 1001 条的规定处以罚金或（和）不超过五年的刑拘。

（h）根据专利法 115 条（h）（1）任何时间提交的宣誓或声明，将被纳入申请或专利文件中，但专利商标局可能不会审阅。所有关于发明人姓名的补正要求，都必须符合本细则 1.84 的规定（申请）和本细则 1.324 的规定（专利）。

修改仅适用于根据专利法第 111（a）条或者第 363 条的规定，于 2012 年 9 月 16 日及之后提交的专利申请。其他参照（美国发明法案之前）本细则 1.63 执行。

1.63 （美国发明法案之前） 宣誓或声明

编者注：不适用于符合专利法第 111 条（a）或者第 363 条的规定，于 2012 年 9 月 16 日及之后提交的专利申请。

（a）根据本细则 1.51（b）（2）的规定，作为非临时申请的一部分提交的宣誓或声明必须符合下列规定：

（1）依照本细则 1.66 或本细则 1.88 的规定，例如，签字，是生效的。签字对年龄没有下限限制，但此人必须有能力签字，例如，必须看懂签字的文件。

（2）确认每个发明人为全名，包括姓氏，至少也要有一个不带缩写的名和另外一个名或者词首大写字母。

（3）确认每个发明人的国家公民身份。

（4）陈述作出宣誓或声明者相信署名发明人为要求专利保护主题的原始第一发明人。

（b）除了要符合本节（a）规定外，宣誓或声明必须符合下列规定：

（1）确认申请是其所有。

（2）陈述作出宣誓或声明者已经审阅和理解申请的内容，包括权利要求，在宣誓或声明中特别指出的更正。

（3）根据本细则1.56的规定，陈述作出宣誓或声明者承认其有将其所知的与专利有关的信息提供给对专利商标局的义务。

（c）根据本细则1.76的规定，如果这些信息没有在申请信息表中提供，宣誓或声明中必须确认：

（1）收信地址，假如发明人的居住地址并不是其常用收信地址，还要有居住地址。

（2）依据本细则1.55的规定，要求优先权的外国专利申请（或者发明人证明），外国申请的申请日在要求优先权的申请之前写明其申请号、申请国家、申请年月日。

（d）

（1）根据本细则1.51（b）（2）和1.53（f）的规定，如果属于以下情况，继续申请或分案申请无须重新提交宣誓或声明：

（i）根据本节（a）－（c）节的规定在先的非临时申请包含了宣誓或声明。

（ii）继续申请或分案申请中的发明人是在先申请发明人的全部或者部分。

（iii）无论在先申请是否有新的内容，继续申请或分案申请都需要提交说明书和附图。

（iv）继续申请或分案申请，需要提交在先申请的生效的宣誓或声明的副本，副本需要带有签章，或在其上签字。

（2）依据本节规定的继续申请或分案申请中的宣誓或声明的副本，需要同时提交删除非继续申请或分案申请中的发明人姓名的陈述。

（3）根据本细则1.47的规定，继续申请或分案申请中生效的宣誓或声明，是最初在在先申请中提交的宣誓或声明的副本，在提交在先申请中的失效的宣誓或声明的副本时，需同时提交：

（i）根据本细则1.47的规定，需提交同意对在先申请可以进行申请的决定书的副本，除非所有发明人和法定代表人根据本细则1.47的规定在申请中提交了宣誓或声明继续申请和分案申请可以享有专利法第120条、第121条或者第365条（c）规定的利益。

（ii）如果一个或多个发明人或者法定代表人拒绝共同申请在先申请，或者无法被找到，或者达成一致随后共同申请在先申请或者另一个申请，因为继续申请和分案申请可以享有专利法第120条、第121条或者第365条（c）规定的利益，发明人或法定代表人需要提交后来生效的宣誓或声明的副本来加入该申请中。

（4）在在先申请的审查过程中，如果委托书或通信地址有变化，则此变化必须在继续申请或分案申请中得以体现。否则，专利商标局在在先申请的审查过程中，可能不会察觉继续申请或分案申请中这种委托书或通信地址的变化。

（5）如果继续申请或分案申请中增加了在先申请中没有的发明人，则必须重新提交生效的宣誓或声明。

（e）不论部分继续申请与在先申请中的发明人相比，是不变、新增或者减少，都必须重新提交宣誓或声明。

根据专利法第 111 条（a）或者第 363 条的规定，于 2012 年 9 月 16 日及之后提交的专利申请，参照本细则 1.63 执行。

绘图

1.81 专利申请中的绘图

编者注：下文（a）仅适用于根据专利法第 111 条（a）或者第 363 条的规定，于 2012 年 9 月 16 日及之后提交的专利申请。

（a）当绘图对理解要求保护的专利的主题十分必要时，专利申请人需提供其发明创造的绘图；这个绘图，或者其高质量的副本，必须与申请同时提交。鉴于修改是申请人的责任，申请人应保留原始的绘图以备将来任何有必要的修改。

（b）绘图可包含有助于理解本发明创造的插图（例如，方法的流程图和示意图）。

（c）如果绘图对理解要求专利保护的主题很有必要，可以提交插图，若申请人未提交这样的绘图，审查员会要求申请人在从发送通知之日起两个月内补交该绘图。

（d）该申请的申请日之后提交的绘图，不得用于克服由于公开不充分或在其他方面不适当公开造成的说明书的不足，或者用于补充其原始公开的内容从而解释权利要求的范围。

修改仅适用于根据专利法第 111 （a）条或者第 363 条的规定，于 2012 年 9 月 16 日及之后提交的专利申请。其他参照（美国发明法案之前）本细则 1.81 执行。

1.81　（美国发明法案之前）　专利申请中的绘图

编者注：下文（a）不适用根据专利法第 111 条（a）或者第 363 条的规定，于 2012 年 9 月 16 日及之后提交的专利申请。

（a）当绘图对理解要求保护的专利的主题十分必要时，专利申请人需提供他或她的发明创造的绘图；这个绘图，或者其高质量的副本，必须与申请同时提交。鉴于修改是申请人的责任，申请人应保留原始的绘图以备将来任何有必要的修改。

（b）绘图可包含有助于理解本发明创造的插图（例如，方法的流程图和示意图）。

（c）如果绘图对理解要求专利保护的主题很有必要，可以提交插图，若申请人未提交这样的绘图，审查员会要求申请人在从发送通知之日起两个月内补交该绘图。

（d）该申请的申请日之后提交的绘图，不得用于克服由于公开不充分或在其他方面不适当公开造成的说明书的不足，或者用于补充其原始公开的内容从而解释权利要求的范围。

根据专利法第 111 条（a）或者第 363 条的规定，于 2012 年 9 月 16 日及之后提交的专利申请，参照本细则 1.81 执行。

1.83　绘图内容

（a）非临时申请中的绘图必须展示权利要求列出的发明创造的每一个特征。然而，对于说明书和权利要求中公开的常规特征，当这些详细的插图对合理理解发明创造的要点是不必要的情况时，这些绘图应当以绘图符号或标注的图形表示（例如一个带标注的矩形框）。此外，除了根据专利法第371条提交的申请外，说明书中可包含表格和序列表，但绘图中不允许包含表格和序列表。

（b）当发明由对一台旧机器上的改进组成时，绘图必须尽可能地显示以下状态，在一个或者更多的视图中，将它自己改良的部分和旧的机器分离，同样在另外视图中，显示旧的结构仅为表达与发明创造的连接关系。

（c）在非临时申请中绘图不符合本节（a）和（b）的要求时，审查员应当要求申请人在从发送通知之日起两个月内补交额外的插图说明。这些修改需符合本细则1.81（d）的规定。

1.84　绘图标准

（a）绘图

在发明和外观设计专利申请中，可接受的绘图的表现方式有两种。

（1）黑色墨水。一般要求黑白绘图。绘图必须使用墨水，或者是同等的安全实线进行绘制。或

（2）彩色。在极少的情况下，在公开发明专利或外观设计专利申请中寻求专利保护的主题或者法定发明注册的主题时，

彩色绘图可作为唯一可行的媒介。彩色绘图必须质量很好，绘图中的所有细节能够在印刷的专利中重现为黑白的。国际申请不允许提交彩色绘图（参见 PCT 第 11.13 条），专利商标局电子提交系统也不允许提交彩色绘图的申请或者彩色绘图的副本。对于专利商标局实用新型或者外观设计专利申请中和法定发明注册，在向专利商标局提交解释了为什么彩色绘图是必需的陈述书之后，专利商标局可以接收彩色绘图。陈述书需包含以下内容：

（i）本细则 1.17（h）规定的费用；

（ii）三份彩色绘图；

（iii）修改说明书，在绘图的摘要描述的第一段插入以下内容：（除非说明书包含或者在以前的修改中包含了该内容）专利或专利申请文件包含至少一个有效的彩色图片，以彩色图片公布该专利或专利申请的副本，须向专利高标局提出请求，并支付必要的费用。

（b）照片

（1）黑白照片。在发明和外观设计专利申请中，通常不允许提交照片，包括照片的影印件。但是如果照片是说明要求保护的发明的唯一可行的媒介，专利商标局可以接受照片。例如，电泳凝胶，印迹（例如，免疫学、西、南、北），自动 X 光片，细胞培养（染色和未染色的），生物学组织截面（染色和未染色的），动物、植物的活体成像，薄层层析板，晶体结构的照片或显微照片，以及外观设计专利申请中，装饰性的效果也是可接受的。如果申请的主题中允许通过绘图的方式来说明，审查员可能会要求用绘图代替照片。照片必须质量很好，照片中的所有的细节在印刷专利中都能重现。

（2）彩色照片。在发明专利和外观设计专利申请中，如果在接受彩色图片和黑白照片的条件都满足的情况下，专利商标局可以接受彩色照片。参见本节（a）（2）和（b）（1）的规定。

（c）绘图标记

需提供识别标记，如果有识别标记，识别标记应包含发明的名称、发明人的姓名和申请号或一件申请还没有被分配申请号时的待审号（如果有）。如果提供了这些信息，应当位于每张纸的上边距之内。根据本细则1.121（d）的规定，在申请日之后递交的每张图纸必须确定为是"替换页"或者"新的页面"。如果提交了包括解释修改绘图图形的标记副本，根据本细则1.121（d）（1）的规定，这个标记副本必须明确标明为"注释页"。

（d）绘图的图形格式

递交的化学式或数学式、表格和波形图可以作为绘图提交，要求与绘图相同。每个化学式或数学式必须标记为一个单独的图形，必要时使用括号，以显示完整的信息。每一组波形必须作为一个单独的图形提交，以水平轴为时间轴，垂直轴为公共轴。说明书中讨论的每一个波形与临近的垂直轴之间采用字母进行区分。

（e）纸张的类型

提交给专利商标局的绘图必须绘制在柔韧、坚固、白色、光滑、无光泽、持久耐用的纸上。所有的页面必须没有裂缝、折痕、折叠。只能使用纸的一面用来绘图。每张页面必须没有擦涂、变更、写得太多、在行间书写。照片必须粘贴在纸上，且符合本节（f）规定的纸张规格，页边的空白符合本节（g）的要求。参见本节（b）对照片的其他要求。

（f）纸张的尺寸

一件申请中所有的绘图页面必须是相同的尺寸。页面较短的一端视为顶部。图形的纸张大小必须符合：

（1）21.0 厘米×29.7 厘米（德国工业标准尺寸 A4）或者

（2）21.6 厘米×27.9 厘米（8 1/2 ×11 英寸）。

（g）页边的空白

页面禁止包含围绕可见部分（也就是可用的部分）的框，但是应有在页面对角线空白角落印好的扫描目标点（及交叉瞄准线）。每页的上边距至少为 2.5 厘米（1 英寸），左边距至少为 2.5 厘米（1 英寸），右边距至少为 1.5 厘米（5/8 英寸），下边距至少为 1.0 厘米（3/8 英寸），因此在一张 21.0 厘米×29.7 厘米（德国工业标准尺寸 A4）的图纸上，可写的部分不超过17.0 厘米×26.2 厘米，在一张 21.6 厘米×27.9 厘米（8 1/2 ×11 英寸）的图纸上，可写的部分不超过 17.6 厘米×24.4 厘米（6 15/16 ×9 5/8 英寸）。

（h）视图

绘图必须包含为展示发明而需要的足够数量的视图。视图可以是设计图、正面图、剖面图或者透视图。如果需要，也可以使用放大的详细的部分部件的视图。所有绘图的视图必须放在一起且按页面不浪费空间地进行排列，最好以竖直的位置，视图之间互相隔开，页面不得包含说明书、权利要求和摘要。视图不得使用投影线连接，不得有中心线。电子信号波形可使用虚线连接来显示波形的相对时间。

（1）分解图。分解图，分解的部分用括号放在一起，用来表现可允许的不同部分的组装关系和次序。当一页中既有分解图又有其他图形时，分解图应放在括号内。

（2）局部视图。必要时，大型机械或者设备的整体可以在一页上分成几个视图，或者在不影响理解视图的情况下，延续几页。分开绘制在几张页面上的分解视图，应可以边对边的连接起来，一个局部视图不包含另一局部视图的部分。应包含一个较小的视图，用来展示局部视图的整体效果，且标注展示的各个部分。当一个视图的部分被放大后，该视图和放大图必须作为分开的视图单独标注。

（i）当在两张或者更多的页面上的视图形成一个有效的单独完整的视图时，在几个页面上的视图排列必须符合如下要求：所有的图形可以组装成一个完整的视图。

（ii）在一张单独的页面中，一个非常长的视图可以分成几个纵向连接的部分，但是，不同部分之间的关系必须清晰、明确。

（3）剖面图。平面剖切图需要在截面剖开的位置标注虚线。虚线的端点应标注阿拉伯数字或者罗马数字，且应有指示视线方向的箭头，其中阿拉伯数字或者罗马数字应与剖面图的视图编号一致。必须用剖面线来表示该物体剖切的断面，剖面线必须使用一定间距的斜平行线，且这些线应有足够的间距从而能够毫无困难地区分开来。剖面线不得影响到附图标记和指示线的清楚表达。如果不可能将附图标记放置在剖面线区域以外，可以将剖面线断开，并嵌入附图标记。剖面线必须与周围的轴或者主要的线条有一定的角度，最好是45°。横截面必须表现或者绘制出截取横截面的视图中所显示的所有材料。横截面的零件必须用一定间距的斜平行线表示正确的材料，该间距的选择是基于剖面线的总面积。同一物体的横截面的不同部分应用同样的方式绘制剖面线，且应该正确地以绘图的方式指示出横截面图解的材料种类。不同内容并列的剖面线应有不同的角度。在大面积的情况下，剖面线可限于应当绘制剖面线的区域边界内。不同类型的剖面线表示不同的含义，可以表示横截面中所看到的材料种类。

（4）替代位置。可以用虚线来表示移动的位置，如果不拥挤，虚线可以在适当的视图上叠加，否则，必须在分开的视图中表示。

（5）改进的形式。建造物改进的形式必须表现在分开的视图中。

（i）视图的排列

不能将一个视图放在另外一个视图之上，或者放在另外一个视图之内。一个页面上的所有视图应当位于同样的方向，如果有可能，最好竖直放置以便于读取。如果视图的宽超过了页面的宽度，为了清楚表达发明，可以将页面一边旋转，让页面的顶部，即页面空间有适当空白的顶部，置于右手边。除了使用了标准、科学的横坐标（X）和纵坐标（Y）的曲线图，其他视图的文字必须水平，以从左到右的方式排列，不管页面是竖直的还是将顶部旋转到了右侧的。

（j）首页视图

绘图必须包含必要、尽可能多的视图来表现发明。应选择一幅合适的视图作为发明的说明，放置在专利申请公布或者专利的首页。视图不得用投影线连接，且不得有中心线。申请人可以提交单独的视图（有图号）作为专利申请公布或者专利的首页视图。

（k）比例

绘图的比例必须大到当缩小至原图的 2/3 时足以显示机械

装置而不显拥挤。不允许在绘图上指示"实际尺寸"或者"1/2的比例"，因为这失去了通过不同方式复制再现的意义。

（l）线条、数字、字母的标记

所有的绘图必须能够清晰复制。每一条线条、数字、字母必须持久、清晰、是黑色的（除了彩色绘图），足够致密阴暗、厚薄均匀、明确。所有线条和字母必须清晰到能够允许适当的复制。这项要求适用于所有的线条，不论是阴影线还是在剖面图中表现剖面的线条。同一绘图中不同粗细的线条和笔触有不同的含义。

（m）阴影

如果能够帮助理解发明创造且不降低绘图的清晰度，鼓励使用阴影。使用阴影来表示一个物体的球体、圆柱、圆锥部分的外表或者形状。平面部分也可稍微使用阴影。透视图中可部分使用阴影，不能在剖面图中使用阴影。参见本节（h）（3）的规定。阴影线的线条应有间隔。这些线条必须细，在可行的情况下数量尽量少，而且必须与绘图中的其他部分形成对比。作为阴影的替代，可以在物体的阴影部分使用重线条，除非它们彼此叠加或使附图标记模糊不清。光线应来自左上角45°。表面描绘最好使用适当的阴影。除非用来表示条状图或者色彩，否则纯黑色的阴影是不允许使用的。

（n）符号

在适当的时候，可以将图形绘制符号作为常见元素使用。这些符号和标记元素必须根据说明书容易识别。公知设备可以用普通公认的特定含义且在本领域内普遍接受的符号来说明。如果其他符号不会与现有的常用符号混淆，而且容易识别，在专利商标局同意后，可以使用这些没有被普遍认同的符号。

（o） 图例

当图例是理解绘图必不可少的内容时，在专利商标局同意后或是审查员要求下，可以使用适当的描述性的图例。它们应包含尽可能少的字数。

（p） 数字、字母以及附图标记

（1） 附图标记（首选数字）、页码、视图编号必须简单清晰，不得与括号、引号、封闭的轮廓线连接。为了避免旋转页面，同一视图的附图标记必须朝向同一方向。附图标记应根据物体的轮廓排列。

（2） 字母必须使用英语字母表中的字母，习惯上使用的其他字母表例外，例如表示角度、波长、数学公式的希腊字母表。

（3） 数字、字母以及附图标记在高度上至少有 0.32 厘米（1/8 英寸）。为了避免影响视图的表达，它们不得位于绘图中。因此，它们不得与线条相交或者结合，也不得位于剖面线或者阴影表面中。必要时，例如指示一个表面或者横截面时，附图标记可以加下划线，或者在剖面线或者阴影处留下一个空白的空间，使标记能够清楚地显示。

（4） 在绘图的一个或者更多的视图中表示同一组成部分的附图标记必须一致，而且同一个附图标记不得指示不同的部分。

（5） 说明书中未提及的附图标记不得在绘图中出现，说明书中提及的附图标记必须在绘图中出现。

（q） 指示线

指示线是指附图标记与提到的具体内容之间的线条。这些线条可直可弯，尽可能短。它们始于最近的附图标记，延伸至指示特征。指示线之间不得交叉。每个附图标记都要求有指示线，除了那些位于表面、横截面之上，用于标注表面、横截面的附图标记。为了明确这种附图标记没有指示线不是一个错误，必须在其下加下划线。指示线与绘图中的其他线条有同样的规定。参见本节（1）的规定。

（r）箭头

如果含义明确，可以在线条的端点使用箭头，具体如下：

（1）在指示线上，一个独立的箭号的朝向可以指示整个截面；

（2）在指示线上，箭头与线条连接，顺着箭头的方向指示所示的表面。

（3）显示运动方向。

（s）版权或集成电路布图设计的告知

绘图中可能会出现版权或集成电路布图设计的告知，但是必须位于绘图的视线内，紧挨着图形下方，代表版权或集成电路布图设计材料，对其文字说明的打印尺寸高度限制在 0.32 厘米到 0.64 厘米（1/8 英寸到 1/4 英寸）。告知的内容限于法律规定的那些要素。例如，"© 1983 某人"（美国法典第 17 篇第 401 条）和 "∗M∗ 某人"（美国法典第 17 篇 第 909 条），要素都是相当有限的，而且在本法律中，对版权或集成电路布图设计的告知，都有分别的规定。只有在说明书的开始部分（最好作为第一段）符合本细则 1.71（e）规定的认可的语言的情况下，才允许作出一个版权或集成电路布图设计的告知。

（t）图纸的编号

图纸应用连续的阿拉伯数字编号，从 1 开始，参见本节（g）的规定。这些数字如果存在，必须位于页面顶部中间，而不是页边。如果绘图延伸至太接近页面的顶部中间，数字可以放置在右侧。图纸编号必须清晰且比附图标记的数字大一些以避免混淆。每一页的编号应有两个阿拉伯数字，中间有一条倾斜的线，第一个数字是当前页，第二个数字是图纸的总页码，不得含有其他的标记。

（u）视图的编号

（1）不同的视图必须用连续的阿拉伯数字编号，从 1 开始，与页码的编码方式不同，如有可能，可以根据它们在图纸中出现的顺序排序。在一页或者几页上形成一个完整视图的几个局部视图，由大写字母加同一编号区分。视图编码必须在前面加上缩小词"FIG."。如果申请中只有一幅用来解释要求保护的发明的视图，不得编码且不得加缩写词"FIG."。

（2）区分视图的数字和字母必须简单、清楚，且不得与括号、圆圈、引号相连。视图编码必须比附图标记中的数字大。

（v）安全标记

授权的安全标记可以位于绘图的视线之外，页面的空白顶部中间较合适。

（w）更正

向专利商标局局递交的用于更正的图纸需持久耐用。

（x）孔

申请的图纸中不得有孔。

（y）绘图的类型

参见本细则 1.152 规定的的外观设计绘图，本细则 1.165 规定的的植物绘图，本细则 1.173（a）（2）规定的的再颁申请的绘图。

1.85 绘图的修改

（a）在修改了绘图中的缺陷后，发明专利或者植物申请才开始进入审查。除本细则1.215（c）规定的情况外，任何专利申请的公布均不包括申请进入审查之后提交的绘图。除非专利商标局另外发出通知书告知申请人，发明专利或者植物申请中的绘图的缺陷不会造成审查中止。请求保持绘图中的缺陷暂时中止审查，不是推动申请到最终的善意尝试［本细则1.135（c）］。如果外观设计申请的绘图符合本细则1.84（e），（f）和（g）的要求，能够复制再现，但不符合1.84其他的要求，绘图可以进行审查。

（b）专利商标局没有要求修改绘图。如果修改是必要的，应在专利商标局规定的时间内递交新的修改过的绘图。

（c）如果需要修改绘图或者绘图不符合本细则1.84的规定，且申请已经获准，专利商标局可以要求申请人自通知的邮寄日起三个月内必须提交符合本细则1.84规定的绘图以避免放弃专利。根据本细则1.136（a）或者本细则1.136（b）的规定，这个期限不得延长。

模型、展品、样品

1.91 模型和展品一般不允许作为申请或专利的一部分

（a）模型、展品不允许作为申请文件的一部分，除非它：

（1）基本符合本细则1.52或本细则1.84的要求；

（2）是专利商标局特别要求的；或者

（3）提交陈述书，包括：

（i）本细则 1.17（h）规定的费用；以及

（ii）提交文件中的模型、展品对展示专利性是必需的解释。

（b）尽管有本节（a）的规定，专利商标局在申请审查中认为必要时，可以要求提交模型、工作模型或者其他实物展品。

（c）根据本节（a）（1）的规定，除非模型和展品非常符合本细则 1.52 或者本细则 1.84 的要求，否则必须同时提交展示尽可能多的模型和展品材料多重特征的照片，照片要基本符合本细则 1.84 的要求。

1.93　样品

当发明创造涉及一种合成物时，可以要求申请人提交用于检验实验的合成物的样品或者其成分或者媒介。

1.94　模型、展品、样品的返还

（a）当专利商标局不再需要时，模型、展品、样品可以返还给申请人。当申请人被告知专利商标局不再需要模型、展品、样品时，模型、展品、样品将被返还，申请人必须自费安排模型、展品、样品的返还。专利商标局将在不通知申请人的情况下处理那些容易腐烂的，除非申请人告知专利商标局提交的模型、展品、样品是希望返还的，并在专利商标局告知不再需要模型、展品、样品时，迅速安排好它的返还。

（b）申请人负责保留真正的由申请的专利产生的可实施的模型、展品、样品。本段的规定不适用基本符合本细则 1.52 或本细则 1.84 规定的模型或展品，包括基本符合本细则 1.84 的规定，用照片描述的模型和展品，或者容易腐烂的模型、展品、

样品。

（c）当申请人被告知，根据本节（a），需要安排返还模型、展品或者样品时，申请人应在该通知的期限内安排返还，以避免专利商标局来处理这些模型、展品或者样品。可根据本细则1.136的规定延长期限，容易腐烂的情况除外。如果没有在期限内安排好返还或者没有在一个合理的时间内将其从专利商标局储藏库移出，尽管已经安排了返还，专利商标局仍然可以处理这些模型、展品或者样品。

1.95 展品的复制品

模型或者其他物理展品的复制品一般不由专利商标局制作。除非在专利商标局员工保管过程中经局长特别授权，申请或者专利中的模型或者展品不得从专利商标局取出。

信息批露声明

1.97 信息披露声明的提交

（a）在申请处于未决期时，专利或者再颁专利的申请人根据本细则1.98的规定作出的信息披露声明有本节（b）（c）或者（d）段情况中的一个的，专利商标局可以接受。

（b）如果申请人在以下任一时间内提出，专利商标局必须接受该信息披露声明：

（1）在国家申请提交日三个月内提出，本细则1.53（d）

规定的继续申请除外；

（2）如前文 1.491 所述的国际申请进入国家阶段的三个月内提出；

（3）在专利商标局的第一次通知书邮寄之前；或者

（4）根据本细则 1.114 的规定，在提出一个继续审查请求之后，专利商标局的第一次通知书邮寄之前。

（c）如果在本节（b）规定的时间之后提出信息披露声明，提出该声明的邮寄日在本细则 1.113 规定作出的最终通知书，或者申请中作出的停止审查的通知书之前，在满足以下条件之后，专利商标局必须接受该信息披露声明：

（1）必须作出本节（e）规定的声明；

（2）本细则 1.17（p）规定的费用。

（d）如果申请人在本节（c）规定的时间之后提出信息披露声明，该声明在公布费缴纳或缴纳之前提交，在满足以下条件之后，专利商标局必须接受该信息披露声明：

（1）必须作出本节（e）规定的声明；

（2）本细则 1.17（p）规定的费用。

（e）本节的声明必须陈述以下任意一条：

（1）在信息披露声明提交之前的三个月内，信息披露的声明中的每条信息在向外国专利局提交的对应外国申请中都是首次引用。

（2）信息披露声明中的每条信息没有在向外国专利局提交的对应外国申请中引用，并且相关人在提出了合理请求后签署了证明文件，证明在信息披露声明提交之前的三个月内，本细则 1.56（c）规定的任何个体不知道不丧失新颖性宽限期声明的任何信息。

（f）根据本细则 1.136 的规定，信息披露声明提交的时间不得延长。如果是根据本细则 1.98 作出的善意尝试，部分要求的内容是无意中遗漏的，那么可以给予额外的时间使其完全相符。

（g）根据本节所作出的信息披露声明，并不意味着可以作为相关检索已经完成的象征。

（h）信息披露声明的提交，并不意味着就认可这个声明中引用的信息，或者认为本细则 1.56（b）所述的可专利性内容是确定的。

（i）如果信息披露声明不能满足本节或者本细则 1.98 的要求，它将记载在文档中，但并不会被专利商标局接受。

1.98 信息披露声明的内容

（a）依据本细则 1.97 的规定，提交的信息披露声明应当包含本节（a）（1）（a）（2）和（a）（3）列举的内容。

（1）提交包含所有专利、出版物、申请或者其他信息的列表供专利商标局考虑。美国专利和美国专利申请公开必须列在一个部分，并与引用的其他文件区分开。列表的每一页必须包含：

（i）提交信息披露声明的申请的申请号；

（ii）一个专门的栏目，在每个文件审查完毕后，供审查员签名；

（iii）一个标题，用于清楚显示列表是一个信息披露声明。

（2）一个清楚的副本由以下部分组成：

（i）每个外国专利；

（ii）专利商标局要求的除了美国专利或者美国专利申请公开之外的，导致其必须被列出的每个出版物或者其部分；

（iii）对于每个引用的未决的未公开的美国申请，申请说明书包括权利要求、申请绘图或者因为包含针对这个部分的权利要求，导致其必须被列出的申请的其他部分；

（iv）导致其必须被列出的其他任何信息。

（3）

（i）适当的简要说明，当信息披露声明是由非英语的专利、出版物或其他信息组成时，它可以使本细则1.56（c）中规定的最见多识广的人员立刻理解其内容。简要说明既可以独立于申请人的说明书也可以包含在说明书里。

（ii）由非英语文件的手写英语译文的副本，或其的部分，是1.56（c）中规定的个人所拥有、保管，或控制或容易利用的。

（b）

（1）确认信息披露声明中列举的每一件美国专利必须有发明人、专利号和出版日；

（2）确认信息披露声明中列举的每一件美国专利申请公开必须有申请人、专利申请出版号和公开日；

（3）确认信息披露声明中列举的每一件美国专利申请必须有发明人、申请号和申请日；

（4）确认信息披露声明中列举的每一件外国专利或者公布的外国专利申请必须有授予专利权专利或者公布申请的国家或者专利局、特定的文件号和专利或者公布申请的出版日；

（5）确认信息披露声明中列举的每一个出版物必须有出版人、作者（如果有）、标题、出版物相关页、出版时间和出版场所。

（c）当信息披露声明中列出的两个或者更多的专利或申请公开实质上是重叠的，在提交了本节（a）段所述的一份专利或者申请公开的副本后，如果申明这些其他专利或者申请公开是重叠的，可以不需要提交其他专利或者申请公开的副本。

（d）信息披露声明的列表要求提供本节（a）所述的专利、出版物、未决的美国申请或者其他信息的副本，即便这些专利、出版物、未决的美国申请或者其他信息已经在较早的申请中被提交或者引用，除非：

（1）根据专利法第120条的规定，在信息披露声明中，可以正确地识别较早的专利申请，且该专利申请有一个更早的有效申请日；以及

（2）在较早的申请中提交的信息披露申明符合本节（a）到（c）的要求。

申请的审查

1. 104　审查

（a）审查员的行为

（1）当面临一个申请的审查或者专利的复审时，审查员应当对其进行全面的研究，同时对于要求保护的发明创造的主题之前的相关在先设计作出一个全面的调查。除非另有说明，审查员必须采用合适的法规和条例，对审查的申请或者复审的专

利进行全面的审查，包括要求保护的发明创造的可专利性，以及形式问题。

（2）申请人，或者复审程序中的专利权人和请求人，会收到审查员的通知书。专利商标局的通知书中会指明作出任何不利通知或反对意见或要求的理由，这类寄出的信息或者参考文献可能对帮助申请人或复审程序中的专利权人判断继续上诉是否合理是有用的。

（3）必须对所有在 1978 年 6 月 1 日及之后提交的国内申请进行一个国际性的检索。

（4）根据特定的书面请求，并缴纳本细则 1.21（e）规定的提交国际性检索的费用，任何国内申请在国家检索阶段也可以获得一个就申请的实体问题作出的国际性检索的报告。专利商标局不需要在后提交的国际申请为了获得检索费用的退还而提供的国际性检索报告。

（b）审查员通知书的全面性

审查员的通知书应当指出全部缺陷，除了一些特别的情况，例如发明的诉讼主体错误、申请的基本原理的缺陷，和其他相似的缺陷，审查员的通知书可以仅指出这类缺陷，不再指出其他缺陷。但是，审查员不需要指出形式缺陷直到一个权利要求被允许为止。

（c）权利要求的驳回

（1）如果认为发明创造不具有可专利性，或者不具有要求保护的可专利性，这些权利要求，或者那些被认为不具有要求保护的可专利性的权利要求将会被驳回。

（2）如果驳回权利要求是由于缺乏新颖性或者显而易见性，审查员必须在相应通知书中列举最好的参考文献。当参考文献是组合的，其展示或描述的发明创造不是申请人要求保护的发明创造时，必须指出尽可能相近的部分。每个参考文献的相关部分，如果不是明显的，必须清楚地解释并对每一个驳回的权利要求作详细的说明。

（3）审查员可以根据申请人的陈述或者在复审程序中专利权人的陈述驳回权利要求，因为这些缺陷对申请的可专利性的影响已经到了需要驳回的程度，或者根据本节（d）（2）所述的他或她的知识内的事实驳回权利要求。

（4）其他人开发的主题仅根据专利法第 102 条（e），（f）或者（g）的规定，属于现有技术的，根据专利法第 103 条的规定，可以被用来作为现有技术反对一个权利要求，除非这个主题的全部权利和要求保护的发明创造属于同一人或者负有必须向同一人转让的义务。

（i）在 2004 年 12 月 10 日及之后的申请或授权专利，如果属于以下情况，其他人开发的主题和要求保护的发明创造或受让的主题与要求保护的发明创造应当认为属于同一人：

（A）要求保护的发明创造和主题是由或代表共同研究协议的当事人作出，该协议在要求保护的发明创造产生之日或之前生效；

（B）作出要求保护的发明创造是该共同研究协议范围内进行的活动产生的结果；

（C）要求保护的发明创造的专利申请披露或在修改时披露了该共同研究协议的名称；

（ii）就本节（c）（4）（i）而言，"共同研究协议"意为一个书面的合同、许可或者两个或更多的个人或组织在要求保护的发明创造的领域开展实验、开发或研究的合伙协议；

（iii）为了克服根据专利法第 103 条（a）的规定，基于属于现有技术的主题作出的驳回，该主题是专利法第 103 条（c）（2）中规定的仅根据专利法第 102 条（e），（f）或者（g）之一或更多，才属于现有技术的主题，申请人必须提供一个现有技术和要求保护的发明创造是由或代表共同研究协议的当事人作出的声明，根据专利法第 103 条（c）（3）和本节（c）（4）（ii）的规定，该共同研究协议要在要求保护的发明创造产生之日或之前生效，并且要求保护的发明创造是该共同研究协议范围内进行的活动产生的结果。

（5）如果该发明人在一项申请中要求和依法注册的发明创造中同样的主题，那么该发明人的任何原始申请的权利要求将被驳回，除非提供该已公布的发明的放弃声明。如果发明人的再颁申请试图要求如下所列的主题，那么该再颁申请将会被驳回，除非该发明人提供公布的放弃该发明的声明：

（i）不包括在依法注册的发明的公布日期之前，在专利中公布的权利要求的主题。

（ii）与在依法注册的发明创造中放弃的主题相同的主题。

（d）参考文献的引用

（1）如果审查员引用国内的专利，应写明它们的申请号、申请日、专利权人的姓名。如果审查员引用公布的国内专利申请，应写明它们的公布号、公布日期和申请人的姓名。如果引用国外公布的申请或者发明，应写明他们的注册国家或组织、申请号和申请日、权利人的姓名或者其他必须被引用提供给申请人的资料，该资料对申请人可能是必要的，或者在复审案件中，专利权人可以确认引用的公布的申请或专利。在引用外国公布的申请或者专利时，如果只引用部分文件，必须包含这部分主要内容的特定的页面和表格。如果引用印刷出版物，应给出作者（如果有）、标题、日期、页面或者图版，出版地或者可以找到的副本的所在地。

（2）如果申请基于专利商标局员工的个人知识的事实而被驳回，时间应当尽可能地准确，必须有支持的参考文件，当申请人要求时，这个员工的书面陈述应当能够反驳申请人或者其他人所作的书面陈述或者解释。

（e）允许的推理

如果审查员相信整个审查档案不能使他或她获得权利要求的理由更为清楚，审查员可以启动此推理。该推理应当包含在专利商标局的通知书中，在再审中驳回申请或专利的其他权利要求，或者作为单独的通知书发给申请人或专利权人。申请人或者专利权人可以提交一个声明，评论审查员详细说明的在这个时间内作出的允许的推理。审查员对任何关于允许的推理的回复不能引起任何暗示。

修改

1.115　初步修改

（a）初步修改是专利商标局收到的修改文件（本细则1.6），该文件在本细则1.104规定的第一次专利商标局通知书邮寄日前或者当天作出。专利申请公布可以包括初步修改［本细则1.215（a）］。

（1）在申请的申请日提交的初步修改是申请披露的原始信息的一部分；

（2）在申请的申请日之后提交的初步修改不是申请披露的原始信息的一部分；

（b）根据本细则 1.121 作出的初步修改将被接受，除非局长反对。

（1）一个要求删除所有的权利要求而没有提供新的或者替代的权利要求的初步修改将不被接受。

（2）如果初步修改过分干扰了该申请的第一次专利商标局通知书的准备，初步修改将不被接受。以下因素将造成初步修改不被接受：

（i）第一次专利商标局通知书的准备规定的截止日期是专利商标局收到初步修改的日期；

（ii）接受初步修改会导致任何对说明书或者权利要求的实质的改变。

（3）如果在不晚于以下时间内提交，根据本节（b）（2）的规定，初步修改将被接受：

（i）本细则 1.53（b）规定的申请的申请日起三个月内；

（ii）本细则 1.53（b）规定的继续申请的申请日；

（iii）1.491 规定的国际申请进入国家阶段的三个月内；

（4）本节（b）（3）指明的时间期限不得延长。

1.116 最终决定之后，上诉之前的修改、书面陈述或者其他证据

（a）在最终决定之后的修改必须符合本细则 1.114 或者本

节的规定。

（b）在申请或者根据本细则 1.510 的规定提交单方复审的最终驳回或者其他最终决定（本细则 1.113），或者根据本细则 1.913 的规定提交多方复审的终止诉讼决定（本细则 1.949）之后，在提交上诉的日期之前或同时（本细则中的本细则 41.31 或 41.61）：

（1）根据本细则 1.117 规定，可以提交修改，其用于取消权利要求或者克服以前专利商标局通知书中指出的形式缺陷；

（2）在诉讼中，可以认可修改，其在上诉中用更好的方式表达了驳回的权利要求；或者

（3）在复审中，当有充分、良好的理由说明修改是必要的以及没有尽早提交是有充分原因时，这个修改可以被认可。

（c）接受或者不认可对最终驳回、最终决定、终止诉讼决定或者任何相关程序的修改，将不会对申请或复审程序被提起诉讼有任何影响，或防止申请根据本细则 1.135 的规定被放弃，或根据本细则 1.550（d）或 1.957（b）的规定终止复审程序或根据本细则 1.957（c）的规定限制进一步起诉有任何影响。

（d）

（1）尽管有本节（b）规定，但是除了取消权利要求的修改，而且这个取消不能影响其他正在进行的未决权利要求的范围，在本细则 1.953 规定的上诉通知之后的多方复审进行中不能作出其他修改，本细则 1.981 中规定的或者本细则本细则 41.77（b）（1）认可的除外。

（2）尽管有本节（b）规定，但是在根据本细则 1.510 的规定提交的单方复审的最终驳回或者其他最终决定（本细则 1.113），或者根据本细则 1.913 的规定提交的多方复审的终止

诉讼决定（本细则1.949）之后，可以作出一个修改，其不可以取消权利要求，这个取消会影响其他正在进行的未决权利要求的范围，本细则1.981中规定的或者本细则41.77（b）（1）认可的除外。

（e）在申请或者根据本细则1.510的规定提交单方复审的最终驳回或者其他最终决定（本细则1.113），或者根据本细则1.913的规定提交的多方复审的终止诉讼决定（本细则1.949）之后，但是在提交上诉的日期之前或同时（本细则41.31或41.61）提交的书面陈述或者其他证据，当有充分、良好的理由说明这种修改是必要的以及没有尽早提交是有充分原因时，可以认可。

（f）尽管有本节（e）规定，但是在本细则1.953规定的上诉通知之后的多方复审进行中不能提交书面陈述或其他证据，本细则1.981中规定的或者本细则41.77（b）（1）认可的除外。

（g）在诉讼决定之后，只能根据本细则1.198和1.981的规定提交修改、书面陈述和其他证据，或者实施本细则41.50（c）中的建议。

1.121 专利申请中修改的形式

（a）申请而不是再颁申请的修改
在申请而不是再颁申请中，可以根据本细则1.52的规定，提交一份文件，指明作出了相应的修改。

（b）说明书
说明书而非权利要求、计算机程序清单（本细则1.96）和次序编目（本细则1.825）的修改，必须通过添加、删除或者替换段落，或者通过替换一个部分，或者通过替换说明书这些本节指定的形式来进行。

（1）删除、代替或者添加段落的修改。说明书的修改，包括对部分标题或者发明名称的修改，都被认为是对段落的修改，修改必须提交如下文件：

（i）一个说明，用于清楚地指明说明书中被删除、代替或者增加段落的位置。

（ii）用标记显示出前后文替换段落的说明书全文。任何增加主题的文本必须通过标注下划线来显示。除了五个或者更少的连续的文字通过位于前后删除文字之间的双括号来显示外，其余删除的文本必须通过删除线来显示。如果删除线不能易于辨出，删除主题的文本必须通过双括号来显示。

（iii）带有增加段落的说明书全文，其中增加的段落不需要添加下划线；以及

（iv）删除段落的文本不能通过删除线或者双括号代替来显示，删除说明可以通过段落编号来确定段落，或者出于确认段落的目的，可以包括一些段落的关键词。

（2）替换部分的修改。如果说明书的部分包含本细则1.77（b）、本细则1.154（b）或者1.163（c）规定的标题，说明书而非权利要求的修改，可以提交如下文件：

（i）与部分标题同时提交的说明，用于清楚地指明说明书中被删除、代替或者增加部分的位置。

（ii）用标记显示出前后文所有改变的替换部分。任何增加主题的文本必须通过标注下划线来显示。除了五个或者更少的连续的文字通过位于前后删除文字之间的双括号来显示外，其

余删除的文本必须通过删除线来显示。如果删除线不能易于辨出，删除主题的文本必须通过双括号来显示。

（3）替换说明书的修改。说明书而非权利要求的修改，可以提交如下文件：

（i）替换说明书的说明；以及

（ii）一个满足本细则 1.125（b）和（c）要求的替换说明书。

（4）恢复之前已删除的段落或者部分。只有在后来的修改增加了先前删除的部分或者段落时，才可以修改恢复以前删除的段落或部分。

（5）后来修改文件的规定。一旦在第一次修改文件中修改了一个段落或部分，在后来的修改文件中不能出现这个部分或段落，除非它被再一次地修改或者后者提供了一个替换说明书。

（c）权利要求❶

（d）绘图

一个或者更多的申请绘图应依照以下方式进行修改：任何关于申请绘图的修改都必须符合本细则 1.84 的要求，同时必须提交一个绘图替换页，它应当粘贴在修改文档上，并且在纸张的页眉处标注"替换页"。即使只修改了一个图，每张绘图替换页也应当包括上一版本对应页所有的图片。任何包含了增加的图片的页面必须在页眉处标注"新页"，应当对所有视图的改变进行具体解释，解释可以放在视图修改文件中或摘要部分的修改文件中。

---

❶ 本节主要涉及权利要求列表及相应文本等，由于美国专利法中，外观设计申请只能要求一个权利要求，不存在权利要求列表等情况，所以本节不作详细翻译。——译者注

（1）可以包括一个标注任何修改绘图图片的副本，其包含了作出的改变的注释。标注副本必须明显地标记为"注释页"，同时必须在修改或摘要部分中解释绘图的改变；

（2）当审查员要求提供一个标注任何修改绘图图片的副本时，该副本还应包含了作出的改变的注释。

（e）披露一致性

当专利商标局要求纠正不准确的描述和定义，并保证权利要求、其余说明书和绘图之间的大致对应时，应当修改披露的信息。

（f）没有新的内容

修改不允许加入任何申请没有披露的内容。

（g）审查员修改的例外

根据特定的说明，审查员认为添加或者删除主题可以确定说明书或权利要求的准确的发明点时，审查员可以对专利的说明书包括权利要求作出相应的改变。审查员修改可以不需遵守本节（b）（1），（b）（2），或者（c）的规定。

（h）修改部分

修改文件的每个修改部分（例如权利要求的修改、说明书的修改、替换的视图和批注），应当在一个单独的页面中开始。

（i）再颁申请的修改

对再颁申请的描述或者权利要求的任何修改必须符合本细则1.173的规定。

（j）复审程序的修改

对复审程序中的专利的描述和权利要求的任何修改必须符合本细则1.530的规定。

（k）临时申请的修改

临时申请一般不需要修改。然而，如果临时申请作出了一个修改，必须满足本节的规定。任何对临时申请的修改应当归入临时申请的文档中，未登记的除外。

1.127 从拒绝到允许修改的意见陈述书

主审员开始拒绝，后来同意修改的全部或部分内容时，可以根据 1.181 的规定向局长提交针对该修改全部或部分内容的请求书。

【修订，2003 年 5 月 1 日生效】

会晤

1.133 会晤

（a）（1）和专利商标局正在处理的申请以及其他事宜的相关审查员会晤必须遵守专利商标局的相关规定，且在相关审查员指定的时间内进行。如无局长的许可，不允许任何时间或者地点的会晤。

（2）在发出第一次专利商标局通知书之前，不允许任何关于未决申请的可专利性讨论的会晤，除非该申请是一个继续申请或替代申请，或者审查员认为该会晤会加快该申请的审查。

（3）审查员可以要求预先安排会晤。

（b）在每一个通过与审查员的会晤请求再考虑的实例中，

申请人在会晤时，必须提交一个关于原因的完整的书面陈述作为辩解的有利行为。会晤不能更改本细则 1. 111 和 1. 135 规定的答复专利商标局通知书的必要性。

在一个申请中的多个发明创造的关联、限制

1. 141　在一个国内申请中的不同发明

（a）两个或者更多独立和截然不同的发明创造不可以在一个国内申请中同时主张权利，除非是同一种类的多个发明创造在不超出合理数量的情况下，可以在同一国内申请中的不同权利要求中分别主张权利，倘若申请中还包含一项可允许的权利要求，这个权利要求是针对所有要求保护的种类和超过一项从属权利要求的所有种类的权利要求（本细则 1. 75），或者另外包含所有种类权利要求的限制。

（b）在一个国内申请中，可以包括产品、制作过程、使用方法这全部三种类别的权利要求，此种情况仅限于当制作过程与产品有明显区别的时候。如果制作过程与产品区别不大时，即便产品和产品的使用方法之间具有明显差别，使用方法也可以结合产品和产品制作过程的权利要求。

1. 142　限制要求

（a）当两个或者更多独立和截然不同的发明创造在一个单独申请中同时主张权利时，审查员在专利商标局通知书中可以

要求申请人在答复中选择一个发明，这种官方行为被称为限制要求（也称为分案的要求）。这个要求一般可在任何基于法理的通知书前作出，但是，都必须在最后裁决前作出。

（b）申请人不对发明创造的权利要求做出选择，如果审查员在进一步审查中撤回了选择请求，那么权利要求可以保留，另外，限制要求被撤销或者驳回，该主题仍可恢复。

1.143 再考虑要求

如果申请人不同意限制要求，他可给出相应理由，要求再考虑和撤销或修改限制要求（参见本细则1.111）。在要求再考虑时，申请人需暂时选取该申请中的一个发明来申诉，该发明将决定该申请的最终裁决。限制要求依照该请求被重新审查。如果再考虑再次作出限制要求并最终裁定，审查员在同一时间会发出通知书要求申请人选择发明创造的权利要求。

1.144 针对限制要求的意见陈述

限制要求被最终裁决后，申请人除了对该决定作出回应，也可以请求专利商标局重新审查限制要求。意见陈述可在最终决定或被选发明的权利要求授权后提出，但不能在申诉后提出。如果未曾再考虑限制要求，也不能提交此类意见陈述。

1.145 针对不同发明的权利要求的后续提交

如果专利商标局对一个申请作出决定后，申请人针对不同于该发明创造且与在先要求保护的发明创造截然不同的发明提出权利要求时，会对以前要求保护的发明创造的权利要求的限制进行审查从而要求修改，再考虑和复审参照本细则 1.143 和 1.144。

1.146　申请类别的选择

如果一个申请中包含有一个种类的发明创造的一类权利要求，和多种专利种类的多个权利要求，审查员在第一次通知书中，可要求申请人进行答复，为其未选择专利种类的发明创造选择一个专利种类，以限定权利要求。

外观设计专利

1.151　可适用的规定

涉及其他发明创造或发现的专利申请的规定同样适用于外观设计专利的申请，另行规定的除外。

1.152　外观设计绘图

根据本细则 1.84 的要求，外观设计必须提交绘图，并且必须包含足够数量的视图以充分披露该外观设计。可以绘制适当和足够的表面阴影线，从而展示出被绘制表面的特征和轮廓。不允许纯黑色的表面阴影，除非使用黑色进行色彩对比。虚线可以用来表现可见的环境结构，但不可以用来表现隐藏的面和因使用不透明材料而看不到的面。对于外观设计组件的重叠出现的位置，不允许采用在外观设计绘图的同一视图中使用实线和虚线的说明方式。在一个申请的正式视图中，不允许组合提交照片视图和绘制视图。在外观设计专利申请中，替代绘制视图提交的照片，不能用于表示环境结构，仅限于表达要求保护的外观设计。

1.153 名称、 描述和权利要求、 宣誓或声明

编者注：(b) 仅适用于符合专利法第 111 条 (a) 或第 363 条的规定，于 2012 年 9 月 16 日及之后提交的专利申请。)

(a) 外观设计的名称必须指明特定的产品。一般要求不能有描述，除非是作为视图的参考。权利要求应使用正式的术语，并与显示，或者显示并且描述的产品（指定名称）的装饰性设计一致。不能要求也不允许有多项权利要求。

(b) 发明人的宣誓或声明需遵守本细则 1.63 的规定，或者根据本细则 1.64 的规定提交替代性声明。

(b) 段的修改仅适用于根据专利法第 111 条 (a) 或第 363 条的规定，于 2012 年 9 月 16 日及之后提交的专利申请。其他参照（美国发明法案之前）1.153、（美国发明法案之前）1.153 (b) 执行。

1.153 （美国发明法案之前） 名称、 描述和权利要求、宣誓或声明

编者注：以下 (b) 修改不适用根据专利法第 111 条 (a) 或第 363 条的规定，于 2012 年 9 月 16 日及之后提交的专利申请。

(a) 外观设计的名称必须指明特定的产品。一般要求不能

有描述，除非是作为视图的参考。权利要求应使用正式的术语，并与显示，或者显示并且描述的产品（指定名称）的装饰性设计一致。不能要求也不允许有多项权利要求。

（b）申请所需的宣誓或声明应符合本细则 1.63 的规定。

根据专利法第 111 条（a）或 363 的规定，于 2012 年 9 月 16 日及之后提交的专利申请，参照本细则 1.153、1.153（b）执行。

1.154 外观设计申请文件的排列

（a）如果申请适用，外观设计专利申请文件应按照以下顺序排列：

（1）外观设计申请书。

（2）费用缴纳书。

（3）申请信息表（参见本细则 1.76）。

（4）说明书。

（5）绘图或照片。

（6）发明人的宣誓或声明［参见本细则 1.153（b）］。

（b）说明书应按顺序包括下列部分：

（1）前言，说明申请人的姓名、外观设计的名称，和对该外观设计所体现的产品的性质和使用目的的简要说明。

（2）相关申请的交叉引用（申请信息表中包括的除外）。

（3）涉及联邦政府主办的研究或发展的声明。

（4）绘图图片的说明。

（5）特征描述。

（6）单项权利要求。

（c）如果申请适用本节（b）中确定的说明书的正文部分，

前面应有大写标题，且不能用下划线或粗体。

1.155　外观设计申请的加快审查

（a）申请人可以要求专利商标局对外观设计专利申请进行加快审查。加快审查的资格包括：

（1）申请文件中必须包含有符合本细则1.84规定的绘图；

（2）申请必须进行的预审查检索；以及

（3）申请人必须提交加快审查的请求，内容包括：

（i）本细则1.17（k）规定的费用；以及

（ii）预审查检索的声明，声明还必须指出检索领域，包括符合本细则1.98的信息披露的声明。

（b）如果要求加快审查的申请文件不符合本节的规定，专利商标局将不进行审查（例如，缺少基本申请费用）。

申请的公布

1.211　申请的公布

编者注：以下（c）修改仅适用于根据专利法第111（a）或第363条的规定，于2012年9月16日及之后提交的专利申请。

（a）每个根据专利法第111条（a）的规定，向专利商标局提交的美国国内申请，和每个根据专利法第371条的规定的国际申请，在根据专利法可以获得利益的最早的申请日起算18个月的期限届满后迅速公布，除非：

（1）专利商标局认定该申请不再处于未决期；

（2）申请涉及国家安全［参见本细则5.2（c）］，根据专利法第181条的规定或者遵循国家安全报告，主题保密；

（3）在申请公布很长时间后，申请已作为专利公布；或者

（4）根据本细则1.213（a）的规定，申请提交了不公布请求。

（b）根据本节的规定，专利法第111条（b）规定的临时申请、专利法第16章规定的外观设计专利申请、专利法第25章规定的再颁申请，不应被公布。

（c）专利法第111条（a）规定的申请必须在其包括了基本的申请费［1.16（a）或本细则1.16（c）］，所有本细则1.52（d）要求的英语译文之后，才能公布。专利商标局可以延迟公布所有申请直至其缴纳依据本细则1.16（s）或1.492（j）规定的任何数额的申请费，并提交了包含符合本细则1.52规定的文件和摘要［本细则1.72（b）］的说明书、符合本细则1.84规定的绘图、符合本细则1.821和1.825的次序列表（如果可以申请）、发明人的宣誓或声明或包含本细则1.63（b）规定信息的申请信息表。

（d）如果申请或其中一部分的公布违反了联邦或政府法律，或者如果申请或其中一部分包含攻击性或诽谤的内容，那么专利商标局可以拒绝公布该申请，或者拒绝公布其中某一部分（本细则1.215）。

（e）本节所述每一项被公布的申请，在授权前必须缴纳本细则1.18（d）中规定的公布费。如果一项申请符合本节要求将被公布，根据本细则1.311的规定，授权通知中会详细介绍需要缴纳的费用，也包括公布费，为避免申请被放弃，公布费

在授权通知寄出之日起 3 个月内必须缴纳。此 3 个月期限不得延长。依据本节规定，如果申请未被公布，则已缴纳的公布费会被退回。

（c）段的修改仅适用根据专利法第 111 条（a）或第 363 条的规定，于 2012 年 9 月 16 日及之后提交的专利申请。其他参照（美国发明法案之前）本细则 1.211 执行。

1.211 （美国发明法案之前）申请的公布

编者注：以下（c）修改不适用于根据专利法第 111 条（a）或第 363 条的规定，于 2012 年 9 月 16 日及之后提交的专利申请。

（a）每个根据专利法第 111 条（a）的规定，向专利商标局提交的美国国内申请，和每个根据专利法第 371 条的规定的国际申请，在根据专利法可以获得利益的最早的申请日起算 18 个月的期限届满后立即公布，除非：

（1）专利商标局认定该申请不再处于未决期；

（2）申请涉及国家安全［参见本细则 5.2（c）］，根据专利法第 181 条的规定或者遵循国家安全报告，主题保密；

（3）在申请公布很长时间后，申请已作为专利出版；或者

（4）根据本细则 1.213（a）的规定，申请提交了不公布请求。

（b）根据本节的规定，专利法第 111 条（b）规定的临时申请、专利法第 16 章规定的外观设计专利申请、专利法第 25 章规定的再颁申请，不应被公布。

（c）专利法第 111 条（a）规定的申请必须在其包括了基本的申请费［本细则 1.16（a）或 1.16（c）］，所有本细则 1.52

（d）要求的英语译文，和本细则 1.63 中规定的生效的宣誓或声明之后，才能公布。专利商标局可以延迟公布所有申请直至其缴纳依据本细则 1.16（s）或本细则 1.492（j）的任何数额的申请费，并提交了包含符合本细则 1.52 规定的文件和摘要［本细则 1.72（b）］的说明书、符合本细则 1.84 规定的绘图、符合本细则 1.821 和 1.825 的次序列表（如果可以申请）、本细则 1.47 中的被认可的任何意见陈述书。

（d）如果申请或其中一部分的公布违反了联邦或政府法律，或者如果申请或其中一部分包含攻击性或诽谤的内容，那么专利商标局可以拒绝公布该申请，或者拒绝公布其中某一部分（本细则 1.215）。

（e）本节所述每一项被公布的申请，在授权前必须缴纳本细则 1.18（d）中规定的公布费。如果一项申请符合本节要求将被公布，根据本细则 1.311 的规定，授权通知中会详细介绍需要缴纳的费用，也包括公布费，为避免申请被放弃，公布费在授权通知寄出之日起 3 个月内必须缴纳。此 3 个月期限不得延长。依据本节规定，如果申请未被公布，则已缴纳的公布费用会被退回。

根据专利法第 111 条（a）或第 363 条的规定，于 2012 年 9 月 16 日及之后提交的专利申请，参照本细则 1.211 执行。

1.213　不公布请求

（a）如果申请中披露的发明创造未曾成为、而且将不会成为在另一国家或者根据多边国际协定提交的申请的主题，可以要求专利申请在申请日后 18 个月公布，但根据专利法第 122 条

(b) 和本细则 1.211 的规定，如果属于以下情形，申请不会公布：

（1）在申请提交之日同时提交请求（不公布请求）；

（2）根据专利法第 122 条（b）的规定，不公布请求以显而易见的方式陈述，则申请将不被出版公布；

（3）不公布请求中包含一份证明文件，证明该申请中的发明未曾成为、而且将不会成为在另一国家或者根据多边国际协定提交的申请，要求该申请在申请日后 18 个月公布；以及

（4）不公布请求依据本细则 1.33（b）的规定签字。

（b）申请可以在任何时候撤回不公布请求。撤回本节（a）规定的不公布请求必须：

（1）确认指定的申请；

（2）撤回根据专利法第 122 条（b）的规定，以显而易见的方式陈述的不公布请求；以及

（3）依据本细则 1.33（b）签字。

（c）如果申请人依据本节（a）提交了不公布请求，但以后又在外国，或者根据多边国际协定，就该提交了不公布请求的披露的发明提交申请，要求在申请日 18 个月后公布，应在提交此种外国或者国际申请之日以后不超过 45 日的期间内将此种提交情况通知专利商标局。申请人未在规定期间内作出此项通知的，应认为申请人已经放弃该申请的不公布请求。

［专利法第 122 条（b）（2）（B）（iii）］

1.215　专利申请的公布

编者注：某些段落仅适用于根据专利法第 111 条（a）或第

291

363 条的规定，于 2012 年 9 月 16 日及之后提交的专利申请。

（a）专利法第 122 条（b）规定，申请的公布应包括专利申请的公布。公布日应指明是专利申请公布日。专利申请公布是基于申请日提交的说明书和绘图，也包括申请资料表和/或发明人的宣誓或声明。如果替换的说明书或修改文件在适当的时间内提交至专利商标局并案卷归档，且能为出版公布作技术准备，那么专利申请公布也可以基于说明书的修改文件（除了摘要或权利要求）。该修改体现在根据本细则 1.125（b）作出的说明的替换文件，根据本细则 1.121（b）作出的摘要的修改文件、权利要求的修改文件，体现在根据本细则 1.121（c）作出的完整的权利要求列表，和根据本细则 1.121（d）作出的视图的修改文件。专利申请公布的技术准备通常在公布日前 4 个月内启动。根据专利法第 371 条的规定，进入国家阶段的申请的公布也可以包括国际阶段的修改内容。经由专利商标局提交的电子申请文件副本的公布，参照本节（c）规定。

（b）专利申请公布的内容包括受让人姓名，即发明人对其负有转让责任的人，或者根据本细则 1.46 的规定在申请提交时，其信息在专利申请信息表上的在其他方面对专利展示有充分权益的人。在专利申请的技术准备开始之前，申请信息表里应包含受让人信息，以确保被专利商标局录入在申请文档夹中，受让人信息可以包含在其他申请的专利申请公布中。如果申请信息表上的受让人信息，并没有根据本细则第三部分的规定提交替换文件，那么专利商标局也不会记录这些信息。

（c）对申请人来说，如果申请人根据专利商标局电子申请系统的规定，在获得确认号的首次专利商标局的通信的邮寄日的 1 个月内补交副本，或者根据专利法的规定在申请日后 14 个月提交，专利申请公布都会以较晚的那份申请文件的副本（说明书、绘图、申请信息表和/或发明人的宣誓或声明）作为补充。

（d）根据本节（c）的规定，如果申请文件副本没有根据专利商标局电子申请系统的要求提交，专利商标局将按本节（a）的规定公布申请。但是，如果专利商标局尚未启动公布程序，专利商标局可以根据申请人早期根据本节（c）规定提交的申请文件副本来制作专利申请公布。

对（a）~（c）的修改仅适用根据专利法第111条（a）或第363条的规定，于2012年9月16日及之后提交的专利申请。其他参照（美国发明法案之前）本细则1.215执行。

1.215 （美国发明法案） 专利申请的公布

编者注：某些段落不适用根据专利法第111条（a）或第363条的规定，于2012年9月16日及之后提交的专利申请。

（a）专利法第122条（b）规定，申请的公布应包括专利申请的公布。公布日应指明是专利申请公布日。专利申请公布基于申请日提交的说明书和视图，也包括为了完善申请所作出的宣誓或声明。专利申请公布也可能基于说明书的修改文件（除了摘要或权利要求）。如果替换的说明书或修改文件在适当的时间内提交至局并案卷归档，且能为出版公布作技术准备，那么专利申请公布也可以基于说明书的修改文件（除了摘要或权利要求），体现在根据本细则1.125（b）作出的说明的替换文件，根据本细则1.121（b）作出的摘要的修改文件，权利要求的修改文件，体现在根据本细则1.121（c）作出的完整的权利要求列表，和根据本细则1.121（d）作出的视图。专利申请公布的技术性准备通常在公布日前 4 个月内启动。根据专利法第 371 条的规定，进入国家阶段的申请的公布也可以包括在国际阶段的修改内容。经由专利商标局提交的电子申请文件副本的公布，参照本节（c）规定。

（b）如果申请人希望专利公布时包括受让人信息，那么申请人必须将受让人信息附在专利传输清单或者专利信息表上（本细则 1.76）。如果在申请日提交的专利传输清单或者专利信息表上没有记载受让人信息，那么受让人信息不会被公布。如果专利传输清单或者专利信息表格上的受让人信息，并没有根据本细则第三部分的规定提交替换文件，那么专利商标局也不会记录这些信息。

（c）对申请人来说，如果申请人根据专利商标局电子申请系统的规定，在获得确认号的首次专利商标局的通信的邮寄日的 1 个月内补交副本，或者根据专利法的规定在申请日后 14 个月提交，专利申请公布都会以较晚的那份申请文件的副本（说明书，绘图，和宣誓或声明）作为补充。

（d）根据本节（c）的规定，如果申请文件副本没有根据专利商标局电子申请系统的要求提交，专利商标局将按本节（a）的规定公布申请。但是，如果专利商标局尚未启动公布程序，专利商标局可以根据申请人早期根据本节（c）规定提交的申请文件副本来制作专利申请公布。

根据专利法第 111 条（a）或第 363 条的规定，于 2012 年 9 月 16 日及之后提交的专利申请，参照本细则 1.215 执行。

1.217 申请的修订后的副本的公布

（a）如果申请人在一个或多个其他国家直接或者通过多边

国际协定提交了申请，且这些在外国提交的申请或这些在外国提交申请中对发明的描述的内容比其在专利商标局提交的申请范围略小，申请人可以向专利商标局提交该申请修订后的副本来进行公布，修订后的副本删除了在任何外国提交的相关申请文件不包括的部分或描述。根据本细则 1.215（a）的规定，除非申请人在根据专利法可以获得利益的最早的申请日起 16 个月内递交修订后的版本，专利商标局才对此申请予以公布。

（b）申请修订后的副本必须根据专利商标局电子申请系统的要求提交。申请修订后的副本中的发明创造名称，必须与其在专利商标局提交时的名称一致。如果申请修订后的副本没有根据专利商标局电子申请系统的要求提交，专利商标局可以根据本细则 1.215（a）的规定公布该申请。

（c）在申请中，申请人必须同时提交如下文件的纸件［本细则 1.52（a）］：

（1）每一个外国提交的申请与提交修订过的副本的申请一致的证明文件副本。

（2）每一个非英文的外国提交申请的英文译文，和一个声明这些译文是准确的声明。

（3）申请的带标记的副本，用括号表示修订的部分。

（4）需出具证明该申请仅删除了其直接向外国或者通过多边国际协定提交的相关申请时对发明创造的描述中比其在专利商标局的记载中多出的内容的文件。

（d）除非申请人根据本节（d）（1）（d）（2）和（d）（3）的要求，专利商标局可以向根据本细则 1.14（c）（2）的规定，提交书面请求修订后的申请副本的任何人，提供包括首页和内容在内的完整文件。

（1）申请人必须根据本节（c）的要求提交下列文件：

（i）申请人之前接收的所有专利商标局提供的副本包括修订版，申请人之前接收的所有专利商标局提供的以括号为标记的修订版的第二份副本。

（ii）申请人提供的副本包括修订版，申请人提供的以括号为标记的修订版的第二份副本。

（2）申请人必须另外提交根据本节（c）和（d）（1）规定要求提交的文件：

（i）在专利商标局通知发出之日起1个月内，提交所有根据专利商标局要求修改后的副本，和用括号标注修订部分的第二份副本。

（ii）提交所有申请人主动修改后的副本，和用括号标注修订部分的第二份副本。

（3）根据本段（d）（1）和（d）（2）的规定，必须缴纳本细则1.1.7中要求的相应的费用；并提交该申请仅删除了没有在供出版的修订副本中出现的内容的证明文件。

（e）本细则1.8中规定的时间期限不适用于本章。

1.219　早期公布

根据1.211的规定，申请人可以请求早于本细则1.211（a）中规定的时间公布申请。提交早期公布的请求时须同时缴纳本细则1.18（d）中规定的费用。如果申请人没有依据本细则1.215（c）的规定提交符合专利商标局电子申请系统要求的申请文件副本，专利商标局将根据本细则1.215（a）的规定公布该申请，而不考虑申请人因想要尽快公布申请而请求在某一特定时间公布申请的需求。

1.221 专利申请的自愿公布和重新公布

（a）所有 2000 年 11 月 29 日前对申请公布提出了请求，但处于未决期的申请，和以前所有根据本细则 1.211 的规定提出重新公布请求的申请，必须包括按专利商标局电子申请系统的规定提交的申请副本，且需根据本细则 1.18（d）和 1.17（i）的规定缴纳公布费和处理费。如果该请求没有根据本节规定提交或者申请副本未根据专利商标局电子申请系统的规定提交，专利商标局将不会公布该申请，也不会退还公布费用。

（b）专利商标局将批准对修正的或者改进的专利申请公布的请求，不包括本节（a）所述的由于专利商标局的失误，该失误已经由该局的档案清楚地披露的。所有修正或改进专利申请公布的要求，不包括本节（a）中所述，必须在专利申请公布前 2 个月内提交。此期限不得延长。

专利的授权和出版

1.312 授权后的修改

在授权通知书寄出后，不允许对申请作出修改。经局长批准，应主审查员要求作出的修改，并在出版费用缴纳前或和出版费用同时提交的，该申请不会从公布中取消。

美国专利审查指南[1]
（外观设计部分）

翻译：张跃平　徐清平　雷婧　吴大章　张鹏　沙柏青

校对：张凌　何龙桥　吴殷　周芸　靳璟　刘蕾

---

[1]　原文出处：美国专利商标局官方网站。

1500 章　外观设计专利

1501　**适用的法律和细则** ·························· 301

1502　**外观设计的定义〔R－2〕** ·············· 302

　1502.01　外观设计专利和发明专利的区别〔R－2〕 ·· 303

1503　**外观设计专利申请的要素〔R－2〕** ········· 305

　1503.01　说明书〔R－5〕 ···················· 305

　1503.02　图片〔R－5〕 ···················· 315

1504　**审查〔R－2〕** ························ 327

　1504.01　外观设计的保护客体 ············ 329

　1504.01（a）　计算机生成的图像〔R－5〕 ·········· 331

　1504.01（b）　外观设计中包含多件产品或单件

　　　　　　　产品的多个部分〔R－5〕 ········· 336

　1504.01（c）　缺乏装饰性〔R－5〕 ·········· 336

　1504.01（d）　模仿 ···················· 345

　1504.01（e）　违反公序良俗的客体 ··········· 347

　1504.02　新颖性〔R－2〕 ··············· 348

　1504.03　非显而易见性〔R－5〕 ·············· 361

　1504.04　根据专利法第 112 条的考虑〔R－5〕 ········ 380

　1504.05　限制〔R－5〕 ················· 395

　1504.06　重复申请〔R－5〕 ············· 421

　1504.10　根据专利法第 119 条（a）至（d）项的

　　　　　优先权 ···················· 431

　1504.20　根据专利法第 120 条的权益〔R－5〕 ········ 434

　1504.30　加快审查［R－5］ ·················· 439

1505　外观设计专利的费用和期限 ·················· 443

1509　外观设计专利的重新发布［R－5］ ·················· 443

1510　复审 ·················· 445

1511　异议 ·················· 445

1512　外观设计专利、著作权和商标的关系［R－2］ ······ 445

1513　其他 ·················· 450

外观设计专利

1501　适用的法律和细则

一件外观设计专利的权利源于以下法律规定:

《美国法典第 35 篇——专利》(以下简称"专利法") 第 171 条 外观设计专利

任何人对一种工业产品作出了一项新的、独创的和装饰性的设计,只要符合本篇规定的条件和要求,即可获得专利。

本篇关于发明专利的规定,除另有规定外,应适用于外观设计专利。

《美国联邦法规第 37 篇——专利、商标和版权》(以下简称"专利法实施细则") 1. 151 适用法条和规定

除另有规定的,适用于其他发明或创造的专利申请的规定同样适用于外观设计专利申请。

专利法实施细则 1. 152 至 1. 155 的规定仅适用于外观设计专利,题录如下:

外观设计专利申请并不包含在《专利合作条约》(PCT) 中,并且外观设计专利申请的程序并不遵循 PCT 国际申请的程序。

除特别规定的，本《专利审查指南》（MPEP）（以下简称"审查指南"）其他章节的规定同样适用于外观设计专利申请的审查。

1502　外观设计的定义　[R－2]

在一件外观设计专利申请中，要求保护的客体是由工业品（或其部分）所体现或应用于该工业品（或其部分）上的设计，而不是工业品本身。参见案例：*Ex parte Cady*，1916 C. D. 62，232 O. G. 621（Comm'r Pat. 1916）。"专利法第 171 条所指的并不是一件产品本身的设计，而是为一件产品所作的设计，并且包括任何具有装饰性的平面设计和产品的外形设计。"参见案例：In re Zahn，617 F. 2d 261，204 USPQ 988（CCPA 1980）。

一件产品的外观设计由体现或应用于产品中的视觉特征组成。

外观设计通过其外观来表现，一件外观设计专利申请的客体可以是产品的外形，或应用于产品的表面装饰，或者是形状和表面装饰的结合。

外观设计与其所应用的产品不可分割，不能仅作为表面装饰而独立存在。它必须是明确、可预见、能重复生产的，而不仅仅是一种方法的偶然结果。

15.42　视觉特征

一件产品的外观设计由该产品所显示的视觉特征或其外表构成。正是产品的外观通过观察者的眼睛在其意识中形成了视觉印象。

15.43　外观设计专利的客体

外观设计通过其外观来表现，因此，一件外观设计专利申请的客体可以是产品的外形或形状，或应用于产品的表面装饰，或两者的结合。

15.44　外观设计与其所应用的产品不可分离

外观设计与其所应用的产品不可分割，并且不能作为一种表面装饰独立存在。它必须是明确、能预见、能重复生产的，而不仅仅是一种方法的偶然结果或者是功能性要素的组合（专利法第 171 条、专利法第 112 条第 1 款和第 2 款）。参见案例：*Blisscraft of Hollywood v. United Plastics Co.*，189 F. Supp. 333，127USPQ 452（S. D. N. Y. 1960），294 F. 2d 694，131 USPQ 55（2d Cir. 1961）。

1502.01　外观设计专利和发明专利的区别　[R-2]

一般而言，"发明专利"保护的是产品的使用和工作方法（专利法第 101 条），而"外观设计专利"保护的是产品的外观（专利法第 171 条）。产品的装饰性外观包括应用于该产品的形状/外形或表面的装饰，或两者的结合。一件产品若同时包含实用性和装饰性外观，则它既可以获得外观设计专利也可以获得发明专利。

尽管发明专利和外观设计专利获得不同的法律保护，但产品的实用性和装饰性却并不容易区分。产品可能同时具有功能性和装饰性两方面的特性。

对外观设计专利和发明专利的一些一般性区别总结如下：

（A）1995 年 6 月 8 日或之后申请的发明专利的保护期限自其美国申请日起 20 年；如果该申请要求享有专利法第 120 条、第 121 条，或者第 365 条（c）款规定的在先申请的优先权，则其保护期限自最早有效的美国申请日起 20 年。而外观设计专利的保护期限自授权日起 14 年（参见专利法第 173 条）。

（B）发明专利需要缴纳维持费（参见专利法实施细则 1.20），而外观设计专利不需缴纳维持费。

（C）外观设计专利申请仅可以包含一项权利要求，而发明专利申请可以包含多项权利要求。

（D）就发明专利申请而言，当一项申请中包含两项以上明显不同的发明时，是否对其进行限制由审查员自行决定（参见审查指南 803），就外观设计专利申请而言，审查员对上述情形进行限制则是强制要求（参见审查指南 1205.05）。

（E）发明专利可以通过 PCT 指定不同的国家进行国际申请，而外观设计专利则不可以。

（F）根据专利法第 119 条（a）至（d）款，发明专利申请能够在签署《巴黎公约》的任何国家的首次申请日起 1 年之内享有外国优先权，而外观设计专利申请享有外国优先权的期限仅为 6 个月内（参见专利法第 172 条）。

（G）根据专利法第 119 条（e）款，发明专利申请可以要求享有临时申请的权利，而外观设计专利申请不享有。参见专利法第 172 条和专利法实施细则 1.78（a）（4）的规定。

（H）根据专利法实施细则 1.114 的规定，1995 年 6 月 8 日或之后根据专利法第 111 条（a）项提交的发明专利和植物专利申请可以请求继续审查（RCE），而外观设计申请不适用该规定〔参见专利法实施细则 1.114（e）〕。

（I）自 2003 年 6 月 14 日起，根据专利法实施细则 1.53（d）提出的继续审查申请（CPA）仅适用于外观设计专利申请（参见专利法实施细则 1.53（d）（1）（i）。2003 年 6 月 14 日之前继续审查申请对于 2000 年 5 月 29 日之前提交的发明专利和植物专利申请均可适用。

（J）根据专利法第 122 条（b）款(1)（A），2000 年 11 月 29 日或之后提交的发明专利申请需进行公布，而外观设计专利申请无此要求〔参见专利法第 122 条（b）款(2)〕。

外观设计专利和发明专利的其他区别在本章中有详细的描述。除另有规定的，适用于发明专利申请的规定同样适用于外观设计专利申请（专利法第 117 条和专利法实施细则 1.151）。

1503 外观设计专利申请的要素 [R-2]

根据专利法第 101 条的规定，一件外观设计专利申请的要素与发明专利的要素相同（参见审查指南第 600 章）。对于外观设计专利申请的要素安排和说明书组成在专利法实施细则 1.151 中有详细规定。

特定形式的权利要求是外观设计专利申请中必需的要素之一。参见审查指南 1503.01，第Ⅲ段。

图片是外观设计专利申请中必需的要素之一。参见审查指南 1503.02 对于图片的要求。

1503.01 说明书 [R-5]

专利法实施细则 1.153 名称、说明和权利要求、宣誓或声明。

（a）外观设计的名称必须指明特定的产品。一般要求不能有描述，除非是作为视图的参考。权利要求应使用正式的术语，并与显示，或者显示并且描述的产品（指定名称）的装饰性设计一致。不能要求也不允许有多项权利要求。

（b）申请人必须根据专利法实施细则 1. 63 的规定提交宣誓或声明。

专利法实施细则 1. 154　外观设计专利申请中的要素安排。

（a）如果申请适用，外观设计专利申请文件应按照以下顺序排列：

（1）外观设计申请书。

（2）费用缴纳书。

（3）申请信息表（参见专利法实施细则 1. 76）。

（4）说明书。

（5）绘图或照片。

（6）发明人的宣誓或声明［参见专利法实施细则 1. 153（b）］。

（b）说明书应按顺序包括下列部分：

（1）前言，说明申请人的姓名、外观设计的名称、和对该外观设计所体现的产品的性质和使用目的的简要说明。

（2）相关申请的交叉引用（申请信息表中包括的除外）。

（3）涉及联邦政府主办的研究或发展的声明。

（4）绘图图片的说明。

（5）特征描述。

（6）单项权利要求。

（c）如果申请适用本部分（b）中确定的说明书的正文部分，前面应有大写标题，且不能用下画线或粗体。

15. 05　外观设计专利说明书的安排。

外观设计专利说明书的组成应遵循以下的顺序或安排：

（1）前言，说明申请人的姓名、外观设计的名称，和对该外观设计所体现的产品的性质和使用目的的简要说明。

（2）相关申请的交叉引用，除非已包含在申请信息表中。

（3）涉及联邦政府主办的研究或发展的声明。

（4）绘图图片的说明。

（5）特征描述。

（6）单项权利要求。

Ⅰ．前言和名称

如果有前言的，应写明申请人的姓、外观设计的产品名称，以及应用该外观设计产品的性质及其使用目的的简单说明（参见专利法实施细则1.154）。

通过使用公众熟悉或已公开使用的名称来确认该外观设计所要应用的产品，但是该产品名称并不用于外观设计保护范围的确定。参见审查指南1504.04第Ⅰ.A.段。外观设计的产品名称可能是应用该设计的整个产品，而图片中以实线显示的要求保护的外观设计可能仅是该产品的一个部分。但是，外观设计的产品名称所涵盖的范围不能少于图片中以实线显示的要求保护的外观设计。依照实际产品描述的外观设计的产品名称可以帮助审查员检索在先设计时确立一个完整领域，并且有助于该申请分入恰当的大类、小类中，分给合适的专利审查员。专利授权后，外观设计的产品名称同样可以帮助公众理解应用该外观设计的产品的性质及其使用目的。例如，像"连接环"这样宽泛的产品名称对于应用该外观设计的产品的性质及其使用目的提供不了什么信息。如果使用了一个较为宽泛的产品名称，可以在前言中加入对该外观设计的性质及其使用目的的说明。如果未要求删除该说明，则该说明会在专利授权时一并公告。

当应用于外观设计的产品具有多种功能，或者由多个独立的部件组成，或者存在相互关系的多个产品组成时，外观设计的名称必须清楚地将其定义为一个整体，例如，组合、套、对、单元组合。

由于专利法实施细则 1.153 规定要求外观设计的名称必须指定一个特定的产品，而权利要求必须使用正式的术语，"显示，或者显示并描述的产品（指定名称）的装饰性设计"，因此，外观设计的产品名称与权利要求必须一致。外观设计的产品名称应与权利要求相应。当外观设计的产品名称与权利要求不一致时，根据专利法实施细则 1.153 的规定以产品名称与权利要求不一致为由拒绝使用该产品名称。

然而，需要强调的是，根据专利法第 112 条第 2 款，权利要求对"申请人认为其发明要求保护的客体予以界定（增加下划线以示强调）；此处的客体指体现或者应用于一件产品的装饰性设计。因此，在产品名称/权利要求的用语上，审查员应当给予申请人足够的自由。只有当产品名称/权利要求的用语是明显错误、不准确或不清楚的描述时，审查员才应要求对该产品名称/权利要求进行修改（也就是，根据专利法第 112 条第 2 款的规定该用语将导致权利要求被驳回；参见审查指南 1504.04，第Ⅲ段）。如果在产品名称中用到"类似的"或者"相似产品"这类词语涉及的是应用该外观设计的产品的环境时，不会根据专利法第 112 条第 2 款驳回其权利要求，除非这类用语用于描述应用该外观设计的产品的领域是不明确的。可以接受的产品名称是"橱柜、房屋或者类似的门"，而"门或者类似产品"的名称是不能接受的，并且其权利要求也将根据专利法第 112 条第 2 款的规定被驳回。参见案例：*Ex parte Pappas*，23 USPQ2d 1636（Bd. Pat. App. & Inter. 1992）。同参见审查指南 1504.04，第Ⅲ段。

对外观设计产品名称的修改，不论涉及的是应用该外观设计的产品还是其适用的环境，都必须以原始公开的内容作为修改根据，并且不能增加新内容。参见案例：*Ex parte Strijland*，26 USPQ2d 1259（Bd. Pat. App. & Inter. 1992）。如果对涉及该外观设计适用环境的产品名称所作的修改增加了新的内容，将根据专利法第 132 条驳回。如果对涉及适用该产品的外观设计的产品名称所作的修改增加了新的内容，将根据专利法第 132 条驳回，并且其权利要求也将根据专利法第 112 条第 1 款驳回。

除了在宣誓或声明中，对外观设计产品名称所作的任何文字修改都应当在申请文件中出现该产品名称的地方作相应的修改。如果外观设计的产品名称没有出现在原始视图的说明中，不需要将修改后的外观设计产品名称增加到说明中。

15.05.01　外观设计的名称

要求保护的外观设计的名称必须与体现或应用于该外观设计的产品的名称一致。参见审查指南 1503.03。

15.59　修改产品名称

由于［1］，除了宣誓或声明以外，对整个申请文件中的产品名称［2］修改如下：［3］

审查员注意：

1. 括号 1 中，填入原因。

2. 括号 2 中，填入"应当"或"已经"。

Ⅱ. 说明

说明书中除了对图片的简单说明以外，其他说明一般是不必要的，因为视图本身就是最好的说明。参见案例：*In re Free-man*，23 App. D. C. 226（App. D. C. 1904）。虽然并不要求，此类描述也并不被禁止。根据申请人的选择，此类描述可以记载在说明书中或者单独提供。参见案例：*Ex parte Spiegel*，1919

C. D. 112, 268 O. G. 741（Comm's Pat. 1919）。对视图的说明并未要采用特定的书写形式，但是，如果它们没有清楚或者正确地描述各视图，审查员应当拒绝此类不清楚或者不正确的描述，并建议申请人使用能更清楚地说明各视图的语言。

除了对视图的说明外，以下陈述在说明书中也是允许的：

（A）对要求保护的外观设计在视图中未公开的外观部分的说明。如果包含这样的描述，必须包含在申请日提交的文件中，并且不允许在申请日以后以修改的方式增加此类描述，因为这将被认为是新内容。

（B）对视图中未显示的并且不要求保护的部分的说明，以此说明该部分不属于要求保护的外观设计的内容。

（C）对视图中虚线所起作用的陈述，例如，对不要求外观设计专利保护的环境结构或界限的说明。

（D）若没有根据专利法实施细则 1. 154 和审查指南 1503. 01 第 I 段在前言中对要求保护的外观设计的特性和使用环境作出说明，则可以记载在说明书中。

在专利进入审查程序前，专利商标局通过电话咨询了解应用该外观设计的产品的特性和其使用目的。这一做法能使该申请被分至合适的类别并被分配至恰当的审查员，并且在审查时该申请可依照正常程序进行检索而不会在检索在先设计之前根据专利法第 112 条被驳回。只要不构成新的内容，对产品特性及其使用目的的说明可增加到说明书中。申请人也可选择不对说明书进行修改而另行提交相关文件。

（E）"特征描述"是申请人认为本外观设计与在先设计相比具有新颖性或非显而易见性而作出的说明〔专利法实施细则 1. 71（c）〕。

此类说明不应作为审查员判断该申请是否可享专利性的基础。判断一件外观设计是否可享专利性时必须考虑要求保护的外观设计的整体外观。参见案例：*In re Rosen*，673 F. 2d 388，213 USPQ 347（CCPA 1982）；以及案例：*In re Leslie*，547 F. 2d 116，192 USPQ 427（CCPA 1977）。在说明书中是否包含这样一份陈述取决于申请人，审查员不应主动提出建议。

15.47　特征说明

说明书中允许对要求保护的外观设计中具有新颖性或非显而易见性的特征所作出的描述。这样的说明应当用规范的术语表述为"该外观设计的特征在于［1］，"或者与其中某一视图的说明相结合，表述为"它的特性在于［2］。"考虑到权利要求可能涉及整体的外观，"特征描述"的使用可能将限制权利要求的范围。［参见案例：*McGrady v. Aspenglas Corp.*，487 F. Supp. 859，208 USPQ 242（S. D. N. Y. 1980）］。

审查员注意：

括号 1 和 2 中，填入对要求保护的外观设计具有新颖性和非显而易见性的特征的简单且准确的说明。

15.47.01　对特征说明应当注意的事项

前面已指出说明书中可以包含关于特征的说明。然而，要求保护的外观设计是否可享专利性并不是由它的特征决定的，而是基于将该外观设计与在先设计进行整体外观的比较。参见案例：*In re Leslie*，547 F. 2d 116，192 USPQ 427（CCPA 1977）。

说明书中不允许包含以下类型的陈述：

（A）在一件已授权的外观设计专利中，说明书中不允许对视图中用实线表示的任何部分说明是不要求保护的内容。然而允许不要求保护的说明包含在原始申请文件中，为以后的修改提供在先的基础。参见案例：*Ex parte Remington*，114 O. G. 761，1905 C. D. 28（Comm'r Pat. 1904）；以及案例：*In re Blum*，374 F. 2d 904，153 USPQ 177（CCPA 1967）。

（B）在一件已授权的外观设计专利中，说明书中不允许对视图中未显示的内容所作出的描述，除非该描述是对已提交的视图的镜像，或者其形状和外观可以从已显示的内容中清楚地推定。然而上述说明可以包含在原始申请文件中，为以后的修改提供在先的基础。另外，对于要求保护的外观设计的范围超过视图中所显示的内容的说明也是不允许的。

（C）与外观设计不相关的，或者关于功能的描述。

15.41　不予考虑的功能和结构特征

外观设计专利申请仅仅保护产品的装饰性外观。申请人在外观设计专利申请文件中对于功能性或者结构上的特征的强调和外观设计无关，既不允许，也不要求。功能和结构属于发明专利申请的领域。

15.46.01　不允许的特征描述

说明书中包含的特征描述是不允许的，因为［1］。参见审查指南 1503.01，第Ⅱ段。不同于对视图的简单说明，说明书中通常不需要这样的描述，因此应当删除该描述。视图本身就是最好的说明。

审查员注意：

括号 1 中，填入特征描述不恰当的原因。

15.60　修改所有的视图描述

由于［1］，该视图描述［2］修改为［3］

审查员注意：

1. 括号 1 中，填入原因。

2. 括号 2 中，填入"应当"或"已经"。

3. 括号 3 中，填入修改的文本。

15.61 修改选择的外形描述

由于〔1〕，该视图描述中的〔2〕〔3〕修改为〔4〕

审查员注意：

1. 括号 1 中，填入原因。

2. 括号 2 中，填入选择的视图描述。

3. 括号 3 中，填入"应当"或"已经"。

4. 括号 4 中，填入修改的文本。

Ⅲ. 外观设计权利要求

专利法实施细则 1.75 对于发明专利权利要求的规定并不适用于外观设计。外观设计权利要求的形式和内容在专利法实施细则 1.153 中有详述。

专利法实施细则 1.153 ……权利要求……

（a）……权利要求应当用规范的术语表示视图中公开的产品（指明名称）的装饰性设计。一条以上的权利要求是不允许的。

一件外观设计专利申请仅可以包含一项权利要求。这一项权利要求应当按照规范的术语表述为"如所显示的（体现或应用于该产品）的装饰性外观设计。"权利要求中对产品的描述应当与外观设计名称的用语一致。参见审查指南 1503.01，第Ⅰ段。

当说明书中包含一个产品的适当的特定描述（参见审查指南 1503.01，第Ⅱ段），或者对外观设计其他形式的恰当展示，或者包含其他描述的，权利要求中的术语"显示"之后必须增加"以及描述的"；也就是，权利要求应当表述为"如该装饰性的外观设计（体现或应用该外观设计的产品）所显示及描述的。"

图片中实线部分表示要求保护的外观设计，虚线用作其他目的。有些情况下，虚线用来解释要求保护的外观设计（如，针脚线和折线）。虚线不能用来表示要求保护的外观设计中非实质性或者不重要的部分。参见案例：*In re Blum*，374 F. 2d 904，907，153 USPQ 177，180（CCPA 1967）。（"外观设计中没有一个部分是'非实质性'或者'不重要的'。一件外观设计是一个整体，它的任何一个部分对于构成该外观设计的外观都具有实质性贡献。"）参见 审查指南 1503. 02，第Ⅲ段。

15. 62 修改权利要求"如所显示的"

为规范形式（专利法实施细则 1. 153），权利要求［1］修改为："［2］要求：［3］的装饰性外观设计如所显示的。"

审查员注意：

1. 括号 1 中，填入"必须"。

2. 括号 2 中，填入"我"或"我们"。

3. 括号 3 中，填入体现或者应用该外观设计的产品的名称。

15. 63 修改权利要求"如所显示以及描述的"

为规范形式（专利法实施细则 1. 153），权利要求［1］修改为："［2］要求：［3］的装饰性外观设计如所显示及描述的。"

审查员注意：

1. 括号 1 中，填入"必须"。

2. 括号 2 中，填入"我"或"我们"。

3. 括号 3 中，填入体现或应用该外观设计的产品的名称。

15. 64 权利要求中增加"以及描述的"

由于［1］，——以及描述的——［2］增加至权利要求中表

美国部分

述的"显示"之后。

审查员注意：

1. 括号 1 中，填入原因。

2. 括号 2 中，填入"必须"。

1503.02　图片　[R－5]

专利法实施细则 1.152　外观设计绘图

根据专利法实施细则 1.84 的要求，外观设计必须提交绘图，并且必须包含足够数量的视图以充分披露该外观设计。可以绘制适当和足够的表面阴影线，从而展示出被绘制表面的特征和轮廓。不允许纯黑色的表面阴影，除非使用黑色进行色彩对比。虚线可以用来表现可见的环境结构，但不可以用来表现隐藏的面和因使用不透明材料而看不到的面。对于外观设计组件的重叠出现的位置，不允许采用在外观设计绘图的同一视图中使用实线和虚线的说明方式。在一件申请的正式视图中，不允许组合提交照片视图和绘制视图。在外观设计专利申请中，替代绘制视图提交的照片，不能用于表示环境结构，仅限于表达要求保护的外观设计。

每件外观设计专利申请必须包含一张要求保护的外观设计的绘制视图或者照片视图。由于绘制视图或照片视图是对权利要求的整体披露，因此绘制视图或者照片的清晰和完整是最重要的，应当使得要求保护的外观设计不需要任何推测。

当视图之间投影关系不对应时，审查员不应接受这些视图，并且应当要求申请人对视图进行修改以使其对应。参见案例：*Ex parte Asano*, 201 USPQ 315, 317（Bd. Pat. App. & Inter. 1978）；以及案例：*Hadco Products, Inc. v. Lighting Crop. of America Inc.*,

315

312 F. Supp. 1173，1182，165 USPQ 469，503（E. D. Pa. 1970），
vacated on other grounds，462 F. 2d 1265，174 USPQ 358（3d
Cir. 1972）。当视图投影关系不对应足以导致该外观设计的整体
外观不明确时，应当根据专利法第112条第1款和第2款，以无
法实现和不确定为由驳回该权利要求。参见审查指南1504.04，
第I. A段。

15.05.03　公开的绘制视图/照片视图与不符合……的规定

公开的绘制视图/照片与［1］不符合……的规定。

审查员注意：

括号1中，填入驳回所根据法律或规定以及相应解释。

15.05.04　替换图片的要求

为避免专利申请失效，申请人应当根据专利法实施细则
1.121（d）的规定按照专利商标局发出的通知书的要求提供修
改后的图纸。即使图纸中只有其中一幅作了修改，替换的图纸
应当包括所有出现在申请日图纸中的视图。修改后的视图或视
图编号不需要标明为"修改"。如果替换的图纸中删除了申请日
提交的一幅视图，必要时，保留的视图必须进行重新编号，简
要说明中相应之处也应当修改使其与视图一致。为了对保留的
视图重新编号，还需要额外的替换图纸。标记的图纸副本（标
记为"注释表"）包含对于图纸中所有视图已经删除的注释。根
据专利法实施细则1.121（d）的规定，申请日之后提交的任何
替换的图纸必须在图纸的上边距标记为"替换图纸"或者"新
图纸"。如果审查员不接受申请人作出的修改，审查员将在下一
次的通知书中告知申请人需要进行的修改。

15.05.05　修改后的视图要求

对外观设计权利要求的任何上诉必须包含审查员批准的修

正后的视图。参见案例: *Ex parte Bevan*, 142 USPQ 284 (Bd. App. 1964)。

审查员注意:

当修改后的视图明显不满足要求时,该标准语段可以用作最后的驳回决定。

15.07 避免新内容

修改视图时,必须避免引入专利法第 132 条和专利法实施细则 1.121 所禁止的有可能被认为是新的设计的内容。

标准语段 15.48 可以用作告知申请人好的绘图的必要性。

15.48 好的绘图的必要性

无论如何强调好的绘图在外观设计专利申请中的必要性都不为过。由于绘图构成了对整个外观设计的公开,因此清楚并完整地显示该外观设计是最为重要的,使得要求外观设计专利保护的内容不需推测。绘图不充分可能会对专利有效性产生致命的影响(专利法第 112 条第 1 款)。此外,绘图不充分可能对继续申请的有效申请日产生负面影响。

除了专利法实施细则 1.81 至 1.88 规定的标准之外,对于外观设计绘图,专利法实施细则 1.152 规定如下:

Ⅰ. 视图

应当提交足够数量的绘制视图或者照片视图以充分公开要求保护的外观设计,视图可包括主视图、后视图、俯视图、仰视图和左右视图。建议提交立体图以清楚地显示三维产品的外观设计。在提交立体图的情况下,如果在立体图中已清楚地显示和充分地公开相应的面,可以不用提交相应面的视图。

与外观设计其他视图相同的视图或者表面没有任何装饰的平面,如在说明书中已对上述情形清楚地说明,则可以省略上述视图。参见审查指南 1503. 01，第Ⅱ段。例如，一件外观设计的左边和右边相同或者镜像对称，若在说明书中说明另一面是相同或者对称的，则可以仅提交其中一面的视图。又如一件外观设计的底面是平面，若在说明书中说明该产品的底面是平面且没有任何表面装饰，则可以省略该底面的视图。术语"无装饰性的"不应当用来描述非平面结构的可见面。参见案例：*Philco Corp. v. Admiral Corp.*，199 F. Supp. 797，131 USPQ 413（D. Del. 1961）。

仅用于显示外观设计内部结构或者功能/机械特征的剖面图是不必要的，此类图可能导致要求保护的外观设计范围的混淆。参见案例：*Ex parte Tucke*，1901 C. D. 140，97 O. G. 187（Comm'r Pat. 1901）；以及案例：*Ex parte Kohler*，1905 C. D. 192，116 O. G. 1185（Comm'r Pat. 1905）。审查员应当根据专利法第 112 条第 2 款拒绝接受这样的视图并要求将其删除。然而，如果要求保护的外观设计的外部轮廓和形状未能在视图中清楚、准确地显示，并且并非出于显示内部结构和特征的目的时，可以允许加入一个剖面图以清楚地解释该外观设计的形状。参见案例：*Ex parte Lohman*，1912 C. D. 336，184 O. G. 287（Comm'r Pat. 1912）。当申请人在审查过程中增加剖面图时，审查员必须审查剖面图中显示的内容是否在申请日公开的文本中有根据（专利法实施细则 1. 84（h）（3）和审查指南 608. 02）。

Ⅱ. 表面阴影

根据专利法实施细则 1. 152 的规定，表面阴影并非是必需的。但在特定的案例中为清楚地表达立体产品的所有表面的特征和轮廓，也可能需要表面阴影。以表面阴影区分产品的开放区域和实体区域是必要的。然而表面阴影不能用于以虚线显示的未要求保护的内容上，以避免混淆要求保护的范围。

申请日提交的视图中缺少适当的表面阴影可能导致该外观设计权利无法实现或不确定，则不符合专利法第112条第1款和第2款。另外，如果在申请时公开的表面形状不够清楚，此后增加的表面阴影可能构成新的内容。不允许用黑实线表示表面阴影，除非用于表示黑色及其与其他色彩的对比。斜线阴影只能用来表示透明、半透明以及非常光滑或反光的表面，例如镜子。材质的对比可以通过在一个区域用线条阴影，而另一个区域用点划线加以区分。通过使用这种技巧，要求保护的外观设计将包含对比表面，而不仅仅局限于色彩。只要视图中显示的该材质的外表不属于授予专利权的情况，要求保护的外观设计也不会仅限于该特定的材质。

标准语段15.49可用于告知申请人表面阴影的必要性。

15.49　表面阴影的必要性

视图中应当用适当并充分的阴影来清楚地表达产品表面的特征和轮廓。参见专利法实施细则1.152。对于显示立体产品的平面、凹凸表面，以及区分开放和闭合的区域，表面阴影特别重要。不允许用黑实线表示表面阴影，除非用于表示黑色及其与其他色彩的对比。

Ⅲ. 虚线

虚线的两种最普遍的使用是：公开与要求保护的外观设计相关的环境和限定要求保护的外观设计的范围。不属于要求保护的外观设计的结构，但却与该外观设计相关的环境可以通过虚线在视图中表达。这包括体现或应用该外观设计的产品的任何一个不要求保护的外观设计的部分。参见案例：*In re Zahn*，617 F. 2d 261，204 USPQ 988（CCPA 1980）。不要求保护的内容可以用虚线表示，用于解释体现该外观设计的产品的环境。不要求保护的内容必须描述为不构成要求保护的外观设计的部分。当边界线并不构成要求保护的外观设计的内容时，可用虚线表示。当应用该外观设计的产品的边界在现实中并不存在时，申请人可以选择用虚线来限定要求保护的外观设计的边界。这可以理解为要求保护的外观设计延伸至边界但却不包括该边界。如果在外观设计专利申请日文件中没有显示边界，但从说明书可清楚地知道要求保护的外观设计的边界是与限定该外观设计保护内容的实线末端相连接的一条直的虚线，申请人可以修改视图，增加一条与限定外观设计保护内容的实线末端相连接的直的虚线。根据专利法第 132 条和专利法实施细则 1.121（f）的规定，除了直的虚线外的任何其他虚线都可能会被认为是构成了新的内容而被禁止。

然而，不允许用虚线来表示产品中的一个部分属于外观设计中相对不重要的内容。参见案例：*In re Blum*，374 F. 2d 904，153 USPQ 177（CCPA 1967）。虚线不能用于表示隐藏的平面以及通过不透明材质不能看到的表面。用于表示环境结构的虚线和用虚线表示的产品部分不是要求保护的外观设计的内容，也不能用于表达外观设计各部分间的重要程度。

总之，在视图中使用虚线时，既不能扰乱要求保护的外观设计的表达，也不能比用于表示该外观设计的实线具有更重要的地位。当虚线穿过实线所表示的要求保护的外观设计，并且该虚线用于表示环境时，这种情况下在虚线之下的表面仍应理解为是要求保护的外观设计的一部分。当虚线穿过用于表示该外观设计的边界时，虚线内部的区域应理解为不是要求保护的外观设计的内容。因此，当视图中的虚线穿过实线所表示的要求保护的外观设计的范围时，在说明书中明确描述虚线的用途以便清楚界定要求保护的范围是非常重要的。由于在同一份申请文件中可能存在不同使用目的的虚线，说明书中必须对两种不同的用途进行视觉上的区分。例如——与阴影区域紧密相邻的虚线表示要求保护的外观设计的边界，而其他的虚线仅涉及环境和用于解释说明，并不构成要求保护的外观设计。——当表示环境结构的虚线必须穿过视图中所表示的要求保护的外观设计的范围之内，使得该外观设计难以清楚地理解时，申请文件中应当单独加入一张视图以充分公开要求保护的外观设计主体。此外，虚线所表示的不要求保护的内容中不应当使用表面阴影，以避免混淆要求保护的范围。

以下标准语段可在必要时用于告知申请人外观设计视图中虚线的使用：

15.50　用实线表示的要求保护的外观设计

在视图中要求保护的外观设计必须用实线绘制。在视图用点划线来表示不重要或者非实质性的特征是不允许的。要求保护的外观设计中没有一个部分是非实质性或者不重要。参见案例：*In re Blum*, 374 F. 2d 904, 153 USPQ 177（CCPA 1967）和 *In re Zahn*, 617 F. 2d 261, 204 USPQ 988（CCPA 1980）。

15.50.01　虚线在绘图中的使用

如果在说明书中清楚地指明虚线指代环境，则可以在绘图中用虚线表示环境结构。参见专利法实施细则 1.152 和审查指南 1503.02，第Ⅲ段。

15.50.02　虚线的说明

必须用以下的陈述来说明绘图中的虚线（审查指南 1503.02，第Ⅲ段）：

——［1］用虚线表示的目的是为了解释，其并不构成要求保护的外观设计。

以上的陈述［2］插在说明书中权利要求之前。

审查员注意：

1. 括号 1 中，填入结构的名称。

2. 括号 2 中，填入"产品的部分"或者"环境结构"。

3. "必须"或者"已经"。

15.50.03　绘图中不允许使用的虚线

表示环境结构的点划线或虚线不能穿过或者影响要求保护的外观设计的范围。这样的点划线可能影响要求保护的外观设计并导致公开的不确定（专利法第 112 条）。

15.50.04　使用虚线时恰当的公开绘图

当表示环境结构的虚线使以实线表示的要求保护的外观设计难以理解时，除了要求保护的外观设计的绘图之外，应当单独加入一张以虚线显示的视图，专利法第 112 条第 1 款。

15.50.05　虚线表示边界时的说明

必须用以下陈述来描述外观设计中用虚线表示的边界（审查指南 1503.02，第Ⅲ段）：

——要求保护的外观设计中用来限定边界的虚线不构成外观设计的内容。

Ⅳ. 表面处理

一项外观设计的装饰性外表包括其形状和结构、任何标记、色彩或者材质的对比、图形表示，或者应用在该产品上的其他装饰（"表面处理"）。表面处理必须应用或者体现于工业品上。换言之，表面处理（不应用于或者体现于工业品上），根据专利法第 171 条的规定，其本身并不是外观设计保护的客体。表面处理可以在应用或者体现于该外观设计的产品中公开，根据法律的规定表面处理必须用实线或者虚线（如果没有要求保护）来表示。参见审查指南 1504.01。对于计算机产生的图像所适用的有关公开的规则同样适用于所有类型的表面处理。参见审查指南 1504.01（a）。

外观设计绘图或者照片中对表面处理的公开通常会被看作发明人认为其表面处理是要求保护的外观设计的一个部分的初步证据。如果根据申请文件可以清楚地得知申请人在提交申请时该基础设计的外形，则允许其在修改视图时删除二维表面处理或者将改为虚线。参见案例：*In re Daniels*，144 F. 3d 1452，1456 - 57，46 USPQ2d 1788，1790（Fed. Cir. 1998）。只要表面处理并不是模糊的或者比该外观设计本身更为重要的，申请人可以删除外观设计绘图或者照片中所显示的表面处理而不被认为是引入了新的内容。删除要求保护的外观设计的三维表面处理，例如删除珠状饰物、凹槽或者凸纹等，则会被认为引入了新的内容而被禁止，因为表面处理删除后所显示的外形在申请日提交的文件中并非显而易见的。参见审查指南 1504.04，第 II 段。

V. 照片和彩色图片

绘制视图通常要求以黑色墨水绘制在白纸上的方式提交。参见专利法实施细则 1.84（a）（1）。只有当绘制视图无法表达该外观设计或者该外观设计在照片中显示地更清晰时，才允许在申请文件中提交照片（例如，表现装饰效果的照片可以接受）。参见专利法实施细则 1.81（c）和 1.83（c），和审查指南 608.02。

替代绘制视图提交的照片必须符合专利法实施细则 1.84（b）的规定。仅需要提供一套黑白照片。若根据专利法实施细则 1.84（a）（2）的规定提出请求，则可以提交彩色照片和彩色图片。技术审查中心主管指定的主审查员负责审查接受彩色照片或者彩色图片的请求。根据专利法实施细则 1.84（a）（2）的规定允许接受的请求必须说明彩色图片或者彩色照片是必需的，因为色彩是要求保护的外观设计的一个部分。其他关于为何提交彩色图片或者彩色照片的解释通常都不会接受。可接受的请求同时必须包含以下内容：（1）根据专利法实施细则 1.17（h）的规定提交的费用；（2）3 套彩色照片或者彩色图片；（3）说明书中插入以下陈述：该专利案卷中包含有至少一张彩色图片／照片。专利商标局根据申请人提出的请求以及支付的费用，提供该专利中彩色图片／照片的复印件。参见专利法实施细则 1.84（a）（2）（Ⅲ）和审查指南 608.02。如果照片的质量不够好，以至于并非照片中所有的细节均可进行复制，审查员可能以图片的质量为由拒绝接受。只有图片的质量克服了存在的缺陷，并且提交了审查员可接受的照片后方可被授权。如果外观设计所有特征的细节、外表和形状没有在照片中充分公开，审查员可根据专利法第 112 条第 1 款和第 2 款的规定以不能实现和不确定为由驳回该申请。

在申请文件中不能就要求保护的外观设计同时提交照片和绘制视图。在一件外观设计专利申请中同时提交照片和绘制视图很可能导致照片和绘制视图中相应元素之间表达不一致。

如在原始申请文件中提交了非正式的照片或绘制视图时，可在说明书或者绘图和照片中说明外观设计的表面装饰、标志和文字等内容不要求保护。参见审查指南 1504.04，第 Ⅱ 段。

如果根据专利法实施细则 1.84（a）（2）的规定提交请求，则允许在外观设计专利申请文件中提交彩色照片和彩色图片。色彩也可以用钢笔或者墨水笔在外观设计表面用线条标示，以与审查指南 608.02 中规定的标志一致。如果在申请文件的正式视图中用线条标示了色彩，应当在说明书中插入以下的声明以避免这种线条与表面处理混淆：视图的线条是为了标示色彩。然而，根据专利法第112条第1款的规定，对线条绘制表面的色彩可能会影响外观设计的清楚表达，因为表面阴影不能用于确定外观设计的轮廓。

若在原始申请文件中提交了彩色照片或者彩色图片，色彩则会被认为该要求保护的外观设计的组成部分。如果根据申请文件可清楚地得知申请人在提出申请时的基础设计的外形，则允许其在后提交的正式照片或者图片中删除色彩。参见案例：*In re Daniels*，144 F. 3d 1452，1456 – 57，46 USPQ2d 1788，1790（Fed. Cir. 1998）和审查指南 1504.04，第Ⅱ段。专利法实施细则 1.152 也规定正式提交的照片中公开的内容限于要求保护的产品的外观设计。

15.05.041　非正式彩色图片/照片的提交

申请人为了得到申请日可以提交非正式的彩色照片或者图片。提交正式图片后，黑白图片上显示的任何色彩仅限于为了表示色彩而在表面绘制的线条（审查指南 608.02）。由于表面阴影不能同时用于确定表面的轮廓，因此，为了显示色彩而在外观设计的整个表面绘制线条可能影响专利法第 112 条规定的清楚表达外观设计的要求。但是，为了显示色彩可以在表面局部绘制线条，并说明该颜色延伸至整个表面；使用这种方法可以在该表面的其他部分以阴影来表示外观设计的轮廓（专利法实施细则 1.152）。或者也可另外提交一幅删除色彩并且以阴影表示外观设计轮廓的视图，并说明该视图仅用于清楚的表达该外观设计。

为了表示色彩而在视图中绘制线条时，必须在说明书中加入以下说明（为了清楚起见可标明使用的特定颜色）

"视图中的线条是为了显示色彩。"

然而，一些非正式的彩色照片/图片中公开的外观设计，不能以黑白视图中用线条表示色彩的方式来描绘。例如，一件外观设计中可能包含一种颜色的多个色调，这不能仅用一个特定的颜色来准确地表达。或者，该颜色表示的并不是草图中绘制的主要或次要的颜色，并且草图中绘制的线条并不能准确地表达原始公开的外观设计。在这些情况下，申请人可以根据专利法实施细则 1.84（a）（2）的规定提交请求，要求接受正式的彩色图片或者彩色照片。

15.45 *非正式的彩色照片/绘图*

为了得到申请日而在申请文件中提交与黑白视图相反的彩色照片/图片时，初审部门被授权认定这些彩色照片/图片为非正式视图，而不是认定提交的申请文件不完整。这样做，专利商标局不再需要申请人另外提出请求来获得这个初始日期作为申请日就可以接受该申请。然而，在没有根据专利法实施细则 1.84（a）（2）的规定提交请求的情况下，外观设计申请文件中不允许使用彩色照片或者彩色图片。专利申请文件中的彩色照片或者图片被认为正式的视图前，申请人必须提交［1］。

审查员注意：

括号 1 中，填入"一份请求""费用""说明书中的声明""为何必须使用色彩的说明"和"三套完整的彩色照片或者图片"。

1504 审查 ［R－2］

外观设计专利申请中，装饰性、新颖性、非显而易见性可实施性以及确定性是授予专利的必要前提条件。新颖性或非显而易见性存在于该外观设计产品的装饰性形状或外形中，或者存在于应用或体现该外观设计的表面装饰中。

通常通过在相关类别进行检索来判断外观设计的新颖性和非显而易见性。检索还必须扩展至包含相同类型的机械类别。产品目录和行业杂志以及可利用的国外专利数据库也应当查阅。

如果审查员认定外观设计专利申请的权利要求不满足法定要求，审查员要在审查意见通知书中详细阐明并总结所有的驳回理由。如果申请人在针对审查意见通知书的答复中通过对权利要求的修改或者通过作出令人信服的答辩克服了通知书中指出的问题，除了授权通知书以外，审查员应当在随后的审查意见通知书中明确表示撤销前述驳回理由。同样地，对于申请人针对审查意见通知书中指出的缺陷所提交的涉及说明书或权利要求的补正，或者提交的新的视图以及修改后的视图的，除了授权通知书以外，审查员应当在随后的审查意见通知书中告知已收到。当审查员认定外观设计申请的权利要求符合所有法律规定可以被授予专利权，但在授权前仍存在形式缺陷需要进行更正的，审查员应发出补正通知书告知申请人其权利要求可以被授权并指出申请人应克服的形式缺陷。

15.19.01 对驳回的总结

因 ［1］ 权利要求被驳回。

审查员注意：

1. 在通知书中阐述驳回理由的常用语段。

2. 括号 1 中填入恰当的驳回理由，例如，法律规定等。

15.58　要求保护的外观设计可享专利性（核准通知书）

通过文献检索，要求保护的外观设计可享专利性。

15.72　补正通知书

除了下述 [1] 形式问题外，该申请可授权专利权。

在审查员发出补正通知书后，针对该申请是否符合实质授权条件的审查已经结束，参见 1935 C. D. 11，453 O. G. 213。

针对该通知书的法定答复期限为自寄出该通知之日起 2 个月内。

如果审查员在收到申请人针对补正通知书的答复之后认定权利要求应被驳回，则其必须撤回在前次通知书中所作的该权利要求可授予专利权的表示，并采用如下标准语段重新开始实质审查：

15.90　撤回可授予专利权的表示

撤回在前次通知书中所作的可以授权的表示，同时根据下述驳回理由重新开始实质审查。

对于申请人自行提出的申请，审查员应当在首次通知书中告知申请人雇用注册专利律师或代理人来进行申请的相关事务是可取的。同时，告知申请人专利商标局不能帮助其选择律师和代理人。如果提交的客体可享专利性，并且对要求保护的外观设计的公开符合专利法第 112 条的规定，审查员应当在首次审查意见通知书中附上一份"外观设计专利申请文件提交指南"，并告知申请人雇用熟悉外观设计相关业务的专业专利文件撰写人员为其准备正式的视图。同时告知申请人专利商标局不能帮助其选择撰写人员。可根据情况采用如下标准语段：

15.66 雇用专利律师或代理人（仅适用于外观设计专利申请）

由于外观设计专利的价值在很大程度上依赖于对绘图和说明书熟练的准备，申请人可以考虑雇用注册律师或代理机构。专利商标局不能帮助其选择律师和代理人。

建议申请人选择在专利商标局注册并公告的专利律师或代理人，该公告由华盛顿特区的美国政府印刷局负责出售。

15.66.01 雇用专业专利绘图人（仅适用外观设计专利申请）

由于外观设计专利的价值在很大程度上依赖于对视图熟练的准备，申请人可以考虑雇用熟悉外观设计相关业务的专业专利撰写人员。专利商标局不能帮助其选择撰写人员。

审查员注意：

该标准语段仅适用于申请人自行提交专利申请，并且其提交的主题可享专利性，对要求保护的外观设计的公开也符合专利法第 112 条的规定。

1504.01 外观设计的保护客体

专利法第 171 条 外观设计专利

根据本篇规定的条件和要求，任何人可就其发明的应用于工业品的新颖、独创和装饰性的设计获得专利。

除另外规定，本篇关于发明专利的规定适用于外观设计专利。

根据案例法的解释，专利法第 171 条规定的"应用于工业品的新颖、独创和装饰性的外观设计"至少包括如下三种：

（A）适用于或体现于工业品（表面标记）的装饰、印刷、花样或图画的设计；

（B）对工业品的形状或外形的设计；

（C）以上两类设计的结合。

参见案例：*In re Schnell*，46 F. 2d 203，8 USPQ 19（CCPA 1931）；*Ex parte Donaldson*，26 USPQ2d 1250（Bd. Pat. App. & Int. 1992）。

根据专利法第 171 条的规定，仅一个图画不能授予专利权。从本质上将法定的外观设计的保护客体与单纯的图画或装饰（即抽象的设计）区分的因素是该外观设计应当由工业品所体现。与专利法第 171 条的规定、判例法和专利商标局的实际操作相一致，外观设计必须应用或体现于工业品。

仅就图画、花样和印刷本身提出的权利要求，将根据专利法第 171 条因其不属于法律规定的保护客体而被驳回。可参照以下标准语段：

15. 07. 01　法律根据，专利法第 171 条

以下是对专利法第 171 条的引用：

根据本篇规定的条件和要求，任何人可就其发明的应用于工业品的新颖、独创和装饰性的设计获得专利。

除另有规定的，本篇关于发明专利的规定适用于外观设计专利。

15. 09　专利法第 171 条 驳回

由于该外观设计未应用或体现于产品而不属于法律规定的保护客体，根据专利法第 171 条驳回该权利要求。

审查员注意：

当权利要求涉及并未通过产品来表现的表面处理时，无论以实线或虚线显示的，均可用上述条款驳回。

15. 44　外观设计与其所应用产品不可分割

外观设计与其所应用的产品不可分割，并且不能作为一种装

饰方案独立存在。它必须是确切、可预见、可复制的，而并非用某种方法得出的偶然结果或者功能性元素的结合（专利法第 171 条；专利法第 112 条第 1 款和第 2 款）。参见案例：*Blisscraft of Hollywood v. United Plastics Co.*, 189 F. Supp. 333，127 USPQ 452 (S. D. N. Y. 1960)，294 F. 2d 694，131 USPQ 55 (2d Cir. 1961)。

标准语段 15.38 和 15.40 可用于第二次及以后的通知书中（参见审查指南 1504.02）。

1504.01 (a) 计算机生成的图像 [R-5]

关于法定保护客体，外观设计专利申请中涉及计算机生成的图像必须符合专利法第 171 条对于"工业品"的要求。

Ⅰ.计算机生成的图像的外观设计专利申请审查指南

以下审查指南用于帮助专利商标局的工作人员判定关于计算机生成的图像的外观设计专利申请是否符合专利法第 171 条关于"工业品"的要求。

A. 判断是否符合"工业品"要求的一般原则

计算机生成的图像，例如全屏显示或者单个图标是用于表面装饰的二维图像。参见案例：如 *Ex parte Strijland*, 26 USPQ2d 1259 (Bd. Pat. App. & Int. 1992)（计算机生成的图像本身仅仅是一种表面装饰）。专利商标局认为外观设计中涉及计算机生成的图像能够体现于工业品中，则属于专利法第 171 条规定的可以获得外观设计专利保护的法定保护客体。因此，如果要求保护的计算机生成的图像显示于电脑屏幕、监视器或其他显示屏，或其中一个局部，则该权利要求符合专利法第 171 条关于"工业品"的要求。由于外观设计与其所应用的产品不可分割，并且不能仅作为一种表面装饰方案独立存在，因此计算机生成的图像必须体现于电脑屏幕、监视器或其他显示屏，或其中一个局部，才符合专利法第 171 条的规定。参见审查指南 1502。

"我们并不因为一件外观设计依赖于它自身之外的其他东西存在而认定它不是关于'工业品'的外观设计。"参见案例：*In re Hruby*，373 F.2d 997，1001，153 USPQ 61，66（CCPA 1967）（喷泉的外观设计是应用于工业品的可享专利性的外观设计）。依赖于中央处理器和计算机程序生成的的图像本身并不能认为其不是应用于工业品的外观设计的理由。

B. 判断外观设计专利申请涉及计算机生成的图像是否符合"工业品"的要求

专利商标局的审查员在审查涉及计算机生成的图像的外观设计专利申请是否符合专利法第 171 条对于"工业品"的要求时，应遵循下列程序规定：

（A）阅读整个公开文件并判断申请人要求保护的外观设计的内容，并判定该外观设计是否体现于工业品中。参见专利法实施细则 1.71 和 1.152 至 1.154。

由于权利要求必须使用如下规范的术语，"如图所示，或如图及说明书所述"，因此视图是对权利要求最好的描述。参见专利法实施细则 1.153。

（1）审查视图以确定其中是否显示了电脑屏幕、监视器、其他显示屏，或其中一个局部。参见专利法实施细则 1.152。

尽管计算机生成的图像可能仅体现于电脑屏幕、监视器或其他显示屏的一个局部，但是"必须包含足够数量的视图以完整地公开该产品的外观。参见专利法实施细则 1.152。另外，视图必须符合专利法实施细则 1.84 的规定。

（2）审查产品名称以确定其是否清楚地描述了要求保护的客体。参见专利法实施细则1.153。

根据专利法第171条的规定，以下产品名称并未充分描述工业产品的外观设计："计算机图标"或"图标"。与之相反，根据专利法第171条的规定，以下产品名称则充分描述出了工业品的外观设计："带有图像的电脑屏幕""带有电脑图标的显示屏""带有程序图标的部分电脑屏幕""带有电脑图标图像的局部显示屏"或者"带有电脑图标图像的局部监视器"。

（3）审查说明书以确定其中是否包含对于特征的描述。参见专利法实施细则1.71 。如果说明书中包含对于特征的描述，应进而确定是否将要求保护的客体描述为显示在电脑屏幕、监视器、其他显示屏，或其中一个局部的计算机生成的图像。参见案例：*McGrady v. Aspenglas Corp.*，487 F. 2d 859，208 USPQ 242（S. D. N. Y. 1980）（外观设计专利申请中的描述性说明缩小了权利要求的保护范围）。

（B）如果视图中没有描绘通过电脑屏幕、监视器、其他显示屏，或其中一个局部显示的计算机生成的图像，则根据专利法第171条因其不符合对于工业品的要求从而驳回要求保护的外观设计。

（1）如果整个公开的内容并未表明或描述要求保护的客体为显示在电脑屏幕、监视器、其他显示屏，或其中一个局部的计算机生成的图像，这表明：

（a）根据专利法第171条，该权利要求具有致命的缺陷；

（b）申请人通常需要对说明书、视图和/或权利要求进行修改以克服缺陷，但是对于说明书、视图和/或权利要求中增加的任何新内容必须删除。如果在修改中增加了新内容，将根据专利法第 172 条第 1 款驳回该权利要求。

（2）如果整个公开的内容表明或描述要求保护的客体为显示在电脑屏幕、监视器、其他显示屏，或其中一个局部的计算机生成的图像，这表明可以通过修改视图克服根据专利法第 171 条作出的驳回。审查员就修改提出建议，使申请人的权利要求符合专利法第 171 条的规定。

（C）指出公开内容中所有不符合专利案件实务规则的形式缺陷。参见专利法实施细则 1.71、1.81 至 1.85，和 1.152 至 1.154 的规定。审查员可就上述缺陷的修改提出建议，使得修改后的文件符合《专利案例操作规则》的形式要求。

（D）收到申请人的答复后：

（1）在原有文件中加入申请人所作的修改；

（2）审查申请人的所有答辩意见和包括任何修改在内的完整记录，以确认该视图、产品名称和说明书是否清楚地披露了计算机生成的图像体现于电脑屏幕、监视器、其他显示屏，或其中一个局部。

（E）如果申请人的证据足以表明（参见案例：*In re Oetiker*，977 F. 2d 1443，1445，24 USPQ2d 1443，1444（Fed. Cir. 1992））（"申请人提交证据和陈述意见之后，审查员基于全部的文件，以及提交证据的影响力和意见陈述的说服力来确定该申请是否可享专利性。"）该计算机生成的图像体现于电脑屏幕、监视器、其他显示屏，或其中一个局部，则审查员应撤回根据专利法第 171 条所作出的驳回。

Ⅱ．审查指南对于外观设计专利申请中涉及计算机生成的图像的效力

专利商标局工作人员应遵循上面规定的程序审查自 1996 年

4 月 19 日起提交专利商标局的关于计算机生成的图像的外观设计专利申请。

Ⅲ. 字体的处理

历史上，字体由物理字模产生，物理字模生产了字母和符号。与之相应，专利商标局在历史上对于涉及字体的外观设计授予专利。美国专利商标局的审查员不应以现代排版方法包括计算机生成的字体不再依赖于物理字模而存在为由，以不符合专利法第 171 条关于工业品的要求拒绝授予专利。

Ⅳ. 计算机生成的可变化的图像

计算机生成的图像包括外表变化的图像，可以是外观设计专利保护的客体。此类专利可以通过在两幅或更多的视图中显示。这样的图像通过依次顺序观看而被理解，当一幅图变化到另一幅图的过程中没有装饰性的内容发挥作用。说明书中必须包含描述性声明来说明该外观设计的变化本质，并且清楚地说明视图中没有显示的内容不是该外观设计要求保护的范围。以下列举了此类描述性声明：

"该专利的主题包括从一幅图像变化到另一幅图像的过程。这个变化过程本身并不构成要求保护的内容；

"视图 1 至视图 8 中的图像显示了过渡图像依次变化的外表。从一幅图像过渡到另一幅图像的过程并不构成要求保护的内容；

"视图 1 至视图 8 中的图像显示了过渡图像依次变化的外表。从一幅图像过渡到另一幅图像的过程与装饰性的内容没有关联。"

1504. 01 （b） 外观设计中包含多件产品或单件产品的多个部分 [R-5]

尽管根据专利法第 171 条的规定要求保护的外观设计必须应用于工业品，它可能包含多件产品或单件产品的多个部分。参见案例：*Ex parte Gibson*，20 USPQ 249（Bd. App. 1933）。当外观设计中包含多件产品时，外观设计的名称必须清楚地将其定义为一个整体（例如，套、对、组合、单元、集合）。说明书中应当包含描述性声明，并且清楚地说明要求保护的外观设计涉及视图中所显示的产品的整体外观。如果独立的部件显示在一幅单独的视图中，这些部件必须以括号"}"显示。要求保护的外观设计也可以包含单件产品的多个部分，其中产品用虚线表示，要求保护的部件用实线表示。这样的情况，不需要用括号标注。参见审查指南 1503. 01。

1504. 01 （c） 缺乏装饰性 [R-5]

I. 功能性与装饰性

装饰性特征或设计被定义为"以装饰为目的而创造的"，而不是基于功能或机械方面考虑的结果或"仅仅是其副产品"。（参见案例：*In re Carletti*，328 F. 2d 1020，140 USPQ 653，654（CCPA 1964）；以及案例：*Blisscraft of Hollywood v. United Plastic Co.*，189 F. Supp. 333，337，127 USPQ 452，454（S. D. N. Y. 1960），*aff'd*，294 F. 2d 694，131 USPQ 55（2d Cir. 1961）。很明显，产品的装饰性必须是发明者有意为之的结果，正如专利法第 171 条所规定的那样，外观设计专利只能授

予"创造任何适用于工业品的新颖的、原创和具有装饰性的外观设计的人。"因此，外观设计要满足专利法第171条所述之装饰性的要求，<u>必须</u>是"为装饰性目的而创造的"。参见案例：*In re Carletti*，328 F. 2d 1020，1022，140 USPQ 653，654（CCPA 1964）。

能够授予专利的外观设计必须"主要起装饰作用"。判断一件外观设计是功能性为主还是装饰性为主，必须从整体观察要求保护的外观设计，因为判断要求保护的外观设计是否为产品的功用所支配时，最终的问题不是每一个独立特征的功能性或装饰性，而是产品的整体外观。参见案例：*L. A. Gear Inc. v. Thom McAn Shoe Co.* ，988 F. 2d 1117，1123，25 USPQ2d 1913，1917（Fed. Cir. 1993）. 在 *Norco Products, Inc. v. Mecca Development, Inc.* ，617 F. Supp. 1079，1080，227 USPQ 724，725（D. Conn. 1985）一案中，法院认为："以功能性为主的发明不应作为外观设计而授予专利。"

对外观设计装饰性的判定并不是基于装饰性特征的大小所作的定量分析，而是基于它们在整个外观设计中对装饰性所作的贡献。

尽管对于装饰性的判定必须以整个外观设计为基础，而"在判断一件外观设计是否以功能性为主时，该外观设计的每个特定部分的功用都必须加以考虑"。参见案例：*Power Controls Corp. v. Hybrinetics, Inc.* ，806 F. 2d 234，240，231 USPQ 774，778（Fed. Cir. 1986）。在 *Smith v. M & B Sales & Manufacturing*，13 US-PQ2d 2002，2004（N. D. Cal. 1990）一案中，法院主张：如果"将产品组合起来并呈现于市场上的重要决定主要出于装饰性的考虑"，这一信息可能确定该外观设计具有装饰性。

"然而一件产品或其部件的功能性与一件特定产品或其部件的外观设计所实现的功能之间是有区别的。"参见案例：*Avia Group International Inc. v. L. A. Gear California Inc.*，853 F. 2d 1557，1563，7 USPQ2d 1548，1553（Fed. Cir. 1988）。这个区别必须划定在装饰性设计和应用它的产品之间。不能仅仅因为工业品看起来以功能性为主就认定该产品的外观设计缺乏装饰性。

II. 确立根据专利法第 171 条驳回的初步证据

根据专利法第 171 条的规定，基于缺乏装饰性而驳回要求保护的外观设计，审查员必须初步证明要求保护的外观设计缺乏装饰性并且为事实认定提供充分的证据。在 *In re Oetiker*，977 F. 2 d 1443，1445，24 USPQ2d 1443，1444（Fed. Cir. 1992）一案中，法院认为"在对现有设计进行审查后或是基于其他基础，审查员承担着提供不能授予专利权的初步证据的责任"。

根据专利法第 171 条的规定，以要求保护的外观设计缺乏装饰性为由作出驳回的恰当的证据是基于外观设计本身的外观作出的评价。审查员对于相关领域的知识、申请人对于审查员质询信函的答复、对外观设计的功能/机械特征着重说明的小册子、类似发明专利的说明书（申请人或其他发明人的），或者说明书提供的信息均可以用于对该外观设计的补充分析。如果该外观设计适用于特定的机械产品，关于该外观设计的外观由其功能所支配因而缺乏装饰性的分析应当得到有关发明专利或外观设计功能方面的其他信息的佐证。如果该外观设计适用于惯常物品，例如曲别针，则关于该外观设计缺乏装饰性的分析和解释应当详细而具体。审查员关于要求保护的外观设计的特定外观缺乏装饰性的观点可能得到法院在 *In re Carletti, et al.*，328 F. 2d 1020，140 USPQ 653，654（CCPA 1964）一案中观点的支持，法院认为，一个可享专利性的外观设计应当是"以装饰为目的而创造的"并体现于工业品中。是否缺乏装饰性必须以个案为基础进行判断。

基于审查员对所属领域的经验或申请文件自身提供的信息所得到的产品在最终使用中不可见的认知不应被当作外观设计的功能属性的初步证据。参见案例：*Seiko Epson Corp. v. Nu - Kate Int1 Inc.*，190 F. 3d 1360，52 USPQ2d 1011（Fed. Cir. 1999）。"产品在'正常使用'过程中是可见的并不是专利法第 171 条所述的法定必要条件，而是为法院判断该专利特征是否具有装饰性时提供的指南。参见案例：*Larson v. Classic Corp.*，683 F. Supp. 1202，7 USPQ2d 1747（N. D. Ill. 1988）。如果有充分的证据表明一件特定的外观设计"很明显希望在出售时引人关注，而在最终使用中同样是不可见的"，则并不必然根据专利法第 171 条将其驳回。参见案例：*In re Webb*，916 F. 2d 1553，16 US-PQ 2d 1433（Fed. Cir. 1990）*In re Webb*，916 F. 2d 1553，16 USPQ 2d 1433（Fed. Cir. 1990）。仅凭产品在最终使用中不可见这一事实，不足以作为根据专利法第 171 条将该申请驳回的根据，但是这个信息可以为认定该外观设计不具有装饰性提供额外证据。如上所述，根据专利法第 171 条的规定，以权利要求缺乏装饰性而作出驳回的唯一根据就是在考虑其他信息的情况下，对外观设计本身所作出的评价。

根据专利法第 171 条的规定，以权利要求缺乏装饰性为由作出驳回的恰当的证据包括：（A）本领域的公知常识；（B）外观设计本身的外观；（C）相关发明专利的说明书；或（D）说明书中提供的信息。

根据专利法第 171 条的规定由于缺乏装饰性而作出的驳回

必须有证据支持，<u>不能在缺乏此类证据的情况下作出驳回</u>。

Ⅲ. 根据专利法第 171 条作出驳回

基于恰当的初步证据，根据专利法第 171 条的规定因缺乏装饰性而作出的驳回包含两种情况：

（A）基于证据记录，在最终使用过程中可见的外观设计主要是功能性的；或者

（B）外观设计在通常或者预期的用途中不可见，这表明该外观设计的外观并不为人所关注。参见案例：*In re Stevens*，173 F. 2d 1015，81 USPQ 362（CCPA 1949）；*In re Webb*，916 F. 2d 1553，16 USPQ 2d 1433（Fed. Cir. 1990）。

当审查员在案件中已经确立缺乏装饰性的初步证据，"随后的举证和答辩责任就转移至申请人"。参见案例：*In re Oetiker*，977 F. 2d 1443，1445，24 USPQ2d 1443，1444（Fed. Cir. 1992）。根据专利法第 171 条的规定因缺乏装饰性拟作出的驳回可以被发明人或者委托设计的公司代表提供的证据所克服，只要上述证据表明相关外观设计是出于"装饰的目"的而创造的。参见案例：*In re Carletti*，328 F. 2d 1020，140 USPQ 653（CCPA 1964）。代理律师的答辩不能代替证据。当审查员在案件中确立了不具有装饰性的初步证据，申请人对提交相反证据以反驳审查员负有责任。参见案例：*Ex parte Webb*，30 USPQ2d 1064，1067 – 68（Bd. Pat. App. & Int. 1993）。标准语段 15.08 或 15.08.01 可以用于因缺乏装饰性，以不符合专利法第 171 条的规定而驳回该权利要求。

15.08　缺乏装饰性（产品在最终使用中是可见的）

根据专利法第 171 条的规定，权利要求因缺乏装饰性，不属于法定保护客体而被驳回。能够授予专利的外观设计必须是

"以装饰产品为目的而创造的",并体现于产品中。参见案例:*In re Carletti*,328 F. 2d 1020,140 USPQ 653(CCPA 1964)。

以下证据建立了缺乏装饰性的初步证据:[1]

申请人可根据专利法实施细则 1.132 提出的宣示书或声明中表明该外观设计是装饰性的:

(a)声明产品的外观设计考虑了装饰性;以及

(b)确定该外观设计哪些部分是出于装饰的考虑而创造的。

委托设计的公司代表也可根据专利法实施细则 1.132 提交的书面陈述或声明,通过陈述创造该外观设计背后的动因,表明该外观设计具有装饰性。

代理律师的答辩并不能代替确认该权利要求具有装饰性的证据。参见案例:*Ex Parte Webb*,30 USPQ2d 1064,1067 – 68(Bd. Pat. App. & Inter. 1993)。

审查员注意:

括号[1]中,填入缺乏装饰性的证据来源,例如发明专利、宣传册、对询问的答复等。

15.08.01 缺乏装饰性(产品在通常或预期的用途中不可见)

根据专利法第 171 条的规定,权利要求因相关外观设计缺乏装饰性,不属于法定保护客体而被驳回。申请人的[1],自它的出现以来,在其商品寿命中没有一个阶段它的装饰性为人所关注。参见案例:*In re Webb*,916 F. 2d 1553,1558,16 US-PQ2d 1433,1436(Fed. Cir. 1990);以及案例:*In re Stevens*,173 F. 2d 1015,81 USPQ 362(CCPA 1949)。

以下证据建立了缺乏装饰性的初步证据:[2]

为克服缺陷,需要提供以下两种类型的证据:

(1)证明使用该外观设计的产品的装饰性在其商品寿命的

某一阶段中被关注过，包括能够表明销售期间购买者有可能关注过其装饰性等证据。例如，呈现了产品装饰性外观，而非仅仅是起识别或是说明作用的广告或目录的样本；以及

（2）表明该外观设计具有装饰性的证据。这类证据应当证明外观设计中的"装饰想法"，并且应当在根据专利法实施细则 1.132 的规定由申请人在宣誓或声明中提出：

（a）声明产品的设计考虑了装饰性；以及

（b）确定该外观设计哪些部分是出于装饰的考虑而创造的。

委托设计的公司代表也可根据专利法实施细则 1.132 的规定提交书面陈述或声明，通过陈述创造该外观设计背后的动因，表明该外观设计具有装饰性。

代理律师的答辩并不能代替确认该权利要求具有装饰性的证据。参见案例：Ex Parte Webb, 30 USPQ2d 1064, 1067 – 68 (Bd. Pat. App. & Inter. 1993)。

审查员注意：

1. 括号［1］中，填入体现该外观设计的名称。

2. 括号［2］中，填入缺乏装饰性的证据来源，例如发明专利、宣传册、对询问的答复等。

IV. 克服因缺乏装饰性根据专利法第 171 条作出驳回的缺陷

因缺乏装饰性根据专利法第 171 条作出的驳回可以通过以下方式克服：

（A）申请人或者委托设计的公司代表根据专利法实施细则 1.132 提交的宣誓或声明，明确且深入地阐明该外观设计的特征或局部的设计的创造：

（1）关注于增加产品的销售价值或提高产品销量。参见案例：*Gorham Manufacturing Co. v. White*, 81 U. S. （14 Wall）511

（1871），或者

（2）主要关注于产品的美感。

（B）广告中强调体现要求保护的外观设计的产品的装饰性的，可以作为反驳驳回决定的证据。参见案例：*Berry Sterling Corp. v. Pescor Plastics Inc.*，122 F. 3d 1452，43 USPQ2d 1953（Fed. Cir. 1997）。

（C）外观设计的装饰性外表不同于现有设计，以及试图建立或维持消费者对体现该外观设计的产品的认知度。参见案例：*Seiko Epson Corp. v. Nu – Kote Int'l Inc.*，190 F. 3d 1360，52 US-PQ2d 1011（Fed. Cir. 1999）。

（D）证据也可以由委托设计的公司代表提供，其通过陈述创造该外观设计背后的动因，表明该外观设计具有装饰性。

（E）当驳回决定主张该外观设计仅仅是出于功能性考虑时，可以提交其他可供选择的实现同样功能的外观设计，表示要求保护的外观设计并非仅仅出于功能性的考虑。参见案例：*L. A. Gear Inc. v. Thom McAn Shoe Co.*，988 F. 2d 1117，25 USPQ2d 1913（Fed. Cir. 1993）。

（F）当驳回决定主张该产品的整个生命周期中并未考虑过其装饰性，申请人必须证明"产品的外观设计被'关注过'，因为产品从生产、安装到最终使用过程中的某一阶段该产品是可见的"。参见案例：*In re Webb*，916 F. 2d 1553，1558，16 USPQ2d 1433，1436（Fed. Cir. 1990）。

代理律师的辩解并不能代替确认该权利要求具有装饰性的证据。参见案例：*Ex parte Webb*，30 USPQ2d 1064，1067 – 68（Bd. Pat. App. & Inter. 1993）。

V. 评估为克服根据专利法第 171 条作出的驳回而提交的证据

为克服根据专利法第 171 条的规定作出的驳回中涉及缺乏装饰性的缺陷，申请人必须证明他或她是以"装饰为目的"而创造该外观设计的，正如法庭在 *In re Carletti*，328 F. 2d 1020，1022，140 USPQ 653，654（CCPA 1964）一案中所要求的那样。

仅仅在贸易展会上展示应用该外观设计的产品或该产品被收入产品目录中是不足以确立装饰性的。参见案例：*Ex parte Webb*，30 USPQ2d 1064（Bd. Pat. App. & Inter. 1993）。证据中必须包含对外观设计装饰性的明确具体的表示，这样的证据才对推翻认定该外观设计缺乏装饰性的初步证据具有份量。参见案例：*Berry Sterling Corp. v. Pescor Plastics Inc.*，122 F. 3d 1452，43 USPQ2d 1953（Fed. Cir. 1997）。

审查员必须根据整体设计来评估申请人提交的证据以确定该要求保护的外观设计是否以装饰性为主。必须注意，这种判定不是建立在装饰性特征的大小或数量的基础上，而是基于其对该外观设计的整体外观所发挥的影响。

根据专利法第 171 条作出的驳回中，如驳回的根据是该外观设计在最终使用过程中的不可见性，则申请人必须证明"产品的外观设计是'被关注的'，因为在其制造或装配与最终使用之间的某个环节上该产品是可见的。"参见案例：*In re Webb*，916 F. 2d 1553，1558，16 USPQ2d 1433，1436（Fed. Cir. 1990）。这种关注可通过提交相关证据来证明，这些证据主要是潜在或实际客户/使用者的声明，表明他们在产品的生命周期中关注过产品的装饰性。除非申请人与外观设计的使用者一道直接参与该外观设计产品的销售，否则其不可能提交关于购买/选择该外观设计产品因素的真正证据。

当申请人证明该外观设计的装饰性在某一时段"被关注过",则必须判断在此期间,要求保护的外观设计是否以装饰性为主。参见案例:*Larson v. Classic Corp.*, 683 F. Supp. 1202, 7 USPQ2d 1747(N. D. Ⅲ. 1988)。正如法院在 *In re Carletti*, 328 F. 2d 1020, 1022, 140 USPQ 653, 654(CCPA 1964)一案中所要求的那样,外观设计在其商业化过程中的可见性不足以证明其是出于装饰的目的而创作的。审查员应在判定装饰性时遵循以上标准。

"仅出于克服装饰性的原因,将一个在此之前隐藏的外观设计特征置于一层透明的遮盖物下的做法是不能满足可见性的〔指导方针〕——以免该规则变得没有意义。"参见案例:*Norco Products Inc. v. Mecca Development Inc.*, 617 F. Supp. 1079, 1081, 227 USPQ 724, 726(D. Conn. 1985)。申请人不能仅在可能性的基础上对要求保护的外观设计提供其具有装饰性的事实证据。

如果该外观设计产品在最终使用过程中是被隐藏的,要克服根据专利法第 171 条作出的驳回必须使要求保护的外观设计满足可见性以及其出于装饰的目的而创造的要求。

1504.01 (d) 模仿

根据专利法第 171 条的规定,能授予专利权的外观设计必须是"原创的"。显然,模仿已经存在的物品或人物的外观设计不是"原创的",不符合法定要求。最高法院在 *Gorham Manufacturing Co. v. White*, 81 U. S.(14 Wall)511(1871)中将外观设计描述为"专利权给予发明或者制造的东西""随意选择一种著名的建筑形式，将之适用于玩具、墨水瓶架、镇纸等，依我看来，丝毫不能显示出其蕴涵着创造的实践"。参见案例：*Bennage v. Phillippi*，1876 C. D. 135，9 O. G. 1159（Comm'r Pat. 1876）。这一逻辑被 CCPA 在 *Smith*，25 USPQ 359，360，1935 C. D. 565，566（CCPA 1935）一案中进一步重申：在维持对玩偶的权利要求作出的驳回决定时，其认为"采用自然形式，以自然的形态……并不构成发明。"这一前提也应用于 *Smith*，25 US-PQ 360，362，1935 C. D. 573，575（CCPA 1935）一案中，该案认为"单纯模仿婴儿的本质特征，并未体现出任何独特的风格或与婴儿的外观有任何不同的玩偶"是不能授予专利权的。

因此，对于模仿著名的或自然的物品或人物的外观设计，应根据专利法第 171 条的规定，因为其缺乏原创性，不属于法定的保护客体而驳回该权利要求。可适用标准语段 15.08.02。如果可能，审查员依次驳回权利要求时应当提供证据，例如人或天然的物品的外观，以便与要求保护的外观设计进行比较。可适用标准语段 15.08.03。如果审查员根据现有设计认为要求保护的外观设计是显而易见的，则可以根据专利法第 102 条或者第 103 条（a）或同时引用这两项条驳回该权利要求。参见案例：*In re Wise*，340 *F. 2d* 982，144 *USPQ* 354（*CCPA* 1965）。

15.08.02　模仿（整个物品）

权利要求因缺乏原创性，属于专利法第 171 规定的不给予保护的客体，驳回该权利要求。该外观设计只是对［1］的简单模仿，申请人并没有创新。参见案例：*In re Smith*，25 USPQ 359，360，1935 C. D. 565，566（CCPA 1935）；以及案例：*In re Smith*，25 USPQ 360，362，1935 C. D. 573，575（CCPA 1935）；以及 *Bennage* v. *Phillippi*，1876 C. D. 135，9 O. G. 1159。

审查员注意：

1. 括号［1］中，填入被模仿的物品或人物的名称，例如白宫、玛丽莲·梦露、未进行任何设计或夸张变换的动物、用作镇纸的石头或贝壳等。

2. 当引证的证据中显示了被模仿的物品或人物时，本段后应引用标准语段 15.08.03。

15.08.03　解释用于支持因模仿作出的驳回所引用的证据

申请人的设计与［1］中的本质外观没有任何区别。这份资料并不是驳回的根据，而仅仅是作为［2］的常见或典型外观的代表，使得权利要求可以与其模仿物之间进行比较。

审查员注意：

1. 括号［1］中，填入被模仿的物品或人物的名称以及来源（专利、出版物等）。

2. 括号［2］中，填入被模仿的物品或人物的名称。

1504.01　(e)　违反公序良俗的客体

外观设计申请中公开的客体可能被认定为冒犯了任何种族、宗教、性别、种族、部落，或国家，例如那些包括夸张或描绘的，这些申请因其不属于法定的保护客体，将根据专利法第171条（d）款的规定被驳回。参见审查指南608。可适用标准语段 15.10。

15.10　违反公序良俗的客体

申请中公开的内容及其权利要求因违反公序良俗，根据专利法第171条的规定，不属于外观设计专利的保护客体，驳回该权利要求。这类客体不符合专利法第171条的法定要求。并且，由于专利法实施细则1.3规定禁止提交缺乏礼貌和不得体的文件，其中包括被认定为具有冒犯性的说明书、视图和/或权利要求中的夸张性描绘，以上列举的客体也明显违背了专利法实施细则 1.3 的规定。参见审查指南 608。

1504.02 新颖性 [R-2]

专利法第 102 条 可享专利性的条件、新颖性和专利权的丧失。除非有下列情形之一，一个人有权获得专利：

（a）在专利申请人的发明以前，该发明在本国已经为他人所知或使用，或者在本国或外国已经有人获得专利，或者在印刷出版物上已经有叙述的；

（b）在美国申请专利之日以前，该发明在本国或外国已有人获得专利，或者在印刷出版物上已有叙述，或者在本国公开使用或销售，已逾 1 年的；

（c）本人已经放弃该发明的；

（d）该发明已经首先由申请人、他的法定代理人或者受让人在外国获得专利，或者使他人获得专利，或者成为发明人证书的主题，而向外国提交的关于专利或发明人证书的申请之日是在美国提交申请之日以前，而且已超过 12 个月的；

（e）该发明在下列申请或专利中已有叙述的：（1）在专利申请人的发明之前，他人在美国提交并根据第 122 条（b）款公布的专利申请，或者（2）在专利申请人的发明以前，根据他人在美国提交的专利申请而授予的专利，但根据第 351 条（a）款定义的条约所提交的国际申请，只有在该申请指定美国，并根据该条约第 21 条（2）款以英语予以公布的，才有本款所述的在美国提交的申请的效力；

（f）请求授予专利的主题并非自己发明的；

（g）（1）在根据第 135 条或第 291 条进行的抵触程序期间，涉案的另一发明人证实，在第 104 条允许的限度内，该发明人在此人的抵触发明以前，已经作出了该发明，并且没有放弃、压制，或者隐瞒，或者

（2）在此人的抵触发明以前，另一发明人已在本国作出了该发明，并且没有放弃、压制或隐瞒。在根据本款确定发明的先后顺序时，不仅应考虑发明的各自的构思和付诸实施的日期，而且还应考虑最先构思而最后付诸实施的人在另一人构思之前已有的适度勤勉。

专利法第 172 条　优先权

就外观设计而言，专利法第 119 条（a）至（d）款所说的优先权和第 102 条（d）款规定的时间为 6 个月。专利法第 119 条（e）款所规定的优先权不适用于外观设计专利。

根据专利法第 102 条判断新颖性的标准由法院在 *In re Bartlett*，300 *F. 2d* 942，133 *USPQ* 204（*CCPA* 1962）一案中确立。"当普通观察者认为此新设计是一项不同的、不是在对已有设计进行简单修改基础上作出的新设计时，即可认为此设计［与以往设计］不同，满足新颖性的要求。"300 F. 2d at 943，133 USPQ at 205（引自 Shoemaker，外观设计专利，第 76 页）。对于外观设计专利申请，确定其相对于现有设计的新颖性所适用的标准与发明专利申请相同。即引证文献"必须（与该专利申请）在所有实质方面均相同"。参见案例：*Hupp v. Siroflex of America Inc.*，122 *F. 3d* 1456，43 USPQ2d 1887（Fed. Cir. 1997）。

在判断新颖性时，"普通观察者"的测试不需要要求保护的外观设计和现有设计属于类似的技术领域。参见案例：*In re Gla-*

vas, 230 F. 2d 447, 450, 109 USPQ 50, 52（CCPA 1956）。根据专利法第 102 条的"普通观察者"不具备任何设计领域的知识，因此并不需要涉及近似领域的现有设计。这使得专利法第 102 条与专利法第 103 条（a）款不同，后者需要判断要求保护的外观设计对于"本领域普通技术人员"来说是否显而易见。

当要求保护的外观设计因不符合专利法第 102 条的规定，即相对于现有设计不能被授予专利权时，不能取决于该外观设计功能性的和/或在最终使用过程中不可见等特征支持它是否可享专利性。参见案例：*In re Cornwall*, 230 F. 2d 447, 109 USPQ 57（CCPA 1956）；以及案例：*Jones v. Progress Ind. Inc.* , 119 US-PQ 92（D. R. I. 1958）。另外，对于因不符合专利法第 102 条而被驳回的专利申请，在判断外观设计是否可享专利性时，仅仅出于功能考虑而导致的差异并不能推翻其不具有新颖性的结论。参见案例：*Black & Decker, Inc. v. Pittway Corp.* , 636 F. 2d 1193, 231 USPQ 252（N. D. I11. 1986）。

只要审查员有适当的证据来初步认定外观设计的功能性和/或不可见的特征缺乏装饰性，就不必利用现有设计来证明此外观设计的所述功能性和/或不可见的特征是已有的。如果申请人希望以功能性和不可见的特征作为可被授予专利的基础，在考虑这些特征对外观设计是否可被授予专利权的影响程度之前，必须首先根据专利法第 171 条的规定以相同标准证明其具有装饰性。参见审查指南 1504.01（c）。

根据专利法第 102 条（b）款判断法定禁止时，对于公开使用或出售的法定禁止（参见审查指南 2133.03（e））构成例外的实验目的的使用通常不适用于外观设计。参见案例：*In re Mann*, 861 F. 2d 1581, 8 USPQ2d 2030（Fed. Cir. 1988）。然而，

在 *Tone Brothers*，*Inc. v. Sysco Corp.* ，28 F. 3d 1192，1200，31 US-PQ2d 1321，1326（Fed. Cir. 1994）案件中认为，"从第 102 条（b）款的规定来看，针对同样含有装饰性设计的产品的功能性特征所做的实验可以推翻其构成公开使用的认定"。参见审查指南 2133. 03（e）（6）。

在他国注册的外观设计，无论其在该国是否已被公布，可以根据专利法第 119 条（a）至（d）款和专利法第 102 条（d）项取得专利权。参见案例: *Ex parte Lancaster*，151 USPQ 713（Bd. App. 1965）；*Ex parte Marinissen*，155 USPQ 528（Bd. App. 1966）；*Appeal No.* 239 − 48，*Decided April 30, 1965*，151 USPQ 711，（Bd. App. 1965）；以及案例: *Ex parte Appeal decided Spetember 3*，1968，866 O. G. 16（Bd. App. 1966）。这个规定的理由是: 如果他国专利申请人已获得该国的专利保护，无论这种保护是如何命名的（"专利""注册外观设计"等），只要在美国及时提出申请，就可以享受外国优先权。另外，如果在美国未能及时提出申请，根据专利法第 172 条修正的专利法第 102 条（d）款的规定，就会出现法定禁止的情形。因此为了享受优先权以及避免可能出现的法定禁止的问题，申请人必须在他国申请外观设计专利后的 6 个月内在美国提出外观设计专利申请。同参见审查指南 1504. 10。

各国法律规定存在差异。

下表给出了一些国家外观设计权的生效日 ［INID Code (24)］，根据修正后的专利法第 172 条的规定，也可用于根据专利法第 102 条（d）款作出的驳回决定中。应当注意，在许多国家，专利注册日或授权日就是专利申请日。

外观设计专利

国家或组织	可用于专利法第102条（d）项的日期❶〔INID码（24）〕	注释
AT – 奥地利	外观设计专利保护自公报公布该外观设计之日起	
AU – 澳大利亚	申请日为注册或授权日	
BG – 保加利亚	申请日为注册或授权日	
BX – 比荷卢经济联盟（比利时、荷兰、卢森堡）	法律标准规定的专利申请的完成和规范日	
CA – 加拿大	注册或授权日	
CH – 瑞士	申请日为注册或授权日	最低要求：申请、实物、申请费
CL – 智利	注册或授权日	
CU – 古巴	申请日为注册或授权日	
CZ – 捷克共和国	申请日为注册或授权日	
DE – 德国	注册或授权日	自注册日起，法院可以实施外观设计专利权，尽管其在此之前已生效（从申请日起——按照法律规定）
DK – 丹麦	申请日为注册或授权日	
EG – 埃及	申请日为注册或授权日	
ES – 西班牙	注册或授权日	
FI – 芬兰	申请日为注册或授权日	
FR – 法国	申请日为注册或授权日	

---

❶ 根据世界产权组织协调执行委员会于1994年11月25日召开的第15次会议所采用的"关于外观设计专利申请程序和申请要求，以及审查方法和公布程序的调查"所获得的信息。

续表

国家或组织	可用于专利法第 102 条（d）项的日期❶〔INID 码（24）〕	注释
GB – 英国	申请日为注册或授权日	当一件外观设计完成创造时，根据外观设计专利条款，对该外观设计的保护将自动生效。为应对可能出现的对该外观设计权利的质疑，应当保存好完成该设计的日期的证据。在英国，外观设计专利的首次申请日，或依照签署的条约享有的优先权日为注册日。自注册证书颁发之日起，法院开始实施对该外观设计专利的保护
HU – 匈牙利	注册或授权日	自申请日起往前追溯
JP – 日本	注册或授权日	
KR – 韩国	注册或授权日	
MA – 摩洛哥	申请日为注册或授权日	
MC – 摩纳哥	申请日为注册或授权日	提前公开需交费

❶ 根据世界知识产权组织协调执行委员会于 1994 年 11 月 25 日召开的第 15 次会议所采用的"关于外观设计专利申请程序和申请要求，以及审查方法和公布程序的调查"所获得的信息。

续表

国家或组织	可用于专利法第102条（d）项的日期❶〔INID码（24）〕	注释
NO－挪威	申请日为注册或授权日。	
OA－非洲知识产权组织（OAPI）（贝宁、布基纳法索、喀麦隆、中非共和国、乍得、刚果、科特迪瓦、加蓬、几内亚、马里、毛里塔尼亚、尼日尔、塞内加尔、多哥）	申请日为注册或授权日	
PT－葡萄牙	注册或授权日	
RO－罗马尼亚	申请日为注册或授权日	
RU－俄罗斯联邦	申请日为注册或授权日	
SE－瑞典	注册或授权日	
TN－突尼斯	申请日为注册或授权日	
TT－特立尼达和多巴哥	申请日为注册或授权日	
WO－世界知识产权组织（WIPO）		根据条例（有待完善）14.2，申请人应当在提交所需的申请文件以确定国际申请日。包括根据第12条规定提交的复制品、样品、模型，以及规定费用

---

❶ 根据世界知识产权组织协调执行委员会于1994年11月25日召开的第15次会议所采用的"关于外观设计专利申请程序和申请要求，以及审查方法和公布程序的调查"所获得的信息。

如果审查员发现申请人是在外国提交申请6个月之后才向美国提出专利申请，根据专利法第172条修正的专利法第102条（d）款规定，该申请将被驳回。如果根据美国的申请记录或者前述各章提供的信息仍不能确定申请人在外国提交的专利申请是否得到批准，则应当在第一次审查意见通知书中指出申请中存在的如下问题：

15.03.01　在美国提出专利申请6个月之前提交了国外申请

申请人在声明中承认在提出该专利申请的6个月之前曾提交向［1］申请。在此提醒申请人如果在提出该专利申请前，其已在［2］获得专利保护，根据专利法第172条的规定，上述情形构成专利法第102条（d）款中规定的对美国外观设计专利授权的法定禁止。

审查员注意：

括号［1］和［2］中，填入提交申请的国家名称。

以下标准语段可用于根据专利法第102条作出的驳回：

15.11　专利法第102条（a）款驳回

本发明已在国内被公开或被他人使用，或者已在国内外被授予专利或在出版物上公开，因此根据专利法第102条（a）款驳回该权利要求。

15.12　专利法第102条（b）款驳回

申请人在美国提出专利申请之日起1年之前，本发明已在国内外授予专利或在出版物上公开，或者已在国内已被公开使用或出售，因此根据专利法第102条（b）款驳回该权利要求。

15.13　专利法第102条（c）款驳回

申请人已放弃该发明，因此根据专利法第102条（c）款驳回该权利要求。

15.14　专利法第 102 条（d）款/专利法第 172 条驳回

申请人在美国提出专利申请之日起 12 个月之前，本发明已被申请人、其法定代表人或其受让人在外国获得专利权，因此根据专利法第 172 条修正的专利法第 102 条（d）款驳回该权利要求。

15.15　专利法第 102 条（e）款驳回

在发明人申请专利之前，本发明已被他人在美国获得授权的专利所公开，因此根据专利法第 102 条（e）项驳回该权利要求。

15.16　专利法第 102 条（f）款驳回

申请人本人不是本专利申请的发明人，因此根据专利法第 102 条（f）款驳回该权利要求。

15.17　专利法第 102 条（g）款驳回

在申请人完成本发明之前，他人已在本国完成同样的发明，且并未放弃、隐瞒或隐藏该发明，因此根据 15.17 专利法第 102 条（g）款驳回该权利要求。

15.24.05　相同的权利要求：共同受让人

本权利要求与待审专利申请号［1］的权利要求属于相同的发明。必须解决专利法第 102 条（g）款规定的优先顺序和专利法第 102 条（f）款规定的单一性问题。由于专利商标局通常不会对专利申请或专利与共同所有的专利申请之间启动抵触程序（参见审查指南 2302），受让人需要声明谁才是发生冲突的客体的在先发明人。在这种情况下做出有期限的放弃是没有意义的，因为根据专利法第 102 条（f）款或者专利法第 102 条（g）款驳回一个以上专利的基础是发明完成的顺序，而非垄断期的延伸。无法满足这一要求将导致放弃本专利申请。

以下语段可用于对于根据专利法第 102 条（a）（b）（d）

或（e）款作出的驳回的解释：

15.15.01　对于根据专利法第 102 条（a）（b）（d）或（e）款作出的驳回的解释

[1] 的形状和外观与要求保护的外观设计相同，参见案例：*Hupp v. Siroflex of America Inc.*，122 *F*. 3*d* 1456，43 *USPQ*2*d* 1887（*Fed. Cir.* 1997）。

审查员注意：

1. 本语段用于 15.11、15.12、15.14 或 15.15 之后，解释驳回的根据。

2. 括号 1 中，指明针对要求保护的外观设计引证的文献。

以下标准语段可用于当共同发明人和/或受让人提出专利申请并且早于本权利要求的有效美国申请日，或者本权利要求已经披露但未要求外观设计专利保护时，根据专利法第 102 条（e）款作出的驳回：

15.15.02　专利法第 102 条（e）款临时驳回——要求保护的外观设计已经由共同发明人和/或受让人在另一申请文件中披露但并未要求保护

本权利要求为共同 [2] 提出的共同待审的第 [1] 号申请文件中可预见的，根据专利法第 102 条（e）款临时驳回该权利要求。

由于发明主体不同，并且共同待审的申请拥有较早的有效美国申请日，如果公告或者授予专利权，根据专利法第 122 条（b）款则该共同待审的申请构成了专利法第 102 条（e）款所称的在先设计。根据专利法第 102 条（e）款作出的临时驳回决定是基于对共同待审的申请在未来被公告并授权的推定。

由于本申请要求保护的外观设计与 [3] 要求保护不是同样的发明，审查员建议（申请人）通过下述方式克服临时驳回决定：（A）根据专利法实施细则 1.132 证明对比设计来自于本申请的设计人而非"其他人"的发明；（B）证明本发明的临时申请日早于根据专利法实施细则 1.131 所引用的对比文件的有效美国申请日；（C）根据专利法第 119 条要求优先权，并提交一份在先申请日早于对比文件申请日的优先权文件副本已满足专利法第 112 条第 1 款的要求；或者（D）通过修改本申请的说明书使其包含一件针对对比设计的在先申请，或者根据专利法实施细则 1.76 通过提交一份申请资料表，包含根据专利法实施细则 1.78（a）提交的一件针对对比设计的在先申请，并确定该在先申请满足专利法第 112 条第 1 款的要求。

该驳回决定不能因最终放弃权利要求而被克服。参见案例：*In re Bartfeld*，925 F. 2d 1450，17 USPQ2d 1885（Fed. Cir. 1991）。

审查员注意：

1. 该标准语段用于因存在另一件具有更早的申请日的共同待审申请（发明或外观设计）而作出的驳回决定。在该申请中披露了（但未要求保护）要求保护的发明，并且尚未根据专利法第 122 条授权或公开。该共同待审申请必须有一个共同受让人或至少有一个共同发明人。

2. 只有当对比文献是直接由美国授权的专利，或者是间接来申请日在 2000 年 11 月 29 日之前提出的国际申请时，可以使用《美国发明人保护法案》（第 7.12 款）修订的专利法第 102 条（e）款确定对比文献的在先设计日。当对比文献是直接由美国授权的专利，或者是间接来申请日在 2000 年 11 月 29 日之前提出的进入国家阶段的国际申请（根据专利法第 371 条的申请），或者根据专利法第 120 条，第 121 条，或者第 365 条（c）款提出的申请日在 2000 年 11 月 29 日之前的国际申请的继续申请，可以使用修订前的《美国发明人保护法案》（第 7.12.01 款）。参见审查员注意中标准语段 7.12 和 7.12.01 来确定专利法第 102 条（e）款的日期。

3. 括号 2 中，填入发明人或受让人。

15.15.03 专利法第102条（e）款临时驳回——要求保护的外观设计已被共同发明人和/或受让人在在先外观设计专利申请中提出

本权利要求为共同［2］提出的共同待审的第［1］号申请文件中可预见的，根据专利法第102条（e）款临时驳回该权利要求。

由于发明主体不同，并且共同待审的申请拥有较早的有效美国申请日，如果授予专利权，根据专利法第122条（b）款则该共同待审的申请构成了专利法第102条（e）款所称的在先设计。根据专利法第102条（e）款作出的临时驳回决定是基于对共同待审的申请在未来被授权的推定。可以通过放弃在先共同待审的申请，克服驳回决定。

审查员注意：

1. 括号2中，填入发明人或受让人。

2. 该标准语段之前必须使用标准语段15.24.05，通知申请人根据专利法第102条（f）／（g）款可享专利性的问题仍然存在。

15.15.04 专利法第102条（e）款驳回——已在另一专利中披露但并未要求保护

本权利要求为第［1］号专利中可预见的，根据专利法第102条（e）款驳回该权利要求。

由于发明主体不同，并且对比文件拥有较早的有效美国申请日，根据专利法第102条（e）款构成了在先设计。

由于本申请要求保护的外观设计与第［2］号专利要求保护的不是同样的发明，审查员建议（申请人）通过下述方式克服驳回决定：（A）根据专利法实施细则1.132证明对比设计来自于本申请的设计人而非"其他人"的发明；（B）证明本发明的临时申请日早于根据专利法实施细则 1.131 所引用的对比文件的有效美国申请日；（C）根据专利法第 119 条要求优先权，并提交一份在先申请日早于对比文件申请日的优先权文件副本已满足专利法第 112 条第 1 款的要求；或者（D）通过修改本申请的说明书使其包含一件针对对比设计的在先申请，或者根据专利法实施细则 1.76 通过提交一份申请资料表，包含根据专利法实施细则 1.78（a）提交的一件针对对比设计的在先申请，并确定该在先申请满足专利法第 112 条第 1 款的要求。

该驳回决定不能因最终放弃权利要求而被克服。参见案例：*In re Bartfeld*, 925 F. 2d 1450, 17 USPQ2d 1885（Fed. Cir. 1991）。

审查员注意：

1. 此标准语段适用于要求保护的设计已经在在先提出的外观设计或者发明专利的视图中披露，但未要求保护的情况。要求保护的设计已经在在先提出的外观设计或者发明专利的视图中披露，最常出现的情形是对保护客体的变形（产品的局部或一部分），其与要求保护的应用该外观设计的产品或其组合不同，则可授予专利。它也可以是在先申请文件中用虚线表示的不要求保护的内容。

2. 括号 1 和 2 中，填入专利号。

以下标准语段，可在适当时用于第二次或之后的通知书中：

15.38　维持驳回

（审查员）认真考虑了陈述意见，但是其对于撤回由于 [1] 而作出的驳回决定并没有说服力。

审查员注意：

括号 1 中，填入驳回的根据。

15.40.01　根据其他法律条款作出的最终驳回

由于 [2]，根据 [1] 再次并最终驳回该权利要求。

审查员注意：

1. 括号 1 中，填入引用的条款。

2. 括号 2 中，填入驳回的理由。

3. 参见审查指南第 700 章中关于"最终驳回"和"最终驳回后的咨询"等段落。

1504.03 非显而易见性 [R-5]

专利法第 103 条 可享专利性的条件；非显而易见的主题

（a）一项发明，虽然未曾——如第 102 条所述——被完全相同地披露过或者叙述过，但是，如果申请专利的主题与现有技术之间的差异是这样的微小，以致在作出发明时，该主题整体对其所属技术领域具有普通技术的人员是显而易见的，则不得授予专利。可专利性不应因作出发明的方式而被否定。

*****

（c）（1）另一人开发的主题，仅根据第 102 条第（e）（f）和（g）款之一或多款的规定，才属于现有技术的，如果该主题和要求保护的发明在该发明作出时，属于同一人所有或者负有必须向同一人转让的义务的，则不影响其根据本条的规定获得专利。

（2）本款中，另一人发明的主题和主张的发明，如果符合下列情形，应视为属于同一人所有或者负有必须向同一人转让的义务：

（A）该项主张的发明是由参加共同研究协议的各方或者代表该参加协议的各方所作出，而该协议在主张的发明作出之日或之前是有效的；

（B）该项主张的发明是作为共同研究协议范围以内所进行

活动的一项成果而作出的；

（C）就该主张的发明提出的专利申请披露了或者经修改后披露了参加共同研究协议的各方的姓名或名称。

（3）第（2）项中，"共同研究协议"意指两个人或两个以上的个人或实体组织，为了在主张的发明所属领域履行实验、开发或者研究工作，而缔结的书面合同、财产授予、或者合作协议。

要求专利保护的外观设计除了需要具有新颖性之外，还必须根据专利法第 103 条（a）款评价其非显而易见性。

I．事实收集

最高法院在审理 *Graham v. John Deere Co.*，383 U. S. 1，148 USPQ 459（1966）一案时概述了用于评估显而易见性的事实调查的基础，其可适用于评估外观设计的专利性：

（A）确定现有技术的范围和内容；

（B）确定要求保护的发明与现有技术之间的区别；

（C）确定本领域的一般技术水平；

（D）评估非显而易见性的任何客观证据（即所谓的"辅助性判断因素"）。

A. 现有设计的范围

根据专利法第 103 条（a）款的规定，用于评估显而易见性的相关现有技术的范围扩展到所有"相近技术领域。"

外观设计和发明专利对于确定相近技术领域的标准基本一致（参见审查指南 904. 01（c）和 2141. 01（a）），*In re Glavas*，230 F. 2d 447，450 109 USPQ50，52（CCPA 1956）一案还提供了评估外观设计领域中相近的技术领域的具体指导，该指导可用于补充以下确定相近技术领域的一般性要求：

外观设计案件中涉及的问题并不在于引证文献的组合使用是否属于机械意义上的相近技术领域，而在于两者是否足够相关以至于一件产品的特定装饰性特征会让人联想到应用于另一件产品上。

因此，如果问题仅涉及产品表面一种具有吸引力的外观，那么该表面究竟是墙纸、烤箱面板、还是一件陶器⋯⋯并不重要。

另外，对于要求保护的外观设计，引证文献的组合使用涉及对外观设计产品基本形状的实质性改变时，则该产品的种类对于判断要求保护的发明是否可以授予专利是一个确定的因素。

因此，当要求保护的外观设计与现有技术的区别仅在于对产品表面装饰的应用时，任何现有技术只要披露了同样的表面装饰就被认为是相近技术领域。当他们之间的区别存在于产品的形状或外形时，则应当考虑该产品的种类。

B. 现有设计和要求保护的外观设计之间的区别

根据专利法第 103 条（a）款，确定是否可享专利性需要考虑外观设计的整体外观。参见案例：*In re Leslie*，547 F. 2d 116，192 USPQ 427（CCPA 1977）。仅凭一件外观设计与现有技术存在区别不足以证明其具有专利性。参见案例：*In re Lamb*，286 F. 2d 610，128 USPQ 539（CCPA 1961）。

根据专利法第 103 条（a）款，对要求保护的外观设计作出的驳回需要指出该外观设计与最接近的现有技术之间的所有区别点。若从设计的角度考虑，其中任何区别是细微的或者无关紧要的，应在驳回中加以说明。

C. 本领域的一般技术水平

如果不想授予专利权，专利法第 103 条（a）款规定要求专利保护的客体对于"所属技术领域内"的普通技术人员（设计人员）必须是显而易见的。法院认为根据专利法第 103（a）款评估要求专利保护外观设计对于"本领域内的普通技术水平"是显而易见的，应当从"所涉及的产品类型……的设计人员"的角度出发。参见案例：*In re Nalbandian*，661 F. 2d 1214，1216，211 USPQ 782，784（CCPA 1981）；以及案例：*In re Carter*，673 F. 2d 1378，213 USPQ 625（CCPA 1982）。

D. 非显而易见性的客观证据（辅助性判断因素）

评估要求保护的外观设计的非显而易见性还应当包括到辅助性判断因素，如商业成功和仿冒他人设计。判断案件具有显而易见性时，或者因其具有显而易见性而作出的驳回时，（申请人）可能提交具有非显而易见性的初步证据。

II. 初步证据的显而易见性

当完成了 *Graham v. John Deere Co.*，383 U. S. 1，148 USPQ 459（1966）一案所要求的事实调查后，审查员必须确定这些调查是否能够支持初步证据具有显而易见性的结论。为了确认初步证据具有显而易见性，所有对权利要求的限定能够直接从现有技术中得到启示。

对于确定初步证据具有显而易见性的恰当的标准是：对于要求保护的该类型产品的普通设计人员而言，该设计是否为显而易见的。参见案例：*In re Nalbandian*，661 F. 2d 1214，211 USPQ 782（CCPA 1981）。

总的来说，必须将外观设计与现实存在的物品进行比较，而不能够与从现有技术中选择并组合的特征从而形成的抽象的物品进行比较。参见案例：*In re Jennings*，182 F. 2d 207，86 US-PQ 68（CCPA 1950）. 根据 Jennings 一案，"现实存在的物品"是指"一种参考根据……其外观设计特征与要求保护的外观设计实质相同。"参见案例：*In re Rosen*，673 F. 2d 388，391，213 USPQ 347，350（CCPA 1982）（主要的参考根据与要求保护的外观设计"不具有相同的视觉印象……"，而是有着"不同的整体外观和美感吸引力"。）因此，很明显，"<u>外观设计特征</u>"是指整体视觉效果。对"<u>外观设计特征</u>"的这一定义在 Harvey（12 F. 3d 1061，1063，29 USPQ2d 1206，1208（Fed. Cir. 1993）一案中被再次强调，并在早前做出的 Yardley 案（493 F. 2d 1389，181 USPQ 331，334（CCPA 1974）和 Leslie 案（547 F. 2d 116，192 USPQ 427（CCPA 1977）中得到支持。具体而言，在 Yardley 判决中，阐述了"确定外观设计相对于现有设计可授予专利权的基本考虑是外观的相似性"。参见案例：493 F. 2d at 1392 - 93，181 USPQ at 334。因此，为了支持存在显而易见性，作为主要参考的文献不能仅仅是一个设计理念，其必须具有与要求保护的外观设计实质相同的外观。参见案例：*In re Harvey*，12 F. 3d 1061，1063，29 USPQ2d 1206，1208（Fed. Cir. 1993）。缺乏这样的参考根据，无论基于单独的参考文献本身，或是根据现有技术的启示作出的改进，均不能够根据专利法第 103（a）款作出存在显而易见性的结论。

仅仅基于一件不相似领域的对比文件而根据专利法第 103 条（a）款作出驳回是不恰当的。这是由于根据专利法第 103 条（a）款，普通设计人员不会知晓与要求保护的外观设计不相似领域的知识。

审查员被告知无论是否存在辅助参考文献，要求保护的外观设计与主要对比文件之间的区别可能较小，并与该外观设计的整体美感并无关系。参见案例：*In re Nalbandian*，661 F. 2d 1214，211 USPQ 782（CCPA 1981）。如果辅助参考文献显示出这些区别，则应当使用这些文献，从而毫无疑问地确定这些区别对于所属领域普通设计人员而言是显而易见的。参见案例：*In re Sapp*，324 *F. 2d* 1021，139 *USPQ* 552（*CCPA* 1963）。

如果基于对于现有技术而言不可授予专利，而根据专利法第 103 条（a）款作出驳回，则不能够根据该设计在最终使用过程中功能性的特征和/或隐藏的特征支持其可专利性。"可享专利性的外观设计必须具有装饰性，不能基于功能性的特征或者结构支持其专利性。"参见案例：*Jones v. Progress*，*Ind. Inc.* ，119 *USPQ* 92，93（*D. R. I.* 1958）。"不能基于该外观设计所适用的产品在正常使用状态中不可见的要素来确定其可专利性。"参见案例：*In re Cornwall*，230 F. 2d 457，459，109 USPQ 57，58（CC-PA 1956）；以及案例：*In re Garbo*，287 F. 2d 192，129 USPQ 72（CCPA 1961）。根据专利法第 103 条（a）款作出的驳回中所根据的现有技术不必表示出其与本申请相似的特征是该技术领域中功能性和/或隐藏的特征。然而，审查员必须提供证据支持初步证据中这些特征的功能性。此外，隐藏的部分或者功能性的特征不能够作为可专利性的基础。如果申请人希望根据功能性或者隐藏的特征作为可专利性的基础，则在考虑这些特征的可专利性前，必须先根据专利法第 171 条的规定确定其装饰性。

A. 现有设计文献的组合

如果普通技术水平的设计人员有动机通过删除 * > 主要 < 对比文献中的某些特征，或者将辅助参考文献的某些特征与之互换或增加来修改基本设计，则根据专利法第 103 条（a）款作出驳回是恰当的。如果要考虑辅助参考文献，则现有设计中必须存在利用该参考文献中的特征修改基本设计的启示。参见案例：*In re Borden*，90 F. 3d 1570，1572，39 USPQ 2d 1524，1526

（Fed. Cir. 1996）。长久以来对于参考文献的组合是否恰当的标准是"……它们是否足够相关，从而能够启示将一方的某种装饰性特征应用到另一方上。"参见案例：*In re Glavas*, 230 F. 2d 447, 450, 109 USPQ 50, 52（CCPA 1956）。

通过组合参考文献证明要求保护的外观设计是显而易见，其内在的逻辑是这种组合不能破坏外观设计的功能。如果所建议的组合改变了主要对比文件，使其主要功能无法实现，则这种现有设计的组合对于所属领域的普通设计人员而言就不是显而易见的。在一定程度内修改主要对比文献是允许的，即产品的特定功能受到了影响，但其主要功能未受到影响。例如，主要对比文件要求保护的是密封式箱体的外观设计，可以对其进行修改，使其不再是密封的，但是不破坏其作为箱体的功能。

1. 相似领域

当对于主要对比文献的修改涉及形状的变化时，主要对比文献和辅助参考文献必须属于相似领域。参见案例：*In re Glavas*, 230 F. 2d 447, 109 USPQ 50（CCPA 1956）。

可以对相近领域的含义更广义地理解为：外观设计的某个部分是在模仿公知或者自然物品或人物。因为根据专利法第103条（a）款，这种模仿本身就构成了认定该模仿属于普通技术水平之内的初步证据。

2. 非相似领域

当修改了主要对比文件的表面从而赋予其具有吸引力的外观时，辅助文献是否属于相似领域就不重要了，原因在于这种修改并未涉及形状或结构的改变，并且不会破坏主要对比文件的特征（外观和功能）。参见案例：*In re Glavas*, 230 F. 2d 447, 109 USPQ 50（CCPA 1956）。

III. 对初步证据的反驳

当关于显而易见性的初步证据确定后，举证责任则转移至申请人，由其提出反驳，尽可能的提供支持非显而易见性的客观证据。辅助性判断因素包括商业成就、专家证言和他人抄袭该外观设计。根据专利法第 103 条（a）款的规定，审查员在确定专利性时必须考虑申请人提交的任何关于非显而易见性的客观证据或反证，包括根据专利法实施细则 1.132 提交的宣誓或声明。

当出具有关商业成就的证据时，审查员必须评估该证据以确定其是否为关于商业成就的客观证据，及其成就是否应归功于装饰性的外观设计。参见案例：*Litton System Inc. v. WhirlpoolCorp.*，728 F. 2d 1423，221 USPQ 97（Fed. Cir. 1984）；以及案例：*Nalbandian*，661 F. 2d 1214，211 USPQ 782（CCPA 1981）。如果应用该外观设计的产品的销量与外观设计的装饰性特征之间并无关联性，则根据专利法实施细则 1.132 提交的宣誓或声明对于证明其商业成就没有太大的价值。参见案例：*Avia Group Int'l Inc. v. L. A. Gear*，853 F. 2d 1557，7 USPQ2d 1548（Fed. Cir. 1988）。

出具专家证言的同时必须提交证明声明签署人专业资格的文件，专家证人不得对最终的显而易见性的法律争议发表观点，因为该结论涉及的是一个法律问题。参见案例：*Avia Group Int'l Inc. v. L. A. Gear*，853 F. 2d 1557，7 USPQ2d 1548（Fed. Cir. 1998）；以及案例 *Panduit Corp. v. Dennison Mfg. Co.*，774 F. 2d 1082，227 USPQ337（Fed. Cir. 1985）。

出具有关市场竞争者正在仿冒该外观设计的证据时，为使其产生足够的影响力，除单纯的提供存在仿冒行为外还应当提供更多事实，因为仿冒行为可能由其他因素引起，如缺乏对专利权的关注或者对专利权人实施其专利能力的漠不关心。参见案例：*Cable Electric Products, Inc. v. Genmark, Inc.*，770 F. 2d 1015，226 USPQ2d 881 (Fed. Cir. 1985)。

"如果申请人……能够证明从现有技术的任何实质性方面都无法直接推断出要求专利保护的发明，则可以反驳关于显而易见性的初步证据……当普通技术水平人员在阅读一项参考文献时，将被引导到与申请人采用的方法不同的途径上，则可以认为与该文献不同。"参见案例：*In re Haruna*，249 F. 3d 1327，58 *USPQ2d* 1517 (*Fed. Cir.* 2001)。

关于非显而易见性的客观证据问题，更多信息参阅审查指南 716 至 716.06 的规定。

以下标准语段可在适当时用于根据专利法第 103 条（a）款以显而易见为由作出的驳回决定：

15.18　专利法第 103 条（a）款驳回（单一对比文献）

根据专利法第 103 条（a）款的规定，权利要求因相对于 [1] 不具有专利性而被驳回。尽管该发明与专利法第 102 条中规定的已被公开或披露的情形不完全相同，但是在该发明完成时，寻求专利保护的客体在整体上与现有技术之间的差异对于所属技术领域的普通设计人员而言是显而易见的，因此该发明不具有专利性。

15.70　序言，专利法第 103 条（a）款驳回

当发明完成时，权利要求相对于 [1] 对所属技术领域的普通设计人员而言是显而易见的。

审查员注意：

在 [1] 中填入关于适用的参考文献的解释。

15.67 根据专利法第 103 条（a）款作出驳回的基本原理（单一对比文献）

与现有设计相比，要求保护的外观设计在整体外观上具有非显而易见性，而不是其表现出来的局部细节或微小变化。参见案例：*In re Frick*，275 F. 2d 741，125 USPQ 191（CCPA 1960）和 *In re Lamb*，286 F. 2d 610，128 USPQ 539（CCPA 1961）。

15.19 根据专利法第 103 条（a）款作出驳回（多个对比文件）

根据专利法第 103 条（a）款的规定驳回权利要求，因为其在［2］方面相对于［1］不具有专利性。

根据专利法第 103 条（a）款的规定，权利要求因相对于［1］不具有专利性而被驳回。尽管该发明与专利法第 102 条中规定的已被公开或披露的情形不完全相同，但是在该发明完成时，寻求专利保护的客体在整体上与现有技术之间的差异对于所属技术领域的普通设计人员而言是显而易见的，因此该发明不具有专利性。

15.68 根据专利法第 103 条（a）款作出驳回的基本原理（多个对比文献）

根据辅助性文献对基本对比文件进行修改是合适的，因为引证文献之间的相关性会使得在一件文献中公开的外观特征将被应用于另一件文献中。参见案例：*In re Rosen*，673 F. 2d 388，213 USPQ 347（CCPA 1982）；*In re Carter*，673 F. 2d 1378，213 USPQ 625（CCPA 1982）；以及案例：*In re Glavas*，230 F. 2d 447，109 USPQ 50（CCPA 1956）。此外，应当注意，判例法认为本领域的设计者具备相关技术领域的知识；因此，旧要素的组合完全落入普通技术水平之内。参见案例：*In re Antle*，444 F. 2d

1168，170 USPQ 285（CCPA 1971）；以及案例：*In re Nalbandian*，661 F. 2d 1214，211 USPQ 782（CCPA 1981）。

以下标准语段适用于根据专利法第 103（a）款作出的驳回，其中引证的申请文件或专利文件属于专利法第 102 条（e）款规定的现有设计：

15. 19. 02　序言，根据专利法第 102 条（e）款/第 103 条（a）款作出驳回——不同发明人，共同受让人，显而易见的设计，在后设计完成时没有共同所有的证据

要求保护的外观设计与共同许可的外观设计［1］相比，不具有可专利性。特别是，要求保护的外观设计与［2］中的（外观设计）的不同之处在于［3］。这些区别被认为是显而易见的，要求保护的外观设计与［4］中外观设计的在整体外观上的差异尚不足以使其具有可专利性。

以上所属的共同许可的［5］，与本申请有不同的发明主体，因此，其构成专利法第 102 条（e）、（f）或（g）款规定的现有技术；并且，在完成本外观设计申请时，如果与之冲突的外观设计并不是申请人共同所有的，则构成了根据专利法第 103 条（a）款驳回本申请的权利要求的基础。为解决这一问题，记载的申请人、受让人或代理人可以声明在本外观设计申请完成时，与之冲突的外观设计为共同所有的，或者受让人可以署名为与之冲突的权利的在先发明人。

本外观设计申请在完成时，外观设计为共同所有的可以克服根据专利法第 103 条（a）款作出驳回的缺陷，因为根据专利法第 102 条（f）、（g）款，或专利法第 102 条（e）款的规定作为对比文献的应当是 1999 年 11 月 29 日及之后递交的申请。

审查员注意：

1. 此语段适用于被审查的申请文件与冲突的申请文件或专利文件为共同许可关系，但没有显示当发明实际完成时他们被共同许可。

2. 如果冲突的权利要求为美国申请日在先的专利，则应当根据专利法第 102 条（e）款／第 103 条（a）款作出驳回。

3. 如果冲突的权利要求为共同许可，共同审理的申请的申请日在先，则应当根据专利法第 102 条（e）款／第 103 条（a）款作出临时驳回。

4. 在审查意见通知书中可以包含明显的重复授权作出的驳回。

5. 括号 1、2、4、和 5 中填入专利和专利号，或者共同审理的申请和申请号。

6. 括号 3 中，指出本申请的外观设计与在先申请或者共同审理的外观设计之间的区别。

7. 此语段在审查意见通知书中只能使用一次。

8. 如果驳回的基础是根据专利法第 102 条（e）款的现有设计，则使用修正后的《美国发明人保护法案》专利法第 102 条（e）款的规定来认定现有技术的公开日，除非该文献是直接授权的美国专利，或者是 2000 年 11 月 29 以前提交的国际申请。原《美国发明人保护法案》（AIPA）专利法第 102 条（e）款只在以下情况可使用：该文献是直接授权的美国专利；或者是 2000 年 11 月 29 日以前提交的的处于国家阶段的国际申请（根据专利法第 371 条规定的申请）；或者是根据专利法第 120 条、第 121 条享有的继续申请；或者是根据第 365 条（c）款的规定在 2000 年 11 月 9 日以前提交的国际申请。参见审查员注意 7.12 和 7.12.01 以确定根据专利法第 102 条（e）款引用的参考文献的日期。

15.19.03 根据专利法第 102 条（e）款／第 103 条（a）款作出驳回——外观设计在同一发明人和/或受让人的另一件申请中已被公开但未要求保护

根据专利法第 102 条（a）款的规定，因权利要求相对于共

同审理的且与本申请有共同［2］的申请号为［1］的申请而言
是显而易见的，被临时驳回。基于共同审理的申请与本申请有
不同的发明主体，以及在先的美国有效申请日，如果其根据专
利法第122条（b）款的规定进行了公布或者被授权，则构成专
利法第102条（e）款规定的现有技术。基于对该申请在未来公
告或者授权的假设，根据专利法第103条（a）款的规定作出临
时驳回。

尽管该发明与专利法第102条中规定的已被公开或披露的
情形不完全相同，但是在该发明完成时，寻求专利保护的客体
在整体上与现有技术之间的差异对于所属技术领域的普通设计
人员而言是显而易见的，因此该发明不具有专利性。

［3］

由于本申请要求保护的外观设计与申请［4］中的要求保护
的外观设计不是同样的发明创造，该临时驳回决定可以通过以
下方式克服缺陷：根据专利法实施细则1.132的规定表明引证
的外观设计源于本申请的设计者而不是"他人"；或者根据专利
法实施细则1.131表明本申请的发明日早于引证文献的有效美
国申请日。对于在1999年11月29日及之后提交的申请，该临
时驳回决定可以通过表明在发明完成时，引证文献的主题与要
求保护的发明属于同一人或者基于许可合同属于同一人的方式
克服缺陷。参见审查指南706.02（1）和706.02（1）（2）。

审查员注意：

1. 此语段适用于被审查的申请中要求保护的外观设计对于在先的外观
设计申请或者发明专利申请中所披露但并未要求保护的内容而言，是显而
易见的。被审查的外观设计申请中要求保护的外观设计可能明显来源于在
先的外观设计申请绘图中披露的内容。这部分客体可以以虚线表示，或者

以变形的形式（产品的组件或部件），使其与体现在整个产品或组合的要求保护的外观设计不同，因而具有可专利性。

2. 括号 1 和 4 中，填入共同审理的申请号。

3. 括号 2 中，填入发明人或受让人。

4. 括号 3 中，填入对显而易见性的解释，并随附标准语段 15.70、15.67、或 15.68 解释。

5. 使用修正后的《美国发明人保护法案》专利法第 102 条（e）款的规定来认定现有技术的公开日，除非该专利为直接授权的美国专利，或者是 2000 年 11 月 29 日以前提交的国际申请。原《美国发明人保护法案》（AIPA）专利法第 102 条（e）款只在以下情况可使用：该文献是直接授权的美国专利；或者是 2000 年 11 月 29 日以前提交的处于国家阶段的国际申请（根据专利法第 371 条规定的申请）；或者是根据专利法第 120 条、第 121 条享有的继续申请；或者是根据 365（c）款的规定在 2000 年 11 月 9 日以前提交的国际申请。参见审查员注意 7.12 和 7.12.01 以确定根据专利法第 102 条（e）款引用的参考文献的日期。

15.19.04　根据专利法第 102 条（e）款/第 103 条（a）款作出临时驳回——在先申请的外观设计为同一发明人和/或同一受让人

根据专利法第 102 条（a）款的规定，因权利要求相对于共同审理的，且与本申请有共同［2］的外观设计申请号为［1］的申请而言是显而易见的，被临时驳回。基于共同审理的申请与本申请有不同的发明主体，以及在先的美国有效申请日，如果其按照专利法第 122 条（b）款的规定进行了公布或者被授权，则构成专利法第 102 条（e）款规定的现有技术。基于对该申请在未来公告或者授权的假设，根据专利法第 103 条（a）款的规定作出临时驳回。

尽管该发明与专利法第 102 条中规定的已被公开或披露的

情形不完全相同，但是在该发明完成时，寻求专利保护的客体在整体上与现有技术之间的差异对于所属技术领域的普通设计人员而言是显而易见的，因此该发明不具有专利性。

［3］

由于本申请要求保护的外观设计与申请［4］中要求保护的外观设计的区别不足以使其具有可专利性，该临时驳回决定可以通过将两件申请合并为单一的部分延续申请并放弃独立的母案申请的方式克服缺陷。对于 1999 年 11 月 29 日及之后提交的申请，该临时驳回决定可以通过表明当该发明完成时，引证文献的主题与要求保护的发明属于同一人或者基于许可合同属于同一人的方式克服缺陷。参见审查指南 706.02（1）和 706.02（1）（2）。

审查员注意：

1. 此语段适用于被审查的申请中要求保护的外观设计相对于在先提交的共同审理的外观设计专利申请而言，是显而易见的。

2. 在审查意见通知书中必须包含基于显而易见和重复授权两个理由作出的临时驳回。

3. 括号 1 和 4 中，填入共同审理的申请号。

4. 括号 2 中，填入发明人或受让人。

5. 括号 3 中，填入对显而易见性的解释，并随附标准语段 15.70、15.67、或 15.68 解释。

6. 标准语段 15.19.02 必须引用于本语段前。

15.19.05 根据专利法第 102 条（e）款/第 103 条（a）款作出驳回——已披露但未要求保护的外观设计

根据专利法第 103 条（a）款的规定，权利要求因相对于［1］具有显而易见性而被驳回。

基于不同的发明主体，以及在先的有效美国申请日，根据专利法第 122 条（e）款的规定，对比文献构成了现有技术。

尽管该发明与专利法第 102 条中规定的已被公开或披露的情形不完全相同，但是在该发明完成时，寻求专利保护的客体在整体上与现有技术之间的差异对于所属技术领域的普通设计人员而言是显而易见的，因此该发明不具有专利性。

［2］

由于本申请要求保护的外观设计与专利［3］中要求保护的外观设计不是同样的发明创造，该驳回决定可以通过以下方式克服缺陷：根据专利法实施细则 1.132 的规定表明引证的外观设计源于本申请的设计者而不是"他人"；或者根据专利法实施细则 1.131 表明本申请的发明日早于引证文献的有效美国申请日。对于 1999 年 11 月 29 日及之后提交的申请，该驳回决定可以通过表明在发明完成时，引证文献的主题与要求保护的发明属于同一人或者基于许可合同属于同一人的方式克服缺陷。参见审查指南 706.02（1）和 706.02（1）（2）。

审查员注意：

1. 此语段适用于被审查的申请中要求保护的外观设计对于在先的外观设计申请或者发明专利申请，或者申请公告文本中所披露但并未要求保护的内容而言，是显而易见的。被审查的外观设计申请中要求保护的外观设计可能明显来源于在先的外观设计申请绘图中披露的内容。这部分客体可以以虚线表示，或者以变形的形式（产品的组件或部件），使其与体现在整个产品或组合的要求保护的外观设计不同，因而具有可专利性。

2. 括号 1 和 3 中，填入根据专利法第 102 条（e）款构成现有技术的美国专利号、美国专利公开号、或着 WIPO 公告的国际申请。参见注释 5。

3. 括号 2 中，填入对显而易见性的解释，并随附标准语段 15.70、

15.67、或 15.68 解释。

4. 使用修正后的《美国发明人保护法案》（AIPA）专利法第 102 条（e）款的规定来认定现有技术的公开日，除非该专利为直接授权的美国专利，或者是 2000 年 11 月 29 日以前提交的国际申请。原《美国发明人保护法案》（AIPA）专利法第 102 条（e）款只在以下情况可使用：该文献是直接授权的美国专利；或者是 2000 年 11 月 29 日以前提交的处于国家阶段的国际申请（根据专利法第 371 条规定的申请）；或者是根据专利法第 120 条、第 121 条享有的继续申请；或者是根据第 365 条（c）款的规定在 2000 年 11 月 9 日以前提交的国际申请。参见审查员注意 7.12 和 7.12.01 以确定根据专利法第 102 条（e）款引用的参考文献的日期。

15.19.06 根据专利法第 102 条（e）款/第 103 条（a）款作出驳回——要求保护的外观设计包含在有效申请日在先，并且为共同受让人的专利中

根据专利法第 103 条（a）款的规定，权利要求因相对于外观设计专利[1]具有显而易见性而被驳回。

基于不同的发明主体，以及在先的有效美国申请日，根据专利法第 122 条（e）款的规定，对比文献构成了现有技术。

尽管该发明与专利法第 102 条中规定的已被公开或披露的情形不完全相同，但是在该发明完成时，寻求专利保护的客体在整体上与现有技术之间的差异对于所属技术领域的普通设计人员而言是显而易见的，因此该发明不具有专利性。

[2]

由于本申请要求保护的外观设计与专利[3]中要求保护的外观设计的区别不足以使其具有可专利性，该驳回可以通过以下方式克服缺陷：根据专利法实施细则 1.130 的规定提交宣誓或者声明中说明本申请和引证文献目前为同一主体拥有，并且

根据专利法第 104 条本申请的发明人是引证文献的在先发明人。此外，根据专利法实施细则 1. 321（c）的规定，应当同时提交最终放弃（terminal disclaimer）声明。对于 1999 年 11 月 29 日及之后提交的申请，该驳回决定可以通过表明在发明完成时，引证文献的主题与要求保护的发明属于同一人或者基于许可合同属于同一人的方式克服缺陷。参见审查指南 706. 02（1）和 706. 02（1）（2）。

审查员注意：

1. 此语段适用于被审查的申请中要求保护的外观设计相对于具有在先有效申请日，并且具有共同受让人的外观设计专利而言，是显而易见的。

2. 在审查意见通知书中必须包含基于显而易见和重复授权两个理由的作出的驳回。

3. 括号 1 和 3 中，填入专利号。

4. 括号 2 中，填入对显而易见性的解释，并随附标准语段 15. 70、15. 67、或 15. 68 解释。

5. 标准语段 15. 19. 02 必须引用于本语段前。

15. 19. 07　根据专利法第 102 条（e）款/第 103 条（a）款作出驳回——要求保护的外观设计包含在有效申请日在先，但并没有共同受让人的专利中

根据专利法第 103 条（a）款的规定，权利要求因相对于外观设计专利［1］具有显而易见性而被驳回。

基于不同的发明主体，以及在先的有效美国申请日，根据专利法第 122 条（e）款的规定，对比文献构成了现有技术。

尽管该发明与专利法第 102 条中规定的已被公开或披露的情形不完全相同，但是在该发明完成时，寻求专利保护的客体在整体上与现有技术之间的差异对于所属技术领域的普通设计

人员而言是显而易见的，因此该发明不具有专利性。

［2］

审查员注意：

1. 此语段适用于被审查的申请中要求保护的外观设计相对于具有在先有效申请日的外观设计专利而言，是显而易见的。

2. 括号2中，填入对显而易见性的解释，并随附标准语段15.70、15.67、或15.68解释。

以下标准语段，在适当时可适用于第二次或者之后的审查意见通知书：

15.38　维持驳回

在充分考虑了申请人的答辩意见后，审查员认为上述陈述不具备说服力，不足以撤销根据［1］对权利要求作出的驳回。

审查员注意：

括号1中，填入驳回的根据。

15.39　根据专利法第103条（a）款，仍具有显而易见性

审查员认为，要求保护的外观设计［1］相对于［2］而言，仍具有显而易见性。

审查员注意：

括号1中，填入外观设计的名称。

15.39.01　专利法第103条（a）款维持驳回（多个对比文件）

审查员认为，根据专利法第103条（a）款的规定，要求保护的外观设计在［2］方面相对于［1］仍具有显而易见性。

15.39.02　根据专利法第103条（a）款最终驳回（单一对比文件）

由于［1］，根据专利法第103条（a）款的规定，要求保护

的外观设计再次并最终被驳回。

审查员注意：

参见审查指南第 700 章中"最终审查决定"和"决定后的建议"部分。

15.40　根据专利法第 103 条（a）款最终驳回（多个对比文件）

要求保护的外观设计在［2］方面相对于［1］不具有可专利性，根据专利法第 103 条（a）款的规定，该外观设计再次并最终被驳回。

审查员注意：

参见审查指南第 700 章中"最终审查决定"和"决定后的建议"部分的标准语段。

1504.04　根据专利法第 112 条的考虑　[R-5]

专利法第 112 条　说明书

说明书应包含对发明以及对发明的制造、使用的方式、方法，以完整、清晰、简洁和确切的词语所进行的书面描述，使发明所属领域的任何技术人员、或者与该发明联系很密切的人员，都能制造和使用该发明；说明书还应公布发明人或共同发明人所熟知的实施该发明的最佳方式。

说明书在其结尾应提出一项或几项权利要求，以具体指出并明确主张发明人或共同发明人视作其发明的主题。

*****

外观设计申请中的图片（下文中有图片和视图，全部统一修改为图片）通过权利要求中使用的语言"如图所示"共同构成权利要求。

此外，图片公开的内容可以通过说明书中的叙述性描述作为补充（参见审查指南 1503.01，第 II 段）。此描述通过权利要求中使用的语言"如图所示及所描述的"共同构成权利要求。参见审查指南 1503.01，第 III 段。

I．专利法第 112 条第 1 款和第 2 款

可实现性和保护范围

任何对是否符合专利法第 112 条的规定的分析，应当先确定权利要求是否满足第 2 款的要求，之后再确定是否满足第 1 款。参见案例：*In re Moore*，439 F. 2d 1232，169 USPQ 236（CC-PA1971）。因此，在判断公开内容是否满足专利法第 112 条第 1 款要求的可实现性以前，必须确定权利要求要求保护的范围。然而，由于图片公开的内容和说明书中叙述性描述通过"如图所示及所描述"的语句结合到权利要求中，权利要求保护范围的确定也就是通过公开的内容可实现的对象的确定。因此，由于图片内容的公开不充分，不能确定或者理解要求保护的外观设计的外观和形状或者轮廓，那么，结合公开的图片内容的权利要求也就不能具体指出并清楚表达申请人就该发明要求保护的对象，从而不符合专利法第 112 条第 2 款的规定。此外，这种公开不能使所属领域的普通设计人员对要求保护的外观设计的形状和外观进行重复制造。这种情况下，根据专利法第 112 条第 1 款和第 2 款驳回该权利要求是符合规定的。根据专利法第 112 条第 2 款的规定对要求保护的范围作出的评价，不能仅仅基于图片来确定外观设计公开的内容是否满足专利法第 112 条第 1 款规定的可实现性。要求保护的外观设计的范围应当限定为：结合说明书中记载的描述，和图片中以实线表示的产品表面或部分。产品名称不能用于确定要求保护的外观设计的范围，而

仅仅用于确定体现该外观设计的产品。参见审查指南 1503.01，第 I 段。权利要求被认为是用来保护申请人的"所定义的发明"。参见案例：*In re Zahn*，617 F. 2d 261，204 USPQ 988（CC-PA 1980）。因此，如果产品可见部分体现的外观设计没有在视图中表达，那是由于这部分内容并不构成要求保护的范围。在没有任何附加的书面说明的情况下，证明要求保护的外观设计的范围的初步证据限于"如图所示"的产品表面。参见审查指南 1503.01，第 II 段。"是否公开充分必须根据声明的保护范围来确定。"参见案例：*Philco Corp. v. Admiral Corp.*，199 F. Supp. 797，131 USPQ 413，418（D. Del. 1961）。然而，如果一件产品的一个面或者一部分全部以实线的方式公开在图片中，应当认为其属于要求保护的该外观设计的一个组成部分，则对其形状和外观必须清楚和准确地表达，以满足专利法第 112 条第 1 款和第 2 款的要求。

只有那些在销售或者使用过程中可见的产品的表面必须公开，以满足专利法第 112 条第 1 款和第 2 款的要求。"图片应当表明该外观设计在销售者和使用者面前展现的内容，因为根据外观设计法的规定外观是唯一确定其具有专利性的要素。"参见案例：*Ex parte Kohler*，1905 C. D. 192，192，116 O. G. 1185，1185（Comm'r Pat. 1905）。没有公开产品在销售或者使用过程中不可见的表面并不违反专利法第 112 条第 1 款和第 2 款的规定，因为"获得专利权的装饰性外观设计的最大价值在于其可见的外观……"参见案例：*In re Harvey*，12 F. 3d 1061，1064，29 US-PQ2d 1206，1208（Fed. Cir. 1993）。因此，应当使得图片中所显示的部分仅仅涉及外观设计的"可见外观"；并不需要在视图中重现产品的功能性，因为其不属于要求保护的内容。一件外观设计的功能是"为该外观设计的产品增加吸引力,从而增加其商业价值。"参见案例:*Ex parte Cady*,1916 C. D. 57,61,232 O. G. 619,621(Comm'r Pat. 1916)。

即使该外观设计的产品名称包含一个完整的产品,也并不要求在说明书中公开那些在销售或者使用过程中不可见的表面,因为该外观设计的内容仅仅体现在那些可见的面上。参见案例:*Ex parte Salsbury*,38 USPQ 149,1938 C. D. 6(Comm'r Pat. 1938)。尽管没有必要将那些平面的、缺乏表面装饰性的可见面显示在图片中,但是如果将他们作为要求保护的外观设计的一部分,则应当通过描述声明的方式将他们记载在说明书中。参见案例:*Ex parte Salsbury*,38 USPQ 149,1938 C. D. 6(Comm'r Pat. 1938). 这类描述声明不适用于描述明显不是平面结构的可见面。参见案例:*Philco Corp. v. Admiral Corp.*,199 F. Supp. 797,131 USPQ 413,(D. Del. 1961)。也可参见审查指南 1503. 02。

申请文件中使用的产品名称(在权利要求中)包含一件完整的产品,但是在图片和说明书中并未公开那些在使用或者销售过程中可见的产品部分或表面,这种情况不会被认为违反专利法第 112 条第 1 款和第 2 款的规定。因此,并不要求修改此类申请中的产品名称。但是,审查员应当在发出第一次(以下的 OA 均只翻译成审查意见通知书)审查意见通知书(包括核准通知书)时指出:通常可见的产品部分或表面但并未在图片中显示或者在说明书中描述的内容,被认为不构成该外观设计要求保护的内容。因此,在判断该要求保护的外观设计的专利性时,以在图片中显示的以及在说明书中描述的内容为根据。在此情况下可引用标准语段 15. 85。

由于图片公开不充分导致一项权利要求不可实现和不确定,

因而根据专利法第112条第1款和第2款的规定驳回该权利要求时，审查员必须在审查意见通知书中具体指明图片中存在的缺陷。仅仅在审查意见通知书中指出由于图片质量低下而导致该权利要求不可实现和不确定，不足以充分说明公开的图片中存在的缺陷。审查员必须具体指出图片中公开不充分的那些部分使得要求保护的外观设计的形状和外观难以理解，如果可能的话，应当给出如何克服该缺陷的建议。在此情况下可引用标准语段15.21和15.20.02。

当提交的图片中显示的各视图之间的投影关系明显不对应，导致该外观设计的整体外观不清楚时，应当根据专利法第112条第1款和第2款驳回该权利要求。由于该权利要求的不可实现和不明确，审查员应当在驳回决定中具体指出各视图之间投影关系不对应的地方。此外，审查员应当对各视图之间的投影关系不对应提出反对意见并且要求申请人修改。参见审查指南1503.02。

如果申请日提交的图片中公开的要求保护的外观设计因视图质量低下而导致该外观设计的整体形状和外观难以理解时，可以引用标准语段15.65告知申请人该权利要求具有实质性的缺陷。

如上所述，说明书中叙述性的描述能够作为图片公开的内容的补充，用以确定该权利要求的保护范围。而且，这种描述通过使用"如图所示"共同构成权利要求。然而，如果说明书中的描述涉及图片中没有显示的实施例和修改形式，或者包含如"变化形式"和"同等物"此类模糊的以及非描述性的语言，或者申明要求保护的外观设计不仅限于图片中所示的确切形状和外观，应当根据专利法第112条第1款和第2款的规定，以不可实现和不确定为由驳回该权利要求。原因在于该描述不能使所属领域的普通设计人员在缺少额外图片公开的情况下，对说明书中所述的其他实施例、修改形式，或者"变化形式"和"同等物"的形状和外观进行重复制造。并且，在缺少额外图片公开的情况下，权利要求中提及的描述不能具体指出并清楚表达申请人要求保护的其他实施例、修改形式，或者"变化形式"和"同等物"的形状和外观。以上述理由驳回一项权利要求时可引用标准语段 15.21。

15.85　未公开的产品可见面/部分不构成要求保护的外观设计

产品［2］的［1］没有在图片中显示或者没有在说明书中描述。应当认为没有在图片中显示的，或者没有在说明书中描述的产品的任何一个部分的外表不构成要求保护的外观设计。参见案例：*In re Zahn*，617 F. 2d 261，204 USPQ 988（CCPA 1980）。因此，确定要求保护的外观设计的专利性以图片中显示的内容和说明书中的描述为根据。

审查员注意：

1. 括号 1 中，填入没有显示的表面。

2. 括号 2 中，填入"是"。

15.21　根据专利法第 112 条第 1 款和第 2 款作出驳回

由于要求保护的外观设计没有完整、清楚、简要、准确地描述以使得所属领域的技术人员不能够制造和使用与其相同的发明，并且申请人未能具体指出并清楚表达其要求保护的发明，根据专利法第 112 条第 1 款和第 2 款的规定，驳回该权利要求。

该权利要求不确定并且不可实现［1］。

审查员注意：

1. 此标准语段不可用于根据专利法第 112 条第 1 款和/或第 2 款的规

定适于作出一个或多个单独的驳回。

2. 括号 1 中，应当提供驳回根据的完整说明。

15.20.02　对于克服根据专利法第 112 条第 1 款和第 2 款作出驳回的缺陷的建议

建议申请人可以提交显示 [1] 的大并且清楚的非正式的图片或照片，以使审查员能够确定该权利要求在不增加新内容（专利法第 132 条、专利法实施细则 1.121）的前提下可以清楚表达。另外，申请人也可以选择放弃该外观设计中被认为不确定并且不可实现的区域或者部分克服缺陷，如将不确定并且不可实现的内容修改为虚线表示，并同时在说明书中申明用虚线表示的 [2] 的部分不构成要求保护的外观设计的内容。

审查员注意：

1. 括号 1 中，指出该外观设计中不清楚的区域或部分。

2. 括号 2 中，填入该产品的名称。

15.65　不能修改的情形

权利要求可能具有实质性缺陷；即，如果不增加新内容（专利法第 132 条，专利法实施细则 1.121）则不可能对 [1] 进行修改。

审查员注意：

括号 1 中，指出要求保护的外观设计中公开不充分的部分。

15.73　替换图片的要求

没有提交克服上述图片中所有缺陷的替换页，或者没有说明为何图片的修改或补充的图片不是必要的，将导致该权利因不符合专利法第 112 条第 1 款和第 2 款的规定，在下次审查意见通知书中被最终驳回。

新内容

新内容是指在原始提交的说明书、图片或者权利要求中无在先根据的内容（审查指南608.04）。针对权利要求的修改必须在原公开的内容中有在先根据。专利法第132条；专利法实施细则1.121（f）。在最后一次通知书发出前，所有修改的内容将纳入该申请中并被审查员所考虑。参见案例：*Ex parte Hanback*，231 *USPQ* 739（*Bd. Pat. App. & Inter.* 1986）。对权利要求的修改在原始提交的说明书和/或图片中没有在先根据的内容将被认为是增加了新内容，因为该内容在原申请文件中未描述过。根据专利法第112条第1款的规定，该权利要求必须被驳回。对不影响权利要求的公开内容的修改（如名称或图片中虚线部分的修改），如果该修改在原申请文件中无在先根据，由于缺少原申请文件的支持，该内容将根据专利法第132条的规定被拒绝接受，审查员必须要求申请人删除增加的新内容。

外观设计权利要求保护的范围限定于申请图片中以实线表示的内容。参见案例：*In re Mann*，861 F. 2d 1581，8 USPQ2d 2030（Fed. Cir. 1988）。只要在原申请文件公开的范围内，权利要求的修改既可以扩大或也可以缩小。

要求保护的外观设计在外观上的变化被认为不同于原始公开的内容且引入了禁止增加的新内容〔专利法实施细则1.121（f）〕。参见案例：*In re Salmon*，705 F. 2d 1579，217 USPQ 981（Fed. Cir. 1983）。这包括对构成要求保护的外观设计组成部分的三维表面处理的删除，例如，珠粒、凹槽、棱条。修改后而显露的外观在原申请文件中并非是明显的，因此，不能确认修改后的外观在申请人提交申请时已被其掌握。但是，法院在Salmon一案中认为，将图片中某个部分改为虚线或者将虚线改为实线从而改变了外观设计的保护范围，并非属于形状上的变化。这是因为提交申请文件时，申请人已经掌握了图片中公开的所有内容，而仅仅将其中某个部分改为虚线或者将虚线结构改为实线并没有脱离原始公开的内容。审查员需要注意的是，如果通过修改将虚线结构改为实线，该结构的形状和外观必须在提交申请文件时已被完全公开并可以实现。删除平面、重叠的表面处理从而改变了要求保护的外观设计的修改，如果从原始申请文件中可以清楚的看到该底部的外观已为申请人所掌握，则允许作出这样的修改。参见案例：*In re Daniels*，144 F. 3d 1452，1456 – 57，46 USPQ2d 1788，1790（Fed. Cir. 1998）。

产品名称的修改必须在原申请文件中有在先根据才被允许。如果对应用该外观设计的产品名称的修改在原申请中没有在先根据，由于不符合书面描述的要求，该权利要求将根据专利法第 112 条第 1 款被驳回。参见案例：*Ex parte Strijland*，26 US-PQ2d 1259（Bd. Pat. App. & Inter. 1992）。如果使用外观设计的产品名称的修改涉及该产品的使用环境，并且该修改在原申请文件中没有在先根据，由于该修改增加了新内容，将根据专利法第 132 条的规定拒绝接受修改。参见审查指南 1503. 01，第 I 段。

对原始申请文件可允许的修改范围包括：（A）与申请文件同时提交的初步修改，并按照专利法实施细则 1. 63 和审查指南 608. 04（b）的要求，在原宣誓/声明中已具体指出；（B）在原说明书或者图片/照片中包含的放弃声明。参见专利法实施细则 1. 152 和审查指南 1503. 01 和 1503. 02。

在申请后提交的可允许修改的范围应该是不脱离原公开内容中显示的形状的修改［专利法实施细则 1. 121（f）］。

不允许增加新内容的修改范围是：对权利要求的修改在原始公开的内容中没有在先依据，通过增加在先未公开的内容改变了原外观设计的形状或外观。参见案例：*In re Berkman*，642 F. 2d 427，209 USPQ45（CCPA 1981）。

当一项影响权利要求的修改被认为在图片、说明书或产品名称中增加了新内容，并根据专利法第 132 条第 1 款作出驳回时，审查员应当在审查意见通知书中具体指出被认为没有得到原始公开支持的内容。审查员在审查意见通知书中仅仅指出修改的图片、说明书或名称中含有新内容是不充分的。审查员应当具体指出与要求保护的外观设计的不同之处或者改变，使得这些内容被认为在原始公开的内容中增加了新内容，如果可能的话，审查员应当给出如何对这些修改的图片、说明书或产品名称进行修改才能克服缺陷的建议。在此情况下可引用标准语段 15.51。

如果在权利要求中增加新内容的修改导致其因缺乏可实现性和不确定，从而根据专利法第 112 条第 1 款和第 2 款驳回该权利要求，并且很明显要求保护的外观设计在原申请文件中公开内容如果不增加新内容则无法克服缺陷，审查意见通知书中应当表明该权利要求存在实质性缺陷。在此情况下可引用标准语段 15.65。

15.51　根据专利法第 112 条第 1 款作出的驳回（新内容）

由于［1］引入了没有得到原始公开内容支持的新内容，不符合专利法第 112 条第 1 款的要求，因此驳回该权利要求。原始公开的内容没有合理地向该领域的普通设计人员传达下述信息：在提交该申请时，申请人已掌握现在要求保护的外观设计。参见案例：*In re Daniels*，144　F. 3d　1452，46　USPQ2d　1788

(Fed. Cir. 1981)；*In re Rasmussen*, 650 F. 2d 1212, 211 USPQ 323 (CCPA 1981)。

具体地说，在原始公开的内容中［2］没有得到支持。

为克服此驳回，申请人可以尝试证明原始公开的内容能够证明其已掌握修改的权利要求或［3］。

审查员注意：

1. 括号 1 中，说明原图片、名称或者说明书中是否增加新的图片或者对图片进行修改。

2. 括号 2 中，具体指出新内容是什么以清楚表明驳回的根据。

3. 括号 3 中，填入根据驳回的理由，如何克服驳回缺陷的具体建议；例如"括号 3 和 4 中的新图片可以根据原图片进行修改"，或者"可通过删除描述性声明来修改说明书"。

15.65　不能进行修改的情形

权利要求可能具有实质性缺陷；即，不引入新内容的话不可能对［1］进行修改（专利法第 132 条，专利法实施细则 1.121）。

审查员注意：

括号 1 中，指出要求保护的外观设计中公开不充分的部分。

15.51.01　对不影响权利要求的公开内容的修改——根据专利法第 132 条予以拒绝（新内容）

由于引入了没有得到原始公开内容支持的新内容，根据专利法第 132 条和专利法实施细则 1.121 的规定，对［1］不予接受。原始公开内容没有合理地向该领域普通设计人员传达下述信息：在提交该申请时，修改后的主题已为申请人所掌握。参见案例：*In re Rasmussen*, 650 F. 2d 1212, 211 USPQ 323（CCPA 1981）。

具体地说，在原始公开内容中［2］没有得到支持。

为克服此驳回，申请人可以尝试证明原始公开的内容能够证明其已掌握修改的主题或［3］。

审查员注意：

1. 括号 1 中，说明是否是对原图片、名称或说明书所作的具体修改。

2. 括号 2 中，具体指出新内容是什么以清楚说明驳回的根据。

3. 括号 3 中，填入根据驳回的理由，如何克服不予接受的缺陷的具体建议；例如"删除新的视图 1 中表示环境结构的虚线以与原图片保持一致"，或者"删除产品名称中涉及环境结构的内容"。

Ⅲ. 专利法第 112 条第 2 款

权利要求用语方面的缺陷导致权利要求根据专利法第 112 条第 2 款的规定被驳回。根据专利法第 112 条第 2 款的规定，权利要求的用语（包括程度用语）不准确，不必然导致权利要求不确定。"必须对所使用语言的确定性进行分析——不是毫无根据的，而是始终根据现有技术以及相关领域普通设计人员对本申请公开内容的理解来分析。"参见案例：*In re Moore*，439 F. 2d 1232，1235，169 USPQ 236，238（CCPA 1971）。如果仅仅阅读权利要求本身，其似乎会显得不确定，但在回顾申请的公开内容或现有技术的基础上进行阅读，其可能就是确定的。此外，在对申请公开内容或现有技术予以考虑的基础上，单纯阅读时显得确定的权利要求可能反而变得不确定。参见案例：*Moore*，439 F. 2d at 1235 n. 2，169 USPQ at 238 n. 2。也可参见审查指南 2173. 05（b）。

在权利要求中使用如"或相似的物品""或类似物"的惯用语，或者等同的术语会被视为不确定。参见案例：*Pappas*，23 USPQ2d 1636（Bd. Pat. App. & Inter. 1992）。然而，在产品名称中使用如"或类似物"或"或相似的物品"等宽泛的词语是针对实施该外观设计的产品所适用的环境的话，则不应根据专利法第 112 条第 2 款的规定将其驳回。参见审查指南 1503.01 的第 Ⅰ 段。

审查员需注意，没有本质上的规则，权利要求语言的确定性必须基于每个申请的实际情况和事实来评价。可以使用以下语段：

15.22.02　根据专利法第 112 条第 2 款作出的驳回（权利要求中使用了的"或类似物"的用语）

由于申请人没有具体指出并清楚表达其发明要求保护的主题而导致该权利要求不确定，根据专利法第 112 条第 2 款的规定，驳回该权利要求。权利要求不确定是因为其名称后使用了用语"〔1〕"。除了宣誓或声明以外，删除权利要求中的上述用语以及申请文件中出现的每个带有上述用语的名称，将能够克服该缺陷。参见案例：*Ex parte Pappas*，23 USPQ2d 1636（Bd. App. & Inter. 1992），以及专利法实施细则 1.153 的规定。

审查员注意：

1. 该驳回应当用于在审查意见通知书中存在另外的驳回的情况。关于审查员修改的事项，参见标准语段 15.69.01。

2. 括号 1 中，填入"或类似物"或者"或相似的物品"。

3. 如果名称中存在的"或类似物"或者"或相似的物品"是针对实施该外观设计的产品的环境的话，此语段不适用。

15.69.01　通过审查员的修改删除不确定的语言（"或类似物"）

权利要求中在产品名称后使用的用语〔1〕使得权利要求不确定。通过在关于〔3〕的电话会晤中，〔2〕的授权，除了宣誓或声明以外，该用语已从权利要求和所有申请文件中出现的名称中删除，（专利法第 112 条第 2 款和专利法实施细则 1.153）。参见案例：*Ex parte Pappas*，23 USPQ2d 1636（Bd. Pat. App. & Inter. 1992）。

审查员注意：

括号 1 中，填入不予接受的用语，例如"或类似物"或者"或相似的物品"，等等。如果权利要求的保护范围不能通过公开内容得以确定，应当根据专利法第 112 第 2 款的规定予以驳回。例如，在图片的公开内容中，要求保护的部分（实线部分）和未要求保护的部分（虚线部分）之间的范围不确定或不被理解，根据专利法第 112 条第 1 款的规定，该图片公开内容或许可以实现，因为该产品的形状和外观能够被重复制造，但这种公开没有具体指出并清楚表达申请人就其发明要求保护的主题。在此情形下，可使用以下标准语段：

15.22 根据专利法第 112 条第 2 款作出的驳回

由于申请人没有具体指出并清楚表达其发明要求保护的主题而导致该权利要求不确定，根据专利法第 112 条第 2 款的规定，驳回该权利要求。

该权利要求不确定 [1]。

审查员注意：

1. 如果要求保护的外观设计的范围不确定，可以使用该语段。

2. 括号 1 中，对驳回的根据进行充分的说明。

如果不能从图片、产品名称和说明书中的记载确定要求保护的产品，例如，要求保护的外观设计为"装饰品"，但没有指明一件为人所知的或可识别的产品，则该权利要求由于不确定而应当被驳回。此时可使用以下标准语段：

15.22.03 根据专利法第 112 条第 2 款作出的驳回（产品名称没有指明一件为人所知的产品）

由于权利要求中产品名称没有指明一件可以制造的产品，

而图片公开的内容也不能必然确定应用该外观设计的产品，使得该权利要求不确定，根据专利法第 112 条第 2 款的规定，驳回该权利要求。参见案例：*Ex parte Strijland*，26 USPQ2d 1259，1263（Bd. Pat. App. & Int. 1992）。因此，任何试图通过指明应用该外观设计的产品来说明其名称的尝试都会引入新内容。参见专利法第 132 条和专利法实施细则 1.121 的规定。

15.21.01　根据专利法第 112 条（第 2 款）作出的驳回（要求提交的信息）

由于没有根据专利法第 112 条第 2 款的要求具体指出并清楚表达要求保护的发明，该权利要求被驳回。应用该外观设计的产品名称过于含糊而不确定，使得审查员不能根据专利法实施细则 1.104 的规定对该权利要求进行适当的审查。

因而要求申请人提供有关应用该要求保护的外观设计的产品的性质和用途的充分说明，以便审查员能够对其进行准确的分类并做出可靠的检索。参见专利法实施细则 1.154（b）（1）；以及审查指南 1503.01 的规定。如果可以的话，有关类似检索领域、相关现有技术、宣传册和同时待审的发明专利申请的提交情况等信息也被证明是有益的。如果已提交一件发明专利申请，应当提供申请号。

上述信息应当另页提交，不应当加入说明书中（专利法实施细则 1.56）。也可参见专利法实施细则 1.97、1.98 和 1.99 的相关规定。

若非存在根据专利法第 112 条第 1 款和/或第 2 款的规定需予以驳回的情形，该外观设计的权利要求是可享专利性的，可以使用以下标准语段：

15.58.01 要求保护的外观设计具有专利性（根据专利法第112条作出的驳回）

相对引证的文献，要求保护的外观设计具有专利性。但是，关于专利性的最终决定将在解决上述驳回缺陷后作出。

适当时，可在第二次或其后的通知书中使用标准语段15.38和15.40.01（参见审查指南1504.02）。

1504.05 限制 [R-5]

发明限制的一般原则列于审查指南第800章中。除本部分所列的不同规定外，这些原则也适用于外观设计限制实践。

与发明专利申请不同，发明专利申请可以包括针对多个发明的多项权利要求，外观设计专利申请只可有一项权利要求。一项权利要求可以保护一个以上的外观设计实施例。但是，这些实施例只有在外观设计专利实践的显而易见性的前提下，包含有单一的发明构思时才能被提出。参见案例：*In re Rubinfield*，270 F.2d 391，123 USPQ 210（CCPA 1959）。因此，审查员将对每件外观设计申请中包含有一项以上专利意义上的独特的外观设计的要求限制。

如果一件外观设计专利申请要求了多项相互之间在专利意义上的独特的外观设计，根据专利法第121条的规定，将要求限制。在确定是否应当作出一项限制要求时，对一件完整申请的检索和审查是否对审查员造成严重负担的问题（如审查指南803所述）不适用于外观设计申请。如果实施例不符合以下两个要求，申请人对实施例不具有专利意义上的独特性所作出的记录在案的明确的承认，不能克服对限制的要求：（A）实施例必须具有设计特征基本相同的整体外观；和（B）实施例之间的区别不足以达到具备专利性的一项设计与其他设计之间的区别。根据第二条，在没有证据的情况下，这种承认仅仅是一种结论性的陈述。如果多项外观设计被认为在专利意义上是非独特的，并且能够被一项单独的权利要求所涵盖，那么，任何一项权利要求因现有技术的驳回也将适用于所有权利要求。参见案例：*Ex parte Appeal No.* 315–40，152 USPQ 71（Bd. App. 1965）。

I. 独立的发明

如果在图片中公开的两个或两个以上根本不相同的物品之间没有明显的关系，则这些外观设计发明是独立的；例如，一副眼镜和一个门把手；一辆自行车和一个照相机；一辆汽车和一个浴缸。在审查指南 806.06 中也有实例记载。此类情况下的限制无疑是适当的。由于外观设计专利申请很少有申请公开包含多个独立的物品，这种情况可能极少会出现。

II. 独特的发明

在判断专利意义上的区别点时，审查员应该比较多项外观设计的整体外观。每一项外观设计都应该作为整体来考虑，即根据专利法第 103 条（a）项建立显而易见性的初步证据时，不应该将各个要素单独考虑。如果存在以下情况，这些设计就不是独特的发明：（A）多项外观设计具有设计特征基本相同的整体外观；和（B）多项外观设计之间的区别不足以达到具备专利性的一项设计与其他设计之间的区别。如果区别点是细微的或者对于该领域的普通设计人员而言是显而易见的，则认为其没有达到专利意义上的独特性。因此，在根据专利法第 121 条判断外观设计申请的专利意义上的独特性问题时，对于在先设计的检索是必要的。上述两种考虑都很重要。设计之间的区别点被现有技术证明是显而易见的，但如果整体外观非基本相同，则外观设计具有专利意义上的独特性。使用上述两步分析法，实施例基于同样的外观设计要求不同领域的权利要求时可具备专利意义上的独特性。当申请的视图表示的是一个部件，且该部件是另一实施例的子组合时，该子组合的整体外观通常具有独特性，应对其要求限制。当申请的视图表示的是一个产品的部分，且该部分是另一实施例的主题时，该部分的整体外观通常具有独特性，应对其要求限制。

A. 多个实施例——外观上的区别

在一件单独的申请中说明一项外观设计发明的一个以上的实施例是允许的。但是，这些实施例只有在它们包含单一的发明构思时才可以呈现。包含单一发明构思的两件外观设计，只有当这两件外观设计根据显著性标准具备专利意义上的独特性时才可以获得双份专利。参见案例：*In re Rubinfield*，270 F. 2d 391，123 USPQ 210（CCPA 1959）。相互之间具有专利意义上的独特性的实施例不构成一个单独的发明构思，因而不可以包含在一件外观设计申请中。参见案例：*In re Platner*，155 USPQ 222（Comm'r Pat. 1967）。多个实施例的公开内容没有要求或证明是一个以上的单独的权利要求，该权利要求必须用审查指南1503.01 第Ⅲ段中所述的术语来表达。说明书应当清楚表明多个实施例被公开，而且应当详细说明实施例之间的区别。如果任何实施例的公开内容为了具备完整性依赖于其他实施例的公开内容，以符合专利法第112条第1款关于完整性的要求，这些实施例之间的区别必须在图形说明中或申请时在该申请的说明书中以一种特殊的附图描述得到确定。例如，一个橱柜的第二实施例公开了单独一幅仅在橱柜的前门与第一实施例有区别的视图；图形说明应当说明这幅视图"是图1的第二实施例，二者仅有的区别在于门的构造，即可理解为所有其他面均与第一实施例相同。"将说明中的此类描述理解为结合第一实施例的公开内容来完善第二实施例的公开。但是，在申请时该申请的说明书中缺少这种描述的情况下，一个实施例的公开内容通常不允许作为对其他实施例公开的任何文字或视图的修改的在先依据。

根据专利法第103条（a）项规定的显而易见性的标准可以应用于确定多个实施例是否可以保留在一件单独的申请中时。参见审查指南1504.03。即，必须首先确定实施例是否具有相互之间基本相同的整体外观。如果实施例的外观被认为是基本相同的，则必须确定它们之间的区别是细微的且在专利意义上非独特的，或者由于类似的现有技术使其对于具备普通技术的设计人员而言是显而易见的。如果实施例满足上述两个条件的话，它们可以被保留在一件单独的申请中。如果实施例没有满足上述条件之一，则必须要求限制。应当注意，如果实施例不具有基本相同的整体外观，由于它们的外观在专利意义上是独特的，故必须要求限制。在此情况下，如果由于类似的现有技术实施例的外观之间的区别是显而易见的，则其对限制的决定来说没有影响。

如果适当的话，标准语段15.27.02或15.27.03可以用于通知申请人，因为实施例没有专利意义上的独特性故而不被要求限制。

15.27.02 不要求限制——外观的改变（第一次通知书——无结论）

该申请公开了以下实施例：

实施例1—图［1］

实施例 2—图 [2]

[3]

仅在它们在专利意义上是非独特的情况下，一个单独的发明构思下的多个实施例可以包含在同一件外观设计申请中。参见案例：*In re Rubinfield*，270 F. 2d 391，123 USPQ 210（CCPA 1959）。相互间具有专利意义上的独特性的实施例没有构成一个单独的发明构思从而不可包含在同一件外观设计申请中。参见案例：*In re Platner*，155 USPQ 222（Comm'r Pat. 1967）。

上述确定的实施例被审查员认为是表达了基本相同的整体外观。而且，这些实施例外观之间的区别被认为是细微的且在专利意义上是非独特的，或者由于所引用的类似现有技术使其显得显而易见。因此，它们被认为是显而易见的变化并在同一件申请中得以保留和审查。任何一个实施例因现有技术的驳回也将适用于所有其他实施例。参见案例：*Ex parte Appeal* No. 315-40，152 USPQ 71（Bd. App. 1965）。一旦这些实施例被确定构成一个单独的发明构思，坚持基于实施例之间区别的专利性的主张将不被考虑。在答复此通知书时申请人未能抗辩该决定的，将被认为其承认了在上述实施例之间缺乏专利意义上的独特性。

审查员注意：

在括号 3 中根据需要增加实施例。

15.27.03　不要求限制——外观的改变（第一次通知书结论）

该申请公开了以下实施例：

实施例 1—图 [1]

实施例 2—图 [2]

［3］

仅在它们在专利意义上是非独特的情况下，一个单独的发明构思下的多个实施例可以包含在同一个外观设计申请中。参见案例：*In re Rubinfield*，270 F. 2d 391，123 USPQ 210（CCPA 1959）。相互间具有专利意义上的独特性的实施例没有构成一个单独的发明构思从而不可包含在同一件外观设计申请中。参见案例：*In re Platner*，155 USPQ 222（Comm'r Pat. 1967）。

上述确定的实施例被审查员认为是表达了基本相同的整体外观。而且，这些实施例外观之间的区别被认为是细微的且在专利意义上是非独特的，或者由于所引用的类似现有技术使其显得显而易见。因此，它们被认为是显而易见的变化并在同一件申请中得以保留和审查。

审查员注意：

在括号 3 中根据需要增加实施例。

以下标准语段可用于限制要求。审查员必须引用导致实施例具有专利意义上的独特性的实施例外观之间的区别的简要说明。

15.27　根据专利法第 121 规定的限制

该申请公开了以下实施例：

实施例 1—图［1］

实施例 2—图［2］

［3］

仅在它们在专利意义上是非独特的情况下，一个单独的发明构思下的多个实施例可以包含在同一个外观设计申请中。参见案例：*In re Rubinfield*，270 F. 2d 391，123 USPQ 210（CCPA 1959）。相互间具有专利意义上的独特性的实施例没有构成一个单独的发明构思从而不可包含在同一件外观设计申请中。参见案例：*In re Platner*，155 USPQ 222（Comm'r Pat. 1967）。［4］使其成为具有专利意义上的独特性的外观设计。

由于确定的区别，实施例被认为是具有非基本相同的整体外观，或者即使它们基本相同，但其区别并非细微且在专利意义上非独特或没有因类似的现有技术而使其显而易见。

上述实施例分为以下几组在专利意义上是独特的外观设计：

第 I 组：实施例［5］

第 II 组：实施例［6］

［7］

根据专利法第 121 条的规定，要求对上述确定的几组在专利意义上独特的外观设计之一进行限制。

根据专利法实施细则 1.143 的规定，即使此要求被抗辩，对这种要求的答复也必须包括依法进行单一组的选择。任何不包括对单一组选择的答复将被认为是未作答复。申请人也被要求直接删除未选中的组的所有视图和针对其的相应说明。

如果申请人要以这些组不具有专利意义上的独特性为理由来抗辩此要求，申请人应当提出证据或确定目前记载的此证据显示出这些组相互间具有显而易见的变化。如果这些组被确定不具有专利意义上的独特性且它们保留在该申请中，任何一个组因现有技术的驳回也将适用于所有其他实施例。参见案例：*Ex parte Appeal* No. 315 - 40，152 USPQ 71（Bd. App. 1965）。一旦这些组被确定构成一个单独的发明构思，坚持基于这些组之间区别的专利性的主张将不被考虑。在答复此通知书时申请人未能抗辩该决定的，将被认为其承认了在上述组之间缺乏专利意义上的独特性。

由于上述的要求，法定通知书被延期直到其符合与案例 *Ex*

parte Heckman，135 USPQ 229（P. O. Super. Exam. 1960）一致的要求。

审查员注意：

1. 括号 3 中根据需要增加实施例。

2. 括号 4 中填入实施例之间区别的说明。

3. 括号 7 中根据需要增加组。

15.27.01　根据专利法第 121 条规定的限制（组内的显而易见变化）

该申请公开了以下实施例：

实施例 1—图［1］

实施例 2—图［2］

［3］

仅在它们在专利意义上是非独特的情况下，一个单独的发明构思下的多个实施例可以包含在同一个外观设计申请中。参见案例：*In re Rubinfield*，270 F. 2d 391，123 USPQ 210（CCPA 1959）。相互间具有专利意义上的独特性的实施例没有构成一个单独的发明构思从而不可包含在同一件外观设计申请中。参见案例：*In re Platner*，155 USPQ 222（Comm'r Pat. 1967）。

上述实施例分为以下几组在专利意义上是独特的外观设计：

第 I 组：实施例［4］

第 II 组：实施例［5］

［6］

在每个组中公开的实施例具有基本相同的整体外观。而且，它们之间的区别被认为是细微的且在专利意义上是非独特的，或者因引用类似的现有技术而显得显而易见。因此，它们被审查员认为在该组内相互之间是显而易见的。这些实施例因而构成一个单独的发明构思且被划分到同一组。但是，［7］在专利意义上将每个组区分于其他组。

由于确定的区别，每个组的实施例被认为是具有非基本相同的整体外观，或者即使它们基本相同，但其区别并非细微且在专利意义上非独特或没有因类似的现有技术而使其显得显而易见。

根据专利法第 121 条的规定，要求对在专利意义上独特的外观设计组之一进行限制。

根据专利法实施细则 1.143 的规定，即使此要求被抗辩，对这种要求的答复也必须包括依法进行单一组的选择。任何不包括对单一组选择的答复将被认为是未作答复。申请人也被要求直接删除未选中的组的所有视图和针对未其的相应说明。

如果申请人要以这些组不具有专利意义上的独特性为理由来抗辩此要求，申请人应当提出证据或确定目前记载的此证据显示出这些组相互间具有显而易见的变化。如果这些组被确定不具有专利意义上的独特性且它们保留在该申请中，任何一个组因现有技术的驳回也将适用于所有其他组。参见案例：*Ex parte Appeal No.* 315 - 40，152 USPQ 71（Bd. App. 1965）。一旦这些组被确定构成一个单独的发明构思，坚持基于这些组之间区别的专利性的主张将不被考虑。

由于上述的要求，法定通知书被延期直到其符合与案例 *Ex parte Heckman*，135 USPQ 229（P. O. Super. Exam. 1960）一致的要求。

审查员注意：

1. 括号 3 中根据需要增加实施例。

2. 括号 6 中根据需要增加组。

3. 括号 7 中填入各组之间区别的说明。

15.28 根据专利法第 121 条规定的电话限制

该申请公开了以下实施例：

实施例 1—图 [1]

实施例 2—图 [2]

[3]

一个发明构思下的多个实施例仅在它们在专利意义上是非独特的情况下，可以包含在同一个外观设计申请中。参见案例：*In re Rubinfield*，270 F. 2d 391，123 USPQ 210（CCPA 1959）。相互间具有专利意义上的独特性的实施例没有构成一个单独的发明构思从而不可包含在同一件外观设计申请中。参见案例：*In re Platner*，155 USPQ 222（Comm'r Pat. 1967）。[4] 使其成为具有专利意义上的独特性的外观设计。参见案例：*In re Platner*，155 USPQ 222（Comm'r Pat. 1967）。

由于确定的区别，每个组的实施例被认为是具有非基本相同的整体外观，或者，即使它们基本相同，但其区别并非细微或在专利意义上有独特性或没有因类似的现有技术而使其显得显而易见。

上述公开的实施例分为以下几组在专利意义上是独特的外观设计：

第 I 组：实施例 [5]

第 II 组：实施例 [6]

[7]

根据专利法第 121 条的规定，要求对在专利意义上独特的外观设计组之一进行限制。

在与 [8] 针对 [9] 进行电话讨论期间，作出一个临时的选择［10］抗辩以执行第［11］组的外观设计。该选择应当由申请人通过答复该审查意见通知书得以确定。

根据专利法实施细则 1.142（b）的规定，由于是未被选择的外观设计，第［12］组不被审查员进一步考虑。

审查员注意：

1. 括号 3 中根据需要增加实施例。

2. 括号 4 中填入实施例之间区别的说明。

3. 括号 7 中根据需要增加组。

4. 括号 10 中填入"在……的情况下"或"在没有……的情况下"。

15.28.01 根据专利法第 121 条规定的电话限制（组内显而易见的变化）

该申请公开了以下实施例：

实施例 1—图［1］

实施例 2—图［2］

［3］

仅在它们在专利意义上是非独特的情况下，一个单独的发明构思下的多个实施例可以包含在同一个外观设计申请中。参见案例：*In re Rubinfield*，270 F. 2d 391，123 USPQ 210（CCPA 1959）。相互间具有专利意义上的独特性的实施例没有构成一个单独的发明构思从而不可包含在同一件外观设计申请中。参见案例：*In re Platner*，155 USPQ 222（Comm'r Pat. 1967）。

上述实施例分为以下几组在专利意义上是独特的外观设计：

第 I 组：实施例［4］

第 II 组：实施例［5］

［6］

在每个组中公开的实施例具有基本相同的整体外观。而且，

405

它们之间的区别被认为是细微的且在专利意义上是非独特的，或者因引用类似的现有技术而显得显而易见。因此，它们被审查员认为在该组内相互之间是显而易见的。这些实施例因而构成一个单独的发明构思且被划分到一组。但是，［7］在专利意义上将每个组区分于其他组。

由于确定的区别，每个组的实施例被认为是具有非基本相同的整体外观，或者即使它们基本相同，但其区别并非细微且在专利意义上非独特或没有因类似的现有技术而使其显得显而易见。

根据专利法第121条的规定，要求对在专利意义上独特的外观设计组之一进行限制。

在与［8］针对［9］进行电话讨论期间，作出一个临时的选择［10］抗辩以执行第［11］组的外观设计。该选择应当由申请人通过答复该审查意见通知书得以确定。

根据专利法实施细则1.142（b）的规定，由于是未被选择的外观设计，第［12］组不被审查员进一步考虑。

审查员注意：

1. 括号3中根据需要增加实施例。

2. 括号6中根据需要增加组。

3. 括号7中填入各组之间区别的说明。

4. 括号10中填入"在……的情况下"或"在没有……的情况下"。

15.31　临时选择的要求（专利法实施细则1.143的规定）

根据专利法实施细则1.143的规定，即使抗辩该要求，建议申请人对这种要求的完整答复也必须包括对例举的外观设计进行单一的临时选择。

B. 组合/子组合——范围上的区别

外观设计的权利要求包含作为整体的整个外观设计。而且，要求对整个外观设计的保护不能扩充到其任何个别的零部件或部分。参见案例：*KeyStone Retaining Wall Systems Inc. v. Westrock Inc.*，997 F. 2d 1444，27 USPQ2d 1297（Fed. Cir. 1993）。如果其外观在专利意义上是独特的，针对一项作为一个整体（组合）和其个别的零部件或部分（子组合）的外观设计的实施例不可以包含在一件申请中。在此类案例中，由于在专利意义上独特的组合/子组合必须得到不同的权利要求的支持，其将被要求限制。但是，如果其外观设计不具有专利意义上的独特性，一项外观设计的权利要求可包含一件申请中同一个发明构思的不同范围的实施例。参见案例：*In re Rubinfield*，270 F. 2d 391，123 USPQ 210（CCPA 1959）。法院认为，一项外观设计的发明构思不限于其在一件具体物品上的实施例，只要这些不同的实施例不具有专利意义上的独特性，它们就可以通过一项权利要求得以保护。参见案例：*Blumcraft of Pittsburgh v. Ladd*，144 USPQ 562（D. D. C. 1965）。确定组合中的子组合/元件的外观设计在专利意义上是非独特的，这意味着这些外观设计相互间不具有专利性（新颖且非显而易见的），而且可以保留在同一件申请中。如果实施例在专利意义上是独特的，则认为其外观设计是要求不同权利要求的不同发明，有必要对其中之一或其他的进行限制。参见案例：*In re Kelly*，200 USPQ 560（Comm'r Pat. 1978）；*Ex parte Sanford*，1914 C. D. 69，204 O. G. 1346（Comm'r Pat. 1914）；*Ex parte Heckman*，135 USPQ 229（P. O. Super. Exam. 1960）。在确定不同范围的实施例能否保留在一件申请中时，它们必须具有基本相同的整体外观，范围上的区别必须是细微的且不具有专利意义上的独特性。即，它们必须在没有类似的现有技术支持的情况下，根据专利法第 103 条

（a）项的规定自身即可被认为相互之间是显而易见的。原因在于，如上所述，要求对整个外观设计的保护不能扩充到其任何个别的零部件或部分。因此，如果实施例之间在范围上的区别对区别于其他的整体外观产生影响，由于范围上的区别使其成为必须得到不同权利要求支持的在专利意义上具有独特性的外观设计，因而它们必须被限制。如果适当的话，标准语段15.27.04 或 15.27.05 可以用于通知申请人，其要求的实施例不具有专利意义上的独特性，故而不被要求限制。

15.27.04　不要求限制——范围的改变（第一次通知书无结论）

该申请公开了以下实施例：

实施例 1—图［1］

实施例 2—图［2］

［3］

仅在它们在专利意义上是非独特的情况下，涉及范围上改变的外观设计可以包含在同一件申请中。但是，外观设计专利的保护不扩充到具有专利意义上的独特性的一项外观设计的可分离零部件。参见案例：*Ex parte Sanford*，1914 C. D. 69，204 O. G. 1346（Comm'r Pat. 1914）；*Blumcraft of Pittsburgh v. Ladd*，144 USPQ 562（D. D. C. 1965）。

上述实施例被审查员认为是表达了基本相同的整体外观。而且，这些实施例外观之间的区别被认为是细微的且在专利意义上是非独特的。因此，它们被认为是显而易见的变化，并在同一件申请中得以保留和审查。任何一个实施例因现有技术的驳回也将适用于所有其他实施例。参见案例：*Ex parte Appeal No.* 315 - 40，152 USPQ 71（Bd. App. 1965）。一旦这些实施例被确定构成一个单独的发明构思，坚持基于实施例之间区别的专利性的主张将不被考虑。在答复此通知书时申请人未能抗辩该决定的，将被认为其承认了在上述实施例之间缺乏专利意义上的独特性。

审查员注意：

括号3中根据需要增加实施例。

15.27.05　不要求限制——范围的改变（第一次通知书结论）

该申请公开了以下实施例：

实施例1—图［1］

实施例2—图［2］

［3］

仅在它们在专利意义上是非独特的情况下，涉及范围上改变的外观设计可以包含在同一件申请中。但是，外观设计专利的保护不扩充到具有专利意义上的独特性的一项外观设计的可分离零部件。参见案例：*Ex parte Sanford*，1914 C. D. 69，204 O. G. 1346（Comm'r Pat. 1914）；*Blumcraft of Pittsburgh v. Ladd*，144 USPQ 562（D. D. C. 1965）。

上述实施例被审查员认为是表达了基本相同的整体外观。而且，这些实施例外观之间的区别被认为是细微的且在专利意义上是非独特的。因此，它们被认为是显而易见的变化并在同一件申请中得以保留和审查。

审查员注意：

括号3中根据需要增加实施例。

如果适当的话，标准语段15.29或15.30可用于作出一个限制要求。

15.29　根据专利法第121条规定的电话限制（可分离的零

部件或组合/子组合）

该申请公开了以下实施例：

实施例 1—接近 [2] 的图 [1]

实施例 2—接近 [4] 的图 [3]

[5]

根据专利法第 121 条的规定，要求对以下发明之一进行限制：

第 I 组：实施例 [6]

第 II 组：实施例 [7]

[8]

根据法律的规定，外观设计专利保护的仅是作为整体公开的发明，而不扩充到具有专利意义上的独特性的可分离零部件，按组划分的外观设计相互之间是独特的；保护此类可分离的零部件的唯一途径是申请不同的专利。参见案例：*Ex parte Sanford*，1914 C. D. 69，204 O. G. 1346（Comm'r Pat. 1914）和 *Blumcraft of Pittsburgh v. Ladd*，144 USPQ 562（D. D. C. 1965）。而且需要注意的是，专利意义上独特的组合/子组合必须得到不同权利要求的支持，而在一件外观设计专利申请中只允许存在一项权利要求。参见案例：*In re Rubinfield*，270 F. 2d 391，123 USPQ 210（CCPA 1959）。

[9]

由于这些外观设计因上述原因是独特的，而且在该技术中已取得独立的法律状态，and have acquired separate status in the art，因所说明的审查目的而限制是适当的（专利法第 121 条）。

根据专利法实施细则 1. 143 的规定，即使此要求被抗辩，对这种要求的答复必须包括依法进行单一组的选择。任何不包括对单一组的选择的答复将被认为是未作答复。申请人也被要求直接删除未选中的组的所有视图和针对其的相应说明。

如果申请人要以这些组不具有专利意义上的独特性为理由来抗辩此要求，申请人应当提出证据或确定目前记载的此证据显示出这些组相互间显而易见的变化。如果这些组被确定不具有专利意义上的独特性且它们保留在该申请中，任何一个组因现有技术的驳回也将适用于所有其他组。参见案例：*Ex parte Appeal* No. 315 - 40，152 USPQ 71（Bd. App. 1965）。一旦这些组被确定构成一个单独的发明构思，坚持基于这些组之间区别的专利性的主张将不被考虑。

由于上述的要求，法定通知书被延期直到其符合与案例 *Ex parte Heckman*，135 USPQ 229（P. O. Super. Exam. 1960）一致的要求。

审查员注意：

1. 括号 5 中根据需要增加实施例。

2. 括号 8 中根据需要增加组。

3. 如有必要，在括号 9 中补充意见。

15.30 根据专利法第 121 条规定的电话限制（可分离的零部件或组合/子组合）

该申请公开了以下实施例：

实施例 1—接近［2］的图［1］

实施例 2—接近［4］的图［3］

［5］

根据专利法第 121 条规定，要求对以下发明之一进行限制：

第Ⅰ组：实施例［6］

第Ⅱ组：实施例［7］

［8］

根据法律的规定，外观设计专利保护的仅是作为整体公开的发明，而不扩充到具有专利意义上的独特性的可分离零部件，按组划分的外观设计相互之间是独特的；保护此类可分离的零部件的唯一途径是申请不同的专利。参见案例：*Ex parte Sanford*，1914 C. D. 69，204 O. G. 1346（Comm'r Pat. 1914）和 *Blumcraft of Pittsburgh v. Ladd*，144 USPQ 562（D. D. C. 1965）。而且需要注意的是，专利意义上独特的组合/子组合必须得到不同权利要求的支持，而在一件外观设计专利申请中只允许存在一项权利要求。参见案例：*In re Rubinfield*，270 F. 2d 391，123 USPQ 210（CCPA 1959）。

［9］

在与［10］针对［11］进行电话讨论期间，作出一个临时的选择［12］抗辩以执行第［13］组的发明。该选择应当由申请人通过答复该审查意见通知书得以确定。

根据专利法实施细则 1. 142（b）的规定，由于是未被选择的发明，第［14］组不被审查员进一步考虑。

审查员注意：

1. 括号 5 中根据需要增加实施例。

2. 括号 6 中根据需要增加组。

3. 如有必要，在括号 9 中补充意见。

如果适当的话，标准语段 15. 27. 06 或 15. 27. 07 可用于通知申请人，外观设计不具有专利意义上的独特性，故而不被要求限制。

15. 27. 06 不要求限制（外观和范围上的改变——第一次通知书无结论）

该申请公开了以下实施例：

实施例 1—接近［2］的图［1］

实施例 2—接近［4］的图［3］

［5］

实施例［6］在外观上具有区别。仅在它们在专利意义上是非独特的情况下，一个单独的发明构思下的多个实施例可以包含在同一件外观设计申请中。参见案例：*In re Rubinfield*，270 F. 2d 391，123 USPQ 210（CCPA 1959）。相互间具有专利意义上的独特性的实施例没有构成一个单独的发明构思从而不可包含在同一件外观设计申请中。参见案例：*In re Platner*，155 US-PQ 222（Comm'r Pat. 1967）。

针对组合的实施例［7］涉及针对子组合/元件的实施例［8］。仅在它们在专利意义上是非独特的情况下，涉及范围上改变的外观设计可以包含在同一件申请中。但是，外观设计专利的保护不扩充到具有专利意义上的独特性的一项外观设计的可分离零部件。参见案例：*Ex parte Sanford*，1914 C. D. 69，204 O. G. 1346（Comm'r Pat. 1914）；*Blumcraft of Pittsburgh v. Ladd*，144 USPQ 562（D. D. C. 1965）。

上述实施例被审查员认为是表达了基本相同的整体外观。而且，这些实施例外观之间的区别被认为是细微的且在专利意义上是非独特的，或者由于所引用的类似现有技术使其显得显而易见。因此，它们被认为是显而易见的变化，并在同一件申请中得以保留和审查。任何一个实施例因现有技术的驳回也将适用于所有其他实施例。参见案例：Ex parte Appeal No. 315 - 40，152 USPQ 71（Bd. App. 1965）。一旦这些实施例被确定构成一个单独的发明构思，坚持基于实施例之间区别的专利性的主张将不被考虑。在答复此通知书时申请人未能抗辩该决定的，将被认为其承认了在上述实施例之间缺乏专利意义上的独特性。

审查员注意：

1. 括号 5 中根据需要增加实施例。

2. 填入在实施例说明中所述的外观设计之间的区别的说明；例如，针对一套杯子和碟子的图 1 ~ 图 5、针对一个碟子的图 6 ~ 图 9。

3. 可以接受且合适的是，实施例可以被列入说明的部分。

15.27.07　不要求限制（外观和范围上的改变——第一次通知书结论）

该申请公开了以下实施例：

实施例 1—接近 ［2］ 的图 ［1］

实施例 2—接近 ［4］ 的图 ［3］

［5］

实施例 ［6］ 在外观上具有区别。仅在它们在专利意义上是非独特的情况下，一个单独的发明构思下的多个实施例可以包含在同一件外观设计申请中。参见案例：*In re Rubinfield*，270 F. 2d 391，123 USPQ 210 （CCPA 1959）。相互间具有专利意义上的独特性的实施例没有构成一个单独的发明构思从而不可包含在同一件外观设计申请中。参见案例：*In re Platner*，155 US-PQ 222 （Comm'r Pat. 1967）。

针对组合的实施例 ［7］ 涉及针对子组合/元件的实施例 ［8］。仅在它们在专利意义上是非独特的情况下，涉及范围上改变的外观设计可以包含在同一件申请中。但是，外观设计专利的保护不扩充到具有专利意义上的独特性的一项外观设计的可分离零部件。参见案例：*Ex parte Sanford*，1914 C. D. 69，204 O. G. 1346 （Comm'r Pat. 1914）；*Blumcraft of Pittsburgh v. Ladd*，144 USPQ 562 （D. D. C. 1965）。

上述实施例被审查员认为是表达了基本相同的整体外观。而且，这些实施例外观之间的区别被认为是细微的且在专利意义上是非独特的，或者由于所引用的类似现有技术使其显得显而易见。因此，它们被认为是显而易见的变化，并在同一件申请中得以保留和审查。任何一个实施例因现有技术的驳回也将适用于所有其他实施例。从而，它们被认为构成一个单独的发明构思且已被同时审查。

审查员注意：

1. 括号5中根据需要增加实施例。

2. 填入在实施例说明中所述的外观设计之间的区别的说明；例如，针对一套杯子和碟子的图1~图5、针对一个碟子的图6~图9。

3. 可以接受且合适的是，实施例可以被列入说明的部分。

以下标准语段可用于限制的要求。

审查员必须引用导致实施例之间具有专利意义上的独特性的区别的简要说明。

15.27.08　存在外观和范围上的区别的限制

该申请公开了以下实施例：

实施例1—接近［2］的图［1］

实施例2—接近［4］的图［3］

［5］

上述的实施例分为以下几组在专利意义上是独特的外观设计：

第Ⅰ组：实施例［6］

第Ⅱ组：实施例［7］

［8］

第［9］组在外观上具有区别。仅在它们在专利意义上是非独特的情况下，一个单独的发明构思下的多个实施例可以包含在同一件外观设计申请中。参见案例：*In re Rubinfield*，270 F. 2d 391，123 USPQ 210（CCPA 1959）。相互间具有专利意义上的独特性的实施例没有构成一个单独的发明构思从而不可包含在同一件外观设计申请中。参见案例：*In re Platner*，155 US-PQ 222（Comm'r Pat. 1967）。[10] 使其成为具有专利意义上的独特性的外观设计。

由于确定的区别，实施例被认为是具有非基本相同的整体外观，或者即使它们基本相同，但其区别并非细微的且在专利意义上非独特或没有因类似的现有技术而使其显得显而易见。

针对组合的实施例［11］涉及针对子组合/元件的实施例［12］。根据法律的规定，外观设计专利保护的仅是作为整体公开的外观设计，而不扩充到具有专利意义上的独特性的可分离零部件，按组划分的外观设计相互之间是独特的；保护此类可分离的零部件的唯一途径是申请不同的专利。参见案例：*Ex parte Sanford*，1914 C. D. 69，204 O. G. 1346（Comm'r Pat. 1914）；*Blumcraft of Pittsburgh v. Ladd*，144 USPQ 562（D. D. C. 1965）。而且需要注意的是，专利意义上独特的组合/子组合如果具有专利意义上的独特性，必须得到不同权利要求的支持，而在一件外观设计专利申请中只允许存在一项权利要求。参见案例：*In re Rubinfield*，270 F. 2d 391，123 USPQ 210（CCPA 1959）。

在任何包含多个实施例的组中，这些实施例被审查员认为在该组内相互之间是显而易见的，因此，在专利意义上是非独特的。这些实施例因而构成一个单独的发明构思且被划分到一组。

根据专利法第 121 条的规定，要求对在专利意义上独特的外观设计组之一进行限制。

根据专利法实施细则 1.143 的规定，即使此要求被抗辩，对这种要求的答复必须包括依法进行单一组的选择。任何不包括一个组的选择的答复将被认为是未作答复。申请人也被要求直接删除未选中的组的所有视图和针对其的相应说明。

如果申请人要以这些组不具有专利意义上的独特性为理由来抗辩此要求，申请人应当提出证据或确定目前记载的此证据显示出这些组相互间显而易见的变化。如果这些组被确定不具有专利意义上的独特性且它们保留在该申请中，任何一个组因现有技术的驳回也将适用于所有其他组。参见案例：*Ex parte Appeal No.* 315 – 40，152 USPQ 71（Bd. App. 1965）。一旦这些组被确定构成一个单独的发明构思，坚持基于这些组之间区别的专利性的主张将不被考虑。

由于上述的要求，法定通知书被延期直到其符合与案例 *Ex parte Heckman*，135 USPQ 229（P. O. Super. Exam. 1960）一致的要求。

审查员注意：

1. 括号 5 中根据需要增加实施例。

2. 括号 8 中根据需要增加实施例。

3. 填入在实施例说明中所述的外观设计之间的区别的说明；例如，针对一套杯子和碟子的图 1 ~ 图 5、针对一个碟子的图 6 ~ 图 9。

4. 可以接受且合适的是，实施例可以被列入说明的部分。

5. 括号 10 中填入外观设计之间的区别的说明。

15. 28. 02　存在外观和范围上的区别的电话限制

该申请公开了以下实施例：

实施例 1——接近［2］的图［1］

实施例 2——接近［4］的图［3］

［5］

上述实施例分为以下几组在专利意义上是独特的外观设计：

第 I 组：实施例［6］

第 II 组：实施例［7］

［8］

第［9］组在外观上具有区别。仅在它们在专利意义上是非独特的情况下，一个单独的发明构思下的多个实施例可以包含在同一件外观设计申请中。参见案例：*In re Rubinfield*，270 F. 2d 391，123 USPQ 210（CCPA 1959）。相互间具有专利意义上的独特性的实施例没有构成一个单独的发明构思从而不可包含在同一件外观设计申请中。参见案例：*In re Platner*，155 US-PQ 222（Comm'r Pat. 1967）。［10］使其成为具有专利意义上的独特性的外观设计。

由于确定的区别，实施例被认为是具有非基本相同的整体外观，或者即使它们基本相同，但其区别并非细微且在专利意义上非独特或没有因类似的现有技术而使其显得显而易见。

针对组合的实施例［11］涉及针对子组合/元件的实施例［12］。根据法律的规定，外观设计专利保护的仅是作为整体公开的外观设计，而不扩充到具有专利意义上的独特性的可分离零部件，按组划分的外观设计相互之间是独特的；保护此类可分离的零部件的唯一途径是申请不同的专利。参见案例：*Ex parte Sanford*，1914 C. D. 69，204 O. G. 1346（Comm'r Pat. 1914）；*Blumcraft of Pittsburgh v. Ladd*，144 USPQ 562（D. D. C. 1965）。而且需要注意的是，专利意义上独特的组合/

子组合如果具有专利意义上的独特性，必须得到不同权利要求的支持，而在一件外观设计专利申请中只允许存在一项权利要求。参见案例：*In re Rubinfield*，270 F. 2d 391，123 USPQ 210（CCPA 1959）。

在任何包含多个实施例的组中，这些实施例被审查员认为在该组内相互之间是显而易见的，因此，在专利意义上是非独特的。这些实施例因而构成一个单独的发明构思且被划分到一组。

根据专利法第 121 条的规定，要求对在专利意义上独特的外观设计组之一进行限制。

在与 [13] 针对 [14] 进行电话讨论期间，作出一个临时的选择 [15] 抗辩以执行第 [16] 组的外观设计。该选择应当由申请人通过答复该审查意见通知书得以确定。

根据专利法实施细则 1. 142（b）的规定，由于是未被选择的外观设计，第 [17] 组不被审查员进一步考虑。

审查员注意：

1. 括号 5 中根据需要增加实施例。

2. 括号 8 中根据需要增加组。

3. 填入在实施例说明中所述的外观设计之间的区别的说明；例如，针对一套杯子和碟子的图 1 ~ 图 5、针对一个碟子的图6 ~ 图 9。

4. 可以接受且合适的是，实施例可以被列入说明的部分。

5. 括号 10 中填入外观设计之间的区别的说明。

6. 括号 15 中填入"在……的情况下"或"在没有……的情况下"。

15.33　如果一个共同的实施例包含在多个组中，在限制中使用限定性陈述

一个共同的实施例包含在多个组中，同时其相对所在组内

的其他实施例在专利意义上是非独特的并且给予申请人在其中最大可能的选择机会。如果该共同的实施例在该申请中被选中，则建议申请人不应当将该共同的实施例包含在任何后续的申请中，以避免在新申请中因专利法第171条规定的重复授权而被驳回。

以下标准语段可用于通知申请人，未选中的发明不被考虑：

15.34　抗辩后不被考虑的组

根据专利法实施细则1.142（b）的规定，由于是一项未被选择的外观设计，即使对［2］提出的要求已在答复意见中做出过抗辩，组［1］也不被审查员进一步考虑。

15.35　取消未选择的外观设计（抗辩）

对于该申请主张的限制要求成为或已经成为决定性的。申请人必须取消在［2］提交的答复意见中做出过抗辩的未选择的组［1］的外观设计，或者提出其他适时合适的诉讼（专利法实施细则1.144）。

15.36　无抗辩的不被考虑的组

根据专利法实施细则1.142（b）的规定，由于是未被选择的外观设计，即使在［2］提交的答复意见中未做出过抗辩，组［1］也不被审查员进一步考虑。

15.37　未选择组的删除，无抗辩

由于除了存在在答复意见中对［2］无抗辩并没有上诉权的情况下未被选择的组［1］之外，该申请是被允许的，组［1］已经被删除。

Ⅲ. 限制要求的抗辩意见

如果一个对限制要求的答复包括以其外观设计组不具有专利意义上的独特性为由进行抗辩的选择，申请人必须提出证据或确定记载的此证据显示出这些组相互间显而易见的变化。仅是对一个限制要求的抗辩意见而没有得到其支持的说明将被视为一个无抗辩的选择。参见审查指南 818.03（a）和标准语段 8.25.02。

一个基于检索和审查一件完整的申请不会给审查员带来沉重负担（如审查指南 803 所记载的内容）的抗辩意见不适用于外观设计专利申请。实施例可以被一起检索，如果它们的外观被认为在专利意义上是独特的，不能排除对其限制的要求，因为具有专利意义上的独特性的实施例不能得到一项单独的外观设计权利要求的支持。同时，对于申请人已明确承认这些实施例不具有专利意义上的独特性的记载（如审查指南 809.02（a）所记载的内容），如果这些实施例没有相互之间基本相同的整体外观，将不能克服对限制的要求。

如果一个抗辩意见具体指出限制中所谓的错误，由于有这些说明，审查员必须重新评价该要求。如果限制要求被维持，在下一次审查意见通知书和答辩意见中必须再次要求限制并作出终驳。参见审查指南 821.01。申请应当不被允许在对下一次审查意见通知书的答复中包括有对限制要求的抗辩和选择，除非抗辩意见因电话会晤而撤回，或者审查员收回该限制要求。

1504.06　重复申请　[R-5]

通常有两种类型的重复申请会被驳回：第一种是对"同样的发明创造"进行重复申请的驳回，依据的是专利法第 171 条中关于一个发明"只能获得一项专利权"的规定；第二种是对"非法定类型"重复申请的驳回，依据的是基于公平原则依法创立的学说，主要目的是通过禁止与前一个专利在可享专利性上没有独特性的第二个专利来避免专利保护期限的延长，非法定的重复申请的驳回是基于单向显而易见性判断和双向的显而易见性判断作出的。

审查指南 804 中的图表，简述了处理所有类型的重复申请驳回的程序。

重复申请的驳回是以一个专利和一个申请或两个申请的权利要求之间的比较为基础的；专利或申请的公开程度可以取决于权利要求的范围。在专利法第 171 条中明确规定，在满足某些特定的条件时，可以获得"一项专利权"；这种单独的使用，使一项设计只能主张一个专利权的规定更为清晰。

判断一个重复申请的驳回是否适当，取决于对以下问题的回答：是否对相同的设计主张了两次权利？如果是，那么应该根据专利法第 171 条以对"相同发明创造"进行重复申请为由作出驳回；如果回答为否，这些设计是否只是对相同的创造概念作出了不具有专利性变化？如果答案为是，应当以非法定的重复申请为由作出驳回。

重复申请的驳回依据的是权利要求之间的比较。当一个外观设计申请的图片与权利要求之间直接相关时，审查员必须意识到：在发明申请或专利中这种相互关系是没有必要的。一些发明专利可能通过公开的同样的图片但不同的权利要求主张不同发明的权利。所以在考虑发明申请或专利与外观设计申请是否可能是重复专利申请时，不能仅以发明专利的公开的图片为基础。参见案例：*Anchor Hocking Corp. v. Eyelet Specialty Co.*，377 F. Supp. 98，183 USPQ 87（D. Del. 1974）。审查员必须能够在不依靠任何图纸的情况下重现发明的权利要求中的外观设计。

如果重复申请的临时驳回（任何一种类型）是两个权利冲

突的申请间仅有的驳回，那么，审查员应撤销对其中一个申请的驳回（申请日在先的申请），并且允许该申请以专利的形式授权。审查员应当维持重复申请中另一件申请的临时驳回，当第一个申请被授予专利权时，这个临时驳回将会转变成重复申请驳回。如果有超过两个以上的申请发生冲突，并且有一个被批准，那么除被授权的申请，其他申请之间应互相驳回。为了使这一类型的驳回是适当的，这些申请应该至少有一个共同发明人或共同受让人。如果共同待审的外观设计申请或一项外观设计专利与外观设计申请的权利要求，有共同的受让人，但发明实体不同，除重复申请的驳回外，根据专利法第102条（e），（f）和（g）/第103条（a）项的其他类型的驳回也都必须被认真考虑。参见审查指南804，2136，2137和2138。

I.“同样的发明创造”重复申请的驳回

根据专利法第171条，设计与设计之间法定的重复申请的驳回，是为了避免出现已经获得专利权的设计再获得第二个专利权的情况。为了使这一类型的重复申请的驳回更为适当，相同范围内的同样的设计必须被要求两次。参见案例：*In re Goodman*，11 F. 3d 1046，29 USPQ2d 2010（Fed. Cir. 1993）。对于属于“同样的发明创造”的一件外观设计与发明的重复申请的驳回是以司法公正原则为基础的，因为专利法第101条和专利法第171条都不能用来反对双方的权利要求。参见案例：*In re Thorington*，418 F 2d 528，163 USPQ 644（CCPA 1969）。无论法定的还是非法定的，关于“同样的发明创造”类型的重复申请的驳回，都不能通过最终对权利要求的放弃来克服。参见案例：*In re Swett*，145 F. 2d 631，172 USPQ 72（CCPA 1971）。

15.23.02 对于“同样的发明创造”的汇总——重复申请

驳回的种类

申请人被告知最终对权利要求的放弃不能克服对"同样的发明创造"类的重复申请的驳回。参见案例：*In re Thorington*，418 F. 2d 528，163 USPQ 644（CCPA 1969）；审查指南 804.02。

审查员注意：

这个标准语段后应该写明所有"同样的发明创造"类型的重复申请的驳回。

15.23　专利法第 171 条　重复申请的驳回（设计与设计）

因要求保护的设计与美国的外观设计专利第［1］号相同，根据专利法第 171 条，驳回该权利要求。

审查员注意：

标准语段 15.23.02 后应该写明所有"同样的发明创造"类型的重复申请的驳回。

15.23.01　专利法第 171 条　重复申请的临时驳回。（设计与设计）

因要求保护的设计与同时待审的第［1］号申请相同，根据在专利法第 171 条临时驳回该权利要求。在存在权利要求冲突的申请还没正式成为专利之前，这个重复申请被驳回只是临时的。

审查员注意：

标准语段 15.23.02 后应该写明所有"同样的发明创造"类型的重复申请的驳回。

15.24.07　重复申请的驳回（设计与发明）

因权利要求［1］与美国专利第［2］号属于相同的发明创造，根据依法由重复申请引出的条例驳回该权利要求。参见案例：*In re Thorington*，418 F. 2d 528，163 USPQ 644（CCPA

1969）。

审查员注意：

标准语段 15.23.02 后应该写明所有"同样的发明创造"类型的重复申请的驳回。

15.24.08　重复申请的临时驳回（设计与发明）

因权利要求［1］与同时待审的第［2］号申请属于相同的发明创造，根据依法由重复申请引出的条例临时驳回该权利要求。参见案例：*In re Thorington*，418 F. 2d 528，163 USPQ 644（CCPA 1969）。

由于上述的权利要求还没有授权，该驳回只是临时的。

审查员注意：

标准语段 15.23.02 后应该写明所有"同样的发明创造"类型的重复申请的驳回。

Ⅱ. 非法定重复申请的驳回

非法定重复申请的驳回，依据的是基于公平原则依法创立的学说，其目的是避免申请专利权允许的"权利排除"的不公正的、不合适的延伸。参见案例：*In re Goodman*，11 F. 3d 1046，29 USPQ2d 2010（Fed. Cir. 1993）。

显而易见型的非法定重复申请的驳回适用于：发明概念相同但由于外观或范围不同而造成专利权模糊的申请。不是"同样的发明创造"类型的非法定重复申请的驳回，可能由于对最终权利要求的放弃而克服驳回。

在判定显而易见型重复申请的驳回是否适用时，审查员必须将申请中要求保护的外观设计与冲突申请或专利要求保护的外观设计的整体外观进行比较。在根据专利法第 103 条（a）项建立显而易见性的初步证据时，应该将冲突专利或申请的权利要求作为一个整体考虑，而不能将其设计要素按照它们各自呈现出的样子单独考虑。在对 *Graham v. John Deere Co.* ，383 U. S. 1，148 USPQ 459（1966）案的方法进行实际的探究之后，审查员必须判断探究的结果是否支持显见型重复申请的初步证据，从而决定是否根据专利法第103条（a）项作出驳回。建立显见型的重复申请的初步证据应当：（A）冲突设计的整体应该具有基本相同的设计特征；和（B）两个设计的不同点应该不足以构成专利意义上的独特性。当不同点很细微或对于该领域的一般设计人员而言是显而易见的，则其不同点不足以构成专利意义上的独特性。当冲突的申请或专利（如果不早于该申请一年）已经建立的关于显见型重复申请的初步证据不能作为现有技术时，应使用相同的原则。参见案例：*In re Zickendraht*，319 F. 2d 225，138 USPQ 22（CCPA 1963）（见 Rich 法官的一致的见解）。

在决定是否针对不同范围的两个设计做出显而易见型的重复申请驳回时，审查员应当将对比设计的权利要求和申请的权利要求进行比较。驳回适用于以下情况：

（1）两者的不同点在于镜像且不构成专利意义上的独特性；

（2）对比设计完全包括覆盖了该设计的保护范围，且对在后提出的设计的保护会形成对对比设计的延长保护。

（3）没有提出最终的放弃声明。

这种显而易见型重复申请的驳回通常发生在具有组合特征的设计（保护范围狭窄的权利要求）与再组合/要素之类的（保护范围宽的权利要求）的设计之间。参见审查指南1504.05第Ⅱ段，B节的论述。如果这些设计之间没有专利意义上的独特性，并来自于相同的发明概念，审查员必须确定保护范围较窄的权利要求的主题是否完全包括在对比设计的保护范围较宽的权利要求中。如果对比文件没有完全包括保护范围较窄的权利要求,则不能发出重复申请驳回。当保护范围较宽的权利要求可能是通过名称、描述性语句以及图片中的虚线部分表达出时,申请人可以通过建立必要的附加公开内容来拥有保护范围较窄的权利要求。如果对比文件中的保护范围较宽的权利要求没有包括保护范围较窄的权利要求补充公开的主题,则申请人不能在提出保护范围较宽的权利要求申请时提出保护范围较窄的权利要求,那么,依据非法定的重复申请的驳回是不合适的。

非法定的重复申请的驳回既可以基于专利与申请作出,也可以对两个申请提出临时驳回。只有当专利的公告日期比在后申请的申请日短于一年时,才能作出基于专利的非法定的重复申请的驳回。如果专利早于该申请一年以上,则该专利属于现有技术,可以根据专利法第 102 条(b)项/103 条(a)项作出驳回。最终放弃声明的目的是克服申请的驳回以避免由于公告第二个专利对于公众造成的潜在危害。参见审查指南 804。

如果关于重复申请的争议存在于一个专利和一个继续申请之间,要提醒审查员注意的是,在这种情况下,只有继续申请是主动的且是非直接的,并且没有根据专利法第 121 条的限制性要求更改结果,才能做出驳回。参见审查指南 804.01。

审查员应该特别注意,设计对设计的非法定重复申请的驳回并不总是同时针对两个存在冲突的申请。在大多数情况下,这一驳回是分别针对存在冲突的每个申请的;但是,如果驳回只适用于其中一个,就只针对适用的申请作出驳回。判断一个单向的显而易见型决定是否是必需的、或一个双向的显而易见型决定是否是必需的标准,在审查指南第 804 节的第四部分有所涉及。然而,在外观设计与发明申请产生冲突时,做出适用的驳回需要对双向显而易见型作出判断。参见案例：*In re Dembiczak*，175 F. 3d 994，50 USPQ2d 1614（Fed. Cir. 1999）。

以下标准语段适用于重复申请的驳回。应在适当的括号中提供解释。

15. 24. 06　非法定重复申请的根据，"只作为标题"

非法定重复申请的驳回是在公共政策（与法规对应的政策）的基础上以司法的形式创造的法律原则，其目的是防止被专利权允许的"权利排除"的不正确或不适当的时间上的延伸、也防止由于多个受让人带来的麻烦。参见案例：*In re Goodman*，11 F. 3d 1046，29 USPQ2d 2010（Fed. Cir. 1993）；*In re Longi*，759 F. 2d 887，225 USPQ 645（Fed. Cir. 1985）；*In re Van Ornum*，686 F. 2d 937，214 USPQ 761（CCPA 1982）；*In re Vogel*，422 F. 2d 438，164 USPQ 619（CCPA 1970）；以及 *In re Thorington*，418 F. 2d 528，163 USPQ 644（CCPA 1969）。

如果由于存在冲突的申请或专利与本申请所示内容相同，依次作出的非法定重复申请的驳回可以通过根据专利实施细则 1. 321［c］适时提交的最终的放弃声明来克服实际的或临时的驳回。参见专利实施细则 1. 130（b）。

自 1994 年 1 月 1 日开始，在册的注册律师或代理人也可以签署最终放弃声明。受托人签署的最终放弃声明必须符合专利实施细则 3. 73［b］的要求。

审查员注意：

此标准语段必须像标题一样置于除"同样的发明创造"之外的所有的非法定性重复申请的驳回之前。

15. 24　显而易见型重复申请的驳回（单一对比文件）

因权利要求与美国专利第［1］号构成显而易见型的重复申

请，依据在公共政策的基础上以司法的形式创造的法律原则驳回该权利要求。虽然相互冲突的权利要求之间并非完全相同，但因为［2］，它们之间不具有专利意义上的独特性。

审查员注意：

1. 括号1中填入在先的美国专利号。

2. 括号2中必须确认冲突专利间的不同点并且指出如不同点很细微，从整体外观来看不会造成一个与另一个显著不同。

3. 此标准语段必须置于15.24.06之后和15.67之前。

15.24.03　显而易见型重复申请的临时驳回（单一对比文件）

因权利要求与同时待审的第［1］号申请构成显而易见型的重复申请，依据在公共政策的基础上以司法的形式创造的法律原则驳回该权利要求。虽然相互冲突的申请间并非完全相同，但因为［2］，它们之间不具有专利意义上的独特性。这是一个临时的显而易见型重复申请的驳回，因为相互冲突的权利要求还没有被正式授予专利权。

审查员注意：

1. 括号1中填入冲突的申请号。

2. 括号2中必须确认冲突专利间的不同点并且指出如不同点很细微，从整体外观来看不会造成一个与另一个显著不同。

3. 此标准语段必须置于15.24.06之后和15.67之前。

15.67　专利法第103条（a）项驳回的理论基础（单一对比文件）

已经被广泛接受的构成外观设计专利性评价的标准是，同现有技术相比，本案的设计外观整体差别不明显，而不只是通过微小的细节或很小的差别判断。参见案例：*In re Frick*，275 F. 2d 741，125 USPQ 191（CCPA 1960）与 *In re Lamb*，286 F. 2d

610，128 USPQ 539（CCPA 1961）。

15.25 显而易见型重复申请的驳回（多个对比文件）

通过对［2］的考虑，证明该权利要求与美国专利第［1］号构成显而易见型的重复申请，依据在公共政策的基础上以司法的形式创造的法律原则驳回该权利要求。在申请人做出该设计时，由［4］可以证明在［3］的基础上对于本领域的一般设计人员而言本设计是显而易见的。

审查员注意：

1. 括号 1 中填入冲突专利的专利号。

2. 括号 2 中填入次级对比文件。

3. 括号 3 中填入冲突专利中的权利要求是如何变化的说明。

4. 括号 4 中填入次级对比文件对变化的启示。

5. 此标准语段必须置于 15.24.06 之后和 15.68 之前。

15.24.04 显而易见型重复申请的临时驳回（多个对比文件）

通过对［2］的考虑，证明该权利要求与共同待审的第［1］号申请构成显而易见型的重复申请，依据在公共政策的基础上以司法的形式创造的法律原则驳回该权利要求。在申请人做出该发明时，由［4］可以证明在［3］的基础上对于本领域的一般设计人员而言本设计是显而易见的。这只是对重复申请的临时驳回，因为这些相互冲突的权利要求还没有正式获得专利权。

审查员注意：

1. 括号 1 中填入冲突的申请号。

2. 括号 2 中填入次级对比文件。

3. 括号 3 中填入冲突专利中的权利要求是如何变化的说明。

4. 括号 4 中填入次级对比文件对变化的启示。

5. 此标准语段必须置于 15.24.06 之后和 15.68 之前。

15.68 专利法第 103 条 （a） 项驳回的理论基础 （多个对比文件）

因为提供的对比文件之间相关性很高，显示在一个设计外观上的特征会被其他具有类似特征的申请所借鉴，所以根据次级在先设计对基础对比文件进行修改是合理的。参见案例：*In re Rosen*，673 F. 2d 388，213 USPQ 347 （CCPA 1982）；*In re Carter*，673 F. 2d 1378，213 USPQ 625 （CCPA 1982），与 *In re Glavas*，230 F. 2d 447，109 USPQ 50 （CCPA 1956）。此外，值得注意的是，判例法支持本领域内熟练的技术人员能够掌握相关技术；因此，对于旧元素的组合，完全属于本领域普通技术人员的水平之内。参见案例：*In re Antle*，444 F. 2d 1168，170 USPQ 285 （CCPA 1971） 与 *In re Nalbandian*，661 F. 2d 1214，211 USPQ 782 （CCPA 1981）。

1504.10 根据专利法第 119 条 （a） 至 （d） 项的优先权

专利法第 172 条　优先权的权利

优先权的权利是由本节的第 119 条 （a） 至 （d） 项规定的，时间的规定在 102 条 （a） 项，对于外观设计而言是六个月。本节第 119 条 （e） 项规定的权利不适用于外观设计。

专利法第 119 条 （a） 至 （d） 项是针对外观设计申请的规定。然而，为了获得在先的国外申请日，美国申请必须在相同的外观设计申请第一次在外国提出的申请日之后 6 个月内提出。外观设计在根据专利法第 119 条 （e） 项提出临时申请时可以不提出要求优先权的声明。

15.01 根据专利法第 119 条 (a) 至 (d) 项的情形

提示申请人注意专利法第 119 条 (a) 至 (d) 项中规定的情形。任何人或法定代理人就一项外观设计提出过在先申请，又在本国提出外观设计专利申请的，如果该在先申请国对美国或 WTO 成员提出的申请给予互惠待遇，或者给予美国人以国民待遇，且相同的本国申请是在该外国申请的最早申请日起 6 个月内提出的，其效果等同于在同一日该申请人在本国提出外观设计专利申请。

15.01.01 不符合专利法第 172 条要求的情形

根据专利法第 119 条 (a) 至 (d) 项提出的［1］的优先权要求已收到，但是，因为美国申请是在该国申请的申请日六个月之后提出的，不能以该国申请作为优先权基础。专利法第 172 条。

审查员注意：

1. 括号 1 中填入在先申请的国家名称。

15.03 不适时的优先权文本

已收到在［1］提出的关于［2］的申请的经证明的优先权声明的副本。因在美国提出申请的时间已超过该申请第一次提出后六个月（专利法第 172 条），所述申请不能作为优先权声明的基础。

美国认可根据以下双边或多边协议如"工业品外观设计国际保存海牙协定"，"统一比荷卢外观设计与模型法"以及"欧共体外观设计"提出的申请并根据专利法第 119 条 (a) 至 (d) 项要求的优先权。在根据这些协议要求在先提交的国外申请的优先权时，应向专利商标局提供某些信息。除国外申请的申请号、申请日之外，还应提供以下信息：

（1）提交申请根据的协定；

（2）除美国外，至少一个使其能享有优先权的国家的名称；

（3）收到该申请的国家或政府间组织的名称及所在区域。

15.02　专利法第119条（b）项规定的优先权的权利

除非在缴纳公告费之前或者在该申请的审理期间按照局长的要求在本国提出该申请后六个月之后，已经向专利商标局提交了作为优先权基础的经证明的在先国外申请的副本，说明书和图片，才能根据专利法第119条（b）项享有优先权。这样的证明应由专利商标局或提出申请的国家的合适的行政机构出具，表明申请的日期和说明书的提交及其他文件。如果文件不是以英文提交的，局长可以要求翻译，局长还可以要求其他必要的信息。

对于要求外国优先权的外观设计专利申请的封皮上的标记的要求是在审查指南202.03提出的。

15.04　根据双边或多边协议提出的优先权

美国认可根据下列双边或多边协议如"工业品外观设计国际保存海牙协定"，"统一比荷卢外观设计与模型法"以及"欧共体外观设计"提出的申请并根据专利法第119条（a）至（d）项要求的优先权。在根据这些协议要求在先提交的外国申请的优先权时，应向专利商标局提供某些信息。除外国申请的申请号、申请日之外，还应提供以下信息：（1）提交申请依照的协定；（2）除美国外，至少一个使其能享有优先权的国家的名称以及（3）收到该申请的国家或政府间组织的名称及所在区域。

需要注意的还有那些处理一个最先在德国提出的真实案例的要求的段落（审查指南201.14（b））。

更多关于专利法第 119 条（a）至（d）项实践和程序的论述参见审查指南 200 章和专利实施细则 1. 55。

1504. 20　根据专利法第 120 条的权益　[R－5]

专利法第 120 条　在美国较早申请日的权益

一项发明专利申请，如果该发明已于之前在美国提交的申请中根据第 112 条（a）项规定（非披露最佳模式的规定）的方式，或者根据第 363 条规定的方式作出过披露，且该发明专利申请是由之前提出的申请中记载的发明人提交的，那么只要在后的申请是在第一次申请或者同样有权享有第一次申请提交日权益的申请被授予专利或者被放弃或者该申请程序终止以前所提出，并且在后的申请中含有或者经修改而含有明确引证较早提交的申请的记载，则就上述发明而言，在后申请视为于在先申请提交日提交，具有同等效力。任何申请，除非该申请在未决期间局长规定的期限内提交明确引证较早提交的申请的修改文件，否则无权根据本条享有较早提交的申请的权益。在该期限间内未提交上述修改文件的，局长可视其为主动放弃本条规定的任何权益。局长可以制定程序，包括滞纳金的缴纳，以接受非故意延误提交的本条所规定的修改文件。

如果申请人根据专利法第 120 条的规定享有在先的美国申请日的权益，说明书的第一句话应该提出声明"这是一个申请号为——，在——提交的外观设计的分案申请［继续申请］。"正如专利实施细则 1.78（a）（2）所阐明的，说明书中名称后的第一句话必须包含或经修正后包含这样的引用，除非在申请的数据表格中已包含（专利实施细则 1.76）。未能在及时提交书面证明，将视为放弃专利法第 120 条规定的任何权益。

标准语段 15.26 可用于提醒申请人说明书的第一句话或者申请的数据表格里应包括在先申请的引用。

15.26 非临时申请中在先申请的证明——要求的权益

提示申请人遵守以下规定：

在一个继续申请或分案申请中（除根据专利实施细则 1.53 (d) 提出的延续审理申请外）说明书的第一句话或者申请的数据表格（专利实施细则 1.76）应包括寻求的权益的在先申请的引用。参见专利实施细则 1.78。建议使用以下形式："这是一个申请号为——，在——提交的外观设计的继续申请［分案申请］，现在（已放弃，待审中或美国专利第——号）。"

提示注意，关于继续申请的要求是在审查指南 201.7，201.8 以及 201.11 中阐述的。只有当在先申请根据专利法第 112 条第 1 款要求的方式公开了发明，申请人才有资格根据专利法第 120 条为在后保护的发明要求享有在先申请的申请日。在所有的继续申请和分案申请中，审查员必须判断优先权是否符合专利法第 120 条要求的条件。一个继续申请或分案申请要求保护的外观设计必须已经在原申请中公开。如果不符合这一条件，该申请不能享有在先申请的申请日，审查员应当通知申请人并详细解释申请人不能享有专利法第 120 条规定的权益的原因。标准语段 2.09 和 2.10 可以用来解释在后提出的申请未满足专利法第 120 条规定的要求的原因。在适当的情况下，审查员还应该要求申请人撤销说明书第一句话中的权益要求或提交补正的申请数据表格。

对于 2004 年 9 月 21 日前提交的申请而言，申请中缺少对在先申请中包含本申请公开的内容的引用声明的，不允许通过对继续申请中公开的内容进行修改，使其与要求优先权的在先申请相一致。仅仅声明该申请是一个在先提交申请的继续申请或分案申请，并不符合专利法第112条第1款关于对在先申请的公开内容引用的要求，不是需要包含的内容。参见案例：In re de Seversky，474 F. 2d 671，177 USPQ 144（CCPA 1973）。同时参见审查指南 608.01（p）。对于在 2004 年 9 月 21 日及以后提交的申请而言，专利实施细则 1.57（a）规定：根据专利实施细则 1.78 在申请日提出享有在先申请的权益的，被认为由于疏忽遗漏的文件包含在参考文献中。参见审查指南 201.17。

当审查员发现一个申请因未能充分公开不足以支持一个正当的权利要求而严重不符合专利法第112条的规定，且被记录在案时，作为为第一个申请补正缺陷的所谓"部分继续申请"的第二个申请，不能享受较早申请日的权益。参见案例：*Hunt Co. v. Mallinckrodt Chemical Works*，177 F. 2d 583，83 USPQ 277（F2d Cir. 1949）和其他引证的案例。同时，作为"部分继续申请"提出的外观设计申请如果改变了在先申请公开的设计的形状或结构，则不能享有在先申请的申请日。参见案例：*In re Salmon*，705 F. 2d 1579，217 USPQ 981（Fed. Cir. 1983）。然而，根据 Salmon 法庭的定义，一件后提交的申请通过减少视图中用虚线绘制的部分而改变在先申请的保护范围，不属于对结构的改变。参见审查指南 1504.04，第Ⅱ段。

除非真正需要在先申请的申请日，如存在抵触案件或避免对比文件的干扰，否则审查员不需要判断一个部分继续申请是否符合专利法第120条的要求。注意案例 *In re Corba*，212 USPQ 825（Comm'r Pat. 1981）对此的支持。

对于任何以部分继续申请的形式根据专利法第 120 条要求

在先申请权益的申请，标准语段 15.47 可作为用于的第一次审查意见通知书的法律依据。

15.74　部分继续申请

已收到本申请根据专利法第 120 条以部分继续申请的形式要求在先申请的权益。申请人被告知本申请公开的外观设计与母案专利中公开的设计不相同。因此，根据专利法第 120 条的规定，本设计不符合专利法第 112 条第 1 款的具体规定，不能享有较早申请日的权益。不过，除非真正需要在先申请的申请日，例如要避免现有设计的干扰，该 CIP 申请是否享有优先权将不做考虑。参见案例：*In re Corba*，212 USPQ 825（Comm'r Pat. 1981）。

审查员注意：

此标准语段用于通知申请人根据专利法第 120 条的规定，其 C-I-P 申请不能享有母案的权益。

当部分继续申请根据专利法第 120 条要求一个较早申请的申请日权益时，该在先申请又根据专利法第 119 条（a）至（d）项要求一个外国优先权，然而该申请不符合专利法第 120 条要求的条件，必须判断该外国申请是否已经作为专利或注册受到专利保护。为了判断该外国申请的状态，应使用审查指南 1504.02 中的图表。如果该外国申请已经能够作为专利或注册受到专利保护，并且明显可以预期该申请可以作为 CIP 申请提出权利要求，那么该外国申请文件中所展示的设计属于专利法第 102 条（d）项/第 172 条规定的现有技术，应该根据专利法第 102 条（d）项/第 172 条驳回该权利要求。申请人根据专利法第 120 条以部分继续申请要求对较早申请的申请日权益和根据专利法第 119 条（a）至（d）项对于优先权的要求均应予以拒绝。

应该使用标准语段 15.75。

15.75　根据专利法第 102 条 （d） 项/第 172 条对所称 CIP 驳回的序言

已收到该外观设计申请根据专利法第 120 条作为部分继续申请被引用。申请人被告知母案公开的外观设计与本案公开的不是相同的外观设计。因此，本申请不符合专利法第 112 条第 1 款中的详细规定，同时根据专利法第 120 条的规定，该申请没有资格享有较早申请申请日的权益。

母案根据专利法第 119 条 （a） 至 （d） 项要求国外优先权。只要该外国申请在本申请的申请日前 6 个月已经取得专利权或注册，它就属于专利法第 102 条 （d） 项/第 172 条所称的现有技术。

审查员注意：

该标准语段应位于由于权利要求与优先权文件中展示的设计不同而根据专利法第 102 条或第 103 条 （a） 项的驳回之后。

如果无法判断外国申请的状态，应使用以下标准语段代替。

15.75.01　C－I－P 提醒，要求在先提出的申请的外国优先权

已收到该外观设计申请根据专利法第 120 条作为部分继续申请被引用。申请人被告知母案公开的外观设计与本案公开的不是相同的外观设计。因此，本申请不符合专利法第 112 条第 1 款的规定，同时根据专利法第 120 条，该申请没有资格享有较早申请申请日的权益。

不过，除非真正需要在先申请的申请日，例如要避免现有设计的干扰，该 CIP 申请是否享有优先权将不做考虑。参见案例：*In re Corba*，212 USPQ 825 （Comm'r Pat. 1981）。

母案根据专利法第 119 条 （a） 至 （d） 项要求外国优先权。提醒申请人注意，如果被要求优先权的国外申请在本申请提交

前已经取得专利权，那么该国外申请属于专利法第 102 条 （d）
项/第 172 条所称的现有技术。

　如果符合专利法第 120 条规定的情形，一件外观设计申请
可以认为是一件发明申请的继续申请。反之，此原则同样适用
于要求在先是外观设计申请的申请日权益的发明申请。参见案
例：*In re Chu*，66 F. 3d 292，36 USPQ2d 1089 （Fed. Cir. 1995）；
In re Salmon，705 F. 2d 1579，217 USPQ 981 （Fed. Cir. 1983）。另
外，如果美国是 PCT 申请的指定局，一件外观设计可以根据专
利法第 120 条要求一件在先提交的 PCT 申请的权益。

　同样要注意在案例 *In re Berkman*，642 F. 2d 427，209 USPQ
45 （CCPA 1981） 中，对于根据专利法第 120 条要求在先外观设
计专利申请申请日权益的相同发明人的在后发明申请被拒绝。
海关与专利法院认为该外观设计申请未满足专利法第 112 条第 1
款的要求，如专利法第 120 条中所规定的那样。

1504. 30　加快审查　[R – 5]

专利法实施细则 1. 155. 外观设计申请的加快审查

　（a） 申请人可以要求专利商标局对外观设计专利申请进行
加快审查。加快审查的资格包括：

　（1） 申请文件中必须包含有符合 1. 84 规定的图片。

　（2） 申请必须进行预审查检索；以及

　（3） 申请人必须提交加快审查的请求，内容包括：

　（I） 1. 17 （k） 中规定的费用；以及

　（II） 预审查检索的声明。声明还必须指出检索领域，包括
符合 1. 98 的信息披露的声明。

（b）如果要求加快审查的申请文件不符合本节的规定，专利商标局将不进行审查（例如，缺少基本申请费用）。

专利法实施细则1.155针对外观设计专利申请设立了加快审查程序。该程序在2000年9月8日生效执行，它适用于提交了加快处理请求的申请，并且该申请进行了初步检索，缴纳了专利法实施细则1.17（k）规定的相关费用。这个加快程序是为了给那些具有市场价值但是更新换代速度快的新设计提供快速的专利保护。

符合以下条件的外观设计专利申请可以要求进行加快审查：

（A）提交加快审查申请（可以使用表格PTO/SB/27）；

（B）该外观设计专利申请必须是完整的并且提交了符合专利法实施细则1.84规定的图片（参见专利法实施细则1.154和审查指南1503关于完整的外观设计专利申请的要求）；

（C）提交声明说明已经进行了预先的检索（由国外专利局出具的检索也满足该条件）。该声明必须包括检索的领域的清单，比如美国的大类和小类（包括国内专利文献、外国专利文献和非专利文献）；

（D）符合专利法实施细则1.98规定的信息披露的声明；

（E）缴纳专利法实施细则1.16（b）规定的外观设计基础申请费；

（F）缴纳专利法实施细则1.17（k）规定的加快审查费。

加快审查程序

要求加快审查的外观设计专利申请如果符合专利法实施细则1.155的规定，可以进行优先审查，并且在专利局的整个执行过程中进行加快处理程序，包括专利复审委员会的任何上诉案件。加快审查请求批准后，所有程序进入加快阶段。

　　要求加快审查的外观设计专利申请可以根据专利法实施细则 1.155 关于手工提交专利申请文件的规定在专利局提交申请,该请求受理窗口位于弗吉尼亚州亚历山大市杜拉尼街 401 号伦道夫大厦。可以根据专利法实施细则 1.555 的规定选择用邮寄方式提交,信封应当写为:

外观设计加快审查

专利商标局局长

邮政信箱 1450

亚历山大市,弗吉尼亚州 22313 - 1450

　　根据专利法实施细则 1.155 的规定,邮寄方式提交加快申请只适用于在初次提交申请时要求加快的情况。邮寄方式提交加快申请不适用于专利法实施细则 1.155 规定的申请提出之后提出的请求。根据专利法实施细则 1.155 的规定,申请提出之后提交的加快审查请求可以通过传真的方式提交,传真号码为 571 - 273 - 8300,应当在第一页的顶端写明"特别程序提交"以及相应的申请号。

　　通过邮寄方式提交加快申请的外观设计专利申请将被立即转交给外观设计审查部门。不论要求加快审查的申请是通过受理窗口提交的,或者是通过邮寄方式提交的,如果该申请(包括外观设计专利申请费)符合专利法实施细则 1.155 规定(包括专利法实施细则 1.17(k)指定的加快审查费)的可以加快审查的资格,外观设计专利审查部门应当开始加快审查程序。

　　如果外观设计审查部门同意该加快审查请求,应当立即使用费用,给予申请号,并分配给审查员进行加快审查。此外,还应通知申请人本申请正在进行加快审查。根据专利法实施细则 1.155 的规定,该加快处理经过初步审查程序和专利商标局的整个执行过程。根据审查指南 708.02 的规定，审查员对请求人要求优先审查并提交了"特别请求"的申请进行优先审查。对于一件可享专利性的外观设计专利申请，专利法实施细则 1.155 规定的加快处理将缩短从申请到公布的程序。该程序通过减少文件的处理时间以及程序之间花费的时间可以进一步加快外观设计专利申请的审查。

尽管根据专利法实施细则 1.155 的要求可以在提交外观设计申请之后提出加快审查，为了使加快审查程序最优化，建议在提交申请时一并提出。

如果要求加快审查的申请不完整（不符合审查的条件），应当通知申请人该申请不完整的确切的原因以及需要修改的地方。如果不符合相关要求，即使该申请提交了加快审查请求，专利局也不会进行审查。

如果要求加快审查的专利申请不符合专利法实施细则 1.155 规定的一项或者几项要求，但是该申请本身是完整的，应当及时通知申请人并要求其在专利法实施细则 1.136（a）规定的期限内进行补正以符合专利法实施细则 1.155 的全部要求。除非在指定期限内满足了专利法实施细则 1.155 规定的全部要求，否则该审查将按照正常顺序等待审查。

当一件请求符合了专利法实施细则 1.155 的规定时，审查员将对其进行加快审查。审查员被鼓励对于申请中存在的小问题使用电话会晤的方式解决，对于申请文件的处理也同样应当加快。

如果两个或者两个以上的申请的整体外观在图片上的外观或范围不同，则必须遵守审查指南 1504.05 对于限制的规定。如果申请人拒绝进行选择，该申请将立即停止审查，并按照正常顺序等待审查。没有进行选择的分案申请没有加快审查的资格，除非该分案申请符合专利法实施细则 1.155 关于加快审查的所有规定。同样地，继续申请也没有要求加快审查的资格，包括 CPA，除非该继续申请符合专利法实施细则 1.155 关于加快审查的所有规定。

当符合加快审查的条件后，根据专利法实施细则 1.155 的规定将加快审查程序。加快审查程序中没有"撤回"的规定。

1505　外观设计专利的费用和期限

专利法第 173 条　外观设计专利的期限

外观设计专利的期限自授权之日起 14 年。

1509　外观设计专利的重新发布 ［R–5］

参见审查指南第 1400 章关于重新发布申请的手续和程序的规定。同时参见审查指南 1457 关于外观设计重新发布的规定。

关于外观设计重新发布申请的费用，参见专利法实施细则 1.16（e）。关于重新发布专利的费用，参见专利法实施细则 1.18（b）的规定。

外观设计专利的有效期不会因为重新发布而延长。参见案例：*Ex parte Lawrence*，70 USPQ 326（Comm'r Pat. 1946）。如果一件重新发布的申请是为了修改外观设计专利中的视图缺陷，无论是删除视图、修改视图还是增加新的视图，必须符合专利法实施细则 1.173（b）（3）的规定。在提交的修改图片的文件中，应当在单独的一页纸的开头详细说明修改申请图片的具体原因。任何经修改的图片的副本，包括对注释说明所做的修改，应当一起提交。该副本必须清楚地标明"注释标记的图纸"，并且必须对所作的修改加以解释说明。

一件重新发布的申请必须提交全部的外观设计图片副本，不论在重新提交的申请中，某些图片是否被取消或者修改。因为这些图片首先意味着该申请已经被提出，这对于比较重新提交的申请做了哪些删除或修改和/或显示此前已经被删除但并未被取代的图片很重要。除了那些来自原始申请的没有被修改的图片外，在重新提交的申请的图片中还应当包括以下视图，所有这些图片都将作为重新发布的专利被出版。

（1）删除的视图。这类视图必须用括号标出并注明"已删除"。例如：图3（已删除）。如果一幅视图被删除并且没有替换新的视图，重新发布的说明书中也必须删除对该视图作出的相应的描述。然而，如果一幅视图被删除并且替换了新的视图，重新发布的说明书中对该视图作出的相应的描述可以根据需要修改。

（2）修改的视图。这类视图必须标注"已修改"。例如：图3（已修改）。提交修改的视图时，可以也可不用删除相应的视图。如果删除相应的视图，修改或者删除的视图应当标注同样的编号。如果同时删除和修改视图，则重新发布的申请的说明书中不需要指出既删除又修改了该视图。

（3）新增加的视图。这类视图必须标注"新视图"。例如：图5（新视图）。新增加的视图应当标注一个新的编号，并且，该编号不能是原专利中已经有的。重新发布的申请的说明书中必须包含对于新增加视图的描述。

如果新提交的视图中既包括了删除的和修改的视图，并且修改文本中的变化仅是将部分实线改为虚线，则重新发布的申请的说明书中必须包含使用该虚线的目的的声明。

1510 复审

参见审查指南第 2200 章关于复审请求的实践和程序。

1511 异议

参见审查指南第 1900 章关于异议的实践和程序。

1512 外观设计专利、著作权和商标的关系 ［R-2］

I. 外观设计专利/著作权的交叉

著作权与外观设计专利之间有一个交叉范围，作者或者发明者可以同时申请著作权保护和观设计专利。因此一件装饰性的外观设计可以作为艺术品要求著作权的保护，也可以要求外观设计专利的保护。作者或发明者可以不被要求在著作权与外观设计专利之间进行选择。参见案例：*In re Yardley*，493 F. 2d 1389，181 USPQ 331。在 Mazer v. Stein，347 U. S. 201，100 USPQ 325（1954）一案中，最高法院注意到保护主义的选择，但没有就此发表任何观点，因为外观设计专利在此案中已获得保护，并且该问题并没有在法庭上陈述。

标准语段 15.55 段重申了该信息。

II．包含著作权记录

专利商标局允许在一件外观设计专利申请中记录著作权事项，因此，任何专利的公布，必须符合以下条件：

（A）著作权记录必须与著作权资料一起提交，可以出现在专利申请文件公开的任何一个合适的部分，包括图片。然而，如果出现在图片中，该记录的打印尺寸必须在1/8英寸到1/4英寸之间，并且要在图片可见的范围内附上涉及著作权的材料。如果在图片中出现符合以上规定，根据专利法实施细则 1.84 的规定，该记录不会因为没有关系而被拒绝。

（B）著作权记录的内容仅限于法律规定的内容。例如，将根据专利法第 401 条的规定"1983 John Doe"从法律上来说已足够。

（C）只有在专利说明书的一开始（最好是第一段）就包括了以下放弃说明的，著作权记录才允许：

一件专利文件中包含的部分内容已被著作权公开。当著作权记录出现在专利商标局的记录中时，著作权人不反对任何人传真或公开该专利文件，但是保留所有著作权权利。

（D）只有满足专利法实施细则 1.312 的规定时，才允许在发出可授予专利权通知之后再列入著作权记录。

任何不符合这些条件的都可能导致被拒绝。如果根据（C）的规定放弃要求，没有包括以上特定语言"当著作权记录出现在专利商标局的记录中时，著作权人不反对任何人传真或公开该专利文件……"，则该著作权记录将由于不当而被拒绝。

标准语段 15.55 重申了该信息。

15.55　外观设计专利—著作权的交叉

著作权与外观设计专利之间有一个交叉范围，作者或者发明者可以同时申请著作权保护和观设计专利。因此一件装饰性的外观设计可以作为艺术品要求著作权的保护，也可以要求外观设计专利的保护。作者或发明者可以不被要求在著作权与外观设计专利之间进行选择。参见案例：*In re Yardley*，493 F. 2d 1389，181 USPQ 331。在 Mazer v. Stein，347 U. S. 201，100 USPQ 325（1954）一案中，最高法院注意到保护主义的选择，但没有就此发表任何观点，因为外观设计专利在此案中已获得保护，并且该问题并没有在法庭上陈述。

专利商标局允许在一件外观设计专利申请中记录著作权事项，因此，任何专利的公布，必须符合以下条件：

（1）著作权记录必须与著作权资料一起提交，可以出现在专利申请文件公开的任何一个合适的部分，包括图片。然而，如果出现在图片中，该记录的打印尺寸必须在 1/8 英寸到 1/4 英寸之间，并且要在图片可见的范围内附上涉及著作权的材料。如果在图片中出现符合以上规定，根据专利法实施细则 1.84 的规定，该记录不会因为没有关系而被拒绝。

（2）著作权记录的内容仅限于法律规定的内容。例如，将根据专利法第 401 条的规定"1983 John Doe"从法律上来说已足够。

（3）只有在专利说明书的一开始（最好是第一段）就包括了以下放弃说明的，著作权记录才允许：

一件专利文件中包含的部分内容已被著作权公开。当著作权记录出现在专利商标局的记录中时，著作权人不反对任何人传真或公开该专利文件，但是保留所有著作权权利。

（4）只有满足专利法实施细则 1. 312 的规定时，才允许在发出可授予专利权通知之后再列入著作权记录。

任何不符合这些条件的都可能导致被拒绝。如果根据（C）的规定放弃要求，没有包括以上特定语言"当著作权记录出现在专利商标局的记录中时，著作权人不反对任何人传真或公开该专利文件……"，则该著作权记录将由于不当而被拒绝。

外观设计专利申请 D-243，821、D243，824 和 D-243，920 可以作为此前类似程序的例子。

Ⅲ. 外观设计专利/商标的交叉

相同的客体可以既获得外观设计专利权又获得商标。在 In re Mogen David Wine Corp. , 328 F. 2d 925, 140 USPQ 575（CCPA 1964）一案中，法院认为专利权与商标的目的和本质是完全独立和不同的，并且不依赖或伴随其他权利而产生。此后该法院又在 372 F. 2d 539, 152 USPQ 593（CCPA 1967）一案中重申该观点。

参见标准语段 15. 55. 01 重申了该信息。

15. 55. 01　外观设计专利——商标的交叉

相同的客体可以既获得外观设计专利权又获得商标。在 In re Mogen David Wine Corp. , 328 F. 2d 925, 140 USPQ 575（CCPA 1964）一案中，法院认为专利权与商标的目的和本质是完全独立和不同的，并且不依赖或伴随其他权利而产生。此后该法院又在 372 F. 2d 539, 152 USPQ 593（CCPA 1967）一案中重申该观点。

Ⅳ. 外观设计专利申请中包含商标

A. 说明书

外观设计专利申请说明书中使用商标在有些情况下是允许

的。参见审查指南 608.01（v）。本段认为联邦商标法允许以恰当的方式使用商标。

B. 产品名称

在外观设计的名称中单独使用商标或在文字中间使用"型"（例如，创可贴型绷带）是不恰当的。审查员必须决绝在外观设计申请的名称中使用商标并要求其删除该商标。

C. 图片

当一件外观设计专利申请公开的图片中使用了商标时，说明书中必须包含声明确认商标构成了该外观设计的一个部分，以及商标所有权人的名字。可以使用标准语段 15.76。

15.76　图片中包含商标

构成要求保护的外观设计的部分［1］是注册商标［2］。说明书中必须包含声明确认商标构成了该外观设计的一个部分，以及商标所有权人的名字。

审查员注意：

1. 括号 1 中，确定商标的材料。

2. 括号 2 中，确定该商标的所有权人。

任何在外观设计专利申请中贬损商标的使用是被禁止的，并将因为其具有攻击性以及术语不恰当的外观设计专利保护客体而根据专利法第 171 条的规定驳回。参见案例：Cf. *Dallas Cowboys Cheerleaders*，*Inc. v. Pussycat Cinema*，*Ltd.*，604 F. 2d 200，203 USPQ 161（2d Cir. 1979）和案例：*Coca - Cola Co. v. Gemini Rising Inc.*，346 F. Supp. 1183，175 USPQ 56（E. D. N. Y. 1972）。

1513 其他

关于提供给申请人的外观设计专利申请文件副本，参见审查指南 707.05（a）的规定。

法定发明登记（SIR），专利法第 157 条和专利法实施细则 1.293 至 1.297 的规定取代了原来的防卫性公布程序，于 1985 年 5 月 8 日生效。法定发明登记（SIR）适用的发明专利，植物新品种和外观设计申请。参见审查指南第 1100 章的规定。

美国外观设计专利申请指南[1]

翻译：秦　锋

校对：陈淑惠

───────────

[1]　原文出处：美国专利商标局官方网站。

目　录

外观设计的定义 ┄┄┄┄┄┄┄┄┄┄┄┄┄┄ 453

外观设计的种类与修改 ┄┄┄┄┄┄┄┄┄┄ 454

外观设计专利与发明专利之间的区别 ┄┄┄ 455

不给予外观设计专利保护客体 ┄┄┄┄┄ 455

发明发展组织 ┄┄┄┄┄┄┄┄┄┄┄┄┄┄ 456

外观设计专利申请的组成文件 ┄┄┄┄┄ 457

前言 ┄┄┄┄┄┄┄┄┄┄┄┄┄┄┄┄┄┄┄ 457

外观设计名称 ┄┄┄┄┄┄┄┄┄┄┄┄┄┄ 457

视图的说明 ┄┄┄┄┄┄┄┄┄┄┄┄┄┄┄ 458

单项权利要求 ┄┄┄┄┄┄┄┄┄┄┄┄┄┄ 458

绘图或黑白照片 ┄┄┄┄┄┄┄┄┄┄┄┄┄ 459

彩色图片与彩色照片 ┄┄┄┄┄┄┄┄┄┄ 460

视图 ┄┄┄┄┄┄┄┄┄┄┄┄┄┄┄┄┄┄┄ 461

表面阴影 ┄┄┄┄┄┄┄┄┄┄┄┄┄┄┄┄ 461

虚线 ┄┄┄┄┄┄┄┄┄┄┄┄┄┄┄┄┄┄┄ 462

宣誓或声明 ┄┄┄┄┄┄┄┄┄┄┄┄┄┄┄ 463

范例 ┄┄┄┄┄┄┄┄┄┄┄┄┄┄┄┄┄┄┄ 463

外观设计专利申请流程 ┄┄┄┄┄┄┄┄┄ 467

缩略语 ┄┄┄┄┄┄┄┄┄┄┄┄┄┄┄┄┄┄ 479

术语解释 ┄┄┄┄┄┄┄┄┄┄┄┄┄┄┄┄ 479

外观设计的定义

应用于或体现在产品上的可视的装饰性特征构成了外观设计。因为外观设计通过产品的外形来体现，所以外观设计专利申请的主体是产品的轮廓和形状、表面装饰或轮廓和表面装饰的结合。一件表面装饰的外观设计与产品的应用是密切相关的，它必须是用于产品的表面装饰。

专利商标局（USPTO 或 Office）履行其有关专利的受理职责、审查程序，并向申请人授予专利权。专利法规定外观设计专利权是授予任何发明了新颖的、原创的、装饰性外观设计的个人。在主要法规（《美国法典》）中，涉及外观设计专利的主要法条如下：

《美国法典第 35 篇——专利》（以下简称"专利法"）第 171 条

专利法第 172 条

专利法第 173 条

专利法第 102 条

专利法第 103 条

专利法第 112 条

专利法第 132 条

法规（《美国联邦法规》）中，涉及外观设计专利申请绘图的规定如下：

《美国联邦法规 37 篇——专利、商标和版权》（以下简称"专利法实施细则"）1.84

专利法实施细则 1.152

专利法实施细则 1.121

在本指南中还涉及以下规定：

专利法实施细则 1.3

专利法实施细则 1.63

专利法实施细则 1.76

专利法实施细则 1.153

专利法实施细则 1.154

专利法实施细则 1.155

在本外观设计申请指南的结尾部分是上述这些法律和法规。

与外观设计申请相关的规程和相关规定记载于《美国专利审查指南》（MPEP）（以下简称审查指南）第 1500 章。查询与审查指南出售有关的事项应向文件管理者——位于华盛顿特区 20402 的美国政府印刷局联系，电话：202. 512. 1800。

外观设计的种类与修改

装饰性外观设计可以是一个产品或者部分产品的表面装饰。如果外观设计只是一件产品的表面装饰，必须在绘图中显示出所应用的产品，并且该产品要用虚线表示，以表示虚线部分不是要求获得专利权的外观设计的部分。

一件外观设计专利申请只能有一项权利要求（专利法实施细则 1.153）。如果两个以上的产品之间没有明显关联，它们的外观设计专利申请应该彼此独立。例如一副眼镜和一副门把手不能置于一件外观设计的申请中。即使两个以上的外观设计之间是相关联的，但如果它们有不同的形状和外形，也被视为彼此间是有区别的。例如，两个花瓶有不同的表面装饰，这就是有区别的外形，所以一定要分别申请。但如果是经过改良的外观设计形状，或是单一外观设计理念的具体体现，可以置于同一申请中。例如，两个只在外形上有极小差别的花瓶，可以被认为是单一外观设计理念。案例显示在第 16 页的底部。

外观设计专利与发明专利之间的区别

一般而言，一件发明专利保护的是产品的使用和生产方法，而一件外观设计专利保护的是产品的外形。如果一件产品的创新在于它的实用性和装饰性，它可以获得发明专利和外观设计专利。尽管发明专利和外观设计专利分别立法，但将产品的实用性和装饰性分离并不是一件易事。制造品可以同时包含功能性和装饰性两种特征。

不给予外观设计专利保护的客体

一件制造品的外观设计，如果主要体现在产品的功能上，则认为由于它缺乏装饰性，违反了专利法第 171 条中的规定，不属于外观设计保护的客体。

一件制造品的外观设计，如果显现不出它的实用性，并且它的装饰性外形在制造品实际使用前与商业性无关，则认为该外观设计缺乏装饰性且不属于外观设计专利规定的主题。

此外，专利法第 171 条要求外观设计要获得专利权必须是原创的。无疑，一个外观设计模仿一个公知的或自然形成的物或人是不存在法律意义上的原创性的。

另外，侵犯人类、宗教、性别、种群或民族的外观设计专利申请，不属于外观设计保护的客体。（专利法第 171 条和专利法实施细则 1.3）

发明发展组织

发明发展组织（IDO）是个人、公共咨询和营销企业为了帮助发明人把他们的发明推向市场，或者通过他们的想法而获得利润的一种组织机构。然而这种机构有些是合法的，有些不是。要提防这样一些乐于推动你的发明或产品的发明发展组织，它没有详细询问你想法中的优点，但给你全方位的选择，可能包括寻求专利保护，也可能不包括。一些发明发展组织会自动建议你将自己的想法寻求专利保护，而几乎不考虑最终这个专利会产生什么价值。例如，一个发明发展组织可能建议你装饰您的产品从而可以获得外观设计专利，但没有真正地向你解释这样做的目的或这样一个变化的影响。因为外观设计专利保护只能保护一种产品的外观，两个相似的设计存在微小的差别也可能分别取得专利。因此，即使你可能最终得到你的产品的外观设计专利，通过专利提供的保护可能也是有限的。最后，你还应该了解实用性专利和外观设计专利的大致区别，并认识到一个外观设计专利可能不会给你所需的保护。

外观设计专利申请的组成文件

外观设计专利申请的组成文件应包括以下方面：

（1）前言，说明申请人姓名、外观设计名称、产品特性的简述和外观设计产品的使用目的；

（2）绘图图片的说明；

（3）设计要点的描述（可选）；

（4）单项权利要求；

（5）绘图或照片；

（6）生效的宣誓或声明。

此外，专利法实施细则 1.16（f）是对申请费的规定。如果申请人是一个小规模个体，（一个独立的发明家，小企业经营者或非盈利组织），申请费减少一半。

前言

前言，如果有前言，应写明申请人正式姓名、外观设计名称、产品特性的简述和外观设计产品的使用目的。前言中的所有内容都将被印制在专利证书上，是外观设计专利的一部分。

外观设计名称

外观设计的名称必须能够表明产品的特征，并且该名称应该是公知和公用的。不宜使用市场的标识名。用来描述实际产品的名称应有助于审查员对现有技术的检索，以及给予新申请以恰当的分类。在此外观设计专利公布后，这将使公众能够更好地理解该外观设计的特性。所以，申请人应尽量使用明确的和描述性的外观设计名称。

视图的说明

视图的说明表明视图表达的是产品的某个面，即正视图、顶视图、透视图等。

在外观设计说明书中，不需要除了对视图的简短说明之外的描述。因为视图本身就是对外观设计最好的描述。但并不禁止对外观设计特别的描述。

除视图说明外，说明书中允许以下几种说明：

1. 视图中没有对外观设计部分外形的描述。（比如：右视图是左视图的镜像）

2. 产品不要求专利权的部分，该部分未在视图中显示出来。

3. 指明图中的虚线是表示外观设计中不要求专利权的部分。

4. 没有包括在前言中的、有关外观设计的使用特性和环境的描述。

单项权利要求

一件外观设计专利可以只有单项权利要求。该权利要求确定了申请人要求专利权的外观设计，该外观设计用于可以实现和应用的产品。权利要求中对装饰性设计要用正式的术语来描述。权利要求中用于描述物品的术语应当与前言中的发明创造的名称一致。

当外观设计说明书中特别描述或特别表明了外观设计改良后的形状、或包括了其他描述性的内容，术语列表后的权利要求应当加入描述性的结尾词，并且权利要求应当用显示和描述的方式来解读。

绘图或黑白照片

绘图是申请中最重要的组成文件。外观设计专利申请要有要求保护的外观设计的绘图或黑白照片。绘图或黑白照片以完整的视觉效果披露了权利要求。所以毋庸置疑，绘图或黑白照片的清楚和完整非常重要，以免使要求保护的外观设计留下让人揣测之处。外观设计的绘图或黑白照片必须遵守专利法第112条第一段相关法规的规定。根据专利法第112条的要求，绘图和黑白照片中必须包含足够的视图用于清楚地显示要求保护的外观设计的外形。

外观设计绘图一般要求在白纸上用黑色墨水绘制。根据专利法实施细则1.84（b）（1）和1.152的规定，黑白视图可以代替绘图。申请人应参考专利法和专利法实施细则中的相关规定。这些法律规定详细规定了外观设计专利申请的合格绘图的要求。

提交在双倍重量的照片纸上的黑白照片，在照片表面必须有绘图图片编号。裱在光泽纸板上的黑白照片，在光泽纸板上必须有用黑色墨水写的图片编号，用于对应相应的照片。

黑白照片与墨水绘制的视图不能够在一个外观设计专利申请中同时出现，因为既有照片又有绘制视图有可能会产生许多表达不一致的地方。用于代替绘图的照片，仅限用于清晰表达该外观设计的权利要求，但不能出现环境结构。

彩色图片与彩色照片

专利商标局接受彩色图片或彩色照片作为正式视图在外观设计申请中提交，前提是提交专利法实施细则 1.84（a）（2）规定的请求并获得授权，解释为什么彩色图片或彩色照片是必要的。这个请求还必须同时包括专利法实施细则 1.17（h）规定的费用、三套彩色图片或者照片、一份黑白照片复印件，从而能够清楚地显示通过彩色图片或照片显示的产品，说明书在视图说明之前必须包含下述语段：

专利申请文件包含至少一个有效的彩色图片，如需本专利的彩色图片副本，需向专利局提出请求并支付必要的费用。

如果彩色照片被作为非正式视图提交，并且申请人没有将色彩作为外观设计权利要求的一部分，说明书中必须包含如下的放弃声明："所显示的要求保护的外观设计的色彩，不构成权利要求部分。"原始申请中没有放弃声明，色彩将被视为要求保护的外观设计的组成部分。如果没有放弃声明，后来申请的视图中，省略的色彩将被认为在权利要求中引入了新的内容。放弃声明只能用于提交非正式视图，依照专利法实施细则 1.152

的要求，正式照片仅限用于清晰表达该外观设计的权利要求。

视图

图片或照片应当包含足够的视图，即前视图、后视图、右视图、左视图、底视图和顶视图，去披露要求保护的外观设计的外形。法规不强制，但建议申请人提交透视图从而可以清晰地表达外观设计的三维外形和形状。如果透视图中，各表面表达清晰并且披露完整，就不需要将这些表面放在其他视图中。

如果视图只是复制了外观设计的其他视图或只是没有装饰效果的平面，并且说明书已经描述得清晰明白，那么该视图可以从视图中省略。例如，如果右视图和左视图相同或对称，可以只提供一个面的视图，并在绘图说明部分说明另一面是相同或对称的。如果外观设计的底部是平的，可以省略底部的视图，但在绘图说明部分要说明底部是平的并且是装饰性的。不应当用装饰性术语描述有明显不是平面的结构的视觉表面。在一些情况，权利要求可以用来描述一个完整的物品，但物品所有的面在正常使用时都是不可视的，就不必披露它们。可以用剖视图更清楚地显示出外观设计的组成部分。但不允许显示功能特征的剖视面和内部结构，以及未构成外观设计的部分。

表面阴影

为了清晰地显示所有表面的特征和轮廓，表示外观设计必

461

需的三维面的视图中可以有适当的表面阴影。表面阴影对于区分外观设计的开放区和实体区是必要的。除了用于表示该部位是黑色及颜色对比，通常不允许使用纯黑色的表面阴影。根据专利法第112条第一段的规定，视图中如果缺少表面阴影，可能会使外观设计申请失败。此外，如果外观设计申请时没有明确地披露其形状，而在申请后添加表面阴影，可能被认为是新的内容。可以在申请后在权利要求中添加或删除内容、视图或说明。但这种添加或删除，不能追加于原申请中。（参见本指南结尾专利法第132条和专利法实施细则1.121）

虚线

虚线只用于说明或披露非外观设计本身的部分。虽然不是外观设计的结构部分，但对于显示外观设计的使用环境是重要的，这时在视图中可以用虚线表示。就是说虚线可以用于显示可视的环境结构，但不能用来表示通过不透明材料看不到的隐藏的平面和表面。虚线用来表示可实现和应用的外观设计物品中不要求外观设计专利权的部分。当权利要求所保护的只是物品的表面装饰，该物品的表达只能用虚线。

一般来说，使用虚线时，它们不应当干扰或穿过显示要求保护的外观设计的部分图，线条的描画也不应当重于要求保护的外观设计。如果显示环境结构的虚线必须穿过或干扰要求外观设计专利权的那部分图，并且这样可以更清晰地理解外观设计，这时除了那些披露外观设计主题的全部图片，还应当有分开的图片来说明上述情况。

宣誓或声明

该宣誓或声明要求申请人必须符合专利法实施细则 1.63 的规定。

范例

申请人需要正确的理解才能完成视图的制作，公开的视图与相应说明的范例如下页。

范例

范例 1　公开整个产品

我，John Doe，发明了一种新的首饰柜设计，以下是设计视图，首饰柜用于存放首饰。

图 1 是首饰柜的前视图。

图 2 是首饰柜的后视图。

图 3 是首饰柜的左视图。

图 4 是首饰柜的右视图。

图 5 是首饰柜的俯视图。

图 6 是首饰柜的仰视图。

我声明：本外观设计首饰柜是原创的设计。

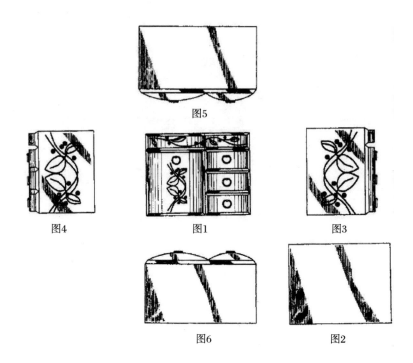

图5

图4　　　　　　图1　　　　　　图3

图6　　　　　　图2

范例

范例 2　是产品在使用过程中的状态视图（无仰视图或者必要描述）

我，John Doe，发明了一种新的首饰柜设计，以下是设计视图，首饰柜用于存放首饰。

图 1 是首饰柜的前视图。

图 2 是首饰柜的后视图。

图 3 是首饰柜的左视图。

图 4 是首饰柜的右视图。

图 5 是首饰柜的俯视图。

我声明：本外观设计首饰柜是原创的设计。

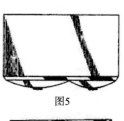
图5

图4

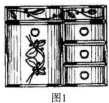
图1

图3

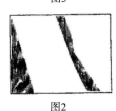
图2

范例

范例3　是产品在使用过程中可见面的视图 – 后视图需要描述。

我，John Doe，发明了一种新的首饰柜设计，以下是设计视图，首饰柜用于存放首饰。

图1是首饰柜的前视图。

图2是首饰柜的左视图。

图3是首饰柜的右视图。

图4是首饰柜的俯视图。

后视图为平面，无设计要点。

我声明：本外观设计首饰柜是原创的设计。

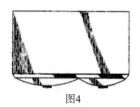

图4

图3

图1

图2

范例

范例 4 是公开应用于产品表面图案的设计。

我，John Doe，发明了一种新的首饰柜表面图案的设计，以下是设计视图。

图 1 是首饰柜表面图案的前视图。

图 2 是首饰柜的左视图，右视图与左视图镜像。

虚线描绘的所示珠宝柜部分，属于不要求保护的外观设计的一部分。

我声明：珠宝柜表面图案是原创的设计。

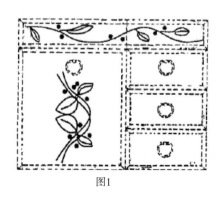

图1

图2

外观设计专利申请流程

外观设计专利申请工作依照专利商标局公布的专利法律程序进行，需要了解专利法及其实施细则以及与专利商标局指南和流程方面的知识。经过特别培训的专利代理机构或专利代理人能够最大程度上帮助申请人获得公正的专利权，应当慎重选择注册专利代理机构或专利代理人的服务。但是，申请人不是必须委托代理机构及代理人，懂行的申请人也可以自行申请专利。然而，虽然对专利申请工作的熟练程度可以帮助申请人在多数情况下获得专利权，但是，并不是所有的外观设计专利申请都能够获得授权。

外观设计专利申请最重要的是视图的披露，这是对外观设计要求的权利的描述，不像一个实用性专利需要撰写一个冗长的说明书，外观设计专利申请中要求保护的是外观设计的整体视觉外观，需要"描述"在图纸上。外观设计申请最重要的是申请时要提交一套清晰的绘图（或照片），与之相关的规定和视图标准记载在本指南中。申请后对已经提交的绘图或照片进行修改，可能会出现新的问题，而这些是不符合法律规定的（专利法第 132 条）。因此需要在申请专利之前完成图片的绘制，确保视图的清晰表达和完整性，因为一个不完整的或没有清楚表达的图片可能会出现不可克服的缺陷，导致不能被授予专利权，不能达到申请人的目的。建议申请人保留外观设计发明过程中的草图。本指南中包含了一些恰当的绘制视图和视图披露情况的范例，申请人应遵循相关的规定和视图标准，绘制正确的视图。

申请的提交

除了绘图之外，还有一些必要的信息需要披露。虽然没有明确的格式要求，但是还是强烈建议申请人按照现行的格式提交，从而确保专利申请文件是完整的。

专利商标局接收到一个完整的外观设计专利申请，申请人缴纳了申请费后，该外观设计专利申请被分配一个申请号和申请日，同时将包含申请号和申请日的"文件回执"信息发送给申请人。然后将案卷分配给审查员，按照申请日的顺序排队审查。

审查

实际上，"审查"需要进行形式审查，即是否符合手续规定，以确保图片清楚地表达要求保护的外观设计信息，以及将要求保护的外观设计与本领域内的"现有设计"进行比较。"现有设计"是指已出版公告的专利及公开发表的出版物。如果提出申请的专利被证明是有专利性的，可以被授予专利权，将会给申请人提供指示文件从而完成授权进程，颁发专利证书。

如果提交的绘图或照片不完整或者不清晰，或者与现有设计相同或与现有设计的组合相同，审查员可以驳回该专利申请，并发出专利申请存在实质性缺陷及拒绝授予专利权的通知书。

专利商标局发出的通知书还可以包含审查员对专利申请的修改建议。申请人应将这份专利商标局发给他或她的通知书留档，而不要再寄回给专利商标局。

答复

申请人收到专利商标局发出的通知书后，如果选择继续申请，需要及时答复。申请人应当提出书面的补正请求，这个答复应当包括一个再审查或者对该外观设计申请的权利更进一步的审查的请求，连同对所需要修改的缺陷的修正。答复必须清晰，明确依照专利商标局的规定修改每一个缺陷。审查员应当具体指出不符合法律规定的原因及如何设计专利才能符合现有技术的要求。如果审查员因为这个外观设计在现有设计范围之内而驳回这项申请，申请人在答复时仅仅陈述这个要求保护的外观设计是可专利性的，而没有明确证明这个在现有设计范围之内的外观设计怎样是可专利性的，那么申请人的答复就不符合规定。

在任何情况下，当审查员指出申请人必须依照一定的要求进行答复，或是审查员指出了可专利性的客体时，申请人的答复必须依照审查员写明的要求，或者特别说明为什么不需要按照特定的要求进行答复。

申请人递交给专利商标局的每一次答复文件，都应包括下列内容：

1. 申请号（确保准确）。

2. 技术组号码（从存档数据中或最近的专利局通知书中获得）。

3. 申请日。

4. 最近审查此专利的审查员。

5. 发明创造的名称。

这是申请人的义务，以确保专利商标局在指定的答复期限届满之日之前收到申请人的答复。专利商标局会在发出的通知书中第一页以"……日期寄至"的方式显示申请人的答复时间期限。如果申请人没有在指定时间内答复，该申请将被视为放弃。如果申请人由于一些原因不能在指定的时间内答复，应当在专利商标局发出通知书日期的 6 个月之内，按照专利法实施细则 1.17（a）的规定，提交一个答复日期的延长请求，并缴纳相关费用。该费用是由答复的时间决定，费用随着答复时间的增加而增加。这些费用是由细则规定，任何时间都可能发生变化。必须要专利商标局发出答复通知书后才能获得"延长期限"。当前费用参见插入的时间表。注意：收到"授权通知书"后"延长期限"将不被允许。

为了确保已经在规定的时间段针对通知书作出的答复意见不会被遗漏，应当随同寄出"邮寄凭证"。这个"凭证"确认了答复已经在特定的时间内寄出。如果是在答复期限届满之前寄出答复意见书，而且是通过美国邮政管理局邮寄的，它也确认了答复是及时的。"邮寄凭证"不同于"挂号信"。"邮寄凭证"的建议格式如下：

"我特此证明，这个被美国邮政管理局作为第一类邮件装入一个信封内存放的信件是寄往：盒里为外观设计专利，在（邮寄日期）华盛顿特区 20231，专利商标局。"

姓名——打字或印刷

签名

日期

如果需要一个在专利商标局的收据，申请人应准备一张盖有邮戳、写有收信地址的明信片，在消息页上列有申请人的名字和地址、申请号和申请日，要用统一标准格式进行回复。（比如：一页绘图，2 页补正文件，一页宣誓或声明等）这张明信片将与收据一起通过邮件收发室返还给申请人。这张明信片也证明了官方收到申请人答复的具体时间。

如果申请人在申请存档后改变地址，必须以书面方式向专利商标局提交新的地址。如果地址出现问题，会使以后的通信仍然寄往旧的地址，而无法保证通信能够寄往申请人新的地址。一旦申请人没有收到专利商标局发出的通知，就无法及时地回复，可能导致专利商标局认为这些申请已被放弃。"更换地址"的变更文件应该用单独的一封信邮寄，每个申请中的单独的变更文件都应存档。

再考虑

在提交了针对专利商标局发出的通知书的答复之后，申请将被再考虑，并鉴于答复中的申请人的评述和意见进行进一步地审查。审查员可能收回拒绝决定进而允许该申请授权，也可能没有被申请人提交的评述和意见说服，再次驳回并作为最后的决定。申请人可以在获得最终的驳回决定或在两次的拒绝声明后向专利审查委员会提出复议。申请人也可以在放弃原始的申请之前提交一个新的申请，但要求早期的申请日期。这个新申请将被允许继续提交说明。

绘图范例

外观设计专利申请表面阴影的绘图方法通常有两种类型，一是用直线表示表面阴影，二是点画法。单独使用或组合使用，可以有效地绘制出大多数设计的表面特征和轮廓。

直线表面阴影

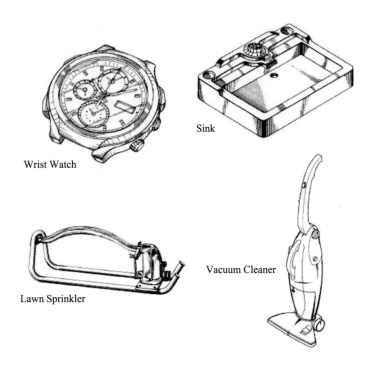

Wrist Watch

Sink

Lawn Sprinkler

Vacuum Cleaner

绘图范例

点画法

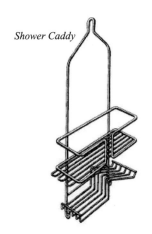

Shower Caddy

Puppet

直线阴影与点画法组合

请注意可以对同一个物体同时采用点画法与直线投影，但是两种画法不应该同时出现在同一个表面上。

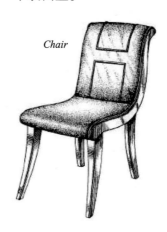

Chair

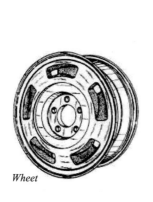

Wheet

绘图范例

透明材料

请注意被光线照着时，在透明表面后面的部分是可见的，用实线，不能用虚线显示透明材料。

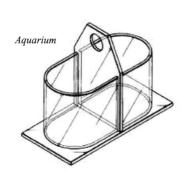

Aquarium

Perfume Borrie

虚线

虚线可用于表示环境结构和边界线，这些虚线形成了不要求外观设计专利权的部分。

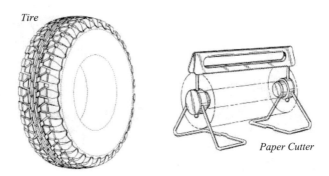

Tire

Paper Cutter

绘图范例
分解图

分解图仅仅是组合图的补充。必须使用括号来表示各构件之间的组装关系。

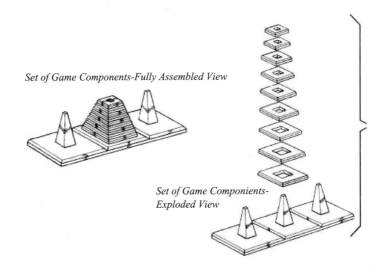

Set of Game Components-Fully Assembled View

Set of Game Componients-Exploded View

变化状态

一个外观设计的变化状态，或者这个设计的要素，必须用不同的视图来显示。

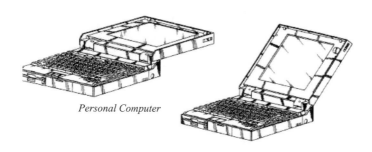

Personal Computer

绘图范例

不定长

注意使用分离符号和括号用于说明不定长，为便于说明，不要求准确的长度。

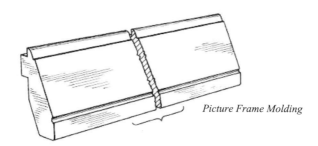

Picture Frame Molding

剖视图

剖视图可以清晰地表达设计视图，同时可以尽量减少视图。

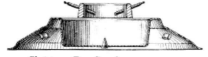

Christmas Tree Stand

多个实施例

一个设计构思下的多个实施例可以体现在一个外观设计专利申请中，只要它们的外观和形状是相似的，如下所示。

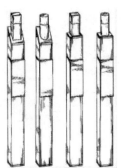

*Combined Writing Instrument
And Pocket Holder Therefor*

特殊材料

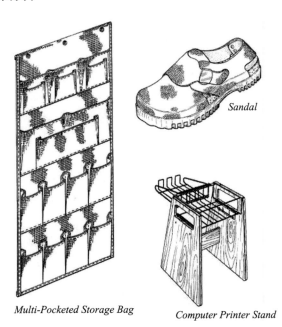

Sandal

Multi-Pocketed Storage Bag

Computer Printer Stand

符号图样

合适的时候，经官方批准，可以在绘图中使用常规元素的符号图样，并应按照以上规定使用这种符号图样。下图图样不是很详细；如果其他标准和常用符号是易于理解的，且在提交时的说明书中已经被确定，不会同专利绘图中的其他符号图样相混淆，那么也可以使用这些符号。

注：一般来说，用于代替一个常规元素、组合或线路的符号，可以通过长方形、正方形或圆形来表示；不能使用缩写，除非它们的意思明确，且不会和符号的缩写相混淆。

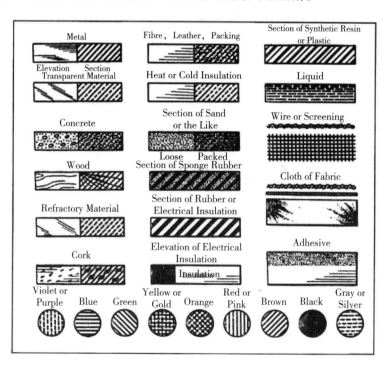

缩略语及术语解释

缩略语

专利法:《美国法典第 35 篇——专利》(United States Code Title 35—Patents)

专利法实施细则:《美国联邦法规 37 篇——专利、商标和版权》(Title 37—Code of Federal Regulations Patents, Trademarks, and Copyrights)❶

审查指南:《美国专利审查指南》(Manual of Patent Examining Procedure)

专利商标局:美国专利商标局(United States Patent and Trademark Office)

术语解释

美国发明法案(Leahy – Smith America Invents Act):简称 AIA,又称莱希-史密斯美国发明法案,于 2011 年 9 月 16 日由美国总统奥巴马签署生效,是近 60 年来美国专利法最大、最全面的一次修订。该法案将美国以往坚持的先发明制改为发明人先申请制度,对最佳实施例、现有技术和宽限期等制度进行了调整,增加了优先审查制度、有关虚拟标识的规则等。

---

❶ 本部分所称的专利法实施细则主要涉及《美国联邦法规 37 篇——专利、商标和版权》中对于专利的相关规定,因此本部分将该法规简称为专利法实施细则。

临时申请（Provisional Application）：临时申请是一个非正式的申请，其效力是建立一个申请日的优先权，仅需提交说明书和附图，美国专利局不对其进行审查，该申请不能被授予专利权。临时申请从其申请日起满 12 个月即被视为放弃，并不得恢复，但如果在 12 个月内提交正式申请，正式申请可享受临时申请的申请日，正式申请的专利保护期限不受上述 12 个月的影响；可以作为申请国外申请的优先权基础，但不可以要求其他在先申请的优先权。

继续申请（Continuation Application）：继续申请是申请人以在先提出的非临时申请为基础，在该非临时申请尚未被授权、放弃或程序终止前提出的一个新的申请，其说明书与在先申请相同，权利要求书可以不同，但不能超出在先申请的范围，可以享受在先申请的申请日。在继续申请中，第一个申请需要被放弃。通常提出继续申请的目的是申请不同于在先申请的权利要求的范围。

再颁（Reissue）：再颁用于更正说明书或附图中的缺陷，或者用于更正由于专利权人所要求的权利要求多于或少于其应有权利的范围而导致的错误。再颁申请可以由专利权人或其受让人提出。再颁可以更正影响公告专利有效性和实施性的重大错误，实质上是给予专利权人一次在专利授权后补救原始专利中存在的缺陷的机会，从而达到使专利权稳定的目的。其有效期限为原始专利期限的未届满部分。除非在原始专利授权后 2 年内提出再颁申请，否则再颁专利的保护范围不能超过原始专利权利要求的保护范围。

补充审查（Supplemental Examination）：补充审查允许专利权人在专利已经公告授权后，请求专利局考虑、重新考虑或者更正与专利相关的信息。在补充审查中若发现新的关于专利性的实质问题，则可以启动再审程序。

再审（Reexamination）：再审程序允许专利局基于任何人在任何时候提交的现有技术，对已公布的权利要求的可享专利性重新审查。再审程序中，专利权人可以对其专利提议修改和提出一项或者多项新的权利要求，但不允许提议修改的权利要求或者新的权利要求扩大专利的权利要求的范围。其与仅适用于2012年9月16日前提交的双方再审的请求程序的区别主要在于：1. 请求人不同：提起再审的请求人可以是任何人，包括专利权人、第三方、专利局；提起双方再审的请求人只能是第三方；2. 第三方请求人的参与度不同：当第三方作为请求人提起再审时，其在提交再审请求后只有一次发表书面意见的机会，不参加到整个再审程序中；而当其作为请求人提起双方再审时，第三方不仅要参与到再审程序的整个过程中，而且还有上诉权，如果其对于专利局作出的再审决定不服，可以作为原告上诉到法院。

双方复审（Inter Partes Review）：双方复审程序允许非专利权人在专利授权9个月后或授权后复审终止之后，基于在先的专利或印刷出版物，就专利是否符合美国专利法第102条或第103条（新颖性和非显而易见性）提出的双方复审，以请求删除专利的一项或多项不可享专利性的权利要求。

授权后复审（Post - grant Review）：授权后复审规定仅适用于遵从美国发明法案发明人先申请规定的专利，由非专利权人的个人在不晚于授权专利或授予再颁专利之日以后的9个月内提交，其基础仅限于第282条（b）款（2）项或（3）项中规定的涉及专利或任何权利要求的无效的理由，以请求删除专利的一项或多项不可享专利性的权利要求。

延续审理申请（Continued Prosecution Application）：延续审查案通常由申请人在收到专利局最终核驳后的 6 个月内提出，通过提出请求并缴纳费用，得以重新提交修改后的申请文件、新的意见陈述或者新的能够证明其申请具有可享专利性的证据，请求审查员继续审查。通常提出延续审查案的目的是为了延续审查。延续审理是在同一件申请上继续审查。因此，延续审理具有相同的申请号。

模仿（Simulation）：根据美国专利法第 171 条的规定，能授予专利权的外观设计必须是"原创的"。因此，模仿已经存在的、著名的物品、建筑物或者人物的外观设计不属于"原创的"，不属于专利法规定保护客体。

限制（Restriction）：一件外观设计专利申请只可包含一项权利要求。一项权利要求可以保护一个以上的外观设计实施例。但是，这些实施例只有在外观设计专利实践的显而易见性的前提下，包含有单一的发明构思时才能被提出。因此，审查员将对包含有一项以上可享专利性的独特的外观设计的每件外观设计申请要求限制。

重复申请（Double Patenting）：通常有两种类型的重复申请：第一种是对"同样的发明创造"进行重复申请；第二种是"非法定类型"的重复申请，此种重复申请主要指前一个专利申请与第二个专利申请之间没有显著差别，并期望通过第二个专利申请来延长保护期限。这两种类型的重复申请都会被驳回。

最终放弃（Terminal Disclaimer）：最终放弃的理论基础是申请人只能对一个设计享有一项专利权，申请人不能就相同设计的变形设计获得两项以上的专利权，因为这会使专利权被无限制地延期。为了防止不适当地延长专利保护的期限，要求申请人提交一个声明，以后所有其他属于明显变形的专利权都终止在第一项专利的终止期。最终放弃声明仅在不同的专利之间的区别是显而易见的情况下作用。如果两项专利是完全相同的，则不能使用最终放弃。

外 国 知 识 产 权 法 律 译 丛

美欧日韩外观设计
法律法规汇编 （下）

国家知识产权局专利局外观设计审查部◎组织编译

知识产权出版社

全国百佳图书出版单位

图书在版编目（CIP）数据

美欧日韩外观设计法律法规汇编：全 2 册/国家知识产权局专利局外观设
计审查部组织编译. —北京：知识产权出版社，2018.8
  ISBN 978 - 7 - 5130 - 5605 - 2

  Ⅰ. ①美⋯ Ⅱ. ①国⋯ Ⅲ. ①外观设计—专利法—汇编—美国②外观设计—
专利法—汇编—欧洲③外观设计—专利法—汇编—日本④外观设计—专利法—
汇编—韩国 Ⅳ. ①D913.409

  中国版本图书馆 CIP 数据核字（2018）第 112737 号

内容提要

本书由国家知识产权局专利局外观设计部组织翻译和汇编，内容包括了美
国、欧洲、日本和韩国最新的外观设计法及其审查指南，希望本书能够为我国
企业"走出去"进行产品知识产权保护提供借鉴和参考。

责任编辑：李 琳　　　　　　　　责任校对：王 岩
封面设计：张 冀　　　　　　　　责任印制：刘译文

美欧日韩外观设计法律法规汇编（下）
国家知识产权局专利局外观设计审查部　组织编译

出版发行：知识产权出版社 有限责任公司		网　　址：http：//www.ipph.cn	
社　　址：北京市海淀区气象路 50 号院		邮　　编：100081	
责编电话：010 - 82000860 转 8120		责编邮箱：lilin@ cnipr.com	
发行电话：010 - 82000860 转 8101/8102		发行传真：010 - 82000893/82005070/82000270	
印　　刷：北京嘉恒彩色印刷有限责任公司		经　　销：各大网上书店、新华书店及相关专业书店	
开　　本：880mm×1230mm　1/32		总 印 张：37.75	
版　　次：2018 年 8 月第 1 版		印　　次：2018 年 8 月第 1 次印刷	
字　　数：880 千字		总 定 价：160.00 元（全 2 册）	
ISBN 978 -7 -5130 -5605 -2			

编译委员会名单

主　编：林笑跃

副主编：王晓云　贾海岩

编　委：王美芳　严若艳　赵　亮

　　　　　谢怡雯　吴　殷

前　言

随着经济、贸易、文化交流的全球化发展，知识产权保护已成为世界范围内的热点问题。各国不仅积极应对，同时也加强了对外交流与合作。近年来，世界主要知识产权局之间的交流与合作非常频繁。对于外观设计而言，我国与美国、日本、韩国和欧盟之间的交流比较多。其中双边交流最为频繁，包括互访、互派学员、召开研讨会等形式；而有些双边交流则逐步扩展为多边交流。例如 2009 年的中韩外观设计研讨会在 2010 年扩大为中、日、韩三方每年一次的研讨会，又在 2013 年扩大为中、美、日、欧、韩五方的外观设计研讨会。交流主题多为具体的法律规定和审查标准，为了系统、深入的交流，事先对于其他国家或者组织的法律法规的研读成为必修课。

中国的专利保护制度从创立至今已经三十多年，取得了瞩目的成绩。但任何事物都是不断发展的，随着中国工业设计水平、外观设计保护需求以及公众知识产权意识的不断提高，外观设计相关法律和制度需要不断地进行适应性修改。借鉴其他国家的发展经验、深入了解其他国家和组织的外观设计保护制度很有必要。特别是需要对美、日、韩、欧外观设计的法律、法规和具体审查标准进行研究，可以找出共性、差异以及其背后的原因，并结合中国国情，审视中国立法和具体外观设计制度，找到可以完善和改进之处，或者预见中国可能会面对的问题。1998 年我国第三次修改《专利法》前，相关研究人员就对其他国家的外观设计法进行了研究，有些内容就是从其他国家的制度中找到的灵感，例如相似外观设计合案申请制度。

我国申请人对外申请的数量呈递增趋势，而对其他国家外观设计制度的不了解会导致未在前期做好充分准备，进而导致申请失败或者维权失败。所以，我国申请人和代理人也需要了解其他国家的法律法规。

鉴于以上种种原因，国家知识产权局专利局外观设计审查部投入大量人力和时间，对美国、欧盟、日本和韩国的外观设计法律法规最新版进行了翻译和编辑。为了提高本书的实用性，我们不但翻译了美国、欧盟、日本和韩国的外观设计相关法律，还翻译了审查操作层面的规章，例如美国和韩国的审查指南、日本的审查规程、欧盟的审查指南。希望能够满足广大审查员、申请人、专利代理人的需求。

总目录

美国部分

美国专利法 ·································· （002）

美国专利法实施细则（外观设计部分） ·················· （223）

美国专利审查指南（外观设计部分） ·················· （298）

美国外观设计专利申请指南 ···················· （451）

缩略语及术语解释 ························ （478）

欧盟部分

欧共体理事会关于欧共体外观设计的第 6/2002 号

法规 ································ （486）

用于实施欧共体理事会外观设计第 6/2002 号法规的欧共体

第 2245/2002 号委员会法规 ················ （554）

注册式共同体外观设计审查指南 ················ （623）

注册式共同体外观设计的无效宣告程序审查指南 ········· （668）

缩略语及术语解释 ······················ （689）

日本部分

日本外观设计法 ⋯⋯⋯⋯⋯⋯⋯⋯⋯⋯⋯⋯⋯⋯（696）

日本外观设计法施行规则 ⋯⋯⋯⋯⋯⋯⋯⋯⋯⋯（744）

日本外观设计审查基准 ⋯⋯⋯⋯⋯⋯⋯⋯⋯⋯⋯（756）

韩国部分

韩国工业品外观设计保护法 ⋯⋯⋯⋯⋯⋯⋯⋯⋯（1028）

韩国外观设计审查指南 ⋯⋯⋯⋯⋯⋯⋯⋯⋯⋯⋯（1124）

术语解释 ⋯⋯⋯⋯⋯⋯⋯⋯⋯⋯⋯⋯⋯⋯⋯⋯（1186）

后　记 ⋯⋯⋯⋯⋯⋯⋯⋯⋯⋯⋯⋯⋯⋯⋯⋯⋯（1189）

欧盟部分

欧共体理事会关于欧共体●外观设计的第 6/2002 号法规

用于实施欧共体外观设计第 6/2002 号法规的欧共体第 2245/2002 号委员会法规

注册式共同体外观设计审查指南

注册式共同体外观设计的无效宣告程序审查指南

缩略语及术语解释

● 欧共体已更名为欧盟，但由于相关法规原文为"欧共体"，因此译文仍采用"欧共体"。

欧共体理事会关于欧共体外观设计的第 6/2002 号法规[1]

(2001 年 12 月 12 日通过)

翻译：钟　华

校对：张茂于

---

[1]　原文出处：欧洲内部市场协调局（OHIM）官方网站。

目　录

第一篇　总则 ·························· 499

第 1 条　欧共体外观设计 ·················· 499

第 2 条　协调局 ·························· 500

第二篇　与外观设计有关的法律 ·········· 500

第 1 节　保护的要求 ···················· 500

第 3 条　定义 ·························· 500

第 4 条　获得保护的条件 ·············· 501

第 5 条　新颖性 ······················ 501

第 6 条　独特性 ······················ 502

第 7 条　公开 ························ 502

第 8 条　技术功能和连接关系限定的外观设计 ········· 503

第 9 条　违反公共政策或者道德准则的外观设计 ······ 503

第 2 节　保护范围和期限 ················ 504

第 10 条　保护范围 ···················· 504

第 11 条　非注册式外观设计的起始和保护期限 ········ 504

第 12 条　注册式外观设计的起始和保护期限 ········· 504

第 13 条　续展 ························ 505

第 3 节　欧共体外观设计权 ·············· 505

第 14 条　欧共体外观设计权 ············· 505

第 15 条　主张与欧共体外观设计权相关的权利 ········ 506

第 16 条　关于注册式外观设计权利判决的效力 ········ 506

第 17 条　有利于外观设计的注册持有人的推定 ········ 507

第 18 条　外观设计者出庭的权利 ···················· 507

第 4 节　欧共体外观设计的效力 ························ 507

第 19 条　欧共体外观设计授予的权利 ·············· 507

第 20 条　欧共体外观设计权利的限制 ·············· 508

第 21 条　权利穷竭 ······························ 508

第 22 条　注册式外观设计的先用权 ················ 509

第 23 条　政府使用 ······························ 509

第 5 节　无效 ···································· 509

第 24 条　宣告无效 ······························ 509

第 25 条　无效的理由 ···························· 510

第 26 条　无效的后果 ···························· 511

第三篇　欧共体外观设计作为所有权的客体 ············ 512

第 27 条　将欧共体外观设计作为本国外观设计权

　　　　看待 ·································· 512

第 28 条　注册式欧共体外观设计的转让 ············ 512

第 29 条　注册式外观设计的对物权 ················ 513

第 30 条　扣押 ································ 513

第 31 条　破产程序 ···························· 513

第 32 条　许可 ································ 514

第 33 条　对抗第三人的效力 ···················· 514

第 34 条　申请将注册式欧共体外观设计作为所有权的

　　　　客体 ································ 515

第四篇　注册式外观设计的申请 ···················· 515

　第 1 节　提出申请及申请需满足的条件 ·············· 515

　　第 35 条　申请的提出和发送 ····················· 515

　　第 36 条　申请需满足的条件 ····················· 516

　　第 37 条　多重申请 ···························· 517

　　第 38 条　申请日 ····························· 518

　　第 39 条　欧共体外观设计申请等同于本国申请 ········ 518

　　第 40 条　分类 ······························· 518

　第 2 节　优先权 ······························· 518

　　第 41 条　优先权的权利 ························· 518

　　第 42 条　主张优先权 ·························· 519

　　第 43 条　优先权的效力 ························· 519

　　第 44 条　展览会优先权 ························· 520

第五篇　注册程序 ···························· 520

　　第 45 条　申请形式要求的审查 ···················· 520

　　第 46 条　可弥补的缺陷 ························· 521

　　第 47 条　不予注册的理由 ······················ 521

　　第 48 条　注册 ······························· 522

　　第 49 条　公布 ······························· 522

　　第 50 条　延期公布 ··························· 522

第六篇　注册式外观设计的放弃和无效 ············ 523

　　第 51 条　放弃 ······························· 523

　　第 52 条　请求宣告无效 ························ 524

第 53 条　请求的审查 ·················· 524

第 54 条　被控侵权人参与无效程序 ·················· 525

第七篇　申诉 ·················· 525

第 55 条　可申诉的决定 ·················· 525

第 56 条　有权申诉和参加申诉程序的当事人 ········· 526

第 57 条　申诉的时限和形式 ·················· 526

第 58 条　中期修正 ·················· 526

第 59 条　申诉的审查 ·················· 526

第 60 条　申诉决定 ·················· 526

第 61 条　向欧共体法院起诉 ·················· 527

第八篇　协调局的程序 ·················· 527

第 1 节　总则 ·················· 527

第 62 条　决定依据的理由说明 ·················· 527

第 63 条　协调局依职权审查事实 ·················· 528

第 64 条　口头审理程序 ·················· 528

第 65 条　举证 ·················· 528

第 66 条　通知 ·················· 529

第 67 条　恢复权利 ·················· 529

第 68 条　一般参考原则 ·················· 530

第 69 条　费用退还的终止 ·················· 530

第 2 节　成本 ·················· 531

第 70 条　成本的分配 ·················· 531

第 71 条　确定成本数额的决定的执行 ·················· 532

第 3 节　通知公众和成员国的政府权力机构 ┈┈┈┈┈ 532

　　第 72 条　欧共体外观设计的登记簿 ┈┈┈┈┈┈ 532

　　第 73 条　定期公布 ┈┈┈┈┈┈┈┈┈┈┈┈ 532

　　第 74 条　文件的查阅 ┈┈┈┈┈┈┈┈┈┈┈ 533

　　第 75 条　行政合作 ┈┈┈┈┈┈┈┈┈┈┈┈ 533

　　第 76 条　交换出版物 ┈┈┈┈┈┈┈┈┈┈┈ 533

第 4 节　代理 ┈┈┈┈┈┈┈┈┈┈┈┈┈┈┈┈┈ 534

　　第 77 条　代理总则 ┈┈┈┈┈┈┈┈┈┈┈┈ 534

　　第 78 条　专业代理 ┈┈┈┈┈┈┈┈┈┈┈┈ 534

第九篇　欧共体外观设计法律诉讼的管辖和程序 ┈┈┈┈ 536

第 1 节　管辖和执行 ┈┈┈┈┈┈┈┈┈┈┈┈┈┈ 536

　　第 79 条　管辖和执行公约的适用 ┈┈┈┈┈┈ 536

第 2 节　欧共体外观设计侵权和效力的争议 ┈┈┈┈ 537

　　第 80 条　欧共体外观设计法院 ┈┈┈┈┈┈┈ 537

　　第 81 条　侵权和效力的管辖权 ┈┈┈┈┈┈┈ 538

　　第 82 条　国际管辖权 ┈┈┈┈┈┈┈┈┈┈┈ 538

　　第 83 条　侵权管辖权的范围 ┈┈┈┈┈┈┈┈ 539

　　第 84 条　宣告欧共体外观设计无效的诉讼和反诉 ┈┈ 539

　　第 85 条　推定有效——辩护的优势 ┈┈┈┈┈ 540

　　第 86 条　无效的判决 ┈┈┈┈┈┈┈┈┈┈┈ 540

　　第 87 条　无效判决的效力 ┈┈┈┈┈┈┈┈┈ 541

　　第 88 条　准据法 ┈┈┈┈┈┈┈┈┈┈┈┈┈ 541

　　第 89 条　侵权诉讼的制裁措施 ┈┈┈┈┈┈┈ 542

　　第 90 条　临时措施，包括保护性措施 ┈┈┈┈ 542

第 91 条 相关诉讼中的具体规则 ······················· 543

第 92 条 欧共体外观设计二审法院的管辖权——

上诉 ··· 543

第 3 节 与欧共体外观设计有关的其他纠纷 ············· 544

第 93 条 非欧共体外观设计法院的本国法院

管辖权的补充条款 ··························· 544

第 94 条 本国法院的义务 ····························· 544

第十篇 成员国法律的效力 ······························· 545

第 95 条 基于欧共体外观设计和本国外观设计权的

平行诉讼 ··· 545

第 96 条 根据国家法律不同形式保护的关系 ··········· 545

第十一篇 关于协调局的补充条款 ······················· 546

第 1 节 总则 ··· 546

第 97 条 总则 ··· 546

第 98 条 程序语言 ······································· 546

第 99 条 公布和注册 ····································· 547

第 100 条 局长的补充权力 ····························· 548

第 101 条 管理部门的补充权力 ························· 548

第 2 节 程序 ··· 548

第 102 条 权限 ··· 548

第 103 条 审查员 ··· 549

第 104 条 商标和外观设计管理及法律庭 ············· 549

第 105 条 无效庭 ··· 549

第 106 条　申诉委员会 ‥‥‥‥‥‥‥‥‥‥‥‥ 549

第十二篇　最终条款 ‥‥‥‥‥‥‥‥‥‥‥‥ 550

第 107 条　实施细则 ‥‥‥‥‥‥‥‥‥‥‥‥ 550

第 108 条　申诉委员会的程序规则 ‥‥‥‥‥ 551

第 109 条　委员会 ‥‥‥‥‥‥‥‥‥‥‥‥ 551

第 110 条　过渡性条款 ‥‥‥‥‥‥‥‥‥‥ 551

第 110a 条　与欧共体扩大有关的条款 ‥‥‥‥ 552

第 111 条　生效 ‥‥‥‥‥‥‥‥‥‥‥‥‥ 553

欧共体理事会，

基于建立欧共体缔结条约，特别是其中的第 308 条；

基于欧共体委员会的提议，❶

基于欧洲议会的意见，❷

基于经济和社会委员会的意见。❸

鉴于：

（1）设立一项在欧共体全部领域内具有统一效力、统一保护的欧共体外观设计制度将有利于达到欧共体条约中所规定的欧共体的目标。

（2）只有比荷卢国家已建立统一的外观设计保护法律。在其他所有成员国外观设计保护仅适用本国法，其效力仅及于该成员国领域。因而完全相同的外观设计可以在不同的成员国获得不同的保护，并使不同的权利所有人获利。这不可避免地导致了欧共体成员国间的贸易冲突。

（3）欧共体成员国外观设计法律间的实质性区别阻止和扭曲了欧共体范围内的竞争。与本国境内贸易比较而言，外观设计产品在欧共体成员国之间的竞争和贸易，被大量的申请、授权局、程序、法律、各国赋予的排他权和随之而来的高成本的申请费和行政费阻止和扭曲了。欧洲议会和理事会于 1998 年 10 月 13 日通过的关于欧共体外观设计法律保护的 98/71/EC 指令❹有助于改善上述情形。

（4）但不管各成员国的法律是否相近，外观设计保护的效

---

❶ OJC 29，31. 1. 1994，第 20 页和 OJC 248，29. 8. 2000，第 3 页。

❷ OJC 67，1. 3. 2001，第 318 页。

❸ OJC 110，2. 5. 1995 和 OJC 75，15. 3. 2000，第 35 页。

❹ OJL 280，28. 10. 1996，第 28 页。

力被限制在各成员国的领域内，均可能由于不同人基于各成员国法律拥有完全相同的外观设计产品导致欧共体内部市场的分裂，从而阻碍商品的自由流动。

（5）这就要求欧共体外观设计能直接适用于每个成员国，因为只有通过这种途径即通过一部法律规定的单一程序向内部市场（商标和外观设计）协调局递交一个申请，才可能使一项外观设计权的效力遍及欧共体成员国的所有领域。

（6）由于提案的目的在于使外观设计权的保护遍及包含所有成员国的领域内，而欧共体外观设计的范围、效力及权威性等无法通过各成员国充分地实现，因而为了在欧共体层面上能更好地实现上述目的，欧共体将采取和欧共体条约第5条规定的辅助原则相一致的措施，与该条款所述的适当原则一致，本法规不会超出达到上述目的所必需的范围。

（7）增强工业品外观设计保护不仅促进各设计者在外观设计领域提供给欧共体优秀设计的总量，而且鼓励新产品的创新和发展及生产投资。

（8）因而一个适应欧共体内部市场需要、更利于外观设计保护的制度对欧共体工业而言是必需的。

（9）本法规在外观设计法律上的实质性条款应当和98/71/EC指令一致。

（10）工业创新不应当由于对仅由技术功能限定的特征给予外观设计保护而受阻碍，应该理解没有限定外观设计必须具备美感。同样，不同构造的产品的连接关系不应当由于将外观设计保护延伸至机械配件而受阻碍。因而，由于这些理由被排除于保护之外的外观设计特征，不应由于评价该设计的其他特征是否满足保护的要求而被考虑。

（11）然而，组件产品的机械配件仍然可以构成组件产品的创造性的重要因素并形成一个重要的市场资产，因而应该被保护。

（12）保护不应当延及在正常使用产品中不可见的零件，不应该延及在安装后不可见的零件，或者这些零件本身不符合新颖性和独特性的要求。因而，由于这些理由被排除于保护之外的外观设计特征，不应由于评价该设计的其他特征是否满足保护的要求而被考虑。

（13）欧共体各成员国法律均规定，应允许将受保护的外观设计使用于修理复合产品使其复原，即一项外观设计被应用于或者被结合于一件产品，而该产品构成一件复合产品的组成部分，该复合产品的外观有赖于上述受保护的外观设计产品，98/71/EC 指令未规定上述情形。在所述指令的适用程序的框架下，特别是在对最有影响的工业部门适用指令过渡截止期限的 3 年后，欧共体委员会承担了分析该指令各条款的结果。在上述情况下，在欧共体理事会根据欧共体委员会在这个问题上的提案作出不同的决定之前，不给予外观设计在上述情形下以欧共体外观设计保护是恰当的。

（14）评价一项外观设计是否具备独特性，应当基于见多识广的用户看到该外观设计时是否产生了明显不同于看到现有外观设计时所产生的整体视觉印象，同时考虑该外观设计所应用或者结合的产品的种类，特别是外观设计所属的工业部门以及设计者在开发该外观设计时的自由度。

（15）欧共体外观设计应当尽可能地满足欧共体内所有工业部门的需要。

（16）有些部门经常产生大量市场寿命短暂的产品的外观设

计，对这些外观设计而言不具注册形式负担的保护是优势，而保护的持久性则较不重要。另外，也有一些工业部门更重视注册制度的优势，因为其提供了更大的法律确定性，提供了与其产品可预见市场寿命相适应的更长期限的保护。

（17）这就要求两种保护形式，一种为短期的非注册式外观设计，另一种为更长期限的注册式外观设计。

（18）注册式外观设计需要设立一个登记簿并在其中进行登记和维护，给予在登记簿中符合形式条件的所有申请一个申请日。登记制度原则上在登记之前不进行实质审查，不审查外观设计是否符合保护的条件，因而将申请人在登记和其他程序上的负担减至最小程度。

（19）欧共体外观设计不应当被授予，除非这个设计是新颖的且与其他设计相比具有独特性。

（20）同样，设计者或者其权利继承人在决定是否请求注册式欧共体外观设计保护前，应当允许其检验体现该外观设计的产品是否满足市场需求。为此必须规定对注册式外观设计而言，在早于申请日前 12 个月内设计者或者其权利继承人公开其外观设计或者在该期限内的滥用公开，不损害该设计的新颖性或独特性。

（21）注册式外观设计所赋予的排他权具有与此相应的更大法律确定性。与此相应，对非注册式外观设计仅赋予一种阻止抄袭的权利——保护因而不能延及那些经由第二个设计者独立完成的外观设计产品，该权利同样适用于体现有侵权设计的产品贸易中。

（22）这些权利的执行留给本国法解决，因而有必要规定一些基本的适用于所有成员国统一的制裁措施，这些措施将使得制止侵权行为不因诉求执行的管辖权而不同。

（23）任何能证明在法律规定期限前在欧共体领域内善意使用某外观设计——甚至出于商业目的，或者已经作了认真而有效的使用准备的第三人，即使该外观设计在某注册式外观设计的保护范围内，但并没有抄袭后者，仍可以享有对该外观设计有限的实施权。

（24）本法规的基本目的是使获得注册式外观设计的程序花费成本最小、申请困难最少，使中小型企业和个体设计者易于获得注册式外观设计。

（25）某些工业部门在很短的时间内产生大量的可能生命周期短、最终只有一些可以商业化的设计，这些部门认可非注册式外观设计的优势，此外，这些部门也有注册式外观设计的需求。因而，为满足这种需求，可选择包含有许多设计的多重申请。另外，也可能由于实施权、许可权、对物权、扣押、破产程序、放弃、续展、转让、延期公布或者宣告无效等上述种种理由需要选择包含许多设计的多重申请。

（26）在某些情况下，欧共体外观设计登记后正常公布可能破坏或者损害与该外观设计相关的成功商业运作。合理期限的延期公布制度为此提供了解决方案。

（27）与涉及不同国家法院的程序相比，仅在一个地方审理有关注册式外观设计效力的程序，更节省成本和时间。

（28）因而设置向申诉委员会申诉和最后到法院起诉的保证条款是必要的，该程序有助于统一解释欧共体外观设计效力。

（29）有必要赋予欧共体外观设计以一种有效的方式在欧共体全部领域内强制执行的权利。

（30）诉讼制度应当尽可能避免"择地行须"，因而必须设立明确的国际管辖权规则。

（31）本法规不排除欧共体外观设计的工业知识产权法或者成员国的其他相关法律保护的外观设计申请，如通过注册获得保护的外观设计申请或者非注册外观设计、商标、专利和实用新型、不公平竞争或者民事义务相关的申请。

（32）在缺乏完全一致的版权法的情况下，建立欧共体外观设计和版权法的双重保护原则是重要的，同时保留成员国在这种情况下设立版权保护的范围和条件的自由。

（33）执行本法规的必要措施应与 1999 年 6 月 28 日通过的欧共体理事会 1999/468/EC 指令赋予欧共体委员会执行权力的实施程序相一致。❶

已正式通过本法规。

第一篇　总则

第 1 条　欧共体外观设计

1. 符合本法规下文规定条件的外观设计称为欧共体外观设计。

2. 外观设计可以按以下方式获得保护。

（a）如果以本法规规定的方式为公众所知，可以获得非注册式外观设计；

---

❶ OJL 184，17. 7. 1999，第 23 页。

（b）如果按本法规规定的方式进行注册，可以获得注册式外观设计。

3. 欧共体外观设计应具有统一的特性，其效力遍及欧共体领域，除欧共体领域外不必再另行注册、转让、放弃，或者作为被宣告无效的决定的客体，其使用也不受禁止。这一原则及其含义应予以适用、除非本法规另有规定。

第 2 条　协调局

根据 1993 年 12 月 20 日通过的关于欧共体商标的欧共体第 40/94 号理事会法规（以下简称"欧共体商标法"）成立,❶ 将执行本法规所委托的任务。

第二篇　与外观设计有关的法律

第 1 节　保护的要求

第 3 条　定义

根据本法规：

（a）外观设计是指产品的整体或部分的外观特征，尤其是线条、轮廓、色彩、形状、产品本身的材质和/或材料以及

---

❶　OJL 11，14.1.1994，第 1 页。法规最后由（EC）第 3288/94 号法规（OJL 349，31.12.1994，第 83 页）修订。

装饰。

（b）产品指任何工业产品或者手工业制品，包括包装、装潢、图形和字体设计，还有用以装配成复合产品的部件，但是计算机程序除外。

（c）复合产品指由若干能被替代的组件组成的能够拆卸和重新组装的产品。

第4条　获得保护的条件

1. 获得欧共体外观设计保护的外观设计应当具有新颖性和独特性。

2. 应用于某产品或与某产品成为一体的外观设计，如果所述产品是某复合产品中的一个组件，则仅在下述情形下认为其具有新颖性和独特性：

（a）该组件被安装到复合产品后，在复合产品正常使用过程中该组件仍然可见；并且

（b）该组件的上述可见特征本身满足新颖性、独特性的条件。

3. 第2款（a）项中所述的"正常使用"是指终端用户的使用，不包括维护、服务或修理工作。

第5条　新颖性

1. 外观设计具备新颖性是指没有相同的外观设计为公众所知：

（a）对于非注册式外观设计而言，指在该外观设计第一次为公众所知而主张保护日之前；

（b）对于注册式外观设计而言，指该外观设计注册申请要求保护的申请日之前，有优先权的，指优先权日之前。

2. 如果差异仅在于非实质性的细节，则仍认为是相同的外观设计。

第6条　独特性

1. 如果一项外观设计给予见多识广的用户的整体印象与任何能为公众所知的外观设计给予该用户的整体印象不同，则该外观设计具备独特性：

（a）对于非注册式外观设计而言，指在该外观设计第一次为公众所知而主张保护之前；

（b）对于注册式外观设计而言，指该外观设计注册申请日之前，有优先权的，指优先权日之前。

2. 在评价独特性时，应当考虑到开发该外观设计时设计者所享有的设计自由度。

第7条　公开

1. 在适用第5条和第6条时，在第5条第1款（a）项和第6条第1款（a）项或者第5条第1款（b）项和第6条第1款（b）项所述日期前，外观设计在注册以后公布或以其他方式公布，或者展览，或商业使用或者其他方式公开，则该外观设计被认为已为公众所知，除非上述情形不能为欧共体内相关人员在正常的商业活动中合理获知。但是，如果该外观设计仅仅透露给具有明示或默示保密义务的第三人，则不能认为已为公众所知。

2. 请求保护的注册式外观设计权保护的外观设计由于下列情形为公众所知，不能被视为第 5 条、第 6 条所述的公开：

（a）由设计者、权利继承人或者由设计者或者其权利继承人的行为及提供的信息而得知的第三人；和

（b）在申请日（有优先权的，在优先权日）之前的 12 个月内。

3. 第 2 款同样适用于滥用与设计者或其权利继承人关系而导致的公开。

第 8 条　技术功能和连接关系限定的外观设计

1. 产品的外观特征由技术功能唯一限定的，不给予欧共体外观设计保护。

2. 产品的外观特征必须以准确的形状、尺寸重复生产，以使采用该外观设计或与该外观设计结合的产品能够被机械地连接、放置、包围或抵靠到另一产品，从而使产品实现其各自的功能，不给予欧共体外观设计保护。

3. 尽管有上述第 2 款的规定，但在满足本法规第 4 条、第 5 条规定的前提下，对目的在于在组件系统内使得相互可互换产品具有多种组装或多种连接方式的外观设计，给予欧共体外观设计保护。

第 9 条　违反公共政策或者道德准则的外观设计

违背公共政策或者公认的道德准则的外观设计，不给予欧共体外观设计保护。

503

第 2 节　保护范围和期限

第 10 条　保护范围

1. 欧共体外观设计授予的保护范围包括未能给见多识广的用户不同的整体印象的任何设计。

2. 在确定保护范围的时候，应当考虑到设计者在开发该外观设计时所享有的设计自由度。

第 11 条　非注册式外观设计的起始和保护期限

1. 符合本法规第 1 节规定的外观设计能获得自欧共体内第一次为公众所知之日起 3 年的非注册式外观设计保护。

2. 针对第 1 款，如果外观设计已经公布、展览、商业使用或者在商业正常过程中以其他能为欧共体领域内熟悉该行业的人合理获知的方式公开，则认为该外观设计在欧共体内能为公众所知。但是，仅透露给具有明示或者暗示的保密义务的第三人，则不能认为已为公众所知。

第 12 条　注册式外观设计的起始和保护期限

自在协调局注册之日起，符合第 1 节规定的条件的外观设计可以获得自申请日起 5 年的注册式外观设计保护。权利人可以续展一个或者多个 5 年的保护期限，直到自申请日起 25 年的总期限。

第 13 条 续展

1. 应权利人或者其明确授权的任何人的请求，在已经缴纳续展费的情况下，可以续展注册式欧共体外观设计。

2. 在所述期限届满前，协调局将及时通知注册式外观设计的权利人和欧共体外观设计登记簿（以下简称"登记簿"）上记载的与第 72 条有关的其他权利人期限将届满。但协调局不具有必须通知上述信息的责任。

3. 提出续展要求并且缴纳续展费需在期限届满前的 6 个月内进行，截至期限届满的那个月的最后一天。超过上述期限的，缴纳滞纳费后，可在期限届满后的 6 个月内提出续展要求并且缴纳续展费。

4. 续展自原来的注册期限届满时发生效力，续展应记载在登记簿中。

第 3 节 欧共体外观设计权

第 14 条 欧共体外观设计权

1. 欧共体外观设计权属于其设计者或者其权利继承人。

2. 如果两个或者更多人参与开发一个外观设计，欧共体外观设计权为他们共同所有。

3. 然而，由员工完成其工作或者遵照其雇主的指示而开发的外观设计，欧共体外观设计权属于雇主，除非有其他的约定或者国家法有特别的规定。

第 15 条　主张与欧共体外观设计权相关的权利

1. 如果非注册式外观设计已经被非本法规第 14 条规定的权利人公开或者主张权利，或者注册式外观设计已经被非本法规第 14 条规定的权利人使用或者登记，根据本法规第 14 条规定享有权利的人可以通过提供给他的任何救济方式，主张成为该欧共体外观设计的合法持有人。

2. 根据第 1 款，欧共体外观设计的共同权利人可以主张成为共同所有人。

3. 第 1 款或第 2 款所述的法律程序在注册式外观设计公布日 3 年后或者非注册式外观设计公开后禁止提起，但非欧共体外观设计权人在该期间欺诈地使用、公开或者转让该外观设计的除外。

4. 对于注册式欧共体外观设计，下列事项应记载在登记簿：

（a）记载根据第 1 款提起的法律程序；

（b）生效决定或其他终止程序；

（c）因生效决定导致的注册式外观设计所有权的变更。

第 16 条　关于注册式外观设计权利判决的效力

1. 在由第 15 条第 1 款规定的法律程序导致注册式外观设计的所有权完全变化的情况下，登记簿上记载的权利人的许可权和其他权利将终止。

2. 在对提起第 15 条第 1 款规定的法律程序进行登记前，注册式外观设计的持有人或在欧共体内获准许可使用该外观设计或对比作了充分且有效准备的被许可人，可以在实施细则规定的期限内向登记簿里记载的新持有人请求在一段时期内继续使用该外观设计，并获得在合理期限和合理条件下的许可使用。

3. 第 2 款不适用于注册式外观设计持有人或获准许可使用人在使用该外观设计或做准备时存在恶意的情形。

第 17 条　有利于外观设计的注册持有人的推定

注册式外观设计的注册或者在注册前的申请人，推定为协调局及其他程序的当事人。

第 18 条　外观设计者出庭的权利

外观设计者以与注册式外观设计的申请人或者持有人相同的方式，均有权出席协调局的庭审和在登记簿中记载。如果外观设计是团队联合工作的结果，则由该团队代替各个人设计者。

第 4 节　欧共体外观设计的效力

第 19 条　欧共体外观设计授予的权利

1. 注册式外观设计赋予其持有人使用和阻止第三方不经其同意使用该外观设计的排他权。前述使用特别包括制造、要约、出售、进口、出口或者使用结合有外观设计或者该外观设计应用其中的产品或者为了上述目的贮存上述产品。

2. 然而，非注册式外观设计仅在争议使用来源于抄袭被保护外观设计产品时赋予其持有人第 1 款所述行为的权利。被合理地认为是不知晓上述持有人公之于众的该外观设计的设计者经由独立工作的创造，不能被认为是抄袭被保护外观设计产品的争议使用。

3. 第 2 款亦适用于延期公布的注册式外观设计，只要登记簿和文件中有关条目没有按照第 50 条第 4 款为公众所知。

第 20 条　欧共体外观设计权利的限制

1. 在下列情况下不能行使欧共体外观设计权利。

（a）出于非商业目的的私人使用；

（b）出于实验目的的使用；

（c）引用和教学目的的复制行为，如果上述行为与公平贸易惯例相一致且不会不适当地损害外观设计的正常实施，并且已标注来源。

2. 此外，欧共体外观设计权在下列情况下不能行使：

（a）在第三国登记的船舶和航空器上的设备，当这些船舶和航行器临时进入欧共体领域内时；

（b）为了修理这些船舶和航空器进口欧共体的备用件和附件；

（c）这些船舶和航空器的修理工作。

第 21 条　权利穷竭

当包含有在欧共体外观设计保护范围内的结合或者应用该外观设计的产品被外观设计者或者经其同意投放到欧共体市场时，欧共体外观设计的权利不会扩展到与该产品有关的行为。

第 22 条　注册式外观设计的先用权

1. 注册式外观设计保护范围内的外观设计，如果第三人能证实在该外观设计申请日（有优先权的，指优先权日）前已经在欧共体范围内非因抄袭且善意地开始使用或者为此做了认真而有效的准备，则该第三人享有先用权。

2. 在注册式外观设计的申请日或优先权日期之前，出于实现其作用或为此已经作了认真和有效的准备的目的而利用该外观设计的第三人，享有先用权。

3. 先用权不能延及许可他人使用该外观设计。

4. 先用权不能转让，除非第三人是商人，且该交易正在进行中或者做好了进行交易的准备。

第 23 条　政府使用

成员国的法律允许由政府或者为了政府使用本国外观设计，则可以使用欧共体外观设计，但这种使用只限于防卫或者安全需要所必需的情况。

第 5 节　无效

第 24 条　宣告无效

1. 注册式外观设计，由协调局根据第六篇和第七篇的程序依申请或者由欧共体外观设计法院基于侵权程序中的反诉宣告无效。

2. 可以宣告欧共体外观设计无效，即使该欧共体外观设计已经终止或者放弃。

3. 非注册式外观设计，由欧共体外观设计法院依申请或者基于侵权程序中提起的反诉宣告无效。

第 25 条　无效的理由

1. 欧共体外观设计只有在下列情况下被宣告无效：

（a）如果该外观设计不符合第 3 条（a）项的定义；

（b）如果该外观设计不满足第 4 条至第 9 条的条件；

（c）依据法院判决，权利所有人不是依据本法规第 14 条应被授予欧共体外观设计的人；

（d）如果欧共体外观设计与在其申请日（有优先权的，为优先权日）前公开的在先设计相冲突，该在先设计在所述日期前已经为注册式欧共体外观设计所保护或者已申请保护，或者已经在成员国注册外观设计权或者已申请保护；

（e）如果在后来的设计中使用了一个特殊标志，而欧共体法律或者成员国法律赋予该标志权利持有人以禁止如此使用该标志的权利；

（f）如果该外观设计构成对成员国著作权法律保护下的作品的未经授权使用；

（g）如果该外观设计构成《巴黎公约》第六条之三所述的各项的不正当使用，或者该条未包括但涉及成员国的特别公共利益的徽章、纹章、铭牌的不正当使用。

2. 第 25 条第 1 款（c）项的理由根据第 14 条只能由应被授予该欧共体外观设计的人援引。

3. 第 25 条第 1 款（d）、（e）、（f）各项的理由只能由在先权利持有人或者申请人援引。

4. 第 25 条第 1 款（g）项的理由只能由合法使用的个人和实体援引。

5. 第 25 条第 3 款、第 4 款的规定不禁止成员国规定第 1 款（d）和（g）项的理由可以由成员国的适当权力机构主动援引。

6. 依据第 25 条第 1 款（b）、（e）、（f）或（g）项被宣告无效的注册式外观设计可以以修改的形式维持有效，如果通过这种修改形式使该外观设计符合保护的条件且该设计保持了同一性。以修改的形式维护有效包括由注册式外观设计持有人部分放弃权利提出补充登记、将法院判决或者协调局宣告注册式外观设计部分无效的决定在登记簿中记载。

第 26 条　无效的后果

1. 按照本法规规定的效力，欧共体外观设计一旦被宣告无效，即被视为自始不存在。

2. 根据本国法以欧共体外观设计持有人疏忽、恶意，或不当得利为由请求损害赔偿的，欧共体外观设计的无效不具有追溯力：

（a）侵权判决已经生效并已先于无效决定执行；

（b）先于无效决定签订且履行的合同；但是，相关合同支付的偿付的款项金额，在一定程度上由其情势决定，可以基于公平的理由而起诉。

第三篇 欧共体外观设计作为所有权的客体

第27条 将欧共体外观设计作为本国外观设计权看待

1. 除非有第28条、第29条、第30条、第31条和第32条的规定，在下列情况下欧共体外观设计应作为完整所有权的客体，在欧共体的全部领域内，效力和欧共体成员国的本国外观设计权一样：

（a）在相关日期时持有人的所在地或者住所在该成员国；

（b）如果（a）项不适用，持有人在相关日期内在该成员国设立机构。

2. 对于注册式外观设计，第1款适用于登记簿上记载的条目。

3. 对于欧共体共同持有人的情形，如果其中的两个或者更多人满足第1款的条件，则通过下列人员认定为该款提到的成员国：

（a）对于非注册式外观设计，他们通过共同协议指定的相关共同持有人；

（b）对于注册式外观设计，根据他们在登记簿里记载的顺序确定的第一相关共同持有人。

4. 在第1款、第2款和第3款不适用的情形下，第1款提到的成员国可以是协调局所在地的成员国。

第28条 注册式欧共体外观设计的转让

注册式外观设计的转让依照下列条款的规定进行：

（a）应一方当事人的请求，在登记簿里记载并公布；

（b）在登记簿中记载之前，受让人不享有源自于欧共体外观设计注册产生的权利；

（c）在涉及协调局监视期限的情形下，一旦协调局收到注册转让的要求，权利受让人应向协调局作出相应的声明；

（d）由第66条规定的所有文件均要求通知给将由协调局注册作为注册式外观设计的持有人，或者如果该持有人委托有代理人，则通知其代理人。

第 29 条　注册式外观设计的对物权

1. 注册式外观设计可以作为抵押或者对物权的主体；

2. 应一方当事人要求，第 1 款所称的权利可以在登记簿中记载并公布。

第 30 条　扣押

1. 注册式外观设计可进行扣押。

2. 依照关于注册式外观设计扣押的程序，根据第 27 条确定的成员国的权力机构和法院具有排他管辖权。

3. 应一方当事人的请求，扣押在登记簿里记载并公布。

第 31 条　破产程序

1. 欧共体外观设计可能涉及的破产程序只能在债务人主要财产集中地的成员国领域内进行。

2. 在欧共体外观设计为共同所有权的情况下，第 1 款的适用依共同财产所有人的份额确定。

3. 欧共体外观设计涉及破产程序的，在有管辖权的国家权力机构的要求下，该效力在登记簿中记载并在第 73 条第 1 款规定的欧共体外观设计公报上公告。

第 32 条 许可

1. 欧共体外观设计可以在欧共体全部或者部分领域内许可，许可可以是排他的或者非排他的。

2. 在不违背基于合同法的任何法律程序的情形下，持有人可以行使欧共体外观设计赋予的权利，反对被许可人违背许可合同中关于外观设计的持续期间、使用形式、准予生产的产品范围和被许可人生产的产品质量的有关条款。

3. 在不违背许可合同的条款的情况下，只有经过权利持有人同意，被许可人才能提起欧共体外观设计的侵权程序。然而，如果已经通知欧共体外观设计权利持有人，而权利持有人自己并没有在适当的期限内提起侵权程序，则排他被许可人可以提起这样的程序。

4. 被许可人为了获得受到损害的赔偿，有权参加由欧共体外观设计权利持有人提起的侵权程序。

5. 注册式外观设计的权利许可的获得和转让，将应一方当事人的请求，在登记簿中记载并公布。

第 33 条 对抗第三人的效力

1. 涉及第 28 条、第 29 条、第 30 条和第 32 条对抗第三人效力的法律诉讼适用按照第 27 条规定确定的成员国法律。

2. 然而，对于注册式外观设计而言，涉及第 28 条、第 29

条和第 32 条的法律诉讼只有在登记簿记载后才拥有在全体成员国对抗第三人的效力。尽管如此，在该诉讼提起前，对知晓该诉讼且基于该诉讼在诉讼日后对该注册式外观设计享有权利的第三人具有对抗效力。

3. 第 2 款不适用于取得注册式外观设计的人或者通过转让整个企业或者通过其他概括受让而获得有关注册式外观设计的人。

4. 在各成员国破产领域的统一法规生效前，破产程序中对抗第三人的效力适用在其中第一次提起此类程序的成员国法律。

第 34 条　申请将注册式欧共体外观设计作为所有权的客体

1. 在欧共体全部领域内，作为所有权客体的注册型外观设计申请应当整体对待，与按照第 27 条确定的成员国本国外观设计一样。

2. 第 28 条、第 29 条、第 30 条、第 31 条、第 32 条和第 33 条仅在细节上作必要修改后适用于注册式外观设计。上述任一条款的效力是以在登记簿中记载为条件，在注册式外观设计注册以后，应当办理正式手续。

第四篇　注册式外观设计的申请

第 1 节　提出申请及申请需满足的条件

第 35 条　申请的提出和发送

1. 申请人有权选择，向如下机构提交注册式外观设计申请：

（a）协调局；或者

（b）在成员国的中央工业产权局；或者

（c）在比荷卢国家境内的，向比荷卢外观设计局。

2. 在申请向成员国的中央工业产权局或者向比荷卢外观设计局提交的情况下，上述局应设法在收到申请后的两星期内将申请发送给协调局，同时可以向申请人收取一笔不超过其接收和发送上述申请的行政成本费。

3. 协调局一旦收到由成员国中央知识产权局或者比荷卢外观设计局发送的申请，就通知相应的申请人，告知其收到该申请的日期。

4. 在本法规生效不少于 10 年后，欧共体委员会将草拟一份有关提交注册式外观设计申请系统运行的报告，并附其认为适当的修改建议。

第 36 条　申请需满足的条件

1. 注册式外观设计应该包括：

（a）注册请求；

（b）确认申请人的信息；

（c）适于复制的外观设计的图片。然而，如果申请的客体是一个二维外观设计并且包含依照第 50 条规定的延期公布的请求，则外观设计的图片可以由样品替代。

2. 申请还包括指明该外观设计有意结合或者应用的产品。

3. 另外，申请可以包括：

（a）解释图片或者样品的描述；

（b）与第 50 条一致的登记延期公布的请求；

（c）如果申请人已经指定，确认其指定的代理人的信息；

（d）按外观设计有意结合或者应用的产品的类别的分类；

（e）标注外观设计者或者外观设计团队，或者依照申请人的职责申明外观设计或者外观设计团队已经放弃标注的权利。

4. 申请需缴纳注册费和公布费。根据第 3 款（b）项情形申请延期的，公布费由延期公布费代替。

5. 申请需要满足实施细则规定的条件。

6. 第 2 款和第 3 款（a）和（d）项规定的特征包含的信息均不影响外观设计的保护范围。

第 37 条　多重申请

1. 几个外观设计可以在一起作为注册式外观设计的多重申请。除了装饰的情况外，多重申请还适用于外观设计有意结合或者有意应用的产品全部属于国际工业品外观设计分类表的同一类别的情况。

2. 除了第 36 条第 4 款有关的费用之外，多重申请需承担一份附加的注册费和公布费。在多重申请包含有延期公布请求的情况下，附加的公布费将为附加的延期公布费代替。附加费应与每个附加外观设计的基础费的比例相一致。

3. 多重申请应遵循实施细则规定的具体条件。

4. 多重申请或者注册里包含的每一个外观设计可以与其他的外观设计分别独立对待，特别是在执行、许可、作为对物权的主体、扣押、破产程序、放弃、续展、转让或者作为延期公布或者宣告无效的客体时均可以分别进行。但只有满足实施细则规定的条件下，多重申请或者注册才可以被分为单一申请或者单一登记。

第 38 条　申请日

1. 注册式外观设计申请的申请日是指申请人将第 36 条第 1 款规定信息的文件提交给协调局的日期，或者，如果申请已经提交给成员国的中央工业产权局或者比荷卢外观设计局，则指提交给上述局的日期。

2. 作为上述第 1 款的例外，第 36 条第 1 款规定信息的文件提交给成员国中央工业产权局或者比荷卢外观设计局的日期后超出 2 个月协调局才收到的，则将协调局接收到上述文件的日期视为申请日。

第 39 条　欧共体外观设计申请等同于本国申请

已经给予申请日的注册式外观设计申请，在各成员国内等同于正规的国家申请，包括所述申请要求优先权的情况。

第 40 条　分类

为了本法规的目的，使用由 1968 年 10 月 8 日在洛迦诺签署的工业品外观设计的国际分类协定的附件确定分类。

第 2 节　优先权

第 41 条　优先权的权利

1. 正式向《保护工业产权巴黎公约》或者向《世界知识产

权组织公约》的成员国提交外观设计权或者实用新型申请的人，或者其权利继承人，将同样的外观设计或者实用新型申请注册式外观设计，将享有从首次申请之日起6个月的优先权。

2. 按照该国的国家法律规定或者双边、多边条约的规定，每份相当于正规的国家申请的申请均可产生优先权权利。

3. "正规的国家申请"意味着任何足以获得申请日的申请，而不管该申请的结果如何。

4. 在后申请的外观设计是在先首次申请的主题，且在同一国家申请或者涉及同一个国家，如果在后申请时在先申请已经被撤回、放弃而没有公开给公众且没有遗留任何未决的权利，并没有作为要求优先权的基础，则对于确定优先权而言，在后申请可以认为是首次申请。

5. 如果首次申请不是向《保护工业产权巴黎公约》的成员国或者向《世界贸易组织协定》的成员提出，则第1款～第4款将仅适用于该国领域内。根据公布的裁决、协议，基于符合本法规规定的对等条件向协调局提交申请的，享有对等效力的优先权。

第42条　主张优先权

希望获得在先申请优先权的注册式外观设计申请应提交优先权的声明和在先申请的副本。如果后者不是协调局指定的几种语言之一，协调局可以要求其提交在先申请的上述几种语言之一的译文。

第43条　优先权的效力

对于第5条，第6条，第7条，第22条，第25条第1款

（d）项和第 50 条第 1 款而言，优先权的权利效力是优先权的日期被认为是注册式欧共体外观设计的申请日。

第 44 条　展览会优先权

1. 如果注册式外观设计的申请人在政府的或者政府承认的国际展览会上已经公开了结合或者应用有该外观设计的产品，上述展览会符合 1928 年 11 月 22 日签署、上一次在 1972 年 11 月 30 日修改的国际展览条约的条款规定，如果在第一次公开上述产品之日的 6 个月内申请，可以主张第 43 条所指的含义内的优先权。

2. 申请人希望依照第 1 款主张优先权，根据实施细则规定的条件，必须提交在展览会上公开结合或者应用有该外观设计的产品的证明文件。

3. 成员国认可或者第三国承认的展览会优先权，不能延长第 41 条规定的优先权期限。

第五篇　注册程序

第 45 条　申请形式要求的审查

1. 协调局审查申请是否符合第 36 条第 1 款有关申请日的规定。

2. 协调局审查下列内容：

（a）申请是否符合第 36 条第 2 款、第 3 款、第 4 款和第 5

款规定的其他要求，在多重申请的情形下，是否符合第 37 条第 1 款和第 2 款的要求；

（b）申请是否符合实施细则第 36 条和第 37 条规定的形式要求；

（c）是否符合第 77 条第 2 款的要求；

（d）如果主张优先权，是否符合有关优先权的要求。

3. 申请的形式要求的审查条件规定于实施细则中。

第 46 条　可弥补的缺陷

1. 在审查第 45 条的时候，协调局指出可以补正的缺陷，要求申请人在指定期限内补正。

2. 如果缺陷与第 36 条第 1 款的要求有关，申请人遵照协调局的要求在指定期限内补正，协调局可以将补正日作为申请日。如果缺陷在指定期限内未补正，申请将不作为注册式外观设计申请处理。

3. 有关必备条件的缺陷，包括第 45 条第 2 款（a）、（b）和（c）项提及的费用的缴纳，如果申请人应协调局的要求在一定期限内补正的，协调局将按照该申请的申请日正式受理该申请。如果上述缺陷或者费用拖欠在指定期限内未补正或补缴，协调局将驳回该申请。

4. 如果与第 45 条第 2 款（d）项的规定有关的缺陷，未能在指定期限内补正，将导致该申请丧失优先权。

第 47 条　不予注册的理由

如果协调局依照第 45 条进行审查，指出请求保护的外观设计存在下列问题：

（a）不符合第 3 条（a）项的定义的相应规定；或者

（b）违背公共政策和可接受的道德准则，则协调局将驳回该申请。

1. 在给予申请人撤回、修改其申请或者提交意见陈述书的机会之前，不能驳回申请。

第48条　注册

如果申请注册式外观设计已经满足必须符合的条件，并且申请没有因为第 47 条的规定被驳回，则协调局将在欧共体外观设计登记簿里将该申请注册为注册式欧共体外观设计，同时注册第 38 条提及的申请日。

第49条　公开

注册后，协调局将按照第 73 条第 1 款的有关规定在欧共体外观设计公报上公布该外观设计。公布的内容应在实施细则中规定。

第50条　延期公布

1. 注册式外观设计申请可以在提交申请的时候请求，自申请日（有优先权的，指优先权日）起 30 个月的期限延期公布该注册式外观设计。

2. 在延期公布的请求下，符合第 48 条条件的注册式外观设计将被注册，但是不管是外观设计的图片或者与申请有关的其他文件，都将按照第 74 条第 2 款的规定不公开给公众查阅。

3. 协调局将在欧共体外观设计公报上注明该注册式外观设

计延期公布，同时注明该注册式外观设计的权利持有人的信息，申请的申请日和其他特别事项由实施细则规定。

4. 延期公布的期限届满后，或者权利持有人在期限届满前提出请求，在下列情况下在实施细则规定的时间期限内协调局将公开登记簿里的所有条目和申请的有关文件供公众查阅，并在欧共体外观设计公报上公布该注册式欧共体外观设计：

（a）已经缴纳公布费，对于多重申请的情形，还包括附加的公布费；

（b）依照第 36 条第 1 款（c）项的规定，权利持有人向协调局提交外观设计的图片。

如果权利持有人没有满足这些条件，该注册式外观设计将被认为自始没有取得本法规的效力。

5. 对于多重申请的情形，可以仅是其中的一些外观设计符合第 4 款的规定。

6. 在延期公布期间，审理注册式外观设计的法律程序机构，应受已传送给被起诉人的登记簿里的信息和有关申请文件中的信息的限制。

第六篇　注册式外观设计的放弃和无效

第 51 条　放弃

1. 注册式外观设计的放弃应当由权利持有人以书面形式向协调局作出声明。放弃在在登记簿中记载后生效。

2. 放弃延期公布的欧共体外观设计，将认为自始没有取得本法规规定的效力。

3. 注册式外观设计可以部分地放弃，如果其修改后符合保护的条件并保持了外观设计的同一性。

4. 只有经登记簿中记载的权利所有人同意才能注册放弃。如果已经注册许可，只有注册式外观设计的权利持有人证明他已经将放弃的意向告知被许可人，才能在登记簿中予以注册。该项的期满期限由实施细则规定。

5. 依照第 14 条的规定向欧共体外观设计法院提起与注册式外观设计权属有关的诉讼，未经原告的同意协调局不在登记簿内注册放弃。

第 52 条　请求宣告无效

1. 依照第 25 条第 2 款、第 3 款、第 4 款和第 5 款宣告注册式外观设计无效的，任何自然人或者法人，包括被授权的公共权力机构，可以向协调局请求宣告注册式外观设计无效。

2. 请求需书面详细陈述理由。如未缴纳宣告无效的请求费用，请求将不予受理。

3. 针对同一事实和理由，涉及同样当事人的诉讼已经由欧共体外观设计法院审理并作出生效的判决的，则不再受理该无效宣告请求。

第 53 条　请求的审查

1. 协调局认定宣告无效请求可以受理，则审查与第 25 条有关的无效宣告理由是影响该注册式欧共体外观设计的有效性。

2. 在审理无效宣告请求时，按照实施细则的规定，协调局在必要时通常通知双方当事人，在协调局指定的期限内提交意见陈述书，与另一方当事人辩论或者自己陈述意见。

3. 宣告注册式外观设计无效的决定生效后，将记载入登记簿。

第 54 条　被控侵权人参与无效程序

1. 宣告注册式外观设计无效的请求被受理后，在协调局作出最后决定之前，任何能证明被控侵犯同样的外观设计权的第三人在被控侵权的 3 个月内可以提交请求作为一方当事人参加无效程序。这种情况同样适用于因欧共体外观设计权人已经要求其停止侵权而在法院提起确认不侵权之诉的任何第三人。

2. 请求作为一方当事人必须书面详细陈述理由，如未缴纳第 52 条第 2 款规定的宣告无效费用，请求将不予受理。请求之后，按照实施细则规定的例外情形，作为一个无效宣告请求予以受理。

第七篇　申诉

第 55 条　可申诉的决定

1. 审查员、商标和外观设计管理及法律庭、无效庭作出的决定具有未确定的效力，可以对其提起申诉。

2. 对于当事人一方的非终止程序的决定只能与最后决定一起申诉，除非该决定允许单独申诉。

第 56 条　有权申诉和参加申诉程序的当事人

决定对其不利的任何当事人均能提起申诉。决定涉及的其他当事人有权作为申诉程序的当事人。

第 57 条　申诉的时限和形式

必须自收到被诉决定通知之日后 2 个月内向协调局提出书面申诉书。只有缴纳申诉费后，申诉书才能被受理。在收到被诉决定通知之日后 4 个月内，必须书面提交申诉理由。

第 58 条　中期修正

1. 如果作出被诉决定的部门认为申诉可以受理且申诉理由成立，可以修正其决定，但修正不适用于由另一方当事人提起的情形。

2. 如果在收到陈述理由之日后 1 个月内没有修正决定，该申诉将无迟延、无须评述地移交给申诉委员会。

第 59 条　申诉的审查

1. 申诉受理后，申诉委员会将审查申诉是否成立。

2. 在申诉审查中，申诉委员会根据需要经常通知当事人在申诉委员会指定期限内，提交意见陈述书，和另一方当事人辩论或者自己陈述意见。

第 60 条　申诉决定

1. 申诉委员会在审查申诉的事实后，将作出申诉决定，在部门职权内行使权力，驳回申诉或者将案件发回给原部门进一步审查。

2. 如果申诉委员会发回案件给决定被申诉的原部门进一步审查，在同样事实的范围内，该部门将受申诉委员会的决定理由约束。

3. 只有在第 61 条第 5 款所指的日期届满之后，如果在该期间向法院提起诉讼，则在该起诉被驳回之后，申诉委员会的决定发生效力。

第 61 条　向欧共体法院起诉

1. 不服申诉委员会的申诉决定可以向欧共体法院起诉。

2. 起诉的理由可以是无管辖权、违反必要的程序要求、违反欧共体条约、违反本法或者与申请有关的法律规定或者滥用权力。

3. 欧共体法院有权撤销或者改判被起诉的决定。

4. 诉讼应向申诉委员会决定对其不利的所有当事人公开。

5. 必须在收到申诉委员会的决定通知之日起的 2 个月内向欧共体法院提起诉讼。

6. 协调局应采取必要的措施以遵从欧共体法院判决。

第八篇　协调局的程序

第 1 节　总则

第 62 条　决定依据的理由说明

协调局对其决定要说明其依据的理由。仅能依据已经给予当事人陈述意见机会的理由和证据作出决定。

第 63 条　协调局依职权审查事实

1. 协调局在审查程序中，可以依职权审查事实。但是，涉及宣告无效的程序时，协调局只限于就当事人提出的事实、理由和证据以及其寻求的救济措施进行审查。

2. 当事人没有在规定期限内提交的事实和证据，协调局可以不予考虑。

第 64 条　口头审理程序

1. 如果协调局认为有必要举行口头审理程序，可以主动或者应任一方当事人的请求举行口头审理。

2. 口头审理程序包括决定的送达是公开进行的，除非举行该程序的部门认定在案件中公众入场会有严重的和不合理的损害，特别是针对口头审理程序一方当事人的情况。

第 65 条　举证

1. 对协调局举行的任何程序，给予或者取得证据的方式包括：

（a）听取当事人陈述；

（b）要求得到信息；

（c）出具文件和证据目录；

（d）证人证词；

（e）专家意见；

（f）书面声明，宣誓、确认或者相似效力的陈述，在国家法规定有此类声明的情况下。

2. 协调局相关部门可以任命其一个成员审查举出的证据。

3. 如果协调局认为对于一方当事人来说证人或者专家口头举证是必要的，将向有关出席的人发出传票。

4. 当事人会接到协调局听审证人或者专家的通知。他们有权出席听审并向证人或者专家提问。

第 66 条　通知

协调局将照例从估计的时限起以通知书或者其他告知形式，或者根据本法规的其他条款或者实施细则的规定或者根据协调局局长命令的其他通知形式，通知决定及传票的相关人。

第 67 条　恢复权利

1. 注册式外观设计的申请人或者权利人或者协调局举行程序涉及的任何其他当事人，尽管针对情境已尽到了注意的义务，仍可能没有留意到协调局给予的相对时间期限，由于本法规的有关条款导致权利或者救济途径的丧失，这种情况下当事人有权申请重新获得上述权利和救济途径。

2. 申请必须以书面形式在未遵守时限事由消失后的 2 个月内提交。疏漏的行为必须在该期间内完成。只有在没有遵守期限届满日之后的 1 年内的申请才可能被接收。对于没有注册续展或者续展费没有缴纳的情形，第 13 条第 3 款第二句的规定的 6 个月延长期限将从 1 年的期限扣除。

3. 申请必须陈述其依据的理由，必须陈述其依据的事实。未缴纳恢复权利费的，申请不予受理。

4. 审查疏漏行为的职权部门依据申请作出决定。

5. 该条款不可适用于第 2 条和第 41 条第 1 款规定的时限。

6. 注册式外观设计的申请人或者权利持有人有权恢复其权利，对其注册式外观设计的申请或者登记的权利丧失至权利恢复的公布期间，对已经将结合有或者应用有该注册式外观设计的产品投放市场的善意第三人，不能行使权利。

7. 从恢复权利的记录公布之日起 2 个月内，依据第 6 款的规定获益的第三人可以提起第三方诉讼程序，反对上述有关注册式外观设计的申请人或者持有人恢复权利的决定。

8. 该条款不能限制本法规给予成员国准予恢复权利的期限和该国的职权。

第 68 条　一般参考原则

在本法规、实施细则、费用细则的程序条款或者申诉委员会的程序条款未规定的情况下，协调局将参考各成员国普遍承认的程序法原则。

第 69 条　费用退还的终止

1. 从费用到期的年度末起 4 年后，不得要求协调局退还费用。

2. 在权利产生的年度末起 4 年后，不得要求协调局退还费用或者退回超过缴纳费用总额的部分。

3. 第 1 款和第 2 款所规定的期限应当被中断：在第 1 款情况下被退费的要求所中断，在第 2 款的情况下被充分的书面理由所中断。中断后，期限立即重新开始起算，除非有司法程序开始强制执行，否则期限将结束于自最初开始的年度末起算至其后 6 年。在获得最终决定的权力机构生效判决的情况下，期限将终止于获得判决生效后的 1 年。

第 2 节　成本

第 70 条　成本的分配

1. 宣告注册式欧共体外观设计无效程序中的败诉人，在实施细则规定的每种类型的成本范围内，除承担其诉讼费用外还需要承担由另一方当事人支出的有关该程序费用，包括旅行费、生活费和支付给代理人、顾问和律师的报酬。

2. 然而，在每一方当事人都在一些方面胜诉在其他方面败诉的情况下，或者基于公平理由，无效庭或者申诉委员会将决定成本分摊的不同比例。

3. 通过放弃注册式外观设计、不再续展其注册、撤回宣告无效的申请或者提起申诉而终止程序的一方当事人，将承担第 1 款和第 2 款规定的另一方当事人支出的费用和成本。

4. 在案件没有进入审理程序的情况下，成本由无效庭或者申诉委员会裁量。

5. 在无效庭或者申诉委员会前签订分摊成本的协议，不同于第 1 款、第 2 款、第 3 款和第 4 款规定的，相关人应注意到该协议。

6. 无效庭或者申诉委员会可以应请求确定依照前款规定的成本数额。在实施细则规定的期限内提起请求，该数额可以由无效庭或者申诉委员会审查。

第71条 确定成本数额的决定的执行

1. 协调局作出的任何确定成本数额的最终决定都是可执行的。

2. 执行应由执行地所在国现行民事诉讼规则调整。执行的命令应附于决定中，命令除了确认该决定的真实性外没有其他手续，为此每个成员国政府指明国家的权力机构并告知协调局和欧共体法院。

3. 在当事人完成申请的正式手续后，后者可根据本国法启动执行程序，直接由主管机关来执行。

4. 执行仅当接到欧共体法院判决才中止，然而有关成员国的法院对主张执行方式不合法的起诉有管辖权。

第3节 通知公众和成员国的政府权力机构

第72条 欧共体外观设计的登记簿

协调局管存欧共体外观设计的登记簿，登记簿包含本法规及实施细则规定注册的那些特别事项。登记簿对公众开放，除了第50条第2款规定的例外情况。

第73条 定期公布

1. 协调局定期公布欧共体外观设计公报，包含登记簿里公开给公众查阅的条目和其他本法规及实施细则规定公布的特别事项。

2. 协调局局长发布的普通性质的通知和信息和本法规及实

施细则相关的其他信息，将在协调局的官方日志上公布。

第 74 条　文件的查阅

1. 尚未公布的注册式外观设计申请的文件，或根据第 50 条须延期公布的注册式外观设计或须延期公布而在该期限届满之前或期满时已放弃的外观设计文件，没有注册式外观设计的申请人或权利持有人同意，不得提供给公众查阅。

2. 在公布前或者第 1 款的规定的文件被放弃的情况下，法律上有利害关系的任何人可以不经注册式外观设计的申请人或者权利持有人同意查阅文档。这尤其适用于能证明注册式外观设计的申请人或者权利持有人已经采取措施以该注册式外观设计与其对抗的利害关系人。

3. 注册式欧共体外观设计公布后，可以申请查阅文档。

4. 然而，依照第 2 款或者第 3 款查阅文档，根据实施细则的规定某些文件可予以留置不予查阅。

第 75 条　行政合作

除非本法规或者国家法另有规定，协调局和成员国的法院或者权力机构将应请求在信息交流或者文件开放查阅方面彼此协助。协调局开放文件供法院、公诉机关或者中央工业产权局查阅，这种查阅不受第 74 条规定的限制。

第 76 条　交换出版物

1. 协调局和成员国的中央工业产权局应要求互相派发一份或者多份各自的出版物副本以供内部使用。

2. 协调局可以签订与出版物交换或者提供的有关协议。

第 4 节　代理

第 77 条　代理总则

1. 在符合第 2 款的条件下，在协调局的有关事项不会被强制代理。

2. 除了提交注册式外观设计申请外，在不违背第 3 款第二段的情况下，在欧共体领域内没有住所或者主要营业地或者真实和有效的工业或者商业机构的自然人或者法人应该根据本法规规定的与第 78 条第 1 款一致的全部程序委托代理人代理协调局有关程序；实施细则可以允许其他例外的情形。

3. 在欧共体领域内没有住所或者主要营业地或者真实和有效的工业或者商业机构的自然人或者法人可以由其员工代理在协调局的有关事项，提交文件时必须含有一份签名的授权书，具体事项由实施细则规定。法人的员工适用该款时也可以代理与该法人有经济联系的其他法人，即使后者既没有住所或者主要营业地，也没有真实和有效的工业或者商业机构在欧共体领域内。

第 78 条　专业代理

1. 根据本法规在协调局的程序中自然人或者法人的代理只能由下列人员承担：

（a）任何在一个成员国有资格且在欧共体内开展业务的法律从业人员，在其有资格的情况下在所述成员国作为工业产权

事项的代理人；或者

（b）任何姓名在第89条第1款（b）项规定的欧共体商标法的专业代理人目录的专业代理人；或者

（c）姓名在第4款所规定的外观设计事项的专业代理人特别名录的代理人。

2. 第1款（c）项的代理人只有资格代理协调局有关外观设计事项程序中的第三人。

3. 实施细则规定代理人是否需要和在什么条件下必须给协调局提交签名的授权书作为文件附件。

4. 任何自然人均可以进入外观设计事务的专业代理人特别名录，如果其符合下列条件：

（a）是一个成员国的自然人；

（b）在欧共体内从事业务或者有职业；

（c）有资格在成员国的中央工业产权局或者比荷卢外观设计局代理自然人或者法人的外观设计事务。在这种情况下，在该国授权代理外观设计事务的资格是无条件的。在特别专业资格的要求下，适于进入名录的人必须在所述国的中央工业产权局中以处理外观设计事项为常业至少5年。然而，有资格代理自然人或者法人处理一个成员国中央工业产权局外观设计事项的资格是政府根据该国与本法规一致的规定承认的，将不受熟悉该职业条件的限制。

5. 列入第4款所述名单应基于请求而生效，同时由有关成员国的中央工业产权局发给证书，证书必须指出需要满足的条款规定的条件。

6. 协调局局长可以豁免下列条件承认代理资格：

（a）特别情况下第4款（a）项的要求；

（b）第 4 款（c）项第二句的要求，如果申请者提交了证据证明其已经通过其他途径获得了必备的资格。

7. 将某人从名录中移除的条件将规定在实施细则中。

第九篇　欧共体外观设计法律诉讼的管辖和程序

第 1 节　管辖和执行

第 79 条　管辖和执行公约的适用

1. 除非本法规另有规定，1968 年 9 月 27 日在布鲁塞尔签署的《关于民商事管辖权及判决执行公约》（以下简称《管辖和执行公约》）将适用于欧共体外观设计有关的程序和注册式外观设计的申请，❶ 同时也适用于以欧共体外观设计为基础同时享受本国外观设计保护的诉讼程序。

2. 适用于第 1 款的《管辖和执行公约》的条款在有关成员国可选择适用单独生效，该文本在特定期限内在该国有效。

3. 如果发生第 85 条提到的有关诉讼和索赔的程序：

（a）《管辖和执行公约》第 2 条、第 4 条、第 5 条第 1 款、第 5 条第 3 款、第 5 条第 4 款、第 5 条第 5 款、第 16 条第 4 款和第 24 条将不适用；

（b）《管理与执行公约》第 17 条和第 18 条的适用将受到本

---

❶　QJL 299，31. 12. 1972，第 32 页。

法规第 82 条第 4 款的限制；

（c）《管理与执行公约》第二篇的条款将适用于定居在某成员国的人，也适用于没有定居在成员国但是设立有公司的人。

4. 在有关成员国还没有加入该公约时，《管辖和执行公约》的条款对该国不生效。在这些条款生效之前，第 1 款所指的程序将以双边或者多边条约调整该成员国和另一个相关成员国的关系，或者，如果没有这样的条约存在，将通过有关管辖权、决定的承认和执行的国内法管理。

第 2 节　欧共体外观设计侵权和效力的争议

第 80 条　欧共体外观设计法院

1. 成员国将在其领域内尽可能限制地指定一定数量的本国法院和法庭为第一审和第二审法院（欧共体外观设计法院），以执行本法规赋予的职责。

2. 每一个成员国将在不迟于 2005 年 3 月 6 日将欧共体外观设计法院的名单传达给欧共体委员会，其中指明它们的名称和它们的地域管辖权。

3. 在第 2 款有关的名单传达后，欧共体外观设计法院的数量、名称或者地域管辖权发生任何变化，该成员国将无迟延地通知给欧共体委员会。

4. 第 2 款和第 3 款有关的信息将由各成员国通知给欧共体委员会并在欧共体政府官方日志上公布。

5. 按照第 2 款规定只要成员国没有传达名单之前对于第 81

条所包含的管辖权程序，根据第 82 条的规定该国法院在该问题上有管辖权的，将遵循该国法院在审理该国的本国外观设计权相关程序中有关属地管辖权和属物管辖权的规定。

第 81 条　侵权和效力的管辖权

欧共体外观设计法院拥有下列专属管辖权：

（a）侵权诉讼和——如果本国法允许——欧共体外观设计侵权威胁的诉讼；

（b）如果本国法允许，宣告欧共体外观设计非侵权之诉；

（c）宣告非注册式外观设计无效之诉；

（d）与（a）项诉讼相联系而提起的宣告欧共体外观设计无效的反诉。

第 82 条　国际管辖权

1. 根据本法规的条款及由通过第 79 条适用的《管辖和执行公约》的任何条款，本法规第 81 条所指诉讼与索赔方面的程序将由被告所定居的成员国法院提起，或者，如果被告不定居于任何成员国，由被告有机构的任何成员国法院提起。

2. 如果被告在任何成员国均没有定居也没有机构，这些程序将由原告所定居的成员国法院提起，或者，如果原告不定居于任何成员国，由原告有机构的任何成员国提起。

3. 如果原被告均没有这样的定居或者机构，这些程序将由协调局所在地的成员国法院提起。

4. 尽管存在前述第 1 款、第 2 款、第 3 款，但存在以下情况：

（a）如果双方当事人同意由另一个欧共体外观设计法院行使管辖权，《管辖与执行公约》第 17 款将适用；

（b）如果被告出现在另一个欧共体外观设计法院程序中，将适用该《管辖与执行公约》第 18 条。

5. 本法规第 81 条（a）项和（d）项有关诉讼和索赔的程序也能适用于审理侵权和侵权威胁的诉讼的成员国法院。

第 83 条　侵权管辖权的范围

1. 基于本法规第 82 条第 1 款、第 2 款、第 3 款或第 4 款，有管辖权的欧共体外观设计法院有在任何成员国领土内对被控侵权或者侵权威胁的管辖权。

2. 基于本法规第 82 条第 5 款有管辖权的欧共体外观设计法院仅在被控侵权行为或者可能侵权的行为发生在该成员国领土内时有管辖权。

第 84 条　宣告欧共体外观设计无效的诉讼和反诉

1. 宣告欧共体外观设计无效的诉讼和反诉只能以第 25 条提及的无效理由为依据。

2. 有关第 25 条第 2 款、第 3 款、第 4 款和第 5 款提及的诉讼或者反诉只能被该条款赋予资格的人单独提起。

3. 如果在法律诉讼过程中提起反诉，而欧共体外观设计权利持有人不是其中的一方当事人，则根据法院所在地的成员国法律规定的条件，将通知其作为其中的一方当事人。

4. 欧共体外观设计的效力可以不在宣告非侵权的诉讼中审理。

第 85 条　推定有效——辩护的优势

1. 在对注册式外观设计的侵权或者侵权威胁的法律程序中，欧共体外观设计法院将欧共体外观设计视为有效。效力只能在宣告无效的反诉中被挑战。然而，有关的欧共体外观设计无效的请求，在被告主张由于他拥有在第 25 条第 1 款（d）项规定的较早本国外观设计权因而该欧共体外观设计可以被宣告无效时，以反诉以外的方式提出也可以被接受。

2. 在对非注册式外观设计的侵权诉讼或者侵权威胁诉讼程序中，如果欧共体外观设计权利人有证据证明已经满足第 11 条规定的条件并表明其欧共体外观设计具备独特性，则欧共体外观设计法院将该欧共体外观设计视为有效。然而，被告可以通过无效宣告请求或者宣告无效的反诉来质疑该欧共体外观设计的效力。

第 86 条　无效的判决

1. 在欧共体外观设计法院审理宣告欧共体外观设计无效的反诉时：

（a）如果第 25 条提及的损害欧共体外观设计维护有效的理由成立，法院将宣告欧共体外观设计无效；

（b）如果第 25 条提及的损害外观设计维护有效的理由不成立，法院将驳回反诉。

2. 提起宣告注册式外观设计无效的反诉后，欧共体外观设计法院将通知协调局该反诉提起的日期，协调局将记录该事实于登记簿中。

3. 欧共体外观设计法院审理注册式外观设计的反诉，应注册式外观设计的权利持有人的申请并且在听取各户意见后，可以中止程序和要求被告在法院指定的期限内向协调局提交宣告无效的申请。如果申请没有在指定期限内提交，程序将继续；反诉将被视为撤回。第 91 条第 3 款将适用。

4. 欧共体外观设计法院作出关于宣告注册式外观设计无效反诉的生效判决的情况下，将判决的副本送交协调局。任何当事人可以要求传达上述信息。根据实施细则的规定，协调局将在登记簿里记载该判决。

5. 如果涉及同样的事实和诉讼理由，同一当事人的申请已经由协调局作出决定且决定已经生效，则不能再提起宣告注册式外观设计无效的反诉。

第 87 条 无效判决的效力

根据第 26 条的规定，欧共体外观设计法院宣告欧共体外观设计无效的最终判决生效时，在全体成员国内发生效力。

第 88 条 准据法

1. 欧共体外观设计法院可以适用本法规的条款。

2. 对本法规没有规定的事项，欧共体外观设计法院可以适用其本国法，包括其国际私法。

3. 除非本法规另有规定，欧共体外观设计法院可以适用其所在成员国规定的适用于涉及本国外观设计权利的同种类诉讼的程序规则。

第 89 条　侵权诉讼的制裁措施

1. 在侵权或者侵权威胁的诉讼中，欧共体外观设计法院发现被告侵犯或者可能侵犯一项外观设计，除非有特殊的理由不这样做，它将采取以下方式：

（a）命令禁止被告侵犯或者将侵犯欧共体外观设计；

（b）命令查封侵权产品；

（c）命令查封用于生产侵权货物的材料和设备，如果所有者知道这种使用的结果或者这种结果在这种情况下是显然的；

（d）根据情况施加侵权行为或侵权威胁行为地成员法律（包括其国际私法）规定适当的其他制裁命令。

2. 为了保证遵守第 1 款的命令，欧共体外观设计法院将根据本国法采取措施。

第 90 条　临时措施，包括保护性措施

1. 可以向包括欧共体外观设计法院在内的成员国法院申请在该国外观设计权利方面的法律下能得到的临时措施，包括保护性措施，即使按本法规规定另一成员国的欧共体外观设计法院有对该事件实体的管辖权。

2. 在有关临时措施（包括保护性措施）的程序中，不同于被告提起的欧共体外观设计无效反诉申诉是可以受理的。然而，第 85 条第 2 款将作必要的修正后适用。

3. 基于第 82 条第 1 款、第 2 款、第 3 款或者第 4 款有管辖权的欧共体外观设计法院有准予临时措施（包括保护性措

施）的管辖权，这种措施，依照《管辖和执行公约》第三篇的必要程序，可适用于任何成员国领域。其他法院没有这样的管辖权。

第 91 条　相关诉讼中的具体规则

1. 除了宣告不侵权的诉讼，欧共体外观设计法院在审理第81条规定的诉讼时，在欧共体外观设计的效力已经由另一个欧共体外观设计法院审理反诉的情况下，或者，对于注册式外观设计案件，在有一个宣告无效申请已经被协调局受理的情况下，除非有特别理由需要照常审理，否则欧共体外观设计法院将在听取双方当事人的意见后主动提起，或者基于一方当事人的请求且听取另一方当事人的意见后，中止审理。

2. 在审理宣告注册式外观设计无效申请的时候，在该注册式欧共体外观设计的效力已经由欧共体外观设计法院由于反诉而已经审理的情况下，除非有特别的理由需要照常审理，否则，协调局在听取双方当事人意见后将主动提起，或者在基于一方当事人的请求且听取另一方当事人的意见后，中止审理。尽管如此，如果程序中的一方当事人向欧共体外观设计法院提出要求，法院可以在听取另一方当事人意见后中止审理，则协调局将立即继续其未决案件的程序。

3. 欧共体外观设计法院在中止程序时，可以在中止的持续期间采取临时措施，包括保护性措施。

第 92 条　欧共体外观设计二审法院的管辖权——上诉

1. 关于根据第 81 条提起诉讼和索赔，应当针对欧共体外观设计一审法院的判决向欧共体二审外观设计法院提出上诉。

2. 欧共体外观设计二审法院受理上诉的条件由法院所属成员国的本国法确定。

3. 关于上诉的本国法律适用于欧共体外观设计法院的二审判决。

第3节　与欧共体外观设计有关的其他纠纷

第93条　非欧共体外观设计法院的本国法院管辖权的补充条款

1. 在法院根据第79条第1款或第4款拥有管辖权的成员国内，这些法院对欧共体外观设计的诉讼拥有管辖权，而不是根据第81条对该成员国本国外观设计诉讼拥有的属人与属事管辖权的法院。

2. 不同于第81条提到的、法院不能依照第79条第1款和第4款及本条第1款的规定对其有审理的管辖权的诉讼，与欧共体外观设计有关的诉讼，协调局所在地的成员国的法院可以审理。

第94条　本国法院的义务

本国法院审理那些与欧共体外观设计有关的而非第81条提到的诉讼，视欧共体外观设计有效，第85条第2款和第90条第2款将作必要的修正后仍然适用。

第十篇　成员国法律的效力

第95条　基于欧共体外观设计和本国外观设计权的平行诉讼

1. 涉及同样理由和同一当事人的侵权或者侵权威胁诉讼在不同的成员国法院被提起时，一个以欧共体外观设计为基础受理，另一个以提供同时保护的国家外观设计为基础受理，为支持首次受理的法院，不同于该法院的法院将自动拒绝管辖。如果与另一个法院的管辖权冲突，拒绝管辖的法院将中止其程序。

2. 欧共体外观设计法院在基于欧共体外观设计审理侵权或者侵权威胁的诉讼时，如果基于同时保护的外观设计权就相同理由对同一当事人的诉讼已经给出对该案件的生效判决，欧共体外观设计法院将驳回起诉。

3. 法院在审理基于国家外观设计权的侵权或者侵权威胁的诉讼时，如果基于同时保护的欧共体外观设计就相同理由对相同当事人的诉讼已经给出对该案件的生效判决，法院将驳回起诉。

4. 第1款、第2款和第3款将不适用于有关临时措施，包括保护性措施。

第96条　根据国家法律不同形式保护的关系

1. 本法规的条款不妨害欧共体法律或者成员国法律的任何

与非注册式外观设计、商标或者其他特殊标志、专利和实用新型、字体、民事责任和不正当竞争有关的条款。

2. 从欧共体外观设计保护的外观设计被创造或者以任何形式固定下来的日期开始，也能获得成员国版权法的保护，其保护范围和条件，包括所要求的原创性的水平，由各成员国规定。

第十一篇　关于协调局的补充条款

第1节　总则

第97条　总则

除非本篇另有规定，欧共体商标法第十二篇有关协调局的职责的规定将适用于本法规。

第98条　程序语言

1. 协调局受理以欧共体官方语言之一提交的注册式外观设计的申请。

2. 申请人必须指定第二语言，该语言可以是他能接受的在协调局有关程序中使用的协调局指定语言。如果申请不是以一种协调局指定语言提交的，协调局将安排将该申请翻译成申请人指定的语言。

3. 注册式外观设计申请是协调局的单方当事人程序时，程序语言是提交申请的语言。如果申请不是以协调局指定语言提交的，协调局将以申请人在其申请中指定的第二语言向申请人发出书面意见通知书。

4. 在无效程序中，如果申请注册式外观设计申请的语言是协调局指定语言之一，则该申请语言为协调局的程序语言。如果申请是以不同于协调局指定语言提交的，可以使用申请中指定的第二语言。宣告无效的申请将以程序语言提交。如果程序语言不是提交注册式外观设计的申请语言，欧共体外观设计的权利持有人仍可以其申请语言提交意见陈述书。协调局应当安排将上述意见陈述书翻译成程序语言。实施细则可以规定，由协调局根据案件的复杂程序决定，当上述意见陈述书的内容超过协调局收到的案件每种程序的平均陈述内容的大小时，该部分的翻译费不由局承担，超出部分的费用可以分派给第 70 条规定的败诉方。

5. 无效程序的当事人可以协议以不同的欧共体的官方语言作为程序语言。

第 99 条　公布和注册

1. 本法规或者实施细则规定公布的全部信息以欧共体的所有官方语言公布。

2. 欧共体外观设计登记簿的条目将以欧共体的所有官方语言进行记载。

3. 在有疑义的情况下，以协调局的语言提交的注册式外观设计的申请的正文为准。如果申请是以不同于协调局语言的欧共体官方语言之一提交的，则以申请人指定的第二语言的正文为准。

第 100 条　局长的补充权力

除了《欧共体商标法》第 119 条赋予的协调局局长的职权外，在咨询管理部之后，有关收费细则的情况则在咨询预算委员会之后，协调局局长可以向欧共体委员会建议修改本法规、实施细则、收费细则和其他适用于注册式外观设计的法律。

第 101 条　管理部门的补充权力

除了《欧共体商标法》第 121 条及其以下各条或者本法规其他规定赋予的权力之外，管理部将：

（a）依照第 111 条第 2 款的规定确定第一次提交注册式外观设计申请的日期；

（b）在适用形式要求的审查指南之前，协调局拒绝注册和无效程序的理由审查以及本法规规定的其他情形下，提供参考意见。

第 2 节　程序

第 102 条　资格

作出与本法规规定的程序有关的决定需要下列主体有相应的资格：

（a）审查员；

（b）商标和外观设计管理及法律庭；

（c）无效庭；

（d）申诉委员会。

第 103 条　审查员

审查员负责代表协调局作出与注册式外观设计申请有关的决定。

第 104 条　商标和外观设计管理及法律庭

1.《欧共体商标法》第 128 条规定的商标管理及法律庭变更为商标和外观设计管理及法律庭。

2. 除了《欧共体商标法》赋予的权力外，商标和外观设计管理及法律庭负责本法规要求但不属于审查员或者无效庭的职权范围的那些决定。特别负责有关登记簿内条目的决定。

第 105 条　无效庭

1. 无效庭负责作出有关请求宣告注册式外观设计无效的决定。

2. 一个无效庭包括三个成员，其中至少一个成员必须具备法律资格。

第 106 条　申诉委员会

除了《欧共体商标法》第 131 条赋予的权力以外，依该法设立的申诉委员会还将负责审理对审查员的决定、无效庭的决定、商标和外观设计管理及法律庭作出的与欧共体外观设计有关决定的申诉。

第十二篇　最终条款

第 107 条　实施细则

1. 本法规的具体实施规则将由实施细则规定。

2. 除了本法规已经规定的费用之外，根据实施细则和收费细则规定的详细申请规则，在下列情形下还需缴纳费用：

（a）注册费的逾期付款；

（b）公布费的逾期付款；

（c）延期公布费的逾期付款；

（d）多重申请附加费的逾期付款；

（e）注册证书副本的发出；

（f）转让注册式外观设计的注册；

（g）与注册式外观设计许可或者有关另一项权利的注册；

（h）许可或者另一项权利注册的取消；

（i）登记簿摘要的发出；

（j）查阅文件；

（k）文件资料副本的发出；

（l）文件内信息的传送；

（m）退还程序成本决定的复议；

（n）申请证明副本的发出。

3. 根据第 109 条第 2 款规定的程序，采纳和修改实施细则和收费细则。

第 108 条　申诉委员会的程序规则

申诉委员会的程序规则适用于本法规定的审理申诉的委员会，在不妨害/影响任何必要的调整或者附加条款的情况下，采纳与第 109 条第 2 款规定相一致的程序。

第 109 条　委员会

1. 欧共体委员会将由一个委员会来协助。

2. 凡提及本款时 1999/468/EC 指令第 5 条和第 7 条将适用。1999/468/EC 指令第 5 条第 6 款规定的期限为 3 个月。

3. 该委员会将采纳欧共体委员会的程序规则。

第 110 条　过渡性条款

1. 在欧共体委员会关于修改本法规的提案生效以前，当欧共体外观设计构成复合产品的部件时，欧共体外观设计保护不会延及在第 19 条第 1 款的含义内使用该外观设计以修理上述复合产品使其恢复原貌的情形。

2. 第 1 款提到的欧共体委员会的提案将与欧共体委员会在对依照 98/71/EC 指令第 18 条规定就相同主题提出的任何修改建议一起考虑并提交。

第 110a 条❶ 与欧共体扩大有关的条款

1. 从保加利亚、捷克共和国、爱沙尼亚、塞浦路斯、拉脱维亚、立陶宛、匈牙利、马耳他、波兰、罗马尼亚、斯洛文尼亚和斯洛伐克（下文中称为"新成员国"）正式加入欧共体之日起，在这些新成员加入日期之前根据本规则受保护或申请的欧共体外观设计应延及这些成员国的领域，以便在整个欧共体具有同等效力。

2. 注册式外观设计申请不以第 47 条第 1 款列出的任何非注册理由的基础而驳回，如果这些理由仅仅因为新成员国的正式加入而可适用。

3. 第 1 款所指的欧共体外观设计不会依照第 25 条第 1 款宣告无效，如果这些理由仅仅因为新成员国的正式加入而可适用。

4. 新成员国的申请人或者较早权利持有人可以以不符合第 25 条第 1 款（d）项、（e）项或者（f）项为理由反对欧共体外观设计在该在先权利保护的领域内使用。在本款中，"在先权利"指在加入欧共体前其善意得到或者应用的权利。

5. 上述第 1 款、第 3 款和第 4 款也适用于非注册外观设计。依照第 11 条，没有在欧共体领域内公开的外观设计不可以获得非注册外观设计保护。

---

❶ 第 110a 条已加入到公约目录 Ⅱ–4、公司法–C、工业产权法–Ⅲ，欧共体外观设计中。由 QJL 236. 23/09/2003 号指令公布，自 2004 年 5 月 1 日生效。

第 111 条　生效

1. 本法规将在欧共体官方日志上公布后第 60 天起生效。

2. 从管理部根据协调局局长建议确定的日期起，可以向协调局提交注册式外观设计申请。

3. 在第 2 款所述日期之前 3 个月内提交的注册式外观设计申请将被认为是在该日期提交的申请。本法规将在所有成员国全部领域内直接适用。

完成于 2001 年 12 月 12 日
欧共体理事会
会长 M. Aelvot

用于实施欧共体理事会外观设计第 6/2002 号法规的欧共体第 2245/2002 号委员会法规[1]

(2001 年 10 月 21 日通过)

翻译：钟　华

校对：张茂于

---

[1] 原文出处：欧洲内部市场协调局（OHIM）官方网站。

目　录

第一章　申请程序 ·· 561

　第 1 条　申请的内容 ··· 561

　第 2 条　多重申请 ··· 563

　第 3 条　分类和产品名称 ··· 564

　第 4 条　外观设计的图片 ··· 564

　第 5 条　样品 ··· 566

　第 6 条　申请费用 ··· 566

　第 7 条　提交申请 ··· 567

　第 8 条　主张优先权 ··· 567

　第 9 条　展览会优先权 ··· 568

　第 10 条　申请日和形式要求的审查 ································ 568

　第 11 条　不予注册理由的审查 ···································· 570

　第 12 条　撤回或者更正申请 ······································ 571

第二章　注册程序 ·· 572

　第 13 条　外观设计的注册 ·· 572

　第 14 条　注册的公布 ·· 572

　第 15 条　延期公布 ·· 573

　第 16 条　延期后的公布 ·· 575

　第 17 条　注册证书 ·· 576

第 18 条　外观设计修改后维护 ················· 576

第 19 条　更改权利人或者其注册的代理人的
　　　　　姓名和地址 ····················· 576

第 20 条　登记簿和注册公布瑕疵和错误的更正 ········ 577

第三章　注册续展 ····························· 577

第 21 条　注册届满的通知 ················· 577

第 22 条　外观设计注册续展 ··············· 578

第四章　转让、许可和其他权利及其变更 ········· 579

第 23 条　转让 ·························· 579

第 24 条　许可和其他权利的注册 ··········· 581

第 25 条　许可注册的特别规定 ············· 581

第 26 条　许可和其他权利注册的撤销或者变更 ······· 582

第五章　放弃和无效 ····················· 583

第 27 条　放弃 ·························· 583

第 28 条　无效宣告请求 ·················· 584

第 29 条　无效程序使用的语言 ············· 585

第 30 条　不予受理无效宣告请求 ··········· 586

第 31 条　宣告无效请求的审查 ············· 587

第 32 条　多个宣告无效请求 ··············· 587

第 33 条　被控侵权人参与 ················· 588

第六章　申诉 ····························· 588

第 34 条　申诉书的内容 ·················· 588

第 35 条　申诉不予受理 ·························· 589

第 36 条　申诉的审理 ···························· 589

第 37 条　申诉费的偿还 ·························· 590

第七章　协调局的决定和通知 ················ 590

第 38 条　决定的形式 ···························· 590

第 39 条　决定错误的更正 ······················ 591

第 40 条　权利丧失的通知 ······················ 591

第 41 条　签名、姓名、印章 ···················· 591

第八章　口头审理和调取证据 ················ 592

第 42 条　口头审理传唤 ·························· 592

第 43 条　协调局调查取证 ······················ 592

第 44 条　委托专家 ······························ 593

第 45 条　调取证据的成本 ······················ 593

第 46 条　口头审理和证据的笔录 ·············· 594

第九章　送达 ································ 595

第 47 条　有关送达的一般规定 ················ 595

第 48 条　邮递送达 ······························ 595

第 49 条　面交送达 ······························ 596

第 50 条　协调局邮箱存放送达 ················ 596

第 51 条　传真或者其他技术方式送达 ········ 597

第 52 条　公告送达 ······························ 597

第 53 条　通知代理人 ···························· 597

第 54 条　违则送达 ······························ 597

第 55 条　多方当事人案件的文件送达 ·················· 598

第十章　期限 ·· 598

第 56 条　期限的计算 ·· 598

第 57 条　期限的持续时间 ····································· 599

第 58 条　特别案件的期限届满 ······························ 599

第十一章　中断程序和取消强制恢复程序 ·············· 600

第 59 条　中断程序 ··· 600

第 60 条　取消强制恢复程序 ··································· 601

第十二章　代理 ·· 601

第 61 条　共同代理的指定 ····································· 601

第 62 条　授权 ··· 602

第 63 条　代理 ··· 603

第 64 条　外观设计事务的专业代理人特别名录的

修改 ··· 603

第十三章　书面通信和形式 ···································· 605

第 65 条　书面或者其他方式通信 ···························· 605

第 66 条　传真通信 ··· 605

第 67 条　电子通信 ··· 606

第 68 条　表格 ··· 607

第十四章　给公众的信息 ·· 608

第 69 条　欧共体外观设计登记簿 ···························· 608

第十五章　欧共体外观设计公报和数据库 ················· 611

第 70 条　欧共体外观设计公报 ··················· 611

第 71 条　数据库 ······························· 612

第十六章　文档的查阅和保存 ······················· 612

第 72 条　不予审查的部分文档 ··················· 612

第 73 条　欧共体外观设计登记簿的查阅 ··········· 613

第 74 条　查阅文档的程序 ······················· 613

第 75 条　文档内包含信息的传送 ················· 614

第 76 条　保存文档 ····························· 614

第十七章　行政合作 ······························· 615

第 77 条　协调局与成员国主管机关之间的信息

交换和通信 ··························· 615

第 78 条　由法院或者成员国主管机关查阅文档 ········· 615

第十八章　成本 ··································· 616

第 79 条　费用的确定和分摊 ··················· 616

第十九章　语言 ··································· 618

第 80 条　请求和声明 ··························· 618

第 81 条　书面程序 ····························· 619

第 82 条　口头审理程序 ························· 619

第 83 条　译文的认证 ··························· 620

第 84 条　翻译的法定真实性 ··················· 621

第二十章　互惠、过渡时期和生效 ················· 621

第 85 条　互惠的公告 ······························· 621

第 86 条　过渡时期 ································· 622

第 87 条　生效 ··································· 622

欧共体委员会，

基于欧共体缔结条约，基于 2001 年 12 月 12 日通过的欧共体理事会（EC）第 6/2002 号法规（以下简称"（EC）第 6/2002 号法规"），特别是其中的第 107 条第 3 款，

鉴于：

（1）（EC）第 6/2002 号法规设立了一项以向内部市场（商标和外观设计）协调局（以下简称"协调局"）提交申请为基础获得效力遍及欧共体的外观设计的制度。

（2）为此，（EC）第 6/2002 号法规包含有欧共体外观设计注册、注册式外观设计的管理、不服协调局的决定的申诉和欧共体外观设计无效程序的必要程序条款。

（3）本法规规定实施（EC）第 6/2002 号法规的条款的必要实施方式。

（4）本法规应保证协调局有关外观设计的程序顺利有效地进行。

（5）本法规规定的方式与基于（EC）第 6/2002 号法规第 109 条规定的欧共体委员会的意见一致。

已正式通过本法规。

第一章　申请程序

第 1 条　申请的内容

1. 注册式外观设计应包含：

（a）请求注册注册式外观设计的请求书。

（b）申请人的姓名、地址和国籍，申请人定居或者其所在地或者设立机构的国家。自然人的姓名应该以姓和名的方式填写，法人的名称应指明正式名称，可以是按习惯方式的简写，还需要指明按照哪个国家的法律设立的法人。

可以给出电话号码、传真号码和电子邮件等其他数据通信方式。原则上，一个申请人只能指定一个通信地址。如果指定了多个通信地址，协调局只考虑第一个通信地址，除非申请人已经指定其中一个地址作为送达地址。如果协调局已经给申请人一个识别号，则已充分表明该识别号和申请人姓名的联系。

（c）依照本法规第 4 条规定的外观设计图片；或者如果申请涉及（EC）第 6/2002 号法规第 50 条规定的延期公布的二维外观设计及本法规第 5 条规定的样品。

（d）根据第 3 条第 3 款规定，指明外观设计有意结合或者有意应用的产品。

（e）如果申请人已经指定代理人，代理人的姓名和（b）项所规定的营业地址；如果代理人有超过一个营业地址或者有不同营业地址的两个或多个代理人，申请人应指定一个营业地址为送达地址。未指定时，仅考虑将首次提到的地址作为送达地址。如果有多个申请人，申请人可以指出一个申请人或者代理人作为共同代理人。如果协调局已经给指定的代理人一个识别号，则已经充分表明该识别号与该代理人的联系。

（f）如果适用（EC）第 6/2002 号法规第 42 条的规定主张在先申请的优先权，应声明该在先申请的申请日和其提交申请或者要求授权的国家。

（g）如果适用（EC）第 6/2002 号法规第 44 条的规定主张

展览会优先权，应声明展览会的名称、结合或者应用该外观设计的产品第一次展览的日期。

（h）说明提交申请的语言和（EC）第 6/2002 号法规第 98 条第 2 款规定的第二语言。

（i）本法规第 65 条规定的申请人或者其代理人的签名。

2. 申请可以包括：

（a）针对每个外观设计可以有不超过 100 字对图片或者样品的描述，描述内容仅限于外观设计或者样品复制生产所能显示的特征；不能包含具有新颖性或者独特性或者工业价值等声明性内容。

（b）依照（EC）第 6/2002 号法规第 50 条第 1 款规定请求延期公布注册。

（c）依据本法规第 2 条第 2 款和第 3 条的规定，指明申请包含产品的洛迦诺分类号，即依据 1968 年 10 月 8 日在洛迦诺签署的国际分类条约（以下简称"洛迦诺条约"）的附件规定的大类号和小类号。

（d）设计者或者设计者团队的引用，或者申请人签名的依据（EC）第 6/2002 号法规的第 36 条第 3 款规定的设计者或者设计者团队已经放弃引用权利的声明。

第 2 条　多重申请

1. 申请可以是请求几个外观设计注册的多重申请。

2. 几个不是装饰的外观设计以一个多重申请提交，如果外观设计有意结合或者应用的产品属于洛迦诺分类表中的多个大类号，则必须分案。

3. 对多重申请包含的每个外观设计，申请人必须提交第 4 条所规定的图片，并指明该设计有意结合或者应用的产品。

4. 申请人应以阿拉伯数字给多重申请包含的外观设计编号。

第 3 条　分类和产品名称

1. 依照经过修订并在外观设计提交日有效的洛迦诺条约第 1 条的规定对产品进行分类。

2. 产品的分类仅用于管理目的。

3. 产品名称应以清楚的语言指明产品的自然状态，使得每一个产品仅能分类到洛迦诺分类表的一个大类，最好使用在其产品目录中有的专业术语。

4. 依据洛迦诺分类表的大类将产品分组，每组产品列于该组产品所属的分类号前，并依照分类表中大类号和小类号的顺序排列。

第 4 条　外观设计的图片

1. 外观设计图片是黑白或者彩色的再现设计的绘图或照片，必须符合下列要求：

（a）除了依照第 67 条的规定以电子形式提交申请外，图片必须以单独纸页形式提交，或者复制于第 68 条规定的协调局提供的表格形式的纸上。

（b）以单独纸页形式提交的，外观设计必须复制于不透明白纸上，粘贴或者直接印制，只需提交一份，纸页不能折叠和装订。

（c）纸页的尺寸必须是 A4 纸尺寸（29.7 厘米 × 21 厘米），

用以复制的空间不大于 26.2 厘米 ×17 厘米。左侧边缘至少应预留 2.5 厘米，每一纸页的顶部依据第 2 款的规定标明各视图的号码。在多重申请的情况下，标明外观设计的连续号码。除了"顶部"标注或者申请人的名称和地址外，说明性文字、措辞和符号不可以在其上显示。

（d）申请以电子形式提交的，外观设计的绘图或者照片应以协调局局长决定的数据格式提交；多重设计所包含的不同外观设计或者不同视图的标识方式，由协调局局长决定。

（e）外观设计应以中性背景复印，不能以墨水或者校正液修改。质量必须保证物体所保护的各个细节能明显区分，能保证每个视图缩小或者扩大到不大于 8 厘米 ×16 厘米的尺寸记载第 6/2002 号法规第 72 条规定的欧共体外观设计登记簿（以下简称"登记簿"）条目，能保证依据该法规第 73 条的规定在欧共体外观设计公报上直接公布。

2. 每个外观设计图片不能多于 7 个不同的视图。任何一幅绘图和照片只能包含一个视图。申请人必须用阿拉伯号码给每个视图编号。编号包括由一个点隔开的单独编号，该点左侧的编号表明外观设计的编号，该点右侧的编号则表明视图的编号。

在提交视图多于 7 张的情况下，协调局不予注册和公布超出的视图。协调局将依据申请人给出的编号顺序采用视图。

3. 当申请包含有重复表面图案的外观设计时，外观设计的图片必须表明一个完整的图案和足够部分的重复表面。

应适用第 1 款（c）项规定的尺寸限制。

4. 申请包含印刷字体的外观设计时，外观设计的图片必须包含字母表的所有字母的大写和小写两种形式、所有阿拉伯数字及此类字体字母和数字组成且字符间距为 16 的 5 行文字。

第 5 条　样品

1. 申请包含二维外观设计和包含（EC）第 6/2002 号法规第 50 条第 1 款所述的延期公布请求书时，必须以粘在纸页上的样品替代外观设计图片。

有样品的申请必须以单独的邮件形式提交，或者直接向受理局提交。

申请和样品必须同时提交。

2. 样品尺寸不能超过 26.2 厘米 × 17 厘米、重量不大于 50 克、厚度不大于 3 毫米。样品能被贮存，能以第 4 条第 1 款（c）项规定的尺寸的文件打开。

3. 不能提交贮存时容易腐烂或者危险的样品。

样品应提交 5 份，如果是多重申请，每个外观设计都应提交 5 份。

4. 当设计包含重复表面图案时，样品应显示一个完整的图案和足够的长度和宽度的表面部分，且应满足第 2 款规定的限制条件。

第 6 条　申请费用

1. 向协调局提交申请时应交如下费用：

（a）注册费；

（b）公布费，或者请求延期公布时的延期公布费；

（c）多重申请所包含的每一个附加外观设计的附加注册费；

（d）多重申请所包含的每一个附加外观设计的附加公布费，或要求延期公布时每个附加设计的附加延期公布费。

2. 如果申请包含延期公布注册的请求，多重申请的每个附加外观设计的公布费和附加公布费应在第 15 条第 4 款规定的期限内缴纳。

第 7 条 提交申请

1. 协调局将按照收到申请日期和每个申请的申请号标记申请文件。

对多重申请中的每个外观设计，协调局应按照局长确定的方法进行编号。协调局应立即发给申请人收到通知书，指明外观设计的申请号、代理人、描述或其他识别内容，文件的性质和数量以及收到日期。

在多重申请的情况下，协调局发出的收到通知书应指明第一个外观设计和申请的外观设计数量。

2. 如果申请根据（EC）第 6/2002 号法规第 35 条的规定提交给成员国的中央工业产权局或比荷卢外观设计局，该受理局应当用阿拉伯数字给申请的每页编号。该受理局在将申请转送给协调局之前，应给申请的文件标记收到日期和页数。

受理局应当立即向申请人发出收到通知书，指定收到文件的性质、数量和收到日期。

3. 如果协调局收到由成员国中央工业产权局或者比荷卢外观设计局转发的申请，应当标记申请的收到日期和文件号，并根据第 1 款的第（3）项和第（4）项立即向申请人发出收到通知书，指明协调局收到日期。

第 8 条 主张优先权

1. 如果申请根据（EC）第 6/2002 号法规第 42 条的规定要

求一个或多个在先申请的优先权，则根据该法规第 38 条的规定，申请人应指明在先申请的申请号并在申请日起 3 个月内提交一份在先申请的副本。局长决定申请人应提交的证据。

2. 在后申请的申请人根据（EC）第 6/2002 号法规第 42 条的规定，要求一个或多个在先申请的优先权，应自申请日起 1 个月内提交要求优先权声明书，说明在先申请的申请日和提交申请或者要求授权的国家。

申请人应在优先权声明书收到日起 3 个月内向协调局提交第 1 款所述的标识和证据。

第 9 条　展览会优先权

1. 申请按照（EC）第 6/2002 号法规第 44 条的规定要求展览会优先权的，申请人应当和申请同时或自申请日起最迟 3 个月内，提交负责该展览会的工业产权保护机关出具的在该展览会上展出的证明文件。

该证明文件应表明外观设计结合或者应用的产品并且在展览会上展出，说明该展览会的开幕日，如果该产品首次展出和展览会开幕日不一致的，应说明该产品第一次展出日。该证明文件应附上经该机关证实的实际展出产品的证明。

2. 如果申请人在提交申请后要求展览会优先权，应在申请日起 1 个月内提交优先权声明书，指明展览会的名称、结合或者应用该外观设计的产品第一次展出的时间，并应在优先权声明书收到之日起 3 个月内提交给协调局第 1 款所述的申请和证据。

第 10 条　申请日和形式要求的审查

1. 如果申请不包含下列内容，协调局应通知申请人不能给予申请日：

（a）将外观设计注册为注册式外观设计的请求书；

（b）确定申请人的信息；

（c）第4条第1款（d）和（e）项所述该外观设计的图片，或者适用情况下的样品。

2. 如果第1款所述缺陷在收到通知书之日起2个月内补正，则确定补正日为申请日。

如果在期限届满前未补正，则不受理为欧共体外观设计申请，任何费用均予以退还。

3. 虽然已给予申请日，协调局仍应要求申请人在其指定期限内补正如下审查范围内的缺陷：

（a）第1条、第2条、第4条和第5条的要求，或（EC）第6/2002号法规规定的其他形式要求，或者未遵守本法规的要求；

（b）协调局未收到（EC）第2246/2002号法规第6条第1款规定的全部费用的；

（c）根据第8条和第9条要求优先权的，在申请日或申请日后1个月内，未遵守其他条款规定的其他要求；

（d）在多重申请的情况下，外观设计有意结合或者应用的产品超出一个洛迦诺分类表的一个大类。

特别地，协调局应要求申请人在收到通知书之日起2个月内支付所需费用，包括（EC）第6/2002号法规第107条第2款（a）至（d）项和（EC）第2246/2002号法规规定的滞纳费。

在存在第1分款（d）项规定的缺陷时，协调局应要求申请人将多重申请分案，以确保符合第2条第2款规定的条件，并要求申请人在其指定期限内支付从多重申请内分案的所有申请的费用总额。

当申请人按照要求在指定期限内分案后，分案申请的申请日均为多重申请最初的申请日。

4. 如果第 3 款（a）和（d）项所述缺陷在期限届满前未补正，则协调局将驳回申请。

5. 如果按照第 6 条第 1 款（a）及（b）项须缴纳的费用在期限届满前未缴纳，协调局将驳回申请。

6. 如果按照第 6 条第 1 款（c）项或在多重申请下（d）项的任何附加费用，在期限届满之前未缴纳或者未全额付清，协调局将驳回未交款部分的所有附加外观设计的申请。

在缺乏用于确定交款金额涵盖的外观设计标准的情况下，协调局将按第 2 条第 4 款的数字顺序确定外观设计，驳回未支付或者未足额支付附加费的外观设计申请。

7. 如果第 3 款（c）项所述缺陷未在期限届满前补正，则申请将丧失优先权。

8. 如果第 3 款所述的任何缺陷未在期限届满前补正，这些缺陷仅涉及多重申请中的一些外观设计，则协调局将仅驳回申请中与上述缺陷有关的外观设计或者使其丧失优先权。

第 11 条　不予注册理由的审查

1. 凡依据（EC）第 6/2002 号法规第 47 条的规定，协调局在审查过程中发现，根据本法规第 10 条的规定，请求保护的外观设计不符合（EC）第 6/2002 号法规第 3 条（a）项规定的定义或者该外观设计违背公共政策或者道德准则，协调局将通知申请人该外观设计不予注册，并指明不予注册的理由。

2. 协调局应可以指定一个期限，在期限内申请人可提交意见，撤回申请或在保证外观设计同一性的前提下通过提交修改后的图片进行补正。

3. 如果申请人在规定期限内未能克服不予注册的理由，则协调局将驳回该申请。如果这些理由只涉及多重申请中的某些外观设计，则协调局将仅驳回相关的外观设计。

第12条 撤回或者更正申请

1. 申请人可随时撤回欧共体外观设计申请或者撤回多重申请中的某些外观设计。

2. 只是申请人姓名和地址的拼写或者复制错误或者其他明显可以更正的错误，在申请人请求并且更正不改变外观设计图片的情况下，可以更正。

3. 根据第2款可更正的申请包括：

（a）申请的文件号；

（b）第1条第1款（b）项规定的申请人姓名和地址；

（c）根据第1条第1款（e）项规定，申请人已经委托代理人的，代理人的姓名和营业地址；

（d）标明要更正申请的内容及更正后的内容。

4. 如果申请更正的条件不满足，协调局应通知申请人该缺陷。如果在协调局指定期限内未补正上述缺陷，则协调局将驳回申请。

5. 一个单一的补正申请可用于补正同一申请人所提交的两个或多个申请中的相同内容。

6. 第2款至第5款比照适用于更正申请人指定代理人的姓

名或者营业地址的申请。

第二章　注册程序

第13条　外观设计的注册

1. 如果申请符合（EC）第6/2002号法规第48条的规定，则该申请中包含的外观设计以及本法规第69条（2）项所列事项将记录于登记簿中。

2. 如果申请包含（EC）第6/2002号法规第50条所述的延期公布请求，应记录该事实和延期届满日。

3. 即使所申请的外观设计不予注册，按照第6条第1款需缴付的费用也不予退还。

第14条　注册的公布

1. 外观设计的注册将在欧共体外观设计公报中予以公布。

2. 依据第3条的规定，注册公告包括以下内容：

（a）欧共体外观设计权利人（以下简称"权利人"）的姓名和地址；

（b）如适用，根据（EC）第6/2002号法规第77条第3款第1分款的规定，权利人指定代理人的姓名及营业地址；如果有相同营业地址的多个代理人，只公布署名第一位代理人的姓名和地址，之后的姓名用"等"代替，如果有两个或两个以上的不同营业地址的代理人，只公布根据本法规第1条第1款

（e）项的送达地址；根据第 62 条第 9 款的规定指定代理机构的，只公布代理机构的名称和地址；

（c）如第 4 条所述外观设计图片有色彩的，应公布色彩；

（d）如适用，指明根据第 1 条第 2 款（a）项所述的描述；

（e）标明该设计有意结合或者应用的产品，之前按洛迦诺分类表的大类号和小类号编号，并据此分组；

（f）如果适用，设计者或者设计者团队的姓名。

（g）申请日和文件数量，在多重申请的情况下每个外观设计的文件数量；

（h）如适用，根据（EC）第 6/2002 号法规第 42 条规定的优先权要求的事项；

（i）如适用，根据（EC）第 6/2002 号法规第 44 条规定的展览会优先权的事项；

（j）注册日、注册号和注册公布的日期；

（k）提交申请的语言和申请人根据（EC）第 6/2002 号法规第 98 条第 2 款指定的第二语言。

3. 如果申请包含（EC）第 6/2002 号法规第 50 条所述的延期公布请求书，则欧共体外观设计公报将公布该延期，连同权利人的姓名、代理人的姓名（如果有代理人）、申请日和注册日以及申请的文件的数量。但外观设计的图片或者其他表示其外观的事项均不公布。

第 15 条　延期公布

1. 当申请包括根据（EC）第 6/2002 号法规第 50 条所述的延期公布请求书时，权利人应连同该请求书或者最迟在 30 个月的延期公布届满前的 3 个月内：

（a）缴纳第 6 条第 1 款（b）项所述的公布费；

（b）在多重注册的情况下，缴纳第 6 条第 1 款（d）项所述的附加公布费；

（c）在根据第 5 条以样品代替外观设计图片的情况下，根据第 4 条提交外观设计的图片；这也适用于多重申请中包含的所有要求公布的外观设计；

（d）在多重注册的情况下，清楚地指明要公布的外观设计或者要放弃的外观设计，或者如果延期公布日未届满时指明需要继续延期的外观设计。

如果权利人请求在 30 个月的延期期限届满前公布，应在请求公布日前 3 个月内提出请求，并遵守第 1 款（a）至（d）项的要求。

2. 如果权利人没有遵守第 1 款（c）或（d）项的要求，协调局应通知其在指定期限内补正缺陷，但任何情况下不得在 30 个月延期期限后补正。

3. 如果权利人未能在第 2 款所述能适用的期限内补正缺陷：

（a）注册式外观设计将自始没有（EC）第 6/2002 号法规所述的效力；

（b）当权利人请求第 1 款第 2 分款规定的所述更早公布，该请求将视为未提出。

4. 如果权利人没有支付第 1 款（a）项或者（b）项所述的费用，协调局将通知其在指定期限内连同（EC）第 6/2002 号法规第 107 条第 2 款（b）项或者（d）项规定的滞纳费一起支付，但任何情况下不得在 30 个月延期期限后支付。

如果在指定期限内未支付，协调局将通知权利人该注册式外观设计自始没有（EC）第6/2002号法规所规定的效力。

如果在多重申请的情况下，期限内所交费用不足以涵盖第1款（a）项和（b）项所述的所有费用以及逾期支付所适用的费用，则所有未支付费用的外观设计将被视为自始没有（EC）第6/2002号法规所规定的效力。

除非清楚指明了支付的费用用以哪些外观设计，在没有确定费用用于哪些外观设计的其他标准的情况下，协调局将按照第2条第4款的规定的数字顺序选择外观设计。

未支付附加公布费用或者未足额支付连同逾期支付所适用的费用的所有外观设计，将被视为自始没有（EC）第6/2002号法规所规定的效力。

第16条　延期后的公布

1. 在权利人遵守第15条的规定要求的情况下，协调局将在延期届满时或者在请求提前公告时在技术上可行的情况下尽早公布：

（a）在欧共体外观设计公报上公布注册式外观设计，根据第14条第2款的规定，同时公布请求书包含（EC）第6/2002号法规第50条所述的延期公布请求，如果适用，还有本法规第5条所述提交的样品的事实；

（b）公众能查阅外观设计的有关申请文件；

（c）开放给公众查阅的登记簿内的所有登记条目，包括按照第73条规定的那些保留条目。

2. 在适用第15条第4款的情况下，那些多重申请中所包含的被认为自始不具有（EC）第6/2002号法规所规定的效力的外观设计不会如本条第1款所述公布。

第 17 条　注册证书

1. 公布后，协调局将发给权利人注册证书，注册证书包括第 69 条第 2 款所述的登记簿中登记的条目和那些已登记入登记簿的条目生效的声明。

2. 在支付费用的情况下，权利人可以要求提供经认证或者未经认证的注册证书的副本。

第 18 条　外观设计修改后维护

1. 依据（EC）第 6/2002 号法规第 25 条第 6 款的规定，注册式外观设计修改后维护的，修改后的欧共体外观设计在登记簿中记载并在欧共体外观设计公报上公布。

2. 外观设计以修改形式维护，可以包括不超过 100 字的部分弃权声明，该声明书可以由权利人作出或者根据登记簿记载的该欧共体外观设计法院判决或者协调局作出的宣告外观设计权部分无效的决定作出。

第 19 条　更改权利人或者其注册的代理人的姓名和地址

1. 不是因为注册式外观设计的转让而更改权利人的姓名或者地址的，在权利人请求下，在登记簿中记录。

2. 更改权利人的姓名和地址的请求包括：

（a）外观设计的注册号；

（b）登记簿中记录的权利人姓名和地址，如果权利人已经有协调局给的识别号，应认为足以证明该识别号与权利人姓名一致；

（c）根据第 1 条第 1 款（b）项的规定，指明更改后权利人的姓名和地址；

（d）权利人指定有代理人的，根据第1条第1款（e）项的规定，指明代理人的姓名和地址。

3. 第2款所述的请求无须付费。

4. 同一权利人的两个或者两个以上注册姓名和地址变更可以在一个单一申请中提出。

5. 如果在协调局规定的期限内未补正缺陷，协调局将拒绝该申请。

6. 第1款～第5款将比照适用于注册的代理人姓名或者地址变更的情形。

7. 第1款～第6款应比照适用于欧共体外观设计申请。更改应记录在由协调局保存的关于欧共体外观设计申请的文件中。

第20条 登记簿和注册公布瑕疵和错误的更正

当外观设计注册或者注册公布中有归因于协调局的瑕疵或者错误时，协调局将依职权或者在权利人的请求下更正该瑕疵或者错误。

如果是权利人提出请求，比照适用第19条，请求无须付费。

依据本条规定，协调局将公布该更正。

第三章 注册续展

第21条 注册届满的通知

至迟在注册届满前6个月内，协调局将通知欧共体外观设计权利人和其他登记簿（包括许可）记载的有关人员注册将届满。未通知不发生注册届满的后果。

第 22 条 外观设计注册续展

1. 注册续展的申请应包括：

（a）当申请由权利人提出时，第 1 条第 1 款（b）项所述的其姓名和地址；

（b）当申请由权利人授权的人提出时，该授权人的姓名和地址以及获得此项授权的证明；

（c）当申请人已经指定代理人的，第 1 条第 1 款（e）项所述的代理人的姓名和营业地址；

（d）注册号；

（e）适用时，指明要求续展的是多重注册中的所有设计，或者，如果不要求续展所有设计，则指明要求续展的哪些设计。

2. （EC）第 6/2002 号法规第 13 条所述注册续展的费用包括：

（a）续展费，在续展多重注册的几个设计的情况下，应与需续展的设计数量一致；

（b）适用时，（EC）第 6/2002 号法规第 13 条规定的续展费逾期缴纳或者续展请求逾期提出的附加费，详细规定见（EC）第 2246/2002 号法规。

3. 在（EC）第 6/2002 号法规第 13 条第 3 款规定的期限内提交续展申请，但不符合该法规第 13 条规定的其他条件或者不符合本法规的，协调局将通知申请人该缺陷。

如果申请由权利人特别授权的人提出，外观设计权利人将收到一个通知副本。

4. 当续展申请未提交，或者未在（EC）第 6/2002 号法规第 13 条第 3 款第 2 句规定的期限届满前提交，或者未缴纳费用或者在相关期限届满后才缴纳费用，或者未在协调局指定期限内克服缺陷，协调局将决定注册届满并通知权利人，如果适用，还将通知登记簿里记载的对该外观设计享有外观权利的其他人。

在多重注册的情况下，当缴纳的费用不足以覆盖要求续展的所有外观设计时，将在协调局确定缴纳费用有意覆盖的外观设计后作出上述决定。

在没有确定意图覆盖的外观设计其他标准的情况下，协调局将依据第 2 条第 4 款的规定按照数字顺序确定设计；协调局将决定未缴纳或者未足额缴纳续展费的所有外观设计注册届满。

5. 第 4 款所述决定生效后，协调局将在登记簿中自注册届满日起撤销该外观设计。

6. 已缴纳第 2 款所述续展费但注册未续展的，退还这些费用。

第四章　转让、许可和其他权利及其变更

第 23 条　转让

1. 依照（EC）第 6/2002 号法规第 28 条规定的注册转让申请应包括：

（a）欧共体外观设计的注册号；

（b）第 1 条第 1 款（b）项规定的新权利人的事项；

（c）如果转让未涵盖多重注册中的所有设计，欲转让的注册式外观设计的事项；

（d）确定正式转让的文件。

2. 当适用时，申请包括与第 1 条第 1 款（e）项规定一致的新权利人的代理人的姓名和营业地址。

3. 如果未缴纳所需费用，申请将视为未提出。如果未缴纳费用或者费用未全额支付，协调局将通知申请人。

4. 以下是第 1 款（d）项所述的转让的充分证据：

（a）转让注册申请由注册权利人或者其代理人签字，并由权利继承人或者其代理人签字；

（b）申请如果由所有权继受人提出，应同时附一份由注册权利人或者其代理人签字的声明，声明其承认注册该权利继承人；或者

（c）申请附有一个由注册权利人或者其代理人和权利继承人或者其代理人签字的完成转让的表格或者文件。

5. 如果注册转让的适用条件未满足，协调局将通知申请人该缺陷。

如果缺陷在协调局指定期限内未克服，协调局将驳回注册转让申请。

6. 如果在每个案件中注册权利人和权利继承人都一致，一份单一的注册转让申请可以适用于两个或者更多注册式外观设计的转让。

7. 第 1 款至第 6 款比照适用于注册式外观设计申请的转让，该转让必须记载于与欧共体外观设计申请有关的协调局保存的申请文件中。

第 24 条　许可和其他权利的注册

1. 第 23 条第 1 款（a）、（b）、（c）项和第 23 条第 2 款、第 3 款、第 5 款和第 6 款比照适用于许可授权或转让的注册、注册式外观设计物权设立或转让的注册，以及强制措施的注册。但是，如果注册式外观设计涉及破产程序，应有管辖权的国家主管机关的要求登记入登记簿的，无须付费。

在多重注册的情况下，每一个注册式外观设计可以独立于其他外观设计的许可，作为物权进行扣押或者进入破产程序。

2. 在注册式外观设计仅被许可于一部分欧共体地区时，或者被限制使用时间时，许可注册的申请应指明该部分欧共体地区或者同意许可使用的时段。

3. 未满足（EC）第 6/2002 号法规第 29 条、第 30 条或者第 32 条规定的注册许可或者其他权利的条件，或者不符合本条第 1 款和本法规其他条款的规定，协调局将通知申请人该缺陷。

如果上述缺陷在协调局指定期限内未克服，协调局将驳回其注册申请。

4. 第 1 款、第 2 款、第 3 款比照适用于和注册式外观设计申请有关的许可和其他权利。许可、物权和强制措施应记录于与欧共体外观设计申请有关的协调局保存的申请文件中。

5.（EC）第 6/2002 号法规第 16 条第 2 款规定的非排他许可的请求应在新权利人记载于登记簿的 3 个月内提出。

第 25 条　许可注册的特别规定

1. 如果外观设计权利人或者被许可人请求，注册式外观设计的许可将作为排他许可记录于登记簿中。

2. 当注册式外观设计的许可已经记录于登记簿时，由被许可人同意的许可将作为再许可登记于记录簿。

3. 注册式外观设计的许可于部分欧共体地区时，应作为领域限制性许可记录于登记簿中。

4. 注册式外观设计的许可限制使用时间时，应作为临时性许可记录于登记簿中。

第 26 条　许可和其他权利注册的撤销或者变更

1. 应相关当事人之一的申请，第 24 条规定的注册可以被撤销。

2. 申请应包括：

（a）注册式外观设计的注册号，或者在多重注册的情况下的每一个外观设计的号码；和

（b）要撤销登记的权利的详细情况。

3. 如果所需费用未缴纳，撤销许可或者其他权利注册的申请将视为未提出。

如果费用未缴纳或者未全额缴纳，协调局将通知申请人。

在欧共体外观设计涉及破产程序时，应有管辖权国家主管机关的要求撤销登记事项，无须付费。

4. 申请应附有表明注册权不再存在的文件或者被许可人或有权同意撤销该注册的其他权利人的声明。

5. 当撤销注册的条件未满足时，协调局将通知申请人该缺陷。如果上述缺陷未在协调局指定期限内克服，协调局将驳回该撤销注册申请。

6. 第 1 款、第 2 款、第 4 款和第 5 款比照适用于第 24 条规定的注册的变更请求。

7. 第 1 款~第 6 款比照适用于第 24 条第 4 款规定的申请文件中的条目。

第五章　放弃和无效

第 27 条　放弃

1.（EC）第 6/2002 号法规第 51 条规定的放弃声明应包括：

（a）注册式外观设计的注册号；

（b）依据第 1 条第 1 款（b）项规定的权利人的姓名和地址；

（c）当指定有代理人时，第 1 条第 1 款（e）项规定的代理人的姓名和营业地址；

（d）当放弃仅涉及多重注册的某些外观设计时，应指明宣布放弃的外观设计或者想保留注册的外观设计；

（e）根据（EC）第 6/2002 号法规第 51 条第 3 款规定，欧共体外观设计部分放弃的，提交本法规第 4 条所述的修改后外观设计的图片。

2. 当涉及第三人权利的注册式外观设计在登记簿中记载时，应提交该权利人或者其代理人签字同意放弃的充足证据。

已经注册许可时，应在权利人向协调局保证其已经通知被许可人有意放弃的 3 个月后注册放弃外观设计。如果权利人已经在期限届满前向协调局证实被许可人同意，则可立刻放弃外观设计注册。

3. 在向（EC）第6/2002号法规第15条所述法院提起有关注册式外观设计权诉讼时，由原告或者其代理人签字同意放弃的声明，应认为是放弃同意的充分证据。

4. 当放弃条件未满足时，协调局将通知声明者该缺陷。如果缺陷在协调局指定期限内未克服，协调局将拒绝记载放弃事项入登记簿。

第28条 无效宣告请求

1. 根据（EC）第6/2002号法规第52条规定向协调局提起的无效宣告请求应包括：

（a）请求宣告无效的注册式外观设计：

（i）注册号；

（ii）权利人的姓名和地址。

（b）提起请求的理由：

（i）陈述宣告无效请求的理由；

（ii）此外，在请求基于（EC）第6/2002号法规第25条第1款（d）项的情况下，作为无效请求基础的在先外观设计的图片和详细情况，并表明根据该法规第25条第3款请求人有权引用该在先设计作为无效的基础；

（iii）此外，在请求基于（EC）第6/2002号法规第25条第1款（e）项或者（f）项的情况下，作为无效请求基础的特殊标志或者为版权保护的作品的图片和详细情况，并表明请求人是（EC）第6/2002号法规第25条第3款所述在先权利人的详细情况；

（iv）此外，在请求基于（EC）第 6/2002 号法规第 25 条第 1 款（g）项的情况下，该条所指相关项目的图片和详细情况，并表明注册由依照该法规第 25 条第 4 款规定的不正当使用的人或者有关团体申请；

（v）当无效理由是注册式外观设计不满足（EC）第 6/2002 号法规第 5 条或者第 6 条规定的要求时，在先外观设计的再现和说明损害注册式外观设计新颖性或者独特性，同时证实那些在先设计存在的文件；

（vi）提交支持那些理由的事实、证据和理由。

（c）关于请求人：

（i）与第 1 条第 1 款（b）项规定一致的其姓名和地址；

（ii）如果请求人指定有代理人，与第 1 条第 1 款（e）项规定一致的代理人的姓名和地址；

（iii）此外，在请求基于（EC）第 6/2002 号法规第 25 条第 1 款（c）项规定的情况下，表明是由该法规第 25 条第 2 款规定的享有正当权利的人提出请求的详细情况。

2. 请求必须缴纳（EC）第 6/2002 号法规第 52 条第 2 款所述费用。

3. 协调局将通知权利人有提起无效宣告的请求。

第 29 条　无效程序使用的语言

1. 宣告无效请求应使用（EC）第 6/2002 号法规第 98 条第 4 款所规定的程序语言。

2. 程序语言不是申请语言和权利人提交意见陈述书的语言

时，协调局将组织将那些意见陈述书翻译为程序语言。

3.（EC）第6/2002号法规第111条第2款规定的日期的3年后，欧共体委员会将提交给（EC）第6/2002号法规第109条所述的委员会一份本条第2款所述申请的报告和，如果适当，依据（EC）第6/2002号法规第98条第4款第4分款所述协调局确定费用限制的建议。

4. 如果第2款所述程序导致不适当的支出，欧共体委员会可以决定将第3款所述的报告和可能的建议在更早日期提交给所述委员会，后者应优先讨论该事项。

5. 如果支持请求证据的语言不是无效程序语言，请求人必须在提交该证据的2个月内将其翻译为该程序语言。

6. 在权利人接到本法规第31条第1款所述通知2个月内，宣告无效请求人或者权利人通知协调局他们同意用（EC）第6/2002号法规第98条第5款所述的另一种语言，在无效请求不是以该语言提起的情况下，请求人应在所述日期1个月内提交无效请求的该种语言译文。

第30条　不予受理无效宣告请求

1. 如果协调局认定宣告无效请求不符合（EC）第6/2002号法规第52条的规定、本法规第28条第1款或者（EC）第6/2002号法规以及本法规的其他条款的规定，应通知请求人并告诉其在协调局指定期限内克服缺陷。

如果缺陷未在指定期限内克服，协调局将不予受理该请求。

2. 如果协调局发现所需费用未缴纳，应通知请求人，并告知其如未在指定期限内缴纳费用，请求将视为未提出。

如果所需费用在指定期限后缴纳，费用将退还给请求人。

3. 第 1 款所述驳回宣告无效请求的决定应通知请求人。

第 2 款所述请求视为未提出的，应通知请求人。

第 31 条　宣告无效请求的审查

1. 如果协调局依据第 30 条未驳回宣告无效请求，则将该请求转送给权利人并要求其在协调局指定期限内提交意见陈述书。

2. 如果权利人没有提交意见陈述书，协调局将以与无效有关的证据为基础作出决定。

3. 权利人提交的任何意见陈述书都将转送给请求人，并要求后者在协调局指定的期限内答复。

4. （EC）第 6/2002 号法规第 53 条第 2 款所述的通知和所有的相关意见陈述书将转送给相关当事人。

5. 协调局可以提议当事人友好解决争议。

第 32 条　多个宣告无效请求

1. 当针对同样的注册式外观设计提出许多宣告无效请求时，协调局可以决定适用一套程序处理。

协调局可以随后决定不再以该种方法处理。

2. 如果经初步审查一个或者多个请求可以导致注册式外观设计无效，协调局可以中止其他无效程序。

协调局将通知剩下的请求人继续程序中的任何相关决定。

3. 宣告外观设计无效的决定一旦生效，第 2 款所述中止程序的请求将被视为已处理并通知相关请求人。所述处理被认为构成（EC）第6/2002号法规第70条第4款所述的尚未判决的一个案件。

4. 当根据本条第1款、第2款、第3款所述请求被视为已处理时，协调局将退还依据（EC）第6/2002号法规第52条第2款规定的无效费用的50%给每个请求人。

第33条　被控侵权人参与

依据（EC）第6/2002号法规第54条的规定，若被控侵权人寻求参与无效程序，根据本法规的第28条、第29条和第30等相关条款，应提交一个详细的理由声明，并缴纳（EC）第6/2002号法规第52条第2款所述费用。

第六章　申诉

第34条　申诉书的内容

1. 申诉书应包括：

（a）第1条第1款（b）项规定的申诉人的姓名和地址；

（b）当申诉人指定有代理人时，第1条第1款（e）项规定的代理人的姓名和营业地址；

（c）确定其不服的决定并指出其要求撤销或者更改决定范围的陈述。

2. 申诉书应以被提起申诉的决定所使用的程序语言提交。

第 35 条　申诉不予受理

1. 如果申诉不符合（EC）第 6/2002 号法规第 55 条、第 56 条和第 57 条的规定和本法规第 34 条第 1 款（c）项和第 2 款的规定，申诉委员会将对其不予受理，除非在（EC）第 6/2002 号法规第 57 条规定的相关期限届满前克服全部缺陷。

2. 如果发现申诉不符合（EC）第 6/2002 号法规或者本法规的其他规定，特别是第 34 条第 1 款（a）项和（b）项，申诉委员会将通知申诉人并要求其在指定期限内克服该缺陷。如果未及时克服缺陷，申诉委员会将不予受理该申诉。

3. 如果申诉费用在（EC）第 6/2002 号法规第 57 条规定的提起申诉后的期限届满后缴纳，则申诉被视为未提出，申诉费用退还给申诉人。

第 36 条　申诉的审理

1. 除另有规定外，有关的作出被申诉决定部门的程序的规定比照适用于申诉程序。

2. 申诉委员会的决定应包括：

（a）由申诉委员会送达的声明

（b）决定作出的日期；

（c）申诉委员会的主任和参加审理的其他成员的姓名；

（d）登记处主管员工的姓名；

（e）当事人和他们的代理人的姓名；

（f）陈述决定的争议；

（g）事实概要；

（h）理由；

（i）申诉委员会的命令，必要时，包括费用的决定。

3. 决定由申诉委员会的主任、其他成员和登记处的员工签字。

第 37 条　申诉费的偿还

对中间修改或者申诉委员会认为申诉能接受的案件，如果基于违反了实质性程序的理由要求偿还是公平的，应下令偿还申诉费用。对中间修改的案件，偿还由作出被申诉决定的部门承担，其他情况则由申诉委员会承担。

第七章　协调局的决定和通知

第 38 条　决定的形式

1. 协调局的决定以书面作出，并应陈述决定据以作出的理由。

当协调局举行口头审理时，决定可以口头作出，书面决定随后通知当事人。

2. 协调局作出的可申诉决定应附书面通知，告知申诉书必须在收到决定之日起 2 个月内以书面形式向协调局提交，还必须提醒双方当事人注意（EC）第 6/2002 号法规第 55 条、第 56 条和第 57 条的规定。

当事人不得对未告知此申诉程序提出抗辩。

第 39 条　决定错误的更正

协调局的决定，只有语法错误、刊印错误和明显的错误可更正，并且应由作出决定的部门依职权或者应当事人的要求更正。

第 40 条　权利丧失的通知

1. 如果协调局发现不基于任何决定、依据（EC）第 6/2002 号法规或者本法规导致的权利丧失，应通知（EC）第 6/2002 号法规第 66 条规定的相关当事人，并提醒其注意本条第 2 款的法律救济措施。

2. 如果相关当事人认为协调局的发现不准确，其可以在收到第 1 款所述通知书起 2 个月内，请求协调局就此作出一个决定。

这种决定只有在协调局不同意该相关当事人的请求时才作出；否则协调局将修改其发现并通知请求决定的相关当事人。

第 41 条　签名、姓名、印章

1. 协调局的任何决定、通知书或者通知应指明协调局的部门或者机构以及负责的官员或者官员们的姓名，必须有官员或者官员们的签名或者签字，附印制或者加盖协调局的印章。

2. 协调局局长可以决定，当通过传真或任何其他通信技术手段传送决定、通知书或通知时，可使用确认协调局部门或机构以及负责官员姓名或其他手段，或者非印章的确认方式。

第八章　口头审理和调取证据

第 42 条　口头审理传唤

1. 传唤当事人出席（EC）第 6/2002 号法规第 64 条所述的口头审理，应提醒其注意本条第 3 款。除非双方当事人同意在更短期限内传唤，否则最迟应在 1 个月前通知。

2. 当发出传票时，协调局应提醒当事人注意协调局认为作决定前需要讨论的问题。

3. 已按时传唤参加协调局的口头审理的一方当事人未出席口头审理，则在其缺席情况下继续进行该程序。

第 43 条　协调局调查取证

1. 认为有必要听取当事人或者证人或者专家的口头证据或进行调查时，协调局应作决定，表明其意图获得证据的方式，要证明的相关事实和听证或者调查的日期、时间和地点。

如果一方当事人请求听取证人和专家的口头证据，协调局的决定将指定一个期限，在该期限内提出请求的当事人必须通知协调局希望听证的证人和专家的姓名和地址。

2. 传唤当事人、证人或者专家出证通知的时间，最迟应在 1 个月前，除非他们同意在更短期限内通知。

传唤应包括：

（a）第 1 款第 1 分款所述决定的要点，指明安排听证的具体日期、时间和地点，说明双方当事人、证人和专家听证的有关事实；

（b）程序中双方当事人的姓名和第 45 条第 2 款至第 5 款规定的证人或者专家的具体权利。

第 44 条　委托专家

1. 协调局决定由其指定的专家出具报告的形式。

2. 专家的委托说明包括：

（a）专家任务的准确描述；

（b）提交专家报告的期限；

（c）程序中双方当事人的姓名；

（d）第 45 条第 2 款、第 3 款和第 4 款规定的专家的具体要求。

3. 任何书面报告的副本应提交给双方当事人。

4. 当事人可以以专家不适格为由提出异议，或者基于同样的理由依据（EC）第 40/94 号法规第 132 条第 2 款和第 3 款的规定对审查员或者对申诉委员会或者审查部门的成员表示异议。协调局相关部门将裁定该异议。

第 45 条　调取证据的成本

1. 协调局调取证据可以是有条件的，要求调取证据的当事人参照估计成本的金额存入一笔款项。

2. 证人和专家被传唤和出席协调局的程序，有权要求偿付合理的生活和差旅费用。协调局可以预付那些款项给他们。这同样适用于证人和专家在未被传唤而出席协调局的程序的情况以及证人或者专家参加听证的情况。

3. 第 2 款所述有权要求偿付的证人也有权要求补偿合理的收入损失，专家有权要求支付专家服务费用。在证人和专家是协调局依职权传唤的情况下，上述证人和专家的付款在他们履行完职责或者任务后支付。

4. 第 1 款、第 2 款和第 3 款规定的金额和费用预付，由协调局局长决定，并在协调局公报上公布。

以欧共体政府员工法规及附录 7 规定的所述的政府 A4 至 A8 级的同样标准计算补偿和薪水的金额。

5. 以下主体最终承担支付第 1 款至第 4 款所述应付或已付金额的义务：

（a）由协调局承担，在协调局认为有必要依职权主动听取证人或者专家的证言时；或者

（b）基于（EC）第 6/2002 号法规第 70 条和第 71 条和本法规第 79 条规定的成本确定和分配决定，由请求证人或者专家出具证言的当事人一方承担。

第 1 分款（b）项所指当事人应偿还协调局所正当预付的费用。

第 46 条　口头审理和证据的笔录

1. 应制定口头审理和调取证据的详细笔录，包括口头审理程序或者调取证据的主要内容，当事人的相关陈述，当事人、证人或者专家的证词和任何审查结果。

2. 证人、专家或者当事人的证词笔录必须宣读或者递交给其检查。在笔录里应注明已经履行该形式，出具证词的人已经

证实该笔录。当其未予以证实时，应注明其异议。

3. 笔录应由记录和主持口头审理程序或者调取证据的员工签名。

4. 应给双方当事人提供一份笔录副本。

5. 经向协调局请求，当事人可以得到口头审理记录的打印或者其他机器可读形式的副本。

发放记录副本使协调局因制作这些副本而需支付费用，相应收费金额由协调局长决定。

第九章 送达

第 47 条 有关送达的一般规定

1. 在协调局的程序中，任何协调局的通知必须采用原本，或者经协调局或者认证签章或者计算机打印印章证实的副本。来自当事人自己的文件副本不要求上述认证。

2. 通知应按照以下方式送达：

（a）依据第48条的规定邮递；

（b）依据第49条的规定面交；

（c）依据第50条的规定存放于协调局邮箱中；

（d）依据第51条的规定由传真和其他方式送达；

（e）依据第52条的规定公告送达。

第 48 条 邮递送达

1. 在申诉期限内的决定、传票或者协调局长决定的其他文件应以挂号信的形式附随送达回执确认送达。

决定和附期限的通知书应以挂号信方式通知，除非协调局长决定以其他方式通知。

所有其他通知书均以平信送达。

2. 收件人既无住所也无主要营业地址，在欧共体内也未设立机构，且未指定（EC）第 6/2002 号法规第 77 条第 2 款所述的代理人的，通知书通过平信方式邮递给协调局所知的最近地址的收件人。

3. 挂号信送达的生效，无论是否有送达回执，都将推定信件发出之日的第 10 天到达，除非信件未能到达收件人或者他/她在更晚的一个日期收到。

如果有任何争议，协调局将根据具体情况而定，确定信件达到目的地的日期或者确定信件的发出日期。

4. 挂号信的送达，无论有无送达回执，都被推定为生效，即使收件人拒绝收信。

5. 在第 1 款至第 4 款未覆盖的地区，可以适用该地区所在的成员国法律执行送达。

第 49 条　面交送达

经协调局允许，文件可面交给收件人送达，收件人需交付确认的收据。

第 50 条　协调局邮箱存放送达

对有协调局提供邮箱的收件人，可以通过将文件存放于邮箱方式送达。文件中附有书面的存放通知书。文件中记录存放日期，存放于协调局提供邮箱后的第 5 天推定通知已送达。

第 51 条　传真或者其他技术方式送达

1. 依据第 47 条第 1 款规定，原件或者副本可以通过传真送达。传送的详细规定由协调局局长决定。

2. 其他技术方式送达的详细规定由协调局局长决定。

第 52 条　公告送达

1. 如果收件人地址不确定，或者第 48 条第 1 款规定的方式经协调局两次送达尝试已证实不可能送达，则将公告送达。

2. 协调局局长决定如何公告送达，并规定自公告开始后 1 个月期限届满日时文件推定为已经送达。

第 53 条　通知代理人

1. 如果已经指定代理人，或者申请人依据第 61 条第 1 款规定第一次在共同申请中指定共同代理人，则送达给指定代理人或者共同代理人。

2. 如果单一的有关当事人指定有几个代理人，则可送达给其中的任何一个代理人，除非依照第 1 条第 1 款（e）项规定指明了特定的送达地址。

3. 如果几个有关当事人指定了共同代理人，则可以只送达给共同代理人一份文件。

第 54 条　违则送达

文件已送达收件人，如果协调局不能证明其已经适时通知或者如果通知的有关条款未遵守，则确定以协调局收到收据日视为文件送达。

第 55 条　多方当事人案件的文件送达

来自当事人的包含实质性意见的文件，或者放弃实质意见的声明，必须要转送给其他当事人。如果文件未包含新的答辩意见且案件即将作出决定，可以不转送上述文件。

第十章　期限

第 56 条　期限的计算

1. 期限应以完整的年、月、周或者日计算。

2. 任何期限的开始计算始于相关事件发生的第二天，事件可以是程序步骤或是另一个期限届满。当程序步骤是通知时，除非另有规定，收到通知的文件被认为是事件发生。

3. 当期限表示为一年或者确定的几年时，将在相关事件发生后的随后相关年的同月同日届满。当相关月没有同一日期时，期限将届满于那月的最后一天。

4. 当期限表示为一月或者确定的几月时，将在相关事件发生后的随后相关月的同日届满。当相关事件发生于一个月的最后一天或者随后的相关月没有同一日期时，期限将届满于那月的最后一天。

第 57 条　期限的持续时间

1. 在相关当事人在欧共体内有住所或者主要营业场所或者设立有机构的情况下，（EC）第 6/2002 号法规或者本法规规定的由协调局指定的期限不少于 1 个月，当上述条件不满足时，则不少于 2 个月，同时期限不多于 6 个月。

如果相关当事人在原来期限届满前提出延期请求，协调局可以在适当情况下同意延长期限。

2. 当有两个或者多个当事人时，协调局在征得另一方当事人同意的情况下，可以延长期限。

第 58 条　特别案件的期限届满

1. 如果期限届满于局不接收文件的一天，或者由于不同于第 2 款规定的那些理由，平信未送达到协调局所在地，期限将延长至随后协调局接收文件的第一天或者平信送达的那天。

协调局不接收文件的日期由局长在每年的开始前决定。

2. 对于在有关成员国有住处或者登记有机构或者已经指定有在那个国家有营业地址的代理人的当事人，如果期限届满于在送达信件到某成员国或者在成员国和协调局之间出现一般性中断或者其后的混乱，期限可以延长直到该中断或者混乱期后的第一天。

如果有关成员国在协调局所在成员国，第 1 分款的规定适用于所有当事人。

第 1 分款所述的期限由协调局局长决定。

3. 第 1 款和第 2 款比照适用于（EC）第 6/2002 号法规或

者本法规规定的具有（EC）第 6/2002 号法规第 35 条第 1 款
（b）和（c）项含义的主管机关办理事件的期限。

4. 如果由于自然灾害或者罢工等意外事件中断或扰乱了协
调局的正常运作，使得协调局和当事人通信的期限届满日延期，
则在原期限内应完成的事项，在通知延期通信后的 1 个月内完
成仍有效。

上述任何中断或者混乱的开始和结束由协调局局长决定。

第十一章　中断程序和取消强制恢复程序

第 59 条　中断程序

1. 协调局的程序因以下情况中断：

（a）注册式外观设计权申请人、利人或者依据国家法以其
名义行使权利的授权人死亡或者无法定行为能力；

（b）注册式外观设计申请人或者权利人成为诉讼中被反对
其所有权的一方，是阻止协调局程序进行的法定理由；

（c）在协调局程序进行过程中，注册式外观设计申请人、
权利人的代理人死亡或者无法定行为能力，或者存在成为诉讼
中被反对其所有权的一方，是阻止协调局程序继续进行的法定
理由；

第 1 分款（a）项所述事件不会影响（EC）第 6/2002 号第
78 条所述代理人的授权，协调局仅中断代理人申请的程序。

2. 对第 1 款第 1 分款的（a）和（b）项的情况，协调局被

告知有权继续参加协调局的程序的人后，将通知该人和任何相关第三人从协调局确定的日期起恢复程序。

3. 对在第 1 款（c）项的情况，在协调局被告知申请人指定的新代理人或者协调局已经通知另一方当事人外观设计权利人已经指定新代理人时，程序恢复。

如果程序中断后 3 个月，协调局没有被告知指定新代理人，则将以下事实通知注册式外观设计申请人或者权利人：

（a）如果适用（EC）第 6/2002 号法规第 77 条第 2 款上述通知 2 个月后未接到答复，则欧共体外观设计申请视为撤回；或者

（b）如果不适用（EC）第 6/2002 号法规第 77 条第 2 款，则程序自送达通知申请人或者权利人之日起恢复。

4. 除缴纳续展费期限外，其他期限有效至欧共体外观设计申请人或者权利人中断程序日，且在程序恢复日重新开始。

第 60 条　取消强制恢复程序

协调局局长可以基于强制恢复款项金额极少或者强制恢复太不确定，取消任何到期款项强制恢复程序。

第十二章　　代理

第 61 条　共同代理的指定

1. 如果有多于一个的申请人，且注册式外观设计申请没有

指定共同代理人，则认定申请里署名第一位的申请人为共同代理人。

尽管如此，如果申请人之一有义务指定专业代理人，则该代理人被认为是共同代理人，除非申请里署第一位的申请人也指定了专业代理人。

第 1 款、第 2 分款比照适用于宣告无效程序中的共同第三人和注册式外观设计的共同权利人。

2. 如果在程序过程中转让在多于一人之间进行，这些人没有指定共同代理人，则适用第 1 款的规定。

如果这种适用是不可行的，协调局将要求这些人在 2 个月内指定共同代理人。如果不按该要求做，协调局将指定共同代理人。

第 62 条　授权

1. 法律从业者和（EC）第 6/2002 号法规第 78 条第 1 款（b）项或者（c）项所述协调局保留名录上的专业代理人，可以提交给协调局一份包含于文件已签名的授权书。如协调局明确要求，或者代理人代理的协调局程序中有几方当事人，一方当事人明确要求，授权书必须提交。

2. 依据（EC）第 6/2002 号法规第 77 条第 3 款的规定，代表自然人或者法人的员工，应在文件中提交给协调局已签名的授权书。

3. 授权书可以以任何欧共体的官方语言提交，可以涵盖一份或多份申请或者注册式外观设计，或者代理人可以以总授权书形式代理该人作为一方当事人的所有协调局程序。

4. 依据第 1 款或者第 2 款规定提交授权书，由协调局指定提交授权书的期限。如果授权书没有在指定期限内提交，程序由被代理者继续。如果被代理者未证实其代理权，代理人完成的任何不同于提交申请的程序步骤都将被视为未发生，但（EC）第 6/2002 号法规第 77 条第 2 款所述提交申请不受此影响。

5. 第 1 款、第 2 款和第 3 款比照适用于撤回授权书时的文件。

6. 任何被停止授权的代理人，仍将继续被认为是代理人，直到对他/她的授权终止通知到协调局。

7. 在授权人死亡的情况下，其在协调局的授权不会终止，授权书内有任何相反条款的除外。

8. 当授权指定几个代理人时，即使他们的授予权条款有相反的规定，他们可以集体或者独立行使授权。

9. 对代理人社团的授权，被认为是对能证实他/她在该社团内执业的所有代理人的授权。

第 63 条　代理

由协调局发给获得正式授权的代理人的任何通知或者其他通知书，与发送给被代理者有同等效力。

获得正式授权的代理人发送给协调局的任何信息，与被代理人直接发出的具有同等效力。

第 64 条　外观设计事务的专业代理人特别名录的修改

1. 外观设计事务的专业代理人特别名录中的专业代理人条

目，如（EC）第 6/2002 号法规第 78 条第 4 款所述，可以应其要求删除。

2. 在下列情况下，专业代理人条目可以自动删除：

（a）专业代理人死亡或者无法定行为能力；

（b）专业代理人不再拥有成员国国籍，除非协调局长授权其可不受（EC）第 6/2002 号法规第 78 条第 6 款（a）项的规定；

（c）专业代理人在欧共体领域内不再有营业地址或者不再从业；

（d）专业代理人不再有（EC）第 6/2002 号法规第 78 条第 4 款第 1 句所述授权。

3. 当依据（EC）第 6/2002 号法规第 78 条第 4 款第 1 句的规定已经中止代理人在比荷卢外观设计局或者成员国的中央工业产权局获得代理自然人或者法人的授权时，协调局依职权中止该专业代理人条目。

4. 依据（EC）第 6/2002 号法规第 78 条第 5 款的规定，如果删除条件不再存在，应将条目被删除的人重新列入专业代理人名录。

5. 比荷卢外观设计局和有关成员国的中央工业产权局注意到相关事项后，应即时通知协调局第 2 款和第 3 款规定的任何相关情况。

6. 外观设计事务专业代理人特别名录的修改应在协调局公报上公布。

第十三章 书面通信和形式

第 65 条 书面或者其他方式通信

1. 依据第 2 款的规定，注册式外观设计申请、其他申请或者（EC）第 6/2002 号法规规定的声明和所有与协调局的信函应以如下方式提交：

（a）通过邮递、个人面交或者其他方式提交给协调局签字的所述文件的原件；提交文件的附件无须签字；

（b）依据第 66 条的规定通过传真方式传送签字的原始文件；或者

（c）依据第 67 条的规定通过电子方式传送的通信内容。

2. 当申请人依据（EC）第 6/2002 号法规第 36 条第 1 款（c）项的规定提交可能有利于自己的外观设计样品时，申请和样品应通过本条第 2 款（a）项的规定以单独信件的形式提交给协调局。如果申请和样品，或者多重申请的样品，不以单独信件的形式提交，则协调局不给予其申请日，直到收到本法规第 10 条第 1 款所述的最后事项。

第 66 条 传真通信

1. 欧共体外观设计的注册申请通过传真方式提交，如果申请包含根据第 4 条第 1 款并不满足本条要求的外观设计图片，所要求的符合注册和公布要求的图片必须依据第 65 条第 1 款

（a）项的规定提交给协调局。

当协调局在收到传真的 1 个月期限内收到图片时，申请视为在协调局收到传真日收到。

如果协调局在上述期限届满后收到图片，申请视为在协调局收到图片日收到。

2. 当以传真收到的信函不完全或者不合法时，或者协调局有理由怀疑传输的准确性时，协调局将因此通知发送者在协调局规定的一定期限内向协调局说明，以原件重新传真给协调局或者依据第 65 条第 1 款（a）项的规定提交原件。

当该要求在指定期限内完成时，收到重新传真件或者原件的日期视为收到原始通信日，假如缺陷与授予欧共体外观设计注册申请日有关，适用与申请日有关的条款。

当要求未在指定期限内完成时，则视为未收到信函。

3. 通过传真提交给协调局的任何信函，如果传真打印输出件上有签名，应认为是正式签名。

4. 协调局局长决定传真通信的其他要求，如使用的设备、通信的技术细节和确认发送者身份的方法。

第 67 条　电子通信

1. 欧共体外观设计的注册申请可以以电子方式提交，包括外观设计图片，但不包括按第 65 条第 2 款提交样品的情况。

具体条件由协调局局长决定。

2. 协调局局长决定电子通信的要求，如使用的设备、通信的技术细节和确定发送者身份的方法。

3. 当信函以电子方式发出时，比照适用第 66 条第 2 款的规定。

4. 信函以电子方式发送给协调局，发送者姓名的标示被视为与签名等效。

第 68 条　表格

1. 协调局应免费提供如下用途的表格：

（a）提交注册式外观设计申请；

（b）更正申请或者注册；

（c）转让注册申请和第 23 条第 4 款所述的转让表格和文件；

（d）注册许可申请；

（e）注册式外观设计的注册续展申请；

（f）宣告注册式外观设计无效申请；

（g）请求恢复权利；

（h）提起申诉；

（i）委托代理人，以专项委托的形式和一般委托的形式。

2. 协调局可以提供其他免费表格。

3. 协调局以欧共体官方语言提供第 1 款、第 2 款所述表格。

4. 协调局应将表格免费发放于比荷卢外观设计局和成员国的中央工业产权局。

5. 协调局免费提供机读方式的表格。

6. 参加协调局程序的当事人应使用协调局提供的表格，或者那些表格的复印件，或者和那些表格同样内容和形式的表格，如以电子数据处理产生的表格。

7. 表格应以允许通过字符识别或者扫描向计算机自动输入

607

内容的方式完成。

第十四章　给公众的信息

第 69 条　欧共体外观设计登记簿

1. 登记簿可以以电子数据库的形式维持。

2. 登记簿应包括如下条目：

（a）申请的申请日；

（b）申请的申请号和多重申请所包括的每一个单独外观设计的申请号；

（c）注册的公布日期；

（d）申请人的姓名、地址和国籍，其定居地或者所在地或者设立机构所在地的国家；

（e）代理人不属于（EC）第 6/2002 号法规第 77 条第 3 款第 1 分款所述的员工代理人时，其姓名和营业地址；当多于一名代理人时，仅记载署名第一的代理人的姓名和地址，其他名字以"等"代替；当指定代理机构时，应记录代理机构的名称和地址；

（f）外观设计的图片；

（g）指明产品的名称，之前加上洛迦诺分类表的大类号和小类号，并据分类号分组；

（h）依据（EC）第 6/2002 号欧共体外观设计法规第 42 条的规定主张优先权的详细情况；

（i）依据（EC）第 6/2002 号欧共体外观设计法规第 44 条的规定主张展览会优先权的详细情况；

（j）适用时，依据（EC）第 6/2002 号欧共体外观设计法规第 18 条的规定引用设计者或者设计者团队，或者声明设计者或者设计者团队放弃该引用权利；

（k）依据（EC）第 6/2002 号欧共体外观设计法规第 98 条第 2 款的规定，提交申请的语言和申请人在申请中指明的第二语言；

（l）登记簿中外观设计的注册日和注册号；

（m）依据（EC）第 6/2002 号欧共体外观设计法规第 50 条第 3 款的规定，注明任何延期公布的请求，详细记录延期公布届满的日期；

（n）注明依据第 5 条规定提交了样品；

（o）注明按第 1 条第 2 款（a）项描述提交了描述。

3. 除第 2 款所述条目外，登记簿还应包括下列条目以及各自的记录日期：

（a）权利人的姓名、地址或者国籍或者定居地或者所在地或者设立机构所在地的国家的变化；

（b）代理人不属于（EC）第 6/2002 号法规第 77 条第 3 款第 1 分款所述的员工代理人时，其姓名和营业地址的变化；

（c）指定新代理人时，该代理人的姓名和营业地址；

（d）注明多重申请或者注册已经依据（EC）第 6/2002 号法规第 37 条第 4 款的规定分为单独的申请或者注册；

（e）依据（EC）第 6/2002 号法规第 25 条第 6 款规定的外观设计修改通知，如果适用，包括弃权声明书或者法院判决或者协调局宣告外观设计权部分无效的决定的证明文本，以及依据本法规第 20 条的规定更正错误和瑕疵。

（f）注明依据（EC）第 6/2002 号法规第 15 条第 1 款的规定与注册式外观设计有关的主张权利程序；

（g）依据（EC）第 6/2002 号法规第 15 条第 1 款的规定与注册式外观设计有关的主张权利程序的生效决定或者其他终审程序；

（h）依据（EC）第 6/2002 号法规第 15 条第 4 款（c）项的规定的所有权的变化；

（i）依据（EC）第 6/2002 号法规第 28 条规定的转让；

（j）依据（EC）第 6/2002 号法规第 29 条规定的物权设立和转让和物权的性质；

（k）依据（EC）第 6/2002 号法规第 30 条规定的扣押和本法规第 31 条规定的破产程序；

（l）依据（EC）第 6/2002 号法规第 16 条第 2 款规定或者第 32 条规定的许可的授权或者转让，如果适用，本法规第 25 条规定的许可类型；

（m）依据（EC）第 6/2002 号法规第 13 条规定的注册续展及其生效日期；

（n）确定注册届满的记录；

（o）依据（EC）第 6/2002 号法规第 51 条第 1 款和第 3 款规定的权利人全部或者部分放弃的声明；

（p）依据（EC）第 6/2002 号法规第 52 条规定的提交无效宣告请求的日期或者依据第 86 条第 2 款规定提起宣告无效反诉的日期；

（q）依据（EC）第 6/2002 号法规第 53 条或者第 86 条第 4 款规定，宣告无效请求或者在宣告无效反诉或者任何其他终审程序中的决定内容和日期；

（r）注明依据（EC）第 6/2002 号法规第 50 条第 4 款的规定注册式外观设计被认为自始不具有本法规规定的效力；

（s）依据第 2 款（e）项已记录的代理人的注销；

（t）登记簿里（j）、（k）、（l）项条目的变更或者注销。

4. 协调局局长可以决定不同于第 2 款和第 3 款的条目登记入登记簿。

5. 登记簿内的任何变化均应通知权利人。

6. 依据第 73 条，在请求且已付费的情况下，协调局提供认证或者不认证的登记簿摘要。

第十五章 欧共体外观设计公报和数据库

第 70 条 欧共体外观设计公报

1. 协调局决定欧共体外观设计公报的公布周期和采取的方式。

2. 在不违反（EC）第 6/2002 号法规第 50 条第 2 款的规定和本法规第 14 条和第 16 条有关延期公布的情况下，欧共体外观设计公报应包含注册公布和登记簿中的条目的公布以及与依据（EC）第 6/2002 号法规或者本法规规定的需要公布的与外观设计注册的条目有关的其他事项。

3.（EC）第 6/2002 号法规或者本法规规定应在欧共体外观设计公报上公布的事项，公报上显示的发行日确定为事项的公布日。

4. 在适当的情况下，第 14 条和第 16 条规定的公布信息应以欧共体所有官方语言公布。

第 71 条　数据库

1. 协调局应按欧共体外观设计注册申请的详细说明和登记簿内的条目维护电子数据库。在遵守（EC）第 6/2002 号法规第 50 条第 2 款和第 3 款的条件下，协调局可以直接或者用光盘或者其他可机读形式提供数据库的内容。

2. 协调局局长可以决定访问数据库的条件，数据库的内容以何种机读方可见，包括这些行为的费用。

第十六章　文档的查阅和保存

第 72 条　不予审查的部分文档

依据（EC）第 6/2002 号法规第 74 条第 4 款的规定不予审查的部分文档是：

（a）依据（EC）第 40/94 号法规第 132 条的规定应排除或者反对的文件，比照适用于注册式外观设计及其申请；

（b）草拟的决定或者意见和所有其他用以撰写决定和意见的内部文件；

（c）查阅文档请求前有关方对其保密表示特别关注的部分文件，除非超越该合法利益查阅该部分文档被认为是正当的。

第 73 条　欧共体外观设计登记簿的查阅

对于依据（EC）第 6/2002 号法规第 50 条第 1 款的规定延期公布注册：

（a）非权利人查阅登记簿事项应限于权利人的姓名、代理人的姓名、申请日和注册日、申请的申请号和延期公布的提及；

（b）除非是权利人或者其代理人请求，否则经认证或者未经认证的登记簿摘要应仅包括权利人的姓名、代理人的姓名、申请日和注册日、申请的申请号和延期公布的提及。

第 74 条　查阅文档的程序

1. 查阅的注册式外观设计文档，可以是原件或者复印件，或者如果以技术存储手段存储，则可以查询技术手段存储的文件。

如果未缴纳所需费用，查阅文档的请求将视为未提出。

查阅方法由协调局局长决定。

2. 请求查阅与注册式外观设计申请有关的文档，以及与在期限届满或者届满前已经放弃或依据（EC）第 6/2002 号法规第 50 条第 4 款的规定被认为自始没有该法规规定的效力的延期公布的注册式外观设计有关的文档，应包含指示和以下有效证据：

（a）欧共体外观设计的申请人或者权利人同意查阅；或者

（b）请求查阅的人确定有查阅文档的合法利益，特别是欧共体外观设计申请人或者权利人已经声明在外观设计注册后其将依据该权利抗辩请求查阅的人。

3. 查阅文档应经协调局允许。

4. 经请求，查阅文档通过发放文档文件的副本来实现，副本需要收费。

5. 经请求且已经缴费的情况下，协调局依据第 4 款发行经认证或者未经认证的注册式欧共体外观设计申请或者那些申请文件的副本。

第 75 条　文档内包含信息的传送

在符合（EC）第 6/2002 号法规第 74 条和本法规第 72 条和第 73 条规定的条件限制下，经请求且已经缴费的情况下，协调局可以传送任何欧共体外观设计申请或者注册式外观设计的信息。

尽管如此，协调局认为考虑到提供的信息数量在适当的情况下，可以要求申请人在原处查阅文档。

第 76 条　保存文档

1. 协调局保存与欧共体外观设计申请和注册式外观设计有关的文档至下述年末起最少 5 年后：

（a）申请被驳回或者被撤回；

（b）注册式外观设计注册确定届满；

（c）已经依据（EC）第 6/2002 号法规第 51 条的规定注册完全放弃注册式外观设计；

（d）注册式外观设计确定从登记簿内删除；

（e）注册式外观设计视为未发生（EC）第 6/2002 号法规第 50 条第 4 款规定的效力。

2. 协调局局长决定文档的保存形式。

第十七章　行政合作

第77条　协调局与成员国主管机关之间的信息交换和通信

1. 经请求，协调局和成员国中央工业产权局和比荷卢外观设计局应该将申请注册式外观设计、比荷卢外观设计或者国家注册式外观设计的申请文件及其相关程序和作为注册的外观设计的相关信息传达给任何其他方。上述通信不受（EC）第6/2002号法规第74条的限制。

2. 协调局和法院或者成员国主管机关之间根据（EC）第6/2002号法规或者本法规规定因申请的通信，可以在那些主管机关间直接生效。

这些通信通过成员国中央工业产权局或者比荷卢外观设计局进行同样有效。

3. 第1款和第2款所述主管机关通信产生的费用，应免除收费。

第78条　由法院或者成员国主管机关查阅文档

1. 法院或者成员国主管机关查阅欧共体外观设计申请或者注册式外观设计的有关文档，如果要求原件或者其副件，不受第74条限制。

2. 法院或者成员国的公诉机关可以在其程序中公开由协调局传送的文档或者其副本给第三方查阅，查阅必须遵守（EC）

第 6/2002 号法规第 74 条的规定。

3. 对第 1 款和第 2 款有关的查阅，协调局不收取费用。

4. 协调局在传送文件或者其副本给法院或者成员国公诉机关的时候，应指明查阅与欧共体外观设计申请或注册式欧共体外观设计有关的文件应受（EC）第 6/2002 号法规第 74 条或者本法规第 72 条的限制。

第十八章　成本

第 79 条　费用的确定和分摊

1.（EC）第 6/2002 号法规第 70 条第 1 款和第 2 款规定的费用由注册式外观设计无效宣告请求审查决定或者申诉决定来决定如何分摊。

2.（EC）第 6/2002 号法规第 70 条第 3 款和第 4 款规定的费用由无效庭或者申诉委员会确定成本的决定来决定如何分摊。

3. 带有附属证据的费用清单，应附上（EC）第 6/2002 号法规第 70 条第 6 款第 1 句规定的确定费用的请求。

只有确定成本的请求的决定生效后，该请求才被接受，一旦确定请求可信，则可以确定成本。

4.（EC）第 6/2002 号法规第 70 条第 6 款第 2 句规定请求复核登记簿关于确定费用的决定，必须表明其依据的理由，并在接到裁定成本通知 1 个月内提交给协调局。

如果未缴纳复核费，请求将视为未提出。

5. 无效庭或者申诉委员会依据具体情况决定，可以不经口头审理程序对第 4 款所述请求作出决定。

6. 由（EC）第 6/2002 号法规第 70 条第 1 款所述败诉方承担的费用，限于无效宣告请求和/或申诉中另一方当事人产生的费用。

7. 依据（EC）第 6/2002 号法规第 70 条第 1 款规定的程序和实际产生于胜诉方的必要费用由败诉方基于如下最高比率承担：

（a）一方当事人来回于其住所地或者营业地和举行口头审理地或者取得证据地的差旅费，如下：

（i）铁路线距离不超过 800 千米时，为包括一般运输增补费用在内的第一等铁路票价；

（ii）铁路线距离超出 800 千米时或者路线包括海路时，为飞机经济座的费用；

（b）等于欧共体政府员工法规附录 7 第 13 条规定的 A4 至 A8 级日常生活津贴一方当事人的日常生活费；

（c）（EC）第 6/2002 号法规第 78 条第 1 款含义内的代理人、证人和专家的差旅费，依照（a）项规定的标准；

（d）（EC）第 6/2002 号法规第 78 条第 1 款含义内代理人、证人和专家的生活费用，依照（b）项规定的标准；

（e）以审查证人、专家意见或者查阅方式获得证据的必须费用，每个程序最高 300 欧元；

（f）（EC）第 6/2002 号法规第 78 条第 1 款含义内的代理人费用：

（i）对有关注册式外观设计无效程序的请求方，最高至 400 欧元；

（ii）对有关注册式外观设计无效程序的权利人，最高至 400 欧元；

（iii）对申诉程序的请求人，最高至 500 欧元；

（iv）对申诉程序的被告，最高至 500 欧元。

（g）胜诉方如（EC）第 6/2002 号法规第 78 条第 1 款规定由多于一个代理人代理的，败诉方仅应承担（c）、（d）和（f）项中一个人的费用。

（h）败诉方没有义务偿还胜诉方超出（a）至（g）项的支出和费用。

上述第 1 分款（f）项所指在任何程序中涉及通过审查证人、专家意见或者查阅方式获得证据，每个程序中被认可的代理费用支出最高至 600 欧元。

第十九章　语言

第 80 条　请求和声明

在不违反（EC）第 6/2002 号法规第 98 条第 4 款规定的情况下：

（a）任何与注册式外观设计申请有关的请求和声明应以申请人提交申请的语言或者在其申请中指明的第二语言提交。

（b）除了（EC）第 6/2002 号法规第 52 条规定的无效宣告的请求之外，任何请求或者声明，或者依据（EC）第 6/2002 号法规第 51 条的规定声明放弃注册式外观设计，均可以以协调局的语言之一提交。

（c）依据第 68 条规定的协调局提供的任何表格，可以使用任何欧共体官方语言，以使有关表格能以一种协调局语言完成文本内容。

第 81 条　书面程序

1. 在不违反（EC）第 6/2002 号法规第 98 条第 3 款和第 5 款和本法规的其他规定的情况下，协调局书面程序中的当事人可以使用任何局语言。

如果选择的语言不是程序语言，当事人应在提交原件起 1 个月内提交其译文。

如果注册式外观设计申请人是协调局程序中的唯一当事人，提交注册式外观设计申请使用的语言不是以一种协调局语言提交，译文也可以以申请人在申请中指定的第二语言提交。

2. 除非本法规有另外规定，协调局程序中使用的文件可以以任何欧共体官方语言提交。

当此类文件的语言不是协调局程序语言时，协调局可以要求其在指定期限内提交译文，或者由程序中的当事人选择以任何协调局语言提交。

第 82 条　口头审理程序

1. 在其提交程序语言的翻译时，协调局口头审理程序的任何当事人可以以一种欧共体官方语言代替程序语言。

对于外观设计注册申请程序中的口头审理程序，申请人可以使用申请语言或者其指定的第二语言。

2. 在有关外观设计注册申请的口头审理程序中，协调局员工可以使用申请语言或者申请人指定的第二语言。

在所有其他口头审理程序中，经程序中的当事人同意，协调局员工可以使用一种其他局语言代替程序语言。

3. 关于取证，任何不能以程序语言充分表达自己的听证的当事人、证人或者专家，可以使用任何欧共体官方语言进行。

在基于程序一方当事人请求决定调取证据的情况下，若听证的当事人、证人或者专家以不同于程序语言的语言表达自己的意见，提出请求的当事人应提供那种语言的翻译。

在有关注册外观设计申请程序中，可以使用申请人指定的第二语言代替申请语言。

对于任何只有一方当事人的程序，协调局可以在有关当事人要求下，允许其不受本款规定限制。

4. 如果当事人和协调局同意，可以在口头审理程序中使用任何一种欧共体官方语言。

5. 必要时，协调局自费翻译为程序语言，或者在适当情况下翻译为其他语言，除非这种翻译义务属于程序中的一方当事人。

6. 协调局员工、程序中当事人、证人和专家在口头审理过程中以一种局语言作出的声明，应在笔录中以该语言记载。以其他语言作出的声明应以程序语言记载。

欧共体外观设计注册申请的更正应以程序语言记载于笔录中。

第 83 条　译文的认证

1. 对予提交的任何文件的译文，协调局可以要求在其指定期限内提交译文与原文一致的证明文件。

对于（EC）第 6/2002 号法规第 42 条规定的在先申请的译文的证明文件，指定期限不少于提交申请日后 3 个月。

如果证明文件在期限内未提交，则文件视为未收到。

3. 协调局长可以决定译文的认证方式。

第 84 条　翻译的法定真实性

如果没有相反证据，协调局可以推定译文与相关原文一致。

第二十章　互惠、过渡时期和生效

第 85 条　互惠的公告

1. 必要时，协调局局长应请求欧共体委员会询问不是《保护工业产权巴黎公约》的成员国或者《建立世界贸易组织协定》成员是否认可（EC）第 6/2002 号法规第 41 条第 5 款含义内的互惠待遇。

2. 如果欧体委员会确定第 1 款所述互惠待遇被认可，应在欧共体公报上公布。

3.（EC）第 6/2002 号法规第 41 条第 5 款自如第 2 款所述在欧共体公报上公布之日起适用，除非声明其开始适用的日期。

自欧共体公报上公布欧共体委员会声明不再给予互惠待遇起，停止适用（EC）第 6/2002 号法规第 41 条第 5 款，除非声明自更早日期停止适用。

4. 第 2 款和第 3 款所指公布也应在协调局公报上公布。

第 86 条　过渡时期

1. 任何欧共体外观设计注册申请，应该在依据（EC）第 6/2002 号法规第 111 条第 2 款规定的确定日期前不超出 3 个月内，由协调局依据该规定标记申请日和实际收到申请的日期。

2. 关于申请，（EC）第 6/2002 号法规第 41 条和第 44 条所述的 6 个月优先期应自该法规第 111 条第 2 款规定的确定日期起算。

3. 协调局可以在依据（EC）第 6/2002 号法规第 111 条第 2 款规定的确定日期前出具收到通知书给申请人。

4. 协调局可以审查早于（EC）第 6/2002 号法规第 111 条第 2 款规定的确定日期的申请，并通知申请人在该日期前克服缺陷。

关于这些申请的任何决定均可以在该日期后指出。

5. 协调局、成员国中央工业产权局或者比荷卢外观设计局收到欧共体外观设计注册申请的日期早于（EC）第 6/2002 号法规第 111 条第 2 款规定的 3 个月期限开始前的，视为未提交申请。

将此通知申请人并将其申请退回。

第 87 条　生效

本法规将在欧共体公报上公布后的第 7 天生效。

本法规完全、直接地适用于所有成员国
2002 年 10 月 21 日制定于布鲁塞尔

Federik Bolkestein
欧共体委员会成员

注册式共同体外观设计审查指南[1]

翻译：周 佳

校对：朱 斌

---

[1] 原文出处：欧洲内部市场协调局（OHIM）官方网站。

目　录

一、概述 ··························· 631

　1.1　审查指南的用途（共同体外观设计法

　　　第 107 条） ····················· 631

　1.2　审查指南的章节结构 ············ 631

二、一般性原则 ····················· 632

　2.1　统一性（共同体外观设计法第 1 条第 3 款、

　　　第 32 条第 1 款） ················· 632

　2.2　注册（共同体外观设计法第 2 条、第 72 条） ··· 632

　2.3　审查员（共同体外观设计法第 103 条） ········ 632

　2.4　审查的范围（共同体外观设计法第 47 条） ······ 632

　2.5　用户亲和性（共同体外观设计法总则第 24 项） ····· 633

　2.6　时间期限（共同体外观设计实施细则第 57 条） ··· 633

　2.7　决定（共同体外观设计法第 62 条；

　　　共同体外观设计法第 38 条） ············ 634

　2.8　申诉（共同体外观设计法第 55 条） ·············· 634

三、受理申请 ······················· 634

　3.1　受理日和申请号（共同体外观设计法第 35 条；共同

　　　体外观 设计实施细则第 7 条第 1 款、第 3 款） ······ 634

3.2 发出受理通知书（共同体外观设计实施

细则第 7 条） ···································· 635

四、确定申请日 ·· 635

4.1 最低要求（共同体外观设计法第 36 条第 1 款、

第 38 条；共同体外观设计实施细则

第 10 条第 1 款） ························· 635

4.2 注册的请求（共同体外观设计法第 36 条第 1 款（a）

项、第 38 条第 2 款） ·················· 636

4.3 申请人的确认（共同体外观设计法

第 36 条第 1 款（b）项） ·············· 636

4.4 外观设计的视图（共同体外观设计法

第 36 条第 1 款（c）项；共同体外观设计实施

细则第 4 条、第 66 条） ·············· 636

4.5 样品（共同体外观设计法第 36 条第 1（c）项；

共同体外观设计实施细则第 5 条第 1 款、第 3 款、

第 65 条第 2 款） ························· 637

4.6 缺陷的处理方式（共同体外观设计法第

38 条第 2 款、第 46 条第 2 款；共同体外观设计

实施细则第 10 条第 1 款、2 款、第 66 条） ······ 638

五、不予注册的理由 ····························· 640

5.1 "外观设计"的定义（共同体外观设计法

第 3 条（a）项） ························· 640

5.2 公共政策和道德（共同体外观设计法第 9 条） ··· 641

5.3 缺陷的处理（共同体外观设计法第 47 条第 1 款
（b）项；共同体外观设计实施细则第 11 条） ··· 641

六、外观设计的产品名称 ·· 642

6.1 明确产品名称（共同体外观设计法第 36 条第 2 款；
共同体外观设计实施细则第 1 条第 1 款（d）项、
第 3 条第 3 款） ·· 642

6.2 推荐形式（共同体外观设计实施
细则第 3 条第 3 款） ·· 643

6.3 缺陷的处理（共同体外观设计法第第 45 条第 2 款
（a）项、第 46 条第 1 款、3 款；共同体外观设计
实施细则第 10 条第 3 款、第 4 款、第 8 款） ··· 643

七、分类 ·· 643

7.1 目的（共同体外观设计法第 36 条第 6 款；
共同体外观设计实施细则第 3 条第 2 款） ········· 643

7.2 洛迦诺分类（共同体外观设计法第 40 条；共同体
外观设计实施细则第 3 条第 1 款、第 3 款） ······ 644

7.3 申请人进行分类（共同体外观设计法第 36 条第 3 款
（d）项：共同体外观设计实施细则第 1 条第 2 款
（c）项、第 3 条） ·· 644

7.4 审查员进行分类 ·· 644

八、多重申请 ··· 645

8.1 不限制外观设计的项数（共同体外观设计法

第 37 条第 1 款；共同体外观设计实施细则第 2 条 1 款） …… 645

8.2 类别一致（共同体外观设计法第 37 条第 1 款） … 645

8.3 装饰（共同体外观设计法第 37 条第 1 款） …… 645

8.4 缺陷的处理（共同体外观设计法第 46 条第 1 款、3 款；共同体外观设计实施细则第 2 条第 2 款、第 10 条第 3 款、第 4 款） …… 646

九、描述 …… 647

9.1 范围（共同体外观设计法第 36 条第 3 款（a）项；共同体外观设计实施细则第 1 条第 2 款（a）项） …… 647

9.2 内容（共同体外观设计法第 36 条第 3 款（a）项；共同体外观设计实施细则第 1 条第 2 款（a）项） … 647

9.3 存档（共同体外观设计实施细则第 69 条第 2 款（o）项） …… 647

十、优先权 …… 648

10.1 在先申请（共同体外观设计法第 41 条、第 42 条；共同体外观设计实施细则第 8 条） …… 648

10.2 展览会优先权（共同体外观设计法第 44 条；共同体外观设计实施细则第 9 条） …… 649

10.3 缺陷的处理（共同体外观设计法第 40 条、第 46 条第 4 项；共同体外观设计实施细则第 10 条第 7 款） …… 650

十一、申请的形式审查 ································· 651

11.1　申请人的详细信息（共同体外观设计实施

细则第 1 条第 1 款（b）项、第 10 条第 1 款（b）

项、第 3 款、第 4 款） ···················· 651

11.2　代理人（共同体外观设计法第 45 条第 2 款、

第 46 条 3 款、第 62 条、第 77 条、第 78 条；

共同体外观设计实施细则第 1 条第 1 款(e) 项、

第 10 条第 3 款、第 4 款） ················· 652

11.3　引述设计人（共同体外观设计法第 18 条、

第 36 条第 3 款（e）项、第 45 条第 2 款（a）项、

第 46 条第 3 款；共同体外观设计实施细则

第 1 条第 2 款（d）项） ··················· 653

11.4　外观设计视图的形式（共同体外观设计法第

45 条第 2 款、第 46 条第 3 款；共同体外观

设计实施细则第 4 条第 1 款） ············· 653

11.5　重复的图案（共同体外观设计实施

细则第 4 条第 3 款） ····················· 655

11.6　印刷字体（共同体外观设计实施

细则第 4 条第 4 款） ····················· 656

11.7　样品（共同体外观设计实施细则第 5 条） ······ 656

11.8　第二语言（共同体外观设计法第 98 条；共同

体外观设计实施细则第 1 条第 1 款（h）项） ····· 656

11.9　签名（共同体外观设计法第 65 条；共同体

外观设计实施细则第 1 条第 1 款（i）项） ····· 657

11.10　缺陷的处理（共同体外观设计法第 45 条第 2 款、

第 46 条第 3 款；共同体外观设计实施细则

第 10 条第 3 款、第 4 款） ···················· 657

十二、缴费 ······································ 657

12.1 费用（共同体外观设计收费细则第 2 条至第 9 条

及附件；共同体外观设计实施细则

第 10 条第 2 款、第 6 款） ···················· 657

12.2 如何支付费用 ···························· 658

12.3 有关缴费的缺陷（共同体外观设计实施细则

第 10 条第 2 款、第 6 款） ···················· 659

十三、撤回与更正 ···························· 661

13.1 撤回（共同体外观设计实施细则

第 12 条第 1 款） ···························· 661

13.2 更正（共同体外观设计实施细则

第 12 条第 2 款、第 3 款） ···················· 661

13.3 缺陷的处理（共同体外观设计实施细则

第 12 条第 4 款） ···························· 662

十四、注册 ······································ 662

14.1 核查内容（共同体外观设计实施细则第 69 条） ··· 662

14.2 载入登记簿 ···························· 663

十五、延期公布 ································ 664

15.1 延期公布请求（共同体外观设计法第 50 条；

共同体外观设计实施细则第 15 条、第 16 条）··· 664

15.2 延期公布的效力（共同体外观设计法第 50 条）··· 664

15.3 请求公布（共同体外观设计实施细则第 15 条）··· 665

15.4 缺陷的处理（共同体外观设计实施细则
第 15 条）·· 665

15.5 延期后的公布（共同体外观设计实施细则
第 16 条、第 17 条）····························· 667

十六、公布（共同体外观设计法第 49 条；共同体外观设计实施
细则第 14 条）····································· 667

十七、证书（共同体外观设计实施细则第 17 条）············ 667

一、概述

1.1 审查指南的用途 （共同体外观设计法第107条）

本审查指南的用途在于解释从受理注册式共同体外观设计申请到注册和公布的审查实践中，应用共同体外观设计法（CDR）❶、共同体外观设计实施细则（CDIR）❷、共同体外观设计收费细则（CDFR）❸ 的具体要求。审查指南不是为了也不能用于增加或减少法律规定的内容。审查指南帮助审查员在审查过程中一致地运用法律规定，但不能期待其涵盖所有可能的情形。欧洲内部市场协调局（以下简称"协调局"）和该系统内的用户了解所涉及的内容是一个学习和认知的过程。在有必要反映出该认知过程的成果时将修订本指南。

1.2 审查指南的章节结构

本审查指南按照审查程序的先后顺序分为章节和子章节，其中包括了注册程序中从受理申请到注册和公布的步骤。在整个审查过程中应始终谨记以下一般性原则。

---

❶ Council Regulation （EC） No. 6/2002 of 12 December 2001 on Community Designs

❷ Commission Regulation （EC） No 2245/2002 of 21 October 2002 implementing Council Regulation （EC） No. 6/2001 on Community designs

❸ Commission Regulation （EC） No 2246/2002 of 16 December 2002 on the fees payable to the Office for Harmonisation in the Internal Market （Trade Marks and Designs） in respect of the registration of Community designs

二、一般性原则

2.1 统一性 （共同体外观设计法第 1 条第 3 款、 第 32 条第 1 款）

共同体外观设计法建立的体系旨在赋予权利人在整个欧盟境内统一的相同效力的保护。注册式共同体外观设计只能在全欧盟境内整体注册、转让和放弃。但是可以在部分欧盟国家内进行外观设计许可。❶

2.2 注册（共同体外观设计法第 2 条、 第 72 条）

注册式共同体外观设计要求创建并维护一个记载外观设计详细注册信息的登记簿。协调局被授权成为实施外观设计注册和维护的机构。协调局没有职权管理非注册式外观设计。

2.3 审查员（共同体外观设计法第 103 条）

审查员代表协调局负责对注册式外观设计申请作出决定。

2.4 审查的范围（共同体外观设计法第 47 条）

注册过程不涉及对符合法律保护要求的实质性审查，因此

---

❶ 译者注：共同体外观设计实施细则（CDIR）Art. 24 2 规定注册式外观设计被许可部分欧盟国家的，或者许可在一段期限内使用的，申请注册式外观设计的许可应当指出许可的部分国家或者许可的期限。

对申请人仅需负担最低的程序义务。但是，有两条拒绝注册的实质性理由：

（a）申请涉及的保护客体不符合共同体外观设计法第3（a）项中关于外观设计的定义；

（b）外观设计违背公共政策或者被普遍接受的道德准则。

如果存在上述两条理由中的其中一种情况，审查员通过审查通知书通知申请人。申请人有机会在审查决定作出前撤回、修改申请或者提交意见陈述。外观设计的定义和"公共政策或者普遍接受的道德准则"在第五章予以解释。

2.5 用户亲和性（共同体外观设计法总则第24项）

审查员应当谨记共同体外观设计法的基本目标之一是外观设计的注册应当最大限度地降低申请人的成本和难度，使得包括小、中型企业和个体设计者在内的任何申请人都可以容易地进行申请。

2.6 时间期限（共同体外观设计实施细则第57条）

共同体外观设计法、共同体外观设计实施细则、共同体外观设计收费细则都规定了关于计算时间期限的一般性原则。如果一项延长期限请求由申请人在该期限届满前提出并给出理由，则请求延长的期限可以被允许。只有在特殊情况下才允许额外的延期。

2.7 决定（共同体外观设计法第 62 条；共同体外观设计法第 38 条）

在任何案件中，如果审查员作出一项不利于申请人的决定必须说明理由。决定通过标准信件进行联系，以每个案件应选用的语言，告知相关法律规定并解释作出该决定的理由。

2.8 申诉（共同体外观设计法第 55 条）

申请人有权对任何不利于其的决定提出申诉。仅涉及一方当事人的不终止程序的决定必须与其他终局决定一起申诉，除非规定允许分开申诉。所有关于这一决定的书面联系中都应当告知当事人可以从收到决定通知之日起 2 个月内提起申诉。申诉具有中止效果。在申诉期间，审查员不会采取任何不易被逆转的程序（例如：公布），但是应当做好执行该程序的准备。申诉书必须以书面形式向协调局提交。

三、受理申请

3.1 受理日和申请号（共同体外观设计法第 35 条；共同体外观设计实施细则第 7 条第 1 款、 第 3 款）

申请可以直接向协调局提交，或者通过成员国的国家局提交，比利时、荷兰、卢森堡三国应向比荷卢工业产权局提交。在每个案件记录申请信息的文件页面上标注受理日期和申请号。

3.2 发出受理通知书（共同体外观设计实施细则第 7 条）

审查员应及时发出受理通知书。通知书应详细指明申请号、视图、确认的设计（或者是多重申请的第一项设计），文件的类型、件数和收到日，如果是多重申请则需指明提交的外观设计的项数。如果申请符合规定，可以在通知书中指出对外观设计予以受理。

如果外观设计注册申请是向包括比荷卢工业产权局在内的成员国国家局提出，受理通知书中应当显示国家局的受理日期。

如果外观设计注册申请存在缺陷，审查员将在"审查报告"中指出全部缺陷，该报告可以包括在受理通知书中。

因此，通过上述受理服务，通知申请人注册申请已受理，并可以同时告知其需要修改的缺陷和未提交的文件，以便让申请顺利进入注册程序。

通过合并受理通知书和审查报告，减少了协调局和申请人（或者其代理人）之间的意见交换次数，从而简化了注册程序。

四、确定申请日

4.1 最低要求（共同体外观设计法第 36 条第 1 款、第 38 条；共同体外观设计实施细则第 10 条第 1 款）

为了给出注册式共同体外观设计的申请日，审查员需审查申请是否至少包括：

（a）注册外观设计的请求；

（b）确认申请人身份的信息；

（c）适于复制生产的外观设计视图（或者要求延期公布的平面设计的样品）

确定申请日不要求已支付申请费。（见第十二章）

4.2　注册的请求（共同体外观设计法第 36 条第 1 款（a）项、 第 38 条第 2 款）

关于注册的请求，第四章4.1.（a）规定获得申请日的要求为，全部（至少部分地）完成协调局提供的表格。但是，申请人有自由使用他们自己的表格。

如果申请人提交的申请明显不是注册式外观设计申请，而是注册式商标申请，审查员将把文件转送相应的职权部门并且及时通知申请人。

4.3　申请人的确认（共同体外观设计法第 36 条第 1 款（b）项）

本章第4.1.（b）规定用于确定申请日时所需的申请人信息不意味着必须包括第十一章11.1列出的全部细节。申请人的确认是指应当可以从信息中清晰得知申请人的身份，比如自然人应该至少写明其姓氏和名字，法人需要指出其一般称谓。

4.4　外观设计的视图（共同体外观设计法第 36 条第 1 款（c）项； 共同体外观设计实施细则第 4 条、 第 66 条）

因为视图表达的是寻求保护的外观设计的特征，所以提供的视图清楚完整并且不存在猜测成分至关重要。

适于复制的绘制图、照片（幻灯片除外）、计算机制图或者任何其他视图都可以被接受。

为了获得申请日，当视图达到以下要求时认为其适于复制：

（i）如果申请是通过电子方式（电子申请）提交，其必须符合协调局于 2003 年 6 月 25 日作出的 EX－03－8 决议的规定。

（ii）外观设计视图必须为中性背景，并且不得使用墨水或者修正液进行修改。它必须达到可以使寻求保护的外观设计的所有细节能够被区分的质量，且根据欧盟指令 Regulation（EC）No 6/2002 第 73 条的规定，每幅视图能够被放大或者缩小到不超过 8 厘米 ×16 厘米的尺寸进行注册并直接在外观设计公报上公告。

只要设计能够被清楚地辨认出即认为背景是中性的。

协调局接受符合共同体外观设计实施细则第 4 条形式要求的所有外观设计视图。申请人有责任确保外观设计的视图达到可以使寻求保护的所有细节清晰可辨的质量。

4. 5 样品（共同体外观设计法第 36 条第 1 款（c）项； 共同体外观设计实施细则第 5 条第 1 款、 第 3 款、 第 65 条第 2 款）

如果符合下列条件，可以以样品代替外观设计的图片或照片：

（1）申请为二维平面设计，且

（2）该申请中包含延期请求。

只有同时满足上述两项要求时，才可以提交样品。如果为多重申请，只有其中同时满足了属于二维平面设计的和有延期公开请求的那部分设计可以以样品替代。

（多重）申请和样品必须以邮寄或者亲自递交的方式在一份文件中提交。协调局同时接到申请和样品时，才会给出申请日。

提交样品的形式要求见第十一章第 7 节。

4.6　缺陷的处理方式（共同体外观设计法第 38 条第 2 款、第 46 条第 2 款；共同体外观设计实施细则第 10 条第 1 款、第 2 款、第 66 条）

4.6.1　向国家局或者地区知识产权局提交申请

如果申请人选择向成员国的国家局或者比荷卢知识产权局提交申请，而申请在该局收到日后两个月内到达协调局，则接收局的收到日为申请日。

如果申请在超出收到日两个月后到达协调局，则申请到达协调局日为申请日。

4.6.2　以传真方式提交申请

申请人不适宜以传真方式提交申请，因为可能导致外观设计的图片失真。如果采用传真方式提交申请，则高度建议及时以亲自递交或者邮寄方式提交确认件。

如果申请通过传真方式提交，在下一步程序开始前，审查员将在自收到传真之日起 1 个月内等待确认件的提交。超出 1 个月的等待期间后，审查员将对现有文件进行审查。

不符合要求的传真提交方式可能引起以下两项缺陷：

（i）以传真方式提交的外观设计图片质量无法使要求保护的外观设计的所有细节清晰可辨。

（ii）收到的文件不完整和/或难以辨认。

如果确认件在自收到传真之日起 1 个月内提交，则（i）和（ii）两种缺陷会对申请日产生不同的后果：

（1）如果属于缺陷（i）的情况，审查员将以收到传真之日为申请日，

（2）如果属于缺陷（ii）的情况，审查员将以收到确认件之日为申请日。

审查员将以确认件作为审查基础。

如果通过传真方式提交申请存在上述（i）或者（ii）两项缺陷之一，但是在传真件收到之日起 1 个月内没有收到确认件，审查员将通知申请人并要求其在 2 个月内通过邮寄或者本人亲自递交的方式提交确认件以修改缺陷。如果申请人在该期限内修改缺陷且其提交的确认件的质量足以克服缺陷，则收到确认件之日为申请日。如果申请人在该期限内未能克服缺陷，审查员将不给予申请日。因此，该申请不能作为注册式外观设计申请。所有费用将被退还。

确认件提交的文件需与传真方式提交的原件一致。审查员将拒绝与传真件不相同的"确认件"。

如果协调局收到的外观设计图片仅有一部分视图因传真造成缺陷，而在超出传真件收到日 1 个月后收到确认件，则申请人有两种选择，即以确认件的收到日作为申请日，或者仍以传真件收到日为申请日但是仅保留无缺陷视图而忽略有缺陷的视图。

4.6.3 影响申请日的其他缺陷

如果审查员发现申请不符合给予申请日（见第四章第 1 节）的要求，其将通知申请人并要求其在 2 个月期限内修改缺陷。

如果该缺陷在期限内被克服，则收到克服缺陷文件之日为申请日。并随即通知申请人。

如果该缺陷未能在期限内被克服，将不给予申请日。因此，该申请不能作为注册式外观设计申请且所有费用将被退还。

五、不予注册的理由

如果审查员发现该申请存在下列问题，将驳回外观设计申请：

（a）不符合共同体外观设计法第3条（a）项中关于外观设计定义的规定，或者

（b）违反公共政策或者普遍接受的道德准则。

5.1 "外观设计"的定义（共同体外观设计法第3条（a）项）

外观设计是指产品的整体或者部分的外观特征，尤其是线条、轮廓、色彩、形状、产品本身的材质和/或者材料以及其装饰。

产品，是指任何工业和手工业制品，包括包装、装潢、图形以及字体设计，但是不包括计算机程序。

符合外观设计定义的申请才会进行审查。不符合外观设计的定义构成不予注册的理由之一。

如果外观设计申请涉及多个组件组成的产品的外观设计，外观设计的视图必须至少包括一幅显示整体产品的视图，例如，

所有组件组装而成的视图，否则将认为其视图包含的是多重设计。在一幅视图中包含多重外观设计构成视图形式缺陷。（见第十一章第 4 节）

如果一幅视图中包含了一套外观设计产品，不认为其视图表示的为共同体外观设计法第 3 条（a）项中所规定的一项外观设计，除非视图清晰表明寻求保护的是各外观设计的特征结合后产生的一项外观设计。例如，叉子、匙和刀子显示了共同的特征，它们被认为属于成套产品。必须至少有一幅视图显示成套产品的中的所有产品。

不审查产品实际上是否已经通过工业或者手工方法制造或者使用，或者是否可以制造或者使用。

5.2　公共政策和道德（共同体外观设计法第 9 条）

如果外观设计违反公共政策或者普遍接受的道德准则，审查员将驳回该申请。在共同体外观设计法中没有对"公共政策"和"道德"的法律定义。任何据此理由作出的驳回必须考虑到欧盟境内公众的感受。例如，包含法西斯内容和图像的外观设计不能被接受。一项外观设计显露出的低品位不是拒绝其注册的理由。

5.3　缺陷的处理（共同体外观设计法第 47 条第 1 款（b）项；共同体外观设计实施细则第 11 条）

如果发现了拒绝注册的理由，审查员将在审查报告中通知申请人，如果还存在其他缺陷，则一并通知。申请人可以在 2 个月期限内提交其意见陈述，撤回申请或者提交修改的外观设计视图，修改的外观设计应保持仍为同样的外观设计。如果请求人未能在指定的期限内克服不予注册的理由，则申请将被驳回。

如果多重申请中只有某项外观设计不能被注册，则可以部分驳回。

在注册阶段，仅能针对审查员依据不予注册的理由而作出的驳回决定对外观设计视图进行修改，即外观设计不符合共同体外观设计法第 3 条（a）项规定的定义，或者不符合公共政策和道德。

六、外观设计的产品名称

6.1 明确产品名称（共同体外观设计法第 36 条第 2 款；共同体外观设计实施细则第 1 条第 1 款（d）项、 第 3 条第 3 款）

申请还必须包括外观设计所要结合或者应用的产品的名称。申请人使用的产品名称需能够清晰表明产品的属性，并且使得它们能够被分入洛迦诺分类的同一类别。

产品的名称不影响注册式外观设计的保护范围。

为了明确产品，在明显的案件中，审查员会依职权用洛迦诺分类中的同义词条替换申请人使用的词语。直接的例子是，美语和英语中的同义词珠宝（jewelry – jewellery）、箱子（trunk – boot）、人行道（sidewalk – pavement）、睡衣（nightshifts – nightshirts）、垃圾（garbage – rubbish）等。但是审查员应当避免将申请人使用的词语替换成为一个更加具体的词语。

6.2　推荐形式（共同体外观设计实施细则第 3 条第 3 款）

为了加快和简化注册程序，高度推荐申请人使用洛迦诺分类表或者欧盟洛迦诺分类数据库中的项目作为产品名称。欧盟洛迦诺分类数据库通过 oami. eu. int 网页可以在线登录，其包括洛迦诺分类中的产品目录并且补充了超过 2000 个附加项目。可以获取欧盟所有官方语言版本的欧盟洛迦诺分类。

6.3　缺陷的处理（共同体外观设计法第 45 条第 2 款（a）项、第 46 条第 1 款、第 3 款；共同体外观设计实施细则第 10 条第 3 款、第 4 款、第 8 款）

一旦申请中没有包含产品名称，审查员将在审查报告中通知申请人该缺陷并且给予其自收到通知书之日起两个月的期限进行补正。如果在期限届满前未能克服该缺陷，申请将被驳回。

七、分　类

7.1　目的（共同体外观设计法第 36 条第 6 款；共同体外观设计实施细则第 3 条第 2 款）

审查员应当铭记产品的分类仅为用于管理目的。它不影响外观设计的保护范围。

7.2 洛迦诺分类（共同体外观设计法第40条；共同体外观设计实施细则第3条第1款、 第3款）

目前洛迦诺协定规定下的洛迦诺分类最新版本为1999年1月1日施行的第七版❶。洛迦诺协议中包括给出了产品所属领域一般名称的产品类别表和字母表。字母表协助于查询分类表中的每一个具体产品项。

7.3 申请人进行分类（共同体外观设计法第36条第3款（d）项； 共同体外观设计实施细则第1条第2款（c）项、 第3条）

申请人可以在申请文件中提供产品在洛迦诺分类表中的大类号和小类号。

如果申请人提供分类号，产品必须根据洛迦诺分类表中的类别进行分类，每类前注明相关的分类号并以大类 – 小类的顺序表示。

申请人没有提供分类号，或者没有按要求对产品进行分类，不构成申请的缺陷。

7.4 审查员进行分类

如果申请人没有提供分类号，审查员将进行分类。

如果申请人提供了分类号，但是分类号不正确，审查员将以其给出的分类号替换申请人的分类号。

---

❶ ——目前洛迦诺分类的最新版本已更新至2017年1月1日施行的第十一版。

如果无法根据产品类别表或者字母表进行分类，审查员可以要求申请人指明待分类的产品的属性和用途，也可以将产品分入洛迦诺分类的 99 类（即杂项类）。

八、多重申请

8.1 不限制外观设计的项数（共同体外观设计法第 37 条第 1 款；共同体外观设计实施细则第 2 条第 1 款）

一件多重申请中的外观设计项数没有限制。

8.2 类别一致（共同体外观设计法第 37 条第 1 款）

除了关于装饰的申请（见下），一件多重申请中每项外观设计所表示的产品均应属于洛迦诺分类中的同一大类。

8.3 装饰（共同体外观设计法第 37 条第 1 款）

装饰是一种附加的、装饰性的元素，能够应用于不同产品的表面且不会显著影响其轮廓。

在多重申请中，如果所有的外观设计均属于装饰，则不要求"类别一致"（见上）。

一件申请是否属于装饰，由申请人指明，其可以在协调局提供的表格中勾选相应方框，或者在自己使用的表格中提供相同的信息。申请人的决定不会受到进一步审查。但是，如果审查员根据初步判断对外观设计是否为装饰具有严重怀疑，可以作出驳回。

8.4 缺陷的处理（共同体外观设计法第 46 条第 1 款、 第 3 款；共同体外观设计实施细则第 2 条第 2 款、 第 10 条第 3 款、 第 4 款）

如果一件多重申请中产品（不包括作为装饰的外观设计）不属于同一大类，申请人将收到审查报告。审查员会要求申请人以申请中所涉及的洛迦诺类别的数量或者原始多重申请中所包括的外观设计的数量进行分案。其目的在于符合"类别一致"。

申请人应当在 2 个月期限内作出符合审查员要求的答复，同时支付从多重申请分案出的所有外观设计申请的费用。

支付的所有费用由审查员计算并在审查报告中通知申请人。审查员可以建议申请人在依据所涉及的洛迦诺类别的数量或者原始多重申请中所包括的外观设计的数量两种方式中选择最经济的分案方法。

如果申请人按照要求进行分案并且支付了所有的费用，其可以保留最初提交多重申请时的申请日。申请人也可以选择通过撤回一部分外观设计的方式部分撤回其申请，或者删除一部分产品以符合"类别一致"的要求。

如果申请人未能在期限内满足审查员的要求，其申请将被整体驳回。

九、描述

9.1 范围（共同体外观设计法第 36 条第 3 款（a）项；共同体外观设计实施细则第 1 条第 2 款（a）项）

申请人可以提交不超过 100 字的描述以解释外观设计的视图或者样品。在申请日以后提交描述将不被接受。

描述不影响注册式外观设计的保护范围。

9.2 内容（共同体外观设计法第 36 条第 3 款（a）项；共同体外观设计实施细则第 1 条第 2 款（a）项）

简要说明中不能包含任何涉及未显示在外观设计的视图或者样品中的特征。

简要说明中不能包含任何旨在阐述新颖性、独特性或者功能性的表述。

9.3 存档（共同体外观设计实施细则第 69 条第 2 款（o）项）

描述将作为文档。其不会载入登记簿或者全文公布。但是，注册信息中将包含一份描述已提交的标记。

十、优先权

10.1 在先申请（共同体外观设计法第 41 条、 第 42 条；共同体外观设计实施细则第 8 条）

可以以在先外观设计申请或者实用新型申请（不包括发明专利申请），由或者向巴黎公约的成员国或者世界知识产权组织的成员提出的申请为基础要求优先权。首次申请日后 6 个月内提交共同体外观设计申请才能要求优先权。

可以要求多项优先权，特别是在多重申请中，其中包含的多项外观设计在先已由或向前述成员国或组织独立申请。

优先权声明可以在提交申请时同时提出，或者在申请日后 1 个月内提出。

如果要求优先权，自共同体外观设计申请日之日起 3 个月内，申请人必须指明在先申请号并提交相应副本，或者提交由职权机构颁发的相应优先权文件或注册证明文件。

如果在申请日后要求优先权，优先权声明必须在自申请日后 1 个月内提出。优先权声明必须指明在先申请的申请日和国别。

包含有在先申请号在内的其他细节的在先申请副本，必须在自协调局收到优先权声明之日起 3 个月内提交。

根据共同体外观设计实施细则第 8 条（1）的规定，申请人提交的证据中应该包括由受理在先申请的权力机关作出的证明在先申请或者在先注册的副本，并且记载有证明在先申请日的声明。应当提交原件或者准确的复印件。如果原件中包含的外观设计视图有色彩，复印件也应当有色彩。

如果要求以一项在先注册式共同体外观设计为优先权，申请人应当指明在先注册式共同体外观设计的申请号和申请日。协调局将依职权在申请中附上在先申请的副本。前段所述内容不再要求。

如果在先申请没有使用任何一种协调局的五种官方工作语言❶，审查员可以要求在 2 个月期限内提交以该五种协调局官方工作语言的任意一种作出的翻译文本。但是，如果在先申请文件是以任何一种欧盟官方语言提交的，审查员将不能再作此要求。

为了避免丧失优先权，高度建议在申请文件中提出优先权声明。并且，在申请日的申请文件中提出优先权声明可以缩短注册和公告的程序。

2003 年 1 月 1 日至 3 月 31 日之间受理的外观设计申请，将以 2003 年 4 月 1 日为起点计算其优先权。因此，不能以早于 2002 年 10 月 1 日的在先申请作为要求优先权的基础。

10.2 展览会优先权（共同体外观设计法第 44 条；共同体外观设计实施细则第 9 条）

如果在申请中要求展览优先权，申请人必须在申请的同时或者自申请日起 3 个月内，提交由展览会中具有保护工业产权职责的机构出具的证明文件。该证明文件必须声明外观设计被

---

❶ 译者注：五种协调局工作语言为英语、法语、西班牙语、德语、意大利语。

结合或应用的产品以及其在展览会上公开，并且必须表明展览会的开幕日期，如果产品的首次公开日与展览会的开幕日期不一致，则应表明该产品的首次公开日。证明文件还必须附有由职权机构提供的准确记载实际公开产品的确认件。

如果申请人希望在申请日后提交展览会优先权请求，必须在自申请日起 1 个月内，提交指明展览会名称和外观设计被结合或应用的产品的首次公开日期的优先权声明。上段所述证明文件必须在协调局收到优先权声明之日起 3 个月内提交。

自外观设计首次公开日起 6 个月内提交注册式共同体外观设计申请才能享有展览会优先权。

可以获得展览会优先权的展览会为根据 1928 年 11 月 22 日《国际展览公约》规定受到官方认可的国际性展览会，如世界博览会。

10.3　缺陷的处理（共同体外观设计法第 40 条、 第 46 条第 4 项；共同体外观设计实施细则第 10 条第 7 款）

如果要求优先权，审查员将审查：

（a）是否注明在先申请的申请号；

（b）注册式共同体外观设计的申请日是否在要求的优先权日起 6 个月的时间期限内；

（c）在先申请由或者向巴黎公约或者 WTO 的成员提交；

（d）是否符合提交优先权声明的时间期限。

收到成立优先权的文件时，审查员审查其是否符合提交优先权文件的时间期限。

审查员将初步审查在先申请和本申请的主题是否相同。只有当存在明显不一致的情况下审查员才会作出驳回。

一旦发现缺陷，审查员将要求申请人在 2 个月期限内克服缺陷。如果在期限届满前缺陷未被克服，或者缺陷无法克服，将丧失优先权。

如果审查员认为申请人丧失要求优先权的权利，将随即通知申请人。

十一、申请的形式审查

11.1 申请人的详细信息（共同体外观设计实施细则第 1 条第 1 款（b）项、 第 10 条第 1 款（b）项、 第 3 款、 第 4 款）

（必要形式）申请人必须表明其姓名、地址、国籍及其居所、所在地或者机构。自然人的姓名必须指明姓氏和名字。公司、企业或者其他法人必须指明其组织形式，可以使用缩写表示（例如 PLC、S. A.），并且指明所受管辖的成员国法律。如果协调局已经为申请人分配了识别代码（ID 代码），指明身份代号和申请人姓名即符合要求。

（推荐形式）法人名称应为全称，仅其组织形式可以缩写。地址应当尽可能包括街道、街道号、城市或者镇、邮政编码和国家。申请人应当仅提供一个地址，如果有多个，审查员将把第一个地址记录为用于通信的地址，除非申请人特别指定其他地址为通信地址。申请人可以提供电话号码、传真号码和其他数据通信联系的详细信息，如电子邮箱。但是，如果没有满足推荐形式不构成缺陷。

11.2 代理人（共同体外观设计法第45条第2款、 第46条第3款、 第62条、 第77条、 第78条；共同体外观设计实施细则第1条第1款（e）项、 第10条第3款、 第4款）

在欧盟境内没有居所、主要营业场所或者真实且有效的工商业机构的自然人或者法人，除提交外观设计申请外，必须委托代理人在其他所有程序中进行代理。如果属于上述情况但没有委托代理人，申请人将接到要求其执行规定的审查报告。时间期限为2个月。如果申请人未在该期限内委托代理人，申请将被驳回。

代理人可以为：

（a）在欧盟境内有营业场所的法人的雇员且其与申请人有经济联系，

（b）成员国境内有营业场所的机构中具备资格的法律从业人员，且其具有在商标事务中被委托为代理人的资格，

（c）根据欧共体商标条例（CTMR）的规定列在协调局名单中的专业代理人，

（d）专门的外观设计事务代理人名单中的人。

除委托雇员为代理人的情况外，不需要提交授权书。

在欧盟境内有居所、主要营业场所或者真实且有效的工商业机构的自然人或者法人，不需要委托代理人。

如果委托了代理人，其姓名和办公地址必须符合第十一章第1节关于申请人地址的要求。如果有多名代理人且有不同的办公地址，申请人必须指明用于通信联系的地址。如果没有指明，审查员将记录第一个地址作为通信地址。如果申请人、代

理人或者代理机构被分配了识别代码，指明其各自的名称和识别代码即认为符合规定。申请人及其代理人在共同体商标注册事务中获得的识别代码可以在共同体外观设计注册事务中使用。

11.3 引述设计人（共同体外观设计法第 18 条、 第 36 条第 3 款（e）项、 第 45 条第 2 款（a）项、 第 46 条第 3 款；共同体外观设计实施细则第 1 条第 2 款（d）项）

申请文件中可以包括对设计人或者设计团队的引述，也可以写明设计人或者设计团队已经放弃被引述的权利。对设计人的引述、弃权或者没有任何声明都不受到审查。如果既没有引述设计人也没有声明设计人放弃被引述的权利，审查员不作出驳回。

11.4 外观设计视图的形式（共同体外观设计法第 45 条第 2 款、 第 46 条第 3 款；共同体外观设计实施细则第 4 条第 1 款）

外观设计的视图必须包含一项以绘制图或者照片表示的单独的外观设计，其可以为黑白或者有色彩。它必须满足如下要求：

（a）除以电子方式提交的申请外，视图必须使用单独的纸张提交，或者使用协调局提供的表格。

（b）如果使用单独的纸张，纸张必须为白色不透明，外观设计的视图可以粘贴或者直接打印在上面。只需提交一份文件且纸张不能折叠或者装订。

（c）纸张的规格必须为 DIN A4（长 29.9 cm，宽 21 cm），视图的大小不能超过 26.2cm×17cm。左侧页面空白不得小于 2.5 cm，在纸张上方标注视图编号，在多重申请中应使用连续编号，视图中不得包含任何说明性文字、词语、符号或者申请人的姓名和地址，除非其为如"俯视图"的名称。

（d）如果以电子方式提交申请（电子申请），必须符合 2003 年 6 月 25 日发出的第 EX－03－8 号局长令中规定的要求。

（e）外观设计必须为中性背景，并且不得使用墨水或者修正液进行修改。其必须达到使寻求保护的外观设计的所有细节清晰可辨的质量，每幅视图可以被放大或者缩小到不超过 8 厘米×16 厘米的尺寸以进行注册并且直接在外观设计公报上公告。

协调局接受有色彩的视图。如果视图有色彩，注册和公告也有色彩。

申请人有必要且有责任提交恰当的视图，用足够数量的视图清楚表达寻求的外观设计的所有特征。审查员不审查外观设计是否具有提交的视图中未表达的其他特征。

外观设计最多可以包括七幅不同的视图。视图可以为平面图、立体图、剖视图或者透视图。

可以使用显示外观设计局部细节的放大图。

一项外观设计或者外观设计特征的不同部位，必须在分别的视图中显示。

申请人需将每一幅视图以阿拉伯数字顺序编号，并以圆点分隔，第一个数字为外观设计的项数，第二个数字为图幅的编号。比如，多重申请中第二项外观设计的第六幅视图应当标注为：2.6。

如果提供的视图超过七幅，审查员将在注册和公告时忽略多余的视图。审查员不需提前通知申请人而是按照申请人为视图编号的顺序选取视图。如果图幅数超过七幅且申请人未对视图进行编号，审查员将要求申请人对视图编号并选取前七幅视图进行注册。

审查员将审查根据初步印象判断所有的视图是否属于相同的外观设计。

外观设计的视图应当仅限于寻求保护的特征。但是，视图中可以包括其他用于帮助确定寻求保护的外观设计特征的元素。在共同体注册式外观设计申请中，允许使用以下标示符号：

1. 虚线可以用于表示不寻求保护的特征或者表示在视图中不可见的部分，例如，不可见线条。因此，虚线用于表示不属于外观设计应用的视图的一部分的特征。

2. 边界线可用于圈出寻求保护的外观设计的特征。

3. 在黑白视图中可以使用色彩强调仅寻求保护的外观设计特征。

如果外观设计涉及装饰，可以使用虚线标识该装饰所应用的产品，或者使用边界线圈出该装饰。

使用虚线、边界线或色彩通过上述方式清楚确定外观设计寻求保护的特征和不寻求保护的特征属于申请人的责任，因此审查员除审查外观设计的视图是否适于公布外，不执行其他任何审查。

一旦向协调局提交了申请，则不接受其他补充提交的视图。

11.5 重复的图案（共同体外观设计实施细则第4条第3款）

如果申请注册的外观设计包含重复的表面图案，外观设计的视图必须显示完整的图案和足够的重复表面。

11.6　印刷字体（共同体外观设计实施细则第 4 条第 4 款）

如果申请注册的外观设计包含印刷字体，外观设计的视图必须包含一连串所有字母，大写和小写，所有阿拉伯数字，以及五行使用印刷字体的文字，字号均为 16 号。

11.7　样品（共同体外观设计实施细则第 5 条）

如果提交样品，样品必须粘贴在纸张上，且展开时不得超出 26.2 厘米×17 厘米，重量不超过 50 克，厚度不超过 3 毫米。样品必须适于保存，不得折叠，文件边缘尺寸的规定见 11.4 的规定。

必须提交五份样品。如果是多重申请，则每项外观设计均需提交五份样品。

11.8　第二语言（共同体外观设计法第 98 条；共同体外观设计实施细则第 1 条第 1 款（h）项）

可以使用欧盟任何一种官方语言作为申请语言。

申请人必须从以下五种欧盟官方工作语言中指定一种作为第二语言：西班牙语（ES），德语（GE），英语（EN），法语（FR）和意大利语（IT）。第二语言必须与申请语言不同。

在审查程序中，协调局使用申请语言作为书面交流的语言。但是，如果申请语言不是五种欧盟官方工作语言之一，协调局可以使用第二语言向申请人发出书面通知。

11.9   签名（共同体外观设计法第 65 条；共同体外观设计实施细则第 1 条第 1 款（i）项）

申请必须由申请人或者其代理人签字。必须写明签名人的姓名和权限。

11.10   缺陷的处理（共同体外观设计法第 45 条第 2 款、第 46 条第 3 款；共同体外观设计实施细则第 10 条第 3 款、第 4 款）

如果存在不符合上述规定的任何缺陷，审查员将在审查报告中通知申请人。给予申请人 2 个月的时间期限克服缺陷。

如果未在规定期限内克服缺陷，审查员作出驳回申请的决定。

如果在多重申请中，仅有一部分外观设计存在不符合上述规定的缺陷，只对受缺陷影响的外观设计作出部分的驳回决定。

十二、缴费

12.1   费用（共同体外观设计收费细则第 2 条至第 9 条及附件；共同体外观设计实施细则第 10 条第 2 款、第 6 款）

必须使用欧元支付费用。不接受其他币种进行缴费。

不请求延期公布的申请：

注册费

第一项外观设计   230 欧元

657

第二项至第十项外观设计　　115 欧元

第十一项以上　　50 欧元

公布费

第一项外观设计　　120 欧元

第二项至第十项外观设计　　60 欧元

第十一项以上　　30 欧元

注册费和公布费必须在提交申请时同时支付。（见第十二章第 3 节有关延迟支付的缺陷）

如果申请中包含了延期公布请求，则延期公布费替代公布费。相关费用为：

延期公布费

第一项外观设计　　40 欧元

第二项至第十项外观设计　　20 欧元

第十一项以上　　10 欧元

在多重申请中，申请人可以就其中一部分外观设计要求延期公布。

在延期公布期限届满时或届满前，如果申请人要求进行公布，则需要为外观设计或者多重申请中请求公布的外观设计支付公布费。（见第十五章延期公布）

12.2　如何支付费用

推荐通过经常账户进行缴费。如果申请人持有在协调局开设的经常账户，所有费用将在到期时自动支付，从而避免了任何权利的丧失、附加费或者逾期费。

可以在协调局开设经常账户，所有的费用将自动从权利人持有的账户中扣除，除非以书面形式指示不扣除某笔款项。

其他缴费方式包括以支票支付，通过银行向协调局账户进行转账，到协调局使用现金或者信用卡支付。

通过银行向协调局的账户转账，或者通过支票汇款，费用实际进入协调局持有的银行账户之日或者协调局收到支票之日被视为费用支付日。

如果申请人在缴费时遵守下列要求，则视为符合缴费期限的规定：

a）在成员国，在期限内作出缴费：

（i）通过银行机构进行有效的支付，或者

（ii）及时指示银行机构为缴费进行转账，或者

（iii）通过邮局发出快递或者信件，信件以协调局为收件人，并且包含了符合共同体外观设计收费细则（CDFR）第五条第 1 款（b）项的规定且可以承兑的支票。

且

b）对相关费用支付 10% 且不超过 200 欧元的附加费；如果在期限届满前 10 天满足（a）所述情形的，则不缴纳附加费。

不推荐使用银行转账的方式，因为在成员国之间进行转账经常需要花费一定时间，如果有效的转账延迟进入协调局持有的银行账户，则有可能损害申请人的利益。这意味着，如果在申请日当天指示银行进行转账，协调局的银行账户并不一定能够及时收到费用，因此申请人有可能需要支付 10% 的附加费。

12.3　有关缴费的缺陷（共同体外观设计实施细则第 10 条第 2 款、 第 6 款）

如果通过经常账户全额缴费，则不会产生缴费缺陷。因此，

下述情况仅涉及除经常账户以外的其他缴费方式。

如果费用在审查相关申请时已经到达协调局，则认为其按期缴费。

如果审查员发现尚未收到申请费（例如注册费、公布费或者要求延期公布的公布费，以及多重申请的附加注册费、公布费或延期公布费），其将要求申请人在2个月期限内支付相关费用，并同时支付共同体外观设计收费细则附件7~10中所规定的逾期费。审查员发出该通知书则申请人需要缴纳逾期费。该规定适用于没有缴费或者没有全额缴费的情形。

审查报告中将具体指明需要缴纳的实际费用，包括逾期费和/或附加费用。

申请人必须在期限届满前通过本指南第十二章第2节中规定的任何一种方式有效支付包括逾期费在内的全部费用。费用进入协调局银行账户之日或协调局收到支票之日将被视为费用的支付日，因此，申请人必须保证在期限届满前协调局收到费用或者支票。

如果未能在审查报告规定的期限内全额缴纳包括逾期费在内的所有费用，申请将被驳回。

对于多重申请，审查员只驳回没有缴纳应付费用的相应的外观设计。

如果申请人没有明确放弃哪项外观设计，审查员将按照外观设计的数字编号顺序作出处理。

缴费时应当提供足够的信息，以便迅速确定付款人身份和缴费用途。

尤其是，为缴费发出的信件必须包含缴费人姓名、费种（注册费、公布费、延期费）信息，如果可能，还可包含申请人附注的信息。

如果确定了申请日则不能退还费用，除非申请人支付的费用不足以支付全部注册费、公布费、延期公布费（如果有延期公布请求的），或者多重申请中至少一项外观设计的相关费用。

十三、撤回与更正

13.1　撤回（共同体外观设计实施细则第 12 条第 1 款）

申请人可以随时撤回注册式外观设计申请，或者是多重申请中的某一部分外观设计的注册申请。

13.2　更正（共同体外观设计实施细则第 12 条第 2 款、第 3 款）

仅申请人或代理人的姓名和地址，书写或者复印错误以及明显错误可以应申请人的请求进行更正。不允许通过更正修改外观设计的视图。

更正请求必须包括：

（a）申请号；

（b）符合第 11.1 规定的申请人姓名和地址；

（c）如果申请人委托了代理人，符合第 11.2 规定的代理人姓名和地址；

（d）声明更正的部分和正确内容。

同一申请人两份或多份申请中，关于相同内容的更正可以提交一份更正请求。

13.3　缺陷的处理（共同体外观设计实施细则第 12 条第 4 款）

如果更正申请不符合要求，审查员将要求申请人在 2 个月的时间期间内克服缺陷。如果逾期未克服缺陷，将驳回更正请求。

十四、注册

14.1　核查内容（共同体外观设计实施细则第 69 条）

审查员必须保证审查程序结束后，存在以下信息（如果适用）：

（a）申请日；

（b）申请号、多重申请中每项外观设计的编号；

（c）公开日和注册日；

（d）申请人名称、地址和国籍，以及其经常居所或者营业地所在国家；

（e）代理人姓名和营业地址，符合共同体外观设计法第 77 条（3）的规定以员工作为代理人的除外；如果有多个代理人，只记录第一代理人的姓名和地址，并在后面注明"等等"；委托代理机构的，只记录代理机构的名称和地址；

（f）外观设计视图；

（g）外观设计的产品名称，在前标注外观设计洛迦诺分类的大类和小类号；

（h）根据共同体外观设计法第 42 条规定的声明优先权的信息；

（i）根据共同体外观设计法第 44 条规定的声明展会优先权的信息；

（j）根据共同体外观设计法第 98 条第 2 款的规定，申请人在申请中声明的申请语言和第二语言；

（k）外观设计注册日和注册号；

（l）根据共同体外观设计法第 50 条第 3 款的规定要求延期公布的请求，指明延期公布的期限届满日。

（m）根据共同体外观设计实施细则第 5 条（a）项的规定，提交样品的声明；

（n）根据共同体外观设计实施细则第 1 条第 2 款（a）项的规定，提交简要说明的声明；

（o）引述设计人或者设计团队，或者声明设计人或设计团队放弃被引述的权利。

当核查内容中的所有项目已经提供后，审查员核查费用是否已支付。

14.2　载入登记簿

审查员作出授权决定并记载注册日期。随之通知申请人。

十五、延期公布

15.1　延期公布请求（共同体外观设计法第 50 条；共同体外观设计实施细则第 15 条、第 16 条）

只能在提交申请时请求延期公布。申请日后提交的延期公布请求不予考虑。

可以对多重申请中的某一部分外观设计提出延期公布请求。

15.2　延期公布的效力（共同体外观设计法第 50 条）

延期公布的期限为自申请日（有优先权的，为优先权日）起 30 个月。缩短延期公布的请求不予接受，视为其请求延期公布 30 个月。

一旦外观设计被注册，权利人可以在 30 个月期限届满前随时请求公布。

一旦延期公布，第三方可获得的相关注册信息将有所限制。可获知的信息包括权利人名称、代理人名称（如果有）、申请日和注册日、申请号。外观设计的视图和产品名称不公布。

但是，第三人在获得申请人同意后可以请求查阅全部文件，或者他们之间存在利害关系（共同体外观设计法第 74 条第 1、2款的规定），特别是利害关系人证明注册式外观设计的权利人实施了侵犯其权利的行为。

请求延期公布的权利人可以获得一份经过证明的或未证明

的包含了外观设计视图或其他载明外观设计细节的摘要（共同体外观设计实施细则第 73 条（b）项）。

15.3 请求公布 （共同体外观设计实施细则第 15 条）

30 月延期公布期限届满前 3 个月（即申请日前有 27 个月，有优先权的，为优先权日），申请人必须提交一个公布请求，并且完成下列形式规定：

（a）支付公布费，如果涉及多重申请的，同时支付附加费；

（b）如果最初提交的为样品，则需提交外观设计的视图；

（c）在多重申请中，明确需要被公布或放弃的外观设计，或者，如果延期公布的期限尚未届满，明确哪个外观设计继续延期公布。

审查员不会向申请人或者其代理人提示延期公布期限的届满日。注意该期限是申请人或者其代理人的义务。申请时或随后要求优先权的，应该特别注意，因为该优先权日将决定延期期限。如果在多重申请中不同的外观设计分别要求不同的优先权，更加应该施以注意。在此类申请中，同一个多重申请中可能存在多个不同的延期公布期限的情形。

权利人要求在 30 个月期限届满前公布的，其可以指定具体的公布日期。此类情况下，必须在请求的公布日期前 3 个月完成 15.3.（a）规定的要求。如果没有在公布请求中具体指明公布日期，必须在提出请求的同时满足公布要求。一旦技术许可，将及时公布。

15.4 缺陷的处理（共同体外观设计实施细则第 15 条）

如果协调局在 30 个月延期公布期限届满前没有收到公布请

求，视为该外观设计自始无效。

在延期公布期限届满后，审查员将通知权利人。

如果公布请求中存在不符合上述要求的任何缺陷，审查员将在延期公布期限届满前2个月通知权利人，给予权利人2个月的时间期间克服缺陷。审查员给予专利人时间期限的情形不适用于30个月延期公布期限届满后。如果给出时间期限后将超出30个月的延期公布期限，则规定的期限不得延长。

如果公布请求存在不符合上述15.3.（a）规定的缺陷，审查员将通知申请人并按上述规定给予期限。

如果在该时间期限内，权利人没有支付全部请求费用，包括逾期附加费，审查员将通知权利人该外观设计视为自始没有产生共同体外观设计法规定的效力。

不论是否提出了公布请求，结果都相同。

缴费（包括逾期附加费）不足的外观设计，或者多重申请中未足额缴费的那部分外观设计，视为自始无效。

除非权利人明确使用该费用的外观设计（一般情况下指权利人符合15.3.（c）的规定），审查员将依据编号顺序选取外观设计。

如果公布请求早于延期公布期间的27个月提出，且没有满足15.3规定的形式要求，将驳回该请求。视为该请求未提出。

但专利权人可以在30个月延期公布期限届满前3个月再次提交请求。

如果权利人不能在30个月延期公布期限届满前3个月重申其公布请求，该外观设计视为自始无效。

15.5　延期后的公布（共同体外观设计实施细则第 16 条、第 17 条）

如果不存在缺陷或者缺陷被克服，对注册式外观设计予以公布。可以根据权利人的请求，仅公布多重申请中的一部分外观设计。公布信息中包括提及曾经提交延期请求和最初提交为样品（如果有）的标注。

十六、公布（共同体外观设计法第 49 条；共同体外观设计实施细则第 14 条）

除非申请中包含有延期公布请求，否则一旦注册后马上公布。

如果多重申请中包含对其中一部分外观设计的延期公布请求，则公布那些没有要求延期公布的外观设计。

十七、证书（共同体外观设计实施细则第 17 条）

注册式外观设计公布后，签发注册证书。

注册式共同体外观设计的
无效宣告程序审查指南[1]

翻译：周　佳

校对：严若艳

---

[1]　原文出处：欧洲内部市场协调局（OHIM）官方网站。

目　录

一、概述 ……………………………………………… 673

　1.1　审查指南的用途 ………………………… 673

　1.2　审查指南的章节结构 ………………… 673

二、一般性原则 ……………………………………… 674

　2.1　统一性（共同体外观设计法第 1 条第 3 款）…… 674

　2.2　无效庭（共同体外观设计法第 105 条）………… 674

　2.3　无效的理由（共同体外观设计法第 25 条
　　　第 1 款）………………………………………… 674

　2.4　无效请求的范围（共同体外观设计法第 52 条）… 675

　2.5　对事实的审查（共同体外观设计法第 63 条）… 675

　2.6　时间期限和中止（共同体外观设计法第 91 条第 2 款；
　　　共同体外观设计实施细则第 31 条第 5 款、第 32 条、
　　　第 56 条、第 57 条）………………………………… 675

　2.7　无效决定（共同体外观设计法第 62 条；
　　　共同体外观设计实施细则第 38 条）………… 676

　2.8　上诉（共同体外观设计法第 55 条）……………… 676

三、提起无效宣告请求 ……………………………… 676

　3.1　无效请求表格（共同体外观设计实施细则

第 68 条第 1 款（f）项） ················· 676

3.2 提交方式（共同体外观设计实施细则第 65 条、

第 66 条第 2 款） ················· 677

3.3 费用的支付（共同体外观设计法第 52 条第 2 款；

共同体外观设计实施细则第 28 条第 2 款，

第 30 条第 2 款） ················· 677

四、受理 ····························· 678

4.1 无效程序中使用的语言（共同体外观设计法

第 98 条第 4 款、第 5 款；共同体外观设计实施细则

第 29 条第 5 款、第 6 款、第 30 条第 1 款） ······ 678

4.2 请求人的确认（共同体外观设计实施细则

第 28 条第 1 款（c）项、第 30 条第 1 款） ······ 679

4.3 请求人的代理人（共同体外观设计法第 77 条、

第 78 条；共同体外观设计实施细则第 28 条

第 1 款（c）项、（ii）项、第 30 条第 1 款） ··· 679

4.4 受争议的外观设计的确定（共同体外观设计法

第 24 条第 2 款；共同体外观设计实施细则

第 28 条第 1 款（a）项、第 30 条第 1 项） ······ 679

4.5 失效的外观设计 ······················ 680

4.6 理由的陈述（共同体外观设计法第 25 条第 1 款；

共同体外观设计实施细则第 28 条第 1 款

（b）项、（i）项、第 30 条第 1 款） ··········· 680

4.7 事实、证据和理由（共同体外观设计法

第 52 条第 2 款；共同体外观设计实施细则

第 28 条第 1 款、第 29 条第 5 款、第 30 条

第 1 款) ································· 680

4.8 无效请求的签章 ······················ 680

4.9 对缺陷的处理（共同体外观设计实施
细则第 30 条) ······················· 682

4.10 通知权利人（共同体外观设计法第 53 条第 2 款；
共同体外观设计实施细则第 28 条第 3 款、
第 31 条第 1 款、第 69 条第 3 款（p）项) ······ 682

五、交换意见 ······························ 683

5.1 权利人的意见陈述（共同体外观设计法
第 31 条第 2 款) ······················· 683

5.2 权利人意见陈述的翻译（共同体外观设计法
第 98 条第 4 款；共同体外观设计实施细则
第 29 条第 2 款) ······················· 683

5.3 抗辩范围（共同体外观设计法第 25 条第 6 款、
第 53 条第 2 款) ······················· 683

5.4 无效请求人的答复（共同体外观设计法
第 63 条第 2 款；共同体外观设计实施细则
第 31 条第 3 款) ······················· 684

5.5 对无效请求人答复的翻译（共同体外观设计法
第 98 条第 4 款；共同体外观设计实施细则
第 81 条第 1 款) ······················· 684

5.6 意见交换程序的结束（共同体外观设计法
第 53 条第 2 款、第 63 条第 2 款) ··············· 685

六、证据的录取（共同体外观设计法第 65 条；共同体外观设计

实施细则第 43 条、第 46 条）·············· 685

七、口头审理程序（共同体外观设计法第 64 条；共同体

外观设计实施细则第 38 条第 1 款、第 42 条、

第 46 条）················· 685

八、审查和决定·················· 686

8.1 无效审查程序的开始（共同体外观设计法第 5 条；

共同体外观设计实施细则第 31 条第 5 款）····· 686

8.2 没有实体性判决而终止程序················ 686

8.3 诉讼费用判决（共同体外观设计法第 70 条；

共同体外观设计实施细则第 79 条）·········· 687

8.4 确定诉讼费用（共同体外观设计法第 70 条第 6 款；

共同体外观设计实施细则第 79 条）·········· 687

8.5 记录登记薄（共同体外观设计法第 53 条第 3 款；

共同体外观设计实施细则第 69 条第 3 款

（q）项）················ 688

九、被控侵权方的参与（共同体外观设计法第 54 条；

共同体外观设计实施细则第 33 条）············ 688

缩略语 ·················· 690

术语表 ·················· 691

一、概述

1.1　审查指南的用途

无效宣告程序审查指南的用途在于解释在注册式共同体外观设计（以下简称"外观设计"）的无效宣告审查程序审查实践中，应用共同体外观设计法（CDR）❶、共同体外观设计实施细则（CDIR）❷、共同体外观设计收费细则（CDFR）❸的具体要求。审查指南帮助无效庭的成员在无效程序中一致地运用法律规定，并作为相关当事人的指导。审查指南为一般性规定，无法涵盖所有可能的情形。在有必要反映出无效程序实际经验的结果时，会修订本指南。

1.2　审查指南的章节结构

本审查指南按照从受理无效宣告请求到作出无效决定的程序顺序撰写。在整个无效程序中应始终遵循一般性原则（见第二部分）。

---

❶　Council Regulation（EC）No. 6/2002 of 12 December 2001 on Community Designs

❷　Commission Regulation（EC）No 2245/2002 of 21 October 2002 implementing Council Regulation（EC）No. 6/2001 on Community designs

❸　Commission Regulation（EC）No 2246/2002 of 16 December 2002 on the fees payable to the Office for Harmonisation in the Internal Market（Trade Marks and Designs）in respect of the registration of Community designs

二、一般性原则

2.1 统一性（共同体外观设计法第 1 条第 3 款）

共同体外观设计法赋予权利人在整个欧盟境内统一的相同效力的保护。一项外观设计只能在全欧盟境内注册、转让或者放弃。因此，宣告外观设计无效的效力延及整个欧盟境内。

2.2 无效庭（共同体外观设计法第 105 条）

无效宣告程序中，无效庭代表欧洲内部市场协调局（以下简称"协调局"）作出审查决定。它由三名成员组成，其中至少有一名具有法律资格。

无效庭中一名为案件的主审员。其负责处理程序事务和起草无效决定。

2.3 无效的理由（共同体外观设计法第 25 条第 1 款）

共同体外观设计法第 25 条第 1 款所列各项为宣告外观设计无效的理由。以共同体外观设计法第 25 条第 1 款规定以外的其他理由请求宣告外观设计无效的将被驳回。

共同体外观设计法第 25 条第 1 款中从（a）到（g）的每一项可单独构成无效理由。在一件无效请求中陈述多项无效理由不需承担附加费用。如果请求人使用协调局提供的表格，其必须在相应的无效理由的方框处打勾。

无效宣告请求日后请求人不能再提出其他新理由。但是，请求人可以依据不同的理由重新提出无效宣告请求。

2.4　无效请求的范围（共同体外观设计法第52条）

在无效程序中，请求人寻求的救济只能宣告从争议的注册式共同体外观设计无效。

外观设计必须单独宣告无效，即使它们包含在一件多重申请中。如果对多重申请中的一项以上的外观设计产生争议，请求人必须对多重申请中每项受争议的外观设计分别提出无效宣告请求，并且支付费用。

2.5　对事实的审查（共同体外观设计法第63条）

在无效程序中，无效庭的审查仅限于当事人提交的事实、证据和理由。但是，无效庭必须对这些事实、证据和理由进行法律判断。

2.6　时间期限和中止（共同体外观设计法第91条第2款；共同体外观设计实施细则第31条第5款、第32条、第56条、第57条）

延长期限的请求必须在期限届满前提出并陈述理由，例如，当事人需要更多的时间收集证据。

在双方当事人寻求和解期间，无效程序可以应双方的请求而中止。

如果无效宣告请求是基于一项在先权利，而该在先权利的有效性受到争议，则无效程序可以应任何一方当事人的请求而中止。

在听取当事人的意见陈述后无效庭应该自行决定是否中止无效宣告程序，除非有继续该程序的特殊理由，如受争议的外观设计已经处于在具有管辖权的国家法院开始进行反诉程序，且该反诉程序并未中止。

如果对同一外观设计有多个无效宣告请求案件，而在对其中一个无效请求案件的初步审理中显示，该外观设计具有被无效的可能性，则无效庭将审理该无效请求案件而暂缓对其他案件的审理，并且通知相应的请求人。

2.7 无效决定（共同体外观设计法第 62 条；共同体外观设计实施细则第 38 条）

无效庭的决定仅能依据已给予当事人意见陈述机会的理由或者证据。理由在无效决定中记述。

2.8 上诉（共同体外观设计法第 55 条）

在无效程序中，受到无效决定不利影响的任何一方当事人都有权上诉。涉及其中一方当事人的不终止程序的决定只能与最终决定一起被上诉，除非该决定允许被单独上诉。任何有关这一决定的书面文件中都包含了自收到决定通知之日起 2 个月内可以提起上诉的通知。上诉产生中止无效决定的效果。

三、提起无效宣告请求

3.1 无效请求表格（共同体外观设计实施细则第 68 条第 1 款（f）项）

协调局提供了无效宣告请求的表格。该表格可以在协调局的网站 http：//oami. eu. int 下载。高度建议使用该表格。

请求人应当提交文件一式两份，其中一份用于转送给权利人，以免因为复印造成文件质量的缺损。如果请求人仅提交了一份，则无效庭可以要求请求人在 2 个月内再提交一份。

3.2 提交方式（共同体外观设计实施细则第 65 条、第 66 条第 2 款）

无效宣告请求可以通过邮寄、特别递交服务、亲自递交或者传真的方式向协调局提交。一旦技术条件许可，在随后的局长令中，将允许以电子方式提交请求。

不推荐通过传真方式提交无效宣告请求，特别是以缺乏新颖性和/或独特性为理由提出无效宣告请求时，因为传真有可能造成需要提交的在先设计复印件的损坏。

如果通过传真方式提交无效宣告请求，请求人可以提交两份原件，无效庭将把其中一份转送权利人。如果请求人没有提交原件，而无效庭认为传真方式提交的文件不能满足质量要求，将要求请求人在 1 个月期限内提交原件。

3.3 费用的支付（共同体外观设计法第 52 条第 2 款；共同体外观设计实施细则第 28 条第 2 款，第 30 条第 2 款）

直至支付了全额的请求费后，才认为无效宣告请求已提交。

最好的支付方式是通过经常账户。如果请求人或者代理人持有在协调局开设的经常账户，除非给予相反指令，费用将在无效宣告请求受理时自动支付。

其他支付方式有支票付款，向协调局的银行账户转账，或者到协调局办公处现场以现金或者信用卡支付。

通过银行向协调局的账户转账，费用实际进入协调局持有的银行账户之日被视为费用支付日。通过支票汇款，如果支票可兑现，协调局收到支票之日被视为费用支付日。

如果协调局发现费用并未支付，将通知请求人并要求其在收到通知之日起 2 个月内支付费用。如果请求人没有履行该要求，视为没有提交无效请求。

费用支付日决定了无效宣告请求的请求日。

四、受理

4.1　无效程序中使用的语言（共同体外观设计法第 98 条第 4 款、第 5 款；共同体外观设计实施细则第 29 条第 5 款、第 6 款、第 30 条第 1 款）

如果受争议的外观设计注册时使用的是五种工作用官方语言之一，则其为无效程序中使用的语言。如果注册时使用的不是五种工作用官方语言之一，则无效程序使用受争议的外观设计注册时指定的第二语言。

无效宣告请求必须以无效程序使用的语言提交。如果无效请求不是以无效程序使用的语言提交，无效庭将通知请求人要求其在自收到通知之日起 2 个月内提交翻译文本。如果请求人没有满足该要求，无效请求将被驳回。

在自外观设计的权利人收到无效宣告请求通知文件起 2 个月内，无效程序的当事人可以就使用另外一种欧盟官方用语作为无效程序中使用的语言达成协议。如果无效请求不是以该语言提交的，请求人必须在将该协议通知协调局之日起 1 个月内提交该语言的无效宣告请求翻译文本。

4.2　请求人的确认（共同体外观设计实施细则第 28 条第 1 款（c）项、 第 30 条第 1 款）

无效宣告请求必须包含请求人的姓名和地址。

如果请求书中的信息不能够明确请求人的身份，且未在两个月内克服该缺陷，则无效请求将被驳回。

4.3　请求人的代理人（共同体外观设计法第 77 条、 第 78 条；共同体外观设计实施细则第 28 条第 1 款（c）项、（ii）项、 第 30 条第 1 款）

如果请求人没有住所、主要经营场所或者真实且有效的工商业机构，其必须由代理人进行代理，否则将被要求在 2 个月期限内指定一名代理人。如果请求人没有满足该要求，无效请求将被驳回。

4.4　受争议的外观设计的确定 （共同体外观设计法第 24 条第 2 款；共同体外观设计实施细则第 28 条第 1 款（a）项、 第 30 条第 1 款）

无效宣告请求必须包括受争议的外观设计注册时的注册号和其权利人的姓名、地址。

如果请求书中的信息不能够明确受争议的外观设计，则请求人需在 2 个月内提供相关信息。如果请求人没有满足该要求，无效请求将被驳回。

4.5 失效的外观设计

如果受争议的外观设计在无效宣告请求的提交日已经失效或者被放弃，请求人需要在 2 个月的期限内提交其对无效宣告具有法律上的利害关系的证据。如果请求人没有满足该要求，无效请求将被驳回。

法律上的利害关系是指，请求人证明受争议的外观设计的权利人已经采取行动以其外观设计为手段对抗请求人的权益。

4.6 理由的陈述（共同体外观设计法第 25 条第 1 款；共同体外观设计实施细则第 28 条第 1 款（b）项、（i）项、 第 30 条第 1 款）

无效宣告请求书中必须包含提起无效请求所依据的理由。指出共同体外观设计法第 25 条第（1）款中相关章节即被认可，例如指出理由为"第 25 条第 1 款（a）项"。如果请求人使用协调局提供的表格，在表格中"理由"方框内勾选即可认为陈述了理由。如果无效请求中不能明确请求所依据的理由，则请求人将被要求在 2 个月的期限内提交对无效理由的陈述。如果请求人没有满足该要求，无效请求将被驳回。

4.7 事实、 证据和理由（共同体外观设计法第 52 条第 2 款；共同体外观设计实施细则第 28 条第 1 款、 第 29 条第 5 款、 第 30 条第 1 款）

请求人必须指出支持其无效请求理由的事实、证据和理由。

如果请求人主张受争议的外观设计缺乏新颖性或者独特性（共同体外观设计法第 25 条第 1 款（b）项），请求书中必须包括影响其新颖性或者独特性的在先设计的名称和视图，以及证明在先设计已经在先公开的文件。

如果请求人主张受争议的外观设计的权利人不具备享有该权利的资格，则请求书中必须特别包括显示请求人对其享有合法权益的法院判决。

如果请求人主张受争议的外观设计与在先设计相冲突（共同体外观设计法第 25 条第 1 款（d）项），请求书中必须包括一幅包含有作为无效宣告请求基础的在先设计细节的视图，以及显示出请求人有资格以在先设计提起无效宣告请求的文件。

如果请求人主张受争议的外观设计未经授权使用特殊标志（共同体外观设计法第 25 条第 1 款（e）项）或者受版权保护的作品（共同体外观设计法第 25 条第 1 款（f）项），请求书中必须包括一幅包含有该特殊标志或者受版权保护的作品的细节的视图，并且需要特别表明请求人是在先权利的持有人。

如果请求人主张受争议的外观设计不正当使用巴黎公约第六款所列项目或者该第六款所述之外涉及成员国特别公共利益的徽章、符号、盾章（共同体外观设计法第 25 条第 1 款（g）项），请求人必须提交包括一幅包含有所有涉及的项目的视图，并且需要特别表明无效请求是由与不正当使用相关的个人或者法人提交。

如果未提交所需的事实、证据和理由，并且在自无效庭要求其提交之日起 2 个月内请求人未能补正该缺陷，则无效请求将被驳回。（见 4.9 的规定）

如果支持无效请求的证据未以无效程序使用的语言提交，

请求人必须在提交该证据之日起 2 个月内递交该语言的翻译文本。如果未递交翻译文本，则法庭对该证据将不予考虑。

4.8 无效请求的签章

无效宣告请求必须由请求人签章，或者如果有代理人的，由代理人签章。

如果没有签章，无效庭将要求请求人在 2 个月内修改该缺陷。如果请求人没有满足要求，无效请求将被驳回。

4.9 对缺陷的处理（共同体外观设计实施细则第 30 条）

如果无效庭发现无效请求不能被接受并且该缺陷未被克服，将作出不接受该无效请求的驳回决定。所缴纳的费用不退还。

4.10 通知权利人（共同体外观设计法第 53 条第 2 款；共同体外观设计实施细则第 28 条第 3 款、 第 31 条第 1 款、第 69 条第 3 款（p）项）

如果无效庭认为无效请求可以被接受，无效请求文件将转送权利人，并且开始计算权利人对无效请求提交答复意见的 2 个月时间期限。延长该时间期限的请求应在期限届满前提出并且说明理由。相应地通知无效请求人并且记载无效宣告请求日。

如果无效庭认为无效请求不能被接受，协调局将通知权利人有一项无效宣告请求提出且因不能被接受而驳回。

五、交换意见

5.1　权利人的意见陈述（共同体外观设计法第 31 条第 2 款）

权利人的意见陈述将被及时转送无效请求人。

权利人应提交意见陈述一式两份，其中一份用于转送无效请求人，以免因为复印造成文件的质量损失。

如果权利人未在 2 个月内提交意见陈述，无效庭将依据之前提交的证据作出无效决定。

5.2　权利人意见陈述的翻译（共同体外观设计法第 98 条第 4 款；共同体外观设计实施细则第 29 条第 2 款）

如果无效程序使用的语言不是受争议的外观设计申请时使用的语言，权利人可以以申请时使用的语言提交其意见陈述。协调局负责将其意见陈述翻译成无效程序使用的语言，并及时将翻译文本转送无效请求人。

5.3　抗辩范围（共同体外观设计法第 25 条第 6 款、 第 53 条第 2 款）

权利人的意见陈述应当指出其欲在何种程度内保护受争议的外观设计。如果权利人未给出这样的表示，则认为其寻求维持外观设计原始注册时的形式，也就是其整体。如果权利人要求以修改的形式维持其外观设计，则需要提交修改后的形式。

以修改后的形式保留受争议的外观设计的请求应当在无效程序中提出。请求人有机会对外观设计的修改是否符合要求及其是否仍保持了相同的设计发表意见。以修改的形式维持外观设计的决定将被包含在最终的无效决定中。

5.4 无效请求人的答复（共同体外观设计法第63条第2款；共同体外观设计实施细则第31条第3款）

如果权利人的意见陈述中包含了新事实、新证据和新理由，或者要求以修改的形式维持外观设计，则无效请求人应在2个月的期限内对权利人的意见陈述作出答复。随之通知权利人。

无效请求人的任何答复都将被转送权利人。

无效请求人应当提交其答复一式两份，其中一份用于转送给权利人，以免因为复印造成文件质量的缺损。如果请求人仅提交了一份，则无效庭可以要求请求人在2个月期限内再提交一份。

5.5 对无效请求人答复的翻译（共同体外观设计法第98条第4款；共同体外观设计实施细则第81条第1款）

无效请求人的任何答复必须使用无效程序的语言。如果无效请求人被要求进行答复而其未使用无效程序的语言，则无效请求人必须在提交原始答复意见之日起1个月内提交翻译文本。如果无效请求人按时提交翻译文本，该文本将被转送权利人。如果无效请求人未能在期限内提交翻译文本，则其答复意见视为未提交。

5.6 意见交换程序的结束（共同体外观设计法第 53 条第 2 款、第 63 条第 2 款）

如果当事人的意见陈述中不包含新事实、新证据或者新理由，无效庭将通知双方当事人书面程序结束，无效决定随后作出。

协调局将不予考虑在书面程序结束后由当事人提交的事实、证据和理由。

六、证据的录取（共同体外观设计法第 65 条；共同体外观设计实施细则第 43 条、第 46 条）

如果一方当事人提交证人或者专家的口头证据时，除非无效庭认为有必要举行听证，一般将要求当事人以书面形式提交证人证言或者专家意见。证人的证言必须宣誓、证实或依据证言形成的国家法律可以产生类似的效力。

七、口头审理程序（共同体外观设计法第 64 条；共同体外观设计实施细则第 38 条第 1 款、第 42 条、第 46 条）

如果认为口头审理程序是适宜的，可以依无效庭的要求或者应任何一方当事人的请求举行。

如果无效庭举行口头审理，主审员将就案件的案情拟定一个初步观点，并且指出其认为需要引起注意的争点，以便在无效决定中采用。初步概述将被包括在举行口头审理程序的通知中。

如果受争议的外观设计已公开，则口头审理程序包括无效决定的送达都是公开的，除非对公众的公开会导致严重的且不公正的不利因素，特别是对于无效程序中的某一方当事人。在口头审理通知书中相应通知当事人。

八、审查和决定

8.1 无效审查程序的开始（共同体外观设计法第5条；共同体外观设计实施细则第31条第5款）

一旦无效请求被受理并可被接受，无效庭即开始审查程序。无效庭可以召集当事人进行和解。

8.2 没有实体性判决而终止程序

在下列情况下，不作出实体性判决而无效程序终止：

（1）无效请求人撤回其请求，或者

（2）权利人整体地放弃外观设计，且无效请求人对被放弃的外观设计没有法律上的利害关系，或者

（3）受争议的外观设计已经失效，且无效请求人在继续的程序中没有法律上的利害关系，或者

（4）当事人已经达成和解。

无效庭通知当事人无效程序结束，不作出实体性判决。

8.3　诉讼费用判决（共同体外观设计法第 70 条；共同体外观设计实施细则第 79 条）

实体性判决中包括关于诉讼费用的判决，但当事人对于费用达成协议的除外。

败诉方将承担诉讼费。

如果权利人是败诉方，其需要承担附加费用。

如果注册的外观设计虽被宣告无效，但是以修改的形式予以维持，权利人将承担费用。

如果没有实体性判决，在单方或者双方当事人要求时才会作出诉讼费用判决：

（1）如果无效请求人撤回其请求，则无效请求人承担费用。

（2）如果当事人达成和解，双方当事人将承担各自的费用，无效请求人需要承担无效请求费，除非当事人之间同意其他方式。

（3）如果无效程序因为权利人整体性放弃其外观设计而终止，权利人需要承担诉讼费用和无效请求费。

（4）如果外观设计已经失效且请求人没有后续的法律上的利害关系，则双方当事人承担其各自的费用，无效请求人承担请求费。

8.4　确定诉讼费用（共同体外观设计法第 70 条第 6 款；共同体外观设计实施细则第 79 条）

在无效程序中无效庭可以应单方或者双方当事人的要求确

定诉讼费用。共同体外观设计实施细则第 79 条规定了败诉方需要承担的费用的种类和数额。

8.5　记录登记簿（共同体外观设计法第 53 条第 3 款；共同体外观设计实施细则第 69 条第 3 款（q）项）

无效决定的决定日和决定正文或者其他有关程序终止的信息一旦完成将被记录到登记簿中。

九、被控侵权方的参与（共同体外观设计法第 54 条；共同体外观设计实施细则第 33 条）

任何第三方当事人如果证明其在针对同一外观设计的侵权程序中受到起诉，只要协调局还没有作出最终决定，则该第三方当事人可以作为一方当事人加入外观设计的无效程序中。

被控侵权人必须在侵权程序开始之日起 3 个月内提交请求，以一方当事人的身份加入无效程序。

第三方当事人均需要证明：

（1）注册式共同体外观设计的权利人要求其停止被控侵权行为，且

（2）所涉及第三方当事人已经启动司法程序请求裁定其没有对注册式共同体外观设计实施侵权行为。

要求加入成为一方当事人的请求必须以书面方式提交并陈述理由。

如果未支付无效费用，该请求视为未提出。

缩略语及术语解释

缩略语

1. 共同体外观设计法（CDR）：2001 年 12 月 12 日欧盟理事会 2002/6/EC 条例 关于共同体外观设计（Council Regulation (EC) No. 6/2002 of 12 December 2001 on Community Designs）

2. 共同体外观设计实施细则（CDIR）：2002 年 10 月 21 日欧盟委员会 2245/2002 条例 关于共同体外观设计欧盟理事会 6/2002 条例（Commission Regulation (EC) No 2245/2002 of 21 October 2002 implementing Council Regulation (EC) No. 6/2002 on Community designs）

3. 共同体外观设计收费细则（CDFR）：2002 年 12 月 16 日第 2246/2002 号欧盟委员会条例关于向欧洲内部市场协调局支付欧共体外观设计注册费（Commission Regulation (EC) No 2246/2002 of 16 December 2002 on the fees payable to the Office for Harmonisation in the Internal Market (Trade Marks and Designs) in respect of the registration of Community designs）

4. 审查指南：《注册式共同体外观设计审查指南》（Examination Guidelines Community Design）

5. 无效审查指南：《注册式共同体外观设计的无效宣告程序审查指南》（Guidelines for the Proceeding Relating to a Declaration of Invalidity of a Registered Community Design）

术语表

1. 非注册式外观设计（Unregistered Community Design）：是指外观设计不需要经过注册，自其在欧盟境内首次为公众所知之日起 3 年起，可以获得保护。

2. 注册式外观设计（Registered Community Design）：是指外观设计由申请人向欧洲内部市场协调局提出申请，经过审批后可以在一定期限内在欧盟境内获得保护。其保护期为自申请日起 5 年，且能够续展，最长至 25 年。

3. 复合产品（Complex Product）：是指由多个部件组成的产品，这些部件允许产品分拆和重新组装。构成复合产品一部分的产品所使用的或者包含的外观设计在具备了两个条件时，才能被视为具有新颖性和独特性：作为复合产品的组成部件在正常使用过程中仍然可见，并且组成部分本身满足新颖性和独特性的要件。

4. 多重申请（Multiple Application）：是指在一件注册式外观设计申请中提交多项外观设计。多重申请要求各项外观设计必须属于洛迦诺分类中的同一大类，或者，某一大类下的多项外观设计与属于装饰类的外观设计的合案申请。

6. 装饰（Ornamentation）：是指一种附加的、装饰性的元素，能够应用于不同产品的表面且不会显著影响其轮廓。一件申请是否属于装饰，由申请人指明，其可以在欧洲内部市场协调局提供的表格中勾选相应方框，或者在自己使用的表格中提供相同的信息。申请人的决定不会受到进一步审查。在多重申请中，如果所有的外观设计均属于装饰，则不要求类别一致。

7. 延期公布（Deferment of Publication）：注册式外观设计被注册后不立即公布，申请人可以要求自申请日或者优先权日起最长 30 个月内公布外观设计。

8. 展览会优先权（Exhibition Priority）：如果注册式外观设计申请的申请人在属于国际展览会公约（1928 年 11 月 22 日在巴黎签订，1972 年 11 月 30 日修订）规定的官方组织或者承认的国际展览会上公开了其外观设计，可以在首次公开的 6 个月内，提交欧盟注册式外观设计申请时，要求享有展览会优先权。

9. 独特性（Individual Character）：如果一项外观设计给予见多识广的用户的整体印象与任何能为公众所知的外观设计给予该用户的整体印象不同，则该外观设计具有独特性。

10. 第二语言（Second Language）：注册式外观设计可以使用欧盟任何一种官方语言作为申请语言。但必须从欧盟五种官方工作语言（西班牙语、德语、英语、法语、意大利语）中指定一种作为第二语言。该语言有可能在欧盟内部市场协调局的有关程序中被使用。例如：在审查程序中，欧洲内部市场协调局一般使用申请语言作为书面交流的语言，但是，如果申请语言不是五种欧盟官方工作语言之一，其可以使用第二语言向申请人发出书面通知。

11. 程序语言（Language of Proceedings）：在无效程序中所使用的语言，应为申请注册式共同体外观设计时所使用的语言，如果申请时使用的不是欧盟官方工作语言之一，则使用申请中指定的第二语言作为程序语言。

12. 描述（Description）：注册式外观设计申请文件中的每件外观设计可以附一份不超过 100 字的描述，仅涉及外观设计或者其样品上显示的特征，不能包含具有新颖性或独特性或工业价值等声明性内容。描述不影响外观设计的保护范围。

13. 欧盟洛迦诺分类数据库（EuroLocarno Database）：通过 oami. eu. int 网页可以在线登入，其包括洛迦诺分类中的产品目录并且补充了超过 2000 个附加项目。

日本部分

日本外观设计法

日本外观设计法施行规则

日本外观设计审查基准

日本外观设计法[1]

(1959 年 4 月 13 日第 125 号法律，2011 年 6 月 24 日第 74 号法律最后修改)

翻译：洪　芳

校对：张　霞

---

[1]　基于条法司 2008 年翻译版本，结合日本特许厅网站 http：//www. jpo. go. jp，法令・基准，《特許法等の一部を改正する法律》（平成 23 年 6 月 8 日第 63 号法律），2012.1.23，再修订。

目　录

第一章　总　则 ……………………………………… 698

第二章　外观设计注册和外观设计注册申请 …………… 699

第三章　审　查 ……………………………………… 709

第四章　外观设计权 ………………………………… 711

　　第一节　外观设计权 …………………………… 711

　　第二节　侵权 …………………………………… 722

　　第三节　注册费 ………………………………… 724

第五章　复审 ………………………………………… 727

第六章　重审及诉讼 ………………………………… 730

第七章　杂则 ………………………………………… 734

第八章　罚则 ………………………………………… 740

附则 ………………………………………………… 742

第一章　总　则

（目的）

第一条　本法之目的在于通过保护和应用外观设计，鼓励外观设计创作，进而推动产业的发展。

（定义）

第二条

1. 本法所称"外观设计"，是指能够通过视觉引起美感的产品（含产品的构成部分。第八条除外，以下同）的形状、图案或者色彩及其结合。

2. 在前款中，产品的构成部分的形状、图案或者色彩及其结合包括用于产品的操作（限于为了使该产品进入能够发挥其功能的状态而进行的操作)❶ 的图像，包含该产品或者在与该产品一体使用的产品上显示的图像。

3. 本法所说的外观设计的"实施"，是指外观设计产品的制造、使用、转让、出租、出口、进口、许可转让或者许可出租（包括以转让或出租为目的的展示，以下同）的行为。

4. 本法所称的"注册外观设计"是指已取得外观设计注册的外观设计。

---

❶ 《中日关于物品界面设计法律保护的比较研究》管育鹰，"即在该状态下物品的机能可以实施，而不是正在实施。"物品正在实施的状态"下的界面，如计算机软件界面、游戏演示界面或网页设计并不属于受《意匠法》保护的对象。"

第二章　外观设计注册和外观设计注册申请

（外观设计注册的要件）

第三条

第三条之一

1. 创作了适于工业应用的外观设计的人，除下述外观设计之外，均可就其外观设计取得外观设计注册：

（一）外观设计注册申请前在日本国内或者国外已公知的外观设计；

（二）外观设计注册申请前在日本国内或者国外所发行的出版物上已有记载的外观设计或者通过电信线路公众可利用的外观设计；

（三）与前两项所列外观设计类似的外观设计。

2. 外观设计注册申请前，具备该外观设计所属领域一般常识的人根据在日本国内或者国外已公知的形状、图案或者色彩及其结合能够容易地创作出该外观设计的，不受前款规定所限，不能就该外观设计（前款各项所列者除外）取得外观设计注册。

第三条之二　外观设计注册申请所涉及的外观设计，与在其申请日前提交的、并且在其申请后根据第二十条第三款或者第六十六条第三款的规定在外观设计公报上刊载的其他外观设计注册申请（在本条中，下称"在先外观设计注册申请"）的申请书的记载及申请书所附的图片、照片、模型或者样品所表现的外观设计的一部分相同或类似时，不受前条第一款的规定限制，不能取得外观设计注册。但是，当外观设计注册申请的申请人与上述在先外观设计注册申请的申请人为同一人、且根据第二十条第三款的规定在登载在先外观设计注册申请的外观设计公报（依该条第四款的规定登载该条第三款第四项事项的除外）的发布日前提出该外观设计注册申请的，则不受此限。

（外观设计新颖性丧失的例外）

第四条

1. 违背有权取得外观设计注册的人的意愿，造成外观设计注册申请符合第三条第一款第一项或第二项时，有权取得外观设计注册的人就该外观设计在符合之日起六个月以内提出外观设计注册申请的，在适用该条第一款及第二款的规定时，其外观设计视为不符合该条第一款第一项或者第二项的规定。

2. 因有权取得外观设计注册的人的行为，造成外观设计注册申请符合第三条第一款第一项或者第二项时，有权取得外观设计注册的人就该外观设计在符合之日起六个月以内提出外观设计注册申请的，该条第一款及第二款的适用也与前款相同。

3. 欲适用前款规定的人必须在外观设计注册申请的同时向特许厅长官提交要求适用的文件，并且应当在外观设计注册申请之日起三十日之内向特许厅长官提交符合第三条第一款第一项或者第二项的外观设计可以适用前款规定的书面证明。

（不能授予外观设计注册的外观设计）

第五条

第五条之一

下列外观设计，尽管有第三条的规定，也不能取得外观设计注册：

（一）有害于公共秩序或者善良风俗的外观设计；

（二）与他人经营相关产品发生混淆之虞的外观设计；

（三）仅由为确保产品功能而不可或缺的形状构成的外观设计。

（临时一般实施权）

第五条之二

1. 有权取得外观设计注册的人，基于该外观设计注册而将取得的外观设计权，在该外观设计注册申请的请求书的记载或者请求书所附的图片、照片、模型或者样品所表现的外观设计或者类似外观设计的范围内，可许可他人以临时一般实施权。

2. 根据前款规定，当临时一般实施权相关的外观设计注册申请进行外观了设计权授权注册后，对于该外观设计权，在该临时一般实施权设定的行为范围内，视为该具有临时一般实施权的人被许可了一般实施权。

3. 专利法（1959 年第 121 号法律）第三十三条第二款、第三款，第三十四条之三第四款、第六款、第八款至第十款，以及第三十四条之五的规定，参照适用临时一般实施权。此时，该法第三十四条之三第八款中的"第四十六条第一款"应替换为"外观设计法第十三条第二款"，同法条第九款中的"根据外观设计法（1959 年第 125 号法律）第五条之二第一款规定的有关临时一般实施权的外观设计注册申请，第四十六条第二款"应替换为"根据第一款或者前条第四款的规定有关临时一般实施权的专利申请，外观设计法第十三条第一款"。

（外观设计注册申请）

第六条

1. 欲申请外观设计注册的人，必须向特许厅长官提交记载有下述事项的请求书，并附以记载有欲取得外观设计注册的外观设计的图片：

（一）外观设计注册申请人的姓名或者名称，以及住所或者居所；

（二）外观设计设计人的姓名，以及住所或者居所；

（三）外观设计相关产品。

2. 在经济产业省令有规定时，可以提交表现外观设计的照片、模型或者样品，以此替代前款规定的图片。此时必须在请求书中记载照片、模型或者样品的类型。

3. 具有该外观设计所属领域一般常识的人，通过对第一款第三项的外观设计产品的记载，或者请求书中所附的图片、照片或者模型，不能理解该外观设计产品的材质或者大小，从而不能识别该外观设计的，必须在请求书中记载该外观设计产品的材质或者大小。

4. 外观设计产品的形状、图案或者色彩因该产品具有的功能发生变化的，就变化前后该产品的形状、图案或者色彩及其结合申请外观设计注册的，应在请求书中记载该情况及产品功能的说明。

5. 在依第一款或者第二款规定提交的图片、照片或者模型上附有该外观设计的色彩时，对于白色或黑色中的一种颜色，可以省略着色。

6. 依前款规定省略着色时，应在请求书中记载该内容。

7. 在依第一款规定在提交的图片上记载外观设计，或者依第二款规定在提交的照片或者模型上表示外观设计时，如果该外观设计产品的全部或者部分是透明的，应在请求书中记载该内容。

（一件申请一项外观设计）

第七条 外观设计注册申请，必须根据由经济产业省令确定的产品类别，就每一项外观设计分别提出。

（成套产品的外观设计）

第八条 构成同时使用的两件以上符合经济产业省令规定的产品（以下称"成套产品"）的外观设计，作为成套产品的整体，可以作为一项外观设计提出申请取得外观设计注册。

（在先申请）

第九条

第九条之一

1. 对于相同或者类似的外观设计，在不同日提出两项以上的外观设计注册申请的，只有最先提出外观设计注册申请的人才能就其外观设计取得外观设计注册。

2. 对于相同或者类似的外观设计，在同一日提出两项以上的外观设计注册申请的，只能由外观设计注册申请人协商决定的一个外观设计注册申请人取得外观设计注册。如协商未成，或者不能协商时，各方均不能取得该外观设计的注册。

3. 外观设计注册申请被放弃、撤回，或者不予受理、或者就外观设计注册申请作出的驳回决定或者作出的复审决定已生效的，对于前两款规定的适用，视为该外观设计注册申请自始即不存在。但当该外观设计注册申请因落入前款后段的规定，驳回决定或者复审决定生效的，则不受此限。

4. 在第二款的情形下，特许厅长官必须指定相应的期限，命令申请人进行该款规定的协商，并申报结果。

5. 在依前款规定指定的期限内没有提交该款规定的申报结果的，特许厅长官可将其视为第二款规定的协商未成。

（请求书的记载或者图片等的补正及要点变更）

第九条之二 对请求书的记载（第六条第一款第一项及第

二项记载的事项以及该条第二款规定的记载事项除外，第十七条之二第一款及第二十四条第一款中亦同）或者请求书所附的图片、照片、模型或者样品所作的补正变更了其要点，而在外观设计权注册后才被识别的，其外观设计注册申请视为在就该补正提交手续补正书时提出。

（关联外观设计）

第十条

第十条之一

1. 与外观设计注册申请人从自己申请注册的外观设计中或者自己的注册外观设计中选择出的一项外观设计（以下称"基础外观设计"）类似的外观设计（以下称"关联外观设计"），仅在该关联外观设计的外观设计注册申请日（依第十五条参照适用的专利法第四十三条第一款或者第四十三条之二第一款或者第二款规定，在伴有优先权主张的外观设计注册申请的情况不指最早申请或者依 1900 年 12 月 14 日于布鲁塞尔、1911 年 6 月 2 日于华盛顿、1925 年 11 月 6 日于海牙、1934 年 6 月 2 日于伦敦、1958 年 10 月 31 日于里斯本及 1967 年 7 月 14 日于斯德哥尔摩修改的关于保护工业产权的 1883 年 3 月 20 日《巴黎公约》第四条 C（4）规定被视为最早申请的申请、或者依该条 A（2）规定认定为最早申请的申请日，以下本款亦同）在基础外观设计的外观设计注册申请日以后、并且在根据第二十条第三款的规定登载该基础外观设计的注册申请的外观设计公报（根据该条第四款的规定刊载该条三款第四项事项除外）的发布日之前的情况下，不受第九条第一款或者第二款的规定限制，可以取得外观设计注册。

2. 当就基础外观设计的外观设计权设定了独占或排他实施

权时，基础外观设计涉及的关联外观设计，不受前款的规定所限，不能取得外观设计注册。

3. 根据第一款的规定，仅与取得外观设计注册的关联外观设计类似的外观设计不能取得外观设计注册。

4. 基础外观设计有的两个以上关联外观设计的注册申请的，对于这些关联外观设计，不适用第九条第一款或第二款的规定。

（外观设计注册申请的分案）

第十条之二

1. 外观设计注册申请人仅限于在审查、复审或者再审程序正在进行审理的情况下，可将包含两项以上外观设计的外观设计注册申请的一部分作为一个或者两个以上的新的外观设计注册申请提出。

2. 依前款的规定有外观设计注册申请提出分案时，新的外观设计注册申请应视为在原外观设计注册申请时提出。但是，在第四条第三款、第十五条第一款中参照适用专利法第四十三条第一款及第二款（也包括在第十五条第一款中参照适用该法第四十三条之二第三款的情况）的规定的情况下，则不受此限。

3. 依第一款规定提出新的外观设计注册申请时，原外观设计注册申请提交的书面文件或者文件中，对于根据第四条第三款、第十五条第一款参照适用专利法第四十三条第一款及第二款（包括第十五条第一款参照适用该法第四十三条之二第三款适用的情况）的规定必须提交的文件，在该新的外观设计注册申请同时被视为已向特许厅长官提交。

第十一条　（删除）

第十二条　（删除）

（申请的变更）

第十三条

第十三条之一

1. 专利申请人可以将其专利申请变更为外观设计注册申请。但是，自驳回该专利申请的最初审查决定副本送达之日起经过三个月后的除外。

2. 实用新型注册申请人可以将其实用新型注册申请变更为外观设计注册申请。

3. 当根据专利法第四条规定，延长该法第一百二十一条第一款所规定的期限的，本条第一款只要在其延长期限之内，视为延长本条第一款但书中规定的期限。

4. 根据第一款或者第二款的规定对申请作出变更的，原申请视为撤回。

5. 专利申请人就其专利申请设有临时独占或排他实施权或注册的临时一般实施权的情况下，只有获得这些实施权人的许可，才能根据第一款规定进行申请变更。

6. 第十条之二第二款及第三款的情形参照适用第一款或第二款规定进行申请变更。

（基于《专利合作条约》的国际专利申请的申请变更特例）

第十三条之二

1. 依专利法第一百八十四条之三第一款或者第一百八十四条之二十第四款的规定，视为专利申请的国际申请变更为外观设计注册申请的，必须在该法第一百八十四条之六第二款规定的日文专利申请依该法第一百八十四条之五第一款的规定办理手续，或者该法第一百八十四条之四第一款规定的外文专利申请依该款或者该条第四款及该法第一百八十四条之五第一款的规定办理手续，并缴纳依该法第一百九十五条第二款规定应缴纳的手续费之后（就依该法第一百八十四条之二十第四款的规定被视为专利申请的国际申请而言，在该款规定的决定之后）方能进行。

2. 依实用新型法（1959 年第 123 号法律）第四十八条之三第一款或者第四十八条之十六第四款的规定，视为实用新型注册申请的国际申请变更为外观设计注册申请的，必须在该法第四十八条之五第四款规定的日文实用新型注册申请依该条第一款的规定办理手续，或者该法第四十八条之四第一款规定的外文实用新型注册申请依该款或者该条第四款及该法第四十八条之五第一款的规定办理手续，并缴纳依该法第五十四条第二款规定的应缴纳的手续费之后（就依该法第四十八条之十六第四款的规定被视为实用新型注册申请的国际申请而言，在该款规定的决定之后）方能进行。

（保密外观设计）

第十四条

1. 外观设计注册申请人可指定自外观设计权的授权注册之日起三年以内的期限，请求在该期限内对其外观设计保密。

2. 依前款规定欲提出保秘请求者，必须在提交外观设计注册申请的同时或者在缴纳第四十二条第一款规定的第一年注册费的同时，向特许厅长官提出记载下列事项的书面文件：

（一）外观设计注册申请人的姓名或者名称，以及住所或者居所；

（二）请求保密的期限。

3. 外观设计注册申请人或者外观设计权人，可以请求延长或者缩短第一款规定的请求保密的期限。

4. 特许厅长官在存在以下各项之一的情形时，应向外观设计权人以外的人出示依第一款规定已请求保密的外观设计：

（一）已得到外观设计权人的许可的；

（二）参与该外观设计或者与该外观设计相同或者类似的外观设计的审查、复审、重审或诉讼的当事人或者参加人提出请求的；

（三）法院提出请求的；

（四）利害关系人通过向特许厅长官提交记载外观设计权人的姓名、名称、注册号的书面文件及其他由经济产业省令规定的书面文件从而提出请求的。

（专利法参照适用）

第十五条

1. 专利法第三十八条（共同申请）、第四十三条第一款至第四款（依据《巴黎公约》主张优先权的手续）及第四十三条之二（依据《巴黎公约》之例主张优先权）的规定，参照适用于外观设计注册申请。在这种情况下，该法第四十三条第二款的"自下述各项所规定的日期之最早之日起一年四个月"应替换为"自外观设计注册申请之日期起三个月"。

2. 专利法第三十三条与第三十四条第一款、第二款及第四款至第七款（取得专利的权利）的规定，参照适用于取得外观设计注册的权利。

3. 专利法第三十五条（临时独占或排他实施权所涉及的部分除外）（职务发明）的规定，参照适用于雇员、法人的职员、国家公务人员或者地方公务人员作出的外观设计。

第三章　审　查

（审查员的审查）

第十六条　必须由特许厅长官下令审查员审查外观设计注册申请。

（驳回决定）

第十七条

第十七条之一　当外观设计注册申请符合以下任意各项之一时，审查员应就该外观设计注册申请作出驳回决定：

（一）根据第三条、第三条之二、第五条、第八条、第九条第一款或第二款、第十条第一款至第三款、第十五条第一款所参照适用的专利法第三十八条、第六十八条第三款所参照适用的专利法第二十五条的规定，该外观设计注册申请所涉及的外观设计不能取得外观设计注册的；

（二）根据条约的规定，外观设计注册申请所涉及的外观设计不能取得外观设计注册的；

（三）外观设计注册申请不符合第七条规定的要件的；

（四）外观设计注册申请人无权就该外观设计取得外观设计注册的。

（补正不受理）

第十七条之二

1. 对请求书的记载、请求书所附的图片、照片、模型或者样品所做的补正变更了其要点时，审查员应当以决定的形式不予受理其补正。

2. 依前款规定作出不予受理决定的，必须以书面文件形式作出，而且应当说明理由。

3. 依第一款的规定作出不予受理决定时，自决定的副本送达之日起至经过三个月的期限内，不得对该外观设计注册申请作出授权决定。

4. 外观设计注册申请人对第一款规定的不予受理决定提出不服补正不受理复审请求的，在其复审决定生效之前，审查员中止对外观设计注册申请的审查。

（对于补正后的外观设计的新申请）

第十七条之三

1. 外观设计注册申请人，在前条第一款规定的不予受理决定副本送达之日起三个月以内，对其补正后的外观设计提出新的外观设计注册申请的，该外观设计注册申请视为在就该补正提出手续修改书时提出。

2. 依前款的规定提出新的外观设计注册申请时，原申请视为撤回。

3. 只有外观设计注册申请人就第一款规定提交新的外观设计注册申请的同时，向特许厅长官提交记载欲适用该款规定的书面文件的情况下，前两款的规定方可以适用。

第十七条之四

1. 特许厅长官可应请求或者依职权，为偏远地区或者交通不便地区者延长前条第一款所规定的期限。

2. 审判长可应请求或者依职权，为偏远地区或者交通不便地区者延长适用于第五十条第一款（包括第五十七条第一款规定的适用情况）的前条第一款所规定的期限。

（外观设计注册的审查决定）

第十八条 就外观设计注册申请未发现驳回理由的，审查员应作出外观设计注册的授权决定。

（专利法的适用）

第十九条 专利法第四十七条第二款（审查员的资格）、第四十八条（审查员的除斥）、第五十条（驳回理由的通知）、第五十二条（授权决定的形式）及第五十四条（与诉讼的关系）的规定，参照适用于外观设计注册申请的审查。

第四章　外观设计权

第一节　外观设计权

（外观设计权的授权注册）

第二十条

1. 外观设计权依授权注册而产生。

2. 外观设计权的授权注册，需缴纳了第四十二条第一款第一项规定的第一年的注册费。

3. 进行前款注册时，必须在外观设计公报上登载下述事项：

（一）外观设计权人的姓名或者名称，以及住所或者居所；

（二）外观设计注册申请的申请号及申请日；

（三）注册号及授权注册的年月日；

（四）请求书及请求书所附的图片、照片、模型或者样品的内容；

（五）除上述各项之外的必要事项。

4. 对于依第十四条第一款的规定要求保密的外观设计，在第十四条第一款规定的指定期限届满，不受该款的规定限制，应及时登载前款第四项中所列事项。

（存续期限）

第二十一条

1. 外观设计权（关联外观设计的外观设计权除外）的存续期限，自授权注册之日起二十年终止。

2. 关联外观设计权的存续期限，自基础外观设计的外观设计权的授权注册之日起二十年终止。

（关联外观设计的外观设计权的转让）

第二十二条

1. 基础外观设计与关联外观设计的外观设计权，不能独立转让。

2. 基础外观设计的外观设计权依第四十四条第四款的规定终止的、权利应予无效的、无效决定生效的、或者被放弃的，该基础外观设计的关联外观设计的外观设计权，不能独立转让。

（外观设计权的效力）

第二十三条 外观设计权人享有专有的以生产经营为目的实施注册外观设计及与其类似的外观设计的权利。但是，就其外观设计权上设有独占或排他实施权时，独占或排他实施权人专有的实施注册外观设计及与其类似的外观设计的权利范围，不在此限。

（注册外观设计的范围等）

第二十四条

1. 注册外观设计的范围，应根据请求书的记载及请求书所附的图片中记载的、或者由请求书所附的照片、模型或者样品表现的外观设计确定。

2. 注册外观设计与其他外观设计是否类似的判断基于消费者的视觉引起的美感进行。

第二十五条

第二十五条之一

1. 对于注册外观设计及与其类似的外观设计的范围，可以请求特许厅进行判定。

2. 在依前款规定提出判定请求的情况下，特许厅长官应指定三名审判员进行判定。

3. 专利法第七十一条第三款及第四款的规定参照，适用于第一款的判定。

第二十五条之二

1. 法院委托对注册外观设计及与其类似的外观设计的范围进行鉴定的，特许厅长官应指定三名审判员进行鉴定。

2. 专利法第七十一条之二第二款的规定参照，适用于前款的委托鉴定。

（与他人的注册外观设计的关系）

第二十六条

第二十六条之一

1. 当注册外观设计是利用外观设计注册申请日前的申请所涉及的他人的注册外观设计或者与其类似的外观设计、专利发明或者注册实用新型时，或者其外观设计权中的注册外观设计所涉及的部分与外观设计注册申请日前的申请所涉及的他人的专利权、实用新型权、商标权或者其与外观设计注册申请之日前产生的他人的著作权相冲突时，外观设计权人、独占或排他实施权人或者一般实施权人不得以生产经营为目的实施该注册外观设计。

2. 当与注册外观设计类似的外观设计是利用外观设计注册申请日前的申请所涉及的他人的注册外观设计或者与其类似的外观设计、专利发明或者注册实用新型时，或者其外观设计权中的与注册外观设计类似的外观设计所涉及的部分与外观设计注册申请日前的申请所涉及的他人的外观设计权、专利权、实用新型权、商标权或者其与外观设计注册申请之日前产生的他人的著作权相冲突时，外观设计权人、独占或排他实施权人或者一般实施权人不得以生产经营为目的实施与该注册外观设计类似的外观设计。

（外观设计权转让的特例）

第二十六条之二

1. 外观设计注册符合第四十八条第一款第一项规定的要件（该外观设计注册仅限于违反第十五条第一款所参照适用的专利法第三十八条规定时）或者符合第四十八条第一款第三项规定的要件时，享有该外观设计注册所涉及外观设计的外观设计注册权的人，根据经济产业省令的规定，可以对该外观设计权人请求转让该外观设计权。

2. 依前款规定，在基础外观设计或者关联外观设计的任意一项外观设计权终止以后，除了该终止的外观设计权根据第四十九条的规定视为自始即不存在的，不能请求转让基础外观设计或者关联外观设计的外观设计权。

3. 基于依第一款规定的转让请求，外观设计权转让注册时，该外观设计权，视为自始属于该注册人。

4. 基于依第一款规定的转让请求，对于共有外观设计权的转让，不适用第三十六条所参照适用的专利法第七十三条第一款的规定。

（独占或排他实施权）

第二十七条

1. 外观设计权人可以就外观设计权设定专用实施权。但是，对基础外观设计或者关联外观设计的外观设计权设定专用实施权时，只有就基础外观设计和全部关联外观设计的外观设计权对同一人同时设定的，方可以设定。

2. 专用实施权人在设定行为规定的范围内享有专有的以生产经营为目的实施注册外观设计或者与注册外观设计类似的外观设计的权利。

3. 基础外观设计的外观设计权依第四十四条第四款的规定终止的、权利应予无效决定生效的、或者被放弃的，该基础外观设计的关联外观设计的外观设计权的专用实施权，只有就全部关联外观设计的外观设计权对同一人同时设定的，方可以设定。

4. 专利法第七十七条第三款至第五款（转让等）、第九十七条第二款（放弃）与第九十八条第一款第二项及第二款（注册的效力）的规定参照，适用于专用实施权。

（一般实施权）

第二十八条

1. 外观设计权人可以就其外观设计权向他人许可一般实施权。

2. 一般实施权人在依本法规定或者设定行为规定的范围内享有以生产经营为目的实施注册外观设计或者与其类似的外观设计的权利。

3. 专利法第七十三条第一款（共有）、第九十七条第三款（放弃）及第九十九条（一般实施权的对抗力）的规定，参照适用于一般实施权。

（因在先使用产生的一般实施权）

第二十九条

第二十九条之一　因不知外观设计注册申请所涉及的外观设计而独自创作出该外观设计或者与其类似的外观设计，或者因不知外观设计注册申请所涉及的外观设计而从创作出该外观设计或者与其类似的外观设计的人处得知，在外观设计注册申请时（根据第九条之二的规定或者根据第十七条之三第一款［包括第五十条第一款（包括第五十七条第一款中适用的情况）中适用的情况］的规定，该外观设计注册申请视为提交手续补正书时提出的，为原外观设计注册申请时或者提交手续补正书时）已经在日本国内以实施该外观设计或者与其类似的外观设计为业的人或者正在准备进行该项生产经营的人，在已经实施或者准备实施外观设计及生产经营目的范围内，就外观设计注册申请所涉及的外观设计权享有一般实施权。

（因在先申请产生的一般实施权）

第二十九条之二　因不知外观设计注册申请所涉及的外观设计而独自创作出该外观设计或者与其类似的外观设计，或者因不知外观设计注册申请所涉及的外观设计而从创作出该外观设计或者与其类似的外观设计的人处得知该外观设计，在外观设计权授权注册时已经在日本国内以实施该外观设计或者与其类似的外观设计为业的人或者正在准备进行该项生产经营的人（符合前条规定者除外），仅在符合下列各项规定之一的情况下，在已经实施或者准备实施外观设计及生产经营目的范围内，就外观设计注册申请所涉及的外观设计权享有一般实施权：

（一）在该外观设计注册申请日前，独自就外观设计或者与其类似的外观设计进行外观设计注册申请，而以实施该外观设计注册申请所涉及的外观设计为生产经营的人或者正在准备进行生产经营的人；

（二）就前项独自作出的外观设计注册申请，收到了因外观设计注册申请所涉及的外观设计符合第三条第一款各项之一的规定而予以驳回的生效审查决定或者复审决定的人。

（因外观设计权转让注册前实施产生的一般实施权）

第二十九条之三

1. 基于依第二十六条之二第一款规定的请求进行外观设计权转让注册时，已经就该外观设计权享有专用实施权、或者对该外观设计权或者专用实施权享有一般实施权的人，因不知外观设计注册符合第四十八条第一款第一项规定的要件（该外观设计注册仅限于违反第十五条第一款所参照适用的专利法第三十八条规定时）或者符合第四十八条第一款第三项规定的要件，在该外观设计权转让注册前已经在日本国内以实施该外观设计或者与其类似的外观设计为业或者正在准备进行该项生产经营，在其已经实施或者准备实施外观设计及生产经营目的的范围内，就该外观设计权享有一般实施权。

2. 该外观设计权人依前款规定享有从一般实施权的人处取得相应补偿金的权利。

（基于无效请求注册前的实施产生的一般实施权）

第三十条

1. 符合下述任意各项之一者，在注册外观设计无效请求注册前，不知道注册外观设计符合第四十八条第一款任意各项之一规定的要件，在日本国内以实施该项外观设计或者与其类似的外观设计为生产经营的人或者准备从事该项生产经营的人，在其实施或者准备实施外观设计及生产经营目的的范围内，对外观设计权或者注册外观设计无效时已经存在的专用实施权享有一般实施权：

（一）在相同或者类似的外观设计的两个以上的注册外观设计中，其中之一被无效时的原外观设计权人；

（二）注册外观设计无效后，就相同或者类似的外观设计将注册外观设计给予合法权利人时的原外观设计权人；

（三）在前两种情况下，注册外观设计无效请求注册时，对已经无效的注册外观设计所涉及的外观设计权享有专用实施权的人、或者对该外观设计权或者专用实施权享有一般实施权的人。

2. 外观设计权人或者专用实施权人享有从依前款规定具有一般实施权的人处获得相应补偿金的权力。

（外观设计权存续期限届满后的一般实施权）

第三十一条

1. 在外观设计注册申请日前或者同日提交的外观设计注册申请所涉及的外观设计权——其中包括与注册外观设计类似的外观设计涉及的部分——与另一外观设计注册申请所涉及的外观设计权相抵触的情况下，另一外观设计权存续期限届满时，原外观设计权人在原外观设计权的范围内，就该外观设计权或者另一外观设计权存续期限届满时已存在的专用实施权，享有一般实施权。

2. 在注册外观设计申请日前或者同日提交的申请所涉及的专利权或者实用新型权与该外观设计注册申请的外观设计权相冲突的情况下，该专利权或者实用新型权存续期限届满时，参照适用前款的规定。

第三十二条

1. 在注册外观设计申请日前或者同日提交的注册外观设计申请所涉及的外观设计权，其中——包括与注册外观设计类似的外观设计所涉及的部分——与另一注册外观设计申请所涉及的外观设计权相冲突的情况下，另一外观设计权存续期限届满时，就该另一存续期已满的外观设计权拥有专用实施权的人，或者就该外观设计权或者专用实施权拥有一般实施权的人，在原权利的范围内，就该外观设计权或者另一外观设计权存续期限届满时已存在的专用实施权，享有一般实施权。

2. 在注册外观设计申请日前或者同日提交的申请所涉及的专利权或者实用新型权与该注册外观设计申请的外观设计权相冲突的情况下，该专利权或者实用新型权存续期限届满时，参照适用前款的规定。

3. 外观设计权人或者专用实施权人享有从依前两款规定具有一般实施权的人处获得相应补偿金的权力。

（设定一般实施权的确定裁定）

第三十三条

1. 当注册外观设计或者与其类似的外观设计符合第二十六条的规定时，对该注册外观设计或者类似外观设计以实施为目的的一般实施权或者专利权，或者实用新型权的一般实施权，外观设计权人或者专用实施权人可以请求与该条的他人进行许可协商。

2. 被请求进行前款协商的第二十六条的他人，对于要求进行协商的外观设计权人或者专用实施权人，这些人希望通过协商获得一般实施权或者专利权、实用新型权的一般实施权的许可而拟实施的注册外观设计或者与其类似的外观设计的范围内，可以请求就一般实施权的许可进行协商。

3. 基于第一款协商未成或者无法进行协商时，外观设计权人或者专用实施权人可以请求特许厅长官进行裁定。

4. 基于第二款协商未成或者无法进行协商的情况下，有前款之裁定请求时，第二十六条的他人依第七款参照适用的专利法第八十四条之规定，在特许厅长官指定的提出答辩书的期限内，可以向特许厅长官提出裁定请求。

5. 在第三款或前款的情况下，一般实施权的设定不当地损害第二十六条的他人或者外观设计权人或者专用实施权人的利益时，特许厅长官不得作出设定一般实施权的裁定。

6. 除前款规定的情况外，在第四款的情况下，当对第三款的裁定请求没有作出设定一般实施权的裁定的，特许厅长官不得作出设定一般实施权的裁定。

7. 专利法第八十四条、第八十四条之二、第八十五条第一款及第八十六条至第九十一条之二（裁定的手续等）参照适用于第三款或者第四款的裁定。

（一般实施权的转让等）

第三十四条

1. 依前条第三款或者第四款、专利法第九十二条第三款、《实用新型法》第二十二条第三款裁定的一般实施权除外，仅限于一般实施权与实施的生产经营一起转让的情况、得到外观设计权人（当为基于专用实施权的一般实施权时，则为外观设计权人及专用实施权人）许可的情况或者继承及其他一般继承的情况，一般实施权可以进行转让。

2. 依前条第三款或者第四款、专利法第九十二条第三款、《实用新型法》第二十二条第三款裁定的一般实施权除外，一般实施权人仅限在得到外观设计权人（当为基于专用实施权的一般实施权时，则为外观设计权人及专用实施权人）许可的情况下，可以就一般实施权设定质权。

3. 依前条第三款、专利法第九十二条第三款或者《实用新型法》第二十二条第三款裁定的一般实施权，当一般实施权人的外观设计权、专利权或者实用新型权与实施的生产经营一起转让时，该权随之转让；当外观设计权、专利权或者实用新型权与实施的生产经营分开转让或者终止时，该权随之终止。

4. 依前条第四款裁定的一般实施权，随一般实施权人的外观设计权、专利权或者实用新型权转让而转让，当外观设计权、专利权或者实用新型权终止时，该权随之终止。

（质权）

第三十五条

1. 以外观设计权、专用实施权或者一般实施权为标的设定质权的，除合同另有约定的情况外，质权人不得实施该项注册外观设计或者与其类似的外观设计。

2. 专利法第九十六条（物上代位）的规定，参照适用于以外观设计权、专用实施权或者一般实施权为标的的质权。

3. 专利法第九十八条第一款第三项及第二款（注册的效力）的规定，参照适用于以外观设计权或者专用实施权为标的的质权。

（专利法的适用）

第三十六条 专利法第六十九条第一款及第二款（专利权的效力不涉及的范围）、第七十三条（共有）、第七十六条（无继承人情况下专利权的终止）、第九十七条第一款（放弃）以及第九十八条第一款第一项和第二款（注册的效力）的规定，参照适用于外观设计权。

第二节 侵权

（停止侵权的请求权）

第三十七条

1. 外观设计权人或者专用实施权人，对于侵害本人外观设计权或者专用实施权的人或者有侵害之可能的人，可以请求停止侵权或者请求预防侵权。

2. 外观设计权人或者专用实施权人在进行依前款规定的请求时，可以请求销毁构成侵权行为的产品（包括程序（指专利法第二条第四款规定的程序，在下条规定中相同）。同下），废除用于侵权行为的设备及请求其他预防侵权所必要的措施。

3. 根据第十四条第一款的规定要求进行保密的外观设计的外观设计权人或者专用实施权人，在就该外观设计出示经特许厅长官证明的记载第二十条第三款各项中所列各项内容的书面文件并提出警告之前，不能提出本条第一款规定的停止侵权请求。

（视为侵权的行为）

第三十八条 下述行为视为属于侵害外观设计权或者专用实施权的行为：

（一）以生产经营为目的，仅为注册外观设计或者与其类似的外观设计产品的制造所使用的产品的制造、转让等（转让指销售及出租，当该产品为程序时，包括通过电信线路提供的行为，下同）、进口、许可转让等（包括以转让为目的的展示，下同）行为；

（二）以生产经营为目的，为了转让、出租、或者出口而持有注册外观设计或者与其类似的外观设计产品的行为。

（损失额的推定）

第三十九条

1. 在外观设计权人或者专用实施权人向由于故意或者过失侵害其外观设计权或者专用实施权的人请求赔偿其由于侵权所受到损失的情况下，该人转让构成侵权行为之产品的，对于所转让产品的数量（以下在本款中称为"转让数量"），可以将如果没有侵权行为外观设计权人或者专用实施权人可以转让产品的每单位数量的利润相乘后所得到的数额，在不超过符合外观设计权人或者专用实施权人的实施能力的限度内，作为外观设计权人或者专用实施权人所受损失的数额。但是，当存在转让数量的全部或者部分为外观设计权人或者专用实施权人所不能转让的事由时，应当扣除相当于该事由的数量的数额。

2. 在外观设计权人或者专用实施权人向由于故意或者过失侵害其外观设计权或者专用实施权的人请求赔偿其由于侵权所受到损失的情况下，该人因侵权行为获利的，该获利额度推定为外观设计权人或者专用实施权人所受损失的额度。

3. 对由于故意或者过失侵害外观设计权或者专用实施权的人，外观设计权人或者专用实施权人可以将相当于实施注册外观设计或者与其类似的外观设计所应当获得的数额的金钱，作为本人所受损失的额度请求赔偿。

4. 前款规定不妨碍超过该款规定金额的损害赔偿请求。在这种情况下，侵害外观设计权或者专用实施权的人如无故意或者重大过失的，法院在决定损害赔偿额度时可作为参考。

（过失推定）

第四十条　侵害他人外观设计权或者专用实施权者，推定其对侵害行为存在过失。但是，对于根据第十四条第一款规定要求保密的外观设计的外观设计权或者专用实施权的侵权，不在此限。

（专利法的参照适用）

第四十一条　专利法第一百零四条之二至第一百零五条之六（具体实施方式的明示义务、专利权人行使权力的限制、主张的限制、证据的提出等、计算损失的鉴定、相应损失额的认定、保密命令、保密命令的撤销、查阅诉讼记录等的请求通知等）以及第一百零六条（信誉恢复的措施）参照适用于外观设计权或者专用实施权的侵害。

第三节　注册费

（注册费）

第四十二条

1. 进行外观设计权授权注册的人或者外观设计权人必须在第二十一条规定的存续期限届满前的各年度，按每件缴纳下列金额的注册费：

（一）第一年至第三年：每年八千五百日元；

（二）第四年至第二十年：每年一万六千九百日元。

2. 国家所有的外观设计权不适用前款规定。

3. 第一款的注册费，在外观设计权为国家与国家以外的人共有的情况下，当规定有所持份额时，不受第一款的规定限制，按照该款规定的注册费的金额乘以国家以外的人持有的份额比例计算得到的金额，作为国家以外的人必须缴纳的数额。

4. 依前款规定计算出的注册费的金额出现不满十日元的尾数时，舍其尾数。

5. 第一款注册费的缴纳，根据经济产业省令的规定保留原译。但是，经济产业省令另有规定时，根据经济产业省令的规定也可以使用现金缴纳。

（注册费的缴纳期限）

第四十三条

1. 前条第一款第一项规定的第一年的注册费，必须在允许授权的审查决定或者复审决定的副本送达之日起三十日内缴纳。

2. 前条第一款规定的第二年以后的每年的注册费必须在上一年内缴纳。

3. 特许厅长官依交费者的请求可以三十日以内为限，延长第一款规定的期限。

（注册费的补缴）

第四十四条

第四十四条之一

1. 在前条第二款规定的期限内未缴纳注册费的，即使超过了该期限，在超过期限后的六个月以内仍可补缴注册费。

2. 依前款规定补缴注册费的外观设计权人，除依第四十二条第一款的规定必须缴纳的注册费外，还应缴纳与注册费等额的注册附加费。

3. 根据经济产业省令的规定，缴纳前款注册附加费必须使用专利印花。但是，经济产业省令另有规定时，根据经济产业省令的规定也可以缴纳现金。

4. 在第一款规定的可以补缴注册费的期限内，外观设计权人不缴纳该注册费及第二款规定的注册附加费的，该外观设计权视为在追溯到前条第二款规定的期限届满时终止。

（通过补缴注册费恢复外观设计权）

第四十四条之二

1. 依前条第四款的规定已被视为终止的外观设计权的原外观设计权人，在该条第一款规定的可以补缴注册费的期限内没有缴纳该条第四款的注册费及注册附加费，有正当理由的，自其理由消除之日起两个月以内，以期限超过一年以内为限，可以补缴注册费和注册附加费。

2. 完成前款规定的注册费及注册附加费的补缴的，该外观设计权视为在追溯到第四十三条第二款规定的期限届满时继续存在。

（恢复外观设计权效力的限制）

第四十四条之三

1. 依前条第二款规定恢复外观设计权的，该外观设计权的效力不及于第四十四条第一款规定的可以补缴注册费的期限届满后在外观设计权恢复注册前进口或者在日本国内制造或者取得的该注册外观设计或者与其类似的外观设计产品。

2. 依前条第二款的规定恢复的外观设计权的效力不及于第四十四条第一款规定的可以补缴注册费期限届满后在外观设计权恢复注册前的下述行为：

（一）该外观设计或者与其类似的外观设计的实施；

（二）仅为注册外观设计或者与其类似的外观设计产品的制造所使用的产品的制造、销售、进口、许可转让等行为；

（三）为了转让、出租或者出口的目的而持有注册外观设计或者与其类似的外观设计产品的行为。

（专利法的参照适用）

第四十五条 专利法第一百一十条（由利害关系人缴纳注册费）与第一百一十一条第一款（第三项除外）及第二款（已缴纳外观设计注册费的返还）的规定，参照适用于本注册费部分。

第五章 复审

（不服驳回决定的复审）

第四十六条

1. 收到驳回决定的人，对该决定不服的，可自决定副本送达之日起三个月以内请求不服驳回决定的复审。

2. 不服驳回决定复审的请求人由于不可控制的事由在前款规定的期限内不能提出请求的，尽管有该款的规定，仍可在其理由消除之日起十四日（在外者为两个月）以内，以期限届满后六个月以内为限，提出请求。

（不服补正不受理决定的复审）

第四十七条

1. 收到基于第十七条之二第一款规定不予受理决定的人，对该决定不服的，可自决定副本送达之日起三个月以内请求不服补正不受理复审。但已提出第十七条之三第一款规定的新的外观设计注册申请的，不在此限。

2. 前条第二款参照适用于不服补正不受理复审的请求。

（注册外观设计无效复审）

第四十八条

1. 当注册外观设计符合下述任意各项之一的，可以就宣告注册外观设计无效请求注册外观设计无效的复审：

（一）注册外观设计违反第三条、第三条之二、第五条、第九条第一款或者第二款、第十条第二款或者第三款、第十五条第一款中参照适用的专利法第三十八条，或者第六十八条第三款中参照适用的专利法第二十五条规定的（该注册外观设计违反第十五条第一款参照适用的同法第三十八条规定的情况下，基于依第二十六条之二第一款规定的请求，该注册外观设计的外观设计权涉及转让注册的情形除外）；

（二）外观设计注册不符合条约的；

（三）注册外观设计系基于无权取得外观设计注册的人提出的外观设计注册申请的（基于依第二十六条之二第一款规定的请求，注册该外观设计的外观设计权涉及转让注册的情形除外）；

（四）外观设计注册后，外观设计权人成为依第六十八条第三款所参照适用的专利法第二十五条规定不能享有外观设计权的人的，或者外观设计注册不符合条约时。

2. 任何人都可以请求注册外观设计无效复审。但是，以注册外观设计符合前款第一项（仅限注册外观设计违反第十五条第一款中参照适用的专利法第三十八条的规定时）或者符合前款第三项为理由时，仅限有权取得该注册外观设计所涉及的外观设计提注册权的人提出请求。

3. 即使在外观设计权终止之后也可提出外观设计注册无效复审请求。

4. 提出注册外观设计无效复审请求后，审判长必须通知该外观设计权的专用实施权人及其他对注册外观设计享有注册了的权利的人。

第四十九条 宣告注册外观设计无效的复审决定生效的，该外观设计权视为自始不存在。但是，在注册外观设计符合前条第一款第四项的情况下，宣告注册外观设计无效的复审决定生效的，该外观设计权视为自注册外观设计符合该项时起不存在。

（审查相关规定的参照适用）

第五十条

1. 第十七条之二及第十七条之三的规定参照适用于驳回决定不服复审。此时，第十七条之二第三款以及第十七条之三第一款的"三个月"替换为"三十日"；第十七条之二第四款的"请求补正不受理决定不服复审的"替换为"提起第五十九条第一款之诉讼的"。

2. 第十八条的规定参照适用于有理由请求驳回审查决定不服复审的情况。但根据第五十二条中参照适用的专利法第一百六十条第一款的规定作出应进一步审查的复审决定的，不在此限。

3. 专利法第五十条（驳回理由的通知）的规定参照适用于在驳回决定不服复审中发现了与驳回决定理由不同的驳回理由的情况。

（不服补正不受理复审的特别规定）

第五十一条 不服补正不受理复审中，撤销原决定的复审决定中的相关判断，对该案的审查员具有约束力。

（专利法的参照适用）

第五十二条 专利法第一百三十一条第一款及第二款、第一百三十一条之二（第一款第三项和第二款第一项除外）至第一百三十四条、第一百三十五条至第一百五十四条、第一百五十五条第一款及第二款、第一百五十六条第一款、第三款及第四款、第一百五十七条、第一百五十八条、第一百六十条第一款及第二款、第一百六十一条、第一百六十七条至第一百七十条（复审请求、审判员、复审程序、与诉讼的关系以及复审费用）的规定参照适用于复审。在此情况下，该法第一百五十六条第一款中的"在专利无效复审以外的复审中，案件"应替换为"案件"；该法第一百六十一条中的"不服驳回决定复审"以及该法第一百六十九条第三款中的"不服驳回决定复审和订正复审"应替换为"不服驳回决定复审和不服补正不受理复审"。

第六章　重审及诉讼

（重审的请求）

第五十三条

1. 当事人或者参加人对已生效的复审决定可以请求重审。

2.《民事诉讼法》（1996 年第 109 号法律）第三百三十八条第一款及第二款以及第三百三十九条（重审的理由）的规定，适用于前款的重审请求。

第五十四条

1. 复审请求人及被请求人通过共谋而以侵害第三人的权利或者利益目的的，由此作出的复审决定，该第三人可以对该生效的复审决定请求重审。

2. 前款的重审，应将所述请求人和被请求人作为共同被请求人提出请求。

（对通过重审恢复的外观设计权的效力限制）

第五十五条

1. 对已宣告无效的注册外观设计通过重审恢复的外观设计权，该外观设计权的效力，不及于在该复审决定生效后重审请求前善意地进口或者在日本国内制造或者已取得的该注册外观设计及与其类似的外观设计的产品。

2. 对于宣告无效的注册外观设计通过重审恢复的外观设计权，该外观设计权的效力，不及于在该复审决定生效后重审请求前的下述行为：

（一）该外观设计或者类似外观设计的善意实施；

（二）专用于该注册外观设计或其类似外观设计产品制造而善意进行的产品的制造、转让、许可进口或许可转让的行为；

（三）以转让、出租或出口为目的，而善意持有该注册外观设计或其类似外观设计产品的行为。

第五十六条 对已宣告无效的注册外观设计通过重审恢复的外观设计权，或者对于已作出应予驳回的复审决定的注册外观设计申请通过重审得以进行外观设计权的授权注册的，在复审决定生效后重审请求前善意地在日本国内实施该外观设计或者类似的外观设计的生产经营的人，或者准备生产经营的人，在其实施或者正在准备实施的外观设计及生产经营的目的的范围内，对该外观设计权享有一般实施权。

（复审规定的参照适用）

第五十七条

1. 第五十条第一款及第三款的规定，参照适用于针对不服驳回决定复审的生效复审决定的重审。

2. 第五十一条的规定，参照适用于针对不服补正不受理复审的生效复审决定的重审。

（专利法的参照适用）

第五十八条

1. 专利法第一百七十三条及第一百七十四条第四款的规定参照适用于重审。

2. 专利法第一百三十一条第一款、第一百三十一条之二第一款正文、第一百三十二条第三款及第四款、第一百三十三条、第一百三十三条之二、第一百三十四条第四款、第一百三十五条至第一百四十七条、第一百五十条至第一百五十二条、第一百五十五条第一款、第一百五十六条第一款、第三款及第四款、第一百五十七条、第一百五十八条、第一百六十条、第一百六十七条之二的正文、第一百六十八条、第一百六十九条第三款至第六款及第一百七十条的规定，参照适用于针对不服驳回决定复审的生效复审决定的重审。在此情况下，该法第一百六十九条第三款中的"不服驳回决定复审和订正复审"应替换为"不服驳回决定不服复审"。

3. 专利法第一百三十一条第一款、第一百三十一条之二第一款正文、第一百三十二条第三款及第四款、第一百三十三条、第一百三十三条之二、第一百三十四条第四款、第一百三十五条至第一百四十七条、第一百五十条至第一百五十二条、第一百五十五条第一款、第一百五十六条第一款、第三款及第四款、第一百五十七条、第一百六十七条之二的正文、第一百六十八条、第一百六十九条第三款至第六款及第一百七十条的规定，参照适用于针对不服补正不受理复审的生效复审决定的重审。在此情况下，该法第一百六十九条第三款中的"不服驳回决定复审和订正复审"应替换为"不服补正不受理复审"。

4. 专利法第一百七十四条第二款的规定，参照适用于针对注册外观设计无效复审的生效复审决定的重审。

（对重审决定的诉讼）

第五十九条

1. 对重审决定的诉讼，对依据第五十条第一款（包括在第五十七条第一款参照适用的情况）适用的第十七条之二第一款的规定作出的不予受理决定提起的诉讼，及对复审或者对重审的申请书不予受理决定的诉讼，属于东京高等法院专属管辖。

2. 专利法第一百七十八条第二款至第六款（起诉期限）、第一百七十九条（被告资格）、第一百八十条第一款（出庭通知）以及第一百八十条之二至第一百八十二条（撤销复审/重审决定之诉中特许厅长官的意见、复审/重审决定或决定的撤销，以及判决正文的送达）的相关规定，参照适用于前款诉讼。此时，该条第二项中的"为限定诉讼中的相关权利要求必要的"应替换为"记载其要点的"。

（补偿金额度的诉讼）

第六十条

第六十条之一

1. 收到第三十三条第三款或者第四款裁定的人，对该裁定所定的补偿金额度不服的，可以提出诉讼要求增减其金额。

2. 专利法第一百八十三条第二款（起诉期限）及第一百八十四条（被告资格）的规定，参照适用于前款诉讼。

（不服申诉与诉讼的关系）

第六十条之二　专利法第一百八十四条之二（不服申诉与诉讼的关系）的规定，参照适用于根据本法或者基于本法的命令的规定所作出的处分（第六十八条第七款所规定的处分除外）

的撤销之诉。

第七章　杂则

（手续补正）

第六十条之三　办理外观设计注册申请、请求及其他相关的外观设计注册手续的人，仅在案件处于审查、复审或者重审中的情况下，可进行补正。

（在外观设计注册簿上注册）

第六十一条

1. 下述事项登记在特许厅提供的外观设计注册簿上：

（一）外观设计权的授予、转让、因信托而产生的变更、终止、恢复或者处置限制；

（二）独占或排他实施权或者一般实施权的设定、维持、转让、变更、终止或者处置限制；

（三）以外观设计权、独占或排他实施权为目的的质权的设定、转让、变更、终止或者处置限制。

2. 外观设计注册簿的全部或者部分可用磁带（包括根据此方法能将一定事项确实记录保存之物，下同）制作。

3. 除本法规定之外，由政令规定的有关注册的必要事项。

（注册外观设计证书的发放）

第六十二条

1. 外观设计权已经授权注册的，或者，基于第二十六条之二第一款规定时行了外观设计权转让登记的，特许厅长官向外观设计权人发放注册外观设计证书。

2. 注册外观设计证书的补发，由经济产业省令规定。

（证明等的请求）

第六十三条

1. 任何人都可向特许厅长官请求提供注册外观设计相关的证明、文件的副本或者摘抄本，查阅或者复制文件、模型或者样品，或者记载了外观设计注册簿当中用磁带制作的部分所记录的事项的文件的发放。但是，下述文件、模型或者样品，特许厅长官认为有必要保密时，不在此限：

（一）尚未进行外观设计注册的请求书、请求书所附的图片、照片、模型、样品或者外观设计注册申请审查的相关文件；

（二）根据第十四条第一款的规定请求保密的外观设计的有关文件、模型或者样品；

（三）属于不服驳回决定复审或者不服补正不受理复审的有关文件，当该案件涉及的外观设计注册申请尚未进行外观设计注册的；

（四）注册外观设计无效复审或者该复审的生效复审决定的重审所涉及的文件，当事人或者参加人提出该文件记载有该当事人或者参加人保有的商业秘密（指《反不正当竞争法》（1993年第47号法律）第二条第六款规定的商业秘密。）；

（五）可能有害个人的名誉或者生活安定的；

（六）可能有害公共秩序或者善良风俗的。

2. 关于前款第一项至第五项所述文件、模型或者样品，特许厅长官接受该款正文之请求时，对要求一该文件、模型或者样品的人，必须发出通知其说明内容和理由。

3. 有关外观设计注册的文件及外观设计注册簿当中用磁带制作的部分，不适用于《有关行政机关所保有的信息的公开的法律》（1999 年第 42 号法律）。

4. 有关外观设计注册的文件及外观设计注册簿中用磁带制作的部分中记录的个人信息（是指《有关行政机关所保有的个人信息的保护的法律》（2003 年第 58 号法律）第二条第三款规定的个人信息），不适用于该法第四章的规定。

（注册外观设计标识）

第六十四条 外观设计权人、独占或排他实施权利人或者一般实施权利人，根据经济产业省令的规定，应尽可能在注册外观设计或者与其类似外观设计产品或者在该产品的包装上，标注该产品为注册外观设计或者与其类似外观设计的内容的标识（以下称注册"外观设计标识"）。

（禁止虚假标识）

第六十五条 任何人不得进行下述行为：

（一）在未注册的外观设计或者与其类似外观设计产品或者其包装上标注外观设计注册标识或者容易与之混淆的标识的行为；

（二）在未注册的外观设计或者与其类似外观设计产品或者其包装上标注注册外观设计标识或者容易与之混淆的标识，转让、出租、或者以转让或者出租为目的的展示该产品的行为；

（三）让他人为制造或者使用，或者为销售或者出租的目的，对于非注册外观设计或者与其类似外观设计产品，在广告等上作出该产品为注册外观设计或者与其类似外观设计的表示，或者容易与之混淆的标识的行为。

（外观设计公报）

第六十六条

1. 特许厅发布外观设计公报。

2. 在外观设计公报上，除本法所规定的以外，应登载下述事项：

（一）外观设计权的终止（存续期限已满和第四十四条第四款规定的除外）或者恢复（仅限于依第四十四条之二第二款的规定）；

（二）复审或重审的请求或者撤回、复审或重审的生效审查决定（仅限于已获外观设计权授权注册者）；

（三）裁定的请求、其撤回或者其裁定；

（四）关于第五十九条第一款之诉的生效判决（仅限于已获外观设计权授权注册者）。

3. 除前款规定内容外，因落入第九条第二款后段规定的情况而对外观设计注册申请予以驳回的审查决定或者复审决定生效的，应在外观设计公报上登载下列关于该外观设计注册申请的事项。在此种情况下，若该外观设计注册申请中有根据第十四条第一款规定申请保密的外观设计注册申请的，应在予以驳回的审查决定或者复审决定的生效之日起该款规定的期限（申请保密的外观设计注册申请为两个以上时为其中最长的期限）届满后及时登载关于全部外观设计注册申请的第三项中所列的事项：

（一）外观设计注册申请人的姓名或者名称，以及住所或者居所；

（二）外观设计注册申请的申请号及申请年月日；

（三）请求书及请求书附带的图片、照片、模型或者样品的内容；

（四）前三项之外的必要事项。

（手续费）

第六十七条

1. 下述人员应缴纳基于实际成本考量由政令所规定额度的

手续费：

（一）依第十四条第四款的规定，要求出示外观设计的请求人；

（二）依第十五条第二款中参照适用的专利法第三十四条第四款的规定，申报继承的申请人；

（三）依第十七条之四、第四十三条第三款或者下条第一款中参照适用的专利法第四条、第五条第一款之规定，延长期限的请求人，或者依下条第一款中参照适用的专利法第五条第二款之规定的日期变更的请求人；

（四）请求补发注册外观设计证书的请求人；

（五）依第六十三条第一款规定的证明的请求人；

（六）依第六十三条第一款规定，请求发放文件副本或者摘抄本的请求人；

（七）依第六十三条第一款规定，请求查阅或者复制文件、模型或者样品的请求人；

（八）依第六十三条第一款规定，请求发放记载外观设计注册簿中用磁带制作部分所记录内容的文件的请求人。

2. 在附表左栏所列举的人，应缴纳各自在该表右栏所列举的按政令规定的金额范围内的手续费。

3. 根据上述规定当应缴纳手续费的人为国家时，前两款的规定不适用。

4. 当外观设计权或者取得外观设计注册的权利为国家和国家以外者共有，且所持份额确定的情况下，根据第一款或者第二款的规定国家和国家以外者就自己的外观设计权或者取得外观设计注册的权利应缴纳的手续费（限于根据政令规定的手续费），尽管有这些规定，所规定的手续费的金额与国家以外者所持份额的比例相乘所获的金额，为国家以外者必须缴纳的金额。

5. 依前款的规定计算出的手续费的金额中有不满十日元的尾数时，舍去该尾数。

6. 第一款或者第二款的手续费的缴纳，根据经济产业省令的规定，必须以专利印花缴纳。但是，在经济产业省令另有规定的情况下，根据经济产业省令的规定，可以用现金缴纳。

7. 依缴纳者之请求，返还过缴或者错缴的手续费。

8. 依前款规定之手续费的返还，自缴纳之日起经过一年之后，不得提出请求。

（专利法的参照适用）

第六十八条

1. 专利法第三条至第五条（期限及日期）的规定，参照适用于本法所规定的期限及日期。在这种情况下，该法第四条的"第一百二十一条第一款"替换为"外观设计法第四十六条第一款或者第四十七条第一款"。

2. 专利法第六条至第九条、第十一条至第十六条、第十七条第三款及第四款、第十八条至第二十四条以及第一百九十四条（程序）的规定，参照适用于外观设计注册申请、请求及其他关于外观设计注册的程序。在这种情况下，该法第九条的"不服驳回决定复审"替换为"不服驳回决定复审或者不服补正不受理复审"；该法第十四条的"不服驳回决定复审"替换为"不服驳回决定复审或者不服补正不受理复审"。

3. 专利法第二十五条（外国人享有的权利）的规定，参照适用于外观设计权及其他与外观设计注册有关的权利。

4. 专利法第二十六条（条约的效力）的规定，参照适用于外观设计注册。

5. 专利法第一百八十九条至第一百九十二条（送达）的规定，参照适用于本法规定的送达。

6. 专利法第一百九十五条之三的规定，参照适用于基于本法或者基于本法的命令规定作出的处理决定。

7. 专利法第一百九十五条之四（根据行政不服审查法，对不服申诉的限制）的规定，参照适用于根据本法规定作出的补正不受理的决定、复审决定、复审决定及复审或重审的申请书的不予受理的决定以及根据本法规定作出的处以不能进行不服申诉的处理决定。

第八章　罚则

（侵权罪）

第六十九条　第六十九条之一对侵害外观设计权或者独占或排他实施权的行为人（依第三十八条规定进行被视为作出了侵害外观设计权或者专用实施权的行为人除外），判十年以下徒刑或者一千万日元以下罚金，或者两者并判。

第六十九条之二　依第三十八条规定，对于被视同侵害外观设计权或者独占或排他实施权的行为人，判五年以下徒刑或者五百万日元以下罚金，或者两者并判。

（欺诈行为罪）

第七十条　因欺诈行为而获得外观设计注册或者复审决定的行为人，判一年以下徒刑或者一百万日元以下罚金。

（虚假标识罪）

第七十一条　对违反第六十五条规定的行为人，判一年以下徒刑或者一百万日元以下罚金。

（伪证罪）

第七十二条

1. 依本法的规定进行宣誓的证人、鉴定人或者翻译人员向特许厅或者受其委托的法院作出虚假的陈述、鉴定或者翻译的，判三个月以上十年以下徒刑。

2. 犯有前款罪者，在案件判决书副本送达或者审查决定或者复审决定生效之前坦白的，可予以减刑或者免刑。

（泄密罪）

第七十三条 第七十三条之一特许厅的职员或者在岗人员泄露或盗用因其职务而获知的外观设计注册申请中关于外观设计的秘密的，判一年以下徒刑或者五十万日元以下罚金。

（违反保密命令罪）

第七十三条之二

1. 根据第四十一条中参照适用的专利法第一百零五条之四第一款的规定违反保密命令的，判五年以下徒刑或者五百万日元以下罚金，或者两者并判。

2. 对前款之罪，如无起诉不能提起公诉。

3. 第一款之罪，也适用于在日本之外犯有该款之罪者。

（两罚规定）

第七十四条

1. 法人的代表人、法人或者自然人的代理人、雇主的雇员，就该法人或者自然人的业务作出下述各项规定的违法行为的，除对行为人进行处罚外，对该法人也判处按该各项规定的罚金，对该自然人判处各条的罚金：

（一）违反第六十九条、第六十九条之二或者前条第一款的规定的，判处三亿日元以下的罚金；

（二）违反第七十条或者第七十一条的规定的，判处三千万日元以下的罚金。

2. 在前款的情况下，依前条第二款对该行为人的起诉，对该法人或者自然人有效；对该法人或者自然人的起诉对该行为人也有效。

3. 依第一款的规定就第六十九条、第六十九条之二或者前条第一款的违法行为对法人或者自然人判处罚金的时效期限为依据对这些规定的罪的时效期限。

（罚金）

第七十五条 第二十五条第三款中参照适用的专利法七十一条第三款、第五十二条、第五十八条第二款或者第三款、或者该条第四款中参照适用的专利法第一百七十四条第二款中，分别适用该法第一百五十一条中参照适用的《民事诉讼法》第二百零七条第一款的规定进行宣誓者，向特许厅或者受其委托的法院做出虚假的陈述的，判处十万日元以下罚金。

第七十六条 依本法规定收到特许厅或者受其委托的法院的被传唤的传唤人，无正当理由而拒不出庭，或者拒绝宣誓、陈述、作证、鉴定或者翻译的，判处十万日元以下罚金。

第七十七条 对于证据调查或者证据保全，依本法规定被特许厅或者受其委托的法院命令提交或者出示文件及其他物件者，在无正当理由而拒不服从命令的，判处十万日元以下罚金。

附则

本法的施行日期，以法律另行规定。

附表（与第六十七条有关）

	应缴纳手续费的人	金额
一	提交外观设计注册申请的人	一万六千日元/每件
二	根据第十四条第一款之规定请求对外观设计保密的人	五千一百日元/每件
三	根据第二十五条第一款之规定请求判定的人	四万日元/每件
四	请求进行裁定的人	五万五千日元/每件
五	请求撤销裁定的人	二万七千五百日元/每件
六	提出复审请求或重审请求的人	五万五千日元/每件
七	申请参加复审或重审的人	五万五千日元/每件

日本外观设计法施行规则[1]

(1960 年 3 月 8 日通商产业省令第 12 号)

最终修订：2011 年 12 月 28 日经济产业省令第 72 号

翻译：张霞

校对：洪芳

---

[1] 原文出处：日本特许厅官方网站。

在外观设计法（1959 年法律第 125 号）第六条第二款、第七条、第八条第一款、第十四条第四款第四项、第六十二条第二款和第六十四条，以及第六十八条第五款适用的专利法（1959 年法律第 121 项）第一百八十九条的规定的基础上，为了实施外观设计法，对外观设计法施行规则制定如下。

（适用外观设计新颖性丧失的例外的规定，提交的证明文件的格式）

第一条　根据外观设计法（1959 年法律第 125 号）第四条第三款的规定应提交的证明文件，必须根据格式第一制作。

（申请书的格式）

第二条　申请书（除申请书的第二款到第四款）必须根据格式第二制作。

2. 根据外观设计法第十条之二第一款的规定，外观设计注册申请的申请书，必须根据格式第三制作。

3. 根据外观设计法第十三条第一款或第二款的规定，外观设计注册申请的申请书，必须根据格式第四制作。

4. 根据外观设计法第十七条之三第一款的规定，外观设计注册申请的申请书，必须根据格式第五制作。

5. 根据产业技术力强化法（2000 年法律第 44 号）第十九条的规定，关系到特定研究开发等成果外观设计注册申请的时候，必须在申请书里记载它的要点。

（图片的格式）

第三条　在申请书中所附的图片，必须根据格式第六制作

（图片的代用）

第四条　根据外观设计法第六条第二款的规定提交照片替代同条第一款的图片时，照片应清楚地表达出外观设计的情况。

2. 提交照片的时候，必须根据格式第七制作。

第五条 根据外观设计法第六条第二款的规定提交模型或者样品替代同条第一款的图片时，该模型或者样品的形式应当符合下述条件。

（1）不容易破碎的、不容易变形的、不变质的产品。

（2）获取和保存方便的物品。

（3）根据第二款的规定收纳于袋中的物品，其厚度在 7 毫米以下的物品。

（4）大小尺寸在长 26 厘米、宽 19 厘米以下的物品，但是，使用薄的布质地或纸质地时，长宽在一米以下大小的物品均可。2 提交模型或者样品时，必须收纳于结实的袋中，并且是根据格式第八作成的纸袋。此时，根据前款第四项规定的条件提交模型或者样品时，必须将布质地或者纸质地的物品折叠成七毫米以下的厚度并收纳于袋中。

（特征描述书的格式等）

第六条 欲取得外观设计注册的人或外观设计注册申请人，能够在提交申请书或案件审查、审判或者等待重审的时候提交特征描述书里描述相关的外观设计的特征。

2. 提交特征描述书的时候，必须根据格式第九制作。

3. 确定注册外观设计的范围的时候，必须考虑特征描述书的描述。

（物品的分类）

第七条 外观设计法第七条的经济产业省令确定物品的分类，按照附表一记载的物品的分类表进行分类。

（成套物品）

第八条 外观设计法第八条的经济产业省令确定成套物品，

根据附表二确定。

（提交文件的省略）

第九条 根据外观设计法第十四条第一款的规定提交有关外观设计注册申请的请求人，当外观设计注册申请的申请书记载了必要的事项，就能够省略提交同法第十四条第二款记载各项事项的文件。

2. 根据外观设计法第十七条之三第一款的规定提交新的外观设计注册申请时，由于第十九条第一款适用专利法施行规则第四条之三至第七条或第八条第一款的规定，对原来的外观设计注册申请提出的证明文件不需要变更的时候，能够省略提交申请文件表示的内容。

3. 根据外观设计法第十七条之三第一款的规定提交新的外观设计注册申请时，在原来的外观设计申请登记的申请书添加的图片（包含根据法第十七条之二第一款的规定就不予受理的补正的手续补正文件中添加的图片）的不需要变更的时候，能够省略提交申请文件表示的内容。

4. 适用的外观设计法第十七条之三第一款的规定欲取得外观设计注册申请的人，当该外观设计注册申请的申请文件记载的内容适用第十七条之三第三款的规定，适用同条第一款的规定能够省略记载要点的书面文件。

第九条之二 根据外观设计法第四十二条第一款第一项的规定，有关注册费的缴纳人缴纳第一年的注册费（只限注册费的缴纳人是外观设计注册申请人（包含代理人）同一人时）根据同项的规定，缴纳第一年注册费的同时，根据同法第十四条第一款的规定提交请求的时候，当注册费缴纳书记载了必要的事项，可以省略提交根据同条第二款记载各事项的书面文件。

（秘密外观设计）

第十条 根据外观设计法第十四条第一款的规定提交请求的时候、对申请书添加的图片和其他的物件进行保密，并且，必须用红笔标注"秘密外观设计"。

第十一条 根据外观设计法第十四条第三款的规定请求延长或缩短保密期限的请求，必须根据格式第十制作。

第十二条 外观设计法第十四条第四款第四项的经济产业省令规定的书面文件，是证明利害关系人的书面文件。

（意见书的格式等）

第十三条 关于外观设计法第十九条适用专利法第五十条的意见书，必须根据格式第十一来制作。

2. 必要的证据方法的记载，有证据物件的时候，必须在前款的意见书里添加。

3. 专利法施行规则第五十条第二款以及第四款的规定，适用前款的证据物件的方法。此时，同条第二款中"必须就特许厅及诉讼方人数（根据专利法第十四条中"但是"后文的规定，有登记代表人时，该代表人的人数）提出"改述为"必须提出"。

（审判的请求书的格式）

第十四条 驳回决定不服审判以及补正不予受理决定不服审判的请求书根据格式第十二，此外的审判的申请书的格式必须根据格式第十三制作。

2. 审判请求前为了证据保全的目的进行调查证据的时候，必须将证据保全的事情记载在审判请求书中。

（手续补正书的格式等）

第十五条 手续补正中，从格式第一至格式第十二或关于格式第十四、第十九条第一款适用专利法施行规则第四条之二第一款规定的格式第二、同规则第八条第二款规定的格式第四、同规则第九条之二第一款规定的格式第九、同条第二款规定的格式第十一、同规则第十一条之五规定的格式第十六、同规则第十二条第一款规定的格式第十八或同规则第十四条第一款以及第二款规定的格式第二十二、关于第十九条第三款适用的专利法施行规则第二十七条之三的三款第一款规定的格式第三十六、同规则第二十八条之二规定的格式第三十八或同规则第二十八条之三规定的格式第四十或高于第十九条第七款适用的专利法施行规则第四十八条之三第二款规定的格式第六十四之三、同规则第五十条第五款规定的格式第六十五之二、同规则第五十条之二规定的格式第六十五之四、同规则第五十条之三规定的格式第六十五之十三、同规则第五十八条之二第三款规定的格式第六十五之十五、同规则第五十八条之十七第二款规定的格式第六十五之十七、同规则第六十条第五款规定的格式第六十五之十九、同规则第六十条第六款规定的格式的六十五之二十一、同规则的六十一条之十一第三款规定的格式第六十五之二十三或者根据同规则第六十二条第二款规定的格式第六十五之二十五制作的用于向特许厅提出的手续补正书面文件，根据格式第十四，此外的手续补正必须根据格式第十五制作。

2. 关于外观设计的设计人或外观注册设计注册申请人、代理人的姓名或名称、住所或居所、或者印章的补正（只限就申请书或外观注册受理的权利继承的申报书），对于两次以上的补正，补正人为同一人、并且，有关补正的内容限于同一内容的时候，一份文件即可。

3. 关于前款的补正（关于外观设计的设计人或代理人的除

749

外）和注册名义人（只限外观设计权人，以下的项目同）的姓名或名称、或者住所或居所的表示更正的注册的申请，外观设计注册申请人和注册名义人为同一人的话，并且，限于有关补正的内容和有关更正的内容为同一内容的时候，一份文件即可。

4. 补正的手续费的缴纳（关于格式第二至格式第五、格式第十二、在第十九条第一款适用专利法施行规则第四条之二第一款规定的格式第二以及同规则第十二条第一款规定的格式第十八作成的向特许厅提出的书面文件涉及的手续的手续费除外）必须根据格式第十六制作。

（外观设计注册证）

第十六条　外观设计注册证必须依次记载公告的事项

（1）注册号。

（2）外观设计的物品。

（3）外观设计权人的姓名或者名称以及住所或居所。

（4）外观设计的设计人姓名。

（5）外观设计权的注册的要点。

（6）另外的必要事项的记载。

（外观设计注册的表示）

第十七条　外观设计法第六十四条的外观设计注册表示是指"外观设计注册"的文字和注册号。

（注册费缴纳书的格式等）

第十八条　缴纳注册费的时候，确定的接受外观设计权注册的人是根据格式第十八，外观设计权人根据格式第十九，必须填写各自的注册费缴纳书。

2. 前款的缴纳书，虽然根据关于第十九条第一款适用专利法施行规则第一条第三款的规定，需要盖上缴纳者的印章。但是，根据第九条之二的规定，当该注册费缴纳书记载了外观设计法第十四条第二款记载公告的事项的必要的事项，省略文件提交的时候，不限于该规定。

3. 根据外观设计法第四十二条第三款的规定缴纳注册费的时候，同时在注册费缴纳书上记载外国人拥有份额的比例，必须提出有关拥有份额的书面证明。这时，已经向特许厅提交证明文件的人，事项没有变更的时候，能够省略提交该证明。

（请求返还已经缴纳的注册费的格式）

第十八条之二 关于外观设计法第四十五条适用专利法第一百十一条第一款的规定请求返还注册费的，必须根据格式第二十制作。

（请求返还缴纳错误的手续费的格式）

第十八条之三 根据外观设计法第七款的规定请求返还手续费，必须根据格式第二十一制作。

（专利法施行规则的适用）

第十九条 专利法施行规则第一章（总则）（第四条之三第一款第四项、第五项和第十四项以及第三款第七项、第七条之二、第十一条、第十一条之二、第十三条之二以及第十三条之三除外）的规定，适用外观设计注册申请、请求其他外观设计注册的手续。此时，同规则第四条之二第一款和第九条第一款中"驳回决定不服审判"改述为"驳回决定不服审判和补正不予受理决定不服审判"、第四条之三第一款中"三 根据专利法第四十四条第一款的规定 专利申请（除原来的专利申请代理人的情况外）"改述为"三 外观设计法第十条之二第一款和第十七条之三第一款（包含适用同法第五十条第一款（适用同法第五十七条第一款的情况）的情况）的规定的外观设计注册申请

751

（除原来的专利申请代理人情况外）"、"九 请求审判（除驳回决定不服审判外）改述为"除驳回决定不服审判和补正不予受理决定不服审判外"、第八条第二款、第九条之二、第九条之三第二款和第十一条之五中"驳回决定不服审判"改述为"驳回决定不服审判或补正不予受理决定不服审判"、第十条中"专利法第三十四条第四款"改述为"外观设计法第四条第三款"、"《专利法施行令》第十五条第二款或者第三款、专利法等有关手续费令（1960 年 政令第 20 号）第一条之三第二款或者第三款和这个规则第四条之三至第七条、第八条第一款、第九条第四款、第十一条之五第二款、第二十七条第一款、第二款、第三款前段或者第四款前段、第二十七条之二第一款或者第二款、第六十九条第三款前段"改述为"外观设计法施行规则第十八条第三款前段"、"《专利法施行令》第二款或第三款、专利法有关手续费令第一条之三第二款或第三款和这个规则第四条之三至第七条、第八条第一款、第九条第四款、第十一条之五第二款、第二十七条第一款、第二款、第三款前段或第四款前段、第二十七条之二第一款或第二款或第六十九条第三款前段"改述为"外观设计法施行规则第十八条第三款前段"、第十一条之四中"格式第二、格式第四、格式第九、格式第十一、格式第十三、格式第十五之二、格式第十六、格式第十八、格式第二十、格式第二十二、格式第二十六至格式第二十八之二、格式第三十一之五、格式第三十二至格式第三十四、格式第三十六、格式第三十八、格式第四十、格式第四十二、格式第四十四、格式第四十六、格式第四十八、格式第五十、格式第五十二至格式第五十五、格式第六十一之二、格式第六十四之三、格式第六十五之二、格式第六十五之四、格式第六十五之六、格式第六十五之九、格式第六十五之十一、样 式第六十五之十三、格式第六十五之十五、格式第六十五之十七、格式第六十五之十九、格式第六十五之二十一、格式第六十五之二十三和格式第六十五之二十五"改述为"外观设计法施行规则格式第一至格式第五、格式第九至格式第十二或格式第十四、外观设计法施行规则第十九条第一款适用专利法施行规则第四条之二第一款规定的格式第二、同规则第八条第二款规定的格式第四、同规则第九条之二第一款规定的格式第九、同条第二款规定的格式第十一、同规则第十一条之五规定的格式第十六、同规则第十二条第一款规定的格式第十八或同规则第十四条第一款和第二款规定的格式第二十二、在外观设计法施行规则第十九条第三款上适用专利法施行规则第二十七条之三之三第一款规定的格式第三十六、同规则第二十八条之二规定格式第三十八或同规则第二十八条之三规定的格式第四十和外观设计法施行规则第十九条第七款上适用的专利法施行规则第四十八条之三第二款规定的格式第六十四之三、同规则第五十条第五款规定的格式第六十五之二、同规则第五十条之二规定的格式第六十五之四、同规则第五十条之三规定的格式第六十五之六、同规则第五十一条第二款规定的格式第六十五之九、同规则第五十七条之三第二款规定的格式第六十五之十一、同规则第五十八条第二款规定的格式第六十五之十三、同规则第五十八条之二第三款规定的格式第六十五之十五、同规则第五十八条之十七第二款规定的格式 第六十五之十七、同规则第六十条第五款规定的格式第六十五之十九、同规则第六十条第六款规定的格式第六十五之二十一、同规则第六十一条之十一第三款规定的格式第六十五之二十三或同规则第六十二条第二款规定的格式第六十五之

二十五"、第十三条第四款中"驳回决定不服审判"改述为
"驳回决定不服审判和补正不予受理决定不服审判"、第十四条
第二款中"驳回决定不服审判"改述为"驳回决定不服审判和
补正不予受理决定不服审判"的。

2. 关于前项适用的专利法施行规则第九条之二第一款或第
二款的规定提交报告、办理手续的人、新的代理人依照基于第
九条之二的规定的外观设计法第四十二条第一款第一项的规定，
缴纳第一年的注册费的同时，不论根据同法第十四条第一款的
规定要提交请求的时候，还是关于前款适用专利法施行规则第
四条之三第三款的规定、必须提交书面证明代理人的代理权。

3. 专利法施行规则第二十六条、第二十七条第一款至第三
款、第二十七条之三之三第一款、第二十七条之四第一款和第
二款、第二十八条至第二十八条之三、第二十九条、第三十条
以及第三十一条第二款（委托、份额的记载等、根据巴黎条约
的要求优先权等的证明文件的提交、受发明的新颖性丧失的例
外的规定的适用情况的手续等、专利申请号的通知、专利申请
的放弃、专利申请的取得、在专利公报上记载公告协议成立的
目的、专利申请的分开的时候的补正以及提交书面的省略）的
规定、适用外观设计注册申请。这些情况下、专利法施行规则
第二十七条第三款中提到的"专利法第百九十五条第五款"改
述为"外观设计法第六十七条第四款"。

4. 专利法施行规则第三十三条以及第三十五条至第三十七
条（补正不予受理决定的记载事项、查定的记载事项、通知以
及决定的抄写本送达正当权利人）的规定、适用外观设计注册
申请的审查。

5. 专利法施行规则第五章（判定）的规定，适用外观设计

法第二十五条第一款的判定。

6. 专利法施行规则第六章（裁定）的规定，适用关于外观设计权的裁定。

7. 第十三条、专利法施行规则第八章（审判以及重审）（第四十六条和第五十条之十五第一款（第三十二条规定只限部分适用）、第二款以及第三款除外）的规定、适用审判以及重审。在这些方面、同规则第四十八条之三第二款、第五十条第五款、第五十条之二、第五十条之三、第五十一条第二款、第五十七条之三第二款、第五十八条第二款、第五十八条之二第一款以及第三款、第五十八条之十七第二款、第六十条第五款以及第六款、第六十一条之十一第三款和第六十二条第二款中提到的"驳回决定不服审判"、改述为"驳回决定不服审判以及补正不予受理决定不服审判"。

8. 专利法施行规则第六十七条（专利证的再交付）的规定，适用外观设计注册证的再交付。

日本外观设计审查基准[1]

（对应 2006 年修订的外观设计法）

2010 年 4 月

翻译：刘洪尊　张咪　洪芳　吴溯　张霞

校对：张　咪　洪芳

---

[1] 原文出处：日本特许厅官方网站。

目　录

第 1 部　请求书和附图

第 1 章　外观设计注册申请 ·················· 764

　11　相关条文 ························· 764

第 2 章　外观设计注册申请相关的外观设计的认定 ········· 767

第 2 部　外观设计注册的要件

第 1 章　适于工业应用的外观设计 ·············· 770

　21　相关条文 ························· 770

第 2 章　新颖性 ························· 786

　22　相关条文 ························· 786

第 3 章　创作性 ························· 805

　23　相关条文 ························· 805

第4章　与在先申请外观设计的一部分相同或相似的
在后申请外观设计的保护例外 …………………… 823
　24　相关条文 …………………………………………… 823

第3部　新颖性丧失的例外

　31　相关条文 …………………………………………… 835

第4部　不能取得外观设计注册的外观设计

　41　相关条文 …………………………………………… 841

第5部　一外观设计一申请

　51　相关条文 …………………………………………… 845

第6部　在先申请

　61　相关条文 …………………………………………… 849

第7部　个别的外观设计注册申请

第1章　部分外观设计 …………………………………… 859
　71　相关条文 …………………………………………… 859

第 2 章　成套产品的外观设计 ················· 892

　72　相关条文 ····························· 892

第 3 章　关联外观设计 ··················· 904

　73　相关条文 ························· 904

第 4 章　包含图像的外观设计 ············· 913

　74　相关条文 ······················· 913

第 8 部分　请求外观设计请求书、附图等的记载的补正

第 1 章　补正 ························· 966

　81　相关法条 ······················· 966

第 2 章　补正的不受理 ················· 968

　82　相关法条 ······················· 968

第 9 部分　特殊的外观设计注册申请

第 1 章　外观设计注册申请的分案 ············· 972

　91　相关法条 ······················· 972

第 2 章　申请的变更 ··················· 975

　92　相关法条 ······················· 975

第3章 基于《专利合作条约》的国际申请的申请变更的特例
·· 978

  93 相关法条 ·································· 978

第4章 补正后的外观设计的新申请 ·················· 980
  94 相关法条 ································· 980

第10部 依据《巴黎公约》主张优先权等的手续

  101 相关法条 ································ 982

第11部 审查的进行方式

第1章 概论 ································· 1001
  111 与审查手续相关的主要法条 ············· 1001

第2章 各论 ································ 1004

第12部 其他

第1章 特征记载书 ························· 1018
  121 相关条文 ······················· 1018

外观设计审查基准　沿革

1968 年 6 月 12 日

1985 年 6 月 27 日部分增加

1985 年 6 月 27 日部分修订

1985 年 12 月 11 日部分修订

1987 年 3 月 5 日部分增加

1988 年 3 月 15 日部分增加

1989 年 3 月 23 日部分增加

1993 年 4 月 23 日部分修订

1993 年 11 月 8 日部分修订

1994 年 6 月 16 日部分修订

2002 年 1 月 31 日部分增加

2002 年 1 月 31 日部分修订

2007 年 4 月 1 日部分增加

2007 年 4 月 1 日部分修订

2008 年 10 月 31 日部分修订

2009 年 7 月 1 日部分修订

2010 年 4 月 1 日部分增加

2011 年 8 月 1 日部分修订

凡　例

1. 全文中使用的简称

"请求书随附的图片等" ＝请求书随附的图片、照片、模型或样品

"公知的外观设计" ＝外观设计法第 3 条第 1 款第 1 项或第 2 项的外观设计

"公开的外观设计" ＝已公知的外观设计

"电子外观设计信息" ＝通过互联网获得的外观设计信息

"本领域人员" ＝具有该外观设计所属领域中通常知识者

"在先申请的外观设计所公开的外观设计" ＝由在先申请的外观设计注册申请人，将请求书中"外观设计产品"栏记载的产品分类所属的产品形状加以公开的外观设计

"一组图片" ＝立体产品的情况下，为通过正投影画法按同一比例制作的主视图、后视图、左视图、右视图、俯视图和仰视图、或者可与之置换的图，平面产品的情况下，为按同一比例尺制成的主视图和后视图

"其他必要的图" ＝只在一组图片上不能充分表现与外观设计注册申请相关的外观设计时添加的展开图、剖视图、剖面图、放大图、立体图等其他必要的图

"附表一" ＝外观设计法施行细则附表一

"附表二" ＝外观设计法施行细则附表二

"基础外观设计 " ＝从自己的外观设计注册申请的外观设计

中选择的一个外观设计

"产品组成" = 构成成套产品的产品

"规定的产品组成" = "产品组成表"中规定的产品组成

2. 部分正文中使用的简称

"形态" = 形状、图案或者色彩及其结合

但是，在与"创造性"有关的部分中，不称作"形态"。这是因为，外观设计法第2条第1款规定的"形状、图案或者色彩及其结合"系作为外观设计的构成要件，其与产品是浑然一体的；与此相反，外观设计法第3条第2款规定的"形状、图案或者色彩及其结合"则意指脱离生产品的形状图案的独立要素或这些独立要素的结合，因此两者是明确不同的。

具体来说，在第2部"外观设计注册的要件"第3章"创造性"和第7部"个别的外观设计注册申请"第1章"部分外观设计"71.4.3"创造性"中，不称作"形态"。

另外，即使在第7部"个别的外观设计注册申请"第2章"成套产品的外观设计"72.1.1.3"成套产品整体统一"和72.1.1.3.1"成套物品整体统一的类型"中，作为成套产品整体是否统一的判断由于是根据从产品中分离出来的形状，图案等独立要素或这些独立要素的结合进行，因此同样地不称作"形态"。

第 1 部

请求书和附图

第1章 外观设计注册申请

11 相关条文

外观设计法

第6条 1. 欲申请外观设计注册的人，应向特许厅长官提交记载有下述事项的请求书，并附以记载有欲取得外观设计注册的外观设计的图片：

（1）外观设计注册申请人的姓名或名称，以及住所或者居所。

（2）外观设计的设计人的姓名，以及住所或者居所。

（3）外观设计产品。

2. 在经济产业省令有规定时，可以提交表现外观设计的照片、模型或者样品，以此替代前款规定的图片。在此情况下，必须在申请书中记载照片、模型或者样品的类型。

3. 具有该外观设计所属领域一般常识的人，通过对第一款第三项的外观设计产品的记载，或者申请书中所附的图片、照片或者模型，不能理解该外观设计产品的材质或者大小，从而不能识别该外观设计的，必须在请求书中记载该外观设计产品的材质或者大小。

4. 外观设计产品的形状、图案或者色彩因该产品具有的功能发生变化时，就该变化前后的该产品的形状、图案或者色彩及其结合申请外观设计注册的，应在请求书中记载该情况及产品功能的说明。

5. 在依第一款或者第二款的规定提交的图片、照片或者模型上附有该外观设计的色彩时，对于白色或黑色中的一种颜色，可以省略着色。

6. 依前款规定省略着色时，应在请求书中记载该内容。

7. 在依第一款规定在提交的图片上记载外观设计，或者依第二款规定在提交的照片或者模型上表示外观设计时，如果该外观设计产品的全部或者部分是透明时，应在请求书中记载该内容。

外观设计法施行细则

第 4 条　1. 根据外观设计法第六条第二款的规定提交照片替代同条第一款的图片，照片应清楚地表达出外观设计的情况。

2. 提交照片的时候，必须根据模板七制作。

第 5 条　1. 根据外观设计法第六条第二款的规定提交模型或者样品替代同条第一款的图片时，该模型或者样品的形式应当符合下述条件。

（1）不容易破碎、不容易变形的、不变质。

（2）获取和保存方便。

（3）根据第二项的规定收纳于袋中时其厚度在 7 毫米以下。

（4）大小尺寸为长 26 厘米、宽 19 厘米以下。但是，使用薄的布质地或纸质地时，长宽在 1 米以下大小均可。

2. 提交模型或者样品时，必须收纳于结实的袋中，并且将根据模板八作成的纸卡片贴在袋子上。此时，根据前款第四项规定的条件提交模型或者样品时，必须将布质地或纸质地的物品折叠成 7 毫米以下的厚度并收纳于袋中。

模板 2 备注

8　对于产品的部分申请外观设计注册时，在"【外观设计产品】"一栏上设有"【部分外观设计】"栏。

39　当针对不属于附表一下栏所述任意一种产品分类的产品申请外观设计注册时，在"【外观设计产品的说明】"栏中记载该产品的使用目的、使用状态等有助于理解产品的说明。

11.1　外观设计法第 6 条的规定

外观设计法第 6 条对应当在外观设计注册申请时提交的文件以及应当记载于该文件中的内容进行了规定。

第 1 款为，在外观设计注册申请时，作为应当向特许厅长官提交的文件，在规定了请求书和图片的同时，还规定了应当在其上必须记载的内容。另外，对于外观设计产品，请参照第 5 部"一外观设计一申请"。

第 2 款为，为了方便申请人制作图片，规定了可替代图片提交的物品。

第 3 款到第 7 款为，假定根据图片的记载不能充分表现外观设计时，规定了应当在请求书中记载补充说明以充分表现外观设计的要点。

但是，根据这些规定而对请求书或者附在请求书后的图片、照片、模型或样品（以下称请求书随附的图片等）的记载应当是申请人的责任，因此如果申请认为这些记载是必要的，审查员不进行"该记载是不必要的"或者"还有其他必要事项"等的判断。

11.2　请求书及图片的意义

想要获得外观设计注册的人向特许厅长官提交的请求书和请求书随附的图片等表现设计人创作的外观设计的文件，即为想要获得外观设计注册的外观设计的内容。

为此，注册外观设计的范围必须根据请求书记载❶以及请求书随附的图片等表现的外观设计来确定（外观设计法第24条）。

因此，请求书和其随时的图片等在表明了设计人和外观设计注册申请人的同时也具有限定注册外观设计范围的权利书的功能。

第2章　外观设计注册申请相关的外观设计的认定

外观设计注册申请相关的外观设计的认定与以下几方面有关，根据该外观设计所属领域中的一般常识，对请求书的记载和请求书随附的图片等进行综合的判断。

这是因为，欲取得外观设计注册的人进行外观设计注册申请时，应在请求书中记载必要的事项，通过将申请外观设计注册的外观设计附在请求书后的图片等形式并向特许厅长官提交

---

❶　请求书的记载内容有：①"部分外观设计"，②"外观设计产品"，③"外观设计产品的说明"，④"外观设计的说明"四栏。

（外观设计法第 6 条），在确定注册外观设计的范围时，也必须根据请求书的记载和请求书的随附的图片等表示的外观设计进行（外观设计法第 24 条）。

因此，在进行外观设计注册申请相关的外观设计的认定时，不属于请求书或请求书随附的图片等的文件例如特征记载书、优先权证明书、适用外观设计法第 4 条第 2 款规定的证明书等，均不能作为认定基础。

（1）外观设计产品。

根据该外观设计产品的使用目的、使用状态等，认定其用途和功能。

另外，对于不属于外观设计法施行规则附表一（以下称作"附表一"）下栏所述任意一种产品分类的产品，进行外观设计注册申请时，根据请求书中的"外观设计产品的说明"栏记载的该产品的使用目的、使用状态等有助于理解产品的说明，认定其用途和功能。（外观设计法施行细则模板二备注 39）

（2）外观设计产品的形状、图案或者色彩及其结合❶认定该外观设计产品的形态。

---

❶ 除了第 2 部"外观设计注册的要件"第 3 章"创造性"、第 7 部"个别的外观设计注册申请"第 1 章"部分外观设计"71.4.3"创造性"、第 7 部第 2 章"成套产品外观设计"72.1.1.3"成套产品整体统一"以及 72.1.1.3.1"成套产品整体统一的类型以外"，以下称作"形态"。

外观设计注册的要件

为了使外观设计注册申请的产品❶取得外观设计注册，应满足以下所有的要件。

（1）适于工业应用的外观设计。　　（→第 2 部第 1 章）

（2）具有新颖性。　　　　　　　　（→第 2 部第 2 章）

（3）具有创造性。　　　　　　　　（→第 2 部第 3 章）

（4）不是与在先申请外观设计的一部分相同或相似的后申请外观设计。　　　　　　　　　　　（→第 2 部第 4 章）

即使是满足上述要件的外观设计，外观设计注册申请属于以下任一情形时，也不能给予外观设计注册。

（1）该外观设计注册申请根据下述规定不能进行外观设计注册的情形有：

①外观设计法第 5 条（不能取得外观设计注册的外观设计）。

②外观设计法第 8 条（成套产品外观设计）。

---

❶　此处外观设计注册申请，是指还未由审查员进行是否符合外观设计法第 2 条第 1 款定义判断的申请。

③外观设计法第 9 条第 1 款或第 2 款（在先申请）。

④在外观设计法第 10 条第 1 款或第 2 款（关联外观设计）。

⑤外观设计法第 15 条第 1 款中引用的专利法第 38 条（共同申请）。

⑥外观设计法第 68 条第 3 款中引用的专利法第 25 条（外国人享有的权利）。

（2）该外观设计注册申请涉及的外观设计根据条约的规定不能进行外观设计注册时。

（3）该外观设计注册申请不满足外观设计法第 7 条规定的要件时。

（4）该外观设计注册申请人非设计者，且对于该外观设计申请外观设计注册的权利不能继承时。

第 1 章　适于工业应用的外观设计

21　相关条文

外观设计法

第 2 条　1. 本法所称"外观设计"，是指能够通过视觉引起美感的产品（含产品的构成部分，第 8 条除外，以下同）的形状、图案、或者色彩及其结合。

2. 在前款中，产品的构成部分的形状、图案或者色彩及其结合包括用于产品操作（仅限于使该产品进入能够发挥其功能的状态而进行的操作）的图像，包含该产品或者在与该产品一体使用的产品上表示的图像。

（第3款和第4款省略）

第3条 1. 创作了适于工业应用的外观设计的设计人，除下述外观设计之外，均可就其外观设计取得外观设计注册：

（1）外观设计注册申请前在日本国内或者国外已公知的外观设计；

（2）外视设计注册申请前在日本国内或者国外所发行的出版物上已有记载的外观设计或者通过电信线路成为公众可利用的外观设计；

（3）与前两款所列外观设计相似的外观设计。

（第2款省略）

外观设计法施行细则

模板6（备注）

7. 视图（参考图的视图除外）中，不能记载中心线、基线、水平线、表示阴影的细线或者浓淡、说明内容的指示线、符号或文字以及其他不构成外观设计的线、符号或者文字。但是，可记载限定欲取得外观设计注册的外观设计涉及的形状的线、点及其他内容。此时，其要点和任一特定形状记载于请求书的"外观设计的说明"栏中。

8. 表示立体的图片通过正投影图法以各图用相同的比例作成的主视图、后视图、左视图、右视图、俯视图和仰视图作为一组视图来记载。但是，在属于下表左栏记载的情况下，可省略其右栏记载的图。此时此点记载于请求书的"外观设计的说明"栏中。

主视图和后视图相同或者对称时	后视图
左视图和右视图相同或者对称时	一侧的视图
俯视图和仰视图相同或者对称时	仰视图

9. 通过等角投影图法作成的图或者通过斜投影图法作成的图（仅限于斜二轴测图）（长度对高度对深度的比例为 1：1：1/2）或斜等轴测图（该比例为 1：1：1），在下表左栏记载的情况下，可省略其右栏记载的图的全部或部分。此时，通过斜投影图法作成时，将斜二轴测图或斜等轴测图在各图中的差别和倾角均记载于请求书的"外观设计的说明"栏中。

表示正面、顶面和右侧面的图	主视图、俯视图或者右视图
表示背面、底面和左侧面的图	后视图、仰视图或者左视图
表示正面、左侧面和顶面的图	主视图、左视图或者俯视图
表示背面、右侧面和底面的图	后视图、右视图或者仰视图
表示正面、右侧面和底面的图	主视图、右视图或者仰视图
表示背面、左侧面和顶面的图	后视图、左视图或者俯视图
表示正面、底面和左侧面的图	主视图、仰视图或者左视图
表示背面、顶面和右侧面的图	后视图、俯视图或者右视图

10. 表示平面的图片以按各图为相同比例作成的主视图和后视图为一组，原则上一组图片记载于一张格式纸上。但是，主视图和后视图相同或者对称时或者背面无图案时，可省略后视图。此时将此记载于请求书的"外观设计的说明"栏中。

12. 表示杆材、线材、板材、管材等形状连续或者布料图案反复连续的图片，可只作成清楚表达其连续或者反复连续状态的部分，对于布料这样图案只向一方向反复连续的物品，要将此记载于请求书的"外观设计的说明"栏中。

13. 如无线电接收机的软线的中间部分那样的产品即使省略其中的一部分，外观设计也能清楚表达，作图上不得已而为之时，可省略该部分的记载。此时，该省略情况用两根平行的单点画线切断表示，并且将此点和其省略部位在图片上的尺寸记载于请求书的"外观设计的说明"栏中。

14. 在只有 8 ~ 10 的图片下，不能充分表达其外观设计时，添加展开图、剖视图、剖面图、放大图、立体图及其他必要的视图，此外，可添加表示使用状态的图和其他参考图。以助于该外观设计的理解。

15. 剖视图或者剖面图的切断面画平行斜线，其切断部位在其他图中用点画线表示。该点画线不能画入视图中。在该点画线的两端加上符号，并且用箭头表示剖切方向。

16. 描绘部分放大图时，其放大部位在该部分放大图原图中用点画线表示。该点画线不能画入视图中。该点画线的两端加上符号，用箭头表示描绘部分放大图的方向。

18. 对于盖和本体、盘和碗那样可分离的产品，在其组合状态下不能充分表达外观设计时，除了组合状态的图片外，还要添加涉及产品各自构成部分的 8 ~ 10 的图片和 14 的图片。

19. 对于积木那样的只是其构成各片的图片不能充分表达使用的状态时，要添加表示其完成或者收纳状态的立体图，对于如组合木那样可组装或者分解的物品只是在组装状态下的图片不能充分表达分解的状态时，要添加其构成各片的立体图。

20. 对于活动、打开物品等外观设计，如不描绘其活动、打开等外观设计变化前后状态的图片就不能充分表达该外观设计时，要制作明确其活动、打开等的外观设计变化前后状态的图片。

21. 物品的全部或者部分是透明的外观设计的图片按下述要领制作。

a. 外壳无色且无图案时，按照透明可见部分状态加以表示。

b. 在外壳的外表面、内表面或壁厚内任一中有图案或者色彩时，无须后面或下面的图案或者色彩，只表示前面或者上面的图案或者色彩。

c. 在外壳的外面、内面或壁厚内或由外壳包围的内部任意两处以上有形状、图案或者色彩时，表示各自的形状、图案或者色彩。

21.1 外观设计法第3条第1款标题的规定

外观设计法第3条第1款标题规定，外观设计注册申请如不符合外观设计法第3条第1款标题规定的适于工业应用的外观设计，则不能申请外观设计注册。

外观设计注册申请为了符合外观设计法第3条第1款标题规定的适于工业应用的外观设计，应满足以下的所有要件。

为此，不满足以下任一要件就不属于外观设计法第3条第1款标题规定的适于工业应用的外观设计，不能进行外观设计注册。

（1）构成外观设计的产品。　　（→21.1.1）

（2）外观设计是具体的。　　（→21.1.2）

（3）适于工业应用的产品。　　（→21.1.3）

21.1.1 构成外观设计的产品

所谓外观设计法第3条第1款标题中规定的适于工业应用的外观设计，即为外观设计法第2条第1款定义的外观设计，即为产品的形态、通过视觉引起美感的外观设计。

因此，外观设计注册申请为了构成外观设计必须满足以下所有的要件。

（1）应认定为产品。　　　　　（→21.1.1.1）

（2）产品自身的形态。　　　　（→21.1.1.2）

（3）诉诸视觉。　　　　　　　（→21.1.1.3）

（4）通过视觉引起美感。　　　（→21.1.1.4）

21.1.1.1　产品的认定

进行外观设计注册申请的产品为了作为外观设计成立，必须是针对产品形态的创作，由于产品与形态成一体不可分，脱离产品的形态创作，例如只有图案或者色彩的创作不认定为外观设计。

（1）成为外观设计法对象的产品

构成外观设计法对象的产品是具有形体的产品中可在市场上流通的动产。

（2）不认定为产品的例子

①原则上非动产的物品

所谓土地及其固定物的不动产不认定为产品。但是，使用时即使成为不动产，工业上可批量生产，在销售时作为动产处置的例如门、装配有游廊的平房认定为产品。

②非固体以外的产品

电、光、热等无体物不认定为产品，即使是有体物，气体、液体等不具有其固有形态的产品也不认定为产品。

③粉状物和粒状物的集合

粉状物、粒状物等即使构成的各产品为固体且具有一定的形态，但由于作为其集合体不具有特定的形态，不认定为产品。但是，构成的各物品即使为粉状物或者粒状物，其集合体具有固定的形态，例如方砂糖，则认定为产品。

④产品的一部分

不破坏其产品就不能分离的一部分，例如作为"袜子"的一部分的"袜跟"，由于其在通常的交易状态不是作为独立的制品交易，不认定为产品。但是，构成完成品中的一部分的部件（部分制品）与之具有互换性，并且在通常的交易状态下作为独立的制品交易时，认定为产品。

【实例】

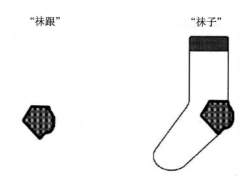

"袜跟"　　　　　　　　　　"袜子"

21.1.1.2　产品自身的形态

由于外观设计为产品的形态，因此不属于产品自身形态的设计不认定为外观设计。

（1）产品自身的形态

所谓产品自身的形态即由不属于产品本身具有的特征或者性质所产生的形态。

（2）不认定为产品自身的形态的例子

①以销售展示效果为目的的形态

例如，当产品为手帕时，以销售展示效果为目的将手帕折叠成花的形态不认定为手帕产品自身的形态。但是，将折叠的手帕模仿成其他产品而成装饰品时，认定为装饰品产品自身的形态。

21.1.1.3 诉诸视觉

根据外观设计法第 2 条的定义，外观设计是能够通过视觉引起美感的产品，因此不能诉诸于视觉的产品的外观不认定为外观设计。

（1）诉诸视觉的产品

诉诸于视觉的产品指的是外观设计注册申请的整体形态可被肉眼识别。

（2）认定为非诉诸视觉的例子

①粉状物或者粒状物的一个单元。

该一个单元因细微到不能被肉眼识别其形态，则不认定为能诉诸于视觉感受。

21.1.1.4 通过视觉引起美感

根据外观设计法第 2 条的定义，外观设计是能够通过视觉引起美感的产品，因此不引起美感的产品的外观不认定为外观设计。

美感也存在于诸如音乐通过听觉引起的情形，但对于外观设计仅限于通过视觉引起的情形。

（1）美感

外观设计法第 2 条第 1 款规定的美感不是要求如美术品那样高尚的美，只要能引起任何美感的产品就足以。

（2）不认定为通过视觉引起美感的例子

①以功能、作用效果为主要目的，几乎不引起美感。

②作为外观设计，却不进行整理，只给予一种杂乱无章的感觉，几乎不会引起美感。

21.1.2 外观设计是具体的

作为外观设计权的客体想要取得外观设计注册的外观设计，

基于该外观设计所属领域的一般常识，必须能从请求当初的请求书的记载以及请求书随附的图片等直接得出一个外观设计的具体内容，即以下的①和②。

①基于外观设计产品的使用目的、使用状态等的该产品的用途和功能。

②外观设计产品的形态。

但是，外观设计保护的是通过请求书的记载和请求书随附的图片等表现出的作为无形财产的产品有关的美的创作，因此根据请求书的记载和请求书随附的图片等，对于作为美的创作申请的外观设计的内容，如可得出具体的一个外观设计即可，从请求书随附的图片等看去，并不必如工业产品设计图片那样对外观设计的整体具有相同高度的准确地记载。

换言之，例如，即使在请求书或请求书随附的图片等具有误记或者不明了的记载等不完善的情况下，在其符合以下任一时，也认定为具体的外观设计。

①基于该外观设计所属领域一般常识的综合判断❶能够得到合理的完善解释的情形。

②即使无法确定是否正确，从而以未决状态原样保留，如果是不影响外观设计的要点的认定（参照第 8 部"申请书和图片等的记载的补正"第 2 章"补正的不受理"82.1.1"外观设计的要点与外观设计的要点的认定"）的细微部分的记载不完善的情形。

另外，以下在综合判断记载时，是基于该外观设计所属领

---

❶ 所谓综合判断是指，在请求书或请求书随附的图片等中存在记载不完善时，对该记载不完善之处是否可合理地解释的判断，以下同。

域一般常识进行为前提。

（1）不认定为具体的外观设计时的例子

请求书或者请求书随附的图片等具有以下的记载不完善，即使综合判断请求书的记载和请求书随附的图片等，也不能直接地得出一个外观设计具体的内容时，认定不属于具体的外观设计。

另外，在以下的实例中，针对特许厅长官发出的手续补正指令书（形式审查），提交相对于该指令书的应答补正时，审查员应当首先根据申请当初不完善的请求书的记载和请求书随附的图片等，判断欲取得外观设计注册的外观设计是否是具体的设计，接着，根据其判断结果，判断该应答补正是否变更了申请当初的请求书的记载或者请求书随附的图片等要点（参照第8部"请求书・图片等的记载的补正"第1章"补正"）。

①外观设计产品的使用目的、使用状态等不明确时。

②视图相互不一致时。

③照片等不清晰时。

（i）图片、照片等过小，不清晰，不能正确地获知外观设计时。

（ii）即使是清晰的照片，由于显示了背景、高亮光、阴影等其余内容，而不能正确的获知外观设计时。

④抽象地表现外观设计时。

在请求书或图片中使用文字、符号等，抽象地表现形状、图案和色彩时。

⑤需要材质或者大小的说明而没有记载时。

（外观设计法第6条第3款）

⑥需要变化状态的图片，但其图片和说明没有记载时。

作为活动、打开等的外观设计，如没有其活动、打开等的外观设计变化状态的图片，不能充分地表现其外观设计时，其图片和其要点的说明没有在请求书的"外观设计的说明"栏记载时。

（外观设计法第 6 条第 4 款）

（外观设计法施行细则模板 6 备注 20）

⑦在着色的图片中具有一部分没有着色的部分时。

但是，在请求书的"外观设计的说明"栏中记载无着色部分为白色或黑色的说明时除外。

（外观设计法第 6 条第 6 款）

⑧根据图片认为产品的全部或一部分为透明，但对此的说明没有记载于请求书的"外观设计的说明"栏时。

（外观设计法第 6 条第 7 款）

（外观设计法施行细则模板 6 备注 24）

⑨在视图中表示中心线、基线、水平线、表示阴影的细线或者浓淡、说明内容的指示线、符号或者文字、其他不构成外观设计的线、符号或者文字时。

但是，记载确定形状的线、点和其他内容时，在请求书的"外观设计的说明"栏中通过其要点和任一记载确定其形状的场合除外。

（外观设计法施行细则模板 6 备注 7）

另外，产品中标示的文字、标识按如下处置。

（ⅰ）产品中产示的文字、标识除以下（ⅱ）的情形外，作为构成外观设计的内容来处理。

（ⅱ）产品中标示的文字、标识中专门用于信息传递使用的内容，不认定为图案，不构成外观设计。但是，即使在视图中标示了也不需删除。

例子如下。

A. 报纸、书籍的文章部分。

B. 采用通常方式标示成分组成、使用说明等。

⑩表示立体的图片属于下述情形时。

（ⅰ）视图没有按正投影视图法、等角投影视图法或者斜投影视图法（限于斜二轴测图（长度对高度对深度的比例为1∶1∶1/2）或者斜等轴测图（该比例为1∶1∶1））制作时。

但是，下述除外。

a. 大型机械等的照片，作成与按正投影图法、等角投影图法或者斜投影图法制作的视图同样的照片存在困难时，如立体图那样作成的照片。

b. 诸如表示图案的玻璃杯，在展开图中表示图案可正确地获知外观设计，并且形状可正确地展开时，将图案部分的展开图与表示省略了图案的形状的图并用的图片。

（ⅱ）各视图的比例不同时。

（ⅲ）六面视图不一致时（立体产品）。

但是，下述情形除外。

a. 对于按正投影视图法作成的视图，在下表左栏所述记载情形时，省略其右栏的视图，此点记载于请求书的"外观设计的说明"栏中时。

主视图和后视图相同或者对称时	后视图
左视图和右视图相同或者对称时	左视图（或者右视图）
俯视图和仰视图相同或者对称时	仰视图
主视图、后视图、左视图及右视图相同时	后视图、左视图、右视图

b. 按等角投影视图法作成的图或通过斜投影视图法作成的视图，在下表左栏记载的情形时，可省略其右栏记载的视图的

全部或者部分。

表示正面、平面和右侧面的图	主视图、俯视图或者右视图
表示背面、底面和左侧面的图	后视图、仰视图或者左视图
表示正面、左侧面和平面的图	主视图、左视图或者俯视图
表示背面、右侧面和底面的图	后视图、右视图或者仰视图
表示正面、右侧面和底面的图	主视图、右视图或者仰视图
表示背面、左侧面和平面的图	后视图、左视图或者俯视图
表示正面、底面和左侧面的图	主视图、仰视图或者左视图
表示背面、平面和右侧面的图	后视图、俯视图或者右视图

c. 大型机械等，为了安装或者固定，通常不能看见底面，可省略仰视图时。

d. 大型车辆等的重量物，通常不能看见底面，并且无仰视图也可正确地把握外观设计时，省略仰视图时。

（iv）按正投影图法制作的六面视图省略视图时，省略地说明未正确记载于请求书的"外观设计的说明"栏时。

（外观设计法施行细则模板6备注8）

（v）按斜投影图法制成视图时，斜二轴测图或者斜等轴测图在各视图中的差别和倾角没有记载于请求书的"外观设计的说明"栏时。

（外观设计法施行细则模板6备注9）

⑪表示平面内容的图片属于下述情形时。

（i）各视图的比例不同时。

（ii）两面视图不一致时（平面产品）。

但是，除了此要点记载于请求书的"外观设计的说明"栏的情况，根据下表左栏的记载可以省略右栏图。

| 主视图和后视图相同或者对称时 | 后视图 |
| 后视图无图案时 | 后视图 |

（ⅲ）省略视图时，省略的说明恰好没有记载于请求书的"外观设计的说明"栏时。

（外观设计法施行细则模板 6 备注 10）

（注）平面产品，如包装纸、塑料质地、织物质地等较薄产品。但是，如包装袋那样，具有重合部且在使用时为立体的物品、植绒塑料质地那样较厚物品等按立体物品提交视图。

⑫表示形状或者图案连续或者反复连续的产品的图片，在其连续状态不能清楚理解时。

（外观设计法施行规则模板 6 备注 12）

⑬在根据外观设计法施行规则模板六备注 13 进行软线等中间省略的图片中，符合下述时。

（ⅰ）省略部位没有用两根平行的单点画线切断的图片

（ⅱ）省略部位没有在图片上记载省略了几厘米的说明时

⑭只用六面视图或者两面视图不能充分表现外观设计，且没有下述的图片时。

（ⅰ）外观设计法施行细则模板六备注 14 规定的展开图、剖视图、放大图等

（ⅱ）积木、组合木，外观设计法施行细则模板六备注 19 规定的立体图

⑮剖视图等的切断面和切断部位的表示属于下述时。

（ⅰ）在切断面中平行斜线不完全或者没有时

（ⅱ）切断部位的标识（切断点画线、符号和箭头）不表示明确时

但是，用任意面视图的中央纵剖视图、任意面视图的中央横剖视图切断部位表示明确的情况除外。

（外观设计法施行细则模板 6 备注 15）

⑯对于部分放大图，没有放大部位的标识时。

（外观设计法施行细则模板 6 备注 16）

⑰可分离产品属于下述情况时。

盖和本体那样可分离的产品，在组合状态下不能充分表现外观设计，无组合图和针对各组件的图片时

（外观设计法施行细则模板 6 备注 18）

⑱透明的外观设计的图片没有按照外观设计法施行细则模板六备注 24 的规定制作时。

（注）对于备注 24 中的规定。

玻璃杯的纵剖视图的例示

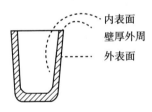

（ⅰ）如电灯泡那样，如果不以透明可见部分状态下表示，则不能充分表现其外观设计的产品的，可按备注 24A 的要领表示。但是，不能表示壁厚。

（ⅱ）其他的物品按不透明体那样表示，形状、图案重合时按备注 24B、C 的要领表示。

另外，对于如鸟笼那样后面透明可见的产品，其形状、图案重合时也是同样的。

（外观设计法第 6 条第 7 款）（参照上述⑧）

21.1.3 适于工业应用的产品

外观设计法保护的外观设计与专利法、实用新型法所称的产业上可利用的发明或者技术方案是不同的，仅限于用工业方法可批量生产的产品。例如，农具是用于农业的产品，农具类产品通过工业方法可批量生产，因此其外观设计符合适于工业应用的定义。

（1）适于工业应用

适于工业应用，是指利用工业技术可反复大量生产同一物，无须现实中被工业应用，具有可能性即可。

（2）认定为不适于工业应用的例子

符合以下的产品认定为不适于工业应用的产品，根据外观设计法第3条第1款标题的规定不能申请外观设计注册。

①由于将自然物作为外观设计的主要要素使用，不能批量生产的产品。

如将天然石头原样使用的装饰品，几乎不实施加工的自然物在其原始形状下使用，将自然生出的造形美的物品作为外观设计的主要要素的物品，由于不能利用工业技术将同一物品反复大量生产，属于不适于工业应用的产品。

②土地建筑物等的不动产。

由于不能利用工业的技术反复大量地生产获得同一物品，不符合适于工业应用的产品（参照上述21.1.1.1（2）"不认定为产品的例子"）。

③属于纯粹美术领域的著作物。

这样的著作物因不是以利用工业技术反复大量地生产同一物品为目的，不属于适于工业应用的产品。

第2章　新颖性

22　相关条文

外观设计法

第3条　创作了适于工业应用的外观设计的创作者，除下列外观设计之外，均可就其外观设计取得外观设计注册：

（1）外观设计注册申请前在日本国内或者国外已公知的外观设计；

（2）外观设计注册申请前在日本国内或者国外发行的出版物上已有记载的外观设计或者通过电信线路成为公众可利用的外观设计；

（3）与前两款所列外观设计相似的外观设计。

（第2款略）

22.1　外观设计法第3条第1款各项的规定

即使外观设计注册申请的产品为适于工业应用的外观设计，但是属于外观设计法第3条第1款第1项或第2项的外观设计（以下称作"公知的外观设计"），或者属于与公知的外观设计相似的外观设计，则不具有新颖性，不能予以外观设计注册。

即，在外观设计注册申请前于日本国内或国外已被公知的外观设计，或者在外观设计注册申请前已记载于日本国内或国外发行的出版物上的外观设计或通过电信线路成为公众可利用的外观设计，即使为自己创作的外观设计并且为自己公开的，也属于丧失新颖性的产品，对于属于与该外观设计相同或相似的外观设计，即使进行外观设计注册申请，也不能取得外观设计注册。

22.1.1　外观设计法第 3 条第 1 款第 1 项

外观设计注册申请前在日本国内或者国外已公知的外观设计。

22.1.1.1　外观设计注册申请前

外观设计注册申请前的判断，与以日为单位判断的外观设计注册申请日（外观设计法第 9 条、外观设计法第 10 条等）不同，还应考虑外观设计注册申请的时刻❶。

因此，例如，对于在上午在日本国内或者国外已公知的外观设计，在该下午后进行外观设计注册申请时，与该外观设计注册申请相关的外观设计属于在外观设计注册申请前已公知的外观设计。

22.1.1.2　已公知的外观设计

已公知的外观设计，是指现实中对不特定的人无须保密即可得知的外观设计。

22.1.1.3　不作为已公知的外观设计处理的外观设计

（1）外观设计公报的发布日前注册的外观设计

对于外观设计公报的发布日前注册的外观设计，即使进行了外观设计权的授权注册，但将其作为已公知的外观设计认定为外观设计法第 3 条第 1 款第 1 项规定的适用基础较有争议，一般不作为已公知的外观设计处理。

22.1.1.4　属于已公知的外观设计的处理

属于已公知的外观设计时，必须向申请人具体告知以下所

---

❶ 在判断"于国外已被公知的外观设计"时，将该外观设计在该国或者地区中公知的时间换算成日本时间来判断。

有内容。

（1）已公知的外观设计产品及其形态。

（2）上述外观设计在现实中对不特定的人无须保秘即可得知的事实。

22.1.2　外观设计法第3条第1款第2项

外观设计注册申请前于日本国内或者国外发行的出版物上已有记载的外观设计或者通过电信线路成为公众可利用的外观设计。

22.1.2.1　外观设计注册申请前

外观设计注册申请前的判断，与以日为单位判断的外观设计注册申请日（外观设计法第9条、外观设计法第10条等）不同，应考虑外观设计注册申请的时刻❶。

因此，例如，对于在上午在日本国内或者国外发行的出版物上已有记载的外观设计或者通过电信线路成为公众可利用的外观设计，在该日下午进行外观设计注册申请时，与该外观设计注册申请相关的外观设计属于在外观设计注册申请前在日本国内或者国外发行的出版物上已有记载的外观设计或者通过电信线路成为公众可利用的外观设计。

22.1.2.2　发布

发布，是指出版物处于不特定的人可见的状态，现实中无须任何人说明见到该刊物的事实。

22.1.2.3　出版物

出版物，是指对公众通过颁布公开为目的可复制的文件、图片及其他与之相似的信息传递媒体（CD—ROM 外观设计公

---

❶　在判断"已记载于外国出版物上的外观设计或通过电信线路成为公众可利用的外观设计"时，在该国或地区中，将记载该外观设计的出版物发行的时间或该外观设计通过电信线路成为公众可利用的时间换算成日本时间来判断。

报、书籍、杂志、报纸、目录、小册子等)。

22.1.2.4　出版物发布时间的确定

(1) 出版物中有发行时间的记载或者收录印戳❶时

①无收录印戳，记载了发行的年月日时采用发行的年月日。另外，若该发行的年月日记载

(i) 只有年时，推定为该年的最后一日。

(ii) 只有年月时，推定为该年月的最后一日。

②有发行的年月日和收录印戳时，采用较早的年月日。

③没有记载发行的年月日，有收录印戳时，采用收录印戳的年月日。

(2) 出版物中没有记载发行时间和收录印戳时

①该出版物具有刊载书评、摘录、目录等时，根据其刊载时间，推定该出版物的发布时间。

②该出版物有重版或者再版，且其上记载了初版的发行时间时，将初版发行时间推定为颁布时间。

③有其他适当线索时，推定或者认定为其发布时间。

22.1.2.5　外观设计注册申请的时间和出版物颁布时间的判断

(1) 外观设计注册申请日与出版物发布时间的所在日不同时

根据各自的年月日判断前后关系即可，无须认定或者推定进步的时刻，以判断前后关系。

---

❶　收录印戳，是指收录出版物的组织（特许厅外观设计科、特许厅外观设计科原资料系统、独立行政法人工业所有权综合信息馆、原工业所有权综合信息馆、原万国工业所有权资料馆）为了表明收录事实，在出版物封面等处明确、押印记载收录单位和收录日期的印戳。

（2）外观设计注册申请日与刊物颁布时期的所在日为同一日时

除了能够明确判断外观设计注册申请之时在出版物颁布之后的情形以外，均应判断出版物颁布时期晚于外观设计注册申请。

22.1.2.6　关于记载于出版物中的外观设计

在判断有关外观设计注册申请的外观设计是否与出版物记载的外观设计相同或者是否与该外观设计相似时，如果表达充分，可以进行对比的话，则出版物记载的外观设计即可作为新颖性判断的基础资料。

（1）可认定为新颖性判断基础资料的例子

①即使出版物上记载的外观设计的立体图没有表示其背面、底面等形态时，或者出版物上记载的外观设计的一部分没有表示时，通过该外观设计整体的形态，根据产品的特性等可大致定形，能够推定不明部分的具体的形态的。

②出版物上记载的产品的外观设计自不待言，该产品中包含的其他类别的产品（例如，部件涉及的外观设计），只要其形态可以识别即可。

③根据外观设计公报登载的部分外观设计的"取得外观设计注册部分"以外的"其他部分"，可识别外观设计产品的具体形态的。

22.1.2.7　通过电信线路成为公众可利用的外观设计

（1）线路

线路是指一般由往复的通信通路构成的，意指可双向通信的传送通路。只可单方向传送信息的广播（传送来自双向的通信的有线电视等除外）不包含在线路中。

（2）公众

公众指社会上一般的不特定的人。

（3）公众可利用

公众可利用，是指处于社会上一般的不特定的人可见的状态，无须现实中某人接触接入的事实。例如，在互联网中，可以打开链接，可以在搜索引擎❶上登录或者在网址❷上登载在针对公众的信息传递手段（例如，一般广泛所知的新闻、杂志等），并且没有对公众的访问限制时，即认为是公众可利用。

（4）公众可利用的外观设计的时间

外观设计注册申请前，能认定通过电信线路成为公众可利用的事实成立即可。

22.1.2.8 通过互联网获得的外观设计信息在审查中的处理

通过互联网获得的外观设计信息（以下称作"电子的外观设计信息"），若要成为通过电信线路成为公众可利用该外观设计的佐证被引用，应满足以下全部要件。

（1）在引用的电子的外观设计信息外观设计注册申请前，为公众可利用的信息。　（→22.1.2.8.1）

（2）在引用的电子的外观设计信外观设计注册申请前，息如其内容所刊载。　（→22.1.2.8.2）

22.1.2.8.1 引用的电子外观设计信息前外观设计注册申请在为公众可利用的信息

登载于互联网上的信息为不特定人可接入和使用的信息，

---

❶ 也称检索引擎，是指能在互联网上为检索目的网址发挥数据库作用的网址。
❷ 用 URL（Uniform Resource Locator）的表示方法表示的互联网的服务所在地。通常表示为 http：// xxx. or. jp。

具有与颁布的出版物上记载的信息同样的信息传播力，因此，通常为公众可利用的信息。

即使对主页的进入和使用需要口令或者需要收费时，该信息也登载于互联网上，公众可知该信息的存在和存在场所，只要不特定人可进入和使用，即可作为公众可利用的信息。

（1）电子的外观设计信息认定为公众可利用的信息的例子

①登录于检索引擎中可检索的内容或者该信息的存在和存在场所处于公众可知的状态的内容（例如，由有关学术团体或者新闻提供的链接的情形，或者地址登载于新闻或者杂志等面向公众的信息传播手段中）。

②在需要口令时，仅仅输入口令，不特定人即可进入和使用（此时，不论获取口令是否需要付出费用，只要任何人根据相应手续均可无差别地获得该口令，从而访问该主页，则为公众可利用的信息）。

③在收费的主页中，仅仅支付手续费不特定人就可进入和使用（此时，如果是任何人只支付手续费就可无差别的进入和使用，则为公众可利用的信息）。

（2）电子的外观设计信息不认定为公众可利用的信息的例子

即使登载于互联网上，以下内容很难说公众可利用：

①登载于互联网上，但地址没有公开，除了偶然情况下，不能进入和使用。

②对于信息，可进入和使用者限于特定的团体、企业的成员等，并且作为对外保秘信息处理（例如仅公司员工可利用的公司内部系统等）。

③信息的内容成为通常不能解读的密码化的（不论收费或免

费，通过某些手段任何人可获得密码破解的工具的情况除外）。

④公众所见信息不是在尽可能充分的期间公开的（例如，只在短时间内在互联网上公开）。

22.1.2.8.2　引用的电子外观设计信息在外观设计注册申请前如其内容被刊载

（1）引用的电子的外观设计信息的刊载日期❶及其内容改变的问题

由于登载于互联网上的信息容易改变，因而引用的电子的外观设计信息通常会出现显示的刊载日期是否如实记载了其内容的问题。

在审查员发现电子外观设计信息的时间点，即使引用的电子外观设计信息显示的刊载日期在外观设计注册申请之前，也不能完全排除其显示的内容自身出现改变的可能性。

（2）对引用的电子的外观设计信息的刊载日期及其内容的改变问题的对策

引用的电子的外观设计信息在标示的刊载日期如实记载其内容的疑义非常低的主页，审查员访问和使用时登载的内容可推定为该主页在标示的刊载日期所表示的时间点登载的内容并加以引用。

引用的电子的外观设计信息在其标示的刊载日期，存在对如实记载的疑义时，应调查是否可以引用。

要引用的电子外观设计信息按其标示的日期如实记载具有疑义且打消该疑义的可能性较小的情况下，对该主页登载的信

---

❶　对于刊载日期的表示，将互联网的信息登载于其主页上的国家或地区的时间换算为日本时间。

息应不予引用。

（3）欲引用的电子外观设计信息在其标示的刊载日期如实刊载的疑义非常低的主页的例子

以下的主页上刊载的电子的外观设计信息通常咨询及联系方式是明确的，疑义也非常低。

①常年出版物等的出版社的主页（登载报纸、杂志等的电子信息的主页）。

②学术机构的主页（学会、大学等的主页）。

③国际组织的主页（标准化组织等的团体的主页）。

④公共机构的主页（各部委的主页）。

但是，即使是这样的主页，在其未标示刊载日期时原则上不能引用，但是，对于刊载的电子的外观设计信息，根据对其刊载、保全等具有权限和责任的人可获得对其主页的刊载日期及内容的证明，则可以引用。

（4）对引用的电子外观设计信息在标示的刊载日期如实刊载存在疑义时的对策

审查员判断引用的电子的外观设计信息有疑义时，针对其标示出的联系方式取得联络与联系人确认内容是否改变，并对该疑义进行研究。

研究的结果，不能消除疑义，则不能引用。

（5）引用的电子外观设计信息在其标示的刊载日期如实刊载疑义消除的可能性少的主页的对策

咨询及联系方式不明确的，并且没有标示出刊载日期的主页，消除该疑义的可能性较小，因此不能引用。

22.1.2.9　登载于互联网的电子外观设计信息

与记载于出版物上的外观设计同样地，作为登载于互联网上的电子外观设计信息，在进行有关外观设计注册申请的外观设计相同或是相似的判断之时，如表达充分可以进行对比，则可作为新颖性判断的基础资料。（参照前述22.1.2.6"关于记载于出版物中的外观设计"）

22.1.3 外观设计法第3条第1款第3项
与前两款所列外观设计相似的外观设计

22.1.3.1 外观设计相似与否的判断

外观设计相似与否的判断即外观设计是否相似的判断，指的是从需要者（包括买卖者）（有关判断主体可参照22.1.3.1.1）的立场看到的美感是否相似的判断。

接下来说明的相似与否判断的方法，指的是为了在外观设计审查中保证客观的相似与否的判断，将必要的外观设计的特征，即形成外观设计美观的要素提取出来的方法以及相关的对比方法的基本考虑方法。

22.1.3.1.1 判断主体

在外观设计相似与否的判断中，判断主体指的是需要者（包括买卖者）（外观设计法第24条第2项。由于该规定的"需要者"是包括了买卖者的概念，因此在这里也称"需要者（包括买卖者）"），也就是对应于产品的买卖、流通状态的适当的人。

对于新颖性判断时外观设计相似与否的判断主体，虽然条文上没有明确的规定，但由于外观设计法第24条第2款规定了在注册外观设计的范围中"注册外观设计与其他外观设计是否相似的判断基于需要者的视觉引起的美感进行。"，新颖性判断中，外观设计相似与否的判断主体是相同的需要者（包括买卖者）。

外观设计相似与否的判断，毋庸置疑人感觉的部分是最重要的，但在进行这种判断的时候，要排除创作外观设计的创作者的主观观点，根据需要者（包括买卖者）观察时的客观印象进行判断。

22.1.3.1.2　外观设计相似与否的判断方法

（1）外观设计相似与否的判断步骤

在外观设计的审查中，相似与否的判断可根据以下（a）－（e）的步骤进行。

（a）对比的两个外观设计产品的认定以及相似与否的判断。

（b）对比的两个外观设计形态的认定。

（c）形态的共同点以及差异点的认定。

（d）形态的共同点以及差异点的单独评价。

（e）外观设计整体相似与否的判断。

（2）对比的两个外观设计产品的认定以及相似与否的判断

基于外观设计产品的使用目的、使用状态等，来认定两个外观设计产品的用途以及功能。

外观设计表征的是产品的形态，尽管对于外观设计的相似而言，在进行对比的外观设计之间以与外观设计产品的用途以及功能相同或者相似为前提，但在"外观设计产品的用途及功能相同或者相似"的判断中，并不需要在比较产品的详细的用途以及功能的基础上决定它们是否相似，只要在具体产品所表示出的形态价值的评价范围之内，产品存在用途（使用目的、使用状态等）以及功能的共同性，那么足以判断产品的用途及功能存在相似性。

在外观设计产品的用途（使用目的、使用状态等）以及功能不存在共同性的情况中，外观设计不相似。

需要指出的是，经济产业省令所规定的外观设计法施行规则附表一（下栏）列出的"产品的分类"，仅仅是列明了请求书中记载的产品分类的具体示例，并非直接规定了产品的相似与否。

（3）对比的两个外观设计的形态认定以及形态方面共同点·差异点的认定

（i）肉眼的观察

观察基本以肉眼的视觉观察为主（但是肉眼无法识别的物品，在买卖期间放大观察时肉眼能认识的也按相同处理）。通常，肉眼观察产品，肉眼能认识的形态整体构成的美感决定了该外观设计产品的选择·购入。此外，在外观设计产品整体的形态能由肉眼识别，但一部分细微的形态无法用肉眼识别的情况中，仅将通过肉眼能识别的形态来认定外观设计的形态，进行相似与否的判断。

（ii）观察方法

外观设计相似与否的应判断根据观察外观设计产品时通常使用的观察方法来进行。

例如，在购入时及使用时可实际手持进行视觉观察的文具的外观设计的情况中，相对侧重观察整体外观设计，而在通常的使用状态中无法见到背面与底面的电视机的外观设计的情况下，则较大侧重观察正面、侧面、平面方向。

（iii）形态的认定

认定外观设计产品的整体形态（也称为概略把握外观设计的骨架形态、基本的结构样式）以及各部分的形态。

（iv）形态方面的共同点及差异点的认定

在两个外观设计中，认定外观设计产品整体形态（基本的结构样态）及各部分形态的共同点及差异点。

（4）形态的共同点及差异点的单独评价

关于各个共同点及差异点的形态，进行以下评价（i）对比观察其形态时是否认定为引人注意部分以及其引人注意的程度（ii）基于与现有的外观设计的对比评价引人注意的程度。

关于各个共同点及差异点的形态，从观点（i）和（ii）出发，通过研究其引发何种程度的注意，由此判断各个共同点及差异点对外观设计整体美感所带来的影响大小。

（i）对比观察时对引人注意部分的认定及评价

关于各个共同点及差异点的形态，在对比观察时是否引人注意以及引人注意的程度根据以下进行认定和评价：

• 该部分在外观设计整体中所占比例的大小；

• 从外观设计产品的特性来看，该部分是否是对视觉印象有较大影响的部分。

此外，具体的评价方法及评价结果可因个别外观设计而存在不同，但一般是按如下所述进行：

（a）关于在外观设计整体中所占比例的评价

对于申请的外观设计以及引用的外观设计的共同点或差异点相关的部分，在其大小占外观设计产品整体比例较大的情况下，与较小的情况相较而言，该部分引人注意的程度较高。

外观设计产品整体形态（基本的结构样态）中，外观设计的骨架形态对视觉印象的影响通常最大。

（b）关于产品大小差异的评价

即使两个外观设计产品本身的大小（没有特别说明记载时认定为通常大小的范围）不同，只要它们不影响对产品的用途及功能的认定，这种差异不会很强烈地引人注意。

（c）基于产品特性对易于观察部分的评价

在外观设计中，进行视觉观察时存在易于观察的部分和不易于观察的部分。共同点及差异点相关的形态如果是易于观察部分的形态，将容易引人注意。

基于与外观设计产品的用途（使用目的、使用状态等）以及功能、尺寸等，可以通过认定（1）是否存在与外观设计产品的选择·购入时易于查看的部位；（2）是否存在需要者（包括买卖者）由于关心而仔细观察，从而成为易于观察的部分。

然而，即使存在易于观察的部分，在其形态属于基于功能的必然设计的情况下，无须作为外观设计的特征进行考虑。

（d）产品的内部形态的评价

对外观设计来说，由于应该以观察外观设计产品中易于看到的部分的形态为中心进行比较，相似与否的判断应针对外观设计产品的外观进行，对于使用时眼睛看不到的内部形态，无需作为外观设计的特征进行考虑。

对于能观察内部形态的产品，使用时眼睛易于看到的形态应作为引起注意的部分。

例如，在冰箱的外观设计中，虽然门打开的状态也是使用形态的一种，但是由于冰箱库的用途及功能是在门关闭的状态下对内部食品进行冷却保藏，因而，通常门关闭的状态作为视觉观察的状态。因此，关闭状态的外观引人注意的程度要较其内部形态更大。另外，在以人进入内部进行使用为主体的浴室的外观设计中，内部形态则成为引人注意的部分。

对仅处于产品流通时视觉观察到的状态的评价

对于在使用时及安装后无法看到其一部分的产品（例如，一部分埋在土中的篱笆、一部分嵌入墙壁、天井的照明器具等）

的情况下，原则上，仅在产品流通时能视觉观察到的部位的引人注意的程度较其他部位小。

然而，在其他部位的形态均为，平常形态对外观设计整体美感的影响较小的情况下，相对来说，仅在产品流通时能视觉观察到的部位在外观设计整体中的重要程度将提高，在外观设计整体的最终判断时决定相似与否的情况也存在。

（ii）基于与现有外观设计的对比的评价

申请的外观设计与引用外观设计的各共同点及差异点涉及的形态，在与现有外观设计进行对比的情况中，要评价是否存在引人注意的形态。形态是否引人注意可根据具有相同形态的公知外观设计的数量、与其他一般的形态具有何种程度的不同或其形态创作的价值高低来判断。

（a）以现有外观设计的检索为前提的共同点的评价

当申请的外观设计与引用的外观设计的各共同点涉及的形态是在其他现有外观设计中非常常见的平常样式的情况下，其形态并不能称为特征形态。因此，其他现有外观设计中能见到的形态，与非常见形态相比，其形态引人注意的程度要小得多。

无论哪种情形，都不能将平常形态、公知形态单纯地排除在外。

（b）以现有外观设计检索为前提的差异点的评价

当申请外观设计与引用外观设计的各差异点涉及的形状是其他现有外观设计没有出现过新颖的形态，且认为创作价值较高时，其形状将具有与过去的形态不同的强烈的印象，是能强烈引人注意的形状。当各差异点涉及的形状是其他现有外观设计中非常常见的平常样式的情况，其形状将无法强烈的引人注意。然而，一旦将平常形状与公知形状进行组合，这种组合的样式有时也会引人注意。

（iii）对具有功能价值的形状以及来自材质的形状的处理

对于具有功能价值的形状以及来自材质的形状的处理，一般采取如下所述的处理方式。

（a）功能性的形状的评价

既能实现产品的功能，又有造形上的自由度，并不是实现功能而必然的形状，这样的形状可以考虑具有特征。但是，如果是确保功能而必不可少的形状，由于对技术思想给予排他独占权并不是外观设计想要保护的对象，这样的形状是不予保护的（外观设计法第5条第3款）。

此外，对于不会较大地影响视觉的形状的细微差异，即使这种差异与功能具有极大的相关性，也无须重视。

（b）对考虑了产品功能要求而形成的图案的评价

除了单纯的装饰目的的图案（例如食用器皿的表面上附带的图案），近年来，软键盘及触摸屏等产品表面的输入、操作部的形态，由不具有凹凸立体形状的平面图像等构成的例子越来越多。对这种外观设计产品来说，具有一定功能的图案的外观设计的特征的评价应理解其图案的含义，换句话说，其是有什么意图的图案，对产品的用途·功能的关系而言其承担了何种功能，在理解这点的基础上进行评价，按照形状的情形进行相同的评价。

（c）对由材质产生的图案、色彩的评价

作为外观设计构成要素的图案、色彩是基于外观设计创作者的创作行为而表现出的图案、色彩，在请求书的图片中显示的外观设计被认为是制造外观设计产品时通常使用的材料本身的图案、色彩的情况下，由于这种图案、色彩在该产品领域中是很平常的，因此，其图案、色彩对外观设计整体的美感的影响极小。

（5）外观设计整体相似与否的判断

基于两个外观设计的形态的共同点及差异点的个别评价，综合观察作为外观设计整体的两个外观设计全部的共同点及差异点，判断对需要者（包括买卖者）来说是否引起了不同的美感。

外观设计整体是有机联系而结合的整体，仅对各共同点及差异点进行个别评价无法判断相似与否，在一边留意将各形态组合起来对共同点及差异点进行综合研判的情况下，应该对这些共同点及差异点会对外观设计整体美感的相似与否带来哪些影响作出评价。

以下记载的是基本的考虑方法。

（i）共同点及差异点的综合判断

在相似与否的判断上，某一共同点或差异点是否构成最为重要的要素是由与其他共同点及差异点的相对关系来决定的。在考虑共同点或差异点对相似与否的判断的影响大小时，如果其他共同点及差异点对外观设计整体的美感的影响较小，那么该共同点或差异点对相似与否的判断的影响将相对变大；反之在存在其他共同点或差异点对外观设计整体的美感的影响程度相同或更大的情况下，该共同点或差异点对相似与否的判断的影响将相对变小。

（ii）外观设计产品整体形态（基本的结构样式）

外观设计产品的整体形态（基本的结构样式）也可称为外观设计的骨架，是对通过视觉引起的美感影响最大的部分，因此为了获得相似的外观设计，原则上，外观设计产品的整体形态（基本的结构样式）必须是相同的。

然而，即使申请的外观设计与引用的外观设计在外观设计产品整体形态（基本的结构样式）上存在差异点，但均为平常形态，且各部分形态涉及的共同点较显著的情况下，外观设计产品整体形态（基本的结构样式）有差异的两个外观设计也能是相似的。

例如，对具有图案的立方体型包装箱来说，如果在箱子整体的长、宽、高的比例不同的两个外观设计的情况中，任一包装箱的比例均很平常不会引起注意，且共同的图案作为特征能强烈地引人注意，那么即使超出了外观设计产品整体形态（基本的结构样式）上的差异（箱子整体的长、宽、高的比例），两个外观设计也是相似的。

在各部分的形态所涉及的差异点对相似与否的判断影响度较小的情况中，如果共同的外观设计产品整体形态（基本的结构样式）是平常的形态，且构成对该外观设计相似与否判断影响最大的部分，那么两个外观设计是相似的。

此外，即使是由公知或周知的形态拼凑得到的外观设计，当其组合的样式是新颖的，由此外观设计产品整体形态（基本的结构样式）是新颖的时，由其组合而成的外观设计产品整体形态（基本的结构样式）将被评价为是新颖的形态。

（iii）外观设计申请中使用的公知的形态

虽然外观设计申请中用到的公知形态对相似与否判断的影响度与新颖的形态相比通常较小，但外观设计是由有机结合的整体构成的设计，即使共同点或差异点所涉及的形态是公知的形态，也不能单纯地将其共同点或差异点除外，仅对其他共同点及差异点进行判断。

在公知形态的组合是新颖的情况中，应评价与其组合相关

803

的样式。

（iv）外观设计构成要素间的关系

在外观设计的构成要素形状、图案、色彩中，哪个构成要素对相似与否的判断影响最大，并不能一概而论，就与现有的公知外观设计的关系来说，最引人注意的、最明显的特征将对相似与否的判断影响最大。

然而，形状及图案必须基于人的智慧进行创作的情况相对较多，而色彩只要不构成图案，与所说的创作相比进行适当地选择和描绘即可获得，由于人们通常会为一种产品准备出很多不同的颜色方案，因而色彩与形状及图案相比更难引人注意。因此，一般来说，色彩比形状及图案对相似与否的影响要小。

（v）与相同产品领域中已有相似与否判断实例的关系

通常，对比的两个外观设计的共同点及差异点对外观设计整体美观影响程度的评价，与相同产品领域中已有的判断实例相同的情况下，应得到与已有的相似与否的判断实例相同的结果。

但是，外观设计相似与否的判断由于是针对包括其他部分的外观设计整体进行的，即使进行对比的两个外观设计具有与已有的判断实例相同的共同点或差异点，但从它们的产品特性等来看，在外观设计整体中是否是引人注意部分所涉及的共同点或者差异点以及引人注意的程度并不相同。此外，现有的公知外观设计是日益累积的，因而，基于与这些现有的公知外观设计的对比进行的评价通常也会不同。

如上所述，即使具有相同的共同点、差异点，通常来说，对它们相似与否的判断的影响程度进行的评价并不相同，因而，即使存在相同产品领域中已有的相似与否的判断实例，它们的结论也并不能单纯地适用于其他案例。

第3章 创作性

23 相关条文

外观设计法

第3条 （第1款略）

2. 外观设计注册申请前，具备该外观设计所属领域一般常识的人，根据在日本国内或者国外已公知的形状、图案或者色彩及其结合能容易地创作出该外观设计的，不受前款的规定，不能就该外观设计（前款各项所列者除外）取得外观设计注册。

23.1 外观设计注册申请前

外观设计注册申请前，与外观设计法第3条第1款第1项或第2项规定的外观设计注册申请前相同，考虑申请的时刻，与以日为单位判断的外观设计注册申请日（外观设计法第9条、外观设计法第10条）不同。另外，考量具有该外观设计所属领域一般常识的人是否能容易地创作出该外观设计的判断基准时，也为外观设计注册申请前。

23.2 具有该外观设计所属领域一般常识的人

具有该外观设计所属领域一般常识的人（以下称作"本领域人员"）为判断创造性的主体。本领域人员是指，在制造或者销售该外观设计产品的行业中，在该外观设计注册申请时对该行业的外观设计具有一般常识的人。

23.3 公知

公知，与外观设计法第 3 条第 1 款第 1 项规定的公知同义。即指现实中对不特定的人无需保秘即可得知的内容。

并且，公知之中，一提到其名称，无需出具证据就可回想起的状态称作周知。

另外，在国外周知是指在该国周知，但不必在多个国家周知。同样，如在该国周知，并无需在日本周知。

23.4 作为创造性判断基础的资料

符合以下的内容，任一均可作为创造性判断基础的资料。

（1）公知的形状、图案或者色彩及其结合。（→23.4.1）

（2）周知的形状、图案或者色彩及其结合。（→23.4.2）

（3）公知的外观设计或周知的外观设计。（→23.4.3）

23.4.1 公知的形状、图案或者色彩及其结合

属于以下任意一种的，均是公知的形状、图案或者色彩及其结合。

（1）在日本国内或国外公知的形状、图案或者色彩及其结合。

（2）在日本国内或国外发行的出版物上记载的形状、图案或者色彩及其结合。

但是，出版物不仅需要被颁布，而且还应处于公知的状态。

另外，出版物上记载时，一般形状、图案或者色彩及其结合几乎不会以其自身单独被公知，大多数是以与出版物上记载的公知的外观设计产品成一体不可分的状态下呈现。即使如此，该产品的形状、图案或者色彩及其结合，如果其自身具体的形态可识别，即可作为创造性判断基础的资料。

另外，在上述情形下，无需考虑出版物记载的公知外观设

计产品与外观设计注册申请的外观设计产品相似与否。

23.4.2　周知的形状、图案或者色彩及其结合

指在日本国内或国外周知的形状、图案或者色彩及其结合，显然既包括自身单独周知的形状、图案或者色彩及其结合，也包括周知的外观设计所表示的形状、图案或者色彩及其结合，均可作为创造性判断基础的资料。

23.4.3　公知的外观设计或周知的外观设计

公知的外观设计或周知的外观设计可作为创造性判断基础的资料。

23.5　不具有创造性的外观设计的情形

23.5.1　置换的外观设计

所谓置换，指将外观设计的构成要素的一部分置换为其他外观设计。

对于本领域人员而言，不过是通过常规手法，将公知的外观设计（与基于周知的外观设计的情形相同，以下相同）的特定构成要素置换成其他公知外观设计而形成的外观设计。

对于这样的外观设计则可认为，是根据公知的形状、图案或者色彩及其结合，本领域人员可容易创作的外观设计。

【案例1】

在其外观设计所属的领域，考虑到一般根据燃料使用时间为一个机型准备数种氧气瓶，因此变换氧气瓶对于本领域人员而言为常规的手法。

申请的外观设计

"兼用煤气炉"

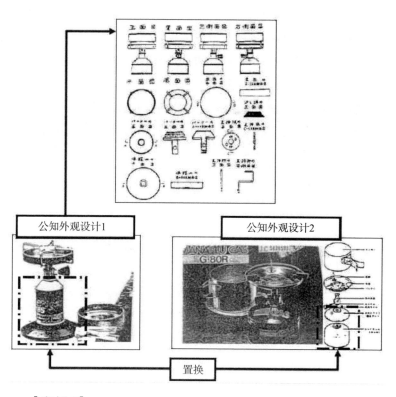

公知外观设计1

公知外观设计2

置换

【案例2】

在其外观设计所属的领域，将公知的外观设计的装饰板部分单纯置换为其他的装饰板，对于本领域人员而言为常规的手法。

申请的外观设计

"道路用栅栏"

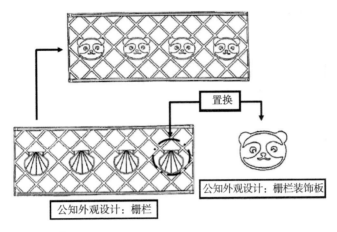

置换

公知外观设计：栅栏装饰板

公知外观设计：栅栏

【案例3】

在其外观设计所属的领域，将可分离的部件（电视摄像机）的形状等置换为其他部件（电视摄像机）的形状，对于本领域人员而言为常规的手法。

申请的外观设计

"带视频信号记录器的录像机"

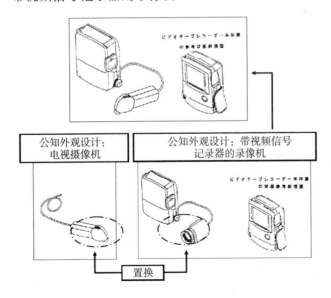

公知外观设计：
电视摄像机

公知外观设计：带视频信号
记录器的录像机

置换

【案例4】

在其外观设计所属的领域，将各个音域的扬声器叠加而成为一体的扬声器箱，对于本领域人员而言为常规的手法。

申请的外观设计

"扬声器箱"

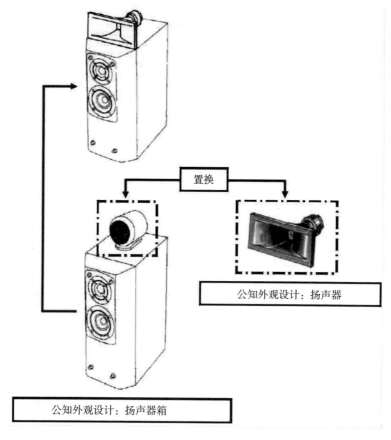

置换

公知外观设计：扬声器

公知外观设计：扬声器箱

【案例5】

在其外观设计所属领域，在电子计算机的机盖上面附加图案，对于本领域人员而言为常规的手法。

申请的外观设计

"电子计算机"

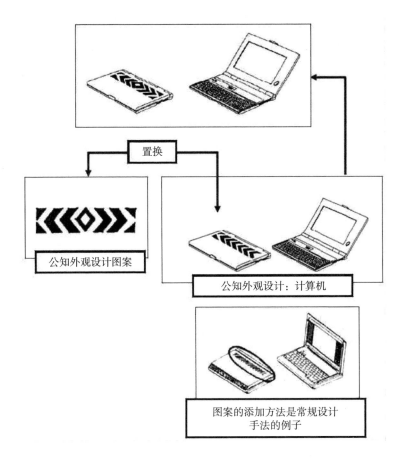

置换

公知外观设计图案

公知外观设计：计算机

图案的添加方法是常规设计
手法的例子

23.5.2 组合的外观设计

所谓组合，指将多个外观设计组合而成的一个外观设计。

对于本领域人员而言，其只不过是将通过多个公知的外观设计常规的手法拼凑而成的外观设计。

对于这样的外观设计可认为，其是根据公知的形状、图案或者色彩及其结合，可由本领域人员容易创作的外观设计。

【案例1】

　　在其外观设计所属的领域，将每个音域的扬声器叠加而成的一体的扬声器箱，对于本领域人员而言为常规的手法。

　　申请的外观设计

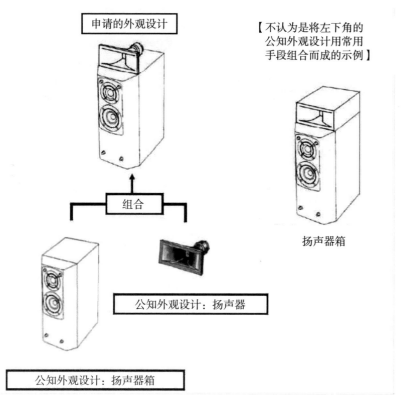

申请的外观设计

【不认为是将左下角的
公知外观设计用常用
手段组合而成的示例】

扬声器箱

组合

公知外观设计：扬声器

公知外观设计：扬声器箱

【案例2】

　　在其外观设计所属领域，在电子计算机的机盖上面附加图案，对于本领域技术人员而言为常规的手法。

　　申请的外观设计

　　"电子计算机"

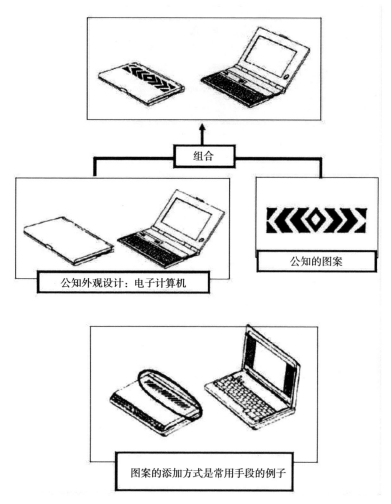

组合

公知外观设计：电子计算机

公知的图案

图案的添加方式是常用手段的例子

【案例3】

在其外观设计所属领域，以各种各样的具体物为基础，在其一部分嵌入钟和大致在圆板状基部的中心嵌入钟，对于本领域人员而言为常规的手法。

申请的外观设计

"钟"

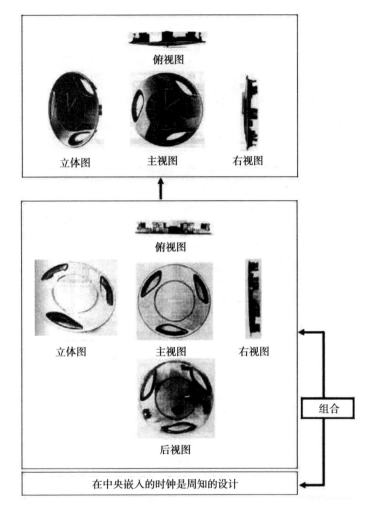

俯视图

立体图　　　主视图　　　右视图

俯视图

立体图　　　主视图　　　右视图

后视图

组合

在中央嵌入的时钟是周知的设计

23.5.3　布局变更的外观设计

将公知的外观设计的构成要素的布局由本领域人员，用常用手段变更的外观设计。

对于这样的外观设计可认为，其为根据公知的形状、图案或者色彩及其结合，可由本领域人员容易创作的外观设计。

【案例】

在其外观设计所属的领域，在公知外观设计的通常使用状态下，变更平衡器用显示部和增幅器用操作部的布局，对于本领域人员而言为常规的手法。

申请的外观设计

"带平衡器的增幅器"

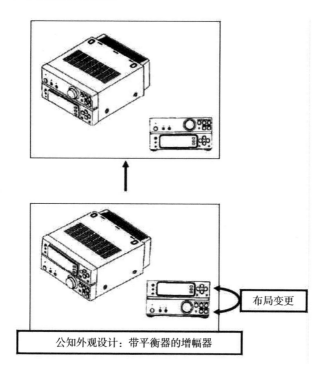

公知外观设计：带平衡器的增幅器

23.5.4　结构比例变更或者连续单元数量增减所致的外观设计

由本领域人员，用常规的设计手法，对公知外观设计的全部或部分结构的比例，或公知外观设计重复连续的构成要素进行变更得到的外观设计。

对于这样的外观设计可认为，其为根据公知的形状、图案或者色彩及其结合，可由本领域技术人员容易创作的外观设计。

【案例 1】

在具有相同断面形状的挤出成形件或具有反复连续的侧面形状的侧槽块件等的领域，对于本领域人员而言，将公知外观设计的重复连续结构要素的单元数适当地增减，为常规的手法。

申请的外观设计

"侧槽用块件"

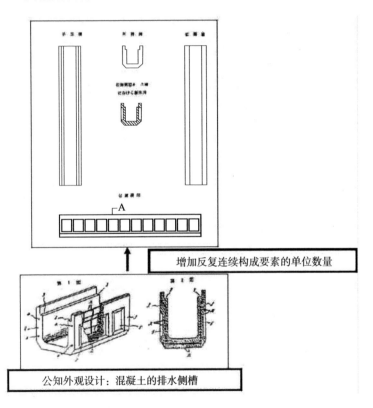

增加反复连续构成要素的单位数量

公知外观设计：混凝土的排水侧槽

【案例 2】

在其外观设计所属的领域，对于本领域人员而言，将警告灯单位体的重复数适当地增减，为常规的手法。

申请的外观设计

"旋转警告灯"的警告灯单位体的重复数为二排。

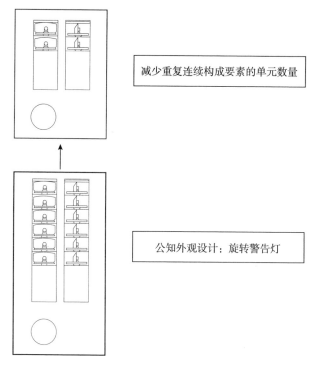

减少重复连续构成要素的单元数量

公知外观设计：旋转警告灯

警告灯单位体的重复数为六排。

23.5.5　对公知的形状、图案或者色彩及其结合几乎原样表现的外观设计

将公知的形状、图案或者色彩及其结合（周知的形状、图案或者色彩及其结合时也是同样的，以下相同）几乎原样表现在产品的形状、图案或者色彩及其结合上的，对于本领域人员而言，为通过常规手法创作的外观设计。

对于这样的外观设计可认为，其属于根据公知的形状、图案或者色彩及其结合，可由本领域人员容易创作的外观设计。

23.5.5.1　基于公知的形状或图案的外观设计

将公知的形状或图案几乎原样表现在产品上的外观设计。

【案例】

在其外观设计所属的领域，其前端做成各种各样的几何形状，属于常规手法。

申请的外观设计

"激光照射机用前端部"（部分外观设计）

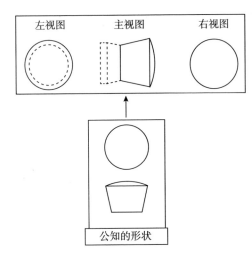

23.5.5.2　基于自然物以及公知的著作物和建筑物等的外观设计

只不过将自然物（动物、植物或者矿物）以及公知的著作物和建筑物等的全部或者部分的形状、图案等几乎原样表现在产品上的外观设计。

【案例】

在其外观设计所属的领域，镇纸等的形状模仿植物等的形状，属于常规手法。

申请的外观设计

"镇纸"

［不能认为是容易创作的案例］

以下的"培养土用容器"的外观设计，不能认为是将青椒
的形状几乎原样表现，即使对于本领域人员，也不能认为是容
易创作的外观设计。

申请的外观设计

"培养土用容器"

立体图　　　　　　　　　　仰视图

23.5.6　商业惯例上的转用所致的外观设计

在非相似的产品之间，本领域人员用称作转用的商业惯例
这种常规手法转用得到的外观设计。

对于该外观设计可认为是根据转用基础的公知的形状、图
案或者色彩及其结合，可由本领域人员容易创作的外观设计。

所谓转用，不仅包括将某种产品的形状、图案或者色彩及其结合作为与之非相似的产品的形状、图案或者色彩及其结合来表现，而且包括根据公知的形状、图案或者色彩及其结合创作外观设计的过程中，因技术或经济的因素，不得已进行的形状、图案或者色彩及其结合的变更，对于本领域人员而言，其属于任何人均可作出的改变或变形在其外观设计所属领域属于常态的变形。

【案例1】

在其外观设计所属的领域，制造食品的形状模仿容器物或动植物等的形状，对于本领域人员而言，属于商业惯例上使用的手法。

申请的外观设计

"巧克力"

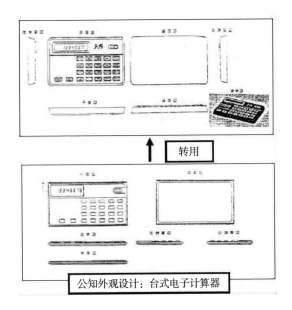

【案例2】

在其外观设计所属的领域，玩具的形状模仿交通工具的形状，对于本领域技术人员而言，属于商业惯例上使用的手法。

申请的外观设计

"单人摩托车玩具"

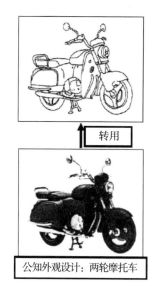

公知外观设计：两轮摩托车

［不能认为是容易创作的案例］

以下的"汽车玩具"的外观设计对于本领域人员而言，因超过了商业惯例上通常程度的变形，即使对于本领域人员而言，也不认为属于可容易创作的外观设计。

23.6　创造性判断基础的资料的告知

公知的形状、图案或者色彩及其结合，或者公知的外观设计作为创造性的判断基础的资料时，例如，在发行的出版物上记载的公知的外观设计作为创造性的判断基础的资料时，应将记载该公知的外观设计的出版物的著录项目和该公知的外观设计的刊载页面等记载于驳回理由通知书中，向外观设计注册申请人告知该公知的外观设计。

另外，周知的形状、图案或者色彩及其结合，或者周知的外观设计作为创造性的判断基础的资料时，无须告知证据。

23.7　对本领域人员常规手法的告知

为了证明是容易创作的外观设计，需要具备对于本领域人员而言，通过常规手法进行创作的事实。

因此，在根据外观设计法第3条第2款的规定通知驳回的理由时，原则上，应向申请人告知对于本领域人员是常规手法的具体事实。

但是，该手法对于本领域人员是较常规的，审查员认为是较明显的事实时，例如在玩具业，将真的汽车完全转用为其原有状态的汽车玩具的手法等情况下，则不必告知。

23.8　与外观设计法第3条第1款各项的适用关系

根据外观设计法第3条第2款"（前款各项所列者除外）"的规定，外观设计法第3条第2款的规定仅限适用于有关外观设计注册申请的外观设计相对于某种公知的外观设计不符合外观设计法第3条第1款各项规定的外观设计的情况。

第 4 章　与在先申请外观设计的一部分相同或相似的在后申请外观设计的保护例外

24　相关条文

外观设计法

第 3 条之二　外观设计注册申请所涉及的外观设计，与在其申请日前提交的并且在其申请后根据第 20 条第 3 款或者第 66 条第 3 款的规定在外观设计公报上登载的其他外观设计注册申请（在本条中，下称"在先外观设计注册申请"）的请求书的记载及请求书所附的图片、照片、模型或者样品所表现的外观设计的一部分相同或者相似时，不受前条第 1 款的规定，不能取得外观设计注册。但是，当外观设计注册申请的申请人与上述在先外观设计注册申请的申请人为同一人且根据第 20 条第 3 款的规定在登载在先外观设计注册申请的外观设计公报（依该条第 4 款的规定刊载该条第 3 款第 4 项事项的除外）的发布日前提出该外观设计注册申请的，则不受此限。

24.1　外观设计法第 3 条之二的规定

将在先申请的与外观设计的一部分几乎保持原样地作为在后申请的外观设计进行外观设计注册申请时，在后申请的外观设计无论如何也不能认定为新的外观设计的创作时，依外观设计法第 3 条之二的规定，该申请不能获得外观设计注册的。然而，当与在先申请为同一申请人提交的外观设计的注册申请，于在先申请的外观设计注册相关的外观设计公报（属于保密申请的外观设计相关的外观设计公报中请求书的记载以及附在请求书后的图片等内容除外）的发布日前申请时，该规定不是驳回的理由。

24.1.1　作为外观设计法第 3 条之二正文规定的适用基础的外观设计公报

构成外观设计法第 3 条之二正文规定的适用基础的外观设计公报是指，在作为外观设计法第 3 条之二规定的适用对象的外观设计注册申请的申请日前进行外观设计注册申请的外观设计，在该适用对象的外观设计注册申请提交后发布的以下任意一种外观设计公报：

（1）根据外观设计法第 20 条第 3 款规定的外观设计公报（注册外观设计公报）。

（2）根据外观设计法第 66 条第 3 款规定的外观设计公报（同日相同申请协商不成或不能协商公告而驳回申请的公报）。

24.1.2　请求书的记载和附在请求书后的图片、照片、模型或样品所表现的外观设计

所谓外观设计法第 3 条之二规定的外观设计公报中登载的、在请求书中记载和附在请求书后的图片、照片、模型或样品中所表现的外观设计，具体来说是指外观设计公报中登载的由先申请的外观设计注册申请人创作的外观设计。即由在先申请的外观设计注册申请人，以请求书的"外观设计产品"栏记载的产品分类所属的产品形态，公开的外观设计（以下称作"作为在先申请的外观设计公开的外观设计"）。

因此，对于有助于外观设计的理解，必要时添加的表示使用状态的图及其他参考图中记载的与在先申请有关的外观设计

公开的内容，不作为外观设计法第 3 条之二规定的适用基础的资料。

这是因为，有助于外观设计的理解，必要时添加的表示使用状态的图及其他参考图，在不变更要点的范围内进行补正时，这些视图的内容在审查、复审或重审期间存在变动的可能性，根据如此不稳定的内容排除在后申请对在后申请的外观设计注册申请人不利，并且这些视图只是为了有助于理解在先设计而添加的说明性图示。将添加的内容认定为具有创作的价值而排除在后申请，违反了外观设计法第 3 条之二规定的宗旨，因此按上述方式处理。

24.1.3 用于确定在先申请中公开的外观设计的图

24.1.3.1 整体外观设计的外观设计注册申请

对于立体产品，由正投影画法按同一比例尺作成的主视图、后视图、左视图、右视图、俯视图和仰视图或者可替代这些图的视图（以下称作"一组图片"）成为确定在先申请的外观设计公开的外观设计的图。

对于平面产品，按同一比例尺作成的主视图和后视图（以下称作与立体的外观设计同样的"一组图片"）成为确定在先申请的外观设计公开的外观设计的图。

另外，只用一组图片不能充分表现与外观设计注册申请相关的外观设计时，添加的展开图、剖视图、剖面图、放大图、立体图及其他必要图（以下称作"其他必要图"）也可成为用于确定在先申请的外观设计公开的外观设计的图。

24.1.3.2 部分外观设计的外观设计注册申请

当属于部分外观设计的外观设计注册申请时，其包含"取得外观设计注册的部分"和"其他部分"，表示部分外观设计的外观设计产品整体形态的一组图片和其他必要图是用于确定为在先申请的外观设计公开的外观设计的图。

24.1.3.3　成套产品外观设计的外观设计注册申请

当属于成套产品外观设计的外观设计注册申请时，对于构成成套产品的每个产品（以下称作"产品组成"）的外观设计的各自一组的图片以及与构成物品同时使用并且与构成产品在一定范围内相关的产品的一组图片或者构成产品组合状态的一组图片和其他必要图，是用于确定在先申请的外观设计公开的外观设计的图。

24.1.4　外观设计的一部分

所谓外观设计的一部分，指的是作为在先申请的外观设计公开的外观中含有的一个闭合的领域，而对于作为外观设计的构成要素的形状、图案、色彩中任一从概念上所分离出来的内容，并不作为"外观设计的一部分"处理。例如，作为在先申请的外观设计公开的外观设计为由产品的形状与图案的结合构成的外观设计时，指该结合状态的外观设计整体中的一部分，而非排除了图案的仅有形状一部分。

另外，在后申请的整体外观设计包含在先申请的部分外观设计的"取得外观设计注册的部分"和"其他部分"，即在后申请表示在先申请的部分外观设计的外观设计产品整体形态时，在后申请的外观设计属于在先申请的外观设计的一部分。

24.1.5　在先申请的外观设计公开的外观设计的部分与在后申请的整体外观设计的相似与否判断

当适用外观设计法第3条之二的规定时，作为在先申请的外观设计公开的外观设计中，原则上，作为外观设计法第3条之二规定的对象的在后申请的整体外观设计的整体形态需要被公开(包括在先申请的外观设计公开的外观设计中，在后申请的整体外观设计的整体的形态没有被公开但是其已充分表达到可对比的程度的情形。参照第 2 部"外观设计注册的要件"第 2 章"新颖性"22.1.2.6"关于记载于出版物中的外观设计")。

作为在先申请的外观设计公开的外观设计和在后申请的整体外观设计对①作为在先申请的外观设计公开的外观设计是整体外观设计还是部分外观设计，②各外观设计注册申请的申请人是同一人还是不同人，③作为在先申请的外观设计公开的外观设计产品种类与在后申请的整体外观设计的产品是否相同、相似或非相似任意一种均在所不问，而是核实作为在先申请的外观设计公开的外观设计中与在后申请的整体外观设计相应的部分与在后申请的整体外观设计的产品的用途和功能相同或相似，并且在各自的形态相同或相似时，在后申请的整体外观设计与在先申请的外观设计公开的外观设计中与在后申请的整体外观设计相当的部分是否相似。

24.1.6 外观设计法第 3 条之二附加条款的规定的适用判断

根据外观设计法第 3 条之二正文的规定，即使是无法取得外观设计注册的申请，当满足以下任一要件时，根据同条附加条款的规定不应当驳回。

24.1.6.1 外观设计注册申请的申请人与在先的外观设计注册申请的申请人为同一人时

外观设计注册申请的申请人与在先的外观设计注册申请的申请人是否为同一人的判断是在该条法律适用时进行判断，换句话说，应根据授权决定副本或拒绝理由通知书送达之时每个请求书内记载的外观设计注册申请人的记载来判断。因此，在进行该条法律适用判断之外的其他时间，无须针对申请人的异同以及外观设计注册申请的申请人与在先的外观设计注册申请的外观设计权人的异同进行该条适用的判断。

另外，在共同申请的情况下，"同一人"指的是全部的申请人均一致。

24.1.6.2　根据第20条第3款的规定，在在先的外观设计注册申请的外观设计公报（根据同条第4款的规定刊载了同条第3款第4项描述事项的外观设计公报除外）的发布日前，提出该外观设计注册申请

应在在先的外观设计注册申请的外观设计公报（保密申请的外观设计相关的外观设计公报的情况下，请求书的记载以及附在请求书后的图片等内容公开的除外）的发布日前，进行该外观设计的注册申请。

24.1.7　与外观设计法第3条之二规定的适用有关的时间要件

外观设计法第3条之二的规定适用于从在先外观设计注册申请的申请日到与该外观设计注册申请相关的外观设计公报（注册外观设计公报、同日相同申请有关的协商不成立或不能协商时的公告驳回决定申请的公报）的发布日（含同日）之间提交的外观设计注册申请（适用附加条款规定的除外）。

另外，对于明确为在先申请的外观设计公报发布后明确进行外观设计注册申请的，则应适用外观设计法第3条第1款第2项或第3项的规定。

24.1.7.1　与外观设计注册申请的分案、申请的变更和补正后的外观设计有关的新申请以外观设计法第3条之二规定进行判断的基准日

根据外观设计法第10条之二第1款规定的外观设计注册

申请的分案、根据外观设计法第 13 条第 1 款或第 2 款规定的专利申请或实用新型注册申请向外观设计注册申请的变更或对根据外观设计法第 17 条之三规定作出补正不受理决定的补正后外观设计的新外观设计注册申请的情况下，在其手续合法时，这些外观设计注册申请视为在原申请时或提出手续补正书时。

但是，外观设计法第 3 条之二的规定由于是以外观设计注册申请的日为单位判断，对于分案的新的外观设计注册申请、变更的新的外观设计注册申请和具有补正不受理的决定的补正后新的外观设计注册申请，将追溯认定的原申请的申请日或手续补正书的提出日作为基准日。

24.1.7.2 依据《巴黎公约》主张了优先权等的外观设计注册申请，以外观设计法第 3 条之二的规定进行判断的基准日

适用外观设计法第 3 条之二的规定时，其优先权主张恰当时，将在第一国的申请日作为判断的基准日。

24.1.7.3 根据外观设计法第 3 条之二规定通知驳回理由的时间

按外观设计法第 3 条之二规定驳回的理由应在在先申请的外观设计公报（注册外观设计公报、同日相同申请有关的协商不成立或不能协商时的公告驳回申请决定的公报）的发布日后通知。

另外，与该外观设计有关的外观设计请求保密时，指定的保密请求期间结束后，在其应当登载的所有事项在外观设计公报发布后，针对该外观设计注册申请通知驳回的理由，在此之前至此发出等待通知。

24.2 属于外观设计法第 3 条之二规定的整体外观设计的外观设计注册申请例

①在先申请为整体外观设计的外观设计注册申请时，作为在先申请的外观设计相关的一部分而公开的外观设计与在后申请的整体外观设计的形态、用途及功能相同或相似时。

【可适用的案例 1】

在先申请的外观设计中公开的
相关外观设计："洗面化妆台"

整体外观设计的外观设计
注册申请："洗面化妆架"

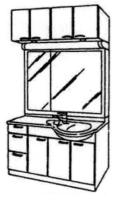
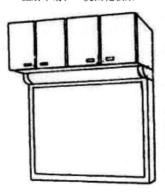

【可适用的案例 2】

在先申请的外观设计中公开
的相关外观设计："锯"

整体外观设计的外观设计
注册申请："锯用柄"

②在先申请为可分离的产品有关的外观设计注册申请时，作为在先申请的外观设计相关的一部分而公开的外观设计中的可分离的外观设计与在后申请的整体外观设计的形态、用途及功能相同或相似时。

【可适用的案例】

在先申请的外观设计中公开的
相关外观设计："咖啡碗和托盘"

整体外观设计的外观设计
注册申请："咖啡碗"

【不能适用的案例】

在先申请的外观设计中公开的
相关外观设计："喷雾器"

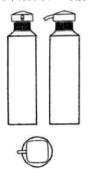

整体外观设计的外观设计
注册申请："喷雾器的挤出泵"

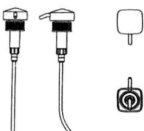

（补充说明）

在后申请的整体外观设计的整体形态与在先申请的外观设计中公开的外观设计不能达到可对比的程度。

③在先申请为部分外观设计的外观设计注册申请时，作为在先申请的外观设计相关的一部分而公开的外观设计与后申请的整体外观设计的形态、用途以及功能相同或相似时。

【可适用的案例1】

在先申请的外观设计中公开
的相关外观设计："电吸尘器本体"

整体外观设计的外观设计
注册申请："电吸尘器
用软管安装口"

【可适用的案例2】

在先申请的外观设计中公开的
相关外观设计："锯"

整体外观设计的外观设计
注册申请："锯用柄"

④在先申请为成套产品外观设计的外观设计注册申请时，作为在先申请的外观设计相关的一部分而公开的外观设计中的一个产品组分有关的外观设计与在后申请的整体外观设计的形

态、用途以及功能相同或相似时

【可适用的案例】

在先申请的外观设计中公开的相关
外观设计："一组饮食用刀、叉和匙套件"

整体外观设计的外观设计
注册申请："饮食用匙"

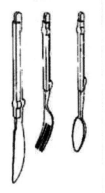

【过渡措施】

修正法的附则

第 2 条 根据第 1 条的规定，修正后的外观设计法（以下称为"新外观设计法"）第 2 条第 2 款、第 3 条之二、第 10 条、第 14 条、第 17 条、第 21 条、第 42 条及第 48 条的规定适用于该法律实施后的外观设计注册申请，该法律实施前的外观设计注册申请依据之前的规定。

○对修正法实施前的外观设计注册申请的外观设计的一部分相同或相似的外观设计来说，修正法实施后的外观设计注册申请的修正法适用问题。

对修正法实施前的外观设计注册申请的外观设计的一部分相同或相似的外观设计来说，修正法实施后的外观设计注册申请，适用修正法。

○关于外观设计注册申请的分案、申请的变更以及补正后

的外观设计的新申请相关的申请的修正法适用问题

对外观设计注册申请的分案、申请的变更以及补正后的外观设计的新申请来说，基于外观设计法第 10 条之二第 2 款（包括参照适用同法第 13 条第 5 款的情况）或同法第 17 条之三第 1款的规定，在准许追溯的申请的申请日或手续补正书的提出日在修正法实施之后的情况下，适用修正法。

○依据《巴黎公约》主张了优先权等的外观设计注册申请的修正法适用问题。

对依据《巴黎公约》主张了优先权等的外观设计注册申请来说，基于《巴黎公约》第 4 条 B 的规定，在对日本的申请日在修正法实施后的情况下，适用修正法。

第 3 部

新颖性丧失的例外

31 相关条文

外观设计法

第 4 条 1. 违背有权取得外观设计注册的人的意愿，造成外观设计属于第 3 条第 1 款第 1 项或第 2 项规定的情形时，有权取得外观设计注册的人就该外观设计在属于该情形之日起 6 个月以内提出外观设计注册申请的，在适用该条第 1 款及第 2 款的规定时，其外观设计视为不属于该条第 1 款第 1 项或第 2 项规定的情形。

2. 因有权取得外观设计注册的人的行为，造成外观设计属于第 3 条第 1 款第 1 项或第 2 项规定的情形时（由于在发明、实用新型、外观设计或者商标相关公报上登载导致落入该条第 1 款第 1 项或第 2 项时除外），有权取得外观设计注册的人就该外观设计在属于该情形之日起 6 个月以内提出外观设计注册申请时，该条第 1 款及第 2 款的适用也与前款相同。

3. 欲适用前款规定的人必须在外观设计注册申请的同时向特许厅长官提交要求适用的文件，并且应当在外观设计注册申

请之日起 30 日之内向特许厅长官提交符合第 3 条第 1 款第 1 项
或者第 2 项的外观设计可以适用前款规定的证明文件。

31.1　外观设计法第 4 条第 1 款和第 2 款的规定

创作的外观设计在其公开时，违反有权申请外观设计注册
的人的意愿，或因有权申请外观设计注册的人的行为，成为公
知外观设计的（以下称作"公开外观设计"）时，该公开外观
设计从最初公开日起 6 个月内、有权申请外观设计注册的权利
人提出申请并满足规定的要件时，仅限于该外观设计注册申请，
不视为是公知的外观设计。

在外观设计法第 4 条第 1 款和第 2 款的规定中，对于公开外
观设计和外观设计注册申请的外观设计的关系没有作任何规定，
因此，不论两个外观设计是否相同、相似或并不相似等，无论
两个外观设计的关系如何，如果公开外观设计和该外观设计注
册申请满足规定的要件，则对于该公开外观设计，适用外观设
计法第 4 条第 1 款或第 2 款的规定。

31.1.1　适用外观设计法第 4 条第 1 款规定的要件

为了适用外观设计法第 4 条第 1 款的规定，创作的外观设
计应当违反具有申请外观设计注册的权利人的意愿，至少符合
以下任意一种的外观设计：

（1）在外观设计注册申请前，在日本国内或国外成为公知
的外观设计；

（2）在外观设计注册申请前，在日本国内或国外，成为在
出版物上记载的外观设计或通过通信线路成为公众可利用的外
观设计。

31.1.2　适用外观设计法第 4 条第 1 款规定的确认事项

是否满足上述 31.1.1 的"适用外观设计法第 4 条第 1 款规定

的要件"，需要确认以下所有的事项是否由文件明示且得到证明。

31.1.2.1　在公开之时就公开外观设计有权获得注册外观设计的人

由于公开外观设计是违反具有申请该公开外观设计的权利人的意愿公开属于要件的一部分，因此具有申请该公开外观设计的权利人，此点需要明示的同时提出证明。

一般地，具有申请公开外观设计的权利人为公开外观设计的创作者，但在外观设计公开前，外观设计的创作者将申请外观设计注册的权利转让第三者，并且申请公开外观设计的权利人与创作者不同时，需要明示和证明该事实。

31.1.2.2　在公开之时就公开外观设计违反有权获得外观设计注册的人的意愿所公开的事实

对于违反具有申请公开外观设计的权利人的意愿公开的场合，例如创作者的创作外观设计因被窃取盗用而由第三者公开。

无论在何种情况下，都需要明示和证明经过怎样的过程、是否违反外观设计注册的权利人的意愿而公开的事实。

31.1.2.3　针对公开的外观设计有权获得外观设计注册的权利进行外观设计注册申请

在适用外观设计法第 4 条第 1 款规定的外观设计注册申请时，由于该申请人提出外观设计注册申请为要件的一部分，在上述 31.1.2.1 "有权申请公开外观设计的权利人" 中证明的权利人必须与该外观设计注册请求的申请书中记载的外观设计注册申请人一致。

具有申请公开外观设计的权利人与该外观设计注册申请的申请书中记载的申请人不同时，在外观设计公开后，必须明示和证明外观设计的权利由该申请人继受的事实。

31.1.2.4 该外观设计注册申请从公开外观设计最初的公开日起6个月内申请

为了满足该要件，首先，需要明示和证明该公开外观设计最初的公开日期，其次，必须从其日起6个月内进行外观设计注册申请。

31.1.3 与外观设计法第4条第1款规定适用有关的手续的时间要件

外观设计法第4条第1款规定的手续（适用外观设计法第4条第1款规定的文件的提交、在请求书中表明意欲适用的意向的记载、就违反有权申请外观设计注册的权利人的意愿公开的事实进行证明的文件的提交等有关的时间的限制等）并没有在外观设计法第4条第3款中规定。

因此，该外观设计注册申请的申请人在证明公开外观设计违反权利人的意愿公开的事实时，例如对于该外观设计注册申请按外观设计法第3条第1款第3项的规定通知驳回的理由之际，由于成为该规定的适用基础的资料为公开外观设计，需要证明其违反权利人意愿公开的事实时，可通过书面文件将满足上述31.1.2"适用外观设计法第4条第1款规定的确认事项"的要件的事实进行明示和证明。

另外，外观设计注册申请人在外观设计注册申请前，要证明满足上述31.1.2"适用外观设计法第4条第1款规定的确认事项"的要件公开的外观设计存在时，可在外观设计注册申请之际，提交证明其事实的文件。

31.1.4 适用外观设计法第4条第2款规定的要件

为了适用外观设计法第4条第2款的规定，创作的外观设计因有权申请外观设计注册的权利人的行为，导致成为以下任意一种外观设计：

（1）外观设计注册申请前，在日本国内或国外成为公知的外观设计

（2）外观设计注册申请前，在日本国内或国外，成为在出版的出版物上记载的外观设计或通过通信线路成为公众可利用的外观设计

31.1.5　适用外观设计法第 4 条第 2 款规定的确认事项

为了确认是否满足上述要件，需要在外观设计注册申请日起 30 日内确认以下所有的事项是否通过书面文件明示和证明。

31.1.5.1　在证明文件中记载有权获得外观设计注册的权利人

公开外观设计因有权申请外观设计注册的权利人的行为公开是要件的一部分，因此有权申请外观设计注册的权利人需要明示和证明。

一般地，有权申请外观设计注册的权利人为公开外观设计的创作者，但在公开前，创作者将申请外观设计注册的权利让第三者继承，使得注册的权利人与创作者不同时，需要明示和证明该事实。

31.1.5.2　因有权申请外观设计注册的权利人的行为，导致该外观设计被公开的事实

因有权申请外观设计注册的权利人的行为，导致该外观设计成为公知的外观设计的事实需要明示和证明。

31.1.5.3　有权申请外观设计注册的权利人，提出外观设计注册申请

为适用外观设计法第 4 条第 2 款的规定，权利人提出外观设计申请是要件的一部分，在上述 31.1.5.1 "有权申请外观设

计的外观设计注册的权利人"中证明的、有权申请外观设计的外观设计注册的权利人必须与该外观设计注册申请的请求书中记载的外观设计注册申请人一致。

证明文件中记载的权利人与该外观设计注册申请人不一致时，需要明示和证明公开后权利转让给该外观设计注册申请人的事实。

31.1.5.4　该外观设计注册申请从证明文件中记载的外观设计注册公开日起6个月内提出

为了满足该要件，首先，需要明示和证明该公开外观设计最初公开的日期，其次，必须从其日起6个月内提交外观设计注册申请。

31.6　适用外观设计法第4条第2款规定的具体手续

（1）记载有适用申请外观设计法第4条第2款规定的要点的书面文件与外观设计注册申请同时向特许厅长官提出（外观设计法第4条第3款）或者在请求书中记载该要点（由外观设计法施行细则第19条第2款引用的专利法实施细则第27条之四）。

（2）使用电子信息处理系统办理手续时，作为记载有适用外观设计法第4条第2款规定的要点的替代文件，在外观设计注册申请的请求书上记录该要点（关于与工业所有权有关的手续等的特例的法律实施规则第12条）。

（3）在该外观设计注册申请日起30日内，提交公知的外观设计可适用外观设计法第4条第2款规定的证明文件（外观设计法第4条第3款）。

（4）用外观设计法施行细则第1条规定的模板1的新颖性丧失例外的证明书提出。

第 4 部

不能取得外观设计注册的外观设计

41 相关条文

外观设计法

第 5 条 下列外观设计, 尽管有第 3 条的规定, 也不能取得外观设计注册:

(1) 有害公共秩序或善良风俗的外观设计;

(2) 与他人经营相关产品有发生混淆之虞的外观设计;

(3) 仅由为确保产品功能而不可或缺的形状构成的外观设计。

41.1 外观设计法第 5 条的规定

维持公共秩序或善良风俗或者排除阻碍产业发展的因素, 是出于公共利益理由考虑的重要事情, 违反其性质的内容在法律上得不到保护。即使是满足新颖性和创造性以及适于工业应用的外观设计等外观设计注册申请的要件, 在外观设计注册的决定时刻、属于以下任意一种情况时, 也不能取得外观设计注册。

(1) 违反公共秩序或善良风俗的外观设计。 (→41.1.1、

41.1.2）

（2）会产生与他人经营的产品混淆的外观设计。（→41.1.3）

（3）为了确保产品的功能只由不可或缺的形状构成的外观设计。（→41.1.4）

41.1.1　妨害公共秩序的外观设计

表现日本或外国元首的肖像或国旗的外观设计、表现日本皇室的菊花徽章或外国王室的徽章（包含相似物）等的外观设计，大多会有损国家或皇室或王室的尊严，认定为有害于公共秩序，这样的外观设计不能取得外观设计注册。

但是，包括作为图案表示的运动会情景中的万国旗等并不认为是有害于公共秩序的情形。

41.1.2　妨害善良风俗的外观设计

对于身心健全者的道德观有不当刺激，引起羞耻、厌恶念头的外观设计，例如表现猥亵物的外观设计，由于认定为会妨害善良风俗，不能取得外观设计注册。

41.1.3　易与他人经营的产品混淆的外观设计

表现他人的著名商标或容易与之混淆的商标的外观设计，大多会让人误以为是他人的业务或是他人生产销售的产品，因此，不能取得外观设计注册。

41.1.4　确保产品的功能所不可或缺的形状构成的外观设计

确保产品功能的不可缺少的形状属于技术思想的创作，原本应当由专利法或实用新型法保护。如果这样的形状由外观设计法保护，会招致将外观设计法本来不保护技术的思想的创作给予排他的独占权，这使得外观设计与专利法、实用新型法没有区别。因此，仅由确保产品功能不可或缺的形状构成的外观设计不能取得外观设计注册。

41.1.4.1　仅由确保产品功能不可或缺的形状构成的外观设计的类型

符合以下的任意一种的外观设计均认定为属于，确保产品功能不可缺少的形状构成的外观设计。

（1）为了确保产品的技术功能，由必然的规定的形状（必然的形状）构成的外观设计

有关外观设计注册申请是否符合必然的形状，不论作为外观设计的构成要素的图案、色彩是否存在，只着重于判断体现产品的技术功能的形状，但此时，特别要考虑以下内容。

①确保其功能的替代形状是否存在其他形状。

②是否包含可以评价外观设计的必然的形状以外的形状。

（2）为了确保产品的互换性等，只由标准化的规格所规定的形状（准必然的形状）构成的外观设计

为了确保产品的互换性等（包含确保技术功能），使产品的形状和尺寸等各要素规格化或标准化，对于通过规格化或标准化的形状和尺寸等正确地再造的形状构成的外观设计，也按照（1）必然的形状进行处理。

但是，外观设计法第5条第3款规定的适用限于使用目的主要基于形状来发挥功能的产品。

因此，例如，事务用纸（纸的原纸尺寸 JISP0202）、日常生活用纸（信封 JISS5502）、记录媒体（小型激光唱盘音响系统 JISS8605）虽然具有由公共的标准规格或事实上的标准规格所规定的形状，但不适用外观设计法第5条第3款的规定。

41.1.4.1.1　属于标准化规格的例子

以下内容属于为了确保物品的互换性等被标准化的规格。

（1）公共标准

财团法人日本规格协会制定的 JIS 规格（日本工业规格）、ISO（国际标准化机构）制定的 ISO 规格等由公共标准化机关制定的标准规格。

（2）事实上的标准

虽然不是官方的规格标准，但该规格在该产品领域被作为业界标准认知，基于该标准规格的产品事实上支配其产品的市场，可由作为规格的名称、序号等限定该标准的形状、尺寸等细节。

第 5 部

一外观设计一申请

51 相关条文

外观设计法

第 7 条 外观设计注册申请，必须按照由经济产业省令规定的产品的分类，就每一外观设计分别提出。

外观设计法施行细则

第 7 条 外观设计法第 7 条中经济产业省令所规定的产品的分类，按照附表一记载的产品分类表进行分类。

附表一 备注

一、对属于该表下栏表示的产品分类的产品，进行外观设计注册申请时，该产品所属的产品分类必须记载于申请书的"外观设计产品"栏中。

二、对于不属于该表下栏所列产品分类任意一种的产品，进行外观设计注册申请时，应按与该下栏揭示的产品分类同等程度的分类在请求书的"外观设计产品"栏中记载其产品分类。

模板 2 "备注"

39. 对于不属于该表下栏揭示的产品分类中的任意一种的

产品，进行外观设计注册申请时，"外观设计产品的说明"栏中可记载有助于理解该产品的使用目的、使用状态等产品的说明。

51.1　外观设计法第 7 条的规定

外观设计法第 7 条规定外观设计注册申请必须一外观设计一申请。

外观设计法第 7 条是从设定的权利内容清楚的角度进行规定，通过对于一件外观设计作为排他的独占权的外观设计权只授权一次，确保权利的稳定性，主要考虑了为了防止不必要的纠纷、手续上的便利和权利设定后的权利侵害纠纷处理的便利。

另外，按外观设计法第 6 条记载于请求书中的要点规定的"外观设计产品"栏的记载属于外观设计注册申请人的自由，例如，记载为"陶器"，与记载为"花瓶"时相比，其用途和功能将变得非常广泛。因此，对于产品的分类另外由经济产业省令规定。

51.1.1　经济产业省令规定的产品的分类

对于由经济产业省令规定的产品的分类，是指由外观设计法施行细则第 7 条规定的附表一表示的产品分类。

由外观设计法第 7 条中经济产业省令规定的产品分类的附表一，示例了产品的分类。但是，因 2400 余种产品的分类单由 50 音顺序列出，不容易进行合适分类的检索，因此，将这些产品大致地区别为 65 个产品群，每个群的产品具有共通性。附表一的上栏和中栏的内容仅仅作为区分下栏产品分类的标题。

为了识别外观设计，下栏所记载的产品分类示出必要的产品名称，其应被认为是明确理解读产品用途而通常使用的产品名称。

51.1.2 不满足外观设计法第 7 条规定的要件的例子

51.1.2.1 请求书"外观设计产品"栏未依据产品分类的记载例

属于以下内容的请求书的"外观设计产品"栏的记载未依据产品分类或与之同程度的分类。

（1）带有商标名、某某式等固有名词的产品。

（2）使用上位名称的产品。

（例如，记载为套窗的产品作为建筑用品记载的情况等。）

（3）带有结构或作用效果的产品。

（例如，某某装置、某某方法。）

（4）省略产品的分类。

（例如 8 毫米。）

（5）使用外国文字的产品。

（6）使用非日语化的外语的产品。

（7）没有明确表示用途的产品。

（例如，块体。）

（8）使用组（不符合外观设计法施行细则附表二（以下称作"附表二"）、一套、一撮、组件（除了牙科用组件）、一对、一双等用语的产品。

（9）带有同形状、图案和色彩有关的名称的产品。

（10）带有材质名的产品。

（例如，某某制。）

但是，普通名称化的情况除外。

51.1.2.2 非一外观设计一申请的例子

根据请求书的记载和附在请求书后的图片等综合判断时，符合以下内容时，包含两个以上的外观设计，不认定为一外观设计一申请。

（1）将两个以上的产品的分类在请求书的"外观设计产品"栏中并列记载时；

（2）图片中表示两个以上的产品（包含配置数个产品的情况）。

但是，不包括作为成套产品外观设计注册申请的情况。

51.1.2.3　部分外观设计的处理

对于部分外观设计不能满足外观设计法第 7 条规定的要件的例子，请参照第 7 部"个别的外观设计注册申请"第 1 章"部分外观设计"71.7.1"不满足外观设计法第 7 条规定的要件的例子"。

第 6 部

在先申请

61 相关条文

外观设计法

第9条 1. 对于相同或者相似的外观设计，在不同日提出两项以上的外观设计注册申请的，只有最先提出外观设计注册申请的人才能就其外观设计取得外观设计注册。

2. 对于相同或者相似的外观设计，在同一日提出两项以上的外观设计注册申请的，只能由外观设计注册申请人协商决定，由一个外观设计注册申请人取得外观设计注册。如协商未成，或者不能协商时，各方均不能取得外观设计权。

3. 外观设计注册申请被放弃、撤回，或者被不予受理，或者就外观设计注册申请作出的驳回决定或者作出的复审决定已生效的，关于前二款规定的适用，视为该外观设计注册申请自始不存在。但当该外观设计注册申请因落入前款后段的规定，驳回决定或者复审决定生效的，则不在此范围内。

4. 在第2款的情形下，特许厅长官必须指定相应的期限，命令申请人按该款规定进行协商，并申报结果。

5. 在依前款规定的指定期限内没有提交该款规定的申报结果的，特许厅长官可将其视为第 2 款的协商未成。

61.1　外观设计法第 9 条的规定

外观设计注册制度对于新的外观设计的创作赋予一定期限内的独占权。因此，对于一项创作不应当授予两个以上的权利。

外观设计法第 9 条排除了这种重复授予的权利，对于相同或相似的外观设计具有两项以上的外观设计注册申请时，规定只有一项外观设计注册申请人可取得外观设计注册。

61.1.1　作为外观设计法第 9 条第 1 款或第 2 款规定适用对象的外观设计注册申请

外观设计法第 9 条第 1 款或第 2 款规定应在整体外观设计的外观设计注册申请之间、部分外观设计的外观设计注册申请之间，即在取得外观设计注册的方法和对象为相同的外观设计注册申请之间，进行适用和判断。

因此，例如，先进行部分外观设计的外观设计注册申请，后进行整体外观设计的外观设计注册申请时；或者同日进行整体外观设计的外观设计注册申请和部分外观设计的外观设计注册申请时，即使在各外观设计注册申请的请求书的"外观设计产品"栏中记载的产品的分类相同，整体外观设计的外观设计注册申请与部分外观设计的外观设计注册申请在任何情况下也均不能判断为适用外观设计法第 9 条第 1 款和第 2 款的规定进行判断。

61.1.2　作为在先申请处理的外观设计注册申请的类型

符合以下任意一条的外观设计注册申请，适用外观设计法第 9 条第 1 款的规定，作为在先申请的外观设计注册申请处理。

（1）被确定注册的外观设计注册申请。

（2）同日申请的相同或相似的外观设计，根据外观设计法第9条第2款的规定，协商未成或不能协商，应当驳回的决定或复审决定生效的外观设计注册申请。

61.1.3　不作为在先申请或同日申请处理的外观设计注册申请的类型

属于以下任意一条的相同或相似的外观设计注册申请，适用外观设计法第9条第1款和第2款规定时，该外观设计注册申请视为自始即不存在。

（1）放弃的外观设计注册申请。

（2）撤回的外观设计注册申请。

（3）驳回的外观设计注册申请。

（4）应当驳回的决定或复审决定生效的外观设计注册申请。

61.1.4　整体外观设计之间的相似与否的判断

外观设计法第9条第1款或第2款规定中整体外观设计之间的相似与否判断因适用公知的外观设计和整体外观设计的相似与否判断，请参照第2部"外观设计注册的要件"第2章"新颖性"22.1.3.1"公知的外观设计和整体外观设计相似与否的判断"。

另外，在就整体外观设计的外观设计注册申请中，适用外观设计法第9条第1款或第2款规定之际，针对各自请求书的记载和附在请求书后的图片等记载的外观设计，判断其是否相同或相似。

因此，即使某个外观设计被包含在其他外观设计中，并且能识别其具体形状，也正如外观设计法第3条第1款第2项出版物记载的外观设计（参照第2部"外观设计注册的要件"第2

章"新颖性"22.1.2.6"关于出版物中记载的外观设计"（1）"认定为新颖性判断基础的资料的例子"②）中所规定的那样、不判断某一外观设计与其他外观设计的一部分之间是否相同或相似。

61.1.5 对于相同的外观设计于不同日期提出的外观设计注册申请

相同的外观设计于不同日期提出外观设计注册申请时，该两项以上外观设计注册申请，根据外观设计法第 9 条第 1 款的规定，无论是同一人的外观设计注册申请还是他人的外观设计注册申请，仅最早提出外观设计注册申请的人可以就其外观设计取得外观设计注册。

61.1.6 不同日提出相似外观设计的外观设计注册申请

（1）不同的申请人提出的外观设计注册申请的情况

相似外观设计于不同日由不同的申请人提出两项以上的外观设计注册申请时，根据外观设计法第 9 条第 1 款的规定，仅最先提出外观设计注册申请的人可以就其外观设计取得外观设计注册。

（2）同一人提出的外观设计注册申请的情况

相似的外观设计于不同日由同一人提出两项以上外观设计注册申请时，仅限于符合外观设计法第 10 条第 1 款规定的外观设计注册申请时，与自己的外观设计注册申请相关的外观设计或自己已授权的外观设计中选出的一个外观设计（以下称为"基础外观设计"）及其关联外观设计可就其外观设计取得外观设计注册。然而，即使最先提出的外观设计注册相关的外观设计构成基础外观设计的关联外观设计时，除了基础外观设计以及构成基础外观设计的关联外观设计之外，其他类似的在先的外观设计注册申请相关的外观设计（基于外观设计法第9条第1款的规定所发明驳回理由，无法取得外观设计法第10条第1款规定的救济），则不能根据外观设计法第9条第1款的规定则不能取得外观设计注册。

61.1.7　对于相同外观设计于同日提出的外观设计注册申请

两件以上相同的外观设计于同日提出外观设计注册申请时，无论是同一人的外观设计注册申请还是他人的外观设计注册申请，该两项以上的外观设计注册申请符合外观设计法第9条第2款前段的规定，并成为外观设计法第9条第4款规定的指令协商的对象，根据协商确定的一个外观设计注册申请人可以就其外观设计取得外观设计注册。

61.1.8　对于相似的外观设计于同日提出的外观设计注册申请

（1）不同人的外观设计注册申请

两项以上的相似外观设计为同日不同人提出外观设计注册申请时，该两项以上的外观设计注册申请符合外观设计法第9条第2款前段的规定，并成为外观设计法第9条第4款规定的指令协商的对象，根据协商确定的一个外观设计注册申请人可以就其外观设计取得外观设计注册。

（2）同一人的外观设计注册申请

两项以上的相似外观设计为同日同一人提出外观设计注册申请时，该两项以上的外观设计注册申请符合外观设计法第9条第2款前段的规定，并成为外观设计法第9条第4款规定的指令协商的对象，除了根据协商确定的一个外观设计注册申请人以外，原则上其他外观设计不能取得外观设计注册，但为同一人的外观设计注册申请时，限于符合外观设计法第 10 条第 1 款的规定时，可作为主外观设计及与之相关的关联外观设计取得外观设计注册。

61.1.9　对于相同外观设计于不同日提出的外观设计注册申请的处理

相同的外观设计于不同日提出的外观设计注册申请，无论是同一人提出的外观设计注册申请还是不同人提出的外观设计注册申请，对最先提出的外观设计注册申请相关的一个外观设计给予注册，根据外观设计法第 9 条第 1 款规定驳回其后的外观设计注册申请相关的外观设计。此外，在先提出的外观设计注册申请是基于外观设计法第 9 条第 2 款的规定协商未成或无法协商，并且相关驳回或复审决定生效的外观设计注册申请时，根据外观设计法第 9 条第 1 款驳回随后的外观设计注册申请。

61.1.10　对于相似外观设计于不同日提出的外观设计注册申请的处理

（1）不同人提出的外观设计注册申请

相似的外观设计在不同日由不同人提出两项以上的外观设计注册申请时，对没有其他驳回理由的最先提出的外观设计注册申请进行注册，根据外观设计法第 9 条第 1 款规定驳回随后提出的外观设计注册申请。此外，在先的外观设计注册申请是基于外观设计法第 9 条第 2 款的规定无法达成协议或没有进行协议、相关驳回或复审决定生效的外观设计注册申请时，可以以此作为理由根据外观设计法第 9 条第 1 款驳回随后的外观设计注册申请。

（2）同一人提出的外观设计注册申请

相似的外观设计于不同日由同一人提出两项以上的外观设

计注册申请时，对没有其他驳回理由的最先提出的外观设计注册申请进行注册。对于随后提出的外观设计注册申请，如果是在最先提出的外观设计注册申请相关的外观设计公报（有保密请求的刊载了请求书的内容以及附在请求书的图片等内容的与外观设计相关的外观设计公报除外）的发布日前申请的，可以作为最先提出的外观设计注册申请的关联外观设计给予注册。然而，在后申请既包含在先申请的基础设计及关联设计相似的设计又包含其他设计时，应根据外观设计法第9条第1款驳回在后申请。

虽然在后的外观设计注册申请是在最先提出的外观设计注册申请公报（有保密请求的刊载了请求书的内容以及附在请求书的图片等内容的与外观设计相关的外观设计公报除外）的发布日前申请的，但在先申请不是关联外观设计的注册申请时，根据外观设计法第9条第1款的规定驳回最先的外观设计注册申请，允许申请人补正，在后申请作为关联申请，在先作为基础设计，予以注册。

最先提出的外观设计注册申请公报（有保密请求的刊载了请求书的内容以及附在请求书的图片等内容的与外观设计相关的外观设计公报除外）的发布日相同日申请的外观设计注册申请，可根据外观设计法第9条第1款的规定予以驳回（然而，即使是同一天，如果外观设计公报很显然在申请之前，也应根据外观设计法第3条第1款的规定予以驳回）。

在先的外观设计注册申请无法基于外观设计法第9条第2款的规定达成协议或没有进行协议、驳回或复审决定生效的外观设计注册申请时，可以此作为理由，根据外观设计法第9条第1款驳回随后的外观设计注册申请。

61.1.11 对于相同或相似的外观设计于同日提出的外观设计注册申请的处理

（1）不同人的外观设计注册申请

①根据外观设计法第 9 条第 4 款的规定，以长官名义指令各外观设计注册申请人协商。

②在指定期间内有申报协商的结果时，根据协商确定的一个外观设计注册申请人经协商后放弃取得外观设计注册。但是，即使有申报结果时，对其他经协商后放弃的申请不履行撤回或放弃手续时，或多个协商结果内容矛盾时，也认定为协商不成立，根据外观设计法第 9 条第 2 款后段的规定，通知各外观设计注册申请人驳回的理由。

③在指定期间内，没有申报协商的结果时，根据外观设计法第 9 条第 5 款的规定，视为协商不成立，根据外观设计法第 9 条第 2 款后段的规定，通知各外观设计注册申请人驳回的理由。

（2）同一人的外观设计注册申请

①根据外观设计法第 9 条第 4 款的规定，以长官名义指令各外观设计注册申请人协商。但是，在以该长官名义指令协商的同时，根据外观设计法第 9 条第 2 款后段的规定，通知驳回的理由。这是因为同一人时，认定为无须协商，故进行如此处理。

②在指定期间内，没有申报协商的结果时，根据外观设计法第 9 条第 5 款的规定，视为协商不成立；在指定期间内有申报协商的结果，但根据协商确定的一个外观设计注册申请以外的外观设计注册申请，在不进行申请撤回或申请放弃时或对多个协商指令的申报内容相互矛盾时，也认为协商不成立，对于各外观设计注册申请，根据先前通知的外观设计法第 9 条第 2

款后段规定的驳回理由，作出应予驳回的决定。

61.1.11.1　针对协商指令多个申报结果互相矛盾的例子

（1）任一协商对象在确定外观设计注册申请人的申报结果时，认为协商不成立的情形

①双方均申报自己的外观设计申请。

②双方均申报对方的外观设计申请。

（2）将协商对象之一的外观设计注册申请相关的外观设计作为基础外观设计，其他的作为关联外观设计申报时，认为协商不成立的情形

①将不存在的外观设计选择为基础外观设计的申报。

②将不相似的外观设计、申请日不同的外观设计申请、申请人不同的外观设计注册申请中任意一种外观设计选择为基础外观设计申报；

③将关联外观设计的外观设计注册申请选择为基础外观设计申报。

④将多个外观设计选择为基础外观设计申报。

61.1.11.2　针对协商指令未申报协商结果而仅将其中部分外观设计申请撤回、放弃或进行补正时的处理

对于相同或相似的外观设计，在同日由同一人提出的外观设计注册申请的情况下，对于每个外观设计注册申请通知协商指令，原则上对于每个外观设计注册申请需要分别申报协商的结果。

如果申请人仅对其中一部分申请提交撤回、放弃或补正手续，不能直接认定协商不成立，期限届满前需要等待所有外观设计注册申请提交这些手续。

虽然超过指定期限没有申报协商的结果时，可以根据外观

设计法第9条第5款的规定，认为协商不成立，但在指定期限内，进行基础外观设计或其关联外观设计的补正，其他申请已撤回或放弃的，由于其补正或申请撤回或申请放弃的手续解除了协商的理由，不认为协商不成立。

61.1.12 对外观设计注册申请的分案、申请的变更和补正后的外观设计的新申请，按外观设计法第9条第1款或第2款规定判断的基准日

在依据外观设计法第10条之二第1款规定的外观设计注册申请的分案、依据外观设计法第13条第1款或第2款规定的发明申请或实用新型注册申请向外观设计注册申请的变更或者具有依据外观设计法第17条之三规定的补正不受理决定、补正后的外观设计作为新的外观设计注册申请中，手续合法时，这些外观设计注册申请认定为原申请时或提交手续补正书时提出。

但是，因为外观设计法第9条第1款或第2款的规定是根据外观设计注册申请的日为单位进行判断，分案的新的外观设计注册申请、变更的新外观设计注册申请以及根据补正不受理决定的补正后的新外观设计注册申请，将追溯认定的原申请的申请日或手续补正书的提出日作为判断的基准日。

61.1.13 依据《巴黎公约》主张优先权的外观设计注册申请的，依外观设计法第9条第1款或第2款规定判断的基准日

适用外观设计法第9条第1款或第2款的规定，其主张适当时，将在第一国的申请日作为判断的基准日。

第 7 部

个别的外观设计注册申请

第 1 章　部分外观设计

71　相关条文

外观设计法

第 2 条　1. 本法所称"外观设计"，是指通过视觉能够引起美感的产品（含产品的组成部分。第 8 条除外，以下同）的形状、图案或者色彩及其结合。

2. 在前款中，产品的组成部分的形状、图案或者色彩及其结合包括用于产品的操作（仅限于为了使该产品进入能够发挥其功能的状态而进行的操作）图像，包含该产品或者在与该产品一体使用的产品上表示的图像。

（第 3 款和第 4 款省略）

外观设计法施行细则

模板 2 "备注"

8 对于产品的部分取得外观设计注册时，在"【外观设计产品】"栏上设置"【部分外观设计】"栏。

39 （参照第 1 部"请求书·图片"第 1 章"外观设计注册申请"11"相关条文"）

模板 6"备注"

8 （参照第 2 部"外观设计注册的要件"第 1 章"适于工业应用的外观设计"21"相关条文"）

9 （参照第 2 部"外观设计注册的要件"第 1 章"适于工业应用的外观设计"21"相关条文"）

10 （参照第 2 部"外观设计注册的要件"第 1 章"适于工业应用的外观设计"21"相关条文"）

11 对于产品的部分取得外观设计注册时，从 8 到 10 以及 14 中规定的图像图（指示出了依外观设计法第 2 条第 2 款规定的产品以及与该产品一体使用的产品上表示的图像的图）中，外观设计产品通过将欲取得外观设计注册的部分用实线描绘、其他部分用虚线描绘等，限定要取得外观设计注册的部分，并且，将限定要取得外观设计注册的部分的方法在请求书的"【外观设计的说明】"栏中记载。

模板 7"备注"

4 其他与模板 6 的备注 2，3，6，8 至 12，14 和 18 至 23 相同。

模板 8"备注"

3 对于产品的部分取得外观设计注册时，在外观设计产品中，通过将欲取得外观设计注册的部分以外的部分用黑色涂覆等方法，限定要取得外观设计注册的部分，并且，将限定要取得外观设计注册的部分的方法记载在请求书的"外观设计的说明"栏中。

71.1　部分外观设计

根据外观设计法第 2 条第 1 款的规定，部分外观设计定义为产品的部分的形状、图案或者色彩及其结合。具体如下：

（1）部分外观设计的外观设计产品应是认定为外观设计法的对象的产品（参照第 2 部"外观设计注册的要件"第 1 章"适于工业应用的外观设计"21.1.1.1"产品的认定"）。

（2）在该产品整体形态中占一定范围的部分。

（3）在该产品中，与其他的外观设计相比时，可成为对比的对象的部分。

71.2　部分外观设计的外观设计注册申请的请求书和图片

71.2.1　部分外观设计的外观设计注册申请的请求书的记载事项

（1）"部分外观设计"栏

对于部分外观设计的外观设计注册申请和整体外观设计的外观设计注册申请，由于取得外观设计注册的方法和对象不同，根据外观设计法施行细则模板 2 备注 8 的规定，进行部分外观设计的注册申请时，为了将其明示，必须在请求书中记载"部分外观设计"栏。

（2）"外观设计产品"栏的记载

进行部分外观设计注册申请时，在请求书的"外观设计产品"栏中，与进行整体外观设计注册申请相同，根据外观设计法第 7 条的规定，必须记载附表一的下栏示例的产品分类或与之相同程度分类所致的产品的分类（参照第 5 部"一外观设计一申请"）。

例如，在照相机的外观设计的创作中，即使"欲取得外观

861

设计注册的部分"为握柄部分，由于成为权利客体的外观设计的产品是包含该握柄部分的"照相机"，因此在请求书的"外观设计产品"栏中必须记载"照相机"。

（3）"外观设计的说明"栏的记载

外观设计法施行细则模板 6 备注 11 规定，对于产品的一部分欲取得外观设计注册时，在一组图片中，通过将外观设计产品中"欲取得外观设计注册的部分"用实线描绘，"其他部分"用虚线描绘等方式，将欲取得外观设计注册的部分进行限定，并且将该限定的方法记载于请求书的"外观设计的说明"栏中。

因此，在部分外观设计注册申请中，在一组图片中，如何限定"欲取得外观设计注册的部分"的方法应记载于请求书的"外观设计的说明"栏中。

（4）"外观设计产品的说明"栏的记载

外观设计法施行细则模板 2 备注 39 的规定也适用于部分外观设计注册申请。

因此，在部分外观设计的外观设计产品不属于经济产业省令规定的产品分类中的任一种时，也应将有助于理解该产品的使用目的、使用状态等关于产品的说明记载于请求书的"外观设计产品的说明"栏中。

71.2.2　部分外观设计注册申请中的图片等的记载

进行部分外观设计注册申请时，应按外观设计法施行细则模板 6 备注 11 的规定，制作图片等。

（1）一组图片

需要表现有部分外观设计全体形态，既"欲取得外观设计注册的部分"和"其他部分"的一组图片。

（2）图的省略

图的省略的认定应限于，按照外观设计法施行细则模板 6 备注 8 规定的相同或对称时的一面图的省略、按照外观设计法施行细则模板 6 备注 9 的规定认定的图的省略、按照外观设计法施行细则模板 6 备注 10 规定的主视图和后视图相同或对称时或后视图无图案时，后视图的省略。

因此，例如，即使"欲取得外观设计注册的部分"不会出现在仰视图时，也不能将其作为省略仰视图的理由。

（3）对"欲取得外观设计注册的部分"的限定

对于立体产品进行部分外观设计注册申请时，根据外观设计法施行细则模板 6 备注 11 的规定，在由外观设计法施行细则模板 6 备注 8 规定的一组图片中，应通过将"欲取得外观设计注册的部分"用实线描绘，"其他部分"用虚线描绘等方式，对"欲取得外观设计注册的部分"加以限定。

因此，在剖视图、立体图、使用状态参考图中限定"欲取得外观设计注册的部分"是不被认可的。

但是，在部分外观设计的注册申请中，在限定"欲取得外观设计注册的部分"时，由于存在不添加剖视图就不能将该部分在图上限定的现象，此时应当在一组图片中添加剖视图来限定该部分。

另外，在这种情况下，由于剖视图不是用于限定"欲取得外观设计注册的部分"的图，只能认为是在不能充分表现该外观设计时所添加的通常的剖视图。结果有可能被认为没有对"欲取得外观设计注册的部分"进行限定，因此鼓励外观设计注册申请人在外观设计注册申请之际的请求书的"外观设计的说明"栏中，记载 <包含剖视图并限定"欲取得外观设计注册的

部分"＞的内容。

（4）部分外观设计公开的程度

对于部分外观设计注册申请，在包含"欲取得外观设计注册的部分"和"其他部分"的产品整体的形态中，必须至少明确地表示出请求书的"外观设计产品"栏记载的产品分类所属的产品所需的最低限度的构成要素（参照下述 71.4.1.2"外观设计必须是具体的"（2）"外观设计不认定为具体产品时的例子"）。

71.3 部分外观设计注册申请相关的外观设计的认定

与部分外观设计注册申请相关的外观设计的认定同以下几个方面有关，需将请求书的记载内容和附在请求书后的图片等综合进行整体判断。

因此，不属于请求书或附在请求书后的图片等的文件，例如特征记载书、优先权证明书、适用外观设计法第 4 条第 2 款规定用的证明书等，在部分外观设计注册申请相关的外观设计的认定时，不作为其基础资料（参照第 1 部"请求书·图片"第 2 章"有关外观设计注册申请的外观设计的认定"）。

（1）部分外观设计的外观设计产品

根据与该部分外观设计有关的产品的使用目的、使用状态等，认定用途和功能。

（2）"欲取得外观设计注册的部分"的用途和功能

"欲取得外观设计注册的部分"的用途和功能，根据前述认定的部分外观设计有关的产品具有的用途和功能进行认定。

（3）"欲取得外观设计注册的部分"的位置、大小、范围

位置指的是，该"欲取得外观设计注册的部分"相对于部分外观设计产品整体形态的相对的位置关系。

大小主要指的是，"欲取得外观设计注册的部分"的绝对的大小。另外，大小不是指一个绝对的尺寸，而是根据该外观设计所属领域中的常识认定的大小范围（参照第1部"请求书·图片"第1章"外观设计注册申请"11.1"外观设计法第6条的规定"）。

另外，范围主要是该"欲取得外观设计注册的部分"相对于部分外观设计产品整体形态的相对大小（面积比）。

（4）"欲取得外观设计注册的部分"的形态

①"欲取得外观设计注册的部分"的认定

认定"欲取得外观设计注册的部分"时，通过外观设计注册申请人记载于请求书的"外观设计的说明"栏中的限定方法进行。

另外，成为"欲取得外观设计注册的部分"的认定基础的图片原则上为一组视图，但在请求书的"外观设计的说明"栏中如果记载了"包含剖视图并限定'欲取得外观设计注册的部分'"的内容时，也根据剖视图认定"欲取得外观设计注册的部分"。

②"欲取得外观设计注册的部分"的形态的认定

"欲取得外观设计注册的部分"的形态与整体外观设计同样地，根据一组视图和剖视图、透视图等其他必要图以及表示使用状态的图等其他参考图来认定。

71.4　有关部分外观设计的注册要件

部分外观设计注册申请为了取得外观设计注册，与其他外观设计注册申请相同，必须满足以下所有要件：

（注）部分外观设计注册申请是指审查员还没有进行是否符合外观设计法第2条第1款定义的判断的产品。

（1）适于工业应用的外观设计。　（→71.4.1）

（2）具有新颖性。　（→71.4.2）

（3）具有创造性。　（→71.4.3）

（4）不属于与在先申请外观设计的一部分相同或相似的在后申请的外观设计。　（→71.4.4）

71.4.1　适于工业应用的外观设计

部分外观设计注册申请的产品，为了符合外观设计法第3条第1款规定的适于工业应用，必须满足以下所有的要件。

因此，不满足以下任意一个要件的产品，因不符合外观设计法第3条第1款标题规定的适于工业应用的外观设计，不能取得外观设计注册。

（1）构成外观设计的产品。　（→71.4.1.1）

（2）外观设计必须是具体的。　（→71.4.1.2）

（3）适于工业应用的产品。　（→71.4.1.3）

71.4.1.1　构成外观设计的产品

部分外观设计注册申请的产品，为了构成外观设计法第2条第1款中定义的外观设计，必须满足以下所有的要件。

（1）认定为产品。　（→71.4.1.1.1）

（2）产品自身的形态。　（→71.4.1.1.2）

（3）诉诸视觉的产品。　（→71.4.1.1.3）

（4）通过视觉引起美感的产品。　（→71.4.1.1.4）

（5）占有一定范围的部分。　（→71.4.1.1.5）

（6）与其他外观设计对比时能够作为对比对象的部分。（→71.4.1.1.6）

71.4.1.1.1　认定为产品

部分外观设计的外观设计产品必须是能认定为外观设计法

的对象的产品。

（1）认定为产品的例子

①部分外观设计的外观设计产品认定为外观设计法的对象的产品为"袜子"，"欲取得外观设计注册的部分"不能认定为外观设计法的对象的产品为"袜子的脚后跟部分"。

②部分外观设计的外观设计产品认定为外观设计法的对象的产品为"包装用容器"，"欲取得外观设计注册的部分"认定为外观设计法的对象的产品为"包装用容器的盖"。

（2）不认定为产品的例子

①作为"欲取得外观设计注册的部分"在图片中只表示图案，部分外观设计的外观设计产品为"在纤维制品中表示的图案"的产品。

71.4.1.1.2　产品自身的形态

部分外观设计的外观设计产品整体的形态必须为产品自身的形态。

（1）不认定为产品自身的形态的例子

①以销售展示效果为目的，将手帕做成花的形状的一部分作为"欲取得外观设计注册的部分"的产品。

71.4.1.1.3　诉诸视觉的产品

"欲取得外观设计注册的部分"的整体形态必须诉诸视觉。

（1）不认定为诉诸视觉的产品的例子

①"欲取得外观设计注册的部分"的整体形态在部分外观设计的外观设计产品的通常交易状态下，不能从外部用眼睛看到。

②"欲取得外观设计注册的部分"的整体形态由于是细微

的，导致肉眼不能识别其形态的产品。

71.4.1.1.4　通过视觉引起美感的产品

"欲取得外观设计注册的部分"必须是能通过视觉引起美感的产品。

71.4.1.1.5　占有一定范围的部分

"欲取得外观设计注册的部分"是在部分外观设计产品整体的形态中占有一定范围的部分，即，必须在该外观设计中包含一个封闭的领域。

（1）不认定是占有一定范围的部分的例子

①"欲取得外观设计注册的部分"是不具有面积的棱线，不属于占有一定范围的部分。

【案例】"建筑用混凝土块"

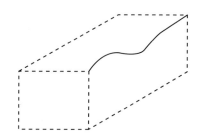

②只表示部分外观设计产品整体形态的轮廓。

因不认定为该外观中含有的一个封闭区域，不属于占有一定范围的部分。

【案例】只表示轿车的侧面投影轮廓的设计

71.4.1.1.6　与其他外观设计对比时，能够作为对比对象的部分

即使"欲取得外观设计注册的部分"是在该产品整体的形态中占有一定范围的部分，在与其他外观设计对比时，也应表

示为能够作为对比对象的外观设计的创作单位。

（1）与其他外观设计对比之际，认定为能够作为对比对象的部分产品的例子

以下的例子中"欲取得外观设计注册的部分"均被认为是在包装用容器的产品整体中占有一定范围，与其他外观设计对比时可以成为对比对象。

【案例1】"包装用容器"　　　　【案例2】"包装用容器"

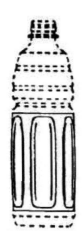 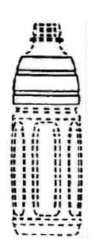

（2）外观设计的创作单位一个也不包含在"欲取得外观设计注册的部分"中的产品的例子

以下的实例中，"欲取得外观设计注册的部分"虽然在包装用容器的产品整体形态中占有一定范围，由于没有按创作单位进行表达与其他外观设计对比时不能够作为对比对象。

【实例】"包装用容器"

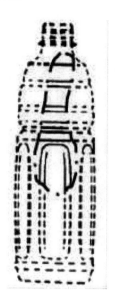

71.4.1.2　外观设计必须是具体的

第一，根据该外观设计所属领域中的一般常识，从申请时请求书的记载和附在请求书后的图片等，必须直接推导出外观设计注册申请的方法和对象为部分外观设计的外观设计注册申请。

接着，为了部分外观设计注册申请相关的外观设计认定为具体的产品，与整体外观设计相同，必须根据该外观设计所属领域的通常知识，从申请时的请求书的记载和附在请求书后的图片等能直接地导出一个具体的外观设计，即以下①至④的具体内容。

①部分外观设计的外观设计产品。

②"欲取得外观设计注册的部分"的用途和功能。

③"欲取得外观设计注册的部分"的位置、大小、范围。

④"欲取得外观设计注册的部分"的形态。

另外，包含"欲取得外观设计注册的部分"和"其他部分"的外观设计产品整体形态，必须至少具体地表示出请求书的"外观设计产品"栏中记载的产品分类所属产品所需的最低限度的构成要素。

此外，对于请求书的记载或附在请求书后的图片等记载的准确性，因适用与整体外观设计有关的处理，请参照第 2 部"外观设计注册的要件"第 1 章"适于工业应用的外观设计"21.1.2"外观设计的具体内容"。

（1）外观设计认定为具体产品时的例子

①即使没有在申请时的请求书中"部分外观设计"栏中作出表示，根据请求书的"外观设计的说明"栏记载和附在请求书后的图片等能够明确该外观设计注册申请为部分外观设计时。

②虽然没有边界线标示图上存在错误，但根据请求书的记载和附在请求书后的图片等综合判断，可当然导出"欲取得外观设计注册的部分"的边界时。

"欲取得外观设计注册的部分"必须是部分外观设计产品整体形态中占有一定范围的部分，即该外观设计中含有一个封闭的领域（参照上述 71.4.1.1.15"占有一定范围的部分"）。

但是，例如下述的"栅用支柱"状的线材、棒材那样的产品，由各图的记载或该产品的特性等综合判断，可以认定"欲取得外观设计注册的部分"是实线的端部用直线连接后形成的区域，"欲取得外观设计注册的部分"作为占有一定范围的产品处理。

美欧日韩外观设计法律法规汇编（下）

【案例】"栅用支柱"

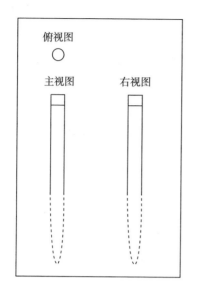

理想的作图方法绘制的放大的主视图

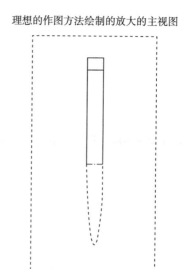

（2）外观设计不认定为具体产品时的例子

请求书或附在请求书后的图片有如下的记载不完备，即使综合判断请求书的记载和附在请求书后的图片等，也不能直接地导出一个具体的外观设计时，不认定外观设计为具体的产品。

①申请最初的请求书中无"部分外观设计"栏，并且，在"外观设计的说明"栏中无限定"欲取得外观设计注册的部分"的方法的记载，附在请求书后的图片虽然由实线和虚线记载，但是不明确是否为部分外观设计的注册申请还是为整体外观设计的注册申请时。

②部分外观设计的产品或"欲取得外观设计注册的部分"的具体用途和功能不明确时。

③没有标示"欲取得外观设计注册的部分"的整体形态时。

④没有标示"其他的部分"的整体形态时。

⑤包含"欲取得外观设计注册的部分"和"其他的部分"的部分外观设计产品整体形态缺少最低限度的构成要素，无法识别请求书的"外观设计产品"栏中记载的产品分类。

⑥"欲取得外观设计注册的部分"的形态不明确时。

（ⅰ）"欲取得外观设计注册的部分"的形态在各图中不一致时

（ⅱ）"欲取得外观设计注册的部分"不是一个封闭的领域时

（ⅲ）将"欲取得外观设计注册的部分"只用一组视图以外的图片限定时（例如，只用透视图限定的产品）

（ⅳ）在一组图片中，没有分开描绘"欲取得外观设计注册的部分"和"其他的部分"，在请求书的"外观设计的说明"栏中，用文字限定"欲取得外观设计注册的部分"时

⑦"其他的部分"的形态不明确时。

用虚线等表示的"其他的部分"的形态例如因在各图中不一致而不具体时，"欲取得外观设计注册的部分"在该产品整体形态中的位置、大小、范围也变得不具体，从而导致外观设计为不具体的产品。

⑧申请最初的请求书的"外观设计说明"栏中没有记载图中用何种方法来限定"欲取得外观设计注册的部分"。

71.4.1.3　适于工业应用的产品

部分外观设计的外观设计产品必须是适于工业应用的产品。

另外，对于"欲取得外观设计注册的部分"，不判断是否适于工业应用。

71.4.2　新颖性

关于外观设计法第 3 条第 1 款规定的适用，判断该部分外

观设计是否属于哪一个公知的外观设计并且判断是否属于与公知的外观设计相似的外观设计。

71.4.2.1 外观设计法第3条第1款第1项和第2项

为了进行部分外观设计是否属于公知的外观设计的判断，在公知的外观设计中，原则上，部分外观设计的外观设计注册申请的"欲取得外观设计注册的部分"的整体形态必须公开。

其他判断基准适用整体外观设计的判断基准，参照第2部"外观设计注册的要件"第2章"新颖性"22.1.1"外观设计法第3条第1款第1项"以及"外观设计法第3条第1款第2项"中的规定。

71.4.2.2 外观设计法第3条第1款第3项

71.4.2.2.1 公知外观设计与部分外观设计相似与否的判断

由于外观设计是产品与形态一体不可分，部分外观设计的外观设计产品和公知外观设计的外观设计产品如不相同或相似，则外观设计不相似。

例如，在照相机的外观设计创作中，该握柄部分作为部分外观设计进行注册申请时，权利客体的外观设计有关的产品由于是包含该握柄部分的"照相机"，作为新颖性判断基础的资料则为"照相机"和与其相似的产品有关的外观设计。

该要件的本意在于，部分外观设计和公知外观设计符合以下所列各项时，两个外观设计相似。

①部分外观设计的外观设计产品与公知外观设计产品相同或相似。

②部分外观设计的外观设计注册申请的"欲取得外观设计注册的部分"与公知的外观设计中的"欲取得外观设计注册的

部分”相应之处的用途和功能相同或相似。

③部分外观设计的注册申请的"欲取得外观设计注册的部分"与公知外观设计中的"欲取得外观设计注册的部分"相应之处的形态相同或相似。

④部分外观设计的注册申请的"欲取得外观设计注册的部分"在该产品整体形态中的位置、大小、范围与公知外观设计中的"欲取得外观设计注册的部分"相应之处在该产品整体形态中的位置、大小、范围相同或在该外观设计所属领域中为常规范围内的产品。

另外,对于上述①至④,全部相同时,两个外观设计为相同的外观设计。

(1)外观设计产品的共同点和差异点的认定

针对部分外观设计的外观设计产品和公知外观设计的外观设计产品的用途和功能,认定其共同点和差异点。

(2)该部分中的用途和功能的共同点和差异点的认定

针对"欲取得外观设计注册的部分"与公知外观设计中的"欲取得外观设计注册的部分"相应之处的用途和功能,认定其共同点和差异点。

(3)该部分的形态的共同点和差异点的认定

对于"欲取得外观设计注册的部分"与公知外观设计中的"欲取得外观设计注册的部分"相应之处的整体形态和各部形态,认定其共同点和差异点。

但是,对于"其他的部分"的形态,不直接认定共同点和差异点。

(4)该部分的位置、大小、范围的共同点和差异点的认定

"欲取得外观设计注册的部分"在该产品整体形态中的位

置、大小、范围相对于与公知外观设计中的"欲取得外观设计注册的部分"相应之处的该产品整体形态中的位置、大小、范围，认定其共同点和差异点。

（5）公知外观设计与部分外观设计相似与否的判断

公知外观设计与部分外观设计相似与否的判断也称作对两个外观设计所产生的美感相似与否的判断。具体为，将针对上述（1）至（4）的共同点和差异点作为外观设计整体进行综合观察，通过评价这些共同点和差异点给予两个外观设计相似与否判断的影响而实现。另外，这些共同点和差异点给予外观设计相似与否判断的影响对于每个外观设计是变化的，但一般为，

①容易看见的部分影响相对大。

②常规形态的部分影响相对小。

③大小的不同如果在该外观设计所属领域中属常识的范围内，则几乎不产生影响。

④材质的不同如果不作为外观上的特征表示，则几乎不产生影响。

⑤只有色彩不同，与形状或图案的差异相比，几乎不产生影响。

⑥位置、大小、范围如果属于该外观设计所属领域中常识的范围内，则几乎不产生影响。

另外，只是"其他的部分"的形态，不作为对比的对象。

71.4.2.2.2　属于外观设计法第 3 条第 1 款第 3 项规定情形的部分外观设计注册申请例

【案例 1】

公知的外观设计

"电动吸尘器本体"

部分外观设计

"电动吸尘器本体"

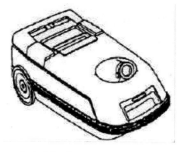

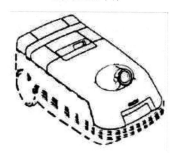

【案例2】

公知的外观设计："照相机"

（外观设计公报登载的部分外观设计）

部分外观设计

注册申请："照相机"

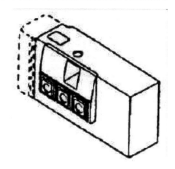

【案例3】

公知的外观设计："照相机"

（外观设计公报登载的部分外观设计）

部分外观设计

注册申请："照相机"

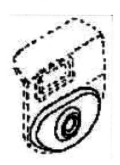

（注）

请注意此处"带探测器的照相机用镜片"的产品分类仅为用于案例说明，并非示出与附表一所示的产品分类同等程度的、具体的产品分类。

【案例4】

公知的外观设计："包装用瓶"
（外观设计公报登载的部分外观设计）

部分外观设计
注册申请："包装用瓶"

【案例5】

公知的外观设计："照相机"
（外观设计公报登载的部分外观设计）

部分外观设计
注册申请："照相机"

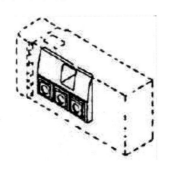

【案例6】

公知的外观设计："数码照相机"
（外观设计公报登载的部分外观设计）

部分外观设计
注册申请："数码照相机"

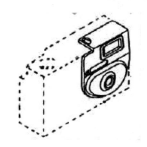
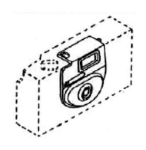

71.4.3 创造性

适用外观设计法第3条第2款规定的判断，应通过将"欲取得外观设计注册的部分"的整体形态根据该外观设计注册申请前公知的形状、图案或色彩或者其结合本领域人员是否能容易地创作出来作出判断，并且考虑该部分的用途和功能，"欲取得外观设计注册的部分"在该产品整体形态中的位置、大小、范围对于本领域人员是否为常规的手法而进行判断。

另外，其他判断基准适用整体外观设计的判断基准，参照第2部"外观设计注册的要件"第3章"创造性"相关规定。

71.4.4 与在先申请外观设计的一部分相同或相似的在后申请外观设计

外观设计法第3条之二的规定也适用于，与在先申请的外观设计的一部分几乎一样的产品作为在后申请的部分外观设计的"欲取得外观设计注册的部分"的情形，在后申请的部分外观设计不认定为新的外观设计创作。

另外，其他判断基准适用整体外观设计的判断基准，参照第2部"外观设计注册的要件"第4章"与在先申请的部分相同或相似的在后申请外观设计的保护除外"相关规定。

71.4.4.1 在先申请的外观设计公开的外观设计的一部分与在后申请的部分外观设计相似与否的判断

当适用外观设计法第 3 条之二的规定时，在先申请公开的外观设计中，原则上应公开作为外观设计法第 3 条之二规定的适用对象的，在后申请的部分外观设计的"欲取得外观设计注册的部分"的整体形态。（包括虽然在先申请公开的外观设计中，未公开作为外观设计法第 3 条之二规定的适用对象的在后申请的部分外观设计的"欲取得外观设计注册的部分"的整体形态，但是能够充分表现至可对比程度的情况。参照第 2 部"外观设计注册的要件"第 2 章"新颖性"22.1.2.6"关于出版物中记载的外观设计"）。

在先申请公开的外观设计和在后申请的部分外观设计，不论①在先申请公开的外观设计是整体外观设计还是部分外观设计；②在先申请公开的外观设计产品和与在后申请的部分外观设计产品是否相同、相似或非相似，只要在先申请公开的外观设计与在后申请的部分外观设计的"欲取得外观设计注册的部分"对应的部分和在后申请的部分外观设计的"欲取得外观设计注册的部分"的用途和功能相同或相似，并且各自的形态相同或相似时，就可以判定在先申请公开的外观设计中与在后申请的部分外观设计的"欲取得外观设计注册的部分"对应的部分，与在后申请的部分外观设计是相似的。

71.4.4.2 属于外观设计法第 3 条之二规定的情形的部分外观设计注册申请的例子

对于符合外观设计法第 3 条之二规定的情形的部分外观设计注册申请的案例，参照上述 71.4.2.2.2"属于外观设计法第 3 条第 1 款第 3 项规定的部分外观设计注册申请的例子"的案例

1 到案例 6，将其中公知的外观设计替换为在先申请的外观设计所公开的外观设计。

71.5 与部分外观设计注册申请有关的新颖性丧失的例外

对于部分外观设计注册申请，也适用外观设计法第 4 条第 1 款或第 2 款的规定。

另外，对于适用外观设计法第 4 条第 1 款或第 2 款规定的要件等其他的判断基准，适用整体外观设计的判断基准，参照第 3 部"新颖性丧失的例外"。

71.6 与部分外观设计注册申请相关的外观设计法第 5 条的规定

对于外观设计法第 5 条第 1 款或第 2 款规定的适用，包含"欲取得外观设计注册的部分"和"其他的部分"，将部分外观设计的产品整体形态作为判断的对象。但是，对于外观设计法第 5 条第 3 款规定的适用，只将"欲取得外观设计注册的部分"的形状作为判断的对象。

另外，其他判断基准适用整体外观设计的判断基准，参照第 4 部"不能取得外观设计注册的外观设计"。

71.7 与部分外观设计注册申请有关的一外观设计一申请

部分外观设计注册申请也应满足外观设计法第 7 条规定的要件。

另外，其他判断基准适用整体外观设计的判断基准，参照第 5 部"一外观设计一申请"。

71.7.1 不满足外观设计法第 7 条规定的要件的例子

71.7.1.1 请求书"外观设计产品"栏未依据产品分类的记载例

在部分外观设计注册申请中，在请求书的"外观设计产品"

栏中，产品分类后记载带有"的部分""的部分外观设计"等用语的产品（例如，"袜子的脚后跟部分""袜子的脚后跟的部分外观设计"）时，不认定为附表一记载的产品分类或与之同等程度的分类的产品的分类。

71.7.1.2　非一外观设计一申请的例子

一个部分外观设计的产品，包含物理上分离的两个以上"欲取得外观设计注册的部分"，不认定为一外观设计一申请。

71.7.1.2.1　含有物理上分离的两个以上的"欲取得外观设计注册的部分"作为一件外观设计处理的类型

符合以下任意一项时，即使包含物理上分离的两个以上的"欲取得外观设计注册的部分"的产品，也作为一件外观设计处理。

（1）认定为具有形态一体性的情形

即使为物理分离的两个以上的"欲取得外观设计注册的部分"，因为是对称的形态、一组的形态等关联性创作的产品，可以认定为具有形态的一体性。

【案例1】"手表用壳"

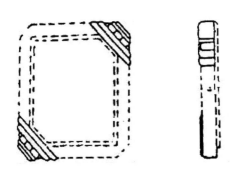

【案例2】"T恤衫"

（2）认定为具有功能一体性的情形

即使为物理分离的两个以上的"欲取得外观设计注册的部分"，由于一体创作的关系实现一个整体的功能，也认定为具有功能的一体性。

【案例1】"理发用剪刀"

【案例2】"手机"

71.8　成套产品外观设计有关的部分外观设计

与外观设计法第 8 条的成套产品外观设计有关的部分外观设计不能取得外观设计注册（参照第 7 部"个别的外观设计注册申请"第 2 章"成套产品的外观设计"72.1.2"与成套产品外观设计有关的部分外观设计"）。

71.9　与部分外观设计注册申请相关的外观设计法第 9 条和第 10 条的规定

外观设计法第 9 条和第 10 条的规定适用于部分外观设计注册申请之间的判断。

另外，其他判断基准适用整体外观设计的判断基准，参照第 6 部"在先申请"和第 7 部"个别的外观设计注册申请"第 3 章"关联外观设计"。

71.9.1　部分外观设计与部分外观设计相似与否的判断

部分外观设计相互之间符合以下所有项时，两项外观设计是相似的。

①部分外观设计的外观设计产品的用途和功能相同或相似。

②"欲取得外观设计注册的部分"的用途和功能相同或相似。

③"欲取得外观设计注册的部分"的形态相同或相似。

④"欲取得外观设计注册的部分"在该产品整体形态中的位置、大小、范围相同或该外观设计所属领域中的常规范围。

另外，对于上述①至④全部相同的情况，两个外观设计属相同。

（1）外观设计产品的共同点和差异点的认定

针对部分外观设计的外观设计产品各自的用途和功能，认定其共同点和差异点。

（2）该部分中用途和功能的共同点和差异点的认定

针对"欲取得外观设计注册的部分"各自的用途和功能，认定其共同点和差异点。

（3）该部分的形态的共同点和差异点的认定

针对"欲取得外观设计注册的部分"各自的整体形态和各部分的形态，认定其共同点和差异点。

（4）该部分的位置、大小、范围的共同点和差异点的认定

针对"欲取得外观设计注册的部分"在该产品整体形态中各自的位置、大小、范围，认定其共同点和差异点。

（5）部分外观设计与部分外观设计相似与否的判断

对于部分外观设计与部分外观设计相似与否的判断，以上述71.4.2.2.1"公知外观设计与部分外观设计相似与否的判断"（5）"公知外观设计与部分外观设计相似与否的判断"为准。

71.9.1.1 外观设计法第9条第1款中认定为相似的部分外观设计注册申请的例子

【案例1】

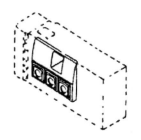
在先申请的部分
外观设计注册申请："照相机"

部分外观设计
注册申请："照相机"

【案例2】

在先申请的部分
外观设计注册申请："数码照相机"

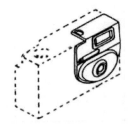

部分外观设计
注册申请："数码照相机"

另外，上述案例中右侧的部分外观设计注册申请为左侧的在先申请部分外观设计注册申请的申请日之后外观设计公报（注册外观设计公报、与同日相同申请有关的协商未成或不能协商时的驳回申请决定加以公示的公报）的发布日（包含同日）之前申请的情况，由于属于外观设计法第3条之二的规定，在审查实务上，适用外观设计法第3条之二的规定。

71.9.1.2 外观设计法第9条第2款或第10条中认定为相似的部分外观设计注册申请的例子

相关的例子，参照上述71.9.1.1"外观设计法第9条第1款中认定为相似的部分外观设计注册申请的例子"案例1和案例2，其中将左侧的在先申请的部分外观设计注册申请替换为同日申请的部分外观设计注册申请。

71.10 与部分外观设计注册申请有关的要点的变更

71.10.1 部分外观设计的要点

部分外观设计的要点是指，根据该外观设计所属领域的一般常识，从请求书及图片中表示的部分外观设计的各要素中直接推导出的具体的外观设计。这些要素包括①部分外观设计产品；②"欲取得外观设计注册的部分"的用途和功能；③"欲取得外观设计注册的部分"的位置、大小、范围；④"欲取得外观设计注册的部分"的形态。

71. 10. 2　变更要点的补正的类型

请求书的记载或附在请求书后的图片等进行的补正符合以下任意一项时，是将最初申请的请求书的记载或附在请求书后的图片等的要点进行变更。

另外，其他判断基准适用整体外观设计的判断基准，参照第8部"请求书·图片等的记载的补正"第2章"补正的不受理"。

（1）根据该外观设计所属领域的一般常识，超出了能够理所当然地推导出相同的范围的变更的情况。

（2）将最初申请不明的外观设计的要点加以明确的情况。

71. 10. 3　对请求书记载的补正的具体处理

（1）追加请求书的"部分外观设计"栏的补正

综合判断最初申请的请求书的记载和附在请求书后的图片等，可理所当然地推导出为整体外观设计注册申请时，或经综合判断，该外观设计注册申请是部分外观设计注册申请还是整体外观设计注册申请不明确，不能理所当然地推导出其为任意一者时，通过追加请求书的"部分外观设计"栏，将该外观设计注册申请作为部分外观设计注册申请的补正属于变更要点的补正。

即使在最初申请的请求书中无"部分外观设计"栏时，综合判断请求书的记载和附在请求书后的图片等，能够理所当然地推导出为部分外观设计注册申请时，在请求书中追加"部分外观设计"栏的补正不属于变更要点的补正。

（2）删除请求书的"部分外观设计"栏的补正

综合判断最初申请的请求书的记载和附在请求书后的图片等，能够理所当然地推导出为部分外观设计注册申请时，或经综合判断，该外观设计注册申请是部分外观设计注册申请还是整体外观设计注册申请不明确，不能理所当然地推导出其为任意一者时，删除请求书的"部分外观设计"栏，将该外观设计注册申请作为整体外观设计注册申请的补正属于变更要点的补正。

即使在最初的请求书中有"部分外观设计"栏，综合判断请求书的记载和附在请求书后的图片等，能够理所当然地推导出为整体外观设计注册申请时，删除请求书的"部分外观设计"栏的补正不属于变更要点的补正。

（3）对部分外观设计注册申请"欲取得外观设计注册的部分"的限定方法加以补充的补正

在最初申请的请求书的"外观设计的说明"栏中没有关于"欲取得外观设计注册的部分"的限定方法的记载，即使综合判断请求书的记载和附在请求书后的图片等，"欲取得外观设计注册的部分"也不明确，不能理所当然地推导出其具体的外观设计时，将"欲取得外观设计注册的部分"的限定方法的记载补充到请求书的"外观设计的说明"栏中的补正为变更要点的补正。

即使在最初申请的请求书的"外观设计的说明"栏中没有关于"欲取得外观设计注册的部分"的限定方法的记载，综合判断请求书的记载和附在请求书后的图片等，明确为部分外观设计注册申请，可理所当然地推导出"欲取得外观设计注册的部分"时，将"欲取得外观设计注册的部分"的限定方法的记载补充到请求书的"外观设计的说明"栏的补正不属于变更要点的补正。

（4）对于部分外观设计注册申请，将"欲取得外观设计注册的部分"的限定方法的记载删除的补正

在最初申请的请求书中无"部分外观设计"栏，但综合判断请求书的记载和附在请求书后的图片等，可理所当然地推导

出该外观设计注册申请为部分外观设计注册申请时，将"欲取得外观设计注册的部分"的限定方法的记载从请求书的"外观设计的说明"栏中删除的补正为变更要点的补正。

在最初申请的请求书中无"部分外观设计"栏，综合判断请求书的记载和附在请求书后的图片等，可理所当然地推导出该外观设计注册申请为整体外观设计注册申请时，将"欲取得外观设计注册的部分"的限定方法的记载从请求书的"外观设计的说明"栏中删除的补正不属于变更要点的补正。

71.10.4　对附在请求书后的图片等的补正的具体处理

（1）包含物理分离的两个以上的"欲取得外观设计注册的部分"的外观设计注册申请修改为一个部分外观设计的补正

包含物理分离的两个以上的"欲取得外观设计注册的部分"，不能作为一件外观设计处理而提出分案之际，将分案的新的部分外观设计中"欲取得外观设计注册的部分"，在原案中变更为"其他部分"的补正，不是变更要点的补正。

此时，即使不进行分案，将附在请求书后的图片等表示的一个"欲取得外观设计注册的部分"以外的所有其他的"欲取得外观设计注册的部分"更正为"其他部分"的补正，也不是变更要点的补正。

（2）变更"欲取得外观设计注册的部分"的形态等的补正

根据该外观设计所属领域中一般的常识"欲取得外观设计注册的部分"的形态超出能够理所当然地推导出的相同范围的变更，或者该部分的形态本身不变更，但"欲取得外观设计注册的部分"在该产品整体形态中的位置、大小、范围超出相同范围的变更的补正为变更要点的补正。

另外，即使综合判断最初申请的请求书的记载和附在请求书后的图片等，"欲取得外观设计注册的部分"的形态或"欲取得外观设计注册的部分"在该产品整体形态中的位置、大小、范围不明确时，将其明确化的补正也是变更要点的补正。

（3）变更"其他的部分"的形态的补正

将"其他的部分"更正为实线，使得"欲取得外观设计注册的部分"的形态超出根据该外观设计所属领域一般常识能够理所当然地推导出相同范围的变更，或者变更"其他部分"的轮廓形状，"欲取得外观设计注册的部分"在该产品整体形态中的位置、大小、范围超出根据该外观设计所属领域中一般常识能够理所当然地推导出相同范围的变更的补正为变更要点的补正。

综合判断最初申请的请求书的记载和附在请求书后的图片等，能够理所当然推导出该外观设计注册申请为部分外观设计注册申请时，将"其他部分"全部更正为实线，对于请求书的记载也进行必要的更正，将该部分外观设计注册申请变更为整体外观设计注册申请的补正为变更要点的补正。

71.11 与部分外观设计注册申请有关的分案

71.11.1 非一外观设计一申请的部分外观设计的分案

一个部分外观设计的外观设计产品中，包含不认为具有形态或功能一体性的物理分离的两个以上"欲取得外观设计注册的部分"，不认定为一外观设计一申请，按不满足外观设计法第7条规定的要件处理（参照上述71.7.1.2"非一外观设计一申请的例子"）。

此时，包含两个以上的部分外观设计的外观设计注册申请，认为是根据外观设计法第10条之二规定的分案，新的部分外观设计注册申请的申请日被视为与原来的部分外观设计注册申请时的申请日相同。

但是，新的外观设计注册申请作为整体外观设计注册申请时（例如，原来的部分外观设计注册申请中的一个"欲取得外观设计注册的部分"作为部件的外观设计成为新的外观设计注册申请时），不认为是根据外观设计法第 10 条之二规定的合法的分案，新的外观设计注册申请的申请日按提出分案之时处理。

71.11.2　将作为一件外观设计申请提出的外观设计注册申请的一部分分成一个或两个以上的部分外观设计注册申请的分案

将一件整体外观设计申请或一件部分外观设计注册申请，分案成一个或两个以上新的部分外观设计注册申请时，不认为是根据外观设计法第 10 条之二规定的合法的分案，新的外观设计注册申请的申请日按分案提出之日处理。

另外，其他判断基准适用整体外观设计的判断基准，参照第 9 部"特殊的外观设计注册申请"第 1 章"外观设计注册申请的分案"。

71.12　从发明申请或实用新型注册申请向部分外观设计注册申请的申请变更

在发明申请或实用新型注册申请的最初的请求书或图片中，具体地记载有可明确识别为变更后的新的部分外观设计，并且申请变更前后的内容认为相同时，变更后的新的部分外观设计注册申请的申请日视为与原发明申请或实用新型注册申请的申请日相同。

另外，其他判断基准适用整体外观设计的判断基准，参照第 9 部"特殊的外观设计注册申请"第 2 章"申请的变更"。

71.13　依据《巴黎公约》主张优先权的部分外观设计的外观设计注册申请

在向我国提出外观设计注册申请所涉及的外观设计与相应

的提出优先权主张基础的首次申请国申请的外观设计相同时，认可其依据《巴黎公约》主张优先权的效力。因此，属于以下情形时，不认可《巴黎公约》的优先权主张。

（1）第一国申请为整体外观设计申请，在日本的外观设计注册申请为整体外观设计的一部分的部分外观设计。

（2）第一国申请为部分外观设计的申请，日本的部分外观设计注册申请中"欲取得外观设计注册的部分"为在第一国申请中没有而添加的内容或缺少第一国申请中的部分内容时。

（3）第一国申请为多个部分外观设计的申请，在日本的申请为将这些多个申请组合的部分外观设计注册申请时。

（4）第一国申请为部分外观设计的申请，在日本的外观设计注册申请为将一般用虚线表示的"其他的部分"变更成实线的整体外观设计注册申请时。

另外，其他的判断基准适用整体外观设计的判断基准，参照第10部"依据《巴黎公约》主张优先权等的手续"。

第2章　成套产品的外观设计

72　相关条文

外观设计法

第2条　本法中所称之"外观设计"，是指能够通过视觉引起美感的产品（含产品的组成部分。第8条除外，以下同）的形状、图案或者色彩及其结合。

（第 2 款至第 4 款略）

第 8 条 构成同时使用的两件以上且符合经济产业省令规定的产品（以下称"成套产品"）的外观设计，作为成套产品的整体，可以作为一项外观设计提出申请取得外观设计注册。

72.1 成套产品的外观设计

请求书的"外观设计产品"栏中记载的产品为外观设计法第 8 条规定的经济产业省令规定的产品，并且产品组成❶满足同时使用的要求符合以上两个要求的称为成套产品，该成套产品的产品组成作为成套产品整体统一时，作为成套产品的外观设计可取得外观设计注册。

72.1.1 认定成套产品外观设计的要件

外观设计注册申请作为成套产品外观设计取得外观设计注册，必须满足以下所有要件：

（1）请求书的"外观设计产品"栏中记载的产品为经济产业省令规定的产品。 （→72.1.1.1）

（2）产品组成适当。 （→72.1.1.1）

（3）成套产品整体统一。 （→72.1.1.1）

72.1.1.1 请求书中"外观设计产品"栏记载的内容为经济产业省令规定的产品

请求书的"外观设计产品"栏记载的内容为经济产业省令规定的产品，即必须与附表二记载的成套产品相符合。请求书的"外观设计产品"栏记载的产品不是经济产业省令规定的产品时，不认为是成套产品，根据外观设计法第 8 条的规定，通

---

❶ 产品组成是指，如第 2 部"外观设计注册的要件"第 4 章"与在先申请外观设计的一部分相同或相似的在后申请外观设计的保护例外"24.1.3.3"成套产品外观设计的外观设计注册申请时"记载的、构成成套产品的产品。

知驳回的理由。

72.1.1.2　产品组成适当

产品组成根据成套产品的产品组成表（参照第 12 部附表）中的每组成套产品来确定。

即，成套产品的产品组成除了成套产品的产品组成表的"备注"栏记载的情况外，作为"产品组成"栏内同时使用的产品，并列记载的各产品组成至少包含各一种。

对于包含各产品组成以外的产品，该添加的产品与各产品组成同时使用并且为该各产品组成附带范围内的产品时，产品组成为适当的。

另外，在"备注"栏中提醒事宜添加的成套产品，不是所有的产品组成，而是最低限度包含两种以上的组合或成套产品中每个产品组成栏中的组合，产品组成为适当的。

不是由适当的产品组成构成的产品，不认定为成套产品，根据外观设计法第 8 条的规定，通知驳回的理由。

（1）产品组成适当的例子

请求书的"外观设计产品"栏中已记载附表二列出的成套产品之一并且符合以下的产品，认定为产品组成适当。

①在请求书后的图片等中，记载了成套产品的产品组成表规定的产品组成（以下称作"规定的产品组成"）的所有产品的外观设计至少各一种。

②在请求书后的图片等中，记载了规定的产品组成的所有产品的外观设计的至少各一种，并且记载了其他产品有关的外观设计时，该添加的产品被认为是与规定的产品组成同时使用，且认为属于规定的产品组成附带范围内的产品。

（2）认为产品组成不适当的例子

虽然请求书的"外观设计产品"栏中记载了附表二列出的成套产品之一，但属于以下的产品不认定为产品组成适当。

①在附在请求书后的图片等中，只记载了与规定的产品组成以外的其他产品有关的外观设计。

②在附在请求书后的图片等中，没有记载与规定的产品组成的所有产品有关的外观设计的至少各一种。

③在附在请求书后的图片等中，记载了与规定的产品组成的所有产品有关的外观设计的至少各一种，但也记载了不适当的其他产品有关的外观设计。

④在附在请求书后的图片等中，只记载了与规定的产品组成有关的一项外观设计时，或只记载了不适当的其他产品有关的一项外观设计。

72.1.1.3　成套产品整体统一

即使在请求书的"外观设计产品"栏中记载的产品为经济产业省令规定的产品，并且认定为由规定的产品组成构成的成套产品，产品组成的形状、图案或色彩或者其结合作为成套产品也必须统一。

因此即使被认定是成套产品，产品组成作为成套产品整体不统一时，也不能认定为成套产品的外观设计，根据外观设计法第 8 条的规定，通知驳回的理由。

72.1.1.3.1　成套产品整体统一的类型

产品组成符合以下任意一种时，作为成套产品整体认定为统一。

（1）产品组成的形状、图案或者色彩及其结合表现为同样的造形处理，作为成套产品整体认定为统一。　（→72.1.1.3.1.1）

（2）产品组成作为整体表现为一个统一的形状或图案，作为成套产品整体认定为统一。　（→72.1.1.3.1.2）

（3）根据各产品组成的形状、图案或者色彩及其结合，通过赋予其故事性等概念上关联的印象，作为成套产品整体认定为统一。　（→72.1.1.3.1.3）

72.1.1.3.1.1　组成产品的形状、图案或色彩及其结合表现为同样的造形处理，作为成套产品整体统一的例子

（1）形状统一

①产品组成整体形状根据一定的秩序、基调构成。

【案例1】"一套电视接收机设备"

【案例2】"一套调味瓶"

②各产品组成表现为具有相同特征的形状。

【案例1】"一套饮食用刀、叉和匙"

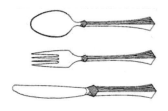

【案例2】"一套音响"

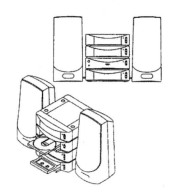

（2）图案统一

①各产品组成中同样主题构思使得各组成产品表现为具有同样的构成。

【案例】"一套收纳架"

②各产品组成表现为同样的图案使得各组成产品表现为具有同样的构成。

【案例】"一套咖啡器具"

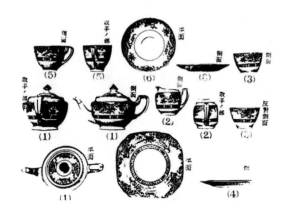

（3）色彩统一

对于色彩，只通过色彩自身的形态，不可能实现作为成套产品整体统一，但由统一的形状、统一的图案结合成的一定的色彩可使整体的统一成立。

72.1.1.3.1.2　各产品组成作为整体表现为一个统一的形状或图案，作为成套产品整体统一时的例子

（1）形状统一

产品组成集合在一起构成一个统一的形状

【案例1】"一套椅子"

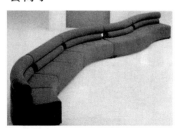

【案例2】"一套桌子"

（2）图案统一

产品组成中表示的图案集合在一起形成一个统一的图案

【案例1】"一套厨房设备"

【案例2】"一套调味瓶"

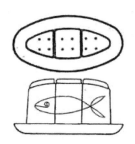

（3）色彩统一

对于色彩，只通过色彩自身的形态，不可能实现作为成套产品整体统一，但由统一的形状、统一的图案结合成的一定的色彩可使整体的统一成立。

72.1.1.3.1.3　根据各产品组成的形状、图案或者色彩及其结合，通过赋予其以故事性等概念上互相关联的印象，作为成套产品整体统一时的例子

【案例】"一套吸烟用具"

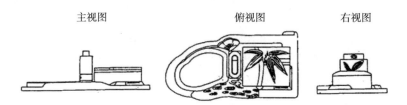

主视图　　　　　　　　俯视图　　　　　　　　右视图

72.1.2　与成套产品外观设计有关的部分外观设计

成套产品外观设计的保护目的在于作为成套产品整体具有统一的美感，而部分外观设计是对产品某一局部的创作进行评价。因此，包含部分外观设计的成套产品，不应当作为成套产品外观设计加以保护。据此，外观设计法第 8 条规定的产品不包含产品的部分，这是由外观设计法第 2 条定义所规定的。

因此，对于包含部分外观设计的成套产品外观设计注册申请，不认为属于成套产品外观设计，根据外观设计法第 8 条的规定，通知驳回的理由。

72.1.3　与成套产品外观设计有关的外观设计注册的要件等的判断

满足外观设计法第 8 条规定的要件的成套产品外观设计注册申请，作为成套产品整体，判断是否符合外观设计法第 3 条第 1 款标题（也包含外观设计法第 2 条）、新颖性（外观设计法第 3 条第 1 款）、创造性（外观设计法第 3 条第 2 款）、不可取

得外观设计注册的外观设计（外观设计法第 5 条）、在先申请（外观设计法第 9 条）和关联外观设计（外观设计法第 10 条）等的各项规定。

另外，对适用上述各条文规定的判断基准适用整体外观设计的判断基准，请参照适用相应的条文。

72.1.4 成套产品外观设计注册申请有关的新颖性丧失的例外

对于成套产品外观设计注册申请，也适用外观设计法第 4 条第 1 款或第 2 款的规定。

另外，对于适用外观设计法第 4 条第 1 款或第 2 款规定的要件等其他判断基准，适用整体外观设计的判断基准，请参照第 3 部"新颖性丧失的例外"。

72.1.5 成套产品外观设计注册申请有关的要点变更

72.1.5.1 成套产品外观设计的要点

成套产品外观设计的要点，是指基于该外观设计所属领域中一般的常识，从请求书的记载和附在请求书后的图片等直接推导出的具体的成套产品外观设计的内容。

72.1.5.2 变更要点的补正的类型

对请求书的记载或附在请求书后的图片等进行的补正，属于以下任意一项时，是将最初申请的请求书的记载或附在请求书后的图片等的要点进行变更。

另外，其他的判断基准适用整体外观设计的判断基准，参照第 8 部"请求书·图片等的记载的补正"第 2 章"补正的不受理"。

（1）基于该外观设计所属领域中一般的常识，超出可理所当然地推导出的相同范围的变更；

（2）将最初申请中不明确的外观设计的要点加以明确的情况。

72.1.5.3　对请求书的记载进行补正的具体处理

（1）变更为附表二所示的成套产品之一的补正

在最初申请的请求书的"外观设计产品"栏中没有记载为附表二所示的成套产品之一，在附在请求书后的图片等中记载了与规定的产品组成的所有产品有关的外观设计时，在请求书的"外观设计产品"栏中更正为附表二所示的成套产品之一的补正为变更要点的补正。

但是，最初申请的请求书的"外观设计产品"栏的记载例如"一套（一对）的○○（单元）""一套（一对）的○○""○○套（的单元）"等的记载，虽然根据外观设计法第 8 条的规定不能取得外观设计注册的，综合判断最初申请的请求书的记载和附在请求书后的图片等，可理所当然地推导出附表二所示的成套产品之一时，将"外观设计产品"栏的记载更正为该可推导出的成套产品之一的补正不是变更要点的补正。

（2）更正为附表一所示的产品的分类的补正

在请求书的"外观设计产品"栏中记载附表二所示的成套产品之一，但附在请求书后的图片等中只记载与规定的产品组成有关的一项外观设计或只记载了不适当的其他产品的一项外观设计时，将请求书的"外观设计产品"栏的记载更正为与该一项外观设计产品所属的附表一的专栏所示的产品分类或与之同等程度的分类所致的产品分类的补正不是变更要点的补正。

72.1.5.4　对附在请求书后的图片等进行补正的具体处理

（1）删除认定为不适当的成套产品的产品组成的补正

最初申请的请求书的"外观设计产品"栏中记载了附表二

所示的成套产品之一，但在附在请求书后的图片等中记载了与规定的产品组成的所有产品有关的外观设计以及不适当的其他产品的外观设计时，将该外观设计注册申请分案成一个成套产品外观设计注册申请和一件以上的外观设计注册申请时，对于原来的外观设计注册申请，将不适当的其他产品的外观设计从附在请求书后的图片等中删除的补正不是变更要点的补正。

（2）补充或删除适当的产品组成的产品的补正

补充或删除适当的产品组成的产品的补正，即使综合判断最初申请的请求书的记载和附在请求书后的图片等，也超出可理所当然地推导出的相同的范围，该补正为变更要点的补正。

（3）对于只有组合状态的图片的外观设计注册申请，将各产品组成的图片进行补充的补正

综合判断最初申请的请求书的记载和附在请求书后的图片等，不能理所当然地推导出的产品组成的形态，补充这样的视图的补正为变更要点的补正。

综合判断最初申请的请求书的记载和附在请求书后的图片等，可理所当然地推导出产品组成的形态时，将表示每个产品组成的形态的图片补充到附在请求书后的图片等中的补正不是变更要点的补正。

72.1.6　成套产品外观设计注册申请有关的分案

72.1.6.1　成套产品外观设计注册申请的分案

由多个产品构成的外观设计满足外观设计法第 8 条规定的要件时，由于该外观设计作为整体认定为一项外观设计，如果将每个产品组成中有一项或两项以上作为新的外观设计注册申请提出时，不认定为基于外观设计法第 10 条之二规定的合法的分案，新的外观设计注册申请的申请日为分案的提出日。

72.1.6.2　非成套产品外观设计注册申请的分案

作为成套产品外观设计注册申请而申请的外观设计，不满足外观设计法第 8 条规定的要件时，由于该外观设计作为整体不认定为一项外观设计，因此认定为基于外观设计法第 10 条之二规定的分案，新的外观设计注册申请的申请日视为原来的外观设计注册申请的申请日。

72.1.7　涉及依据《巴黎公约》主张优先权的成套产品外观设计注册申请

对于成套产品外观设计的外观设计注册申请，只有在第一国的其产品组成与日本国的成套产品同样以一件申请进行申请时，认可根据《巴黎公约》的优先权等主张的效力。

另外，其他判断基准适用整体外观设计的判断基准，参照第 10 部"依据《巴黎公约》主张优先权等的手续"。

第 3 章　关联外观设计

73　相关条文

外观设计法

第 10 条　1. 外观设计注册申请人从自己申请的外观设计中或者自己的注册外观设计中选择出一项外观设计（以下称"基础外观设计"），与该基础外观设计相似的外观设计（以下称"关联外观设计"），该关联外观设计的申请日（若是依第 15 条参照适用的专利法第 43 条第 1 款或者第 43 条之二第 1 款或者第

2 款规定，伴有主张优先权的外观设计注册申请的，最初申请或者依 1900 年 12 月 14 日于布鲁塞尔、1911 年 6 月 2 日于华盛顿、1925 年 11 月 6 日于海牙、1934 年 6 月 2 日于伦敦、1958 年 10 月 31 日于里斯本及 1967 年 7 月 14 日于斯德哥尔摩修改的关于保护工业产权的 1883 年 3 月 20 日《巴黎公约》第四条 C（4）规定被视为最初申请的申请、或者依该条 A（2）规定认定为最初申请的申请日，以下本款亦同）在基础外观设计的申请日以后、并且在根据第 20 条第 3 款的规定登载该基础外观设计的公报（根据该条第四款的规定刊载该条 3 款第 4 项事项除外）的发布日之前的情况下，不受第 9 条第 1 款或者第 2 款的规定，可以取得外观设计注册。

2. 当基础外观设计的外观设计权设定了独占或排他实施权时，基础外观设计涉及的关联外观设计，不受前款的规定，不能取得外观设计注册。

3. 根据第 1 款的规定仅与取得外观设计注册的关联外观设计相似的外观设计不能取得外观设计注册。

4. 基础外观设计涉及两个以上关联外观设计的注册申请时，对于这些关联外观设计，不适用第 9 条第 1 款或者第 2 款的规定。

第 21 条 1. 外观设计权（关联外观设计的外观设计权除外）的存续期限，自授权注册之日起 20 年终止。

2. 关联外观设计权的存续期限，自基础外观设计的外观设计权授权注册之日起 20 年终止。

第 22 条 1. 基础外观设计与关联外观设计的外观设计权，不能分开转让。

2. 基础外观设计的外观设计权依第 44 条第 4 款的规定终止

时、无效决定生效时、或者被放弃时，该基础外观设计的关联外观设计的外观设计权，不能分开转让。

第 27 条 1. 外观设计权人可以就外观设计权设定独占或排他实施权。但是，对基础外观设计或者关联外观设计的外观设计权设定独占或排他实施权时，必须就基础外观设计和全部关联外观设计的外观设计权针对同一人同时设定。

2. 独占或排他实施权人在设定行为规定的范围内享有以生产经营为目的实施注册外观设计或者与注册外观设计相似的外观设计的权利。

3. 基础外观设计的外观设计权依第 44 条第 4 款的规定终止的、无效决定生效的或者被放弃的，该基础外观设计的关联外观设计的外观设计权的独占或排他实施权，必须就全部关联外观设计的外观设计权是针对同一人同时设定。

4. 专利法第 77 条第 3 款至 5 款（转让等）、第 97 条第 2 款（放弃）与第 98 条第 1 款第 2 项及第 3 款（注册的效果）的规定，参照适用于专用实施权。

73.1 关联外观设计

在外观设计法第 9 条中，从排除重复权利的意思出发，对于一个创造不应存在两个以上的权利，而在设计开发中，有依据一个设计理念创作出多个变化的外观设计创作的实际情况。

对于这些变化的外观设计来说，仅限基础外观设计的外观设计公报（请求保密的外观设计的外观设计公报，除请求书和附图所刊载的内容外）的发布日前，由同一申请人申请的情况，可以作为具有同等价值的外观设计，作为例外以关联外观设计加以保护，并且可对各外观设计行使权利。

73.1.1　作为关联外观设计可取得外观设计注册的外观设计

与外观设计注册申请相关的外观设计，根据外观设计法第 10 条第 1 款的规定，为了作为关联外观设计取得外观设计注册，必须满足以下所有的要件。

（1）由与基础外观设计相同的外观设计注册申请人提出。（→73.1.1.1）

（2）与基础外观设计相似。（→73.1.1.2）

（3）在基础外观设计的注册申请日之后、基础外观设计的公报（请求保密的外观设计的外观设计公报，除请求书和附图所登载的内容）的发布日前申请。（→73.1.1.3）

73.1.1.1　由与基础外观设计相同的外观设计注册申请人提出

由于是与基础外观设计相似的自己的外观设计注册申请，可作为关联外观设计取得外观设计注册，因此关联外观设计的申请人必须与基础外观设计的申请人为同一人。此外，审查中对此判断是在做出审定决定之时，但在登记注册时也需要其为同一人。同时，在关于基础外观设计的外观设计权授权注册时，关联外观设计的申请人必须要与基础外观设计的外观设计权人为同一人。

73.1.1.2　与基础外观设计相似

作为关联外观设计取得外观设计注册的申请必须与基础外观设计相似。因此，该外观设计与基础外观设计相同时，不能作为关联外观设计取得注册。

73.1.1.3　在基础外观设计的申请日之后、基础外观设计的公报（请求保密的外观设计的外观设计公报，除请求书和附

图所登载的内容外）的发布日前申请

当关联外观设计的注册申请的申请日在基础外观设计的申请日之后、基础外观设计的公报（请求保密的外观设计的外观设计公报，除请求书和附图所登载的内容外）发布日前，不受外观设计法第9条第1款和第2款规定的限制，可就关联外观设计取得外观设计注册。在这种外观设计公报中，由于也包括请求保密的外观设计的公报，这些公报没有登载请求书的内容以及附在请求书的图片等内容（与保密外观设计相关的首次公开的外观设计公报），即使基础外观设计是保密请求的外观设计，关联外观设计的申请也必须在通常的外观设计首次公开的外观设计公报的发布日之前进行申请。

73.1.1.3.1　针对外观设计注册申请的分案、申请的变更和补正后的外观设计的新申请适用外观设计法第10条第1款规定的判断的基准日

根据外观设计法第10条之二第1款规定的外观设计注册申请的分案、根据外观设计法第13条第1款或第2款的规定的从发明专利申请或实用新型注册申请向外观设计注册申请的变更或者根据外观设计法第17条之三的规定补正不受理的决定产生的新外观设计注册申请，在其手续合法时，这些外观设计注册申请视为在原申请时或提出手续补正书时提交的外观设计。

但是，由于外观设计法第10条第1款的规定是按外观设计注册申请日为单位进行判断，对于分案的新的外观设计注册申请、变更后的新的外观设计注册申请和对于补正不受理决定产生的新的外观设计注册申请，关联外观设计的申请日和基础外观设计的申请日是否认定为同日，以追溯认定的原申请的申请日或手续补正书的提出日作为判断的基准日。

73.1.1.3.2 依据《巴黎公约》主张优先权的外观设计注册申请的外观设计法第 10 条第 1 款规定的判断基准日

对于依据《巴黎公约》主张优先权的外观设计注册申请来说，须根据第一国的申请日而不是向我国的申请日来判断关联外观设计的申请日是否是在基础外观设计的申请日之后、在基础外观设计的公报发布日之前。

因此，对于主张了优先权、并且欲根据外观设计法第 10 条第 1 款的规定获得关联外观设计注册的申请来说，其主张合理时，以第一国的申请日作为判断的基准日，判断关联外观设计的申请日是否在基础外观设计的申请日之后、在基础外观设计相关的外观设计公报的发布日之前。

73.1.2 对于设定了基础外观设计的外观设计权的独占或排他实施权的情况的处理

将设定有独占或排他实施权的外观设计权的外观设计作为基础外观设计的情况下，根据外观设计法第 10 条第 2 款的规定，该关联外观设计不能取得外观设计注册。

根据外观设计法第 27 条第 1 款的规定，基础外观设计及其关联外观设计的外观设计权相关的独占或排他实施权，全部外观设计的独占或排他实施权必须同时设定给同一人。

73.1.3 只与关联外观设计相似的外观设计的处理

对于只与已取得外观设计注册的自己的关联外观设计相似的外观设计，根据外观设计法第 10 条第 2 款的规定，不能取得外观设计注册。

只与关联外观设计相似的外观设计是指，与取得外观设计注册的自己的关联外观设计相似的外观设计，而与该关联外观设计的基础外观设计不相似的外观设计。

73.1.4　与基础外观设计有关的两个以上的关联外观设计相互相似时的处理

由于关联外观设计的外观设计权之间与基础外观设计一起同时受到有效期、转让及独占或排他实施权的设定相关的限制，其重复交叉部分也受到相关的调整，因此，根据外观设计法第10条第4款规定，基于同一个基础外观设计的关联外观设计之间相互相似时，不适用外观设计法第9条第1款及第2款的规定。

基础外观设计终止时，有效存续的关联外观设计之间也进行相似处理。

由于外观设计权的放弃、不缴纳注册费、无效决定的生效而使基础外观设计终止时以及基础外观设计的注册申请日是在修正外观设计法（平成18年法律第55号，以下称为"修正法"）实施日前、在修正法附则第2条第1款规定中得以延续的修正前的外观设计法（昭和34年法律第125号，以下称为"旧外观设计法"。）第21条第1款规定的有效期内失效的情况中，尽管关联外观设计的外观设计权有效，但对这时有效的相似的外观设计群来说，考虑到各外观设计具有相同的创作价值、以及要确保权利关系的稳定性，以基础外观设计为中心所设立的限制关系继续发生效用，关联外观设计之间将不受外观设计法第9条第1款及第2款规定的限制。

【过渡措施】

修正外观设计法（平成18年法律第55号）

附则

（外观设计法修正的过渡措施）

第2条　根据第1条的规定，修正后的外观设计法（以下称为"新外观设计法")第2条第2款、第3条之二、第10条、第14条、第17条、第21条、第42条及第48条的规定适用于本法实施后注册申请的外观设计,本法实施前注册申请的外观设计应按之前的规定操作。

(政策法令的授权)

第14条 除附则第2条至第11条及上条规定的内容之外,在政策法令中规定与本法的实施相关的过渡措施。

规定了修正外观设计法实施的过渡措施的政策法令(平成18年10月27日政策法令第341号)。

(与关联外观设计的外观设计权相关的过渡措施)

第1条 根据修正外观设计法(以下称为"修正法")的第1条的规定,修正后的外观设计法(昭和34年法律第125号,以下称为"新外观设计法")第10条第1款规定的与关联外观设计相关的基础外观设计(同1款中规定的基础外观设计,以下同)的外观设计注册申请日在修正法实施日前时,该关联外观设计的外观设计权的转移适用外观设计法第22条第2款的规定,同款中"或遭放弃时"被修正为"外观设计权遭放弃时,或根据修正前的外观设计法第21条第1款的规定有效期结束时,根据修正外观设计法(平成18年法律第55号)附则第2条第1款规定为例进行操作"。

第2条 与新外观设计法第10条第1款规定的关联外观设计相关的基础外观设计的外观设计注册申请日在修正法实施日前时,与该关联外观设计的外观设计权相关的独占或排他实施权适用外观设计法第27条第3款的规定,同款中"或遭放弃时"被修正为"遭放弃时,或根据修正前的外观设计法第21条第1款的规定有效期结束时,根据修正外观设计法等第一部的法律（平成 18 年法律第 55 号）附则第 2 条第 1 款规定为例进行操作"。

○基础外观设计是在修正法实施前提交的外观设计注册申请时，修正法适用于在修正法实施后提交的相关外观设计的外观设计注册申请。

基础外观设计是在修正法实施前提交的外观设计注册申请时，对在修正法实施后提交的相关外观设计的外观设计注册申请来说，适用修正法附则第 2 条规定的修正法第 10 条第 1 款，可取得关联外观设计的外观设计注册。此时，关联外观设计权利的有效期基于同法第 21 条第 2 款的规定，为基础外观设计的注册日起的 20 年。然而，该基础外观设计的外观设计权的有效期基于旧外观设计法第 21 条第 1 款的规定是基础外观设计的注册日起 15 年，因此基础外观设计的外观设计权将并非由于外观设计权的放弃、申请费用的不缴纳、无效决定的理由、而是有效期结束的理由而失效。此时，基于制定了修正外观设计法实施过渡措施的政策法令第 1 条或第 2 条的规定，对外观设计权的转移、独占或排他实施权的设定作出限制。

○关于外观设计注册申请的分案、申请的变更以及补正后的外观设计的新申请相关的申请适用修正法。

对关于外观设计注册申请的分案、申请的变更以及补正后的外观设计的新申请相关的申请来说，基于外观设计法第 10 条之二第 2 款（包括参照适用同法第 13 条第 5 款的情况）或同法第 17 条之 3 第 1 款的规定，在准许追溯的原申请的申请日或手续补正书的提出日在修正法实施之后的情况中，适用修正法。

○依据《巴黎公约》主张优先权的外观设计注册申请适用

修正法。

对依据《巴黎公约》主张优先权的外观设计注册申请来说，基于《巴黎公约》第 4 条 B 的规定，在对日本国的申请日在修正法实施之后的情况下，适用修正法。

第 4 章　包含图像的外观设计

74　相关条文

外观设计法

第 2 条　1. 本法所称"外观设计"，是指能够通过视觉引起美感的产品（含产品的组成部分。第 8 条除外，以下同）的形状、图案或者色彩及其结合。

2. 在前款中，产品的组成部分的形状、图案或者色彩及其结合包括用于产品的操作（仅限于为了使该产品进入能够发挥其功能的状态而进行的操作）用的图像，包含该产品或者在与该产品一体使用的产品上表示的图像。

（第 3 款和第 4 款省略）

外观设计法施行细则

模板 2 "备注"

8　对于就产品的一部分欲取得外观设计注册时，在"【外观设计产品】"栏上设置"【部分外观设计】"栏。

39　（参照第 1 部"请求书·图片"第 1 章"外观设计注册申请"11"关联条文"）

40　根据外观设计法第2条第2款的规定，就包括用于产品的操作（仅限于为了使该产品进入能够发挥其功能的状态而进行的操作）的图像的外观设计进行外观设计注册申请时，在"外观设计产品的说明"栏中记载与该图像相关的该产品的功能及操作的说明。

模板6"备注"

8　（参照第2部"外观设计注册的要件"第1章"适于工业应用的外观设计"21"相关条文"）

9　（参照第2部"外观设计注册的要件"第1章"适于工业应用的外观设计"21"相关条文"）

10　（参照第2部"外观设计注册的要件"第1章"适于工业应用的外观设计"21"相关条文"）

11　就产品的一部分欲取得外观设计注册时，从8到10以及14中规定的图像图（指的是与外观设计法第2条第2款规定的产品一体使用的产品上显示的图像，以下同）中，对该外观设计产品，通过对欲取得外观设计注册的部分用实线描绘、其他部分用虚线描绘等，限定欲取得外观设计注册的部分，并且，将限定欲取得外观设计注册的部分的方法在请求书的"外观设计的说明"栏中记载。

14　（参照第2部"外观设计注册的要件"第1章"适于工业应用的外观设计"21"相关条文"）

21　在各图的上部标注了对应于其种类的"主视图""后视图""左视图""右视图""俯视图""仰视图""背面图""正面图""展开图""○○截面图""○○切面图""○○放大图""斜视图""显示正面、平面及右侧的图""图像图"等视图名称。当这些图作为参考图时也进行同样的标注。在这些情况下，不能用同一个视图名称表示多个图。

模板 7 "备注"

4 其他与模板 6 的备注 2、3、6、8 至 12、14 和 18 至 23 相同。

74.1 外观设计第 2 条第 1 款规定的产品的部分的形状、图案或者色彩及其结合的图像

外观设计第 2 条第 1 款规定的被认为是产品的部分的形状、图案或者色彩及其结合的图像，具体如下：

（1）对于包含图像的外观设计的产品，必须是能够被认定为外观设计法的对象的产品（参照第 2 部 "外观设计注册的要件" 第 1 章 "适于工业应用的外观设计" 21.1.1.1 "产品的认定"）。

（2）产品的显示部位显示的图像，以下满足（i）和（ii）条件：

（i）实现产品功能为目的的必要的显示图像。

（ii）产品中预先记录的图像。

74.1.1 产品的显示部位显示的图像是以实现产品功能为目的的必要的图像

产品的显示部位显示的图像构成外观设计法第 2 条第 1 款规定的外观设计，所述图像必须是能实现该产品功能为目的的必要的显示图像。

所谓产品的 "功能"，指的是该产品（指根据附表一产品的分类，或者相同程度的分类）通常可想到的功能。例如 "台钟"，产品的功能是显示时间的 "功能"（案例 1）。产品本身具备多个功能的产品，虽然产品的功能各种各样，例如带有秒表功能的 "手表本体"，但是产品的主要功能是显示时间的功能、

显示测量时间的功能（案例2）。

欲取得外观设计注册的外观设计产品，如果带有通常不能设想出的功能的情况时，在请求书等记载表示有这样的功能，也能够和实现产品功能为目的的必要的图像一样获得保护（案例3）。

关于产品的功能，例如数码相机除了拍摄功能，还存在在拍摄时确认水平状态的水平仪等和其功能密切相关的附带功能，实现这种附带功能为目的的必要的显示图像，也属于实现产品功能为目的的必要的显示图像（案例4）。

（注）有多个功能的产品的处理

如果无法明确图像是为了发挥产品哪一功能的必要的画面，对于具体多个功能，并且这些功能无法从产品中直接导出的物品，需要在用途说明里进行必要的记载。

【案例1】　　　　　　　　　　　　　　　　　　　【案例2】

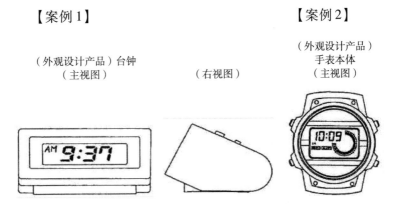

（外观设计产品）台钟　　　　　　　　　　　　（外观设计产品）
（主视图）　　　　　　（右视图）　　　　　　手表本体
　　　　　　　　　　　　　　　　　　　　　　（主视图）

【案例3】

（外观设计产品）手机
（主视图）

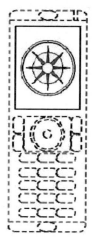

（外观设计产品的说明）

本产品是带有方向测量功能的手机。主视图中显示部位所显示的图形是显示测量的方向，磁针旋转对应测定的方位。

【案例4】

（外观设计产品）数码相机
（主视图）

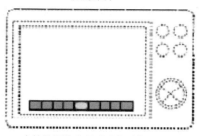

支持拍照信息显示（水平仪显示）

（外观设计产品的说明）

本产品是带有感知相机倾斜的水平仪器功能的数码相机。主视图中显示部位所显示的图形是拍照时确认水平状态的水平仪。

74.1.2　产品的显示部位显示的图像是产品预先记录的图像

产品的显示部位显示的图像，必须是产品预先记录的图像。因此，电视节目的图像，互联网的图像，来自其他一体使用的产品的信号显示的图像等之类的根据产品外部信号显示的图像等，显示连接或插入产品的记录介质所记载的图像和事后记录显示的图像等，不能认定为构成外观设计的产品。

另外，独立于产品而被创作、销售的商业软件和游戏软件等中通过安装显示的图像，即使是预先记录在产品中的（预装的等），也不能构成外观设计。

（注）

①电子计算机的处理

通过安装独立于产品而被创作，销售的软件而显示的图像（包含预装等）不作为保护对象。

②游戏机的处理

通过安装独立于产品而被创作，销售的游戏软件显示的游戏的图像（包含游戏机预装等）、是通过插入记录媒体所记录游戏而显示的图像，不作为保护对象。

另外，电池剩余量的显示等与游戏软件无关，是为了实现游戏机本身的功能为目的必要的显示图像，对于在产品中预先记录的图像，可以认为是根据外观设计法第 2 条第 1 款规定的产品的部分形状、图案或者色彩及其结合。

74.2　外观设计法第 2 条第 2 款规定的图像

在外观设计法第 2 条第 2 款中，关于"用于产品操作（限于为了使该产品进入能够发挥其功能的状态而进行的操作）的图像，在该产品作为一体使用的产品上显示的图像等"规定的图像，具体如下：

（1）包含图像的外观设计相关的产品，是可认定为外观设计法对象的产品（参见第 2 部"外观设计注册的要件"第 1 章"适于工业应用的外观设计"21.1.1.1"产品的认定"）。

（2）能够发挥产品功能状态而用于操作的图像。

所谓产品的"功能"，指的是该产品（指根据附表一中的产品分类，或者相同程度的分类）通常可想到的功能。例如"电话机"，产品的"功能"是通过通信回路能与指定的接线方实现语音通话。对于产品本身具有多种功能的产品来说，各个功能都可以称为产品的功能，例如"可摄像的手机"，该产品的"功能"是通话功能、摄像功能、显示摄像图像的功能以及短信发送和接收的功能等。

同时，欲取得外观设计注册的外观设计产品具有通常无法想到的功能，当请求书的记载显示具有何种功能时，也能够和实现产品功能为目的的必要的图像一样获得保护。

能发挥功能的状态指的是能使该产品的功能起作用的状态（例如自动售票机出售车票的状态、光盘记录播放机的"图像播放功能"能开始播放视听内容的状态、以及现金自动存取机的"汇款功能"开始进行汇款处理的状态等），但是不包括作为保护对象的该产品按照该功能正在工作中的状态（例如手机通话中、信息发送中、磁盘录像机播放画面或录制画面中的状态等）。

"操作"指的是为了使该产品按照其功能进入工作状态而给出的指示。因此，没有任何一个以操作为目的的图形，仅仅是显示该产品的工作状态的图像，这样的图像不认为是操作图像。但是，当该图像是为了实现该产品的功能为目的必要的显示，预先记录在该产品中的图像的时候，根据外观设计法第 2 条第 1

款的图像可以作为保护对象（参照 74.1 "符合外观设计法第 2 条第 1 款规定的图像"）。

并且，此处所说的操作，从图像整体进行判断是用来显示操作用途的图像即可，无须详细地对图像中包括的各个操作用图形进行分别认定。

对于经过多个阶段发挥产品功能状态的图像来说，其任一阶段均可认为是发挥功能的状态的图像，因此如果该图像是用于操作用途，均可作为保护对象。

此外，对具有多种功能的产品来说，无论是用以发挥其中一个功能状态的操作图像，还是能发挥别的新的功能的操作用的图像，均可以认为是能够发挥该产品功能的状态而用于操作的图像，可以作为保护对象。

（注）

①具有多种功能的产品的处理

如果一个产品具有多种功能，并且不能从产品中直接导出这些功能。某一图像是发挥哪个功能的必要图像，这一点需要进行说明。

②电子计算机的处理

电子计算机本来的功能是为了进行信息处理，在计算机上使用软件，或者在互联网上进行检索均属于正在发挥电子计算机的信息处理功能的状态，因此通过电子计算机显示的此类图像不能作为保护对象。

③游戏机的处理

由于游戏机图像已经是发挥游戏功能的状态的图像，不能认定为操作图像。但是，游戏机自身设置用的图像等能够作为发挥功能的操作图像则可以进行保护。

（另外，该图像是以实现该产品的功能为目的的必要的显示图像，并是预先记录在该产品中的图像的时候，符合外观设计法第 2 条第 1 款规定的图像可以作为保护对象（参照 74. 1 "符合外观设计法第 2 条第 1 款规定的图像"）。

（3）在该产品或与该产品一体使用的产品中显示的图像。

关于部分外观设计，包括上述的情形"个别的外观设计注册申请"第 1 章"部分外观设计"的定义。

【案例】

在该产品中显示的图像

"手机"

（产品自身具有的显示部位所显示的图像的例子）

※显示部位显示的图像是通话功能等，前提是为了发挥产品的功能状态的目的进行的操作。

【案例】

在与该产品一体使用的产品中显示的图像

外观设计法第 2 条第 2 款规定"包括与该产品一体使用的产品中显示的图像"，为了发挥该产品的功能而用于操作的图像是在与该产品一体使用的显示部位等显示的图像，可作为保护对象。

"磁盘录像机"

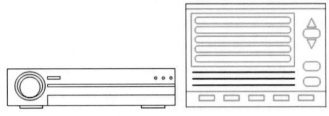

（与该产品一体使用的产品（例如电视显示器）显示的图像的实例）

※前提是该图像是可发挥录像预约功能等产品功能状态而进行操作的图像。

74.3　包含图像的外观设计注册申请的请求书·图片

74.3.1　包含图像的外观设计注册申请中的请求书的记载事项

（1）"部分外观设计"栏（仅针对部分外观设计）

在包含图像的外观设计中，根据外观设计法施行细则模板2备注8的规定，在部分外观设计的注册申请中，为了清楚表达的目的，必须在请求书的"部分外观设计"栏记载。然而，在包含图像的外观设计中，整体外观设计注册的情况不受此限。

（2）"外观设计产品"栏的记载

包含图像的外观设计进行外观设计注册申请时，作为其创作基础的产品必须是外观设计法认可的产品对象。（"〇〇用图像""〇〇用界面"不属于外观设计产品。）

请求书"外观设计产品"栏中，根据外观设计法第7条的规定应记载在附表一的下栏指出的产品分类或与其同程度的分类。

例如，在录像磁盘播放机的外观设计的创作中，即使欲取得外观设计注册的部分的图像是与该产品同时使用的电视显像机上显示的图像，由于作为权利客体的外观设计相关的产品是包括该图像的录像盘磁播放机，因此，在请求书的"外观设计产品"栏中，必须记载"录像磁盘播放机"。

（3）"外观设计说明"栏的记载

关于变化的图像、从图片的记载中无法明确变化的顺序或者变化的状态时，需要对图像的变化顺序和状态进行说明。

在包含图像的外观设计就部分外观设计进行外观设计注册申请时，基于外观设计法施行细则模板 6 备注 11 之规定，应在"外观设计说明"栏中记载限定欲取得外观设计注册的部分的方法。

（4）"外观设计产品的说明"栏的记载

①外观设计法施行细则模板 2 备注 39 的规定也适用于包含图像的外观设计注册申请。

因此，包含图像的外观设计产品不属于经济产业省令规定的产品分类中的任一种时，该产品的使用目的、使用状态等有助于理解该产品的说明必须记载在请求书"外观设计产品的说明"栏中。

②图像属于外观设计法第 2 条第 1 款规定的产品的部分的形状、图案或者色彩及其结合的情况，只从图片的记载不能明确该图像是为了实现产品的功能为目的的必要的显示图像或者图像的用途、功能不明确时，需要对此在本栏中进行说明。

属于外观设计法第 2 条第 2 款规定的图像的情况下，对于该图像是为发挥产品的何种功能状态为目的而进行的操作或者操作方法，需要在本栏进行说明（外观设计法施行细则模板 2 备注 40）。

（5）在包含图像的外观设计注册申请中图片等的记载

①一组图片

对于包含图像的外观设计的产品整体形态来说，需要一组图片。

此外，图像不是如纺织物般的平面图像，不允许由"主视图"及"后视图"构成一组图片。

②其他显示器等显示图像的图

外观设计法第 2 条第 2 款规定的图像，用于和产品一体使用的显示器上所显示的图像，可以作为图像图记载。

"图像图"的轮廓是与该产品一体使用的显示器的显示部分的外周缘。同时，作为"图像图"可以进行表示的是，外观设计法第 2 条第 2 款规定的图像，因此只限于在其他的显示器上显示出的、为了操作该产品而显示的画面的情形。

③图的省略

以下（i）至（v）的任一种情况，可省略图。

（i）外观设计法施行细则模板 6 备注 8 规定的相同或对称时一侧的图的省略；

（ii）外观设计法施行细则模板 6 备注 9 的规定认可的图的省略；

（iii）主视图、后视图、左视图及右视图相同的情况，省略后视图、左视图及右视图；

（iv）和外观设计法第 2 条第 2 款规定的产品作为一体使用的产品中显示的图像，仅图像作为部分外观设计进行注册申请的情形，可以省略图像图以外的外观设计产品的一组视图或一部分视图。

因此，和外观设计产品作为一体使用的产品（显示器等）

中显示的图像，当包含这样的图像作为部分外观设计进行申请时，外观设计产品整体形态的一组视图可以省略，即，仅仅只有"图像图"的外观设计申请是可以被认可的。

（v）就产品的一部分欲取得外观设计注册的情况，在仅表示欲取得外观设计注册的部分以外的部分的图中，符合以下的A至C的任一种情况时图的省略

A. 主视图或后视图省略任一视图。

B. 俯视图或仰视图省略任一视图。

C. 左视图或右视图省略任一视图。

④参考图

仅靠请求书的记载无法充分表达外观设计时，"外观设计产品的说明"栏中需要添加说明图像中的各部分的用途和功能和操作方法的参考图。

其他参照与整体外观设计相关的第2部"外观设计注册的要件"第1章"适于工业应用的外观设计"21.1.2"外观设计的具体内容"与部分外观设计相关的第7部"个别的外观设计注册申请"第1章"部分外观设计"71.2.2"部分外观设计的外观设计注册申请中图片等的记载"。

74.4 包含图像的外观设计注册申请相关的外观设计的认定

对于包含图像的外观设计注册申请相关的外观设计的认定，应从以下几点，根据请求书的记载及添加在请求书中的图片等进行综合判断。

因此，对于不属于请求书或添加在请求书中的图片等的文件，例如特征记载书、优先权证明书、外观设计法第4条第2款规定适用的证明书等，在认定包含图像的外观设计注册申请

相关的外观设计时，不能成为其基础资料。（对于整体外观设计来说参照第 1 部"请求书和图片"第 2 章"与外观设计注册申请相关的外观设计的认定"21. 1. 2"外观设计的具体内容"，对部分外观设计来说参照第 7 部"个别的外观设计注册申请"第 1 章"部分外观设计"71. 3"与部分外观设计注册申请相关的外观设计的认定"）。

（1）外观设计产品

基于包括该图像的外观设计产品的使用目的、使用状态等来认定用途及功能。

（2）"图像"的用途及功能

基于上述认定的包含该图像的外观设计产品所具有的用途和功能来认定"图像"的用途及功能。

（3）"包含图像的外观设计"的形态

基于一组图片以及截面图、透视图、图像图等其他必要的图来认定"包含图像的外观设计"的形态。

74. 5　包含图像的外观设计的注册要件

为了使包含图像的外观设计注册申请取得外观设计注册，必须满足以下列出的全部要件：

（1）适于工业应用的外观设计。

（2）具有新颖性。

（3）具有创造性。

（4）不是与在先申请的外观设计的一部分相同或相似的在后申请的外观设计。

74. 5. 1　适于工业应用的外观设计

包含图像的外观设计注册申请，为了符合外观设计法第 3 条第 1 款标题规定的适于工业应用的外观设计，必须满足以下的全部要件：

（1）构成外观设计产品。

（2）外观设计必须是具体的。

（3）适于工业应用产品。

74.5.1.1　构成外观设计的产品

构成外观设计的要件可参见第 2 部"外观设计注册的要件"第 1 章"适于工业应用的外观设计"、第 7 部"个别外观设计的注册申请"第 1 章"部分外观设计"。

74.5.1.1.1　图像构成外观设计产品的情况

包含图像的外观设计，为了构成外观设计，必须符合以下（1）或（2）中之一。

（1）产品的显示部位显示的图像被认为是外观设计法第 2 条第 1 款规定的产品的一部分的形状、图案或者色彩及其结合的内容。

（2）外观设计中所包含的图像必须是构成外观设计法第 2 条第 2 款所规定的图像。

74.5.1.1.1.1　产品的显示部位显示的图像属于外观设计法第 2 条第 1 款规定的产品的部分的形状、图案或者色彩及其结合的内容

产品的显示部位显示的图像应为外观设计法第 2 条第 1 款规定的产品的部分的形状、图案或者色彩及其结合的内容。产品的显示部位显示的图像，满足以下（i）和（ii）的条件的情况，可以认为该图像是产品的部分的形状、图案或者色彩及其结合。

（i）产品的显示部位显示的图像是为实现产品的功能的目的必要的显示图像。

（ii）产品的显示部位显示的图像是产品预先记录的图像。

74.5.1.1.1.1.1　产品的显示部位显示的图像是为实现产品的功能的目的必要的显示图像

为了构成外观设计法第 2 条第 1 款规定的外观设计，产品的显示部位显示的图像必须是为实现产品的功能的目的必要的图像。

所谓产品的"功能"，是从该产品通常可以想象出的功能（指的是附表一的产品的分类、或者同程度的分类）例如"台钟"，产品的功能是显示时间的"功能"。对于产品本身具备有多个功能的产品，虽然说各个功能都可以称为产品的功能，例如带有秒表功能的"手表本体"，但是产品主要的功能是显示时间的功能和显示测量时间的功能。

当欲取得外观设计注册的外观设计产品具有一般不能设想出的功能的情况时，只要请求书等记载表示有这样的功能，也能够和实现产品功能为目的的必要的图像一样获得保护。

关于产品的功能，例如数码相机除了拍摄功能，还具有拍摄时确认水平状态的水平仪等，即存在和功能密切相关的附属功能，实现这样的附属功能为目的的必要的显示图像，也可作为实现产品功能为目的的必要的显示图像。

74.5.1.1.1.1.2　产品的显示部位显示的图像是产品预先记录的图像

产品的显示部位显示的图像必须是在产品中预先记录的图像。因此，电视节目的图像、互联网的图像、基于来自一体使用的其他产品的信号所显示的图像等之类根据产品外部信号显示的图像连接或插入产品的记录介质显示的图像和事后记录显示的图像等，均不能认定为构成外观设计的图像。

另外，独立于产品而创作销售的商业软件和游戏软件等安装显示的画面设计，虽然是在产品中预先记录的（预装的等），也不能构成外观设计。

74.5.1.1.1.2　外观设计中包含的图像必须是构成外观设计法第 2 条第 2 款规定的图像

外观设计中包含的图像，为了能构成外观设计法第 2 条第 2 款中规定的图像，图像必须是为了使产品能进入发挥其功能的状态而进行操作的界面。

"可发挥功能的状态"指的是能使该产品的功能起作用的状态（例如车票出售机能够出售车票的状态，光盘记录播放机的"图像播放功能"的话，指能开始播放视听内容的状态，以及现金自动存取机的"汇款功能"的话，开始进行汇款处理的状态等），该产品按照其功能实际正在工作中的状态不包括在保护对象中（例如手机通话中、信息发送中、磁盘录像机播放画面或录制画面中的状态等）。

"操作"指的是为使产品按照其功能进行工作状态而给出的指示。因此，当没有任何为了操作的图形，仅仅是一个表示该产品工作状态的图像，不认为是操作图像。（但是，该图像如果是为了发挥该产品的功能而进行的必要的表示，且预先记录在该产品中，则可作为属于外观设计法第 2 条第 1 款规定的图像，成为保护对象）（参照 74.1"关于符合外观设计法第 2 条第 1 款规定的图像"）

且，这里所说的操作，只要从图像整体来判断是否属于操作用即可，无须详细地对图像中包括的各个操作用图像都进行分别认定。

关于经过多个阶段才能发挥产品功能的状态的图像，其任一阶段均可认为是发挥功能的状态的图像，因此如果该图像是用于操作的图像，可认定为保护对象。

此外，对具有多种功能的产品来说，无论是处于能发挥其中一个功能的操作图像，还是同时也包含能发挥别的新的功能的用于操作的图像等情况，均可以认为是能发挥该产品功能的操作图像，可认定为保护对象。

74.5.1.1.2　不属于构成外观设计的图像的内容

以下图像不属于外观设计的图像，根据外观设计法第 3 条第 1 款标题内容的规定不能获得注册。

（1）仅以装饰表现为目的的图像

仅以装饰表现为目的的图像不认为是为了发挥产品功能为目的必要的显示图像。同时，也不认为是为了发挥产品功能的目的的用于操作的图像，不属于外观设计的构成。

【不认为是构成外观设计的内容的实例】

用于装饰显示部分背景的图像（所谓的壁纸）

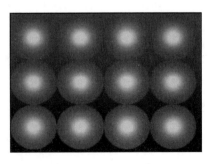

（2）显示电影等（所谓的内容）的图像

电视节目的图像、互联网的图像和根据产品外部的信号而显示的图像等，连接或插入产品的记录媒体显示的图像和不是产品预先记录显示的图像等，不能认定为构成外观设计，不认为是外观设计法第 2 条第 1 款规定的产品的部分形状、图案或者色彩及其结合。同时，不认为是外观设计法第 2 条第 2 款规定的为发挥产品的功能的目的用于操作的图像。

包含于外观设计的图像中，显示的是从电影的一个画面等独立于产品的内容（或疑似内容的部分）的情况，由于该内容是从外观设计产品独立出的内容，对该内容以不属于构成外观设计进行处理，就包含该从产品独立出的内容的外观设计，根据第 3 条第 1 款标题内容的理由发出驳回的通知。此时，删除该内容，用说明的参考图等表示出内容显示部分而进行的补正，并不会改变外观设计的要点。

【在外观设计包含的图像中显示内容的例子】

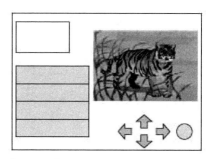

【图像图】※省略了其他必要的图等。

【外观设计产品】动画播放机

【外观设计的说明】（略）图像图显示的是动画播放中按下本产品的菜单按钮时显示的可发挥录像功能的操作图像。右上角显示的是播放中的图像，同时可设定录像。（以下略）

在外观设计中包含的图像，对显示的是从产品独立出的内容的外观设计申请来说，审查员可根据第 3 条第 1 款标题规定发出驳回理由通知。

（参考）具有内容显示部分的包含图像的外观设计的记载例

【外观设计产品】动画播放机

【外观设计的说明】（略）参考图像图中用斜线表示的部分是播放动画的显示部分。

（以下略）

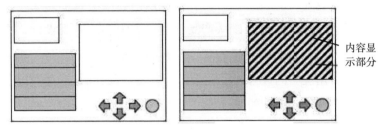

内容显示部分

【图像图】　　　　　【参考图像图】※省略了其他必要的图等。

（3）通用的显示器显示的图像

在通用的显示器显示与产品一体使用的其他产品发出的信号显示的图像，这种连接产品的记录媒体显示的图像等来自产品外部的信号显示的图像，由于不是显示器这种产品预先记录的图像，不认为是外观设计法第 2 条第 1 款规定的产品的部分形状、图案或者色彩及其结合。

根据外观设计法第 2 条第 2 款"包含与该产品一体使用的产品中显示的图像"的规定，发挥该产品的功能的用于操作的图像、且与该产品一体使用的显示器等显示的图像可以成为保护对象，此时，外观设计产品不是显示器而是该产品。因此，通用的显示器的显示部位显示的操作图像，除了以发挥显示器功能状态为目的用于操作的图像的情形，不认为是外观设计法第 2 条第 2 款规定的为发挥产品的功能为目的的用于操作的图像。

（4）记录介质记录的图像

由于记录介质不具有显示部分，记录介质记录的图像，不认定为外观设计法第 2 条第 1 款规定的产品的部分形状、图案或者色彩及其结合。并且，作为记录介质的产品（例如光盘等），虽然可以在此类产品上记载与图像相关的信息，但是由于记录介质自身不具有操作机构，因此，外观设计产品涉及记录介质中的图像，不认为是外观设计法第 2 条第 2 款规定的为了发挥产品的功能为目的用于操作的图像。

【不认为构成外观设计的实例】

记录介质上记录的图像

【压缩光盘】

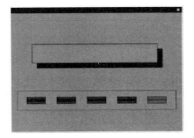

压缩光盘上记录的图像

（5）电子计算机的处理

通过安装独立于产品而创作销售的软件（包含操作系统）所显示的图像（包含预装），不认为是属于外观设计法第 2 条第 1 款规定的产品的部分的形状，图案或者色彩及其结合的外观设计。同时，电子计算机本来的功能即为信息处理，在计算机上使用软件仅属于正在发挥电子计算机的信息处理功能的状态的图像，因此不属于外观设计法第 2 条第 2 款规定的图像。

【不构成外观设计的实例】

电子计算机上显示的图像

 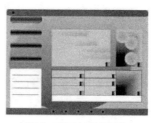

（操作系统显示的图像）　　　（通过互联网显示的图像）

（6）游戏机的处理

通过安装独立于产品而创作、销售的游戏软件而显示的游戏的图像（包含在游戏机上预装）、插入记录游戏的记录介质所显示的游戏图像，不认为是外观设计法第 2 条第 1 款规定的产品的部分形状、图案或者色彩及其结合。

但是，显示电池余量等与游戏软件无关，而是实现游戏机本体功能必要的显示图像，并且预先记录在产品中，则应认为属于外观设计法第 2 条第 1 款规定的产品的部分形状、图案或者色彩及其结合。

另外，游戏机的图像由于是已经发挥了游戏机功能状态的图像，因此不属于外观设计法第 2 条第 2 款规定的图像。

但是，对于游戏机本体设定用的图像等，则可作为外观设计法第 2 条第 2 款规定的发挥产品功能的操作图像进行保护。

【不构成外观设计的实例】

游戏机显示的图像

74.5.1.2　外观设计必须是具体的

首先，基于该外观设计所属领域的一般常识，从最初申请的请求书的记载以及添加在请求书中的图片等，应能直接推导出外观设计注册申请的方法及对象是包含图像的外观设计注册申请。

其次，为了认定包含图像的外观设计注册申请必须是具体的，基于该外观设计所属领域的一般常识，从最初申请的请求书的记载及添加在请求书中的图片，应能直接导出一项具体的外观设计，即以下①至④的具体内容。

①包含图像的外观设计产品。

②"图像"的用途及功能。

③作为部分外观设计欲取得外观设计注册的图像的位置、大小、范围。

然而，在与该产品一体使用的产品中显示的"图像"作为部分外观设计提出外观设计注册申请的情况下，如把"图像"作为欲取得外观设计注册的一部分时，无须评价欲取得外观设计保护的部分在整体中的位置、尺寸、范围。

④"包含图像的外观设计"的形态。

关于请求书的记载或添加在请求书中的图片等记载的正确性，整体外观设计的情形请参照第2部"外观设计注册的要件"第1章"适于工业应用的外观设计"21.1.2"外观设计必须是具体的"，部分外观设计请参照第7部"个别的外观设计注册申请"第1章"部分外观设计"71.4.1.2"外观设计"。

（1）不认为是具体的外观设计的例子

在请求书或添加在请求书中的图片等中，在如下所述记载不完备的情况下，即使根据请求书的记载及添加在请求书中的图片等进行综合判断，也无法直接推导出具体的唯一的外观设计时，不认为外观设计是具体的。

①外观设计产品或"图像"的具体用途及功能不明的情况。

②未显示出"图像"整体形态的情况。

③未显示出外观设计产品整体形态的情况。

④包含图像的外观设计产品的形态，由于没有包含最低限度的构成要素使得请求书中"外观设计产品"栏中记载的所属产品分类无法识别的情形（部分外观设计的情况）。

⑤无法确定"图像"显示的是产品的显示部位还是与该产品一体使用的其他产品的显示部位的情况。

⑥"图像"具有变化的情形下其变化的顺序、变化的状态不确定的情况。

74.5.1.3　适于工业应用的内容

包含图像的外观设计产品应是适于工业应用的。

74.5.2　新颖性

适用外观设计法第 3 条第 1 款各项的规定，判断包含该图像的外观设计是否属于公知外观设计，或是否属于与公知外观设计相似的外观设计。

74.5.2.1　外观设计法第 3 条第 1 款第 1 项以及第 2 项

为了判断包含图像的外观设计是否属于公知外观设计，原则上应当选择公知外观设计中表达充分的能够与包含图像的外观设计注册申请的整体形态进行对比的资料作为新颖性判断的基础。

对于判断标准而言，整体外观设计相关的请参照第 2 部"外观设计注册的要件"第 2 章"新颖性"22.1.1"外观设计法第 3 条第 1 款第 1 项"及 22.1.2"外观设计法第 3 条第 1 款第 2 项"；部分外观设计相关的请参照第 7 部"个别的外观设计注册申请"第 1 章"部分外观设计"71.4"与部分外观设计相关的外观设计注册的要件"71.4.2"新颖性"71.4.2.1"外观设计法第 3 条第 1 款第 1 项及第 2 项"71.4.2.2"外观设计法第 3 条第 1 款第 3 项"。

74.5.2.2　外观设计法第 3 条第 1 款第 3 项

74.5.2.2.1　公知外观设计与包含图像的外观设计相似与否的判断

由于外观设计是产品与形态整体不可分割的，因此对包含图像的外观设计而言，如果外观设计产品和公知的外观设计产品不相同或不相似，其外观设计也不相似。

此外，产品的一部分的形状、图案或者色彩及其结合中包括图像的情况下，包含图像的外观设计相似与否的判断以整体外观设计、部分外观设计的审查基准为准。

另外，由多幅图像组成的变化的图像与没有变化的图像的相似与否的判断，以及变化的图像之间的相似与否的判断，可根据包含变化图像的变化前后的状态进行综合观察。

下述案例认为是相似的。

【案例 1】

公知的外观设计　　　　　　　　申请的外观设计
【图像图】　　　　　　　　　　【图像图】

数字视频光盘录像机　　　　　　数字视频压缩录像机
（为了发挥影像编辑功能的图像）（为了发挥影像编辑功能的图像）

※在说明时省略了请求书的记载事项及其他图片。

【案例2】

公知的外观设计　　　　　　　　申请的外观设计
【主视图】　　　　　　　　　　　　【主视图】

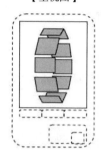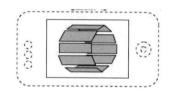

【手机用视频播放器】　　　　　　【手机用视频播放器】
（选择影像时的图像）　　　　　　（选择影像时的图像）

※在说明时省略了请求书的记载事项及其他图片。

【案例3】

公知的外观设计　　　　　　　　　　申请的外观设计
【主视图】　　　　　　　　　　　　　【图像图】

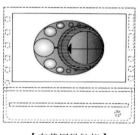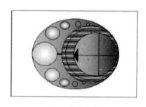

【主视图】

【车载用导航仪】

【车载用导航仪】

（在产品自身的显示部位显示的图像）　（在与该产品一体使用的产品上显示的图像）
欲取得外观设计注册的部分的位置、　　※不对欲取得外观设计注册的部分的
大小、范围并不认为具有特别的特征　　　位置、大小、范围进行评价

※在说明时省略了请求书的记载事项及其他图片。

　　该产品的显示部位上显示的图像的外观设计注册申请与该产品一体使用的产品上显示的图像的外观设计注册申请是相似的内容。

　　但是，即使图像的形态是相同的，但是两者对于整体来说，欲取得外观设计注册的部分的位置、范围不同、并对于相似与否的判断给予较大影响时，两者不相似。

【案例4】

公知的外观设计
【图像图】

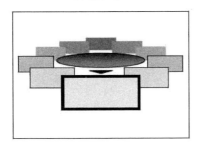

【数字视频光盘录像机】
（进行各种设定的选择时的图像）

申请的外观设计

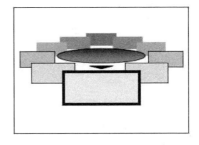

【数字视频光盘录像机】
（进行各种设定的选择时的图像）
※根据操作发生变化的图像

矩形的标题显示部分沿着中央的
长圆形周围顺时针旋转变化的图像

※在说明时省略了请求书的记载事项及其他图片。

【案例5】

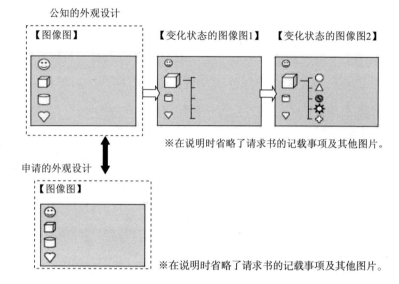

公知的外观设计

【图像图】　　【变化状态的图像图1】　【变化状态的图像图2】

※在说明时省略了请求书的记载事项及其他图片。

申请的外观设计

【图像图】

※在说明时省略了请求书的记载事项及其他图片。

　　公知的外观设计是由多个图像构成的变化的图像的情况下，注册申请的外观设计相似与否的判断、将其与公知的外观设计的多个图像中的一部分图像进行比较。

74.5.3　创造性

　　关于判断标准，整体外观设计相关的请参照第2部"外观设计注册的要件"第3章"创造性"，与部分外观设计相关的请参照第7部"个别的外观设计注册申请"第1章"部分外观设计"71.4.3"创造性"。

　　另外，对于变化图像适用外观设计法第3条第2款规定的判断，应基于该外观设计注册申请前公知的形状、图案或者色彩以及其结合，判断本领域人员是否能够容易创作出显示变化前后的各图像，同时判断变化的形态是否是基于本领域人员常规的方法而进行的变化。即，以下①、②的情况，不能认定外观设计注册申请为容易创作，不属于外观设计法第 3 条第 2 款规定的情形。

①虽然变化前后显示的各图像是基于外观设计注册申请前公知的形状、图案或者色彩以及其结合本领域人员容易创作的内容，但是其变化的状态不是基于本领域人员常规的方法变化的情况。

②虽然变化的状态是基于本领域人员常规的手法的变化，但是变化前后显示的图像不是本领域人员基于该外观设计注册申请前公知的形状、图案或者色彩以及其结合容易创作的情况。

能容易创作的外观设计的例子

①置换的外观设计

【案例】

在该外观设计所属的领域中，将图像的一部分置换成其他图像的一部分属于本领域人员的常规的方法。

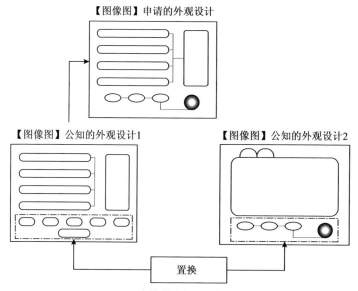

【图像图】申请的外观设计

【图像图】公知的外观设计1　　　【图像图】公知的外观设计2

置换

※在说明时省略了请求书的记载事项及其他图片。

②组合的外观设计

【案例】

在该外观设计所属的领域中，由多个图像的一部分组合成一个图像的做法是本领域人员的常规方法。

申请的外观设计

【主视图】

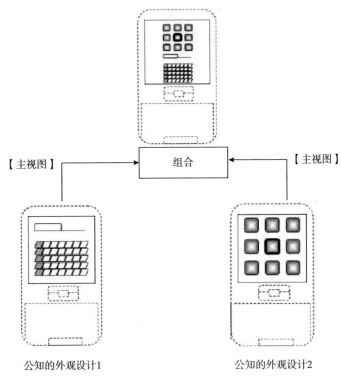

公知的外观设计1   公知的外观设计2

※在说明时省略了请求书的记载事项及其他图片。

③改变布局的外观设计

【案例】

在该外观设计所属的领域中，改变图像一部分布局的做法是本领域人员的常规的方法。

【图像图】申请的外观设计

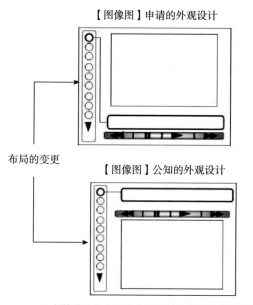

布局的变更

【图像图】公知的外观设计

※在说明时省略了请求书的记载事项及其他图片。

④构成比例改变或连续单元数量增减的外观设计

【案例】

在该外观设计所属的领域中，适当增减重复连续的构成要素的单元的做法是本领域人员的常规的方法。

公知的外观设计申请的外观设计

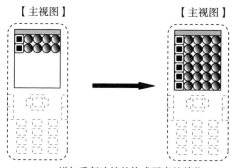

【主视图】　　　　　　　　【主视图】

增加重复连续的构成要素的单位

※在说明时省略了请求书的记载事项及其他图片。

⑤对公知的形状、图案或者色彩以及其结合几乎原样表示的外观设计

【案例1】

在该外观设计所属的领域中，在图像的一部分上显示出几乎原样的公知图案是本领域人员的常规的方法。常见的构成布局的图像的例子。

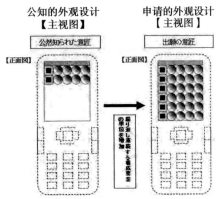

公知的外观设计
【主视图】

申请的外观设计
【主视图】

※在说明时省略了请求书的记载事项及其他图片。

【案例2】

在该外观设计所属的领域中，在申请的外观设计中显示出几乎原样的公知图像，属于本领域人员的常规的方法。

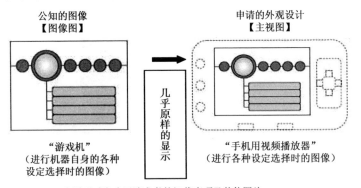

公知的图像
【图像图】

申请的外观设计
【主视图】

几乎原样的显示

"游戏机"
（进行机器自身的各种设定选择时的图像）

"手机用视频播放器"
（进行各种设定选择时的图像）

※在说明时省略了请求书的记载事项及其他图片。

⑥仅为框架分割形式出现改变的外观设计

基于常规的分割方式改变框架的分割形式的外观设计

【案例】

【图像图】公知的外观设计　　　　　【图像图】申请的外观设计

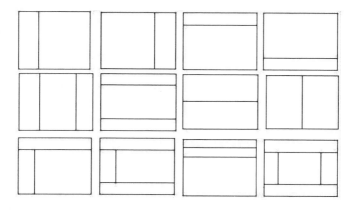

※在说明时省略了请求书的记载事项及其他图片。

【参考】

常规的框架分割的形式的例子

⑦仅仅基于公知的形状、图案或者色彩以及其结合，并且用常规的方法显示变化的形态的外观设计

仅仅基于公知的图像，利用外观设计所属领域常规手法呈现变化状态的外观设计。

【案例】

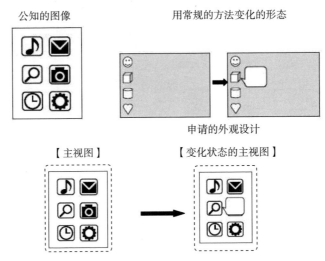

公知的图像　　　　　　　　用常规的方法变化的形态

申请的外观设计

【主视图】　　　　【变化状态的主视图】

※在说明时省略了请求书的记载事项及其他图片。

另外，即使变化前的图像是基于该外观设计注册申请前公知的形状、图案或者色彩以及其结合，所属领域人员容易创作的内容，但是变化的样式不是基于所属领域人员常规的方法变化的情况，则并不认为申请的外观设计是容易创作的内容，不属于外观设计法第3条第2款规定的情形。

74.5.4　与包含图像的在先申请外观设计的一部分相同或相似的包括图像的在后申请的外观设计

关于判断标准，整体外观设计相关的请参照第2部"外观设计注册的要件"第4章"与在先申请外观设计的一部分相同或相似的在后申请外观设计的保护例外"、部分外观设计相关的

请参照第 7 部"个别的外观设计注册申请"第 1 章"部分外观设计"71.4.4.1"在先申请的有关的外观设计公开的外观设计的一部分与在后申请的部分外观设计相似与否的判断"。

【适用外观设计法第 3 条之二的案例】

【案例 1】

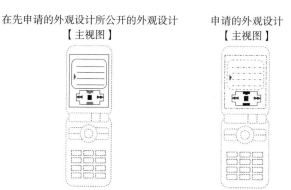

在先申请的外观设计所公开的外观设计　　　　申请的外观设计
　　　　　【主视图】　　　　　　　　　　　　　　【主视图】

※在说明时省略了请求书的记载事项及其他图片。

【案例 2】

在先申请的外观设计所公开的外观设计　　　　申请的外观设计
　　　　【主视图】　　　　　　　　　　　　　　【图像图】
　　　　　　　　　　　　　　　　　　　　　　　【主视图】

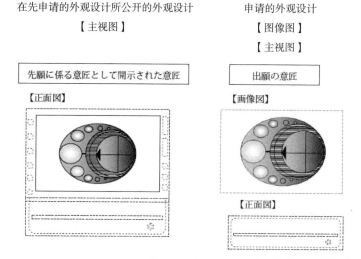

※在说明时省略了请求书的记载事项及其他图片。

947

【案例 3】

在先申请的外观设计所公开的外观设计

【图像图】　　　　【变化状态的图像图1】　　【变化状态的图像图2】

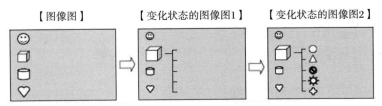

※在说明时省略了请求书的记载事项及其他图片。

申请的外观设计
【图像图】

※在说明时省略了请求书的记载事项及其他图片。

74.6　与包含图像的外观设计注册申请相关的新颖性丧失的例外

对于适用外观设计法第 4 条第 1 款或第 2 款规定的要件等的其他判断标准来说，整体外观设计相关的请参照第 3 部 "新颖性丧失的例外"，与部分外观设计相关的请参照第 7 部 "个别的外观设计注册申请" 第 1 章 "部分外观设计" 71.5 "与部分外观设计注册申请相关的新颖性丧失的例外"。

74.7　与包含图像的外观设计注册申请相关的外观设计法第 5 条的规定

对于外观设计包含的图像包含了他人的商标、他人销售的制品等；有可能与他人的业务相关的产品发生混淆的外观设计来说，认定为不满足第 5 条第 2 款的要件。

就其判断标准来说，整体外观设计相关的请参照第 4 部

"无法取得外观设计注册的外观设计",部分外观设计相关的请参照第7部"个别的外观设计注册申请"第1章"部分外观设计"71.6"与部分外观设计的外观设计注册申请相关的外观设计法第5条的规定"。

74.8　包含图像的外观设计注册申请相关的一外观设计一申请

包含图像的外观设计进行外观设计注册申请也必须满足外观设计法第7条规定的要件。

就判断标准来说,整体外观设计相关的请参照第5部"一外观设计一申请",部分外观设计相关的请参照第7部"个别的外观设计注册申请"第1章"部分外观设计"71.7"与部分外观设计的外观设计注册申请相关的一外观设计一申请"。

74.8.1　不满足外观设计法第7条规定的要件的例子

74.8.1.1 请求书的"外观设计产品"栏未依据产品分类的记载例

就包含图像的外观设计注册申请来说,在请求书的"外观设计产品"栏中记载有产品分类后的"……的图像""……的画面"等措辞(例如"视频光盘录像机的图像")时,不被认可是根据附表一记载的产品分类或与其同程度的分类进行的产品分类。

74.8.1.2　不是针对每个外观设计单独申请的例子

在一件部分外观设计的产品中,包含两个以上不同的图像或物理分离的两个以上的"欲取得外观设计注册的部分"的内容时,不认为是针对每一外观设计单独进行外观设计注册申请。

【案例】

部分外观设计的外观设计注册申请
【图像图】

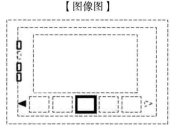

※在说明时省略了请求书的记载事项及其他图片。

属于以下任一的情况时，即使包含物理分离的两件以上"欲取得外观设计注册部分"的内容也可按一个外观设计处理。

（1）具有形态上的一体性的情况

即使是物理分离的两个以上"欲取得外观设计注册的部分"，但如果是具有对称的形态、一组的形态等，在创作上具有关联性，可认为具有形态的一致性。

【案例】

部分外观设计的外观设计注册申请
【主视图】

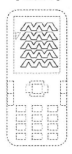

※在说明时省略了请求书的记载事项及其他图片。

（2）具有功能上的一体性的情况

即使是物理分离的两个以上"欲取得外观设计注册的部

分"，但是由于是作为一个整体实现一项功能，具有作为一体被设计的关系时，可认为具有功能的一致性。

【案例】

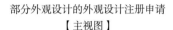

部分外观设计的外观设计注册申请
【主视图】

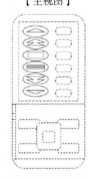

※在说明时省略了请求书的记载事项及其他图片。

74.8.1.3　在包含图像的外观设计中，图像发生变化的情形

在包含图像的外观设计中，由于图像是产品的部分形态，原则上在一件外观设计中表现一个图像。因此，当一件申请中显示出多个图像时，则一件申请中包含多个"包含图像的外观设计"，不被认为符合外观设计法第 7 条对每一个外观设计单独进行外观设计注册申请的规定。

然而，从外观设计产品的说明等请求书的记载以及添加在请求书中的图片来看，当多个图像是为了发挥产品同一个功能的必要的操作图像（以下称为"实现产品同一功能的图像"）、且认为具有形态上的关联性时，包含这些多个图像的状态可被认为是一个外观设计。

例如，当欲取得外观设计注册的外观设计是使用了多个图来

表示连续替换的样子的图像时（包括所谓动画效果的情形），这些多个图像中，属于实现产品同一功能、且形态上具有关联性的图像，显示出其变化前后的图像，可作为一个外观设计进行处理。

74.8.1.4　可将多个图像认定为一个外观设计的情形

对包含多个图像的外观设计来说，如果变化前的图像与变化后的图像是为了实现产品的同一功能的图像，且，变化前的图像与变化后的图像在形态上具有关联性时，包含这些多个图像的状态可认为是一个外观设计。

74.8.1.4.1　为了实现产品同一个功能的图像

为了使包含多个图像的状态能认为是一个外观设计，必须从外观设计产品的说明等的请求书的记载以及请求书添加的图画的内容，能够将多个图像认可为是实现产品的同一功能为目的的必要的显示图像或者是进入能够发挥产品同一功能的状态为目的的操作的图像。

【多个图像认定为一个外观设计的例1】

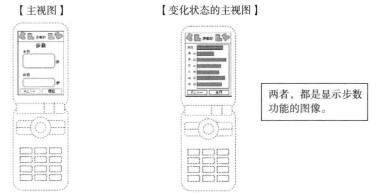

【主视图】　　　　　　　　【变化状态的主视图】

两者，都是显示步数功能的图像。

※在说明时省略了请求书的记载事项及其他图片。

【外观设计产品】手机

【外观设计产品说明】（略）本产品是带有计步数显示功能

的手机。根据主视图中历史按钮的选择，能用图表显示过去的步数的历史。主视图和变化状态的主视图的图像，是显示步数功能的图像。

（注）本实例的上部和下部显示的图形被认为具有形态上的关联性。

为了能够发挥产品拥有的一个功能的状态，需要多个连续的输入指令（选择指令）的情况，可认为是连续操作的情况，对应于此输入指令（选择指令）的连续变化的多个图像，可以认为是实现产品同一功能目的的图像。

例如，为实现银行 ATM 机的转账功能，从开始菜单页面的对应图标，输入交易银行、输入汇款地址、输入转账金额、直到汇款完成，不论是各个单独的图像，还是所有这些包含转账功能的整体变化的画面，都可认为是实现产品的同一功能的图像。

【多个图像认定为一个外观设计的例2】

【显示部分放大图】

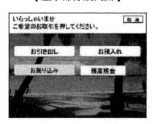

【变化后的显示部分的放大图1】

【变化后的显示部分的放大图2】

【变化后的显示部分的放大图3】

※在说明时省略了请求书的记载事项及其他图片。

【外观设计产品】现金自动付款机

【外观设计产品说明】（略）显示部位所显示的图像是为了实现转账功能，而用于设置转账账户和输入转账金额的操作。

（注）本案例中从其相关背景上认为有形态上的关联性。

74.8.1.4.2　形态上的关联性

为了能使包含多个图像的状态被认为是一个外观设计，变化前后的图像应能够由于图形等具有共同性而使形态上具有关联性。

对包含 3 个以上的图像的情况做形态关联性判断时，应该用相邻的变化前后的图像进行判断。将图像的一部分作为欲取得外观设计注册的部分进行外观设计注册申请时，关于欲取得外观设计注册的部分的变化前后的图像应能由于图形的共同性而使形态具有关联性。

74.8.1.4.2.1　形态上具有关联性的代表例

（a）图形的移动

图形自身几乎没有形状变化，只是在图像内连续的移动、扩大、缩小、旋转、色彩变化的情形。

【多个图像认定为一个外观设计的例 3】

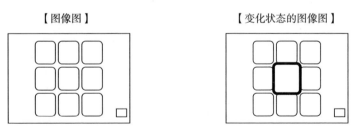

【图像图】　　　　　　　　　　　　　　　【变化状态的图像图】

※在说明时省略了请求书的记载事项及其他图片。

【外观设计产品】进出办公室管理器

【外观设计产品说明】（略）显示变化状态的图像图，是显示指定图标的形状变化状态的图。

【多个图像认定为一个外观设计的例4】

【主视图】　　　　　　　　【变化状态的图像图】

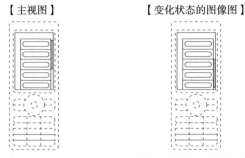

※在说明时省略了请求书的记载事项及其他图片。

【外观设计产品】手机

【外观设计产品说明】（略）主视图和显示变化状态的主视图显示的图像是为了发挥通话功能的状态，从通讯录选择通话对象的操作的图像。图像右端的滚动条部分可上下移动。

【多个图像认定为一个外观设计的例5】

【显示部分放大图】　　　　　【变化后的显示部分的放大图】

※在说明时省略了请求书的记载事项及其他图片。

【外观设计产品】手机

【外观设计产品说明】（略）显示部分放大图及变化后的显示部分放大图的图像，是用于发挥手机的邮件功能的状态。正如显示部分放大图及变化后的显示部分放大图表示的那样，如果选择各个操作图形的话，该操作图形的说明也会随之移动。

【多个图像认定为是一个外观设计的例6】

【显示部分放大图】　　　　　　【变化后的显示部分的放大图】

※在说明时省略了请求书的记载事项及其他图片。

【外观设计产品】附带有音乐播放器的手机

【外观设计产品的说明】（略）显示部分放大图及变化后的显示部分放大图的图像，是用于发挥手机的音乐播放功能的状态，基于某一信息为了选择是否开始播放的图像。如显示部分放大图及变化后的显示部分放大图的图像所示，选择各个操作图形的话，该操作图形的说明也随之变化。

（b）同一个图形等的增减

同一个图形等在图像内的连续的增减（出现、消失）。

【多个图像认定为是一个外观设计的例7】

【显示部分放大图】　　　　　　【变化后的显示部分的放大图】

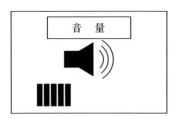

※在说明时省略了请求书的记载事项及其他图片。

【外观设计产品】音乐重放器

【外观设计产品的说明】（略）显示部分放大图及变化后的显示部分放大图是用于音量调节的图像。和音量调节盘的操作联动，音量水平变化、并显示现在的音量水平。

（c）图像内的布局变更

对应机器的使用状态，图形进行布局方向、长宽比例的变更。图形自身几乎无形状变化，只是图像内布局的变更。

【多个图像认定为是一个外观设计的例8】

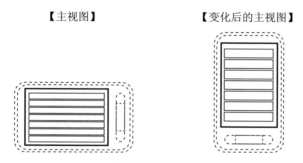

【主视图】　　　　　　　　【变化后的主视图】

※在说明时省略了请求书的记载事项及其他图片。

【外观设计产品】手机信息终端

【外观设计产品的说明】（略）主视图显示的图像，是从本产品具有的多个功能中选择特定功能的菜单画面。如变化后的主视图所示，本产品旋转90度，与产品的方向相应，各图标的布局也有变更。

【多个图像认定为是一个外观设计的例9】

【主视图】　　　　　　　　　　【变化后的主视图】

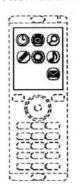

※在说明时省略了请求书的记载事项及其他图片。

【外观设计产品】手机

【外观设计产品的说明】（略）主视图显示的图像，是从本产品具有的多个功能中选择特定功能的菜单画面。各图标的布局如变化后的主视图所示，能够变更。

（d）图像或者图形等自身的逐步变化

指一边残留有变化前的图像的一部分一边逐渐出现新的图像，最终变化为新的图像。虽然变化的最初和最后的图形等的形态是不同的，但是根据所公开的变化过程中的图像，可以认定为该图形是逐渐变化的。

【多个图像认定为是一个外观设计的例10】

【显示部分放大图】 　　　【显示部分放大图2】 　　　【显示部分放大图3】

【显示部分放大图4】 　　　【显示部分放大图5】

※在说明时省略了请求书的记载事项及其他图片。

【外观设计产品】便携式信息终端

【外观设计产品的说明】（略）显示部分显示的图像，是从本产品具有的多个功能中选择特定功能的菜单画面。显示部分放大图5显示的图像，是音乐播放功能的图像、选择播放专辑进行操作。显示部分放大图2至显示部分放大图5显示的是从菜单中选择音乐播放按钮后，画面的变化情况。从菜单画面的右下方像翻页那样，出现选择的专辑画面。

（e）共同主题的连续使用

图像的标头部分和背景由同一图形等构成的共同主题连续使用的情形。

【多个图像认定为是一个外观设计的例11】

【显示部分放大图1】【显示部分放大图2】【显示部分放大图3】【显示部分放大图4】

※在说明时省略了请求书的记载事项及其它图片。

【外观设计产品】 手机

【外观设计产品的说明】（略）显示部分显示的图像，是从本产品具有的多个功能中选择特定功能的菜单画面。选择显示部分图像中的图标，转移到实现音乐播放功能的画面，依次操作选择音乐并播放。显示部分放大图4是显示选择的音乐播放进行状况的图像。

音符的主题相同可认为具有形态上的关联性。而从操作图像方面来看，对于为了实现产品所具有的功能必要的显示图像的变化，也可认为是一个外观设计。

（f）追加图形等的展开

通过连续操作，图像内的新图形出现或消失的情形（例如，下拉菜单、子菜单、子窗口的展开，关联图标等弹出显示的出现或消失）。

【多个图像认定为是一个外观设计的例12】

【主视图】　　　　　　　　　　【变化后的状态的主视图】

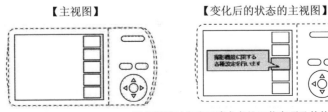

※在说明时省略了请求书的记载事项及其他图片。

960

【外观设计产品】便携式信息终端

【外观设计产品的说明】（略）主视图显示的图像是为实现摄影功能启动相机、进行设定的操作。如变化后的状态的主视图所示，选择某一操作用图形后经过一定的时间，该操作图形能够设定的内容会弹出说明。

74.8.1.5　不能将多个图像认定为一个外观设计的情形

对不同功能所涉及的多个图像、且不认为形态上存在关联性的多个图像来说，包含这些多个图像的状态不认为是一个外观设计。

包含不认为是一个外观设计的多个图像的外观设计，不满足第7条的要件。另外，表示多个外观设计的图像，如果有助于理解外观设计，可以作为参考图保留。

74.8.1.5.1　实现产品不同功能的多个图像

包含实现产品不同功能的多个图像的外观设计，不认为是一个外观设计。

【实现不同的功能目的，不认为是一个外观设计的例子】

【显示部分放大图】　　　　　【变化后的显示部分放大图】

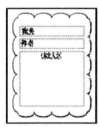 

变化前的图像是实现邮件功能的图像，变化后的图像是实现计算器功能的图像，不认为是实现产品的同一功能的图像。

※在说明时省略了请求书的记载事项及其他图片。

【外观设计产品】手机

【外观设计产品的说明】（略）显示部分显示的图像，用于邮件的输入操作。变化后的显示部分的放大图表示的图像，用于实现计算器功能的图像，选择按键进行计算。

【实现不同的功能目的，不认为是一个外观设计的例2】

【图像图】　　　　　　　　【变化后的图像图】

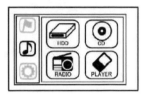 

变化前的图像，实现音乐播放功能的图像，变化后的图像是实现导航功能的图像，不认为是实现产品的同一功能的图像。

※在说明时省略了请求书的记载事项及其他图片。

【外观设计产品】导航显示器

【外观设计产品的说明】（略）图像图中显示的图像是选择音乐并播放的操作。如变化后显示的图像图所示，选择左侧菜单部分的"旗子"图标，变为导航用的目的地设定的图像。

74.8.1.5.2　不具有形态关联性的多个图像

变化前后的图像不具有共同性（或共同性极小）的情况等，变化前后的图像的形态不统一时，不认为具有形态的关联性，不认为是一个外观设计。

【不具有形态的关联性，多个图像不认为是一个外观设计的例1】

【外观设计产品】手机

【外观设计产品的说明】（略）主视图及变化后显示的主视图是用于选择通话对象的操作图像。按下主视图右列最下方的

【主视图】　　　　　　　　【变化后显示的主视图】

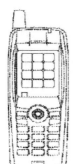 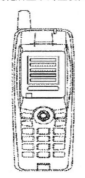

※在说明时省略了请求书的记载事项及其他图片。

按键，如显示变化后的主视图所示，将切换到列表界面。

※显示变化后的主视图，可以作为参考图而保留。

【不具有形态的关联性，多个图像不认为是一个外观设计的例2】

【显示部的部分放大图】　　　　【变化状态的显示部的部分放大图】

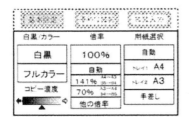 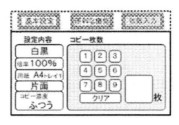

※在说明时省略了请求书的记载事项及其他图片。

对于欲取得外观设计注册的部分，变化前后的图像没有共同的要素，不认为具有形态的关联性。

【外观设计产品】复印机

【外观设计产品的说明】（略）主视图及显示部的部分放大图，变化状态的显示部的部分放大图表示的图像，是以复印为目的而进行各种设定的界面。

74.9　包含图像的成套产品的外观设计

包含图像的成套产品的外观设计中，仅在作为整体外观设计申请的情况下构成保护对象。对于其判断标准，整体外观设计相关的请参照第 7 部"个别的外观设计注册申请"第 2 章"成套的外观设计"，部分外观设计相关的请参照第 7 部"个别的外观设计注册申请"第 1 章"部分外观设计"71.8"与成套产品的外观设计相关的部分外观设计"。

74.10　包含图像的外观设计注册申请相关的外观设计法第 9 条及第 10 条的规定

关于其判断标准，整体外观设计相关的请参照第 6 部"在先申请"及第 7 部"个别的外观设计注册申请"第 3 章"关联的外观设计"，部分外观设计相关的请参照第 7 部"个别的外观设计注册申请"第 1 章"部分外观设计"71.9"与部分外观设计的外观设计注册申请相关的外观设计法第 9 条及第 10 条的规定"。

此外，静止图像和变化图像相似与否的判断及变化图像之间互相相似与否的判断，应根据变化图像的变化前后的形态进行综合观察。

74.11　包含图像的外观设计注册申请相关的要点的变更

关于其判断标准，整体外观设计相关的请参照第 8 部"请求书·图片等的记载的补正"第 2 章"补正的不受理"，部分外观设计相关的请参照第 7 部"个别的外观设计注册申请"第 1 章"部分外观设计"71.10"与部分外观设计注册申请相关的要点的变更"。

74.12　包含图像的外观设计相关的分案

关于其判断标准，整体外观设计相关的请参照第 9 部"特

殊的外观设计注册申请"第 1 章"外观设计注册申请的分案",
部分外观设计相关的请参照第 7 部"个别的外观设计注册申请"
第 1 章"部分外观设计"71.11"与部分外观设计的外观设计注
册申请相关的分案"。

74.13　由发明专利申请或实用新型注册申请向包含图像的
外观设计注册申请的申请的变更

关于其判断标准，整体外观设计相关的请参照第 9 部"特
殊的外观设计注册申请"第 2 章"申请的变更"，部分外观设计
相关的请参照第 7 部"个别的外观设计注册申请"第 1 章"部
分外观设计"71.12"由发明专利申请或实用新型注册申请向部
分外观设计的外观设计注册申请的申请的变更"。

74.14　依据《巴黎公约》主张优先权的包含图像的外观设
计注册申请

关于其判断基准，整体外观设计相关的请参照第 10 部"依
据《巴黎公约》主张了优先权等的主张手续"，与部分外观设计
相关的请参照第 7 部"个别的外观设计注册申请"第 1 章"部
分外观设计"71.13"依据《巴黎公约》主张优先权的部分外观
设计的外观设计注册申请"。

第 8 部分

请求外观设计请求书、附图等的记载的补正

第1章 补正

81 相关法条

外观设计法

第 60 条之三 提交外观设计注册申请、请求其他相关的外观设计注册手续的人，仅在案件处于审查、复审或者重审中的情况下，可进行补正。

第 68 条 （第 1 款及第 3 款略）

2. 提出外观设计注册申请、请求及办理其他外观设计相关手续时，参照适用专利法第 6 条至第 9 条、第 11 条至第 16 条、第 17 条第 3 款及第 4 款、第 18 条至第 24 条，以及第 194 条（手续）的规定。在这种情况下，专利法第 9 条中"第 121 条第 1 款"用"外观设计法第 46 条第 1 款或者第 47 条第 1 款"进行替换，专利法第 14 条中"第 120 条第 1 款"用"外观设计法第

46 条第 1 款或者第 47 条第 1 款"进行替换。

专利法

第 17 条 （第 1 款及第 2 款略）

3. 以下情况中，特许厅长官可以指定相应的期限，要求申请人对手续进行补正。

（一）手续违反第 7 条第 1 款至第 3 款或者第 9 条的规定。

（二）手续不符合本法或者基于本法的命令所规定的形式。

（三）手续中涉及未缴纳第 195 条第 1 款至第 3 款所规定的应予缴纳的相关手续费的。

4. 在对手续进行补正时（手续费的缴纳除外），除下条第 2 款的规定以外，应提交手续补正书。

81.1　补正

所谓补正是指，与法律以及规定的格式相比，申请相关的文件存在错误记载、不明确记载等缺陷，为了克服该缺陷，在提出申请后，申请人主动或者根据特许厅长官、审判长的命令，对申请文件进行修改或者补充的手续行为。

补正是在"先申请"原则的基础下，为了保证手续能够顺利地进行，申请人在一定限制的范围内所进行的法律所认可的手续行为。根据申请人提出的合法的手续补正书（外观设计法第 68 条第 2 款参照适用专利法第 17 条第 4 款），专利局将对从申请之初到补正后提交的文件进行处理。

但是，补正相应会产生其后果，所以如果允许对申请日提出的文件进行随意修改的话，将违反先申请原则，同时也会给第三人带来不可预测的不利影响，因此对申请文件的补正必须加以内容和时间上的限制。

81.1.1　补正内容的限制

由于补正仅限于对申请日文件中的错误记载或者不明确记载等进行修改、补充，因此对请求书及图片的补正，不能变更其主旨。

81.1.2　补正时间的限制

外观设计注册申请、请求以及其他相关手续的提出者，仅限在审查、复审或者重审期间对文件进行补正。

第2章　补正的不受理

82　相关法条

外观设计法

第17条之二　1. 对请求书的记载、请求书所附的图片、照片、模型或者样品所做的补正变更了其要点时，审查员应当以决定的形式不予受理其补正。

2. 根据前款所进行的不受理补正的决定，应该使用书面形式并附加理由。

3. 根据第一款的规定发出不受理补正的决定时，自该决定的副本送达之日起3个月以内，不得对该外观设计注册申请作出授权或者驳回等最终决定。

4. 如果外观设计注册申请人对依据第一款规定作出的不受理决定依据第47条第1款提出复审请求时，审查员应当中止该外观设计注册申请的审查直至复审有生效的决定为止。

82.1　补正的不受理

外观设计法第 17 条之二的规定所涉及的补正的不受理是指，案件在审查、复审或者重审的过程中，申请人对请求书及图片的补正改变了其要点，由此以决定的形式对补正不予受理。

82.1.1　外观设计要点及外观设计要点的认定

外观设计注册请求书及其图片，作为一种富有美感的创作，表达了提出申请的外观设计的内容，授权的外观设计的范围也将以此为基础。基于其外观设计所属领域的一般常识，从外观设计的请求书及其图片中能够直接导出的外观设计的具体内容称之为外观设计的要点。基于外观设计所属领域的一般常识，基于外观设计的请求书及其图片直接导出外观设计要点称为外观设计要点的认定。

82.1.2　要点的变更

82.1.2.1　变更要点的补正的类型

对请求书或者图片的补正，属于以下任何一种情形时，被认为是变更了最初申请的请求书及其附加图片的要点的补正。

82.1.2.1.1　超出基于外观设计所属领域的一般常识能够理所当然推导出的相同范围的变更

根据最初申请的请求书及其图片的记载，对于超出了基于外观设计所属领域的一般常识能够理所当然推导出的外观设计的范围的变更而言，如果这样的补正得到认可的话，将违反先申请原则，并对第三人产生不可预测的不利影响。因此，这样的补正被认为是变更了最初申请的请求书及其附加图片的要点。

并且，所谓"相同范围"，是指外观设计要点的相同范围，不包括相似的概念。

82.1.2.1.2　将最初申请的要点不明确的外观设计进行要

点明确化

如果根据最初申请的请求书以及图片综合判断，申请被认为是不符合外观设计法第 3 条第 1 款规定的适于工业应用的外观，这种情况下，把不特定的外观设计的要点变成适于工业应用的外观设计的补正，也就是说，将不明确的外观设计要点明确化的补正，如果这样的补正得到认可的话，将违反先申请原则并对第三人产生不可预测的不利影响。因此，这样的补正被认为是变更了最初申请的请求书及其附加图片的要点。

82.1.2.2　不被认为是变更要点的补正的类型

通过对比最初申请的外观设计和补正后的外观设计，对请求书记载及其图片进行综合判断，当其补正属于以下任何一种情形时，该补正不属于变更了请求书记载及其图片要点的变更。

82.1.2.2.1　基于外观设计所属领域的一般常识能够理所当然推导出的相同范围的补正

最初申请的请求书或者图片即使存在错误记载或记载不明确等问题，但是该记载不完善的缺陷属于请求书或图片制作过程中的错误、不完美或者受到制图时的制约而产生的错误。通过综合判断其仍是明确的，并且所进行的补正是将不完备的记载修改为完备的记载，而这种完备的记载是基于外观设计所属领域的一般常识能够理所当然推导出的话，则该补正不属于改变最初申请的请求书记载及其图片要点的变更。（参照第 2 部"外观设计注册的要件"第 1 章"适于工业应用的外观设计"21.1.2"外观设计的具体内容"）

82.1.2.2.2　将不影响外观设计要点认定的轻微的记载缺陷予以消除的补正

在最初申请的请求书和图片中存在记载错误或记载不明确，

并且通过综合判断也不能确定究竟哪一个是正确的时，如果该不完备的记载只是对外观设计要点的认定并不构成影响的轻微的记载缺陷，那么将其修改为完备的正确的文本，不属于变更最初申请的请求书及其图片的要点。（参照第 2 部"外观设计的注册要件"第 1 章"适于工业应用的外观设计" 21.1.2 "外观设计的具体内容"）

第 9 部分

特殊的外观设计注册申请

第 1 章　外观设计注册申请的分案

91　相关法条

外观设计法

第 10 条之二　外观设计注册申请人仅限于在审查、复审或者重审程序正在进行中的情况下，才可将包含两项以上外观设计的外观设计注册申请的一部分作为一个或者两个以上的新的外观设计注册申请提出。

2. 依前款的规定有外观设计注册申请提出分案时，新的外观设计注册申请应视为在原外观设计注册申请时提出。但是，在适用第 4 条第 3 款、第 15 条第 1 款所参照适用的专利法第 43 条第 1 款及第 2 款（包括第 15 条第 1 款所参照适用该法第 43 条之二第 3 款的情形）的规定，则不受此限。

3. 提出第 1 款所规定的新的外观设计注册申请时，针对原外观设计注册申请提交的书面文件或者文件中，根据第 4 条第 3 款、第 15 条第 1 款所参照适用的专利法第 43 条第 1 款及第 2 款（包括第 15 条第 1 款所参照适用的该法第 43 条之二第 3 款的情形）的规定必须提交的文件，视为与该新的外观设计注册申请同时向特许厅长官提交。

91.1 外观设计法第 10 条之二的规定

外观设计注册申请的分案是指，将包含有两项以上外观设计的外观设计注册申请的一部分，另行提出一个或者两个以上的新的外观设计注册申请的行为。

外观设计注册申请的分案是在误将两项以上的外观设计合并在一个外观设计注册申请中提出的情况下，只要符合合法的手续，新的外观设计注册申请视为在原外观设计注册申请提出申请时提出。

91.1.1 外观设计注册申请的分案的要件

由于分案的新外观设计注册申请是被认为在原外观设计注册申请提出时提出的，因此必须满足以下所有的要件。

（1）外观设计注册申请必须处于审查、复审或者重审的程序中。

分案的手续必须在外观设计注册申请处于审查、复审或者重审的程序中时提出。即，外观设计注册申请如果处于放弃、撤回，补正不受理，授权或驳回以及作出复审决定生效以后等时（处于重审状态的除外），则不能对外观设计注册申请进行分案。

（2）外观设计注册申请人必须是同一个人。

分案申请的新的外观设计注册申请人与原案申请的外观设计注册申请人必须是同一人。但是如果涉及从原外观设计注册申请人向新外观设计注册申请人转让外观设计注册的权利手续合法时，可以视为是同一人。

（3）必须是包含了两个以上外观设计的外观设计注册申请的分案。

所谓包含有两个以上的外观设计的外观设计注册申请，是指在请求书以及图片中表明了有两个以上的外观设计。比如，请求书中"外观设计产品"一栏并列写出两个以上的产品的名称，或者图片中表示两个以上的形态。（参照第5部"一外观设计一申请"51.1.2"不满足外观设计法第7条规定的要件的例子"）

（4）分案中新的外观设计注册申请的外观设计必须与原外观设计注册申请中所包含的两个以上外观设计中的任一是相同的外观设计。

91.1.2　不合法的外观设计注册申请的分案手续的例子

（1）已经就一件外观设计进行单独申请，而将符合外观设计法第7条规定要件的外观设计注册申请的产品的组成部分的各部件作为分案。

（2）将满足外观设计法第8条规定要件的成套产品中的各个产品组成进行分案。

（3）分案的新的外观设计注册申请，超出了原外观设计注册申请请求书及图片所表示的外观设计要点的范围。即，新的分案申请的外观设计注册申请所表示的外观设计，与原外观设计注册申请中的两个以上外观设计中的任何一款设计相比都属于变更了要点的情形。

91.1.3　不满足分案要件的新的外观设计注册申请的处理

新的外观设计注册申请不视为是在提出原外观设计注册申

请时提出，以在提出分案申请之时提出进行处理。

91.1.4　分案的新的外观设计注册申请适用外观设计新颖性丧失例外的规定或依据《巴黎公约》主张优先权等情况下的提交文件

对于分案产生的新的外观设计注册申请，如果涉及新颖性丧失例外规定适用所需的程序上必要的文件（根据外观设计法第 4 条第 3 款规定必须提交的文件）或者依据《巴黎公约》主张优先权（含依《巴黎条约》之列的情形时程序上的必要的文件）（根据外观设计法第 15 条第 1 款所参照适用的专利法第 43 条第 1 款以及第 2 款，或者根据专利法第 43 条之二第 3 款的规定必须提交的文件）的话，根据外观设计法第 10 条之二第 3 款的规定，在原外观设计注册申请中提交的书面文件，视为在提出新的外观设计注册申请的同时一并提交专利局长官。

第 2 章　申请的变更

92　相关法条

外观设计法

第 13 条　1. 专利申请人可以将其专利申请变更为外观设计注册申请。但是，驳回该专利申请的最初审查决定副本送达之日起 3 个月期满后的除外。

2. 实用新型注册申请人可以将其实用新型注册申请变更为外观设计注册申请。

3. 当根据专利法第 4 条规定，该法第 121 条第 1 款所规定的期限得以延长的，本条第 1 款补充事项所规定的期限以上述被延长的期限为限，视为被延长。

4. 根据第 1 款或者第 2 款的规定对申请做了变更的，原申请视为撤回。

5. 专利申请人，在该专利申请存在享有临时独占或排他实施权或者临时一般实施权的人时，只有在得到这些人许可的情况下，才可以根据第一款的规定进行申请的变更。

6. 第 10 条之二第 2 款及第 3 款的规定参照适用于依第 1 款或者第 2 款的规定变更的申请。

92.1 外观设计法第 13 条的规定

所谓申请的变更，并不是申请内容的变更，只是将原来的发明专利申请或者实用新型专利注册申请转变为外观设计注册申请的形式上的变更。并且，变更后产生的外观设计注册申请视为在原发明专利申请或者实用新型注册申请提出时提出，而原发明专利申请或者实用新型注册申请将被视为撤回。

92.1.1 变更为外观设计注册申请的要件

由于变更后产生的新的外观设计注册申请将被认为是在提出原发明专利申请或者实用新型注册申请之时提出，因此必须满足以下所有要件。

（1）在发明专利申请向外观设计注册申请进行变更的情况下，必须在原发明专利申请收到首次驳回决定的副本之日起 3 个月内提出。

（2）实用新型注册申请向外观设计注册申请进行变更时，该实用新型注册申请必须正处于特许厅的审查中。

（3）变更后的新的外观设计注册申请人与原发明专利申请

人或者实用新型注册申请人必须是同一个人。

但是，如果原发明专利申请或者实用新型注册申请的申请人向变更后的新的外观设计注册申请人进行合法的获取外观设计注册的权利的继承手续的话，可以视为是同一人。

（4）在原发明专利申请或者实用新型注册申请的最初提交的说明书及其附图中必须具体记载可以明确地识别的变更后的新的外观设计注册申请的外观设计。

（5）变更后的新的外观设计注册申请的外观设计与原发明专利申请或者实用新型注册申请最初提交请求书及其附图中表达的外观设计相同。

92.1.2　不合法的变更为外观设计注册申请的情形的例子

（1）原发明专利申请或者实用新型注册申请的最初提交的说明书及其附图未具体记载可明确地识别的变更后的新的外观设计注册申请的外观设计。

（2）变更后的新的外观设计注册申请的外观设计与原发明专利申请或者实用新型注册申请最初提交的说明书及其附图中表示的设计不是相同的外观设计。

（3）变更后的新的外观设计注册申请的外观设计中添加了原发明专利申请或者实用新型注册申请最初提交的说明书及其附图中未包括的信息。

92.1.3　不满足变更要件的新的外观设计注册申请的处理

新的外观设计注册申请不视为是在原发明专利申请或者实用新型注册申请提出时提出，以在提出变更请求时提出进行处理。

92.1.4　变更的新的外观设计注册申请适用外观设计新颖性丧失例外的规定或依据《巴黎公约》主张优先权的情况下的提交文件

变更后的新的外观设计注册申请如果涉及适用新颖性丧失

例外规定的程序上必要的文件（根据外观设计法第 4 条第 3 款的规定必须提交的文件）以及依据《巴黎公约》主张优先权时（包含依《巴黎公约》之例的情形）的程序上必要的文件（外观设计法第 15 条第 1 款参照适用的专利法第 43 条第 1 款以及第 2 款，或者根据专利法第 43 条之二第 3 款的规定必须提交的文件）的话，根据外观设计法第 13 条第 6 款所参照适用的外观设计法第 10 条之二第 3 款的规定，原发明专利申请或者实用新型注册申请中提交的相关书面文件或文件，视为在提出新的外观设计注册申请的同时一并提交特许厅长官。

第 3 章　基于《专利合作条约》的国际申请的申请变更的特例

93　相关法条

外观设计法

第 13 条之二　依专利法第 184 条之三第 1 款或者第 184 条之二十第 4 款的规定，视为专利申请的国际申请变更为外观设计注册申请的，只能在依该法第 184 条之六第 2 款规定的日文专利申请根据该法第 184 条之五第 1 款的规定办理手续，或者依该法第 184 条之四第 1 款规定的外文专利申请根据该款及该法第 184 条之五第 1 款的规定办理手续，并缴纳依该法第 195 条第 2 款规定的应缴纳的手续费之后（就依该法第 184 条之二十第 4 款的规定被视为专利申请的国际申请而言，在该款规定的决定之后）方能进行。

2. 依实用新型法（1959 年第 123 号法律）第 48 条之三第 1 款或者第 48 条之十六第 4 款的规定，视为实用新型注册申请的国际申请变更为外观设计注册申请的，只能在依该法第 48 条之五第 4 款规定的日文实用新型注册申请根据该条第 1 款的规定办理手续，或者依该法第 48 条之四第 1 款规定的外文实用新型注册申请根据该款及该法第 48 条之五第 1 款的规定办理手续，并缴纳依该法第 54 条第 2 款规定的应缴纳的手续费之后（就依该法第 48 条之十六第 4 款的规定被视为实用新型注册申请的国际申请而言，在该款规定的决定之后）方能进行。

93.1　基于《专利合作条约》的国际申请的申请类型变更的特例

基于《专利合作条约》已被确立了国际申请日的国际申请，其指定国包含日本的，视为是在国际申请日提出的发明专利申请或者实用新型注册申请。

上述申请向外观设计注册申请进行变更时，原申请是日语的国际发明专利申请（国际实用新型注册申请）的情况下，应该提出记载有申请人名称、地址、发明人（实用新型发明人）的名称、住所以及国际申请日的书面文件，并且应当在缴纳相关手续费用后方可提出变更。原申请是外文的国际发明专利申请（国际实用新型注册申请）的情况下，上述的书面文件以及说明书、权利要求书等应当提交日文译文，并在缴纳相关的费用后方能提出变更。

第4章　补正后的外观设计的新申请

94　相关法条

外观设计法

第17条之三　1. 外观设计注册申请人，在前条第一款规定的不受理决定副本送达之日起3个月以内，对其补正后的外观设计提出新的外观设计注册申请的，该外观设计注册申请视为在该补正手续修改书时提出。

2. 依前款的规定提出新的外观设计注册申请时，原外观设计注册申请视为撤回。

3. 只有外观设计注册申请人就第一款规定提交新的外观设计注册申请，并同时向特许厅长官提交了记载欲适用该款规定的书面文件的情况下，前两款的规定方可以适用。

94.1　外观设计法第17条之三的规定

收到补正不受理的决定后，将补正后的外观设计作为新的外观设计注册申请提出的，新的申请将视为是在手续补正书提交之时提出的，原申请被视为撤回。

94.1.1　收到补正不受理的决定后将补正后的外观设计作为新的外观设计注册申请的要件

收到补正不受理的决定后，将补正后的外观设计作为新的外观设计注册申请提出的，由于新的申请将被视为是在手续补正书提交之时提出，因此必须满足以下全部要件。

（1）收到补正不受理决定后，补正后的外观设计作为新的外观设计注册申请提出

（2）新的外观设计注册申请必须在补正不受理决定副本送达之日后的 3 个月内提出

（3）新的外观设计注册申请应以外观设计法施行规则第 2 条第 4 款规定的模板 5 的格式提交申请。

第 10 部

依据《巴黎公约》主张优先权等的手续

101　相关法条

外观设计法

第 15 条　专利法第 38 条（共同申请）、第 43 条第 1 款至第 4 款（依据《巴黎公约》主张优先权的手续）及第 43 条之二（依《巴黎公约》之例主张优先权）的规定，参照适用于外观设计注册申请。在这种情况下，该法第 43 条第 2 款的"自下述各项所规定的日期的最早日起至 1 年 4 个月"改述为"自外观设计注册申请之日期起至 3 个月"。

（第 2 款略）

专利法

第 43 条　1. 依照《巴黎公约》第四条 D（1）的规定，对于专利申请拟提出优先权者，必须在提出申请的同时向特许厅长官表达该意愿，并且提交最初的申请、或依据同条 C（4）的规定被视为是最初的申请、或依同条 A（2）的规定被视为是最初的申请，提交记载有《巴黎公约》加盟国的国名及申请年月日的最初申请的书面文件。

2. 依前款之规定主张优先权者，必须将最初提出的申请或依《巴黎公约》第 4 条 C（4）的规定被视为是最初的申请或依同条 A（2）的规定被承认为最初提出的申请的、记载有《巴黎公约》加盟国认证的申请年月日的书面文件、发明的说明书及其附图的副本或具有同样内容的公报或证明书，该加盟国政府发行的文件应当在以下各项所列日期中最早日期起的 1 年 4 个月以内，向特许厅长官提出。

（一）该最初的申请、或依据《巴黎公约》第 4 条 C（4）的规定被视为是最初的申请、或者根据同条 A（2）的规定被视为是最初申请的申请日。

（二）该发明专利申请依据第 41 条第 1 款的规定主张优先权的情况下，作为该优先权主张基础的申请日。

（三）该发明专利申请依据前款或者下条第 1 款或第 2 款的规定主张其他的优先权的，作为该优先权主张基础的申请日。

3. 依照第 1 款的规定主张优先权者，必须将记载有最初的申请、或依据同条 C（4）的规定被视为是最初的申请、或依同条 A（2）的规定被视为是最初申请的申请号的书面文件与前款规定的文件同时向特许厅长官提交。但是，在提出该款规定的文件之前无法得知其号码时，须提出记载其理由的书面文件，且当得知其号码时，必须立即提交记载其号码的书面材料。

4. 依据第 1 款规定主张优先权者，未按第 2 款规定的期限提出同款规定的文件时，该优先权主张无效。

（第 5 款略）

专利法

第 43 条之二 1. 下表左栏中的申请人基于同表右栏所列国家的申请提出优先权的，依《巴黎公约》第 4 条规定之例，可以就发明专利申请提出优先权主张。

日本国民或者《巴黎公约》缔约国的国民（包括依据《巴黎公约》第 3 条的规定视为缔约国国民的，下款相同）	世界贸易组织成员
世界贸易组织成员的国民（设立世界贸易组织的马拉喀什协定附属书 C 第 1 条 3 中所规定的成员国民，下款相同）	《巴黎公约》缔约国或者世界贸易组织成员

2. 既非《巴黎公约》缔约国国民亦非世界贸易组织成员国民（只要和日本依据同样的条件，对日本公民提出的优先权主张予以承认，并由特许厅长官指定。以下此款中称为"特定国"），基于特定国提出的申请要求优先权，以及日本国民、或者《巴黎公约》缔约国国民、或者世界贸易组织成员国民，基于特定国提出的申请要求优先权，依《巴黎公约》第 4 条规定之例，可以就其发明申请提出优先权主张。

3. 前条的规定参照适用于依据前 2 款规定主张优先权的情形。

101.1 依据《巴黎公约》主张优先权的效力

依据《巴黎公约》主张优先权的效力是，依据《巴黎公约》第 4 条 B，自向缔约国中的一个国家首次提交申请之日起，到向其他缔约国提出带有优先权主张的在后申请的申请日为止的期间内，其他的申请案件以及公知的事实不会对在后申请构成不利的影响。

基于此，在伴有优先权主张的外观设计注册申请的新颖性（外观设计法第 3 条第 1 款）、创造性（外观设计法第 3 条第 2 款）、与在先申请的外观设计的一部分相同或者相似的在后外观设计的保护除外（外观设计法第 3 条之二）、在先申请（外观设计法第 9 条）以及关联外观设计（外观设计法第 10 条）等相关的审查中，以作为优先权基础的在第一国的首次申请的申请日作为判断基准日进行处理。即，即使出现与伴有优先权主张的外观设计相同或者相似的其他外观设计注册申请，如其在优先权期限内出现，该申请也会被当作伴有优先权主张的申请的在后申请而进行处理。并且，在优先权期限内，即使出现可以破坏其新颖性的事实，也不会以此作为驳回理由的根据。

另外，在日本国内，包括《巴黎公约》同盟国的国民在内，根据外观设计法第 15 条第 1 款所参照适用的专利法第 43 条之二的规定，世界贸易组织成员国民或者既非《巴黎公约》缔约国国民亦非世界贸易组织成员国民（只要认可日本公民提出的优先权主张，并由特许厅长官指定），也可以依《巴黎公约》之例承认其优先权主张，其与依据《巴黎公约》提出的优先权主张具有同等效力。

101.1.1　依据《巴黎公约》主张优先权的手续

依据《巴黎公约》第 4 条 D（1）的规定，欲提出外观设计注册申请优先权主张者，应根据外观设计法第 15 条第 1 款所参照适用的专利法第 43 条第 1 款、第 2 款、第 3 款的规定，办理相关手续。

101.1.2　依据《巴黎公约》主张优先权的优先期限

基于外观设计注册申请或者实用新型注册申请提出优先权主张，向我国提出外观设计注册申请的，其优先权期限为 6 个月。（《巴黎公约》第 4C（1）条、第 4E（1）条）

并且，依《巴黎公约》之例的优先权期限与依据《巴黎公约》的优先权期限相同。（外观设计法第 15 条第 1 款参照适用专利法第 43 条之二第 2 款）

101.2　确认依据《巴黎公约》主张的优先权具有效力的要件

为了保证依据《巴黎公约》提出的优先权主张具有效力，必须满足以下所有《巴黎公约》所规定的要件。

（1）作为优先权基础的向第一国提出的申请必须是向任意一个缔约国正式提出的首次申请（《巴黎公约》第4A（1）条、第4A（2）条、第4A（3）条、第5C（4）条）

（2）向我国提出外观设计注册申请者，应当是作为优先权基础的首次申请的申请人及其继承人，可以也是享有条约所赋予的权益的人。（《巴黎公约》第2条、第3条、第4A（1）条）

（3）作为优先权基础的向第一国提出的首次申请必须是外观设计注册申请或者实用新型注册申请。（《巴黎公约》第4 E（1）条）

（4）向我国提出的外观设计注册申请必须是自第一国首次提交申请之日起6个月内提交的。（《巴黎公约》第4C（1）条、第4E（1）条）

（5）基于向第一国提出的首次申请必须提交要求优先权的声明。（《巴黎公约》第4D条）

（6）向我国提出的外观设计注册申请和作为优先权基础的第一国的首次申请的外观设计必须是相同的外观设计。（《巴黎公约》第4A（1）条、第4B条）

并且，依《巴黎公约》之例主张优先权的成立要件与依据《巴黎公约》主张优先权的成立要件相同（外观设计法第15条第1款参照适用专利法第43条之二第2款）。

101.3　依据《巴黎公约》主张优先权时认定"相同的外观设计"的基本思考方式

（1）不论采取什么样的外观设计表现方式，只要优先权证

明文件中表示的外观设计与向我国提出的外观设计注册申请的外观设计实质相同即可。（外观设计审查便览 15.07）

（2）向我国提出的外观设计注册申请中的外观设计是否在优先权证明文件中得到表现，应当基于外观设计所属领域的一般常识，对优先权证明文件中的所有内容进行综合判断。

（3）对优先权证明文件中记载的外观设计进行认定时（外观设计产品，产品的形状、图案、色彩以及欲取得外观设计注册的部分相对外观设计整体的位置、大小、范围等），应当参考首次申请国的相关法律规定。

101.3.1　外观设计产品栏的记载

相同的外观设计，原则上，优先权证明文件中记载的外观设计与向我国提出的外观设计注册申请的外观设计，两外观设计产品必须是同样的产品。

但是，请求书中的外观设计产品的名称在各国之间可能存在很大的差别，如果优先权证明文件中的产品名称与向我国提出外观设计注册申请时的"外观设计产品"名称存在差异，只要这种差异是由各国法律规定的差异而导致的不得已的差别，则可以在优先权认定中认定优先权证明文件中的产品与向我国提出的外观设计注册申请的外观设计产品是相同的。

101.3.1.1　针对优先权证明文件中记载的外观设计，从优先权证明文件整体考察综合判断后，可以明确外观设计产品的用途、功能的情形

从优先权证明文件整体考察综合判断后，可以明确外观设计产品的用途、功能，并且向我国提出的外观设计注册申请中记载了附表一的产品分类或者与之相同程度的产品分类，此时可以认定两外观设计产品是相同的。

"可以认为两外观设计产品是相同的例子"

> 【例1】 对优先权证明文件整体进行综合判断，能够明确地反映出其用途、功能，并且记载了产品的分类的情形

第一国申请：外观设计产品名称是操作界面（原文为 Graphical user interfaces），在图片的图像中记载了显示部分所显示的手机的主视图。

日本的申请：外观设计产品是手机，希望得到保护的是手机的显示屏，是部分外观设计的申请。显示屏上显示出了图像。并且显示屏以外的部分的形状，和优先权证明文件中用虚线表示的手机的形状完全一致。

（说明）

由于在国外有些国家，即使不限定图像所针对的产品，仅仅对图像本身也可以授予外观设计专利权，因此优先权证明文件中记载的外观设计产品的名称即使不限定于任何一种产品，只要在图片中能反映在某种特定的产品上，并且从优先权证明文件整体进行综合的判断后，可以导出向我国提交的申请中的外观设计产品时，就可以认为优先权证明文件中的产品与向我国申请的外观设计的产品是相同的。

101.3.1.2　优先权证明文件记载的外观设计产品名称是概括的产品名称，与其用途、功能相应的产品类型有多个的情形

优先权证明文件中记载的外观设计产品名称是概括的产品名称，从优先权证明文件整体进行综合判断，可以导出多个产品分类。将其中一类产品向我国提出外观设计注册申请时，可以认为两外观设计产品是相同的。

"认为两外观设计产品是相同的例子"

> 【例2】优先权证明文件所述产品名称是概括的名称，向我国提出的外观设计注册申请中记载的是该概括名称中所包含的一个名称，并且该名称是和附表一的产品分类同等程度的分类的情形

第一国申请：外观设计所属名称是"容器（原文：bottle）"，图片中表示的是普通的饮料用塑料瓶的形态。

日本的申请：外观设计产品记载的是"包装用容器"

101.3.2　一件申请中包括的外观设计的数量

虽然各个国家关于一件申请所包含的外观设计的数量、表现方式等手续的规定不尽相同，基于我国的外观设计制度，如果是将优先权证明文件中包含的外观设计拆分成每一件单独进行申请，即使与优先权证明文件中包含的外观设计的数量不相同，也可以认为两外观设计是相同的。

101.3.2.1　优先权证明文件中记载了多个外观设计，其中一个外观设计是向我国提出外观设计注册申请的外观设计，在核实优先权时可以认定为相同的外观设计

101.3.2.2　优先权证明文件中记载了多个外观设计，将其中全部或者一部分的产品组成，以成套产品（外观设计法第8条规定的经济产业省令所制定的附表二中所列举的成套产品）的形式向我国提出外观设计注册申请的，在核实优先权时可以认定为相同的外观设计

101.3.2.3　优先权证明文件中记载的外观设计与证明文件中未记载的外观设计相结合，以成套产品的形式向我国提出外观设计注册申请的，不能被认定为是相同的外观设计

101.3.2.4　将基于多个优先权主张的外观设计进行组合，向我国提出外观设计注册申请的，不能认定为是相同的外观设计

这种情况下，把在我国申请的外观设计与多个优先权证明文件中记载的外观设计分别进行对比，在我国申请的外观设计不能从其中任何一个优先权证明文件中的外观设计导出，况且，多个在第一国提出的申请可以分别向我国提出申请，因此这种基于多个优先权证明文件记载的外观设计的组合的外观设计，向我国提出外观设计注册申请时，不能被认为是相同的外观设计。

"两外观设计不相同的情形"

【例3】基于多个优先权主张的外观设计的组合，向我国提出外观设计申请的

第一国申请 A：圆珠笔盖的外观设计。

第一国申请 B：圆珠笔本体的外观设计

日本的申请：第一国申请 A 和第一国申请 B 组合在一起的圆珠笔（盖＋本体）的外观设计。

101.3.3　优先权证明文件的图片中未表示出欲取得外观设计注册的外观设计产品整体形态的情形

向我国提出的外观设计注册申请，要求将欲取得外观设计注册的外观设计产品的整体公开，但是有些国家并不要求在请求书所附的图片中将所需保护的外观设计产品整体公开。

因此，对于优先权文件中没有表达出欲取得外观设计注册的外观设计产品整体形态的，只要从优先权证明文件的记载及图片中，通过综合判断能够导出时，则可以在核实优先权时，认为在第一国的欲取得外观设计注册的外观设计与向我国提出

的欲取得外观设计注册的外观设计是相同的外观设计。

101.3.3.1 将表示有产品整体形态的外观设计向我国提出外观设计注册申请的情形

①即使对优先权证明文件的整体进行综合判断，也无法导出不明确的部分的具体形态时，认为两外观设计不相同。

②产品的形状受产品特性所决定，几乎是定形化产品时，通过对优先权证明文件的整体进行综合判断，可以导出不明确部分的具体形态的，在核实优先权时可认为两外观设计是相同的。

"两外观设计相同的情形"

【例4】 根据产品的特性可以导出不明确部分的具体形态的情形

第一国申请：手表的表盘的外观设计，只记载了主视图，并且未说明是否为部分外观设计申请。

日本的申请：用实线表示了一组图片，是关于产品整体的外观设计。该一组图片和优先权证明文件中记载的主视图是一致的。

（说明）

手表的表盘通常是板状的，俯视、仰视以及左右两侧的形态与主视图的宽、高的尺寸是相对应的，几乎没有厚度。另外，背面的形态通常是隐藏在机器内部的，没有特别的装饰。并且带有为了使主视图中表示的指针能穿过表盘而设置的孔，孔左右对称成打开状态。这些都是作为表盘指针的特定形状。因此，优先权证明文件中记载的外观设计与向我国提出的外观设计可以认为是同样的外观设计。

101.3.3.2 将优先权证明文件中记载的外观设计所表现出

具体形态的部分，作为向我国提出的外观设计申请的欲取得外观设计注册的部分将优先权证明文件中没有表示出具体形态的部分作为其他部分，提出部分外观设计申请

①如果在优先权证明文件中表明的具体形态的部分相对于产品整体的位置、大小、范围等不能通过对优先权证明文件进行综合判断而导出的话，则认为两外观设计不相同。

②如果针对优先权证明文件中记载的外观设计，对其形态所表示的部分相对于产品整体的位置、大小、范围等，结合优先权证明文件中的图片以外的信息或者根据产品特性，进行综合判断后可以导出的，则认为两外观设计相同。

"两外观设计相同的例子"

【例5】将在第一国申请中没有表示的部分，作为欲获得外观设计注册的部分以外的部分的情形

第一国申请：关于折叠式手机的外观设计，图片中只记载了手机的折叠关闭状态，未记载开启状态时手机内侧的形态，并且没有说明是否为部分外观设计。

日本的申请：将打开状态的内侧的形态用虚线表示，将关闭状态所表示的部分作为欲获得外观设计注册的部分外观设计提出申请。

（说明）

并不是所有国家都像我国一样，要求在请求书中对部分外观设计进行明示。况且，对于手机类产品来说，在我国即使仅仅要求对关闭状态所表示的部分进行保护，也需要提交以虚线形式表现的开启状态的内侧形态的图片，但并不是所有外国都要求这样做。对优先权证明文件进行综合判断，在第一国的申

请仅就手机关闭状态请求保护，如果符合我国制度的要求，则可以按照部分外观设计进行申请，并且，关闭状态所表示的部分相对于手机整体的外置、大小、范围等是非常明确的，可以认为优先权证明文件中的外观设计与向我国提出申请的外观设计注册申请的外观设计是相同的外观设计。

"两外观设计相同的例子"

【例6】通过对优先权证明文件进行综合判断，可以导出欲获得外观设计注册的部分的位置、大小、范围等信息(图像)

第一国申请：外观设计产品的名称是操作界面（原文：Graphical user interfaces），图片中的图像（a）记载在显示屏处呈显示状态的手机（A）的主视图中（显示屏以外的部分用虚线表示），除此以外图片中还记载了多个只显示操作界面的图（b，c，d）。

日本的申请：外观设计产品是手机，手机的显示屏是请求保护的外观设计，是部分外观设计的申请。手机整体的形态与优先权证明文件中用虚线表示的手机（A）形态一致，但是显示屏部分显示的是图像（c）的图案。

（说明）

第一国申请，请求保护的外观设计是操作界面，从对图像（a）表示在手机（A）显示屏部分的图片进行综合判断可知，即使是图像（c），也是作为表示在手机（A）上的界面，是欲取得外观设计注册的部分。

虽然很多国家也允许只对操作界面本身提出外观设计保护请求，但是向我国提出的外观设计注册申请，仅仅提交界面本身的图片的话，是不能得到授权的。因此，对优先权证明文件整体判断后，能够导出的产品分类（参照例2）作为外观设计产品，在手机（A）上表示的图像（c）作为请求保护的外观设计时，显示屏部分的外观设计对于产品整体的具体位置、大小、范围等，通过优先权证明文件整体进行综合判断后是可以导出的，因此认为优先权文件中的外观设计与向我国提出的外观设计是相同的外观设计。

"两外观设计不相同的例子"

【例7】即使对优先权证明文件进行综合判断，也无法从中导出欲获得外观设计注册部分的位置、大小、范围等信息

第一国申请：外观设计产品的名称是"包装用容器"（原文：Package），图片中只记载了图案。

日本的申请：外观设计产品是"包装箱"，表示在包装箱上的图案部分是欲取得外观设计注册的部分外观设计。

（说明）

优先权证明文件的图片中只记载了图案，即使也记载了图案所依附的产品的名称，但是从优先权证明文件中，其图案在产品整体中的位置、大小、范围是无法导出的，因此不认为两外观设计是相同的。

101.3.4　对于构成外观设计的部件的组合或拆分

优先权证明文件中记载的外观设计是对应于我国外观设计法第7条规定的一项设计的情形，只有与该外观设计是同等外观设计单位的申请向我国提出外观设计注册申请时，才能认为在优先权核实时两外观设计是相同的设计。

101.3.4.1　向我国提出的外观设计注册申请是将优先权证明文件中记载的部件的外观设计与优先权证明文件未记载的其

他部件的外观设计组合后的成品的外观设计

此种情形不认为是相同的外观设计。

101.3.4.2　优先权证明文件中记载的外观设计是成品外观设计，把构成该成品的其中的一个部件作为向我国提出外观设计注册申请的外观设计的情形

两外观设计是不相同的。

"两外观设计不相同的例子"

> 【例8】将成品的一个零部件向我国提出外观设计申请的情形

第一国的申请：自行车的外观设计。在日本的申请：自行车用车座的外观设计

（说明）

在第一国的申请是根据我国外观设计法第7条的规定被认为是一项设计的自行车整体的外观设计。将构成自行车的自行车座作为单独的外观设计提出申请是不被认可的，因此两外观设计不相同。

101.3.4.3　优先权证明文件中记载的外观设计是由多个可以自由替换的零部件组成的成品的外观设计，就优先权证明文件中没有示出的组合方式向我国提出外观设计注册申请的

①对优先权证明文件整体进行综合判断后，如果在第一国的申请中是包含了向我国提出的外观设计的组合方式的，则认为两外观设计是相同的。

② 如果经过对优先权证明文件整体进行综合判断，向我国提出的外观设计的组合方式在第一国提出的文件中是不明确的，则认为两外观设计不相同。

"两外观设计相同的例子"

> 【例9】优先权证明文件中记载的是由多个可以自由替换的零部件组成的成品的外观设计，就优先权证明文件中没有明确表示出的组合方式向我国提出外观设计申请的

第一国申请：记载了三个圆珠笔本体（A，B，C）和三个圆珠笔盖（a，b，c），以及一个带有笔盖的圆珠笔（A＋a）的外观设计。并且，在请求书中说明笔和笔盖的组合并不限于（A＋a），可以在本体和笔盖之间自由组合※。

日本的申请：有笔盖的圆珠笔（A＋b）。

（说明）

在第一国的申请中，记载的是三个圆珠笔本体（A，B，C），三个圆珠笔盖（a，b，c），以及一个带有笔盖的圆珠笔（A＋a），共计7个外观设计。但是，通过对请求书的综合判断可以得出，以带有笔盖的圆珠笔（A＋a）为例，请求保护的外观设计还包括没有在图片中表现的（A＋b），以及共计9个带有笔盖的圆珠笔的外观设计。

※ 第一国申请的请求书中如果没有记载带有笔盖的圆珠笔（A＋a），圆珠笔本体与笔盖之间是否可以相互组合替换也不明确时，即使通过对优先权证明文件整体进行综合判断，也不能确定向我国提出的外观设计就是优先权证明文件中请求保护的外观设计的情形时，不能认为两外观设计是相同的。

101.3.5 外观设计的构成要素（形状、图案、色彩）不相同的情形

为了使两外观设计相同，两外观设计产品的形状、图案、色彩（以下称之为外观设计的要素）也必须是一致的。

外观设计的构成要素不一致时，会变成另外的设计，从而对外观设计相近似的判断产生影响，因此，原则上，如果外观设计的构成要素发生变化时，不能认可优先权主张的效力。

但是，即使构成要素不一致，如果向我国提出的申请，其外观设计中没有出现的要素并不请求保护，以及外观设计制图的表现方法不一致但是外观设计是相同的，属于以上两种情形时，根据优先权证明文件的记载，通过对优先权证明文件的图片等进行综合判断，能够理所当然推导出以上外观设计时，可以认为两外观设计是相同的。

（外观设计的表现方法不同的例子）

① 优先权证明文件中记载的外观设计与向我国提出的外观设计，制图方法不同的情形。

② 优先权证明文件中记载的外观设计是用制图的方式（包括计算机辅助制图）的形式，向我国提出的申请使用的是照片（黑白或彩色），或者样品、模型等形式。

③ 优先权证明文件中记载的外观设计使用的是照片（黑白或彩色），或者样品、模型等形式，向我国提出的申请是制图的方式（包括计算机辅助制图）。

"两外观设计相同的例子"

【例10】表现方式虽然不同，但是通过对优先权证明文件的记载进行综合判断，可以当然地导出与向我国提出的外观设计注册申请相同的外观设计的情形

第一国申请：钉子的外观设计。虽然图片中并不包括色彩，但是在请求书中记载了是由铁制作而成的。

日本的申请：钉子的外观设计。图片类型是照片，并且像

一般的铁制钉子一样具有金属光泽，带有金属色彩。

（说明）

优先权证明文件中记载的外观设计虽然没有图案和色彩，但是如果结合请求书中记载的产品是铁制品，则可以当然地导出与向我国提交的外观设计注册申请的照片中表现出的金属光泽、金属图案的钉子的外观设计属相同的外观设计，因此在核实优先权时可以认为两外观设计是相同的。

"两外观设计相同的例子"

【例11】优先权证明文件中的外观设计使用2张立体图表示，向我国提出的外观设计注册申请使用6张正投影图表示

第一国申请：外观设计是以正面、顶面、右侧面构成的立体图和以背面、底面、左侧面构成的立体图来表示。

日本的申请：通过正投影制图法绘制的六面图（主视图，后视图，左视图，右视图，俯视图，仰视图）来表示。该六面图所记载的产品形态与优先权证明文件中记载的立体图中能够当然导出的产品形态一致。

（说明）

优先权证明文件中用两张立体图所表示的产品六个面的形态，通过对其进行综合判断所能导出的外观设计与向我国提出的外观设计相一致，因此即使制图方式存在差异，也可以在核实优先权时认为两外观设计是相同的。

"两外观设计相同的例子"

【例12】优先权证明文件中的外观设计用照片表示，向我国提出的外观设计注册申请使用图片（着色图片）表示

第一国申请：外观设计用照片表示并且带有色彩。

日本的申请：外观设计用图片表示，并且带有与第一国申请相同色彩的颜色。

101.3.6　作为优先权基础的申请不是外观设计注册申请或不是实用新型注册申请的情形

对于以发明专利申请或者是注册商标申请作为优先权主张的外观设计注册申请的处理方式，在《巴黎公约》中没有进行规定。对于诸如此类在《巴黎公约》中未作出规定的优先权主张，在我国应该以这些法域相互之间是否可以进行申请类型的变更作为判断基础。

101.3.6.1　作为优先权基础的申请是发明专利申请的情形

在我国，专利法和外观设计法的法域相互之间是可以变更申请类型的。

因此，基于发明专利申请而主张优先权等的外观设计注册申请，只要优先权文件中记载的外观设计与向我国提出的外观设计相同，就可以承认其优先权主张。

101.3.6.2　作为优先权基础的申请是注册商标的情形

在我国并不承认由注册商标申请变更为外观设计注册申请的申请类型变更。

因此，基于注册商标注册申请而主张优先权的外观设计注册申请，其优先权主张的效力是不被认可的。

并且，作为优先权主张的在第一国提出的注册商标申请即使是立体商标，也不认可其优先权主张的效力。

101.3.7　依据《巴黎公约》主张优先权的个别外观设计注册申请的外观设计相同的判断方式

①关于部分外观设计，参照第7部"个别的外观设计注册

申请"第 1 章"部分外观设计"71. 13"依据《巴黎公约》主张优先权的部分外观设计的外观设计注册申请"。

②关于成套产品的外观设计注册申请，参照第 7 部"个别的外观设计注册申请"第 2 章"成套产品的外观设计"72. 17"依据《巴黎公约》主张优先权的成套产品外观设计的外观设计注册申请"。

第 11 部

审查的进行方式

第1章　概论

111　与审查手续相关的主要法条

外观设计法第16条（审查员的审查）。

外观设计法第17条（驳回决定）。

外观设计法第17条之二（补正的不受理）。

外观设计法第18条（外观设计注册的审查决定）。

外观设计法第19条参照适用专利法第50条（驳回理由的通知）。

外观设计法第19条参照适用专利法第52条（决定的方式）。

111.1　审查的基本方针

审查员对外观设计注册申请是否可以授予外观设计权进行实体性审查。审查员应当基于高度的专业知识，进行公正的判断。

审查时应该注意以下几点：

在确保快速、准确、公平、透明的同时，按照审查指南的指导方针统一进行审查。

在进行现有设计检索以及授权要件的判断时，应当力求保证并进一步提升审查的质量。

应当确保和申请人、代理人（以下简称申请人）的沟通，高效开展审查工作。

111.2 审查顺序的概要

以下是审查顺序的概要，审查顺序的详细内容参照"第2章 各论"。实体审查的主要流程用图进行表示。

（1）外观设计注册申请的外观设计的认定。（→112.1）

审查应当从对外观设计注册申请的外观设计（以下简称"本申请的外观设计"）进行认定而开始，对外观设计的认定，应当基于请求书以及图片进行综合判断。并应当就外观设计第3条第1款标题，第7条，第8条的要件进行研判。

（2）现有外观设计的检索。（→112.2）

现有设计的检索是为了发现，①现有设计，②公知设计（周知设计）的形状，图案或者色彩及其结合（以下，①和②合称为"现有外观设计"）而进行的。其对于本申请的外观设计的新颖性、创造性等授权要件（外观设计法第3条第1款各项及第2款，第3条之二），在先申请的要件（外观设计法第9条）及关联外观设计的要件（外观设计法第10条）的判断是有帮助的。

（3）新颖性、创造性的研判。（→112.3）

应当对在现有设计检索中发现的现有外观设计的内容，对本申请的外观设计的新颖性、创造性等授权要件（外观设计第3

条第 1 款各项以及第 2 款, 第 3 条之二), 在先申请的要件 (外观设计法第 9 条) 或者关联外观设计的要件 (外观设计法第 10 条) 是否构成驳回理由进行研判。

此外, 应当研判外观设计注册申请是否属于外观设计法第 17 条各项规定的驳回理由。

(4) 驳回理由的通知。(→112.4)

研判的结果如果是发现了驳回理由的话, 应当将驳回理由通知申请人 (外观设计法第 19 条参照适用专利法第 50 条)。驳回理由应当尽量使用简单易懂, 容易理解的语言记载要点。

(5) 提出意见陈述书或者手续补正书时。(→112.5)

提出意见陈述书或者手续补正书时, 审查员应当在认真阅读、充分理解的基础上, 对意见陈述书中主张的各项内容进行研判。并且对手续补正书的内容进行充分研判, 判断是否克服了此前发出的驳回理由通知书中指出的缺陷。

提出手续补正通知书时, 应当对最初申请及补正后的各外观设计进行比较, 确认是否变更了最初申请请求书或者图片中记载的要点。

对请求书或者图片进行的补正, 如果变更了外观设计的要点, 则应当以决定的形式不予受理该补正。

(6) 决定。(→112.6)

没有发现驳回理由的应当作出授权决定。根据申请人的意见陈述书或者手续补正书, 已经克服了驳回理由并且没有发现其他驳回理由的, 应当作出授权决定 (外观设计法第 18 条)。

另外, 如果对意见陈述书或者手续补正书进行审查后, 发现没有克服驳回理由通知书中所指出的缺陷的, 应当作出驳回决定 (外观设计法第 17 条)。在作出驳回决定时, 应当用简单易懂的语言，说明未克服缺陷的具体理由。

第2章　各论

112.1　外观设计注册申请相关的外观设计的认定

（1）整体外观设计的认定。（→第1部 第2章）

作为判断本申请外观设计的新颖性、创造性等的前提，必须把握外观设计的内容。这个过程称为外观设计的认定。

在进行本申请外观设计的认定时，应当基于外观设计所属领域的一般常识，就以下几点，基于请求书和图片的记载进行综合的判断。

①外观设计产品。

②外观设计产品的形态。

关于外观设计产品，应当根据请求书中的"外观设计产品"和"外观设计产品的说明"以及图片的记载，对外观设计产品的用途、功能进行认定。

关于外观设计产品的形态，应当根据图片以及请求书中"外观设计的说明"栏的记载，对外观设计产品的整体形态及各部分形态进行认定。

（2）部分外观设计的认定。（→71.3）

关于部分外观设计中本申请外观设计的认定，可就以下几点，充分注意"外观设计的说明"栏中记载的"欲取得外观设计注册的部分"的限定方法，并在确定"欲取得外观设计注册的部分"之后，根据请求书和图片的记载进行综合的判断。

① 部分外观设计的产品。

② "欲取得外观设计注册的部分" 的用途以及功能。

③ "欲取得外观设计注册的部分" 的位置、大小及范围。

④ "欲取得外观设计注册的部分" 的形态。

关于部分外观设计的外观设计产品，应当根据请求书中 "外观设计产品" 以及 "外观设计产品的说明" 栏目的记载，并且结合图片，对部分外观设计产品的用途和功能进行认定。

关于 "欲取得外观设计注册的部分" 的用途、功能、基于前款已认定的部分外观设计产品的用途和功能进行认定。

关于 "欲取得外观设计注册的部分" 的位置、大小、范围，根据请求书中的 "外观设计的说明" 栏的记载来认定。

"欲取得外观设计注册的部分" 的形态，根据请求书中的所附图片和请求书 "外观设计的说明" 栏的记载来认定。

（3）认定外观设计时的注意事款。

在进行本申请外观设计的认定时，如果请求书以及图片的记载存在不完备之处，审查员应该判断该不完备的记载在认定具体的外观设计时，是否可以合理地进行善意理解（参照21.1.2 "外观设计的具体内容"）。

112.2 现有外观设计检索

对现有设计的检索是为了发现现有设计，其对于本申请外观设计的新颖性、创造性等授权要件（外观设计法第3条第1款各项以及第2款、第3条之二），在先申请的要件（外观设计法第9条）以及关联外观设计的要件（外观设计法第10条）的判断是有帮助的。

而且，当本申请外观设计的所属领域不能确定时，应当在进行现有设计检索之前，对是否符合工业实用性（外观设计法第3条第1款标题）、是否包含两个以上的外观设计（外观设计法第 7 条）、如果是成套产品还需要对是否满足成套产品的认定要件（外观设计法第 8 条）等事项进行研判，发现驳回理由的应当将驳回理由通知申请人（参照 72.1.1 "认定成套产品的外观设计的要件"）。

（1）参考文献。

公开的对本申请外观设计的新颖性、创造性等判断有帮助的现有设计的审查资料称之为参考文献。

如果发现可以认定为与本申请外观设计在外观设计整体或者各部分形态上具有共同点的现有设计时，应当将此审查资料作为参考文献而记录。

如果有对本申请外观设计以及外观设计所属领域的理解有参考作用的现有设计的审查资料存在时，也可以作为参考文献对其记录。

（2）现有设计的检索方法。

① 在外观设计注册申请中，并不要求申请人对其外观设计中认为重要的形态或重视的部分进行说明。因此，在进行现有设计检索之前，为了能够设定审查资料的范围，提取参考文献，应当基于请求书和图片的记载，审查员有必要自行对外观设计中引起注意的部分，引起注意的程度等进行推测。在进行推测时，如果是关联外观设计的情形，应关注其与基础外观设计形态上的相同点，在提出了特征记载书的情形时，应当参考特征记载书。

② 现有设计检索以外观设计注册申请、公知资料（国内外图书、国内外杂志、国内外商品目录、国内外专利局的外观设计公报、互联网上的主页）、公开的发明专利公报以及授权的实用新型公报等审查资料为对象而进行。

③ 现有设计检索应当基于审查员的知识经验，以及本申请外观设计所属领域中以往的外观设计注册申请的审查判断，设定应检索的审查资料的范围，并且优先检索与本申请关联性高的产品领域。通常，根据请求书的记载和所附图片，应当将包含了本申请外观设计产品的日本外观设计分类设定为检索范围，从属于该日本外观设计分类的外观设计注册申请以及公知资料开始进行检索。

④ 根据最初设定的日本外观设计分类的检索结果，决定是否扩大检索范围。即，在对包含了本申请外观设计产品的日本外观设计分类的审查资料进行检索后，没有发现足以判断新颖性、创造性的现有设计，如以下示例所述，审查员认为有可能存在有助于判断新颖性、创造性的现有设计的检索方法时，在对审查的效率和准确性双方进行综合考虑的基础上，追加可能有效地发现现有设计的检索方法。

（扩大检索范围的现有设计检索方法的例子）

（ⅰ）如果存在可能与本申请外观设计产品的用途（使用目的、使用状态等）以及功能具有共同性的产品时，对包含有该类产品的日本外观设计分类中的外观设计注册申请及公知资料进行检索。

（ⅱ）如果存在可能表现了本申请外观设计构成要素的形状、图案或者色彩与形状、图案的结合的现有设计时，对包含有该类产品的日本外观设计分类中的外观设计注册申请及公知资料进行检索。

（ⅲ）本申请外观设计是零部件外观设计或者部分外观设计时，其零部件或"欲取得外观设计注册的部分"的形态作为现有外观设计的一部分可能已被公开，如果存在这种可能时，对包含有该类产品的日本外观设计分类中的外观设计注册申请及公知资料进行检索。

（iv）本申请外观设计的"外观设计产品""外观设计产品的说明"或者"外观设计的说明"栏中，记载有可以认为是表现产品特征的语句时，对在上述各栏中出现的、包含有这些语句的外观设计注册申请以及包含有这些语句的公知资料进行检索。

（v）在本申请外观设计产品相关的发明技术领域如果存在可能表现了该产品形态的发明专利公报、实用新型公报时、对该技术领域中的发明专利公报和实用新型公报等进行检索。

（vi）本申请外观设计可能不满足创造性的授权要件，必要时，对可以作为创造性判断基础的资料，以及可以证明对于本领域人员来说是常规手法的资料进行检索。

（vii）在发现的现有外观设计中记载了参考文献时，对现有外观设计的参考文献进行检索。

（viii）外观设计注册申请的申请人如果曾申请过外观设计时，对其过去的外观设计注册申请及参考文献进行检索。

（3）现有设计检索的终止。

对于本申请外观设计，如果发现了足以判断新颖性、创造性的现有外观设计，或者即使扩大检索范围，发现有意义的现有设计的可能性非常小时，可以终止对现有外观设计的检索。

112.3　新颖性、创造性的研判

在现有设计检索中发现的现有设计的内容，是否构成与本申请外观设计的新颖性、创造性等的授权要件（外观设计法第3条第1款各款及第2款、第3条之二），先申请的要件（外观设计法第9条）及关联外观设计的要件（外观设计法第10条）相关的驳回理由，应当按照如下的要点进行研判。

并且，针对外观设计注册申请是否属于外观设计法第 17 条各项规定的驳回理由进行研判。

（1）资料的著录项目的确认。

在对外观设计法第 3 条第 1 款各项以及第 2 款的规定是否适用进行研判时，应当确认现有设计的公开日期和本申请外观设计的授权要件的判断基准日之间的关系（在对外观设计法第 3 条第 1 款各项以及第 2 款的规定是否适用进行研判时，不仅要考虑日期还需要考虑时刻）。

在对外观设计法第 3 条之二、第 9 条、第 10 条的规定是否适用进行研判时，应当确认现有设计（在先申请）的授权要件等的判断基准日和公报发布日以及申请人或专利权人、和本申请外观设计的授权要件的判断基准日及申请人之间的关系。

（外观设计法第 3 条之二）

24.1.6.1　参照"外观设计注册申请的申请人和在先外观设计注册申请的申请人为同一人时"

24.1.6.2　参照"（略）在先的外观设计注册申请的外观设计公报发布日前，提出该外观设计注册申请"

24.1.7　参照"适用外观设计第 3 条之二规定的有关时间的要件"

（外观设计法第 9 条）

61.1.10　参照"对于相似外观设计不同日的外观设计注册申请的处理"

61.1.11　参照"对于相同或相似的外观设计同日的外观设计注册申请的处理"

61.1.12 参照"对外观设计注册申请的分案、申请变更和补正后的外观设计的新申请，按外观设计法第9条第1款或第2款规定的判断的基准日"

61.1.13 参照"依据《巴黎公约》要求优先权的外观设计注册申请之外观设计法第9条第1款或第2款规定的判断基准日"

（外观设计法第10条）

73.1.1.1 参照"与基础外观设计的申请人属于同一人的外观设计注册申请"

73.1.13 参照"在基础外观设计的申请日以后，且在基础外观设计的外观设计公报的发布日之前提出的申请"

并且，此处所述的"授权要件的判断基准日"是指以下任何一项所述的日期。

①申请日。

②依据《巴黎公约》作为优先权基础的向第一国提出的申请的申请日。

③分案申请、变更申请类型的申请情况下的原申请的申请日。

④补正不受理后提出的新申请的情况下手续补正书的提出日。

被发现的现有设计是请求适用丧失新颖性例外（外观设计法第4条第1款或者第2款）的公开的外观设计时，需确认是否满足要求丧失新颖性例外的规定的要件（参照第3部"丧失新颖性的例外"）。

（2）新颖性判断时外观设计相似与否的判断。（→22.1.3）

对新颖性（外观设计法第3条第1款各项）、在先申请（外观设计法第9条）、在先申请的一部分相同或者相似的在后申请的保护例外（外观设计法第 3 条之二）相关的驳回理由进行讨论时，对在先申请和本申请的外观设计的对比及判断，应当注意以下几点。

①对本申请外观设计与通知书中引用的现有设计（以下称"引用设计"）的相似与否的判断，应当以需要者（包括买卖者）为判断主体。

②判断本申请外观设计与引用外观设计的外观设计产品的用途、机能是否相同或相似。这种情况下，并不需要对产品详细的用途和功能进行比较，只要产品的用途（使用目的、使用状态）及功能有共同性，就足以判断产品的用途及功能是相似的。

③对引用外观设计中表达的设计进行充分地确认，对比本申请外观设计与引用外观设计，对外观设计产品的整体形态（基本的构成形态）以及各部分形态的共同点和差异点进行确认后，从以下（i）和（ii）的角度进一步对共同点和差异点进行逐一评价。

（i）对其形态进行对比观察的时候，确认是否是引起注意的部分并评价引起注意的程度。

（ii）基于和现有设计群的对比，评价其所引起注意的程度。

对于部分外观设计而言，对"欲取得外观设计注册的部分"的用途、功能、位置、大小、范围、形态的共同点及差异点进行确认后，对共同点和差异点进行逐一评价。

④在对两外观设计所具有的共同点和差异点进行综合地观察之后，判断对于需要者（包括买卖者）而言，作为外观设计整体而言是否能引起不一样的美感。

（3）创造性的判断。（→第 2 部 第 3 章）

创造性的判断（外观设计法第 3 条第 2 款）是基于研判本

申请外观设计是否是在现有设计的基础上能够很容易地被创造出来而进行。

进行创造性判断时，应注意以下几点。

①以外观设计所属领域中具有通常知识的人（本领域人员）作为创造性判断的主体。

②确认作为创造性判断的基础的资料是被公知的设计或者周知的设计。并且，如果是公知的设计，需要有确认其事实的证据。

③如果是对于本领域人员而言是用通常的手法创造的外观设计，需要确认说明具体事实的证据。

（4）是否属于外观设计法第17条各款的判断。

对外观设计注册申请是否属于外观设计法第17条各款规定的驳回理由进行研判。例如，是否属于不授予外观设计权的理由（外观设计法第5条各款）、外观设计注册申请是否是由经济产业省令规定的产品的分类或与其同等程度的分类的产品（外观设计法第7条）（参照第4部"不能取得外观设计注册的外观设计"，参照第5部"一外观设计一申请"）。

112.4 驳回理由通知书

发现驳回理由的，通知申请人驳回理由，并指定一定的期限给申请人提出意见陈述书的机会。（外观设计法第19条参照适用专利法第50条）。

112.4.1 发出驳回理由通知书之时的注意事项

在发出驳回理由的通知时，应当注意以下几点，从能使申请人明确地理解驳回理由的角度出发，具体地指出驳回理由。

（1）为了使申请人容易理解驳回理由，应当尽可能用平实的文字，易于理解要点的方式进行表述。

（2）外观设计不是具体的产品，对于明显不符合外观设计法第 3 条第 1 款标题所规定的工业上可利用的外观设计，应当具体地指出请求书及图片中存在的不完备之处及其具体理由。

（3）本申请外观设计属于外观设计法第 3 条第 1 款各项、第 3 条之二、第 9 条第 1 款的规定、不满足新颖性、在先申请等要件的情况下，应当在驳回理由书中具体指明审查判断的理由。并且，在引用外观设计时，需记载与引用外观设计的出处相关的信息（文献名、发布日、期、卷、刊载页、刊载位置等）。此时，如果本申请外观设计是零部件外观设计或者部分外观设计时，必要情况下，还需要明示用于对比和判断的引用部分。

并且，本申请外观设计同时符合外观设计法第 3 条之二和外观设计法第 9 条第 1 款的规定时（本申请外观设计和在先申请外观设计是相同或者相近似的部分外观设计，各自的申请人不同的情形），审查实务上适用外观设计法第 3 条之二的规定（参照 71.9.1.1 "外观设计法第 9 条第 1 款中被认定为相似的部分外观设计的外观设计注册申请的例子"）。

（4）本申请外观设计属于外观设计法第 3 条第 2 款规定的情形，不满足创造性的授权要件的情形，应当在驳回理由书中具体指明审查判断的理由。此时，除了无需提示就已经很明确的情况以外，应当明确指出具体的事实，以证明本申请的外观设计是依据创造性判断基础的资料以及对于本领域人员来说用常规的设计手法就可以得到的外观设计（参照 23.6 "作为创造性判断基础的资料的告知"，参照 23.7 "对于本领域人员常规手法的告知"）。

告知创造性判断基础的资料时，应当记载与其出处相关的信息（文献名、发布日、期、卷、刊载页、刊载位置等）。

并且，外观设计法第 3 条第 2 款的规定仅限本申请外观设计不属于外观设计法第 3 条第 1 款各款规定的情形时才适用（参照 23.8 "与外观设计法第 3 条第 1 款各项的适用关系"）。

（5）外观设计注册申请不满足外观设计法第 7 条规定的一外观设计—申请的要件的情况下，应当在驳回理由书中，依据经济产业省令规定的产品分类或者与其同等程度的分类，就每个外观设计不被认可的理由进行具体地说明（参照第 5 部 "一外观设计—申请"）。

112.4.2　确保和申请人之间的意见沟通

（1）审查员认为有助于快速、准确地进行审查时，可以采用电话、传真、面谈等形式，作为和申请人沟通的补充手段，并致力于对申请人态度良好且易于理解的交流。面谈等需基于《会晤指南（外观设计审查篇）》而进行。做好面谈记录或者应答记录以确保程序透明。并且，外观设计注册申请有代理人的情形，原则上与代理人进行面谈。

（2）即使承担审查的审查员有所变化，也应当尽可能维持审查的连续性。如果与之前的审查员对案件作出的判断不一致时，应特别注意和申请人之间的意见交流。

112.5　申请人提出意见陈述书或手续补正书

（1）对意见陈述书或手续补正书的内容的研判

通知申请人驳回理由之后，申请人提出意见陈述书或手续补正书的情况下，审查员应认真阅读意见陈述书，对意见陈述书的内容进行准确地理解后，对意见陈述书中主张的各事项进行研判，并且对手续补正书的内容进行充分地研判，判断是否克服了之前驳回理由通知书中指出的缺陷。

（2）手续补正书的处理

针对请求书及图片的补正，如果变更了最初申请的请求书及图片记载的要点的情形（以下①②所示的情形），对该补正做出不受理决定（外观设计法第 17 条之二）。补正不受理的决定应当说明理由（多个理由的话应当说明所有理由）（参照 82.1 "补正的不受理"）。

①所做变更超出了基于外观设计所属领域的一般常识能够理所当然推导出的外观设计的相同范围的补正。

②将最初申请中不明确的外观设计的要点明确化的补正。

对于未变更最初申请的请求书或图片记载的要点的补正，基于补正后的请求书及图片的记载继续审查程序。

并且，补正仅限外观设计处于审查、复审或者重审程序时才能提出。（外观设计法第 60 条之三）（参照 81.1.2 "补正的时间限制"）。

（3）意见陈述书或手续补正书提出后的驳回理由的通知

即使提出的意见陈述书或手续补正书克服了之前发出的驳回理由通知书中的缺陷，如果审查员又发现了其他驳回理由的话，应当再次发出驳回理由通知书。

112.6　决定

112.6.1　注册决定

对外观设计注册申请没有发现驳回理由的，审查员应当作出注册决定。意见陈述书或手续补正书克服了驳回理由，且没有发现其他的驳回理由的，应当作出注册决定（外观设计法第 18 条）。

作出注册决定时，对于本申请外观设计注册申请虽然没有构成驳回理由，但是属于以下所示的现有设计，其在审查时作为特别参考，则应当将刊载其现有设计的审查资料作为参考文献在外观设计公报中进行登载。

（1）在外观设计整体上与本申请外观设计具有共同点的现有设计。

（2）与本申请外观设计在外观设计形态的一部分上具有共同点的现有设计。

112.6.2　驳回决定

即使提出了意见陈述书或手续补正通知书，也仍然不能克服驳回理由通知书中指明的缺陷时，应当及时发出驳回决定（外观设计法第 17 条）。

作出驳回决定时应注意以下几点：

（1）为了能使申请人理解未克服驳回理由的具体理由，审查员应当使用简明易懂的语言。

（2）针对意见陈述书中所主张的事项，除驳回理由以外，应当明确地增加记载审查员对此的判断。

审查员应当仅限于已经通知过的驳回现由，不得引用新的现有设计，作为驳回决定的理由。但是如果审查员为了补充说明常见的形态或者对本领域人员来说常用的手法的现有设计时，则可以。

【图】审查的主要流程

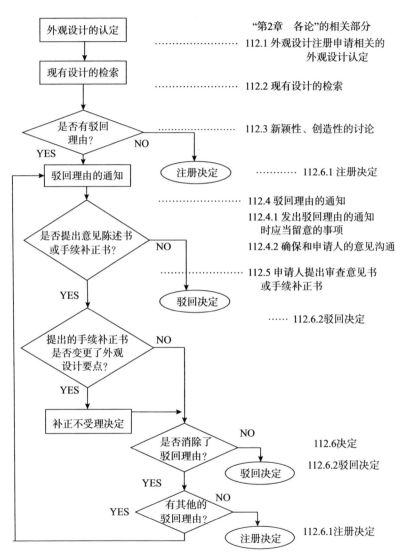

第 1 章　特征记载书

121　相关条文

外观设计法施行规则

第 6 条　1. 欲取得外观设计注册的人或外观设计注册申请人，可以在提交请求书或案件处于审查、复审或者重审的时候，提交特征描述书，其中记载欲取得外观设计注册的或外观设计注册申请的外观设计的特征。

2. 提交特征描述书的时候，应根据模板 9 制作。

3. 确定注册外观设计的范围的时候，不考虑特征描述书的记载。

121.1　特征记载书

虽然审查员在进行外观设计注册申请的外观设计的认定（参照第 1 部"请求书·图片"第 2 章"外观设计注册申请相关

的外观设计的认定")、或者相似与否的判断、以及驳回理由中，均不能将特征记载书中记载的内容作为直接的依据来用，但是，通过对特征记载书内容的阅读了解，能够使审查更加快速，例如在审查时，其记载内容可以成为确定更准确的检索范围的参考信息。

对于已授权的情形，通过外观设计公报中登载的外观设计特征及说明图的记载内容，可以使第三人能够了解到申请人创作外观设计的主观意图。

由于该记载内容不能作为确定外观设计法第 24 条规定的外观设计保护范围的基础，因此对于权利范围不产生任何直接的影响。

121.1.1 提出手续

提交特征记载书并非义务，是根据欲取得注册外观设计者或外观设计注册申请人的选择而提出，属于可选的手续。

仅限提出请求书时或者案件处于审查，复审或者无效程序时，才能提出该手续。

121.1.2 外观设计公报中的登载

原则上，作为申请人提交的文件，申请人在特征记载书中记载的外观设计特征的描述及说明图等内容，直接在公报上原样进行登载。如果申请人提出了新的特征记载书，只登载最新的那份特征记载书。

并且，基于外观设计法第 66 条第 3 款规定的外观设计公报（公示同一日提出的相同申请，由于申请人之间协商未成或不能协商情形下的驳回申请的公报）中不登载该内容。特征记载书中如果存在对于公报登载来说不恰当的表述，该不恰当表述的部分在公报中不进行登载。

附表　成套产品的产品表

成套产品的外观设计，原则上，必须包含"产品组成"栏内所列出的所有产品，其中每样产品至少有一个。

包含有以下产品之外的产品时，必须是和以下产品同时使用，且属于各产品组成附属范围内的产品。

并且，"备注"栏中带有注意事项的成套产品，如，必须最低至少包括"产品组成"栏内两种以上的产品的组合的产品、或者被细分的"产品组成"栏各栏产品之间组合的产品，可以作为成套产品处理。

	成套产品	产品组成	备注
1	一套贴身衣服	胸罩 紧身内裤 内裤 睡衣 吊带背心 打底衬裙 连体塑身内衣	包含栏内两种以上产品
2	一套袖扣和领带夹	袖扣 领带夹	
3	一套服饰用具	项链 耳环	
4	一套吸烟用具	桌上打火机 烟灰缸	
5	一套美容用具	电动按摩器 电动刮眉器 电动洗脸粉扑 电动真空吸啜	由任意一个栏的产品组成组合而成的成套产品

续表

	成套产品	产品组成	备注
6	一套人偶	一对古装人偶 三人宫女 五人伴奏人偶 左右大臣人偶	
7	一套洗涤机器	电动洗衣机 衣服干燥机	
8	一套厕所清洁用具	带盒马桶刷 装污物容器	
9	一套洗脸用具	牙刷架 玻璃杯	
10	一套电动牙刷	电动牙刷 托架	
11	一套野营用锅	锅 平底锅	
12	一套红茶具	红茶碗和托盘 茶壶 牛奶壶 砂糖罐	
13	一套咖啡具	咖啡茶碗和托盘 咖啡壶 牛奶壶 砂糖罐	
14	一套酒器	玻璃酒杯 冰罐 玻璃酒杯 玻璃细颈红酒瓶 日本酒酒壶 杯	由任意一栏的产品组成组合而成的成套产品

	成套产品	产品组成	备注
15	一套餐用器皿和玻璃杯	餐用器皿 玻璃杯	
16	一套茶具	茶壶 茶碗	
17	一套正餐餐具	肉盘 面包盘 汤碗 红茶碗和托盘 大碗 牛奶壶 砂糖罐	
18	一套调味料容器	撒食盐容器 撒胡椒容器 盛酱油器具 盛调味汁器具	由任意一栏的产品组成组合而成的成套产品
19	一套餐饮用刀、叉和匙	刀 叉 匙	
20	一套椅子	椅子（两个以上）	
21	一套办公家具	桌子 安乐椅	
22	一套室外用椅子和桌子	室外用椅子 室外用桌子	
23	一套玄关收纳组件	鞋柜 收纳架	
24	一套收纳架	收纳架（两个以上）	
25	一套书桌	书桌 书桌下小柜子	

续表

	成套产品	产品组成	备注
26	一套桌子	桌子（两个以上）	
27	一套顶灯	顶灯 顶灯用吊饰	
28	一套空调	空调 空调室外机	
29	一套洗脸化妆台	洗脸化妆台 化妆镜 收纳架	
30	一套厨房用具	洗涤台 厨桌 煤气灶台 收纳架	
31	一套坐便器用附属品	坐便器盖的套 坐便器座圈的套 厕所用地垫	
32	一套红茶具玩具	各产品组成相当于上述同类的非玩具类成套产品	
33	一套咖啡具玩具		
34	一套正餐餐具玩具		
35	一套调味料容器玩具		
36	一套刀、叉和匙玩具		
37	一套高尔夫球棒	高尔夫球棒（两个以上）	
38	一套西洋鼓	西洋鼓 西洋铙钹	
39	一套办公用具	剪子 裁纸刀 裁纸器 规尺 订书机	包含栏内两种以上产品的成套产品

	成套产品	产品组成	备注
40	一套文具	自动铅笔 圆珠笔 钢笔 马克笔	包含栏内两种以上产品的成套产品
41	一套汽车用空气整流器	汽车用空气整流器（两个以上）	
42	一套汽车用座套	座套（两个以上）	
43	一套汽车用地垫	地垫（两个以上）	
44	一套汽车用脚踏板	加速踏板 制动踏板	
45	一套双轮摩托车用整流罩	整流罩（两个以上）	
46	一套双轮摩托车用挡泥板	前挡泥板 后挡泥板	
47	一套车载用导航仪	车载用导航仪 显示器	
48	一套音响设备	调节器 扩音器 扬声器箱	也包含调节器与扩音器一体型
49	一套车载用音响	车载用调节器 车载用扩音器 扬声器箱	也包含车载用调节器与车载用扩音器一体型
50	一套扬声器箱	扬声器箱（两个以上）	
51	一套电视接收机	电视接收机 电视柜	
52	一套光盘播放机	显示器接收机 光盘播放机	

	成套产品	产品组成	备注
53	一套电子计算机	电子计算机 电子计算机用数据显示器或数据输出器 带数据显示器的电子计算机 电子计算机用键盘或数据输入器 带键盘的电子计算机 电子计算机用数据显示器 电子计算机〔两个以上（由多个机箱构成的电子计算机）〕 电子计算机用数据输入输出用辅助器	由任意一个栏的产品组成组合而成的成套产品
54	一套自动售货机	自动售货机（两个以上）	
55	一套医疗用 X 射线拍摄机	X 射线拍摄机 医疗用床	
56	一套门柱、门扉和栅栏	门柱 门扉 栅栏	

韩国部分

韩国工业品外观设计保护法

韩国外观设计审查指南

韩国外观设计法规相关术语解释

韩国工业品外观设计保护法[1]

1961 年 12 月 31 日 951 号法令颁布；
2009 年 6 月 9 日 9764 号法令最近一次修订

翻译：严若艳

校对：谢怡雯　杨　磊

---

[1]　译者注：根据韩国知识产权局官方网站公布的英文版翻译。翻译过程中发现该英文版有些许错误，在译成中文时进行了力所能及的修正，在此一并说明，不再一一标注。在翻译过程中得到韩国专家俞炳德的鼎力相助，在此表示感谢！

目　录

第一章　总则 ……………………………………… 1038

第1条　目的 ……………………………………… 1038

第2条　定义 ……………………………………… 1038

第3条　有权获得外观设计注册的人 …………… 1039

第4条　未成年人等的民事行为能力 …………… 1039

第4-2条　法人实体之外的协会等 ……………… 1039

第4-3条　非居民的外观设计代管人 …………… 1040

第4-4条　委托的范围 …………………………… 1040

第4-5条　委托凭证 ……………………………… 1040

第4-6条　关于缺乏法定身份等的认可 ………… 1041

第4-7条　委托权的延续 ………………………… 1041

第4-8条　代理的独立性 ………………………… 1041

第4-9条　代理人的更换等 ……………………… 1041

第4-10条　两人或多人的代理 ………………… 1042

第4-11条　民事诉讼法经必要修正后的适用 … 1042

第4-12条　非居民的地点 ……………………… 1043

第4-13条　期限的计算 ………………………… 1043

第4-14条　期限的延长等 ……………………… 1043

第4-15条　程序的无效 ………………………… 1044

第4-16条　后续完成程序 ……………………… 1044

第4-17条　程序效力的继承 …………………… 1045

第 4 - 18 条　继承人继续相关程序 ……………… 1045

第 4 - 19 条　程序的中断 …………………………… 1045

第 4 - 20 条　中断程序的恢复 ……………………… 1046

第 4 - 21 条　请求恢复 ……………………………… 1046

第 4 - 22 条　程序的中止 …………………………… 1047

第 4 - 23 条　中止和中断的效力 …………………… 1047

第 4 - 24 条　外国人的能力 ………………………… 1048

第 4 - 25 条　条约的效力 …………………………… 1048

第 4 - 26 条　递交文件的生效日期 ………………… 1048

第 4 - 27 条　身份号码的申请 ……………………… 1049

第 4 - 28 条　通过电子方式提出外观设计

　　　　　　　申请的程序 …………………………… 1049

第 4 - 29 条　使用电子文件和电子签名的报告 ……… 1050

第 4 - 30 条　通过通信网络的通知等 ……………… 1050

第二章　外观设计的注册条件和外观设计申请 …………… 1051

第 5 条　外观设计的注册条件 ……………………… 1051

第 6 条　不予注册的外观设计 ……………………… 1052

第 7 条　近似外观设计 ……………………………… 1052

第 8 条　丧失新颖性的例外 ………………………… 1053

第 9 条　外观设计注册申请 ………………………… 1053

第 10 条　共同申请 ………………………………… 1055

第 11 条　一件外观设计注册一申请 ………………… 1055

第 11 条之二　多项外观设计注册申请 ……………… 1055

第 12 条　成套产品的外观设计 ……………………… 1056

第 13 条　保密外观设计 ……………………………… 1056

第 14 条　由无权之人提交的外观设计注册申请以及

对合法权利人的保护 ·················· 1057

第 15 条　授予无权之人的注册外观设计以及对
　　　　　合法权利人的保护 ·············· 1057

第 16 条　先申请原则 ···················· 1058

第 17 条　程序的补正 ···················· 1058

第 18 条　申请的修改和要点的改变 ·········· 1059

第 18 条之二　修改的驳回 ················ 1060

第 19 条　外观设计注册申请的分案 ·········· 1060

第 20 条　已删除 ······················ 1061

第 20 条之二　已删除 ·················· 1061

第 21 条　已删除 ······················ 1061

第 22 条　已删除 ······················ 1061

第 23 条　条约下的优先权要求 ············ 1061

第 23 – 2 条　申请的公布 ················ 1062

第 23 – 3 条　申请公布的效力 ············ 1062

第 23 – 4 条　获得外观设计注册权利的转让等 ········ 1063

第 23 – 5 条　信息的提供 ················ 1064

第 23 – 6 条　在外观设计公报中公告决定驳回的申请 ··· 1064

第 24 条　获得外观设计注册权的继承 ·········· 1064

第三章　审查 ························· 1065

第 25 条　由审查官进行审查 ·············· 1065

第 25 – 2 条　现有设计的检索等 ·········· 1065

第 25 – 3 条　专门检索机构指定的取消 ······ 1066

第 25 – 4 条　优先审查 ················ 1066

第 26 条　驳回外观设计注册的决定 ·········· 1066

第 27 条　驳回理由的通知 ················ 1068

第 27 条之二　　请求复审 ·················· 1068

第 28 条　授予外观设计注册的决定 ··········· 1068

第 29 条　授予或驳回外观设计注册决定的方式 ····· 1069

第 29 − 2 条　对不经审查外观设计注册的异议 ····· 1069

第 29 − 3 条　修改不经审查外观设计注册异议

　　　　　　　请求的理由 ··············· 1070

第 29 − 4 条　审查与决定的合议组等 ·········· 1070

第 29 − 5 条　不经审查外观设计注册异议的

　　　　　　　依职权审查 ··············· 1071

第 29 − 6 条　不经审查外观设计注册异议的

　　　　　　　合并和分立 ··············· 1071

第 29 − 7 条　对不经审查外观设计注册异议的决定 ··· 1071

第 29 − 8 条　对不经审查外观设计注册的异议

　　　　　　　作出决定的方式 ············· 1072

第 29 − 9 条　不经审查外观设计注册异议的撤回 ····· 1073

第 30 条　专利法经必要修正后的适用 ·········· 1073

第 30 条之二　审查或诉讼的中止 ············· 1073

第 30 条之三　作必要修正的规则 ············· 1073

第四章　外观设计注册费及外观设计注册 ········· 1074

第 31 条　外观设计注册费 ················· 1074

第 31 条之二　在缴纳注册费时放弃部分外观设计 ··· 1074

第 32 条　利害关系人缴纳注册费 ············· 1074

第 33 条　逾期缴纳注册费 ················· 1075

第 33 条之二　注册费余额的缴纳 ············· 1075

第 33 条之三　通过延期缴纳注册费恢复外观设计

　　　　　　　注册申请或外观设计权等 ········· 1076

第 34 条　官费 ·· 1077

第 35 条　注册费或官费的减免 ······························· 1077

第 36 条　注册费的退还等 ·· 1078

第 37 条　注册簿 ··· 1078

第 38 条　外观设计注册证书的颁发 ························· 1079

第五章　外观设计权 ·· 1079

第 39 条　确立外观设计权的注册 ···························· 1079

第 40 条　外观设计权的期限 ···································· 1080

第 41 条　外观设计权的效力 ···································· 1080

第 42 条　近似外观设计的外观设计权 ····················· 1080

第 43 条　注册外观设计的保护范围 ························· 1081

第 44 条　对外观设计权的限制 ································ 1081

第 45 条　与他人注册外观设计的关系 ····················· 1081

第 46 条　外观设计权的转让和共有 ························· 1082

第 47 条　独占许可 ··· 1083

第 48 条　外观设计权与独占许可登记的效力 ··········· 1083

第 49 条　非独占许可 ·· 1084

第 50 条　先使用产生的非独占许可 ························· 1084

第 50 条之二　因在先申请产生的非独占许可 ··········· 1085

第 51 条　因无效审判请求注册前的实施行为
　　　　　而产生的非独占许可 ······························· 1085

第 52 条　外观设计权届满后的非独占许可等 ··········· 1086

第 52 条之二　非独占许可登记的效力 ····················· 1087

第 53 条　外观设计权的放弃 ···································· 1087

第 54 条　对放弃外观设计权的限制等 ····················· 1087

第 55 条　放弃的效力 ·· 1088

第 56 条　抵押 ·································· 1088

第 57 条　抵押权的代位清偿 ·············· 1088

第 58 条　通过行使抵押权转让外观设计权时的
　　　　　非独占许可 ····················· 1088

第 59 条　因缺少继承人而外观设计权消灭 ······· 1089

第 60 条　已删除 ···························· 1089

第 61 条　执行补偿和报酬总额的资格 ········· 1089

第六章　对外观设计权人的保护 ············· 1089

第 62 条　对侵权发出的禁令等 ·············· 1089

第 63 条　视为侵权的行为 ················· 1090

第 64 条　损害赔偿数额等的推定等 ········· 1090

第 65 条　过失推定 ························· 1091

第 66 条　恢复外观设计权人名誉的措施等 ····· 1091

第 67 条　文件的提交 ····················· 1092

第七章　审判 ······························· 1092

第 67 条之二　对驳回修改决定的审判 ········· 1092

第 67 条之三　对驳回或撤销外观设计注册
　　　　　　　决定的审判 ················· 1092

第 68 条　外观设计注册的无效审判 ········· 1092

第 69 条　确认外观设计权范围的审判 ········· 1094

第 70 条　授予非独占许可的审判 ············ 1094

第 71 条　驳回外观设计注册决定审判审查的
　　　　　规定经必要修正后的适用 ·········· 1095

第 72 条　请求联合审判等 ················· 1095

第 72 - 2 条　审判请求的形式要求 ············· 1096

第72-3条　对驳回外观设计注册决定审判请求的

　　　　　　形式要求 ……………………………… 1097

第72-4条　审判请求的驳回 ……………………… 1098

第72-5条　因含有不可克服的缺陷而驳回审判请求 … 1098

第72-6条　审判官 ………………………………… 1099

第72-7条　审判官的指定 ………………………… 1099

第72-8条　审判长 ………………………………… 1099

第72-9条　审判合议组 …………………………… 1099

第72-10条　提交答复意见等 …………………… 1100

第72-11条　审判官的回避 ……………………… 1100

第72-12条　请求回避 …………………………… 1101

第72-13条　取消审判官的资格 ………………… 1101

第72-14条　指出回避或取消资格理由 ………… 1101

第72-15条　对回避或取消资格请求的决定 …… 1101

第72-16条　审判的中止 ………………………… 1102

第72-17条　审判官的自行回避等 ……………… 1102

第72-18条　审判程序等 ………………………… 1102

第72-19条　参加诉讼 …………………………… 1103

第72-20条　请求参加诉讼和决定 ……………… 1103

第72-21条　取得和保全证据 …………………… 1104

第72-22条　继续审判程序 ……………………… 1104

第72-23条　依职权审判审查 …………………… 1104

第72-24条　审判或裁决的合并或分开 ………… 1105

第72-25条　审判请求的撤回 …………………… 1105

第72-26条　审判裁决 …………………………… 1105

第72-27条　一事不再理原则 …………………… 1106

第72-28条　审判与诉讼之间的关系 …………… 1106

第72－29条　审判费用 ················ 1107

第72－30条　费用或报酬的执行 ·········· 1107

第72－31条　对外观设计注册审判的特殊规定 ····· 1108

第72－32条　审查过程或不经审查外观设计注册异
　　　　　　议过程的效力 ·············· 1108

第72－33条　驳回外观设计注册决定的撤销等 ····· 1108

第八章　再审和诉讼 ················ 1109

第73条　请求再审 ················ 1109

第73条之二　由于串通请求再审 ·········· 1109

第73条之三　请求再审的期限 ············ 1109

第74条　对经过再审而恢复的外观设计权的限制 ··· 1110

第74－2条　经过再审恢复的外观设计权的因在
　　　　　　先使用而获得非独占许可 ·············· 1110

第74－3条　再审剥夺了非独占许可的人的
　　　　　　非独占许可 ·············· 1111

第74－4条　审判规定经必要修正后适用于再审 ····· 1111

第74－5条　民事诉讼法经必要修正后的适用 ········ 1111

第75条　对审判决定诉讼等 ·············· 1111

第75－2条　被告的资格 ·············· 1112

第75－3条　诉讼通知和文件传送 ··········· 1112

第75－4条　撤销审判决定或裁决 ··········· 1113

第75－5条　对赔偿数额或报酬决定的诉讼 ········ 1113

第75－6条　赔偿或报酬诉讼案件的被告 ········· 1113

第75－7条　专利律师的报酬和诉讼费用 ········· 1114

第九章 附则 ·················· 1114

　　第 76 条 文件的查阅 ·················· 1114

　　第 77 条 禁止公布或取出外观设计注册簿以及
　　　　　　　与申请、审查或审判有关的文件 ·········· 1114

　　第 77 - 2 条 委托数字化外观设计文件 ·········· 1115

　　第 77 - 3 条 文件送达 ·················· 1116

　　第 77 - 4 条 公告送达 ·················· 1116

　　第 77 - 5 条 对非居民的文件送达 ·········· 1116

　　第 78 条 外观设计公报 ·················· 1117

　　第 78 条之二 文件的提交等 ·········· 1117

　　第 79 条 外观设计注册标记 ·········· 1117

　　第 80 条 禁止虚假标记 ·················· 1118

　　第 81 条 异议的限制 ·················· 1118

第十章 刑则 ·················· 1118

　　第 82 条 侵权罪 ·················· 1118

　　第 83 条 伪证罪 ·················· 1119

　　第 84 条 虚假标记罪 ·················· 1119

　　第 85 条 欺诈罪 ·················· 1119

　　第 86 条 泄密罪 ·················· 1119

　　第 86 条之二 专门检索机构等的官员和雇员
　　　　　　　　　视为公务员 ·················· 1120

　　第 87 条 双重责任 ·················· 1120

　　第 87 条之二 没收等 ·················· 1120

　　第 88 条 行政罚款 ·················· 1121

第一章　总则

第 1 条　目的

本法的目的是通过确保外观设计的保护和利用而鼓励外观设计的创作，从而使其对工业发展作出贡献。

第 2 条　定义

本法所用术语的定义如下：

（1）"外观设计"，是指产生视觉美感印象的产品的形状、图案、色彩或其结合；除适用本法第 12 条时之外，同样适用于产品的一部分以及字体；

（1）之二"字体"，是指在记录、标记或者印刷时使用的，具有共同特征的一套字样（包括数字、标记、符号等）；

（2）"注册外观设计"，是指已经被授权的外观设计；

（3）"外观设计注册"，是指经审查或不经审查的外观设计注册申请；

（4）"经审查的外观设计注册"，是指对是否完全符合本法规定的注册条件进行审查的外观设计注册；

（5）"不经审查外观设计注册"，是指对外观设计注册申请是否符合本法规定的注册条件进行审查、但不审查本法第 26 条第（2）款的外观设计注册；

（6）外观设计的"实施"，是指对使用外观设计的产品进行制造、使用、转让、出租、进口、许诺转让或许诺出租（也就是为转让或出租目的而进行陈列）的任何行为。

第3条　有权获得外观设计注册的人

（1）创作外观设计的人或其继承人有权根据本法获得外观设计注册；然而韩国知识产权局和知识产权审判院的雇员在其受雇期间，除非继承或受遗赠，不能获得外观设计注册。

（2）两个或两个以上的人共同创作出一项外观设计的，获得外观设计注册的权利为共有。

第4条　未成年人等的民事行为能力

（1）未成年人、限制民事行为能力的人、无民事行为能力的人不能启动提出申请、请求审查或其他外观设计相关的程序（以下简称"外观设计相关程序"），除非其由法定的代理人代表。但是，本规定不适用于未成年人或限制民事行为能力的人可以独立履行法律行为的情形。

（2）第（1）款所述法定的代理人可以不经家庭委员会同意而在由另一当事人启动的不经审查外观设计注册的异议、审判或再审程序中代为行使。

第4-2条　法人实体之外的协会等

法人实体以外的协会或基金会指定的代表人或管理员可以对不经审查外观设计注册提出异议请求，在行政审判或再审中以协会或基金会的名义作为原告或被告。

第4-3条 非居民的外观设计代管人

（1）在韩国没有居所或营业所的人（以下简称"非居民"），除非该非居民（或，如果是法人，其代表人）旅居在韩国，不能启动任何外观设计相关程序或对行政机构依照本法或其命令作出的决定提起诉讼，除非该人由一在韩国有居所或营业所的代理人（以下简称"外观设计代管人"）代表。

（2）在赋予外观设计代管人权利范围内，外观设计代管人将在所有外观设计相关程序和对行政机构依照本法或其命令作出的决定的诉讼中代表委托人。

第4-4条 委托的范围

除非特别授权，受居所或营业所在韩国的人的委托向韩国知识产权局启动外观设计相关程序的代理人不可以：

①放弃或撤回外观设计申请，或者放弃外观设计权；

②撤回诉状；

③撤回请求；

④依据第67条之二或第67条之三请求行政审判；或

⑤委托下一级代理。

第4-5条 委托凭证

启动外观设计相关程序的代理人（包括外观设计代管人）的委托书必须书面签署。

第4−6条　关于缺乏法定身份等的认可

由无法定身份的人、无法定代表人授权的人或者获得启动外观设计相关程序的授权有委托缺陷的人启动的程序，如果正确的当事人或法人代表认可，视为程序已经启动。

第4−7条　委托权的延续

代表他人启动外观设计相关程序的代理人的委托关系不因下列情形而消灭：

①委托人死亡或委托人失去法定身份；

②委托人因合并失去法人实体；

③委托人信任义务的终止；

④法定代表人死亡或法定代表人失去法定身份；或

⑤委托书的修改或消失。

第4−8条　代理的独立性

指定两个或多个代理人启动外观设计相关程序的，他们中的每一个人可以在韩国知识产权局或知识产权审判院独立代表委托人。

第4−9条　代理人的更换等

（1）韩国知识产权局局长或审判长认为启动外观设计相关程序的人无资格启动该程序或进行口头陈述等时，局长或审判长可以依职权命令委托代理人执行该程序。

（2）韩国知识产权局局长或审判长认为代表他人启动外观

设计相关程序的代理人无资格进行该程序或进行口头陈述等时，局长或审判长可以依职权命令更换代理人。

（3）在本条第（1）款、第（2）款所述情形下，韩国知识产权局局长或判审长可以命令指定专利代理人执行该程序。

（4）本条第（1）款所述启动外观设计相关程序的人或本条第（2）款所述的代理人，在第（1）款或第（2）款所述委托或更换代理人之前向韩国知识产权局或知识产权审判院采取的行为，在颁布了第（1）款或第（2）款所述的命令后，韩国知识产权局局长或审判长可以认定该行为无效。

第 4-10 条　两人或多人的代理

（1）两人或多人共同启动外观设计相关程序的，除了下列情形，其中的任何人都可以代表共同启动者，除非他们指定了共同的代理人，并且将指定代理人告知了韩国知识产权局或知识产权审判院：

①放弃或撤回外观设计申请；

②撤回诉状；

③撤回请求；和

④依据第 67 条之二或第 67 条之三的审判请求。

（2）已经指定了共同的代理人并且依据第（1）款的附带条件告知了，必须提交已经指定代理人的书面凭证。

第 4-11 条　民事诉讼法经必要修正后的适用

除了本法关于代理人的特别规定，民事诉讼法的第一部分第二节第四小节经必要修正后适用于本法的代理人。

第 4 - 12 条　非居民的地点

非居民指定外观设计代管人管理外观设计权或其他外观设计相关权利的，外观设计代管人的居所或营业所视为该非居民的。没有指定外观设计代管人的，依据民事诉讼法第 11 条将韩国知识产权局的地点当作权利的所在地。

第 4 - 13 条　期限的计算

本法或其命令的期限按如下方式计算：

①期限的第一日不计算在内，除非期限自午夜开始；

②期限以年或月表示时，依照日历表计算；

③期限的起始与日历表月或年的开始不相符时，期限在最后一月或年的与起始日期相应日的前一天届满；但是，最后一月无相应日的，期限在该月最后一天届满；和

④执行外观设计相关程序期限的最后一日为星期六或法定节假日（包括劳动节，由劳动节指定法规定）的，期限在节假日后的第一个工作日届满。

第 4 - 14 条　期限的延长等

（1）韩国知识产权局局长或知识产权审判院院长可以应请求或依职权延长依据第 29 - 3 条的不经审查外观设计异议的修改的期限或依据第 67 条之二或第 67 条之三请求审判的期限一次，至多 30 天。但是对于偏远或交通不便地区的人，延长的次数和期限可以进一步延长。

（2）为依据本法启动外观设计相关程序指定了期限的韩国

知识产权局局长、知识产权审判院院长、审判长或审查官，可以应请求缩短或延长期限或依职权延长期限。在这种情况下，韩国知识产权局局长等将在不非法侵犯相关程序中相关当事人利益的情况下决定是否缩短或延长期限。

（3）为依据本法启动外观设计相关程序指定日期的审判长或审查官，可以应请求或依职权更改该日期。

第4-15条　程序的无效

（1）未在指定期限内按通知要求依据第17条进行补正的，韩国知识产权局局长或知识产权审判院院长可以认定外观设计相关程序无效。

（2）依据第（1）款外观设计相关程序被无效的，若不是因本人的原因造成延误，韩国知识产权局局长或知识产权审判院院长可以应被通知进行补正的人的请求撤回无效决定，条件是请求是在延误理由消除之日起14日之内且指定期限届满不超过1年提出的。

（3）韩国知识产权局局长或知识产权审判院院长撤回第（1）款的无效决定或取消第（2）款无效决定撤回的，韩国知识产权局局长或知识产权审判院院长将向被通知进行补正的人颁发决定通知的副本。

第4-16条　后续完成程序

启动外观设计相关程序的人，因非本人原因，未在第67条之二、第67条之三规定的期限内请求审判或未在第73条之三规定的期限内请求再审的，若指定期限届满不超过1年，可以在理由消除之日起 14 日内立即完成相应程序。

第 4 - 17 条　程序效力的继承

外观设计相关程序或其他外观设计相关权利的效力延伸至权利继承人。

第 4 - 18 条　继承人继续相关程序

外观设计相关程序还在韩国知识产权局或知识产权审判院处理中，外观设计权或其他外观设计相关权利发生转移的，韩国知识产权局局长或审判长可以要求继承人继续外观设计相关程序。

第 4 - 19 条　程序的中断

属于下列情形之一的，尚在韩国知识产权局或知识产权审判院处理中的外观设计相关程序中断，除非有代表被授权进行该程序：

①相关当事人死亡；

②相关法人实体因合并而不存在；

③相关当事人丧失执行程序的能力；

④相关当事人的法定代表人死亡或失去委托权限；

⑤相关当事人的信任给予的受托人代理权终止；或

⑥第 4 - 10 条第（1）款附带条件的代表死亡或失去资格；

⑦有常备资格如他人的破产受托人的相关当事人丧失资格或死亡。

第 4 - 20 条　中断程序的恢复

韩国知识产权局或知识产权审判院进行中的程序以第 4 - 19 条所述方式中断的，属于下列情形之一的人，应当恢复程序：

①第 4 - 19 条的情形①，已故人员的继承人、遗产管理人员或法律授权继续程序的其他人；但继承人只有不放弃继承权才能恢复权利；

②第 4 - 19 条的情形②，法人实体通过合并确立或在合并后存在；

③第 4 - 19 条的情形③、④，进行必要程序的能力已恢复的当事人或者成为当事人法定代表人的人；

④第 4 - 19 条的情形⑤，新的受托人；

⑤第 4 - 19 条的情形⑥，新的代表或每一个相关联合启动者；或

⑥第 4 - 19 条的情形⑦，具有相同资格的人。

第 4 - 21 条　请求恢复

（1）第 4 - 20 条各项所规定的人和对方当事人可以请求恢复第 4 - 19 条中断了的程序。

（2）恢复第 4 - 19 条中断程序请求作出的，韩国知识产权局局长或审判长应当通知对方当事人。

（3）如果认为不存在允许恢复第 4 - 19 条中断程序请求的理由，韩国知识产权局局长或审判官将在审查请求后以决定的方式依职权驳回请求。

（4）应恢复请求，韩国知识产权局局长或审判官将在决定

或审判决定的经证明的副本发送后决定是否允许恢复中断的
程序。

（5）如果第 4 - 20 条所述的人不恢复中断的程序，韩国知
识产权局局长或审判官将依职权命令其在指定期限内恢复程序。

（6）如果程序没有在第（5）款指定期限内恢复，程序视为
在指定期限届满后一日恢复。

（7）依照第（6）款决定恢复的，韩国知识产权局局长或审
判长应当通知相关当事人。

第 4 - 22 条　程序的中止

（1）如果韩国知识产权局局长或审判官因自然灾害或其他
不可避免的原因不能履行职责，韩国知识产权局或知识产权审
判院的未决程序将中止直至障碍消除。

（2）如果一方当事人由于不确定持续时间的障碍而不能继
续韩国知识产权局或知识产权审判院的未决程序，韩国知识产
权局局长或审判官可以通过决定命令中止。

（3）韩国知识产权局局长或审判官可以取消第（2）款作出
的决定。

（4）如果程序根据第（1）款或第（2）款中止，或根据第
（3）款取消决定，韩国知识产权局局长或审判长应当通知相关
当事人。

第 4 - 23 条　中止和中断的效力

韩国知识产权局未决外观设计相关程序的中断或中止延缓
期限的计算，整个期限从继续或恢复程序的通知之日起重新开

始计算。

第4-24条 外国人的能力

除下列情形，在韩国既没有居所也没有营业所的外国人无资格享有外观设计权或其他外观设计相关权利：

①他们的国家允许韩国的国民与其国民一样在同样的条件下享有外观设计权或其他外观设计相关权利；

②当韩国允许他们国家的国民享有外观设计权或其他外观设计相关权利时，他们的国家允许韩国的国民与其国民一样在同样的条件下享有外观设计权或其他外观设计相关权利；或者

③依照条约或相当于条约（以下简称"条约"）可以享有外观设计权或其他外观设计相关权利的。

第4-25条 条约的效力

条约包含与本法不同的外观设计相关规定的，依从条约。

第4-26条 递交文件的生效日期

（1）按照本法或其命令向韩国知识产权局或知识产权审判院提交的申请、正式要求或其他文件（本条包括物品）自其送达韩国知识产权局或知识产权审判院之日起生效。

（2）申请、正式要求或其他文件通过邮件提交韩国知识产权局或知识产权审判院的，若邮戳日清晰，邮戳日视为送达韩国知识产权局或知识产权审判院的日期；若邮戳日不清晰，如果其提交给邮局的日期有收据证明，视为其在提交邮局之日送达。但本规定不适用于通过邮件提交注册外观设计权或其他相

关权利的书面申请。

（3）尽管有第（1）款和第（2）款的规定，关于邮件延误、邮件丢失或邮件服务中断的文件提交细节由知识经济部令规定。

第 4 - 27 条　身份号码的申请

（1）启动由知识经济部令规定的外观设计相关程序的人应向韩国知识产权局或知识产权审判院申请身份号码。

（2）有人申请第（1）款所述身份号码的，韩国知识产权局局长或知识产权审判院院长应给予身份号码并通知该人。

（3）未根据第（1）款申请身份号码的，韩国知识产权局局长或知识产权审判院院长将依职权给予身份号码并通知该人。

（4）已经根据第（2）款或第（3）款给予身份号码的人，启动外观设计相关程序时，应在任何知识经济部令规定的文件中记载该身份号码；但是，尽管有本法或其命令的规定，不得在这些文件中记载居住地址（如果是法人实体，其营业地址）。

（5）启动外观设计相关程序的为代理人时，第（1）~（4）款经必要修正后适用。

（6）给予身份号码的申请、给予以及给予的通知或其他必要事项由知识经济部令规定。

第 4 - 28 条　通过电子方式提出外观设计申请的程序

（1）依照知识经济部令规定的方式，启动外观设计相关程序的人可以将依据本法向韩国知识产权局或知识产权审判院提交的书面外观设计申请或其他文件转换成电子文件，通过通信网络或软磁盘的形式提交。

（2）依据第（1）款提交的电子文件与依据本法提交的其他文件具有相同的效力。

（3）通过第（1）款通信网络提交的电子文件的内容，若提交者通过通信网络确认收到号码，被认为与保存在韩国知识产权局或知识产权审判院操作的计算机系统中的接收文件的内容相同。

（4）可以根据第（1）款通过电子方式提交的文件种类和提交方式或其他必要事项由知识经济部令规定。

第4-29条　使用电子文件和电子签名的报告

（1）想要通过电子文件方式启动外观设计相关程序的人，应当事先向韩国知识产权局局长或知识产权审判院院长报告欲使用电子文件方式，并附带确认身份的电子签名。

（2）依据第4-28条提交的电子文件视为由第（1）款附具了电子签名的人提交。

（3）报告使用电子文件意图的必要事项和签署第（1）款电子签名的方法，由知识经济部令规定。

第4-30条　通过通信网络的通知等

（1）向依据第4-29条第（1）款报告欲使用电子文件的人发送通知和传送相关文件（以下简称"通知"）时，韩国知识产权局局长、知识产权审判院院长、审判长、审判官、审查长或审查官通过通信网络发送。

（2）根据第（1）款对任何相关文件通过通信网络的通知与

书面通知具有相同的效力。

（3）第（1）款相关文件的通知以文件形式保存在由收到通知的人操作的计算机系统中的，该通知被认为与韩国知识产权局或知识产权审判院发文操作计算机系统中保存的文件内容相同。

（4）根据第（1）款的通过通信网络的分类和通知方法的必要事项，由知识经济部令规定。

第二章　外观设计的注册条件和外观设计申请

第 5 条　外观设计的注册条件

（1）适于工业应用的外观设计可以被注册，除非该外观设计属于下列情形之一：

①在提交外观设计注册申请前，该外观设计已在韩国或外国为公众所知或公开实施；

②在提交外观设计注册申请前，该外观设计已在韩国或外国发行的出版物中公布或者以电子方式出版；

③该外观设计与本条上述第①项或第②项所称的外观设计相近似。

（2）除第（1）款的规定外，如果外观设计是本条第（1）款第①项或第②项外观设计组合，或者外观设计包含在外观设计申请日前已在韩国广为人知的形状、图案、色彩或其结合的（本条第（1）款所述的外观设计除外），并且所属领域的普通技术人员能够很容易地创作出该外观设计，该外观设计也不得被注册。

（3）除第（1）款的规定外，如果一件外观设计申请与在其申请日前申请，在其申请日后公开或依照本法第 23 - 6 条在外观设计公报中出版的另一外观设计申请说明书中说明的或该申请的图片、照片或附带的样品显示的外观设计的一部分相同或近似，该外观设计也不能被注册。

第 6 条　不予注册的外观设计

除第 5 条的规定外，下列外观设计不予注册：

①与国旗、国徽、军旗、勋章、奖章、公共机构的奖章和纪念章、外国的国旗国徽、国际组织的文字或标志相同或近似的外观设计；

②其含义或内容可能违反公共秩序或道德的外观设计；

③可能与他人业务相关的产品产生混淆的外观设计；和

④仅由实质上是为实现产品功能的形状组成的外观设计。

第 7 条　近似外观设计

（1）外观设计权人或外观设计注册申请人有权就仅与其注册外观设计或其已经申请注册的外观设计（以下简称“基本外观设计”）近似的外观设计（以下简称“近似外观设计”）获得外观设计注册。

（2）本条第（1）款的规定不适用于仅与根据本条第（1）款注册或者已经申请注册的近似外观设计相近似的外观设计。

第8条 丧失新颖性的例外

（1）有权获得外观设计注册的人拥有的外观设计存在第5条第（1）款第①项或第②项情形，外观设计申请人在发生上述情形之日起6个月内提交外观设计申请的，如果适用第5条第（1）款或第（2）款，则该申请被视为没有出现第5条第（1）款第①项或第②项的情形。

（2）申请利用本条第（1）款规定的人应当在提交外观设计注册申请时向韩国知识产权局局长声明，并在外观设计申请日起30日内提交证明相关事实的文件；但是，如果相关外观设计违反申请人意愿而落入第5条第（1）款规定的，不适用这一规定。

第9条 外观设计注册申请

（1）意欲获得外观设计注册的人应当向韩国知识产权局提交经审查外观设计注册申请的请求书或不经审查外观设计注册申请的请求书，写明下列事项：

①申请人的姓名和地址（申请人是法人的，名称和营业地址）；

②有代理人的，代理人的姓名和住址或营业地址（如果是专利代理公司，名称和营业地址以及指定专利代理人的姓名）；

③已删除；

④使用外观设计的产品；

④之二 是独立外观设计注册申请还是近似外观设计注册申请；

⑤（只有在根据本法第 7 条第（1）款申请近似外观设计注册时）基本外观设计的注册号或申请号；

⑥设计人的姓名和地址；和

⑦（只有在要求优先权时）本法第 23 条第（3）款规定的事项。

（2）本条第（1）款所述的不经审查外观设计注册申请或经审查外观设计注册申请应当附有图片，并针对每项外观设计写明下列事项：

①使用外观设计的产品；

②对外观设计的说明和创作要点；

③（如果是本法第 11 条之二所述的多项外观设计）外观设计的顺序号。

（3）申请人可以提交外观设计的照片或样品，代替本条第（2）款规定的图片。

（4）申请不经审查外观设计注册的人，应当在请求书中指明，是否是本法第 11 条之二所述的多项外观设计、外观设计的数量，以及本条第（1）款规定的事项。

（5）根据本法第 11 条之二申请多项外观设计注册的人，应当在不经审查外观设计注册的申请中指明本条第（1）款第①项规定的细节，以及外观设计的顺序号。

（6）不经审查外观设计注册申请，限于知识经济部令在本法第 11 条之二规定类别内指定的物品。对于指定物品，只能申请不经审查外观设计注册。

（7）除本条第（1）款至第（6）款规定的事项外，外观设计注册申请所需的其他事项由知识经济部令规定。

第 10 条　共同申请

获得外观设计注册的权利是根据第 3 条第（2）款共有的，权利人应当共同提交外观设计注册申请。

第 11 条　一件外观设计注册一申请

（1）一件外观设计注册申请应当仅涉及一项外观设计。

（2）外观设计注册申请人只能就知识经济部令规定的产品分类中的类别提出申请。

第 11 条之二　多项外观设计注册申请

（1）尽管有本法第 11 条第（1）款的规定，不经审查外观设计注册申请可以就二十项或二十项以下的外观设计提出申请（以下简称"多项外观设计注册申请"）。在这种情况下，每一项外观设计应分别提交图片。

（2）符合多项外观设计注册申请的外观设计范围限于本法第 11 条第（2）款提及的知识经济部令规定类别的产品。

（3）多项外观设计注册申请的申请人可以在提交基本外观设计注册申请时一同提交与其同一类别的近似外观设计注册申请。

（4）尽管有本条第（3）款的规定，针对与注册外观设计或者其已申请注册的外观设计相近似的外观设计申请多项外观设计的，只能将属于一项基本外观设计的近似外观设计提交多项外观设计注册申请。

第 12 条　成套产品的外观设计

（1）两件或两件以上产品作为一套产品同时使用的，只要成套产品构成和谐的整体，成套的外观设计可以予以注册。

（2）第（1）款所述的成套产品由知识经济部令规定。

（3）已删除。

第 13 条　保密外观设计

（1）外观设计注册申请人可以请求在其请求书中指定的不超过自外观设计权确立注册之日起 3 年的保密期限内对外观设计予以保密。申请多项外观设计注册的，保密请求应当针对每一项寻求注册的外观设计。

（2）根据本条第（1）款申请保密的，外观设计注册申请人可以在外观设计申请日和首次缴纳外观设计注册费日之间提交请求。如果注册费是根据本法第 35 条第（1）款第①项和第 35 条第（2）款而免除的，申请人可以在根据本法第 39 条第（2）款注册之前提交请求。

（3）外观设计注册申请人或外观设计权人可以请求缩短或延长其依照第（1）款指定的保密期限。保密期限不得超过外观设计权确立注册之日起 3 年。

（4）有下列情形之一的，韩国知识产权局局长应当允许查阅根据本条第（1）款予以保密的外观设计：

①请求是由获得外观设计权人同意的人提出的；

②请求是由与保密外观设计相同或近似的外观设计的审查程序、不经审查外观设计注册的异议程序、审判程序、再审程

序或诉讼程序的当事人或参加诉讼人提出的；

③请求是由明确表明其已受到侵权警告的人提出的；

④请求是由法院或知识产权审判院提出的。

(5) 根据本法第 23 – 2 条请求公开申请的，根据本条第 (1) 款提交的保密请求被视为撤回。

第 14 条　由无权之人提交的外观设计注册申请以及对合法权利人的保护

如果申请注册的人不是外观设计的创作者也不是获得外观设计注册权的继承人（称为"无权之人"），该申请属于本法第 26 条第 (1) 款第③项的情形，根据本法第 3 条第 (1) 款的规定申请人无权获得外观设计注册。无权之人因此未能获得外观设计注册的，由合法权利人在无权之人提交外观设计注册后提交的外观设计注册申请视为是在无权之人的申请日提出的。但是本规定不适用于合法权利人在无权之人提交的申请被驳回之日起 30 日后提交的后续申请。

第 15 条　授予无权之人的注册外观设计以及对合法权利人的保护

外观设计注册因不符合本法第 3 条第 (1) 款有关外观设计注册权的规定而被审判决定宣布撤销或无效的，由外观设计合法权利人提交的后续外观设计注册申请视为是在已被撤销或无效外观设计的申请日提出的。但本规定不适用于在撤销或无效成为终局决定之日起 30 日后提交的后续申请。

第 16 条　先申请原则

（1）两个或两个以上的申请人在不同日期就相同或近似外观设计提出注册申请的，只有申请日在先的申请人可以获得外观设计注册；

（2）两个或两个以上的申请人同日就相同或近似外观设计提出注册申请的，只有得到全体申请人协商同意的申请人才能获得外观设计注册。未达成协议或不能协商的，任何申请人都不能获得注册。

（3）外观设计注册申请被无效、撤回、放弃，或者驳回申请的决定或对驳回决定不服的审判决定为终局的，为本条第（1）款及第（2）款的目的，该申请应当被视为从未提出过；然而，本规定不适用于根据本条第（2）款后半部分的驳回申请的终局决定或对驳回的审判终局决定。

（4）为本条第（1）款及第（2）款的目的，外观设计注册申请不是由设计人或有权注册外观设计的权利继承人提出的，该申请应当视为从未提出过。

（5）在本条第（2）款所述情况下，韩国知识产权局局长应当指示申请人在指定期限内通知协商的结果。在指定期限内没有将协商结果通知韩国知识产权局的，被视为未达成本条第（2）款规定的协议。

第 17 条　程序的补正

韩国知识产权局局长或知识产权审判院院长可以要求在下列任一情形下在指定期限内对与外观设计有关的程序进行纠正：

①程序不符合本法第4条第（1）款或第4-4条的；

②程序不符合本法或总统令规定的形式的；或者

③未缴纳本法第34条规定费用的。

第18条　申请的修改和要点的改变

（1）在不改变外观设计注册申请要点的条件下，申请人可以修改申请的外观设计说明、图片或图片的说明、照片或申请所附的样品。

（2）外观设计注册申请人可以将近似外观设计注册申请转换为单独外观设计注册申请；申请人也可以将单独外观设计注册申请转换为近似外观设计注册申请。

（3）尽管有本法第8条第（2）款的规定，根据本条第（2）款规定将近似外观设计注册申请转换为单独外观设计注册申请的，外观设计注册申请人意欲使修改符合本法第8条第（1）款规定，应当在书面补正中指明这一意图并将书面补正提交给韩国知识产权局局长，并且在提交书面补正之日起30日内向韩国知识产权局局长提交证明相关事实的文件。

（4）外观设计注册申请人可以将不经审查外观设计注册申请转换为经审查外观设计注册申请；申请人也同样可以将经审查外观设计注册申请转换为不经审查外观设计注册申请。

（5）在收到根据本法第28条作出的注册决定通知或者根据本法第26条作出的驳回决定通知（称为"注册或驳回决定"）以前，外观设计注册申请人可以根据本条第（1）款至第（4）款对申请进行修改。但是，如果申请人依据本法第27条之二请求复审，可以在提出复审请求时修改申请。

（6）外观设计注册申请人在外观设计注册后根据本条第（1）款至第（4）款对申请进行修改，以及修改改变了原始外观设计注册申请要点的，提交修改之日被视为外观设计注册的申请日。

第18条之二　修改的驳回

（1）根据本法第18条作出的修改改变了外观设计注册申请要点的，审查官应当作出决定驳回修改。

（2）已根据本条第（1）款作出驳回修改决定的，审查官不得在发出驳回修改决定的证明副本之日起30日内作出授予或驳回相关外观设计注册申请的决定。

（3）申请人根据本法第67条之二请求对本条第（1）款驳回修改决定进行审判的，审查官应当在审判决定成为终局决定前中止对该申请的审查。

（4）本条第（1）款驳回修改的决定应当以书面形式作出并说明决定的理由。

第19条　外观设计注册申请的分案

（1）属于下列情形之一的人，可以将一件外观设计注册申请的一部分分为一个或多个新申请：

①违反本法第11条的规定就两个或两个以上的外观设计提交注册申请的人；

②已经提交多项外观设计注册申请的人；或者

③已删除。

（2）除本法第8条第（2）款或第23条第（3）款和第

（4）款外，分案申请（以下简称"分案申请"）视为在原始申请的申请日提交。

（3）根据本条第（1）款的外观设计注册申请的分案申请，可以在本法第 18 条第（5）款规定的修改期限内进行。

（4）已删除。

第 20 条　已删除

第 20 条之二　已删除

第 21 条　已删除

第 22 条　已删除

第 23 条　条约下的优先权要求

（1）承认韩国公民优先权的条约成员国国民以其在该国或在一个条约成员国提交的在先外观设计注册申请为基础，在韩国就相同的外观设计申请外观设计注册并要求在先申请优先权的，其在外国提交在先申请的日期被视为本法第 5 条和第 16 条的韩国的申请日。韩国国民在根据条约规定承认韩国国民优先权的条约成员国提出外观设计注册申请，并就相同外观设计以该在先申请为优先权基础在韩国要求优先权的，适用上述规定。

（2）依本条第（1）款要求优先权的，应当自作为优先权基础的在先申请的申请日起 6 个月内提交外观设计注册申请。

（3）依本条第（1）款要求优先权的，应当在申请外观设计注册时，写明优先权请求、在先申请的国家名称和在先申请的申请日。

（4）根据第（3）款要求优先权的，应当在外观设计注册申请之日起 3 个月内，向韩国知识产权局局长提交由在先申请国主管机关证明的指明申请日的书面声明，以及经证明的外观设计图片副本。

（5）根据第（3）款要求优先权的申请人未能在规定的期限内提交第（4）款规定文件的，优先权要求失效。

第 23 - 2 条　申请的公布

（1）经审查外观设计注册的申请人可以根据知识经济部令的规定请求公布其申请。但多项外观设计注册申请的公布请求只限于申请人就申请中的全部外观设计提出请求的情况。

（2）根据第（1）款提出公布请求的，韩国知识产权局局长应按照第 78 条的规定在外观设计公报中公布其申请。但是，如果外观设计的含义或内容可能违反公众秩序或道德的，韩国知识产权局局长不得公布该申请。

（3）在对外观设计注册申请发出授权或驳回外观设计注册的决定的原始证明文本后，申请人不得根据本条第（1）款的规定请求公布外观设计。

（4）已删除。

第 23 - 3 条　申请公布的效力

（1）申请公布后，申请人可以向在商业或者工业上实施相同或近似外观设计的人发出书面警告，表明其已经提交外观设计注册申请。

（2）申请人可以要求收到本条第（1）款所述警告或者知道该外观设计已经被公布的实施该外观设计或近似外观设计的人支付赔偿。赔偿的数额应当与申请人从警告之日或得知已经申请外观设计之日起到外观设计注册日之间实施注册外观设计或近似外观设计通常得到的数额相当。

（3）根据本条第（2）款要求支付赔偿的权利只能在外观设计申请获得注册后行使。

（4）外观设计权人行使本条第（2）款要求赔偿的权利，不排除其行使外观设计权。

（5）本法第 63 条、第 67 条和民法第 760 条、第 766 条经适当修正可适用于行使本条第（2）款要求赔偿的权利。此时，民法第 766 条第（1）款"被侵权人或其法定代表人得知遭到损害并确定引起损害之人的身份的时间"应为"外观设计权注册日"。

（6）外观设计注册申请在公开后被放弃、无效或撤回，驳回外观设计注册决定为终局决定，根据第 29 – 7 条第（3）款作出的撤销外观设计注册决定为终局决定，或根据本法第 68 条作出宣告外观设计注册无效的审判决定（除非第 68 条第（1）款第④项适用）为终局决定的，本条第（2）款要求的权利应视为自始即不存在。

第 23 – 4 条　获得外观设计注册权利的转让等

（1）获得外观设计注册的权利可以转让。但是，获得基本外观设计的权利和获得近似外观设计的权利应当一同转让。

（2）获得外观设计注册的权利不得抵押。

（3）获得外观设计注册的权利为共有的，未经其他共有人同意，权利人不得转让其个人份额。

第 23 - 5 条　信息的提供

任何人可以向韩国知识产权局局长提供证据以证明申请外观设计注册的外观设计不符合本法第 26 条第（1）款各项的注册条件。

第 23 - 6 条　在外观设计公报中公告决定驳回的申请

如果驳回外观设计注册申请的决定或该申请被驳回的效力的审判决定依据本法第 16 条第（2）款后半部分成为终局决定，韩国知识产权局局长将在本法第 78 条所规定的外观设计公报中公告申请的详细信息；但是，如果申请注册的外观设计属于本法第 23 - 2 条第（2）款但书的情形，申请信息将不会被公开。

第 24 条　获得外观设计注册权的继承

（1）除非继承人提出注册申请，在外观设计注册申请提出以前对获得外观设计注册权的继承不能有效对抗第三方。

（2）关于从同一人继承而来的同样的外观设计获得注册的权利，如果在同一天就同样的外观设计有一项以上的申请，只有所有申请人协商后指定的人有权获得注册。

（3）除了遗产或其他一般继承，在申请提出后对获得外观设计注册权的继承是无效的，除非有变更外观设计注册申请人的报告。

（4）有获得外观设计注册权继承或其他一般继承的，继承人应当向韩国知识产权局局长报告该继承。

（5）关于从同一人继承而来的同样的外观设计获得注册的权利，就外观设计注册申请人变更的报告多于一份的，只有全体申请人协商后指定的人的报告有效。

（6）本法第 16 条第（5）款经必要修正后适用于第（2）款、第（5）款。

第三章　审查

第 25 条　由审查官进行审查

（1）韩国知识产权局局长责成审查官对外观设计注册申请和对不经审查外观设计注册的异议进行审查。

（2）审查官的资格由总统令规定。

第 25 - 2 条　现有设计的检索等

（1）若对外观设计申请审查有必要，韩国知识产权局局长可以指定一家专门的检索机构，要求它检索现有设计并完成其他由总统令规定的工作。

（2）若在审查过程中有必要，韩国知识产权局局长可以请求来自政府机构、专门研究相关外观设计的组织、在外观设计方面具有渊博知识和经验的专家的协作和建议。在这种情况下，韩国知识产权局局长可以在韩国知识产权局预算范围内为他们支付津贴或费用。

（3）本条第（1）款中的指定标准和现有设计检索的要求由总统令规定。

第25-3条 专门检索机构指定的取消

（1）依照第25-2条第（1）款指定的专门检索机构属于本款下列第①种情形的，韩国知识产权局局长将取消指定；若上述机构属于本款下列第②种情形的，韩国知识产权局局长将取消指定或命令中止该机构不超过6个月的业务。

①检索机构通过虚假或不公平的方式获得指定。

②检索机构不符合本法第25-2条第（3）款的指定标准。

（2）欲取消专门检索机构的指定，韩国知识产权局局长必须依照本条第（1）款举行听证会。

（3）依照第（1）款取消专门检索机构的指定或中止其业务的相关标准和程序，由知识经济部令规定。

第25-4条 优先审查

有下列情形之一的，韩国知识产权局局长可以指定审查官优先审查该申请：

①申请公开后，能够证明申请人以外的人正在工业或商业实施外观设计申请中的设计；或

②由总统令规定的需要紧急处理的外观设计申请。

第26条 驳回外观设计注册的决定

（1）审查官应当根据下列任何理由决定驳回外观设计注册：

①外观设计注册申请中的外观设计是根据本法第 4 – 24 条、第 5 至第 7 条、第 9 条第（6）款、第 10 条、第 11 条、第 11 条之二、第 12 条、第 16 条第（1）款和第（2）款不能被注册的；

②已删除；

③申请人不是本法第 3 条第（1）款规定的有权获得外观设计注册的人，或外观设计注册申请根据本法第 3 条第（1）款限制性规定不得被注册；

④外观设计注册申请违反条约；或者

⑤不经审查近似外观设计注册申请符合下列条件之一的：

（a）作为近似外观设计注册的外观设计或已经提交的近似外观设计注册申请的外观设计被称为基本外观设计的；

（b）基本外观设计注册的期限已经届满；或

（c）不经审查基本外观设计申请已经被无效、撤回或放弃，或驳回外观设计注册的决定已经生效；

（d）不经审查近似外观设计的申请人与有关基本外观设计的外观设计权人或基本外观设计注册申请的申请人不相同；或

（e）不经审查近似外观设计注册申请与基本外观设计不近似。

（2）尽管有本条第（1）款的规定，本法第 5 条、第 7 条、第 11 条第（1）款、第 16 条第（1）款和第（2）款不适用于不经审查外观设计注册申请；但是，如果申请中的外观设计不具备本法第 5 条第（1）款主体部分规定的工业应用性，或者根据本法第 5 条第（2）款的规定，是对在韩国广为知晓的外观设计的形状、图案、色彩或其任一结合很容易做出的外观设计，则应当作出驳回决定。

（3）尽管有本法第 2 条的规定，有人根据第 23 – 5 条针对不经审查外观设计注册申请提供信息和证据的，审查官可以依本条第（1）款的规定根据提供的信息和证据作出驳回决定。

第 27 条　驳回理由的通知

（1）意欲根据本法第 26 条作出驳回决定的审查官，应当将驳回的理由（指本法第 26 条第（1）款规定的任何理由；称为"驳回理由"）通知申请人并给予申请人在指定期限内提交书面意见的机会。

（2）驳回是针对多项外观设计申请中某些外观设计的，应当指明有关外观设计的序列号，该外观设计用于的产品，以及驳回的理由。

第 27 条之二　请求复审

（1）收到驳回外观设计注册决定副本之日起的 30 日内（或第 67 条之三的期限依据第 4 – 14 条第（1）款延长的期限内），申请人可以修改申请的说明或图片，并请求复审。但本款不适用于复审之后作出的驳回决定或依据第 67 条之三请求审判的情形。

（2）当依据第（1）款提出复审请求时，在请求之前作出的驳回决定视为已撤销。

（3）依据第（1）款提出的复审请求不能撤回。

第 28 条　授予外观设计注册的决定

审查官没有发现驳回理由的，应当作出授予外观设计注册的决定。

第 29 条　授予或驳回外观设计注册决定的方式

（1）审查官授予或驳回外观设计注册申请的决定应当以书面形式作出并说明理由。

（2）审查官作出授予驳回或驳回外观设计决定的，韩国知识产权局局长应当将决定的证明副本发送给申请人。

第 29－2 条　对不经审查外观设计注册的异议

（1）自不经审查外观设计注册申请的权利确立之日，至外观设计注册公告日后 3 个月期满，任何人都可以基于下列任一理由向韩国知识产权局局长针对该外观设计注册提出异议。多项外观设计注册的异议请求可以针对每一项外观设计提出。

①注册的外观设计违反本法第 5 条、第 6 条、第 7 条第（1）款、第 10 条、第 16 条第（1）款及第（2）款，或违反根据本法第 4 条适用的专利法第 25 条；

②外观设计注册权人不是第 3 条第（1）款规定的有权获得外观设计注册的人，或者外观设计注册申请的外观设计根据第 3 条第（1）款限制性规定不可注册；或

③外观设计注册申请违反条约。

（2）针对不经审查外观设计注册提出异议的人（称为"针对不经审查外观设计注册提出异议的人"）应当向韩国知识产权局局长提交不经审查外观设计注册异议申请，附具证据，并写明下列各项：

①提出异议人的姓名和地址（如果是法人的，名称和营业地址）；

①之二 如果有的话，代理人的姓名和住所或营业地址（如果是专利代理公司，名称、营业地址、指定专利代理人的姓名）；

②指明不经审查外观设计注册异议所涉及的注册外观设计；

③对不经审查外观设计注册提出异议的目的；和

④对不经审查外观设计注册提出异议的理由，并指明支持该理由的证据。

（3）对不经审查外观设计注册提出异议请求后，根据第29－4条第（3）款指定的审查长应将异议请求的副本转送给有关的不经审查外观设计权人，并给予其在指定期限内提交书面答复的机会。

（4）本法第68条第（6）款经必要修正后，适用于依本条第（1）款针对不经审查外观设计注册提出的异议。

第29－3条　修改不经审查外观设计注册异议请求的理由

对不经审查外观设计注册提出异议请求的人，可以在提交请求的30日内修改书面异议请求的理由和请求中提供的证据。

第29－4条　审查与决定的合议组等

（1）由3名审查官组成的合议组对不经审查外观设计注册的异议请求进行审查并作出决定。

（2）韩国知识产权局局长应当为每一件不经审查外观设计注册异议请求指定审查官组成合议组。

（3）韩国知识产权局局长应任命本条第（2）款指定的审查官之一作为审查长。

（4）本法第 72 - 7 条第（2）款、第 72 - 8 条第（2）款和第 72 - 9 条第（2）、第（3）款经必要的修正适用于审查官合议组和审查长。

第 29 - 5 条　不经审查外观设计注册异议的依职权审查

（1）在审查不经审查外观设计注册异议时，审查官可以对外观设计权利人和异议申请人提交事实以外的事实进行审查。在这种情况下，应当给予外观设计权利人或异议申请人在指定期限内对该事实提出意见的机会。

（2）审查不经审查外观设计注册异议时，审查官不得审查异议申请人在异议中没有包含的注册外观设计。

第 29 - 6 条　不经审查外观设计注册异议的合并和分立

审查官合议组可以通过合并或分立异议的方式审查两个或两个以上的不经审查外观设计注册异议并作出决定。

第 29 - 7 条　对不经审查外观设计注册异议的决定

（1）审查官合议组应当在第 29 - 2 条第（3）款和第 29 - 3 条规定的期限届满后，对不经审查外观设计注册异议作出决定。

（2）尽管有第 29 - 2 条第（3）款的规定，异议请求人未提交异议理由和证据的，审查长可以在第 29 - 3 条规定的期限届满后，驳回异议请求。

（3）不经审查外观设计注册异议被认为成立的，审查官合议组应当作出撤销外观设计注册的决定（以下简称"外观设计注册撤销决定"）。

（4）外观设计注册撤销决定成为终局决定的，该外观设计权被视为自始即不存在。

（5）不经审查外观设计注册异议被认为不成立的，审查官合议组应当作出维持外观设计注册的决定（以下简称"外观设计注册维持决定"）。

（6）不得对不经审查外观设计注册的撤销决定或维持决定提出诉讼。

第29-8条 对不经审查外观设计注册的异议作出决定的方式

（1）审查官对不经审查外观设计注册异议作出决定的，应当在文件中宣布决定，加盖审查官的印章并签字，写明下列各项：

①不经审查外观设计注册异议的案卷号；

②外观设计权利人和异议人的姓名和地址（如果是法人的，名称和营业地址）；

③如果有的话，外观设计权利人和异议人的代理人姓名和住所或营业地址（如果代理人为专利代理机构，其名称和营业地址及指定的专利代理人的姓名）；

④指明决定涉及的外观设计；

⑤决定的结论和理由；以及

⑥决定的日期。

（2）在不经审查外观设计注册异议决定作出后，审查长应当向外观设计权利人和异议申请人签发该决定的证明副本。

第 29 – 9 条　不经审查外观设计注册异议的撤回

（1）已经收到根据本法第 29 – 5 条第（1）款后半部分要求其提出意见的通知的人，或者已经根据本法第 29 – 8 条第（2）款签发决定的证明副本的，不得撤回不经审查外观设计注册异议请求。

（2）如果不经审查外观设计注册异议被撤回，该异议视为自始未提出过。

第 30 条　专利法经必要修正后的适用

专利法第 72 – 11 条（除第⑥项外）经必要的修正适用于对外观设计申请的审查。在此情形下，"审判"应为"审查"，"审判官"应为"审查官"。

第 30 条之二　审查或诉讼的中止

（1）若有必要，外观设计申请的审查程序可以中止，直到审判审查决定成为终局决定或诉讼已经完成。

（2）若有必要，法院可以中止诉讼程序，直到审查官的审查决定成为终局决定。

（3）不得对第（1）款和第（2）款的中止提起诉讼。

第 30 条之三　作必要修正的规则

专利法第 30 条之二、第 72 – 5 条、第 72 – 11 条（除第⑥项外）、第 72 – 18 条第（7）款、第 72 – 21 条、第 72 – 29 条第（3）款至第（6）款，以及第 72 – 30 条经必要的修正适用于对不经审查外观设计注册异议请求进行的审查和决定。

第四章　外观设计注册费及外观设计注册

第 31 条　外观设计注册费

（1）依照第 39 条第（1）款申请外观设计权注册的人，应当缴纳自请求注册之日（以下简称"注册日"）起三年的外观设计注册费。外观设计权人应当自注册日起三年期的下一年开始缴纳年度注册费。

（2）尽管有第（1）款的规定，外观设计权人可以自注册日的三年期的下一年缴纳多年或整个外观设计权期限内的外观设计注册费。

（3）依照本条第（1）款和第（2）款的外观设计注册费、缴纳方式、期限和其他必要事项，由知识经济部令规定。

第 31 条之二　在缴纳注册费时放弃部分外观设计

（1）收到多项外观设计注册申请授权决定的人，可以在缴纳注册费时放弃其中一部分外观设计。

（2）与依本条第（1）款放弃外观设计有关的必要事项，由知识经济部令规定。

第 32 条　利害关系人缴纳注册费

（1）无论有义务缴纳注册费人的意愿如何，任何利害关系人都可以缴纳注册费。

（2）如果有义务缴纳注册费的人当前正在获利，则已根据本条第（1）款缴纳注册费的利害关系人可以要求有义务缴纳注册费的人予以返还。

第 33 条　逾期缴纳注册费

（1）外观设计权人或申请外观设计权注册的人，在第 31 条第（3）款规定的期限届满后有 6 个月的时间缴纳逾期的注册费。

（2）在本条第（1）款规定期限内缴纳注册费的，应当缴纳的注册费数额由知识经济部令规定，但不会超过注册费的两倍。

（3）外观设计权人或申请外观设计权注册的人未在本条第（1）款规定的期限内缴纳注册费的（或者，本法第 33 条之二第（2）款规定的余额缴纳期限没有届满，但逾期缴纳期限已经届满时，权利人未在余额缴纳期限内缴纳余额的），外观设计注册申请视为放弃，相关的外观设计权视为追溯到在第 31 条第（1）款或第（2）款的缴费期届满日的第二日失效。

第 33 条之二　注册费余额的缴纳

（1）如果外观设计权人或申请外观设计权注册的人未在本法第 31 条第（3）款或第 33 条第（1）款规定的期限内足额缴纳注册费的，韩国知识产权局局长应当命令其缴纳余额。

（2）接到本条第（1）款命令的人可以在接到该命令之日起一个月内缴纳余额。

（3）根据本条第（2）款缴纳的余额属于下列情形之一的，则缴纳的总额由知识经济部令规定，但不会超过应当缴纳余额的两倍：

①注册费的余额是在本法第 31 条第（3）款规定的期限届满后缴纳的；或

②注册费的余额是在本法第 33 条第（1）款规定的期限届满后缴纳的。

第 33 条之三　通过延期缴纳注册费恢复外观设计注册申请或外观设计权等

（1）外观设计权人或申请外观设计权注册的人因不可避免的原因而无法在第 33 条第（1）款规定的逾期缴纳期限内缴纳注册费或者未能在第 33 条之二第（2）款规定的期限内缴纳注册费余额的，可以在该原因消除后 14 天内缴纳。但是，在逾期缴纳期限或余额缴纳期限中最迟的已经届满 6 个月后，本规定不再适用。

（2）如果延期缴纳注册费是根据第（1）款进行的，尽管有第 33 条（3）款的规定，外观设计注册申请视为未被放弃，有关的外观设计权视为连续存在。

（3）注册外观设计权因未能在本法第 33 条（1）款规定的逾期缴纳期限内缴纳注册费或未能在本法第 33 条之二第（2）款规定期限内缴纳余额而终止的，外观设计权的权利人可以在逾期缴纳期限或余额缴纳期限届满后 3 个月内，通过缴纳 3 倍注册费来申请恢复权利。以这种方式恢复的外观设计权被视为连续存在。

（4）根据本条第（2）款或第（3）款的外观设计注册申请或外观设计权的效力，不能扩大到他人在逾期缴纳期限届满之日起至注册费或余额缴纳日之间实施该外观设计或近似外观设计的行为（称为"有限效力期间"）。

（5）在有限效力期间内，有人在韩国善意商业或工业实施或准备实施一项外观设计注册申请中的外观设计或依据本条第（2）款或第（3）款已注册外观设计或其近似设计的，此人有权获得外观设计权的非独占许可。但是非独占实施许可必须在外观设计适用的产品范围内或者在此人实施或准备实施的营业范围内。

（6）根据本条第（5）款获得非独占许可的人应当向外观设计权人或独占许可的被许可人支付合理的补偿。

第34条　官费

（1）提交外观设计注册申请的人，提出请求的人或启动任何其他程序的人应当缴纳官费。

（2）与缴纳官费有关的事项，包括缴纳的方式、期限以及本条第（1）款规定的其他事项应当由知识经济部令规定。

第35条　注册费或官费的减免

（1）尽管有本法第31条和第34条的规定，在下列情况下韩国知识产权局局长应当决定免除注册费或官费：

①属于国家的外观设计注册申请或外观设计权的官费或注册费；或

②由审查官根据本法第68条第（1）款提出无效审判请求的。

（2）尽管有本法第31条和第34条的规定，外观设计注册申请是由根据国家援助法第 3 条有权申请的人提交的，或根据知识经济部令规定的人提出的，韩国知识产权局局长可以对相当于外观设计权注册后前三年的注册费和知识经济部令规定的官费予以减少或免除。

（3）利用本条第（2）款减少或免除支付注册费或官费的人，应当向韩国知识产权局局长提交知识经济部令规定的文件。

第 36 条　注册费的退还等

（1）已经缴纳的注册费和官费不予退还；但是下列费用可以根据费用缴纳人的请求予以返还：

①缴纳错误的注册费和官费；

②外观设计注册的撤销决定或无效决定成为终局决定后，次年的注册费；或

③外观设计注册申请（包含优先审查分案申请请求或作为分案申请基础的除外）在申请日起一个月内被撤回或放弃的，外观设计注册申请费。

（2）已经缴纳本条第（1）款所述情形的注册费和官费的，韩国知识产权局局长应当通知缴费人。

（3）在接到本条第（2）款通知之日起 3 年以后，其不得根据本条第（1）款的规定请求退还注册费或官费。

第 37 条　注册簿

（1）韩国知识产权局局长应当在韩国知识产权局设置注册簿并登记下列事项：

①外观设计权的确立、转让、消灭，或对外观设计权进行

处置的限制；

②独占或非独占许可的确立、维持、转让、变更、消灭，或对许可进行处置的限制；和

③对外观设计权或独占或非独占许可进行抵押的确立、转让、变更、消灭，或对外观设计权或独占或非独占许可抵押进行处置的限制。

（2）本条第（1）款的外观设计注册簿可以全部或部分以电子存储介质形式进行电子存储。

（3）与登记程序和细节有关的事项在本条第（1）款、第（2）款中未予规定的，由总统令规定。

第 38 条　外观设计注册证书的颁发

（1）对外观设计权进行注册后，韩国知识产权局局长应当向注册外观设计权人颁发外观设计注册证书。

（2）注册证书与外观设计注册簿或其他文件不一致的，韩国知识产权局局长应当，应请求或依职权，在注册证书上进行修改后重新颁发或颁发新的外观设计注册证书。

第五章　外观设计权

第 39 条　确立外观设计权的注册

（1）外观设计权经对其确立进行注册而生效。

（2）注册费已经按照本法第 31 条第（1）款缴纳的，或已

经根据本法第 33 条第（1）款延期缴纳的，或者注册费余额已经根据本法第 33 条之二第（2）款缴纳的，或者注册费或注册费余额已经根据本法第 33 条之三第（1）款缴纳的，或根据本法第 35 条第（1）款第①项和第 35 条第（2）款免除注册费的，韩国知识产权局局长应当对外观设计权的确立进行注册。

（3）根据本条第（2）款对外观设计进行注册后，韩国知识产权局局长应根据总统令的规定在外观设计公报中公布有关事项，包括外观设计权人的姓名和地址、外观设计注册号。

第 40 条　外观设计权的期限

（1）外观设计权的期限自外观设计权确立的注册日起为 15 年。但近似外观设计权的期限届满日为基本外观设计权的期限届满日。

（2）根据本法第 15 条将外观设计权给予合法持有人的，本条第（1）款所述外观设计权的期限自该外观设计被无权获得注册人在先提交的外观设计注册日的次日起算。

第 41 条　外观设计权的效力

外观设计的权利人对注册的外观设计和近似外观设计享有独占的商业和工业实施权。但签订独占实施许可合同的，本规定不能延及被许可人根据本法第 47 条第（2）款实施该注册外观设计或近似外观设计的范围。

第 42 条　近似外观设计的外观设计权

与第 7 条第（1）款定义的近似外观设计有关的外观设计权

包含在基本外观设计的外观设计权中。

第 43 条　注册外观设计的保护范围

注册外观设计的保护范围由外观设计注册申请中的说明、申请所附图片、照片或样品表示的外观设计以及图片所附对外观设计的意图和目的的解释来确定。

第 44 条　对外观设计权的限制

（1）外观设计权的效力不延及下列行为：

①为研究或实验目的使用注册外观设计；

②仅仅通过韩国的船舶、航空器、车辆或其中的机械、器具，设备或附属物；或

③在提交外观设计注册申请时，已经在韩国存在的相同产品。

（2）字体作为外观设计权注册的，外观设计权的效力不延及下列行为：

①在打字、排版、印刷等一般方法中使用字体；

②本款第①项打字、排版、印刷等一般方法中使用字体而产生的结果。

第 45 条　与他人注册外观设计的关系

（1）实施一项外观设计权将使用他人根据在先申请获得的注册外观设计或与其近似外观设计、享有专利的发明、注册的实用新型、注册商标的，或者一项外观设计权将与他人根据在先申请而获得的专利权、实用新型权或注册商标权相冲突的，

除非适用本法第 70 条，未经在先专利权、实用新型权或商标权的权利人同意，外观设计权的权利人或其独占或非独占被许可人不得商业或工业实施其外观设计。

（2）实施一项注册外观设计的近似外观设计将使用他人根据在先申请获得的注册外观设计或与其近似外观设计、享有专利的发明、注册的实用新型或注册商标的，或者与注册外观设计相近似的外观设计的权利与他人根据在先申请而获得的注册外观设计、专利权、实用新型权或注册商标权相冲突的，除非适用本法第 70 条，未经在先专利权、实用新型或商标权的权利人同意，外观设计权的权利人或其独占或非独占被许可人不得商业或工业实施与其注册外观设计近似的外观设计。

（3）实施一项注册外观设计或其近似的外观设计将使用他人在外观设计申请日前已经生效的版权，或与他人的上述版权相冲突的，未经著作权人同意，外观设计权的权利人或其独占或非独占许可的被许可人不得商业或工业实施其注册外观设计或近似外观设计。

第 46 条　外观设计权的转让和共有

（1）外观设计权可以转让。但基本外观设计和近似外观设计的外观设计权应当一同转让。

（2）外观设计权共有的，未经其他共有人同意，外观设计权的共有人不得转让或抵押其拥有的份额。

（3）外观设计权共有的，除共有人订立的合同另有约定，各共有人可以不经其他共有人同意分别实施注册外观设计或近似外观设计。

（4）外观设计权共有的，未经其他共有人同意，各共有人不得颁发独占许可或非独占许可。

（5）多项外观设计注册的外观设计权可以分割，并且可以单独转让每一项外观设计权。

第47条　独占许可

（1）外观设计权人可以对其外观设计权授予独占许可。

（2）根据本条第（1）款授予的独占许可的被许可人，在许可合同允许的范围内，享有在商业和工业上独占实施注册外观设计或近似外观设计的权利。

（3）未经外观设计权人同意，独占许可的被许可人不得转让其许可，除非许可是与其实施许可的业务一同转让或者在继承或整体继受的情况下转让。

（4）只有在外观设计权人同意的情况下，独占许可的被许可人才可以对其独占许可设立抵押或授予非独占许可。

（5）本法第46条第（2）款至第（4）款经必要的修正后适用于独占许可。

第48条　外观设计权与独占许可登记的效力

（1）以下事项依登记而生效：

①外观设计权的转让（继承或其他整体继受的除外）、因放弃而消灭或者支配的限制；

②独占许可的授予、转让（继承或其他整体继受的除外）、变更、消灭（通过纠纷消灭的除外）或者支配的限制；和

③外观设计权或独占许可抵押的确立、转让（继承或其他

整体继受的除外）、变更、消灭（通过纠纷消灭的除外）或者支配的限制。

（2）涉及第（1）款的外观设计权、独占许可或抵押的继承或其他整体继受信息，应当立即通知韩国知识产权局局长。

第 49 条　非独占许可

（1）外观设计权人可以对其外观设计权授予非独占许可。

（2）非独占许可的被许可人有权在本法允许的范围或许可合同允许的范围内，在商业和工业上实施注册外观设计和其近似外观设计。

（3）根据第 70 条的非独占许可必须与相关外观设计权一起转让，当外观设计权消灭，该非独占许可消灭。

（4）除第（3）款的情形外，非独占许可未获得外观设计权人（或外观设计权人与就独占许可授予非独占许可的独占被许可人）的同意不得转让。除非转让与优先业务、继承或其他整体继受一同进行。

（5）除第（3）款的情形外，未获得外观设计权人（或外观设计权人与就独占许可授予非独占许可的独占被许可人）的同意，非独占许可不得抵押。

（6）本法第 46 条第（2）款和第（3）款，经必要的修正后适用于非独占许可。

第 50 条　先使用产生的非独占许可

一项外观设计与在韩国已经提出申请的外观设计相同或近似，但该设计是在不知晓外观设计申请内容的情况下创作出的，若已经在商业或工业上实施或准备实施该外观设计，实施者有权对申请中的外观设计的外观设计权获得非独占许可，该许可应限于已经实施或已经作好实施准备的范围，并限于实施或准备实施的目的。

第50条之二　因在先申请产生的非独占许可

一项外观设计与在韩国已经提出申请的外观设计相同或近似，但该设计是在不知晓外观设计申请内容的情况下创作出的，已经在商业或工业上实施或做好实施准备的人（本法第50条所述的人除外），若同时符合下列两种情形，其有权对申请中外观设计的外观设计权获得非独占许可，只要该许可限于已经实施或已经做好实施准备的范围，并限于实施或准备实施的目的：

①在他人提交外观设计注册申请日前，其就相同或近似外观设计提交了外观设计注册申请并已经在商业或工业上实施申请中的外观设计或者做好了实施准备；和

②本条第①项所述申请在先的外观设计，因属于本法第5条第（1）款的情形而被驳回，驳回决定或对驳回的审判决定已成为终局决定。

第51条　因无效审判请求注册前的实施行为而产生的非独占许可

（1）在对有关注册外观设计无效审判的请求进行注册前，已经在韩国善意地在商业或工业实施一项注册外观设计或其近似外观设计或作好实施准备，且不知该外观设计注册被请求无效的，若属于下列情形之一，其有权对该外观设计权或者该外

观设计注册无效时存在的独占许可获得非独占许可，只要该许可限于已经实施或作好实施准备的范围，并限于实施或准备实施的目的：

①针对相同或近似外观设计授予的两项或多项外观设计注册之中的一项已经被无效的，外观设计的原始权利人；

②外观设计注册已经被无效而且相同或近似外观设计已经被授予有权获得注册的人的，外观设计的原始权利人；

③本条第①项和第②项所述情况下，在对无效审判请求进行注册时已经获得独占许可或非独占许可，或在独占许可基础上获得的非独占许可，并且

a. 已经登记了非独占许可或独占许可。

b. 依据第 52 条之二第（2）款获得了非独占许可。

（2）根据本条第（1）款获得非独占许可的人应当向外观设计权人或独占被许可人支付合理的报酬。

第 52 条　外观设计权届满后的非独占许可等

（1）与注册外观设计近似的外观设计，与在申请日或申请日以前已经注册的外观设计权（以下简称"基础外观设计权"）相冲突的，基础外观设计权利人有权在基础外观设计权期限届满后，在不超过其外观设计权的范围内获得非独占许可，或对基础外观设计权期限届满时已存在的独占许可获得非独占许可。

（2）依据第（1）款，基础外观设计权期限届满时存在的该权利的独占许可人，或根据第 52 条之二第（1）款的非独占许可人，有权在不超过基础外观设计权的范围内获得非独占许可，或对在基础外观设计权期限届满时已存在的独占许可获得非独

占许可。

（3）本条第（1）款和第（2）款的规定经必要的修正后适用于注册外观设计或近似设计与在申请日或申请日以前的专利权或实用新型权相冲突，而且该专利权或实用新型权期限已届满的。

（4）根据本条第（2）款（包括第（3）款经必要的修正后也适用时）的非独占许可人应当向外观设计权人或独占被许可人支付合理的报酬。

第 52 条之二　非独占许可登记的效力

（1）非独占许可登记后，可以有效对抗在其之后获得外观设计权或独占许可的人。

（2）依据本法第 33 条之三第（5）款、第 50 条、第 50 条之二、第 51 条、第 52 条、第 58 条、第 74 - 2 条、第 74 - 3 条以及发明促进法第 10 条第（1）款授予的非独占许可，即使没有登记，与本条第（1）款的规定具有相同的效力。

（3）除非登记，非独占许可的转让、修改、消灭或处理限制，或涉及非独占许可抵押的确立、转让、修改、消灭或处理限制不能有效对抗第三人。

第 53 条　外观设计权的放弃

外观设计权人可以放弃外观设计权。

第 54 条　对放弃外观设计权的限制等

（1）未经独占被许可人、抵押权人或根据本法第 47 条第

（4）款或第 49 条第（1）款或根据本法第 24 条经必要修改适用的发明促进法第 8 条第（1）款所述的非独占被许可人同意，外观设计权人不得放弃外观设计权。

（2）独占被许可人未经本法第 47 条第（4）款所述的抵押权人或非独占被许可人同意，不得放弃独占许可。

（3）非独占被许可人未经抵押权人同意不得放弃非独占许可。

第 55 条 放弃的效力

外观设计权、独占许可或非独占许可被放弃的，外观设计权、外观设计权的独占许可或非独占许可消灭。

第 56 条 抵押

外观设计权、独占许可或非独占许可是抵押标的的，除合同另有规定外，抵押权人不得实施注册外观设计。

第 57 条 抵押权的代位清偿

抵押可以用来履行本法允许的报酬或实施外观设计权将获得的报酬或货物。但是必须在支付报酬或交付货物前获得扣押令。

第 58 条 通过行使抵押权转让外观设计权时的非独占许可

外观设计权人在抵押确立前已经实施注册外观设计或近似外观设计，而且该外观设计权随后被拍卖或以其他方式出售，外观设计权人有权对该外观设计权获得非独占许可。但是外观设计权人应当向抵押权人支付合理的报酬。

第 59 条　因缺少继承人而外观设计权消灭

在继承时没有继承人的，外观设计权消灭。

第 60 条　已删除。

第 61 条　执行补偿和报酬总额的资格

由韩国知识产权局局长依据本法就赔偿总额或应支付的报酬作出的最终裁决，与可执行的合同具有相同的效力。在这种情况下，韩国知识产局的官员将发出具有执行效力的法律文书。

第六章　对外观设计权人的保护

第 62 条　对侵权发出的禁令等

（1）外观设计权人或独占被许可人有权要求正在侵权的人或可能侵权的人停止侵权或避免侵权。

（2）根据本法第 13 条第（1）款要求外观设计保密的权利人或独占被许可人不得作出本条第（1）款的请求，除非其发出的警告附有经韩国知识产权局局长证明外观设计下列事项的文件：

① 外观设计权人或独占被许可人（由独占被许可人提出请

求的话）的姓名、地址（如果是法人，法人的名称和主要办公地点）；

②外观设计注册的申请号和申请日；

③注册号和注册日；或

④外观设计注册申请所附图片、照片或样品的内容。

（3）根据本条第（1）款提出要求的外观设计权人或独占被许可人有权要求销毁侵权产品、拆除用于侵权行为的设备或阻止侵权的其他必要措施。

第 63 条　视为侵权的行为

在商业或工业上制造、转让、出租、进口、许诺转让或许诺出租（包括为转让或出租目的展览）专门用于制造注册外观设计或近似外观设计产品的产品的行为，视为对外观设计权或独占许可的侵犯。

第 64 条　损害赔偿数额等的推定等

（1）外观设计权人或独占被许可人要求故意或过失侵权人赔偿因其转让侵权产品造成损失的，外观设计权人或独占被许可人遭受的损失数额，可以用转让的产品数量乘以没有被侵权时外观设计权人或独占被许可人原本可以获得的单件产品的利润。但是赔偿不能超过下列方法计算的数额：单件产品的预计利润乘以外观设计权人或独占被许可人原本能够生产的产品数量减去实际销售的产品数量。如果外观设计权人或独占被许可人因侵权以外的原因而不能销售部分或全部产品，必须减去因该原因不能销售的产品数量而计算出数额。

（2）外观设计权人或独占被许可人向故意或过失侵犯外观设计权或独占许可的人要求损害赔偿的，侵权人因侵权获得的利润被推定为外观设计权人或独占被许可人遭受的损失。

（3）外观设计权人或独占被许可人可以向故意或过失侵权的人要求以其正常实施注册外观设计能够获得的金钱总额作为侵权的损害赔偿。

（4）尽管有本条第（3）款的规定，损失数额超过同款规定数额的，超出的数额可以要求作为损害赔偿。在判令损害赔偿时，法院可以对侵权人是故意或过失侵权的因素予以考虑。

（5）在有关侵犯外观设计权或独占许可的诉讼中，法院认为案件事实的性质导致难以提供证据证明发生的损失数额的，尽管有本条第（1）款至第（4）款的规定，可以根据审查的证据和双方辩论来确定合理的数额。

第 65 条　过失推定

（1）侵犯他人外观设计权或独占许可的人被推定其有关侵权的行为有过失。但本规定不适用于侵犯本法第 13 条第（1）款规定的保密外观设计权或独占许可的行为。

（2）本条第（1）款经必要的修正适用于不经审查外观设计权的权利人或独占或非独占被许可人侵犯他人的外观设计权或独占许可。

第 66 条　恢复外观设计权人名誉的措施等

应外观设计权人或独占被许可人的请求，法院可以在不判处损害赔偿的情况下，或在判处损害赔偿的同时，要求因故意或过失侵犯他人外观设计权或独占许可而损害他人商誉的侵权人采取必要措施恢复专利权人或独占被许可人的商誉。

第67条 文件的提交

在有关侵犯外观设计权或独占许可的诉讼中，应一方当事人的请求，法院可以命令另一方当事人提交必要的文件以估计由侵权造成的损失，除非拥有文件的人有正当理由拒绝提交。

第七章 审判

第67条之二 对驳回修改决定的审判

收到根据本法第18条之二第（1）款作出的驳回修改决定的人对决定不服的，可以在收到该决定证明副本之日起30日内请求审判。

第67条之三 对驳回或撤销外观设计注册决定的审判

收到驳回或撤销外观设计注册决定的人可以在收到该决定的证明副本之日30日内请求审判。

第68条 外观设计注册的无效审判

（1）有下列情形之一的，利害关系人或审查官可以请求对外观设计注册进行无效审判。如果是根据第11条之二的多项外观设计注册权，可以分别对每一项外观设计提出请求。

①外观设计的注册违反了本法第 4 - 24 条、第 5 条、第 6 条、第 7 条第（1）款、第 10 条、第 16 条第（1）款和第（2）款的规定；

②外观设计注册申请是由无权申请的人提出的，或者根据本法第 3 条第（1）款限制性规定是不应当被授权的；

③外观设计的注册违反了条约的规定；或

④注册后，外观设计权人根据本法第 4 条适用的专利法第 4 - 24 条不再有能力享有外观设计权，或外观设计注册不再符合条约的规定。

（2）本条第（1）款的无效审判请求甚至可以在外观设计权消灭后提出。

（3）外观设计权无效的审判决定为终局的（对近似外观设计注册的无效除外），外观设计权被视为自始即不存在；但是外观设计的注册因落入本条第（1）款第④项而被无效的审判决定是终局的，外观设计权被视为自第一次落入本条第（1）款第④项时即不存在。

（4）对基本外观设计注册宣告无效的审判决定为终局决定的，近似外观设计的注册也无效。

（5）对近似外观设计的外观设计注册宣告无效的审判决定为终局或近似外观设计的外观设计注册根据本条第（4）款而无效的，近似外观设计权被视为自始即不存在。但是，近似外观设计的外观设计注册根据本条第（1）款第④项而无效的决定为终局时，近似外观设计的外观设计权被视为自第一次落入本条第（1）款第④项时不存在。

（6）根据本条第（1）款提出无效审判请求的，审判长应当向外观设计权的独占被许可人和其他任何对注册外观设计权享有注册的权利的人进行通报。

第69条　确认外观设计权范围的审判

外观设计权人、独占被许可人或利害关系人可以提出审判请求，以确认外观设计权的保护范围。

第70条　授予非独占许可的审判

（1）本法第45条第（1）款或第（2）款中的外观设计权人或独占许可或非独占许可的被许可人希望获得许可以行使权利，而对方当事人无正当理由地拒绝许可或不能获得许可的，权利人或独占被许可人或非独占被许可人可以提出审判请求，在实施注册外观设计的必要范围内获得非独占许可。

（2）已经根据本条第（1）款授予非独占许可的人希望实施前述非独占许可被许可人的注册外观设计，而后者拒绝许可或不能获得许可的，前者可以提出审判请求以获得后者注册外观设计的非独占许可或者在与注册外观设计近似的设计范围内获得非独占许可。

（3）根据本条第（1）款或第（2）款获得的非独占许可的被许可人应当向专利权人、实用新型权人、外观设计权人或独占许可的被许可人支付报酬。因无法避免的原因而不能支付的，报酬必须提存。

（4）本条第（3）款的非独占许可被许可人没有支付或提存报酬的，不得实施享有专利的发明、注册实用新型、外观设计权或近似外观设计。

第71条　驳回外观设计注册决定审判审查的规定经必要修正后的适用

（1）本法第18条第（1）款至第（4）款的主要规定，第18条第（5）款的主要部分和第18条之二，第27条及第28条经必要的修正适用于对驳回注册申请决定不服提起的审判。在此情况下，第18条第（5）款主要部分中的"在收到根据本法第28条作出的注册决定通知或者根据本法第26条作出的驳回决定通知（称为"注册或驳回决定"）"，应为"在提交针对驳回理由通知的书面意见陈述的期限内"；第18条之二第（3）款中的"申请人根据本法第67条之二请求再审的"，应为"依据第75条第（1）款提起诉讼的"，以及"审判决定成为终局决定"应为"裁决成为终局决定"。

（2）依本条第（1）款经必要修正适用的第18条之二第（1）款和第（4）款、第27条，只有在驳回理由与审查官最初决定不同时才适用。

第72条　请求联合审判等

（1）两人或多人就同一外观设计权依据第68条第（1）款请求无效审判或依据第69条请求确认外观设计权范围的审判的，可以单独或联合提出审判请求。

（2）审判请求针对的是外观设计共有权利人中的任何一个的，请求人应将所有共有权利人作为被告。

（3）尽管有第（1）款的规定，外观设计权或获得外观设计注册权的共有权利人之一就共有所有权的权利请求审判的，请求必须由所有人联合提出。

（4）本条第（1）款或第（3）款的请求人之一，或第（2）款的被告之一有中止审判程序的理由的，中止对所有人有效。

第72-2条　审判请求的形式要求

（1）请求审判的人应向知识产权审判院院长提交书面请求，写明以下内容：

①当事人的姓名和地址（如果是法人，法人的名称和办公地址）；

②如果有代理，代理人的姓名、住址或营业地址（如果代理机构是专利法人实体，代理机构的名称和地址，以及指定的专利代理人）；

③审判案件的识别码；

④请求的目的和理由。

（2）依据第（1）款提交的审判请求的意图或目的不能修改，但是本规定不适用以下情形：

①修改第（1）款第①项中外观设计权利人事项（包括事项的增加）；

②修改第（1）款第④项中审判请求的理由；或者

③由专利权人或独占被许可人就确认权利范围提出审判请求的，如果被告在比较的基础上争辩请求人的外观设计与被告实施的外观设计不相同，请求人为了使该外观设计与被告实施的外观设计相同而修改书面审判请求中指定的外观设计（请求人主张的被告的外观设计）的说明和图片；

（3）审判是依据第69条提出请求确认专利权范围的，必须在书面请求中附上说明和与注册外观设计进行比较的必要图片。

（4）除了陈述第（1）款所述细节之外，依据第70条第（1）款提出审判的书面请求中必须写明下列各项：

①实施注册外观设计的注册号和名称；

②其他当事人的专利、注册实用新型、注册外观设计的专利号或注册号、名称和日期；以及

③就享有专利的发明、注册实用新型或注册外观设计非独占许可的范围、期限和报酬。

第72-3条 对驳回外观设计注册决定审判请求的形式要求

（1）尽管有第72-2条第（1）款的规定，依据第67条之二或第67条之三就驳回修改决定、驳回或撤销外观设计注册请求审判的人，应向知识产权审判院院长提交书面请求，写明以下内容。若是依据第67条之三就撤销外观设计注册决定的审判请求，知识产权审判院院长应当告知不经审查外观设计注册异议的请求人。

①请求人的姓名和地址（如果请求人是法人，其名称和营业地址）；

②如果有代理，代理人的姓名、住址或营业地址（如果代理机构是专利法人实体，其代理机构的名称和地址，以及指定的专利代理人）；

③申请日和申请号（对不服撤销外观设计注册决定的，注册号和注册日）；

④外观设计产品；

⑤驳回、撤回外观设计注册或驳回修改决定的日期；

⑥审判案件的识别码；以及

⑦请求的目的和理由。

（2）依据第（1）款的审判请求需要修改的，不能修改请求的意图或目的。但以下情形可以修改：

①修改（包括增加）第（1）款第①项的请求人事项；或

②修改第（1）款第⑦项的请求理由。

第72-4条　审判请求的驳回

（1）有下列情形之一的，审判长将通知申请人在指定期限内进行书面修改：

①审判请求不符合第72-2条第（1）款、第（3）款、第（4）款或第72-3条第（1）款；

②审判相关程序属于下列情形之一的：

（a）程序不符合本法第4条第（1）款或第4-4条；

（b）依据本法第34条需缴纳的费用未缴纳；或

（c）程序不符合本法或总统令规定的形式要求。

（2）未在指定期限内按依据第（1）款的通知进行修改的，审判长将以决定的形式驳回审判请求。

（3）第（2）款驳回审判请求决定必须以书面形式作出并写明决定的理由。

第72-5条　因含有不可克服的缺陷而驳回审判请求

对不经审查外观设计注册的异议请求和有非法缺陷的审判请求，若前述请求的缺陷无法通过修改克服，该请求将通过裁决的方式驳回，而不给被告提交书面答复意见的机会。

第 72 - 6 条　审判官

（1）审判请求提出后，知识产权审判院院长将命令审判官审理该案件。

（2）审判官的资格由总统令规定。

（3）审判官将独立履行官方审判职责。

第 72 - 7 条　审判官的指定

（1）对每一审判案件，知识产权审判院院长将依据第 72 - 9 条指定审判官组成合议组。

（2）若依据第（1）款指定的审判官不适合参加审判，知识产权审判院院长可以指定另一审判官代替指定的审判官。

第 72 - 8 条　审判长

（1）知识产权审判院院长将选择第 72 - 7 条第（1）款指定审判官之一作为审判长。

（2）审判长负责主持所有审判相关事务。

第 72 - 9 条　审判合议组

（1）审判必须由 3 名或 5 名审判官组成的合议组进行。

（2）第（1）款所述的合议组通过投票依据少数服从多数的原则作出决定。

（3）审判官的协商不向公众公开。

第72－10条　提交答复意见等

（1）审判请求提出后，审判长将书面请求的副本发送被告，给予被告在指定期限内提交答复意见的机会。

（2）收到第（1）款的答复意见后，审判长将答复意见的副本转送请求人。

（3）审判长可以直接审查案件相关当事人。

第72－11条　审判官的回避

属于下列情形之一的，审判官应当回避：

①审判官本人或其现任或前任配偶为案件的当事人或参加诉讼人或不经审查外观设计注册的异议人；

②审判官是或曾经是一方参加诉讼当事人或不经审查外观设计注册异议人的直系亲属或家庭成员；

③审判官是或曾经是一方当事人、参加诉讼人或不经审查外观设计注册异议人的法人代表；

④审判官已经成为证人或专家证人，或曾经是专家证人；

⑤审判官是或曾经是一方当事人、参加诉讼人或不经审查外观设计注册异议人的代理人；

⑥审判官曾经作为审查官或审判官参与相关案件的驳回修改决定、授予外观设计注册决定、不经审查外观设计注册异议决定或审判决定；或

⑦审判官与案件有直接利益关系。

第72-12条　请求回避

存在第72-11条回避理由的，当事人或参加诉讼人可以请求审判官回避。

第72-13条　取消审判官的资格

（1）审判官的参与将损害审判公平的情况下，当事人或参加诉讼人可以提出动议取消该审判官的资格。

（2）当事人或参加诉讼人已经向审判官就案件作了书面或口头陈述后，不得再提出取消该审判官资格的动议，除非该当事人或参加诉讼人不知道存在取消审判官资格的理由或取消理由是后来出现的。

第72-14条　指出回避或取消资格理由

（1）依据第72-12条或第72-13条提出回避或取消资格动议的人应当向知识产权审判院院长提交文件说明动议的理由。但是在口头审理中，可以口头提出回避请求。

（2）回避或取消资格的根本原因必须在提出动议之日起3日内提交。

第72-15条　对回避或取消资格请求的决定

（1）回避或取消资格的请求必须通过审判作出决定。

（2）涉及回避或取消资格动议的审判官不能参与该请求的审判，但可以陈述意见。

（3）依据本条第（1）款所作的决定必须是书面的并且必须

写明决定的理由。

（4）本条第（1）款的决定不能上诉。

第72–16条　审判的中止

回避或取消资格的动议被提出时，审判程序必须中止，直到决定被作出。除非该案件需要紧急关注。

第72–17条　审判官的自行回避等

第72–11条或第72–13条适用于审判官的，经知识产权审判院院长同意，审判官可以自行回避或取消资格。

第72–18条　审判程序等

（1）审判程序包括口头审理或书面审查。相关当事人请求口头审理的，审判程序必须口头审理，除非在单独书面审查的基础上明显能作出决定。

（2）除非可能损害公共秩序或道德，口头审理应公开进行。

（3）审判程序依照第（1）款通过口头审理进行的，审判长将指定口头审理的日期和地点并将包含上述内容的文件发送案件的当事人和参加诉讼人，除非当事人或参加诉讼人已经被告知了。

（4）审判程序依照第（1）款通过口头审理进行的，知识产权审判院院长指定的公务员将在审判长的指导下在审判程序当日及时准备阐明程序要点和其他必要事项的草案。

（5）审判长和第（4）款准备草案的公务员将签署草案并在草案上签章。

（6）第153条、第154条以及第156条至第160条经必要修正适用第（5）款的草案。

（7）第143条、第259条、第299条和第367条经必要修正适用于审判。

第 72 – 19 条　参加诉讼

（1）有权依据第72条第（1）款请求审判的人，可以在审判决定作出前参加该审判。

（2）即使在原当事人撤回审判请求后，本条第（1）款的参加诉讼人仍可以继续审判程序。

（3）与审判结果有利益关系的人为帮助一方当事人可以在审判决定作出前参加该审判。

（4）依据本条第（3）款的参加诉讼人可以启动并参与相关审判程序。

（5）中止审判程序的理由适用于本条第（1）款或第（3）款的参加诉讼人的，中止对原当事人亦有效。

第 72 – 20 条　请求参加诉讼和决定

（1）意欲参加审判的人，应当向审判长提交书面的参加请求。

（2）审判长将向当事人和其他参加诉讼人发送参加请求的副本，并给他们在指定期限内提交书面意见的机会。

（3）关于参加诉讼请求的决定必须经审判作出。

（4）本条第（3）款的决定必须以书面形式作出，并陈述决定的理由。

（5）不能对本条第（3）款的决定提起上诉。

第72-21条　取得和保全证据

（1）在审判案件中，可以应当事人、参加诉讼人或利害关系人的请求或依职权取得或保全证据。

（2）民事诉讼法关于取得和保全证据的规定经必要修正适用于第（1）款的取得或保全证据。但是，审判官不得因疏忽而处以罚款，不得强制出庭，不得要求安全保证金。

（3）保全证据的请求必须在提出审判请求前向知识产权审判院院长提出，或在审判中向审判长提出。

（4）依据第（1）款在审判请求前提出保全证据的，知识产权审判院院长将指定审判官负责该请求。

（5）依据第（1）款证据被依职权取得或保全的，审判长将通知当事人、参加诉讼人和利害关系人，并给予他们在指定期限内提交书面意见的机会。

第72-22条　继续审判程序

当事人或参加诉讼人未在法定期限或本法指定的期限内参加程序，或未在第72-18条第（3）款指定的日期出庭的，审判长可以继续审判程序。

第72-23条　依职权审判审查

（1）可以审查当事人或参加诉讼人在审判中未提及的理由，但在这种情况下，必须给予当事人和参加诉讼人在指定期限内就相关理由陈述意见的机会。

（2）在审判中，不能审查请求人未请求的主张。

第72-24条 审判或裁决的合并或分开

审判官可以合并或分开审理双方或一方当事人的两个或多个相同审判请求。

第72-25条 审判请求的撤回

（1）在审判决定成为终局决定前，请求人可以撤回审判请求。但被告已经提交答复意见的，撤回必须经被告同意。

（2）依据第（1）款撤回审判请求的，该请求视为从未提出。

第72-26条 审判裁决

（1）除另有规定的以外，作出审判裁决的，审判结束。

（2）第（1）款的审判裁决必须是书面的，必须由作出裁决的审判官签字和盖章；裁决必须写明下列各项：

①审判号；

②当事人和参加诉讼人的姓名和地址（如果是法人实体，名称和营业地址）；

③如果有代理，代理人的姓名、住址或营业地址（如果代理人是专利代理机构，名称和营业地址和指定专利代理人的姓名）；

④审判案件的识别码；

⑤裁决正文（包括第70条的审判范围、周期和报酬）；

⑥决定的理由（包括目的和请求理由摘要）；以及

⑦裁决日期。

（3）全面审查案件后准备作出裁决时，审判长应通知当事人和参加诉讼人审判审查结束。

（4）作出第（3）款审判审查结束的通知后，若有必要，审判长可以基于当事人或参加诉讼人的请求或依职权重新启动审查。

（5）第（3）款的审判审查结束通知作出之日起 20 日内必须作出决定。

（6）审判决定或裁决作出时，审判长应发送审判决定或裁决的副本给当事人、参加诉讼人和曾经请求参加审判但被驳回的人。

第 72 – 27 条 一事不再理原则

审判决定依据本法成为终局的，不能依据相同的事实和证据请求再次审理，除非最终的审判决定是撤销决定。

第 72 – 28 条 审判与诉讼之间的关系

（1）如有必要，审判长可以中止程序，直到不经审查外观设计注册异议的决定或其他相关审判的决定成为终局，或其他相关诉讼程序得出结论。

（2）如在诉讼程序中法院认为有必要，可以中止诉讼程序，直到关于外观设计的审判决定成为终局。

（3）侵犯外观设计权或独占许可的行为已经立案的，以及诉讼程序终止时，相关法院必须将相关情况通知知识产权审判院院长。

（4）针对第（3）款外观设计权或独占许可侵权诉讼而请求

无效审判的，当有驳回决定、审判请求或撤回请求发生时，知识产权审判院院长必须通知第（3）款相关法院。

第72－29条　审判费用

（1）第68条第（1）款、第69条的审判费用的分担，审判是由审判决定结案的，费用由审判决定确定；审判不是由审判决定结案的，费用由审判中的决定确定。

（2）民事诉讼法第98条至第103条、第107条第（1）款和第（2）款、第108条、第111条、第112条和第116条经必要修正后适用。

（3）第67条之二、第67条之三的审判费用，由请求人或不经审查外观设计注册异议人承担。

（4）民事诉讼法第102条经必要修正后适用于请求人或不经审查外观设计注册异议人承担的费用。

（5）应当事人的请求，知识产权审判院院长将在审判决定或裁决成为终局后确定审判总费用。

（6）除非相互矛盾，审判费用的范围、数量和支付方式，以及在审判中履行程序行为费用的支付，由民事诉讼法费用的相关规定确定。

（7）当事人支付或将要支付给审判中委托的专利律师的报酬，在韩国知识产权局局长确定费用范围时被认为是审判费用的一部分。如果两个或多个专利律师在审判中代表一个人，该人视为由一个专利律师代表。

第72－30条　费用或报酬的执行

知识产权审判院院长关于审判费用的最终裁决或审判官依

据本法确定的报酬的最终裁决，与可执行的债权具有相同的效力；知识产权审判院的公务员应出具具有执行效力的法律文书。

第 72 - 31 条　对外观设计注册审判的特殊规定

第 72 - 10 条第（1）款和第（2）款、第 72 - 19 条、第 72 - 20 条不适用于不服第 67 条之二或第 67 条之三的审判。

第 72 - 32 条　审查过程或不经审查外观设计注册异议过程的效力

在审查过程中或不经审查外观设计注册异议过程中已经进行的相关程序，在不服驳回或撤销外观设计注册决定的审判中仍然有效。

第 72 - 33 条　驳回外观设计注册决定的撤销等

（1）审判官认为依据第 67 条之二或第 67 条之三的审判请求理由充分的，应当作出撤销审查官的驳回外观设计注册决定、撤销外观设计注册决定或驳回修改决定的决定。

（2）驳回或撤销外观设计注册的决定或驳回修改的决定在审判中被撤销的，审判长可以裁定该案的焦点问题作为审查的参考。

（3）本条第（1）款和第（2）款的审判决定，其构成撤销基础的理由对审查官具有约束力。

第八章　再审和诉讼

第 73 条　请求再审

（1）任何当事人都可以对终局的审判决定提出再审请求。

（2）民事诉讼法第 451 条和第 453 条经必要的修正适用于本条第（1）款所述的再审请求。

第 73 条之二　由于串通请求再审

（1）审判中的当事人串通致使得出损害第三方权利或利益的审判决定，第三方可以请求对该终局审判决定进行再审。

（2）依据本条第（1）款提出的再审请求，审判中的当事人为共同被告。

第 73 条之三　请求再审的期限

（1）审判决定成为终局决定后，再审请求应当在请求人知道再审理由之日起 30 日内提出。

（2）因委托缺陷而请求再审的，第（1）款中规定的期限从请求人或其法定代表人通过送达的决定副本而得知审判决定已经作出的后一天开始计算。

（3）审判决定成为终局决定三年后，不能请求再审。

（4）审判决定成为终局决定后再审理由才出现的，第（3）款中规定的期限从该理由首次出现之日的后一天开始计算。

（5）第（1）款和第（3）款不适用于因审判决定与之前的终局审判决定相冲突而提起再审请求的情形。

第 74 条　对经过再审而恢复的外观设计权的限制

（1）外观设计权属于下列情形之一的，该外观设计权的效力不能延及在审判决定为终局之日和再审请求登记日之间在韩国善意制造、进口或获得的产品：

①已经被无效但又在再审中恢复的外观设计权（包括对撤销外观设计注册决定不服而请求审判，在审判程序中最终撤销了的外观设计权）；

②认定产品超出外观设计权范围的审判决定为终局后，在再审中作出的相反决定为终局决定；或

③此前被审判决定驳回的外观设计注册申请经过再审程序后被授予外观设计权。

（2）本条第（1）款所述的外观设计权不能延及下列行为：

①在审判决定终局之后，再审请求登记之前，善意实施外观设计的行为；

②在审判决定终局之后，再审请求登记之前制造、转让、出租、进口、许诺转让或许诺出租使用该外观设计的产品。

第 74 - 2 条　经过再审恢复的外观设计权的因在先使用而获得非独占许可

在第 74 条第（1）款所列情形下，在审判决定成为终局决定之后、再审请求登记日之前，有人在韩国善意地在工业或商业上实施一项外观设计或者做好实施准备的，该人有权就该外

观设计权获得在原商业目的和实施范围内或者原实施准备范围内的非独占许可。

第74-3条 再审剥夺了非独占许可的人的非独占许可

（1）根据第70条第（1）款或第（2）款给予非独占许可的决定成为终局决定后，在得出相反结论的再审决定的再审请求登记日前，有人依据非独占许可在韩国善意地在工业或商业上实施了该外观设计或者做好实施准备的，该人有权就该外观设计权或再审决定成为终局决定时已经存在的独占许可获得非独占许可，该许可应限于该人业务目的和原非独占许可的外观设计范围内。

（2）依据第（1）款获得非独占许可的人必须向外观设计权利人和原非独占许可持有人支付报酬。

第74-4条 审判规定经必要修正后适用于再审

除非相互矛盾，审判相关的规定经必要修正后适用于不服审判决定的再审请求。

第74-5条 民事诉讼法经必要修正后的适用

民事诉讼法第459条第（1）款经必要修正后适用于再审请求。

第75条 对审判决定诉讼等

（1）对不服审判决定或不服根据第18条之二第（1）款经必要修正后适用的第71条第（2）款的（包括经必要修正后适

用第74－4条的情况）驳回审判或再审请求的诉讼，韩国专利法院有专属管辖权。

（2）第（1）款所规定的诉讼可以由审判中的当事人或参加诉讼人或者任何提出参加审判请求但请求被驳回的人提出。

（3）第（1）款中规定的诉讼应当在收到审判决定或裁决后的30日内提出。

（4）第（3）款中规定的期限不能改变。

（5）对于本条第（3）款所述的强制期限，为便于居住在偏远地区或交通不便的人，审判长可以依职权延长期限。

（6）只能就可以提出审判请求的相关事项提起诉讼。

（7）针对依据第72－26条第（2）款第⑤项关于报酬的审判决定和根据第72－29条第（1）款审判费用的审判决定或裁决，不能依据本条第（1）款单独提起诉讼。

（8）收到第（1）款专利法院裁决的人可以向最高法院上诉。

第75－2条　被告的资格

在第75条第（1）款的诉讼案件中，韩国知识产权局局长是被告。但是，在针对第68条第（1）款、第69条、第70条第（1）款和第（2）款的审判决定和再审决定的诉讼案件中，原案的请求人或被告是该诉讼案件的被告。

第75－3条　诉讼通知和文件传送

（1）不服审判决定或依据第71条第（1）款（包括适用第74－4条的案件）经修正后适用的依据第18条之二第（1）款的驳回决定的诉讼，或者依据第75条第（8）款的上诉一旦被提出，专利法院应当立即通知知识产权审判院院长。

（2）依据第 75 条第（1）款附带条件的诉讼案件已经得出结论的，专利法院应当立即将案件的判决副本发送给知识产权审判院院长。

第 75 - 4 条　撤销审判决定或裁决

（1）依据第 75 条第（1）款的诉讼理由充分的，专利法院将通过判决撤销审判决定或裁决。

（2）第（1）款中的撤销审判决定或裁决的判决成为终局的，审判官应当重新审查该案件并作出审判决定或裁决。

（3）第（1）款的诉讼案件中，构成撤销基础的判决理由对知识产权审判院具有约束力。

第 75 - 5 条　对赔偿数额或报酬决定的诉讼

（1）对依据第 70 条第（3）款关于赔偿数额或报酬的判决或裁定不服的，可以向法院提起诉讼。

（2）依据第（1）款的诉讼必须在收到决定、裁决或判决的副本后 30 日内提出。

（3）第（2）款中规定的期限不能改变。

第 75 - 6 条　赔偿或报酬诉讼案件的被告

在第 75 条第（5）款的诉讼案件中，非独占许可的被许可人、独占许可的被许可人或外观设计权人是依据第 70 条第（3）款获得赔偿的被告。

第75－7条　专利律师的报酬和诉讼费用

民事诉讼法第 109 条经必要修正后适用于对在诉讼中作为代理人的专利律师的报酬，在这种情况下，"律师"应为"专利律师"。

第九章　附则

第76条　文件的查阅

（1）任何人可以请求韩国知识产权局局长或知识产权审判院院长出具外观设计注册申请或审判证书、文件的证明副本或节本的证明副本，或者查阅或复制外观设计注册簿或其他文件。

（2）本条第（1）款规定的请求涉及未公布的申请或者还未注册的外观设计权，或者违反公共秩序或公共道德的，韩国知识产权局局长或知识产权审判院院长不得准许该请求。

第77条　禁止公布或取出外观设计注册簿以及与申请、审查或审判有关的文件

（1）除下列情形外，禁止取出外观设计注册簿以及与外观设计注册申请、审查、不经审查外观设计注册的异议、审判或再审有关的文件：

① 为根据本法第 25 条第（1）款或第（2）款规定对现有设计检索的目的，取出与外观设计注册申请或审查有关的文件；

②为根据本法第77-2条第（1）款规定将外观设计文件委托计算机化的目的，取出与外观设计注册申请、审查、对不经审查外观设计注册异议、审判或再审有关的文件或外观设计注册簿；

③为电子政府法第30条规定远程在线履行职责的目的，取出与外观设计注册申请、审查、对不经审查外观设计注册的异议、审判或再审有关的文件或外观设计注册簿。

（2）要求对正在审查的外观设计注册申请的内容、审查、对不经审查外观设计注册的异议、审判或再审或决定内容出具专家意见、证词或质询的，其请求不予答复。

第77-2条 委托数字化外观设计文件

（1）考虑有效处理外观设计程序的必要性，韩国知识产权局局长可以委托满足知识经济部令规定的设备和人力资源标准的法人实体，通过电子信息处理系统和使用电子信息处理系统的技术，电子化与外观设计申请、审查、对不经审查外观设计注册的异议、审判、再审或外观设计注册簿有关的文件。

（2）本条第（1）款受委托从事数字化外观设计文件（以下简称"数字化外观设计文件的代理机构"）的官员或雇员不能泄露其履行职责过程中接触到的未决申请中披露的外观设计。

（3）依据本条第（1）款，韩国知识产权局局长可以将未按第4-28条第（1）款规定以电子文件形式提交的外观设计书面申请文件和知识经济部令规定的其他文件转换为电子格式，并且将其保存在由韩国知识产权局或知识产权审判院操作的电子信息处理系统的文件中。

（4）本条第（3）款所述文件的内容视为与相关文件的内容相同。

（5）数字化外观设计文件的方法和数字化外观设计文件的其他必要事项，由知识经济部令决定。

（6）已被授权的数字化外观设计文件的代理机构若不满足本条第（1）款知识经济部令规定的设备和人力资源标准，且未按照韩国知识产权局局长的要求采取正确措施，局长可以取消对该代理机构数字化外观设计文件的委托。在这种情况下，应当给予代理机构陈述意见的机会。

第77-3条　文件送达

除本法规定的以外，文件送达和送达程序有关的事项由总统令规定。

第77-4条　公告送达

（1）收件人的住所或营业场所地址不清楚无法送达文件时，通过公告通知收件人。

（2）公告是在外观设计公报中发布一个收件人随时可以得到所发送文件的通知。

（3）在外观设计公报中发布通知之日起两周后视为文件已经送达。但是，对同一当事人随后的公告视为在外观设计公报中发布的后一天送达。

第77-5条　对非居民的文件送达

（1）对有外观设计代管人的非居民，文件必须送达至其外观设计代管人。

（2）对没有外观设计代管人的非居民，文件可以通过挂号航空邮件送达至该非居民。

（3）根据本条第（2）款，文件已经通过挂号航空邮件发送的，视为在邮寄日送达。

第78条　外观设计公报

（1）韩国知识产权局应当出版外观设计公报。

（2）外观设计公报可以以知识经济部令规定的电子媒体形式出版。

（3）以电子媒体形式出版的，韩国知识产权局局长应当通过通信网络公布有关外观设计公报的出版、主要内容和服务的事项。

（4）本条第（1）款中外观设计公报公布的事项由总统令规定。

第78条之二　文件的提交等

韩国知识产权局局长或审查官可以要求相关当事人就与审判或再审程序不相关的处理程序提交必要的文件和物品。

第79条　外观设计注册标记

外观设计权人、独占许可或非独占的被许可人可以在外观设计产品或其容器、包装上标注其注册外观设计标识。

第 80 条　禁止虚假标记

下列行为均为非法：

①在未获得外观设计注册或未提出外观设计注册申请的产品或其容器、包装上，标注已注册标记或已申请注册的标记，或可能引起注册混淆的标志；

②转让、出租或展示本条第①项所述的产品；

③在广告、标牌或标签上注明该产品已注册或已申请注册，或令人混淆的近似标志，使他人制造、使用或出租实际上并未进行外观设计注册或申请外观设计注册的产品。

第 81 条　异议的限制

（1）不能针对驳回修改的决定、授予外观设计权的决定、审判决定或者依据其他法律请求审判或再审而不予考虑的情形提出异议，不能依据其他法律对依据本法不能提出异议的处分提出异议。

（2）除了第（1）款规定的，其他关于处分的异议由行政上诉法或行政诉讼法调整。

第十章　刑则

第 82 条　侵权罪

（1）侵犯外观设计权或独占许可的人可以被处以 7 年以下

劳役或者 1 亿韩元以下罚金。

（2）本条第（1）款的起诉由侵权行为的受害人提出而启动。

第 83 条　伪证罪

（1）证人、专家证人或翻译根据法律宣誓后，在知识产权审判院作虚假陈述、提供虚假专家意见或进行虚假翻译的，可以被处以 5 年以下的劳役或者 1000 万韩元以下的罚金。

（2）在审查官的决定或对不经审查外观设计注册异议的决定作出前，或在该案的审判决定成为终局决定前，对其所犯本条第（1）款所述的罪行予以承认的，其处罚可以部分或全部被豁免。

第 84 条　虚假标记罪

违反本法第 80 条的，可以被处以 3 年以下劳役或者 2000 万韩元以下罚金。

第 85 条　欺诈罪

通过欺诈或不正当手段获取注册或审判决定的，可以被处以 3 年以下劳役或者 2000 万韩元以下的罚金。

第 86 条　泄密罪

韩国知识产权局或知识产权审判院的现任或前任官员泄露了其由于执行公务而获得的有关外观设计申请中包含的外观设计的秘密，或者根据本法第 13 条第（1）款进行保密的外观设计的，可以处以 5 年以下劳役或者 5000 万韩元以下的罚金。

第 86 条之二　专门检索机构等的官员和雇员视为公务员

适用第 86 条时，第 25 – 2 条第（1）款的专门检索机构或第 77 – 2 条的数字化外观设计文件代理机构的现任或前任官员或雇员视为韩国知识产权局的现任或前任雇员。

第 87 条　双重责任

法人或代理机构的代表、法人或自然人的雇员或其他工作人员违反本法第 82 条第（1）款、第 84 条、第 85 条的行为与法人或自然人业务有关的，除行为人承担责任外，法人应被处以本条下列各项所述罚金：

①违反本法第 82 条第（1）款的，处以 3 亿韩元以下的罚金；或

②违反本法第 84 条或第 85 条的，处以 6000 万韩元以下的罚金。

但是，本规定不适用于法人或自然人为阻止违法行为发生尽到了合理的注意和监管义务的情形。

第 87 条之二　没收等

（1）第 82 条第（1）款侵权行为的物品或由侵权行为得到的物品必须被没收，或者根据遭受损失方的请求，作出要求将物品交付损失方的判决。

（2）依据本条第（1）款将物品交付损失方时，损失方可以要求超过物品价值部分的损失赔偿。

第 88 条　行政罚款

（1）有下列行为之一的人，可以被处 50 万韩元以下的行政罚款：

①按照民事诉讼法第 299 条第（2）款和第 367 条宣誓后，在知识产权审判院作出虚假陈述；

②无正当理由，未按照知识产权审判院的要求，提供或出示取证或证据保全涉及的相关文件或材料；

③已删除；

④无正当理由，未按照传票的要求作为证人、专家证人或翻译出庭作证，或拒绝宣誓、证明、提供专家意见或翻译等；

（2）本条第（1）款所述的罚款由韩国知识产权局局长按照总统令的规定处以并征收。

术语注释

韩国知识产权局：Korean Intellectual Property Office，类似中国的国家知识产权局。

知识产权审判院：the Intellectual Property Tribunal，类似中国的专利复审委员会。

审判长：the presiding trial examiner，审判官合议组的组长。复审阶段的案件，需要成立一个合议组，每个合议组由主审判官、副审判官以及审判长3人组成。

审判官：the trial examiner，在知识产权审判院从事复审阶段案件的审理工作的人员。

审查长：the presiding examiner，审查官合议组的组长。对于不经审查外观设计注册的异议，在韩国知识产权局成立审查官合议组进行审查，该合议组的组长称为审查长。

审查官：the examiner，在韩国知识产权局从事外观设计注册审查工作的人员。

知识经济部：the Ministry of Knowledge Economy，因政府机构改制，由原商务、工业和能源部（the Ministry of Commerce, Industry and Energy）更名而来。

国家援助法：National Assistance Act。

发明促进法：Invention Promotion Act。

民事诉讼法：Civil Procedure Act。

韩国外观设计审查指南❶

截至 2010 年 1 月 1 日

翻译：谢怡雯　吴猛　张建勋　张冰冰　肖群　王芳　孟雨

校对：王美芳　严若艳

---

❶　原文来源：韩国特许厅外观设计部。

目　录

第一条　目的 ………………………………………… 1127

第二条　外观设计的必要条件 …………………… 1127

第三条　适于工业应用 …………………………… 1129

第四条　为公众所知或者公开使用的设计 ……… 1138

第五条　容易的创造 ……………………………… 1148

第六条　扩大的先申请原则 ……………………… 1156

第七条　不予注册的外观设计 …………………… 1158

第八条　相似外观设计 …………………………… 1159

第九条　丧失新颖性的例外 ……………………… 1160

第十条　外观设计的说明等 ……………………… 1161

第十一条　可以提交不经审查的外观设计注册
　　　　　申请的外观设计 ……………………… 1162

第十二条　一设计一申请 ………………………… 1162

第十三条　外观设计产品名称 …………………… 1164

第十四条　多项外观设计申请 …………………… 1166

第十五条　成套产品的外观设计 ………………… 1168

第十六条　在先申请 ……………………………… 1170

第十七条　申请的修改和本质的改变 …………… 1172

第十八条　修改的驳回 …………………………… 1176

第十九条　分案申请 ……………………………… 1176

第二十条　根据条约提出的优先权要求 ………… 1178

第二十一条　申请的公布 ……………………… 1180

第二十二条　信息的提供 ……………………… 1180

第二十三条　优先审查 ………………………… 1181

第二十四条　不经审查的外观设计注册申请的
　　　　　　审查 ……………………………… 1181

第二十五条　关于多项外观设计申请驳回理由的
　　　　　　通知 ……………………………… 1182

第二十六条　不经审查的外观设计注册的异议 ……… 1182

第二十七条　异议理由的修改和书面答复的提交 …… 1183

第二十八条　不经审查的外观设计注册的异议
　　　　　　决定 ……………………………… 1184

第二十九条　撤销有关注册的不合法决定的限制 …… 1184

第三十条　不合法决定等的撤销 ………………… 1184

第三十一条　复审的期限 ……………………… 1185

附则 …………………………………………… 1185

第 1 条　生效日 ……………………………… 1185

第 2 条　指南的应用 ………………………… 1185

后记 …………………………………………… 1189

第一条　目的

本指南旨在通过为工业品外观设计保护法（以下简称"法"）、工业品外观设计保护法细则（以下简称"细则"）和工业品外观设计保护法实施条例（以下简称"条例"）的解释建立详细的指导，从而确保外观设计审查的客观与公正。

第二条　外观设计的必要条件

（1）凡是不符合法第 2 条第（1）款对于外观设计定义的规定的，不能根据法第 5 条第（1）款获得外观设计注册。

（2）如果一项外观设计的经审查外观设计注册申请或不经审查外观设计注册申请不符合下列各款的要求，则该外观设计不符合法第 2 条第（1）款中对于外观设计的定义。

1. 外观设计的产品属性：原则上外观设计保护法中的"产品"意为，独立并且确定的物品，例如物质或者可移动资产。因此，以下各项都不适用于外观设计注册，除了 D 项和 E 项可以作为部分设计申请获得外观设计注册。

A. 房地产（其中可以大量生产并且可以运输的房地产除外）。

例如，平房、公用电话亭、移动销售机、反犯罪检查站、公交车站、流动厕所、活动房屋等。

B. 不具有特定的形状的。

例如气体，液体，电，光，热，声音等。

C. 由粉末或微粒组成的。

例如水泥、糖等。

D. 组合产品的组成部分。

但是，可以单独出售的组成部分（例如组合玩具的一部分）可以进行外观设计注册。

E. 产品的不能单独出售的局部。

例如袜子的脚后跟形状、瓶颈等。

F. 不是产品的自身形态。

例如用手帕或毛巾折叠成的花样，是经过商业加工形成的设计，不能被认为是产品原有形态的设计。

2. 外观设计的形状、图案和色彩。

A. "形状"是指产品占据的空间形成的轮廓，除了字体设计以外的任何外观设计都包含形状。

B. "图案"在产品表面表现为线条图形、颜色的分布、颜色的过渡等。

（i）"线条图形"是指由线条形成的图案。

（ii）"颜色的分布"是指通过颜色而非线条划分空间。

（iii）"颜色的过渡"是指颜色之间的边界的平滑过渡。

C. "色彩"是人的视网膜区分被物体反射的光的刺激的一种属性，外观设计保护法规定的色彩包括透明色和金属色。

3. 外观设计的可视性："在视觉上"意思是"能被人眼感知的"。因此，下列各项均不是外观设计的可注册对象：

A. 主要由视觉之外的其他感官感觉到的。

B. 难以通过肉眼观察到的，如一粒粉末或颗粒。

C. 从外部不能观察到，也就是需要通过拆卸或破坏后才可见的。但是，类似打开盖子就能进入的简单构造，其内部可以作为外观设计的客体。

4. 外观设计的美感："产生美感"，意味着一种美学处理，也就是说，使产品产生美感的处理。因此，以下属于没有产生美感的情形：

A. 以功能和技术效果作为主要目的的设计几乎不产生美感。

B. 一件外观设计因没有经过严密的设计而产生粗糙的印象，并因此几乎不产生美感。

（3）如果一项部分设计不符合前述第（2）项的和以下几条的规定，则该部分设计被视为不符合法第 2 条第（1）款对外观设计的定义：

1. 不属于产品的部分的。

A. 只表现了图案、色彩或者其结合的。

B. 只表现了产品的形状或轮廓的。

2. 不能与其他外观设计相对应的。

3. 成套产品中某一项外观设计的部分设计。

（4）根据法第 2 条第（1 之二）的规定，字体设计不符合前述第（2）项和以下几条的要求的，该字体设计被视为不符合法第 2 条第（1）款的定义。无论如何，字体被视为是一个"产品"，并且不包含"形状"。

1. 字体是用于记录、标记、或印刷等。

2. 字体包含一个共同的特征。

3. 字体是韩国字符集、英语字符集、其他外文字符集、数字字符集、特殊的符号集、或中文字符集的字体。

第三条　适于工业应用

根据法第 5 条第（1）款的规定，不能通过工业生产方法批量生产的外观设计是不适于工业应用的外观设计（包括经审查外观设计注册和不经审查外观设计注册），不能获得外观设计注册。

1. "适于工业应用的设计"是指同一产品可以通过工业生产方法批量生产。

A. "工业生产方法"包括机器生产和手工生产。

B. "同一产品可以批量生产"中的"同一"并非指产品完全相同，而是指本领域内的一般技术人员能一目了然地认为其一致。

C. 暂时显示在例如产品的液晶显示器上的图像（图形图像设计），该产品同图形图像一起被认为是适于工业应用的设计（2003 年 7 月 1 日增加）。

D. 以 3D 造型提交视图的，应当以实体模型为基础审查，在外观设计因为光线、材料质感等原因难以用实体模型表达时，线框模型应视为实际外形。

注：三维建模是指通过计算机程序生成形状的方法，其中立体制图是通过计算数学表达式创建一个想象中的三维空间。三维建模分为"线框模型"和"实体模型"，其中线框模型手段为计算机程序中只用线条表示立体形状，实体模型则是通过面来表示立体形状。此外，"渲染"是指给二维图像应用情感效应，如添加光与物质的感觉，使模型的图像更逼真。

2. 以下情形被认为是不能通过工业生产方法批量生产：

A. 外观设计的主要组成部分为自然物，因此无法批量生产。

B. 在纯艺术领域的版权作品。

3. 以下情形因为设计的表达不明确而被认为是无法实现工

业应用的：

A. 产品的使用目的、使用方法、使用状态等不明确的。

B. 视图关系不对应的，其中误差水平较小的除外。

C. 视图（包括为取代绘制视图而提交的照片，下同）、样品等不清楚的。

（i）视图、样品等过小或者不清晰使得外观设计不能被清晰辨认的。

（ii）照片中因包含背景、阴影、其他产品的图像等使得外观设计不能被清楚表达的，不影响申请的外观设计中的形状和图案的清楚表达的除外。

D. 外观设计说明过于抽象的。

注：指用符号、记号等对申请表或者视图中的形状、图案或色彩进行抽象说明的。

E. 缺少必要的对材质或者尺寸的说明的（条例《附件2》第7条）。

F. 彩色图片包含部分缺少色彩，在简要说明中指出未着色的区域为黑、白、灰、或者透明的除外。

G. 视图中包含中心线、参考线或者水平线；包含指示线、标记或者对特征说明的字符；包含其他类型的非设计本身的点、线条、符号或者字符等。为了表示视图（包括通过 3D 建模制作的视图，以下称为三维视图）中的阴影、细实线、圆点或者深度且不会造成图案的混乱的除外，此种情况下，这些产品表面的字符或标志通常被认为有以下几种情形：

注："三维视图"是指通过三维视频图像通过对称轴旋转视图，以解释外观设计的整体形式和特点。

（i）除情形（ii）以外，产品上显示的字符和/或标记通常被认为是外观设计的一部分。

（ii）产品上显示的字符和/或标记仅仅用来显示信息的不能被认为是图案，也不能被认为是外观设计的组成部分，在这种情况下这些字符和/或标记不要求从视图中删除。

例如，①报纸或书籍的文本区域；②标准图形中用以说明成分、描述用法等的文字。

H. 立体产品提交视图的情形如下，其中从（iv）到（vii）适用于立体图和六面正投影视图提交的情形。

（i）通过提交的视图不能表达产品的全部形态的。

例如，只提交了一副主视图。

（ii）视图中有部分缺少并且未作清楚解释的（条例《附件2》）。

（iii）请求保护的图形图像部分没用实线表示的。

（iv）缺少立体图的，申请时可以省去立体图的图形图像的外观设计申请除外。

（v）提交的视图不是符合正投影规则的六面正投影视图的，以下情形除外：

（a）用与六面正投影视图相对应的照片代替视图的，因为照片实际上无法做到完全精确地符合正投影规则。

（b）与带有图案的杯子相类似的，外观设计的图案通过展开图才能准确地体现时，其产品的形状也会发生扩展。这种情况下，产品的图案的展开图和无图案的形状的视图都要提交。

（vi）各视图的比例不一致的，视图之间比例是否一致的确定在于判断外观设计的形状和图案时是否存在疑问。

（vii）六面正投影视图中缺少一幅或多幅的，以下几种可以省略一幅或多幅视图的情形除外。在下列情况下，省略视图的原因（例如，与主视图相同）应当在视图名称下方予以说明。

（a）主视图与后视图相同或对称时，后视图可以省略。

（b）左视图与右视图相同或对称时，其中之一可以省略。

（c）俯视图和仰视图相同或对称时，俯视图或仰视图可以省略。

（d）除了上述（a）、（b）、（c）的情况外，六面正投影视图中的几幅视图相同时，可以省略除了一幅相同视图以外的视图。

（e）大型机械例如汽车、船只等被固定安装且底部不常见的，可以省略仰视图。

（f）当申请为图形图像设计时，除了主视图以外，后视图、左视图、右视图、俯视图和仰视图可以省略。

I. 平面产品的视图情形如下（以下规定适用于主视图和后视图提交了绘制图的情况）：

（i）各视图比例不一致的。

（ii）缺少主视图和后视图其中之一的，当主视图与后视图相同或者对称（仅限于垂直方向轴对称）或者后视图没有图案而省略后视图且省略视图的原因（如与主视图相同）标注在了视图名称下方的除外。

（iii）如下面列举的产品，没有立体感且通过主视图、后视图就可以清楚表达的产品为平面产品，产品具有厚度或者在使用时是三维产品的被认为是立体产品。

产品举例：毛毯、壁纸、包装织物、塑料袋、证书、手帕、织物、塑料书写垫板、手巾、包装纸、标签等。

J. 立体产品有重复的形状或者平面产品有重复的图案，在图片中没有画出重复部分（单元图案必须重复 1.5 个单元）或者没有在简要说明中指出形状或图案的重复在一个方向或四个方向的。

不能接受的图片示例　　　　　可以接受的图片示例

K. 定长产品的图片缺少重要部分的情形如下：

（ⅰ）图片中省略的部分没有用两条平行的单点划线标出的。

（ⅱ）视图中省略了多少厘米或者多少米的数值没有在简要说明中描述的。

L. 以下情形为外观设计没有通过视图充分表达的（根据条例第5条第（2）款附表4和附表5的规定）：

（ⅰ）缺少展开图、剖视图、放大图、剖面图、使用状态图的。

（ⅱ）组装玩具一类的产品缺少装配图的，通过各组件的视图不能充分显示使用状态的，或者缺少各组件的视图且组合状态的视图不能充分表现产品分解状态的。

（ⅲ）外观设计的产品可以打开和关闭，未提交打开之前和之后的视图或者缺少打开前和之后的各状态视图使得外观设计不能充分表达的。

（ⅳ）可移动物体的外观设计（动态设计）未提交移动状态的视图，固定状态的视图和移动状态（主要姿态和移动轨迹等）的视图缺少或者简要说明中未包含其移动方式使得外观设计不能充分表达的。

M. 对剖面和剖视图剖切位置等的指示规定如下：

（i）剖面上无平行斜线或不足。

（ii）剖切位置没有指出或者没有明确指出（通过点化线、符号和箭头的方法），除非有一幅特定的视图作为中心垂直截面图或者中心水平截面图明确指出。

N. 局部放大视图的对象没有指出或者没有明确指出放大的部位。

O. 物品可分离的外观设计，例如由盖子和主体组成的物品，通过组合状态不能充分表达这项设计时，缺少组合状态的视图或者各组成部分的视图。

P. 完全或者部分透明的物品的外观设计视图，以下情形是不充分的：

（i）如果圆周表面没有颜色和图案，透明的部分按照实际绘制，那么这种情况应该在"简要说明"部分说明。

例如球、时钟等。

（ii）图案或者色彩存在于产品的外表面或者内表面或者在立体产品中间厚度表面的情况下，申请中应当包括清楚表达图案或色彩的视图（未反映后面图案或者色彩的主视图，未反映底部图案或者色彩的俯视图，或者图案部分的展开视图等）和表明透明部分的视图，这种情况应该在"简要说明"部分说明。

例如带图案的杯子、瓶子等。

（iii）两个或者更多的形状、图案或者色彩存在于内表面或者外表面或者在立体产品中间厚度面，申请中应当包括表达了形状、图案或色彩的每一面的视图（外表面和内表面和立体产品中间厚度面）和表明了透明部分的视图，这种情况应该在

"简要说明"部分说明。

例如内表面和外表面分别有图案的杯子等。

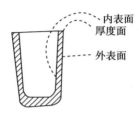

（iv）图案或者色彩只存在于透明立体产品的一个表面的情况下，图案或者色彩应仅在该表面表示（即使图案或者色彩映射到了另一面），这种情况应该在"简要说明"部分说明。例如镇纸等。

（v）在除非表达出透明部分的厚度，否则外观设计不能清楚地表达的情况下，应该提交剖视图来表达出透明部分厚度的形状，剖切表面必须使用剖面线。例如下图所示。

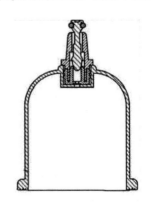

Q. 部分外观设计中请求注册的部分不明确。

（i）作为部分外观设计注册的部分没有明确表达在视图中等。

（ii）视图中表达请求外观设计注册的部分的方式没有在

"简要说明"中说明。

（iii）作为部分设计的注册设计中部分设计的边界不明确的
情况下，边界没有用单点划线清楚地表示，或者没有在"简要
说明"中说明。

R. 部分外观设计注册的部分没有完全地表达，下列规定适
用于提交透视图和六面正投影视图或者主视图和后视图的情形。

（i）除了图形图像设计仅需提交一幅主视图外，三维立体产
品的部分外观设计缺少透视图和六面正投影视图中的任何一幅。

（ii）平面产品的部分设计缺少主视图和后视图中任何一幅。

S. 表示字体设计的视图情况如下：

（i）指定的字符、例句、代表性的字母的视图不符合条例
第5条第（2）款所述附件6规定。

（ii）指定的字符、例句、代表性的字母缺视图。

T. 三维视图如下：

（i）三维视图不符合条例附件的规定。

（ii）外观设计的各体是一个产品的整体设计，不能清楚地
用三维视图说明，以致难以解释产品。

（iii）视图在制作时被打碎或者胀裂，以致难以解释产品。

U. 视图没有按照线框图、照片视图和三维视图的单一的视
图形式准备（对于多项设计申请，各自的设计中应使用单一的
视图形式）。

4. 原则上，认为第一定位视图是主要视图。下列限制性条款
适用于提交立体图和六面正投影视图或者主视图和后视图的情况。

（i）当外观设计注册申请的视图（除立体图）未按照正投
影法制作的时候，认为该外观设计表达不明确，根据条例第5
条第（2）款的字体设计的视图除外。

（ii）关于按照正投影规则表现的各视图形状的外缘轮廓线，主视图、后视图和左视图、右视图应该分别关于垂直轴对称或者相同，俯视图和仰视图应该分别关于水平轴对称或者相同。

（iii）主视图，是六面正投影视图的基本视图，应该选取最能表达设计（产品）特征的一面。

（iv）一项设计的立体图和六面正投影视图应该以图片或者照片的一种形式来准备。

第四条 为公众所知或者公开使用的设计

（1）在国内外，在申请之前已经为公众所知或者公开使用过，或者在公开出版物上发行过或者电子通信网络为公众所知的设计或者与此类似的设计，根据法第5条第（1）款的内容，不能获得外观设计的注册。然而，对于不经审查外观设计注册申请，虽然根据法第26条第（2）款在注册前不需要审查，但根据法第26条第（3）款可以依据已提供的信息和证据，做出拒绝外观设计注册决定。

（2）根据法第5条第（1）款第①项，在申请日之前在国内外已经为公众所知或者公开使用过的外观设计是指如下情形：

A. 在外观设计申请提交之前为非特定的人所知晓的设计被认为是为公众所知的设计。然而，当向公众公开设计的日期与申请日期相同但两者按照小时、分钟和秒的排序不明确时，不会因该公开而丧失新颖性。

B. 在注册日到公开日期间，注册外观设计被认为是为公众所知的设计。在国际注册外观设计的公开日，国际注册设计被认为是为公众所知的设计。如果外观设计公布机构根据"关于

指定专门机构进行外观设计公布并用于审查的通知"第 2 条第
②项的规定公布设计，则当发布日可以用目录等证实时，可确
认为被公众所知的日期；当发布日不能被证实时，设计在公共
网络线上或者线下可以为公众获得的日期为公众所知的日期。
C. 在外观设计申请提交之前，在非特定的人能知晓的状态下使
用过的设计，被认为是一项已公开使用过的设计。

（3）根据法第 5 条第（1）款第②项，在外观设计申请提交
之前，外观设计在国内外由出版物公开或者通过电子通信网络
为公众所知是指如下情形：

A. 任何由机械的或者电子的打印/复印方法产生的媒介所
记载的设计和任何通过出版物或电子通信网络（互联网）发行
的设计。

例如公报、书籍、杂志、报纸、目录、小册子、光盘、缩
微胶片、网站等。

B. "发行"包括国内外不特定的人可以查到该媒介的状态。

C. 申请被公开的设计和注册被出版公告的设计，认为在申
请公开日或者出版公告日为公众所知。

（4）法第 5 条第（1）款第③项中的相似外观设计以审查案
例、审判决定、法院判决等为基础确定，参照以下标准：

A. 仅在相同或者近似产品间判断相似性。

（i）根据产品相似性的外观设计相似性如下。

产品　　　　外观	相同产品	相似产品	非相似产品
形状、图案、色彩（相同）	相同设计		
形状、图案、色彩（相似）		相似设计	
形状、图案、色彩（不相似）			不相似设计

（ii）"相同产品"是指具有相同用途和相同功能的产品。

（iii）"相似产品"是指用途相同但功能不同的产品。例如圆珠笔与钢笔。

注：不相似的产品，当它们用途相同时，也可以解释为相似的产品。例如调羹架和笔架。

注：条例［附件4］的（N1）字体产品分类中，韩国字符、英文字符、其他外国字符、数字字符、特殊符号以及汉字字符不认为是相似的产品。

B. 外观设计相似性的标准。

（i）基于商业市场中的普通消费者的观察，一项外观设计所应用的产品与另一项外观设计所应用的产品似乎可以相混淆，则认为两项外观设计相似。此外，即使两项外观设计没有相似到造成混淆的程度，但是基于该外观设计领域趋势的观察，两者具有共同的创新特征，认为该两项外观设计相似。

（ii）相似性是由整体观察综合决定的。

（a）"观察"仅指人眼观察，不能借助放大镜、显微镜等观察。

（b）"整体观察"是指外观设计的相似性不应以主要部分的比较而确定，而应比较外观设计整体。因此，如果两项设计整体不相似，但是部分与部分可能相似，认为两项设计不相似；而如果两项设计整体相似，但是部分与部分可能有所不同，认为两项设计相似。

（iii）当提交的视图没有表达产品的全部形状时，外观设计相似性的判定规定如下：

（a）虽然判断外观设计相似性的次要部分的形状或图案被

部分省略了，但基于通常公认的知识能够清楚理解设计创意，能够识别其整体形状时，相似性判断的前提基于省略的部分是产品惯常形状。

（b）当申请提交的视图不能清楚地表明设计的创意，相似性判定需请申请人提交附加视图后进行。当申请人没有提交所要求的视图时，不再要求申请人提交视图，相似性判定仅以提交的视图为准，因为可见部分已经提交视图。

例如，在一项三维设计仅提交了如下图片的情况下，审查时认为视图中没有显示的部分被放弃了。

例如，在主视图如下图所示、后视图没有提交的情况下，审查时认为后视图被放弃了。

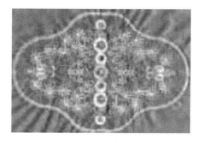

C. 外观设计相似性的判断基于如下形状，图案，色彩：

（i）尽管如果形状或者图案任何一项不相似就会认为两项

设计不相似，但是，相似性判定应根据整体设计综合考虑形状或者图案在美学印象中所占水平。

（ii）在判定图案的相似性时，应综合考虑图形的轨迹和排列、图案的大小和色彩等。

（iii）色彩不单独作为元素来决定相似性，除非色彩形成了图案。

（iv）当一个独特的图案应用到一个已知的形状中，激发了新的美学印象，该图案应当被审查。

D. 相似性的范围解释为对于创新设计比较宽，对于所属领域内有大量相同类型产品的设计比较窄。

（i）（以下情形）设计相似性的范围相对较窄：

（a）对于过去已经普遍使用且已创造出各种设计的产品。例如面料、刀具、餐具等。

（b）对于过去已使用过的形状简单的产品。例如筷子、信纸等。

（c）对于由于结构限定而不太可能实质上改变其设计的产品。例如自行车、望远镜、运动鞋等。

（d）对于由流行趋势引起的只期待有限变化的产品。例如：西装、韩国传统服装等。

（ii）（以下情形）设计相似性的范围相对较宽：

（a）新产品。

（b）同样产品类型中拥有新的部分的产品。

（c）独特的形状或者图案。

E. 在进行相似性的判断时，应当更多考虑产品最容易看到的面。

例如，（1）应当更多考虑电视机、空调等的正面。

（2）应较少考虑电话机的底部等。

（3）在判断设计的相似性时，应当更强调那些一般消费者在产品交易中认为重要的部分。

F. 产品必不可少的部分应当较少考虑，而应当更多的考虑那些可以有大量变化的部分。

例如，就勺子来说，应当更多考虑把手区域的形状或图案。

G. 在相似性判断时，常识范围内的产品尺寸的不同不作为一个要素被考虑。

H. 在相似性判断时，产品的材料只有当用图案或者色彩表达时才被考虑。

I. 在相似性判断时，功能、结构、精细程度、耐用性、生产方法等不是被考虑的要素，除非其本身显示在外观设计中。

J. 动态设计的相似性取决于下列因素：

（i）动态设计和静态设计。

（a）如果动态设计处于固定状态和变化操作状态时的主要对象的姿态与静态设计相似，那么此动态设计和静态设计相似。然而，如果变化操作是独特的，则动态设计和静态设计不相似。

（b）如果静态设计与动态设计处于固定状态和变化操作状态时的主要对象的姿态相似，则认为该静态设计与动态设计相似。

（ii）动态设计和动态设计。

注：在动态设计之间，其相似性由其固定状态、变化操作状态以及在变化操作状态中主要对象的姿态等综合确定。

K. 集成产品（各组成部分的集成）与其零部件之间的相似性取决于下列因素：

（i）集成产品与其零部件是非近似的产品。

（ii）由于集成产品与其零部件是非近似产品，故不适用法第 16 条先申请原则的规定。然而，在在先的集成产品公告之前提交的在后零部件申请，根据法第 5 条第（3）款的扩大先申请原则的规定，在集成产品公告时予以驳回。

（iii）使用公知的零部件的集成产品，不能仅因零部件是公知的而被驳回。

（iv）如果一个零部件与公知的集成产品的组成部分相同或者相近似，则此零部件被认为是集成产品公开的现有设计。

（v）尽管有条款（i）和（ii）的规定，但当一个零部件和一个集成产品接近时，这两个产品就会被认为是相近似的产品并被判定为相似设计。

例如，相框与相框边，腕表与腕表边（主体），眼镜与眼镜的边框。

L. 模具和根据这个模具制作的产品不认为是相近似的。

例如，面包平底锅和面包等。

M. 组件产品的相似性判断规定如下：

（i）组件产品是指包含多个没有单独特征的构成要素的产品。

例如韩国西洋象棋、纸牌、韩国纸牌、有单一组合形式的组件玩具产品。

（ii）对于组件产品的设计，所有的组件被视为一个单独的设计来判断相似性。

（iii）当每个组件可能成为外观设计注册的对象的时候，例如组件玩具，组件产品与它的组成部分的相似性判断方式同上述的条款 K（集成产品和其零部件之间的相似性判断）。

N. "显示在产品的显示部分例如产品的 LCD 上的图像等"

（图标图像设计）的相似性判断规定如下（2003 年 7 月 1 日增加）：

（ⅰ）关于显示部分有图形图像设计的产品的相似性判断只限于相同或相近的产品。

（ⅱ）图形图像设计的相似性判断与图案设计的相似性判断方式相同。

（5）在申请外观设计注册的部分外观设计申请提出之前，如果下文所述的设计是众所周知的、公开使用的、或公开出版的、或可以在韩国国内外的电子通信网络中获知的，根据法第 5 条第（1）款的规定，有关部分外观设计的申请不能得到注册。

1. 包含有与相关部分外观设计相同或者近似的部分的整体设计。

2. 包含有与相关部分外观设计相同或者近似的部分的部分设计。

（6）部分外观设计的相同和相似性的判断，应基于外观设计所属领域的普通技能综合考虑以下各项要素，相同是指以下各项要素相同。

1. 外观设计所应用的产品。

2. 申请外观设计注册的部分外观设计的功能和用途。

3. 申请外观设计注册的部分外观设计的部分在相关产品中所占的位置、大小和范围。

4. 申请外观设计注册的部分外观设计的部分的形状、图案、色彩或者其组合。

（7）根据法第 2 条第（1）款之二规定的字体设计的申请，属于下列情况之一的，该字体设计被认为与现有的字体设计相同或者近似，审查员可以就字体设计申请的相似性向外观设计审查咨询委员会咨询。

1. 复制或者机械的复制现有字体的情况。

A. 复制：没有任何变化的原样的再现。

B. 机械的复制（图案，厚度）：复制现有字体而仅在宽度，高度，斜体或厚度等地方做了变化。

C. 机械的复制（装饰）：复制现有字体而仅在轮廓线，阴影，色彩分割，色彩过渡等地方的变化。

2. 对现有字体设计有部分变化的情况。

A. 部分变化：通过改变现有字体的构成元素的图案、曲线或倾斜度的模仿或模拟。

详细说明："愛"中变得饱满的圆点。"한"中被分割的直

线。把"A"中水平横线的右边删除。

B. 字体的偏差变化：根据打印机的特性对现有字体设计所做的变化，例如点状字体等。

3. 现有字体的同类字体的情况。

A. 同类字体（厚度）：与现有字体的厚度不同而产生的字体。

B. 同类字体（式样）：在同类字体的基础上，应用不同式样例如宽度、高度、斜体等而产生的字体。

C. 同类字体（装饰）：在同类字体的基础上，用不同的装饰例如轮廓线、阴影、轮廓线的改良形式（内部线）等产生的字体。

第五条　容易的创造

（1）在申请之前，该外观设计所属领域的普通技术人员通过把公知的、或公开使用的、或公开出版的、或可以在韩国国内外的电子通信网络获知的设计、或者国内众所周知的形状、图案、色彩或者其结合（以下简称"公知或者公开使用的外观设计、众所周知的形状、图案等"）组合在一起而很容易创造出来的设计，依据法第 5 条第（2）款不能获得外观设计注册。然而，当设计不是完全的使用或者转换、或者简单的复制公知的或者公开使用的外观设计、或者众所周知的形状、图案等，而是有选择性地组合，从整体上观察产生了新的美学感受，则不适用于此条规定。

（2）关于不经审查外观设计注册申请，法第 5 条第（2）款的要求中，仅需依据法第 26 条第（2）款审查基于国内申请日之前众所周知的形状、图案、色彩或其结合的容易的创造（本条款（3）（ii）下的 B、C、D 所述的容易的创造）。然而切换为中文字符的逗号根据法第 26 条第（3）款的规定提供了资料和证据的时候，可以发出驳回外观设计注册的决定。

（3）依据法第 5 条第（2）款排除外观设计注册的容易创造，由下列标准确定。

1. 容易创造的标准

A．"公知的或公开使用的外观设计"是指公知的或者公开使用的、公开发表的或可以在韩国国内外的电子通信网络获知的设计，"众所周知的形状、图案等"是指在韩国通过出版物、电视等使其广为知晓到普通人员都知道的程度。

B. "外观设计所属领域的普通技术人员"是指在产品实际应用的商业领域具有生产、使用此设计常识的人(以下称为"相关领域")。

C. "容易的创造"是指几乎是完全抄袭一个公知的或者公开使用的设计或者众所周知的形状、图案等,或者仅仅是一个如同简单的商业转用一样的小变化。

注:"商业转用"是指相关领域的普通技术人员都能推测到的改变,下面举例说明:

例如,①在已知的正方形上增加一个倾斜表面。

②把一个众所周知的蛋形分割成一个顶盖和壳体,然后形成一个装糖果的容器。

D. 利用公知的或公开使用的设计或者众所周知的形状、图案等的容易的创造的规定适用于任何产品。

E. 原则上,只有当设计的所有组成元素或者所有组成部分(零件)都是公知的,申请注册的设计才被认为是容易的创造。然而,即使设计的某些组成元素或者某些组成部分(零件)不是公知的(包括法第8条规定的情况),从对美学感受的影响水平等方面综合考虑,也可能被认定为容易的创造。

2. 容易创造的类型

A. 容易的创造是基于公知的或者公开使用的、公开发表的或可以在韩国国内外的电子通信网络获知的设计的组合。然而,如果组合方式在产品相关的使用、功能、形式等领域内不是常见的方式,这个设计就不属于容易的创造。

①组成要素中的某一部分被另一个设计替换的容易创造的例子:将带钟表的收音机中的钟表由一个已知的钟表简单替换为另一个钟表的形状等。

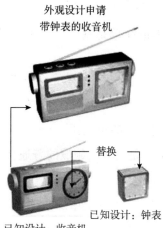

外观设计申请
带钟表的收音机

替换

已知设计：钟表

已知设计：收音机

②把多个设计组合在一起形成新的设计的容易创造的例子：把一个已知的书架和一个已知的桌子组合成一个带有书架的桌子。

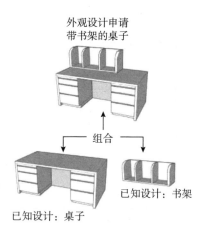

外观设计申请
带书架的桌子

组合

已知设计：书架

已知设计：桌子

③构成元素的重新排列的容易创造的例子：一个电话，仅仅将已知设计中的组成元素重新排布。

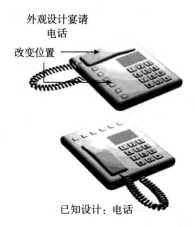

外观设计宴请
电话

改变位置

已知设计：电话

B. 利用众所周知的形状、图案、色彩或者其组合的容易的创造。

①平面形状的例子

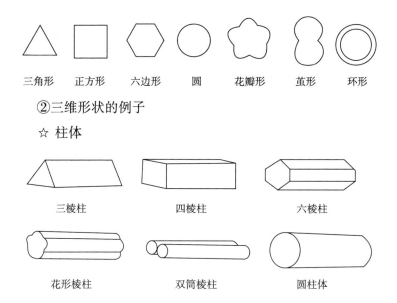

三角形　　正方形　　六边形　　圆　　花瓣形　　茧形　　环形

②三维形状的例子

☆ 柱体

三棱柱　　　　　　四棱柱　　　　　　六棱柱

花形棱柱　　　　　双筒棱柱　　　　　圆柱体

☆ 管状体

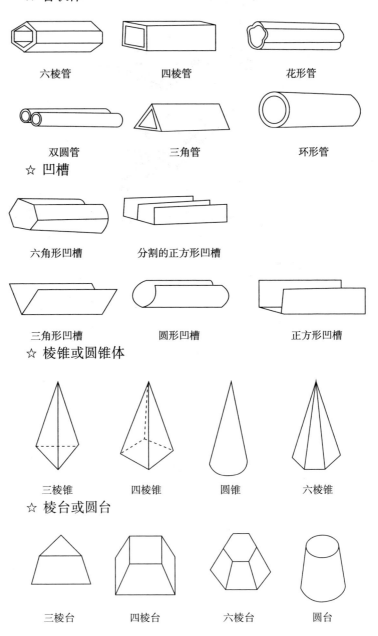

六棱管　　　　　四棱管　　　　　花形管

双圆管　　　　　三角管　　　　　环形管

☆ 凹槽

六角形凹槽　　　分割的正方形凹槽

三角形凹槽　　　圆形凹槽　　　　正方形凹槽

☆ 棱锥或圆锥体

三棱锥　　　四棱锥　　　圆锥　　　六棱锥

☆ 棱台或圆台

三棱台　　　四棱台　　　六棱台　　　圆台

☆ 中空的棱台或圆台

  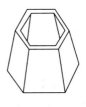

中空的三棱台　　中空的四棱台　　中空的六棱台　　中空的圆台

☆ 正多面体

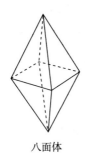

八面体

☆ 其他

 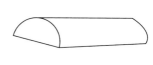

球体　　　　　　　　　　半圆形的圆柱

③产品的典型形状的例子：飞机、汽车、火车等的典型形状。

④常见图案的例子：凤凰图案，海龟贝壳图案，棋盘上的小方格图案，泪珠图案，卍图案等。

⑤色彩：当色彩形成一个图案的时候，色彩才被考虑，在创造性的审查时不考虑单一的色彩。

C. 以自然物、著名版权物、著名建筑物、著名风景等为基础的简单创造。

①自然物：鸟、鱼、牛、竹叶、植物花瓣、松树、木材纹理、石头、岩石等。

注：以独特形式呈现的自然物不属于"众所周知"。例如，采用独特的方式利用显微镜获得的植物花瓣、昆虫的一条腿等自然物的一部分的一幅放大的照片等。

②版权物：金弘道的文化景点，例如动画形象"大力水手"的知名形象等，雕刻，漫画/动画，电影等。

③建筑物：知名的建筑物，例如南大门、首尔塔、自由女神像、埃菲尔铁塔、佛国寺、奥林匹克主场馆等。

④风景：著名风景，例如长白山天池、金刚山、汉拿山的白鹿潭、富士山、尼亚加拉瀑布等。

⑤运动会或各种活动的布景，例如已经实际展现过的三一节布景，奥运会开幕式，足球、排球等各种比赛的布景。

注：采用独特视角产生的呈现特有面貌的建筑物或景点不属于"众所周知"。

D. 基于众所周知的外观设计的简单创造适用于下列情形：

（i）以出版、电视等方式在本领域充分公开的外观设计被认为属于"众所周知的外观设计"。

（ii）基于众所周知的外观设计的简单创造类型：

①按照本领域习惯，将外观设计在不同产品之间转用的情形。例如，将汽车、飞机等转用到玩具或者摆设。

②外观设计在不同产品之间的转用，根据常识判断属于将产品的相关用途、功能、排列等进行转换的情形。

例如，将E.T玩偶的形状或图案转用为存钱盒；将桌上型时钟的形状或图案转用到收音机上。

E. 当一项公知或公开使用的外观设计被认为创造简单是基于在出版物中公开或在电子互联网中可以被访问的，必须向外观设计注册的申请人提供描述该公知或公开使用的外观设计的已公开著录项目数据和外观设计，或者网址、截屏图等以邀请其提交答复。但是，对于众所周知的形状、图案等，或者被认为创造简单是基于众所周知的外观设计，不要求提供证据。

（4）部分外观设计的容易创造由整体外观设计的简单创造标准确定。

（5）当一件申请的外观设计与公知设计相同或相似，同时是以众所周知的形状、图案、色彩或者其结合经简单创造所得，适用于法第5条第（1）款。

（6）有权获得外观设计注册的人所拥有的外观设计丧失新颖性、并在丧失新颖性之日起六个月内提交了外观设计注册申请的，该外观设计不能被用作判断创造简单的资料。

例如，在整个电话装置申请提交之前，其电话听筒和电话主机已经在不同日期被公知，整个电话在法第8条第（1）款规定的期限内提交注册申请的情形。

首次公开

后续公开

申请注册

第六条　扩大的先申请原则

（1）当一件在先申请和一件在后申请属于下述任何情形时，无论在先申请和在后申请的申请人是否相同，均适用法第 5 条第（3）款。

1. 在后申请的外观设计和与之对应的在先申请的外观设计的部分具有相同的特征，并且在后申请的外观设计的形状、图案、色彩或者其结合与在先申请的外观设计的对应设计要素相同或者相似。

2. 与在后申请相比，在先申请中与在后申请相对应的部分已充分表达。

（2）根据申请日及补正提交的视图（包括展开图、剖视图、剖面图、放大图，不包括使用状态图）确定在先申请的外观设计。下述第 1～2 条适用于提交一幅立体图和六面正投影视图，或者主视图和后视图的情形，下述第 3 条适用于所有部分外观设计申请。

1. 立体外观设计的立体图和六面正投影视图，平面外观设计的主视图和后视图，以及字符外观设计的指定字符、示例句子和代表字符的视图（以下称为立体外观设计、平面外观设计和字符外观设计的"必要视图"）。

2. 当必要视图不能充分表达外观设计时额外提交的展开图、剖视图、剖面图和放大图（以下称为"附加视图"）。

3. 当与在后申请外观设计相对应的部分，包括部分外观设计中用虚线表示的部分已经在整体外观设计中充分表达时，表达整体外观设计的视图（必要视图和附加视图）。

（3）法第 5 条第（3）款适用于在在先申请的申请日第二天与在先申请的开放式外观设计公报（内含法第 23 - 6 规定的外观设计公报）的公告日或者注册外观设计公报的公开日之间提交的外观设计注册申请。在此情形下，根据细则第 9 条第（2）款和第（3）款的规定将保密外观设计在注册外观设计公报中的公开日作为包含视图等内容的公报的公开日。但是，如果在后申请的递交日明显晚于在先申请在外观设计公报中的公开日，适用法第 5 条第（1）款第②项或③项。

（4）当外观设计注册申请属于符合法第 5 条第（3）款规定的情形时，发出暂缓审查通知，在在先申请的开放式外观设计公报或者注册外观设计公报的公开日之后，通知驳回的理由。在此情形下，根据细则第 9 条第（2）款和第（3）款的规定，将不包含视图等内容的公报的公开日作为保密外观设计在注册外观设计公报中的公开日。

（5）根据细则第 9 条第（2）款和第（3）款的规定，当在先申请的外观设计是保密申请，并且包含一项与在后外观设计相同或相似的外观设计时，在通知驳回理由时不附具作为引用文件的该保密外观设计，并且该（在后）申请的驳回决定在（在先申请的）包含视图等内容的公报公开日之后发出。

（6）当对包含一项与在后申请相同或者近似的外观设计的在先申请的驳回决定成为终局决定，或者在作出注册授权决定之后、直到根据法第 33 条第（1）款规定的注册费的最后付款期限为止，在先申请仍没有作为一项外观设计注册的情况下，（在后申请）可注册性的决定不适用法第 5 条第（3）款规定。

在先申请	在后申请
完整产品	组成部分
完整产品，组成部分	部分设计
成套产品	组件产品
（多项）部分设计	（少量）部分设计

扩大的先申请原则的申请示例

第七条　不予注册的外观设计

根据法第 6 条规定，下列外观设计不予注册：

1. 与国旗、国徽、军旗、勋章、奖章、公共机构的徽章和奖章、其他国家的国旗和国徽、国际组织的文字或标志相同或近似的外观设计（包括此类内容是一项整体外观设计的一个组成要素的情况）。

2. 其含义或内容可能违反公共秩序或道德的外观设计。

A. 违背人道、社会正义、或者民族感情的外观设计。

B. 侮辱某国家或其人民的外观设计。

C. 粗俗的、令人厌恶的或者淫秽的外观设计。

D. 使用或涉及国家领袖肖像的外观设计。

3. 可能与他人业务相关的产品产生混淆的外观设计。

A. 将他人的知名商标、服务标志、或集体商标作为设计内容的外观设计。

B. 将非营利性组织的标志作为设计内容的外观设计。

4. 其形状设计实质上是为实现产品功能的外观设计。

A. 如果其形状设计实质上是为实现产品技术功能，则无论该外观设计的设计内容是否含有图案、色彩或者其结合，均属于第 4 条所述的情况。

B. 组成外观设计的形状，是出于产品兼容性等原因而由标准规格决定的形状，除非该产品规格的主要作用不是为了实现功能。例如标准信封等。

5. 根据法第 6 条第①、②和④项进行判定的参考时间是注册决定日，法第 6 条第③项进行判定的参考时间是申请日。

第八条　相似外观设计

根据法第 7 条规定，下列外观设计属于相似外观设计。但是，对于非审查的相似外观设计注册申请，法第 7 条，法第 26 条第（1）款第⑤项。

1. 一件外观设计仅仅与同一申请人的已注册外观设计或已提交申请的外观设计（下文称为"基本外观设计"）近似，而不是与该外观设计的申请日之前的他人外观设计（在先申请的外观设计、已注册的外观设计、公知设计）近似，则该外观设计与基本外观设计近似。

①驳回相似外观设计的理由不能是该外观设计与其持有人的在先外观设计（该在先设计与基本外观设计相似）近似。

②法第 5 条第（3）款不得作为驳回相似外观设计的理由。

2. 仅与其持有人的相似外观设计近似的外观设计处理如下：

A. 如果没有其他驳回理由，对于一件仅与其持有人的另一项相似外观设计近似、并且在该相似外观设计注册之前提交的外观设计，通知申请人将其转变为一件独立的外观设计申请并且获得注册。

B. 对于一件仅与其持有人的另一项相似外观设计近似、并且在该相似外观设计注册之后提交的外观设计，驳回的理由是：

该外观设计与其持有人的、因注册而公知的相似外观设计近似。

3. 相似外观设计申请所针对的产品应当与基本外观设计的产品相同或者相近似。在此，产品相似性的概念与根据审查指南第 4 条第（4）款 A 第③项定义的相同，即用途相同、功能不同。

4. 如果基本外观设计与相似外观设计申请的产品名称不相同，适用以下规定：

A. 如果基本外观设计的产品名称是合法的，要求将相似外观设计申请的产品名称修改为基本外观设计的产品名称。

B. 当相似外观设计申请的产品名称比基本外观设计的产品名称更加合法或恰当时，不需要将其修改为基本外观设计的产品名称。

5. 当无效程序中的外观设计被指明作为相似外观设计申请的基本外观设计，并且已证实具有相似性时，无须延期审查，直接发出可否注册的决定。

6. 当驳回基本外观设计申请的决定尚未生效（包括针对驳回决定的起诉悬而未决的情况）时，按照规定对相似外观设计注册申请的审查延期进行。

第九条　丧失新颖性的例外

根据法第 8 条或法第 18 条第（3）款，适用丧失新颖性例外规定的要求如下：为满足法第 18 条第（3）款对丧失新颖性例外的规定，一件相似外观设计申请应当在自丧失新颖性之日起六个月内提交。

1. 请求不丧失新颖性的声明与下述内容应当在申请文件或

修改文件中写明（法第 18 条第（3）款规定的情形）。

A. 丧失新颖性的日期。

B. 丧失新颖性的场所，或者导致丧失新颖性的出版物名称。

2. 请求适用丧失新颖性例外规定的证明文件应当包括外观设计图片或照片等，并且应当客观地证明相关事实。

3. 丧失新颖性例外请求的驳回。

A. 如果要驳回一件外观设计丧失新颖性例外请求，应当先发出"即将驳回丧失新颖性例外请求的通知书"，并且应当提供递交书面意见的机会。

B. 如果审查员认为，尽管针对驳回丧失新颖性例外请求的意见通知已经提交了书面意见，但仍然不能接受丧失新颖性例外请求时，应当发出"驳回丧失新颖性例外请求的决定"。当丧失新颖性例外的证据没有在自外观设计注册的申请日起 30 天内提交时，丧失新颖性例外的请求失效，审查员应当根据申请日判定是否丧失新颖性，不需要单独发出驳回其丧失新颖性例外请求的通知。

第十条　外观设计的说明等

（1）当法第 9 条第（2）款第②和③项的"外观设计的说明"和"外观设计的编号"不清楚时，根据法第 5 条第（1）款的规定以不适于工业应用为由对外观设计申请不予以注册。

（2）如果没有陈述"外观设计创造的要点"，则认为不符合形式要求。

第十一条　可以提交不经审查的外观设计注册申请的外观设计

（1）如果一件产品不属于不经审查的外观设计注册的物品，却递交了不经审查的外观设计注册申请，应当根据法第9条第（6）款规定对该外观设计不予注册。

（2）实施细则第9条第（3）款第②项所述"图像临时呈现在诸如LCD等显示部位的带有界面设计的产品"，是指将界面设计作为某种特定产品的部分设计。

第十二条　一设计一申请

（1）若一件外观设计注册申请不符合一设计一申请的规定，则该外观设计注册申请不符合法第11条第（1）款的规定。

1. 申请中的说明以及图片有如下情形的，不认为属于一设计一申请：

A. 两个或两个以上的产品名称以并列的关系表示在"外观设计所应用的产品"栏中。

例如，瓶子和瓶盖，组合式收音机和闹钟，等等。

但是"带有或者附有某某的某某"除外，例如"带有闹钟功能的收音机"。

一般情况下，当两件或以上的产品组合在一起，其产品名称应当类似"带有圆珠笔的打火机"等。

B. 图片显示一件外观设计适用两件或两件以上产品（包括几个产品出现在附图中的情形）。

2. 能够以一件外观设计的形式提出申请的多件产品。

例如，西装（上下套装）、两件式套装（上下套装）、一套座椅（两项或以上系列座椅）、茶杯和茶托、盛米饭的组合式容器、马赛克瓷砖、组装关系唯一的组合玩具、象棋棋子、扑克牌、韩国扑克牌、马扎克零件、螺栓和螺母、男用及女用子母扣、男用及女用纽扣、有绳及无绳电话等。

3. 不能以一件外观设计的形式提出申请的产品。

例如，一套桌子和椅子（不包括固定在一起的一套）、一套乒乓球用品、一套羽毛球用品、具有多种组装方式的组合玩具（乐高玩具等）、含有内装物的产品的容器（相机和相机套、收音机和收音机套、眼镜和眼镜盒、化妆品和化妆品盒）、韩国文字字体和英国文字字体、韩国文字字体和特殊符号的字体、英文字体和数字字体等。

4. 参照第 2 条及第 3 条中列举的产品，以两个或两个以上产品组合的形式提出申请的产品是单一产品还是多件产品，取决于各件产品的功能及用途是否相近以及在组合状态下是否可被认为是单一功能及用途的产品。

5. 当两个或两个以上可物理分离的部分设计在一件申请中以一件产品的形式申请注册部分设计，则被认为不符合一设计一申请原则。然而，如下所述的外观设计属于一个整体设计构思的情况除外：

A. 在形式上具有一致性。

例如，可分离的部分有对称或者成对的关系。

B. 在功能上具有一致性。

例如，通过提供一个共同的功能而产生关联性的物体，比如剪刀的把手部分或者电话的按钮部分等。

（2）两件或两件以上的外观设计以一套（使用一套序号）

视图的形式申请注册不经审查外观设计的，根据法第 11 条第
（1）款的规定不予接受。此种情况下，根据上述段落（1）的规
定审查作为多重申请提出的各项外观设计。

第十三条 外观设计产品名称

外观设计的产品名称应当符合下列规定，否则根据法第 11
条第（2）款的规定该外观设计申请不予注册。

1. 应当将韩国特许厅长官颁布的法 9 条第（1）款附录 4
"产品分类表"中的名称作为产品名称，如果该产品名称未列在
其中，应当使用能够恰当地表达该外观设计产品的名称，通过
该名称能够清楚理解产品的用途，而且该名称应属于常见的产
品名称。然而，如果该产品没有一个通用的名称，那么类似于
"某某的构件"等这种能够表达产品最小单元的名称也是可以采
用的。

例如，建筑构件（某某），窗框构件（某某），字体（某
某），韩国文字字体（某某）

2. 下列类型的产品名称不符合规定。

A. 含有专有名词的产品名称，比如商标或者"某某式某
某"等。

例如，洪吉童式打字机等。但已经众所周知的名词除外，
比如自动式某某、折叠式某某、旋转式某某、适于折叠式某某
以及移动式某某。

B. 将上位名称作为产品名称。

例如，以"韩国传统服饰"表示韩式短上衣，或者以"建
筑用物品"表示门等。

C. 附有结构、功能或者实施效果的产品名称。

例如，某某装置，某某方法，某某式，等等。

D. 过于简短的产品名称。

例如，"16mm 电影摄像机"缩写成"16mm"。

E. 以外国文字命名的产品名称（除非使用的是产品分类表和成套产品表中公布的名称）。

F. 含有在韩语中不常见的外国词汇的产品名称。

G. 未清楚显示用途的产品名称。

例如，眼镜用铰链仅仅表示为"铰链"。

H. 包含有词语"一套"（该名称不属于细则附件 5 中列出的组合产品的名称，属于该表中"一套专用运动服""一套箱包"中的组合产品的名称则允许使用）、"一组（牙科用组件除外）"、"一对"等的产品名称。

例如，"一套跆拳道制服""一套柔道制服""一套剑道制服""一套滑雪服""一套骑马制服""一套棒球制服""一套鞋包及书包"以及"一套手提箱"被认为是可以使用的成套产品名称。

I. 包含有形状、图案或者色彩的产品名称。在外观设计产品名称组成要素中含有"显示在类似于 LCD 液晶显示器的显示屏上的图形等"除外。（2003 年 7 月 1 日修订）

例如，含有图形图像设计的计算机显示屏，含有图形用户界面（简称 GUI）的手机，含有图标的掌上电脑（简称 PDA）等。

J. 含有材料名称的产品名称（例如，某某制的某某），已经成为通用名称的除外，例如橡胶手套，橡胶靴子等。

K. 在一件部分设计申请中产品名称为"某某的一部

分"的。

例如，杯把、电话的按钮区域。

第十四条 多项外观设计申请

对多项外观设计申请的形式要求应当依照以下标准进行审查：

1. 当一件多项外观设计申请的项数超过 20 项时，依据法第 11 条之二第（1）款的规定不予注册，应通知申请人将超出 20 项之外的设计提交分案申请或者删除。该申请符合本规定后，发出予以注册的决定。

A. 对多项外观设计申请中的设计可以通过补正删除。

B. 当申请书中写明的外观设计项数与视图中表示的外观设计项数不符时，申请书中写明的外观设计项数应当根据视图中表示的外观设计项数作相应的修改。

2. 可以以多项外观设计形式提出申请的产品限于不经审查的外观设计注册产品（实施细则第 9 条第（3）款），并且一件多项外观设计申请中的各项设计应当属于同一类别。图形图像设计以多项外观设计的方式提交同样适用于此种规定。

如果多项外观设计申请中的产品不属于同一类别，依据法第 11 条之二第（2）款的规定不能予以注册，应通知申请人原因并建议其将类别不同的产品提交分案申请或者删除。该申请符合上述规定后，发出予以注册的决定。

3. 多项外观设计申请中的各项设计可用普通视图或者 3D 视图来表达。不能将普通视图和 3D 视图混合起来表达一项设计，每一项设计应当始终用普通视图或者 3D 视图中的一种形式表达。

4. 当一件不经审查的相似外观设计申请为多项外观设计申请时，应当遵守以下准则，否则根据法第 11 条之二第（4）款的规定不予注册。

A. 当一件基本设计与几件与之相似的相似外观设计以多项外观设计的方式提出申请时，予以注册。

例如：

```
▲ 基本设计 A
  基本设计 A′
  基本设计 A″
     ⋮
```

B. 当两件或两件以上基本设计与几件与之相似的相似外观设计以多项外观设计的方式提出申请时，予以注册。

例如：

```
▲ 基本设计 A
△ 相似设计 A′
△ 相似设计 A″
● 基本设计 B
○ 相似设计 B′
```

C. 如果一项基本外观设计已经注册或者提出申请，与之相似的几件相似设计又作为多项外观设计提出申请时，予以注册。

例如：

```
已经注册的在先申请          在后申请
   ▲ 基本设计 A              △ 相似设计 A′
                             △ 相似设计 A″
```

D. 如果两项或者两项以上基本外观设计已经注册或者提出

申请，与之相似的几件相似设计又作为多项外观设计提出申请时，不予以注册。

例如：

已经注册的在先申请 ▲ 基本设计A 已经注册的在先申请 ● 基本设计B	在后申请 △ 相似设计A′ △ 相似设计A″ ○ 相似设计B′ ○ 相似设计B″

E. 如果一项基本外观设计已经注册或者提出申请，与之相似的几件相似设计与一件完全独立的设计又作为多项外观设计提出申请时，不予以注册。

例如：

已经注册的在先申请 ● 基本设计B	在后申请 ▲ 基本设计A ○ 相似设计B′ ○ 相似设计B″

第十五条　成套产品的外观设计

对于成套产品的外观设计注册申请按照以下标准进行审查：

1. 法第 12 条规定的成套产品，是指由两件或者两件以上作为一套同时使用的产品，并且属于细则附件 5 中所列的成套产品。

同时使用，并不意味着总是必须同时使用，而是意味着在使用其中一件时能自然联想到另一件的使用。

2. 成套产品在以下情形下可以予以注册。

A. 属于细则附件 5 中所列举的成套产品。

B. 构成成套产品的所有单件产品应当是合法的。单个产品组成的套件应当包含两件或者两件以上在审查指南附件 1 中确定的可以形成套件的产品。如果在规定的成套产品基础上增加了其他产品，只有在被日常交易接受的情况下，包含该额外产品的整套产品可以被视为合法的成套产品。附件 1 中所述"一套专用的运动装"和"一套箱包"的构成产品如下：

（i）"一套专用的运动装"包含的产品必须具有单一的构成关系，其中不能包含帽子、短袜、鞋子、护具。另外，被凑在一起的但并不同时使用的产品（比如：跆拳道制服的上衣和登山服装的裤子被凑为一套）不能被视为是符合规定的成套产品。

（ii）作为"一套包"的鞋包和书包可以归在一起作为一套产品，一套手提箱只能仅包含相同的产品。当鞋包、书包和手提箱被凑成一套产品时，这种套件被认为是不能同时使用的。

C. 整套产品应当具有统一性。下面情形的成套产品被认为具有统一性。

（i）各组成产品的形状、图案、色彩或者其组合表现地一致，则整套产品被认为具有统一性。

（ii）如果各产品组合后呈现了统一的形状、图案等，则整套产品被认为具有统一性。

例如，一套烟具的烟灰缸、香烟盒、打火机和支架组合后呈现乌龟形状。

（iii）形状、图案、色彩或者其组合展示了故事或者是概念上的关联性，则整套产品被认为具有统一性。

例如，童话故事"龟兔赛跑"的场景图形化地显示在组合产品中。

D. 对于成套产品外观设计的视图内容，当成套产品的外观设计可以由各单件产品的视图内容充分表达时，可以提交每个单件产品的视图。如果各套件组合后呈现统一的形状、图案或者概念时，成套产品组合状态的视图以及各单件产品的视图都应提交。各套件的外观设计可以用普通视图或者是 3D 视图来表现。但是，任何一个套件的设计都不能由普通视图和 3D 视图来共同表达，必须始终采用普通视图或者 3D 视图中的一种形式。

E. 判断成套产品外观设计是否符合注册要求时，只能将该设计认定为一个整体。

（i）法第 16 条的先申请规定不适用于成套产品外观设计和其单件产品外观设计之间，但适用法第 5 条第（3）款中关于扩大的先申请原则的规定。

（ii）关于法第 6 条第①至③项对不予以注册的外观设计的规定，同样适用于有一个或多个套件的外观设计不符合该规定的情形。

第十六条　在先申请

（1）法第 16 条第（1）款规定，在不同日期提出注册申请的两个或两个以上相同或相近似外观设计，只有在先申请可以予以注册。对于不经审查的外观设计申请，虽然注册前不依据法第 26 条第（2）款的规定进行审查，但在有信息和证据提供的情况下可以依据法第 26 条第（3）款作出驳回决定。

（2）两个或两个以上由同一申请人提交的相同或相近似的外观设计申请，不适用法第 16 条先申请制的规定，但要适用以下规定。

1. 在先申请符合注册要求。

A. 同一申请人的相同设计。

虽然对仅允许一项外观设计注册和驳回其他相同外观设计申请没有明确的规定，但是由于将两个或两个以上相同的设计都给予注册与外观设计保护法的基本精神相背，申请将按以下规定处理。

①不同申请日：如果在先申请是可以登记的，则给予在先申请注册登记，同时发出通知告知申请人由于该在后申请违反设计保护法的基本精神而被驳回，并要求其撤销该在后申请。

②相同申请日：如果外观设计符合注册条件，则对其中一个申请注册，同时发出通知告知申请人由于其他申请违反外观设计保护法的基本精神而不予注册的理由，并要求其撤回其他申请。

B. 同一申请人的相似设计。

由于将相似设计单独注册申请与法第 7 条第（1）款的规定不符，因此建议将其转变为相似设计注册申请。

2. 在先申请不符合注册要求。

在后申请不适用法第 16 条关于先申请制的规定，按普通申请进行审查。

（3）在以下情况下，申请可能被用作驳回在后申请的参考：

1. 他人已经注册的在先申请，或者根据法第 16 条第（2）款规定经协商未果而做出的驳回决定或者审判决定成为终局决定的在先申请，可以被用作驳回在后申请的参考。

2. 如果外观设计注册申请落入法第 16 条第（1）款的规定，发出延期审查通知，只有在先申请已登记注册后，或者经协商未果而做出的驳回决定或者审判决定成为终局决定后，才发出通知指出驳回原因，作出驳回决定。在这种情况下，如果在先申请作为保密设计公开，发出的驳回理由通知书中不附带引以

为参考的保密设计，在包含视图等文件的公报根据法第 9 条第
（2）款和第（3）款规定公告后再发出驳回决定。如果申请在
2007 年 7 月 1 日之前提交，并被撤回，或者驳回决定或审判决
定成为终局决定的，发出驳回理由和驳回决定通知，不发出延
期审查通知书。

3. 如果他人未经公布的在先申请被引证为驳回在后申请的
参考并且在后申请因此被发出驳回理由的通知而丧失新颖性，
该在先申请再次重新递交的，审查是否符合法第 5 条第（1）款
规定时，法第 8 条适用于新申请。

4. 如果申请被放弃或者被驳回，但是在放弃或者驳回前根
据法第 23 - 2 条已公开，也可作为驳回该公开日后提交的在后
申请的参考文件。

5. 法第 16 条第（3）款的修改条款适用于 2007 年 7 月 1 日
后提交而后放弃、或者驳回决定或驳回的审判决定成为终局决
定的申请。

（4）如果在先申请的外观设计与在后申请的外观设计相同
或相近似的驳回决定成为终局，或者在先申请在给予注册决定
后，根据法第 33 条第（1）款规定直到延迟缴纳注册费期限才
注册外观设计权的，无须等法第 33 条之三第（1）款规定的期
限终止再发出注册决定。

第十七条 申请的修改和本质的改变

（1）如果对申请文件的修改改变了申请的说明、视图、和
视图说明的本质，要根据法第 18 条之二发出驳回修改的决定。

（2）本质的改变是指通过对使用外观设计产品、视图（包

括 3D 视图和样品）和视图说明等的综合考虑，原提交的外观设计和修改的设计不相同。

A. 改变本质的例子。

（i）通过增加、删除、改变等方式影响原视图显示的形状、图案或者色彩，除非这些增加、删除、改变几乎不影响外观。

（ii）如果为消除缺陷而修改其中一幅视图，但是该修改后的设计与根据原申请视图得出的设计不相同。

（iii）如果视图本来只表达了形状，并且在"设计说明"部分指出还包含色彩或者色彩变换，那么依照该说明对视图的修改就超出了对该产品的常识性理解水平。

（iv）将外观设计产品的名称修改为与之不同的另一产品名称，除非是针对简单错误或微小错误的修正。改变本质的例子：盘子→烟灰缸等。

（v）对设计说明的修改超出了根据视图进行判断的常识性理解水平。

（vi）多项设计申请表明的外观设计的数量与视图包含的外观设计数量不一致，为满足表明的设计数量而补交视图。例如，申请文件中表明有 10 项外观设计，而视图中只有 9 项外观设计，补交的另外 1 项设计的视图。

（vii）修改或补交一幅或多幅视图，导致提交的视图不被认为是产品的常规形式表达。

B. 不改变本质的实例。

（i）将绘制视图替换为照片视图或者样品，或者反过来将照片视图或样品替换为绘制视图，该修改在原申请表达范围内，所有视图需采用单一形式表达，即都是绘制视图或者都是照片视图等。

（ii）作为 3D 视图提交的三维模型文件被破坏或者执行时被损坏，修改为相同类型的 3D 视图，保持显示的设计一致；或者如果一件设计由普通绘制视图和 3D 视图混合表达，修改为单一形式的普通绘制视图或 3D 视图。

（iii）视图过小或不清晰，修改达到合乎尺寸和清晰度要求且不丧失与原申请表达的一致性。

（iv）因为有多余物体，如背景等，导致设计不能在清晰的照片中准确表达，修改照片以删除了背景或阴影等。

（v）绘制视图中含有不构成设计组成部分的多余线条、符号、文字等，例如阴影、指示线等，删除视图中这些内容。

（vi）修改外观设计产品名称、设计说明、视图说明的打字错误或由不明确改为明确。

（vii）修改多项外观设计申请请求书中注明的设计数量，与视图中的设计数量保持一致。

（viii）为撤回多项外观设计申请中的某些设计而删除视图中的这些设计。

（ix）如果外观设计中的一些内容不影响其保护范围，对其修改不认为是改变本质。

（x）按照法第 18 条第（2）款规定将相似设计注册申请改为单一设计注册申请，或将单一设计注册申请改为相似设计注册申请，不被认为改变了其本质。此外，按照法第 18 条第（3）款规定的将不经审查的设计注册申请改为经审查的外观设计注册申请，或将经审查的设计注册申请改为不经审查的设计注册申请，不认为改变了其本质。

（xi）申请日提交了立体图和正投影视图，如果能判断设计是相同的，仅仅改变视图的格式，不认为是改变本质。

（xii）原始提交的视图为立体图和六面正投影视图或者主视图和后视图，在下述情形下：

（a）如果原视图比例不一致，在原视图表示的范围内，补正的视图具有了一致的比例。

（b）缺少一幅或多幅必要视图，根据原始提交视图判断补交的视图保持了设计的相同性。

（c）绘制视图不符合正投影规则，改为正投影视图。

（d）如果立体图与正投影视图表达不一致，通过修改消除了该缺陷，且根据该领域的常识判断，与原视图表达的设计是相同的。

（3）部分设计的本质改变是指，综合考虑下列因素后得出原申请中的设计和补正后的设计不相同。

1. 该设计所适用的产品。

2. 作为部分设计要求外观设计保护的该局部的功能和用途。

3. 作为部分设计要求外观设计保护的该局部在相关产品中的位置、大小和范围。

4. 作为部分设计要求外观设计保护的该局部的形状、图案、色彩或者其组合。

（4）对于法第2条第（1）款之二规定的字体设计，是否改变本质的判断如下：

A. 改变本质的例子。

对指定的字符的字体设计的视图进行修改，以与例句或者代表字符的视图相一致，根据原始提交视图判断，修改视图使设计发生了改变。

B. 不改变本质的例子。

（i）如果缺失字体设计的某些指定字符的视图（包括部分

指定字符的视图缺失的情形）、例句或代表字符的视图，根据原始提交视图判断，补交这些缺失视图保持了设计的相同性。

（ii）依照指定字符的视图修改例句或代表字符的视图，根据该领域的常识判断，与原始提交的视图表达的设计是相同的。

（5）如果符合下列要求，审查员可以依职权修改打字错误，并记录在审查清单里。

1. 产品名称、设计说明或者设计要点说明中存在明显的打字错误。

2. 能通过电话等通信方式证实是申请人的打字错误。

第十八条　修改的驳回

根据法第 18 条之二对修改做出的驳回决定应按下列要求操作。

A. 如果对请求书、视图和视图说明的修改改变了原外观设计注册申请的本质，审查员应当作出驳回该修改的决定。

B. 根据本段 A 项的驳回决定做出后，审查员不能在向申请人发出相关决定的副本 30 天内就对能否注册做出决定。

C. 如果申请人根据法第 67 条之二对依据本段 A 项作出的驳回修改的决定提出再审请求，审查员将中止对该外观设计注册申请的审查直到做出终局审判决定。

D. 对修改的驳回决定必须采用书面形式，并阐明决定的理由。

第十九条　分案申请

分案申请需要符合以下标准。

1. 一件申请中包含两项或者两项以上以普通视图或 3D 视图形式制作的外观设计，如果不符合法第 11 条第（1）款规定，分案申请操作如下：

A. 为使得包含两个或两个以上外观设计的原申请中的一项设计获得注册，应当修改原申请使其只包含该单项设计。

B. 如果要将原申请中的两个或两个以上设计分成两个或两个以上单独申请，应当修改原申请使其只包含该单项设计，同时对其他需注册的设计分别进行分案申请。

2. 原申请是以成套产品的一项外观设计形式提交的，如果不符合法第 11 条的规定，可以针对各产品的外观设计分别提出分案申请。

例如，将一套跆拳道制服和一套柔道制服的视图作为一套专业运动服提交申请；将跆拳道制服的上衣和登山服的裤子的视图作为一套跆拳道制服提交申请；在一套鞋袋和书包的成套产品申请中包含一个手提箱的视图。

3. 多重外观设计申请的分案申请操作如下：

A. 由于分案申请导致设计数量产生变化的，需要修改原申请的请求书和视图（或 3D 视图），分出的设计应按照细则的附表 3 进行分案申请。

（i）如果原申请通过分案只包含一项设计，那么需要将原申请中的多项设计的标示改为一个设计。

（ii）分案申请应按照普通外观设计注册申请的程序进行。

B. 如果多项外观设计申请中采用一个序列号的设计包含两项或两项以上设计，应当提交分案申请，或者修改为各自具有单独的序列号。在这种情况下，如果通过修改视图或 3D 视图使得设计的数量超过 20 项，就需要进行分案申请。

C. 如果多重外观设计申请中包含经审查的产品外观设计，根据法第 11 条规定，相关产品的设计需要作为经审查的外观设计申请进行分案。

第二十条　根据条约提出的优先权要求

根据法第 23 条规定提出的依条约的优先权要求，符合以下条件可予接受：

1. 优先权要求。

A. 根据法第 23 条第（1）款要求优先权的申请应当在作为优先权基础的在先申请的申请日起 6 个月内提交。

B. 提交外观设计注册申请时，要求优先权者应写明声明、在先申请提交的国家、在先申请的申请日。

2. 优先权要求的效力。

对于要求优先权的外观设计注册申请，其在首次提交国的在先申请的申请日被视为根据法第 5 条和第 16 条在韩国的申请日。因此，该申请将不因为在优先权期限内提交的另一项外观设计申请或公开而被驳回。

3. 优先权的批准。

A. 在韩国提交申请的外观设计和作为优先权要求基础的申请中的外观设计应当相同。

B. 在这种情况下，描述的形式不需要相同，优先权文件应足以表明与在韩国提交的外观设计的一致性。

4. 优先权文件等。

A. 应在外观设计注册申请后 3 个月内，向韩国特许厅长官提交经在先申请提交国政府证明的写明该申请提交日期的书面声明和外观设计视图副本。

B. 对于在 2007 年 7 月 1 日或之后提交的优先权文件，如果必要，韩国特许厅长官可以要求在指定的 2 个月期限内提交优先权文件译文。

C. 根据 B 款要求提交韩文译文者应提交附有译成韩文的相关优先权文件的"专利法实施细则"附件 13 的文件传送表格。如果优先权文件中公开视图的部分与韩国申请相同，则该部分的韩国译文可以省略。

5. 优先权要求的驳回。

A. 如果提交的外观设计与作为优先权要求基础的外观设计不相同，发出"拟驳回优先权要求通知书"，给申请人以提交书面意见的机会。

B. 在"拟驳回优先权要求通知书"指定的期限内提交了意见陈述，但仍不能给予优先权的，审查员应发出"驳回优先权要求通知书"。然而，若在外观设计注册申请 3 个月内未提交优先权文件，优先权要求丧失效力，审查员应按照申请日审查该申请而不需另行通知对优先权要求的驳回。

6. 外观设计注册申请是否可注册的决定应在优先权期限（作为优先权要求基础的最早在先申请的申请日起 6 个月）内作出。在这种情况下，注册决定通知书中应注明根据法第 23 条（按条约优先权要求）的规定提出的申请与其他外观设计的近似性未充分审查。在注册外观设计公报中也应包括该说明。

7. 当外观设计注册申请在已注册外观设计公报中被公布或公告时，优先权文件没有在要求优先权时提交的事实也将被公布或公告。

第二十一条　申请的公布

根据法第 23 - 2 条和第 23 - 6 条的规定申请公布按照以下标准处理：

1. 根据法第 23 - 2 条的规定，经审查的外观设计和不经审查的外观设计的注册申请均应进行申请的公布（多项外观设计申请的公布请求应包括其所有外观设计）。如果在同一日提交相同或者相近似外观设计注册申请的两个或两个以上申请人未达成协议或者没有磋商的可能，所有相关的申请均拒绝给予注册。对于已做出驳回决定或者该驳回的审判决定成为终局决定的申请，根据法第 23 - 6 条的规定进行公布。但是，如果申请中的外观设计含义或者内容公告秩序或者社会公德，申请不予公布，根据审查指南第 7 条第（ii）项的规定确定相关申请是否属于此类情形。

2. 如果请求公布的外观设计注册申请曾根据法第 13 条提出过保密外观设计请求，保密外观设计请求视为撤回。

第二十二条　信息的提供

（1）如果根据法第 23 - 5 条的规定提供了外观设计注册申请的有关信息，并且已发出对相关申请的驳回决定或注册决定，应当将所提供的信息或证据是否被采纳和相关外观设计注册申请是否可注册的决定都告知信息提供者。对同一人就相关申请多次提供信息的情况，发出相关申请的驳回决定或注册决定时，仅通知一次其提供的信息或证据是否被采纳。

（2）尽管有法第 26 条第（3）款的规定，如果审查员针对非审查外观设计注册申请发出了授权决定，而所提供的信息和证据可能成为非审查外观设计注册的异议理由，审查员通知提供事实信息者对非审查外观设计注册提出异议请求。

第二十三条　优先审查

（1）根据法第 25 – 4 条的优先审查，准用细则第 5 条（优先审查的对象）和第 6 条（优先审查的决定）、"商标和外观设计管理程序细则"第 50 条（文件的传送）到第 60 条（优先审查决定通知书等）和"对外观设计申请优先审查请求的通知书"第 1 条（目的）到第 6 条（优先审查请求的书面解释）。

（2）如果申请人因正在生产或者准备生产而对外观设计注册申请提出优先审查要求，应根据以下内容做出该申请是否被优先审查的决定：

1. 实际样品的图片、样品、目录等（不包括提交 3D 渲染文件作视图的情形）。

2. 风险投资公司、新技术商业投资企业的投资记录等。

3. 银行的贷款记录等。

4. 该申请的外观设计许可合同。

5. 准备生产该外观设计的其他证明文件。

第二十四条　不经审查的外观设计注册申请的审查

（1）根据法第 26 条第（2）款的附带条件的规定对不经审查的外观设计注册申请判断易创作性时，对于通过国内外出版物很容易创作的设计或者已经通过电子通信网络在国内家喻户晓的外观设计的形状、图案、色彩或者其结合等，应作出驳回决定。

（2）根据法第26条第（1）款第⑤项的规定，符合以下任一条的不经审查的相似外观设计注册申请均不能获得外观设计注册。

1. 作为相似外观设计提交或注册的外观设计被指定为基本设计。

2. 基本设计的外观设计权已经终止，包括保护期限终止、未缴年费的权利终止、撤销决定或无效审判决定的最终生效等。

3. 基本设计的注册申请已被无效、撤回、放弃或者该申请的驳回决定最终生效。

4. 申请人与基本设计的外观设计权利人（或申请人）不同。

5. 申请的外观设计与基本设计不相似。

第二十五条 关于多项外观设计申请驳回理由的通知

（1）当驳回理由只涉及多项外观设计申请中的一些外观设计时，审查员应在通知书中指出驳回理由所针对的外观设计的序号、使用该外观设计的产品以及驳回的具体理由。

（2）对于段（1）所述情形，如果通过修改、分案等未克服驳回理由，应对整个多项外观设计申请做驳回决定。

第二十六条 不经审查的外观设计注册的异议

（1）任何人可对不经审查的外观设计注册提出异议。

（2）不经审查的外观设计注册的异议理由如下：

1. 不符合法第 4－24、5、6、7（1）、10、16（1）和（2）的规定。

2. 申请主体不具有外观设计注册资格或者外观设计注册申请中的外观设计不符合法第 3 条第（1）款的规定。

3. 外观设计注册申请违反条约规定。

（3）对不经审查的外观设计注册的异议应在外观设计注册之日起至该不经审查的外观设计注册公告之日后 3 个月内提交。

1. "不经审查的外观设计注册的公开日"是指不经审查的注册外观设计公报出版的日期。

2. 对于根据法第 13 条的规定作为保密外观设计注册的不经审查的外观设计注册，异议应在外观设计注册之日起至解除保密而出版包括视图在内的公报之后 3 个月内提交。

3. 在异议期终止之后收到的不经审查的外观设计注册异议应根据审查员合议组的决定给予驳回。

（4）可以针对多项外观设计申请的每一项外观设计提出异议。

（5）合议组负责人（以下称"主审员"）应当给外观设计权利人发送一份异议书副本，并给其在指定期限内提交书面答复的机会。

（6）提出异议之后，主审员应当通知该外观设计的独占许可人和拥有该外观设计注册权的其他人。

第二十七条　异议理由的修改和书面答复的提交

异议理由的修改等和对其书面答复的提交应符合以下条件：

1. 提交异议者可在异议提交日起 30 日内修改理由和证据。

2. 主审员也应当给外观设计权利人等针对修改后异议理由进行书面答复的机会。

第二十八条　不经审查的外观设计注册的异议决定

（1）由审查员合议组对异议作出决定。

（2）审查员应当在法第 29 - 2 条第（3）款规定的提交书面答复期限、法第 29 - 3 条规定的异议理由修改期限以及法第 72 - 21条第（5）款规定的提交书面意见答复的期限终止之后对异议作出决定。

（3）当异议请求人未在异议理由修改期限内提交异议理由和证据，审查员可以在提交书面答复期限终止前驳回该异议。

（4）如果异议成立，审查员合议组发出"撤销外观设计注册决定"，而如果异议不成立，发出"维持外观设计注册决定"。

（5）在异议程序中，不能对撤销或者维持外观设计注册决定提出上诉。

第二十九条　撤销有关注册的不合法决定的限制

即使根据法第 26 条做出的驳回申请决定、根据法第 28 条做出的给予注册决定、根据法第 29 - 5 条做出的异议决定和根据法第 18 - 2 条的驳回决定非法和不合理，未经审判程序不能依职权进行撤销或变更。然而，本规定不适用于审查指南第 30 条规定的情形。

第三十条　不合法决定等的撤销

如果审查指南第 29 条规定的决定存在以下所列任一明显缺陷，韩国特许厅长官可依职权撤销或在注册前依请求撤销相关决定。

1. 无事实或法律依据的决定。

例如，对指定已失效的外观设计做基本设计的相似外观设计注册申请做出的注册的决定。

2. 缺少重要程序的决定。

例如，缺少根据法第 27 条规定通知驳回原因的程序，缺少根据法第 29 – 5 条第（1）款规定给予提交书面答复机会的程序等。

3. 未指出理由而对异议做出的决定或者驳回申请的决定。

第三十一条　复审的期限

根据"规范和指南的公告与管理细则"（第 248 号总统令），为适应法律和实际情况的变化，对本指南的撤销、修改等做出必要措施的时间期限为 2012 年 8 月 24 日。

附则

第 1 条　生效日

本指南于 2010 年 1 月 1 日起生效。

第 2 条　指南的应用

第 4 条第（4）款 B 第（iii）（b）项的附加条件和修改后的第 15 条第 2B 项的相关构成条款也适用于在指南有效期之前提交且最终未被驳回的外观设计注册申请。

术语解释

字体 style of calligraphy

经审查的外观设计 examined designs

不经审查的外观设计 unexamined designs

经审查的外观设计注册 examined design registration

不经审查的外观设计注册 unexamined design registration

韩国特许厅 Korean Intellectual Property Office

韩国特许厅长官 the Commissioner of the Korean Intellectual Property Office

知识产权庭 the Intellectual Property Tribunal

主审审判审查员 a presiding trial examiner

主审审查员 a presiding examiner

知识经济部 the Ministry of Knowledge Economy

商务、工业和能源部 the Ministry of Commerce, Industry and Energy

经适当修正后适用于 apply mutatis mutandis to

总统令 Presidential Decree

专门检索机构 a Specialized Search Organization

第 11 条之二 Article 11bis

第 33 条之三 Article 33ter

合议组 Collegial Body

不经审查外观设计注册异议 oppositions to unexamined design registration

官费 official fees

国家援助法 National Assistance Act

整体继受 general succession

先使用产生的非独占许可 nonexclusive license by virtue

1187

of prior use

发明促进法 the Invention Promotion Act

联合审判 joint trial

介入 intervention

已判决的案件 Res Judicata

再审 Retrial

民事诉讼法 the Civil Procedure Act

专利律师 patent attorney

外观设计注册标记 design registration marking

后　记

历时三年，我们终于将这本《美欧日韩外观设计法律法规汇编》呈现在您的面前。

感谢本书全部翻译人员和校对人员，在这三年期间，他们利用休息时间完成全部翻译和校对的工作，虽不必天天流连于原文与译文之间，却也时时牵挂着这份额外的工作；感谢为本书的顺利出版而努力的人们，他们为此奉献了很多时间和精力；另外，在翻译及校对过程中，有的参考过以前他人的译文，未能一一列出，在此一并表示感谢。

我们有尽善尽美之心，但由于方方面面的原因，未必能呈现十全十美之果。

首先是语言方面的困扰。考虑到相关法律法规的专业性很强，我们邀请既懂外语又懂专业的审查员来翻译和校对，但审查员的第一外语都是英语，我们缺乏韩语、日语专门人才。尽管母语最能准确表达各国自己的法律法规的原本含义，但对于韩国的外观设计保护法和其审查指南，我们只能在其公布的英文版的基础上进行翻译。经过两次翻译后的译文与原文之间，有时候不可避免地会出现不一致的地方。另外，译者都非外语科班出身，我们努力做到"信"与"达"，尚不敢追求"雅"的境界。即便对于前二者，限于译者的水平和精力，恐仍有差距，一是希望读者理解，二是恳请读者不吝指出，以便日后有机会时修正。

其次是未必能适应法律更新的频率。为了让本书更实用，我们不仅汇集了相关各国或地区的法律，还收集了其更具实用价值的审查指南和/或申请指南，而这些文本的获得并不是十分容易。我们在翻译工作基本结束时才辗转得到韩国外观设计审查指南的英文版。由此，整个翻译周期比较长。而有的国家法律修改频繁，比如，在校对美国专利法的过程中，发现其法律又进行了修改，我们只能再按最新的法律进行补充翻译和校对；还有，我们在此期间听说韩国修改了其外观设计保护法，但在其官网一直未能获得相关文件，因此最终定稿仍是以其官网公布的最新英文版作为翻译的基础。当读者看到本书时，也许有的法律法规已有更新的版本，在这里作个说明，希望读者知晓，另外也期待本书有机会根据相关各国或地区法律的变化修订再版。

总之，我们努力做到最好，但疏漏甚至错误在所难免，请读者批评指正，我们不甚感激！